Die Sanktionen gegen Libyen

Leipziger Beiträge zur Orientforschung

Herausgegeben von Hans-Georg Ebert
Begründet von Günter Barthel

Band 16

PETER LANG
Frankfurt am Main · Berlin · Bern · Bruxelles · New York · Oxford · Wien

Almut Hinz

Die Sanktionen gegen Libyen

Sanktionen im modernen Völkerrecht und in der Staatenpraxis sowie ihre Anwendung am Beispiel Libyen

PETER LANG
Europäischer Verlag der Wissenschaften

Bibliografische Information Der Deutschen Bibliothek
Die Deutsche Bibliothek verzeichnet diese Publikation in der Deutschen Nationalbibliografie; detaillierte bibliografische Daten sind im Internet über <http://dnb.ddb.de> abrufbar.

Zugl.: Leipzig, Univ., Diss., 2004

Gedruckt auf alterungsbeständigem,
säurefreiem Papier.

15
ISSN 0942-2323
ISBN 3-631-53349-7

Printed in Germany 1 2 3 4 6 7

www.peterlang.de

aviae carissimae

Vorwort

Danksagung

Die vorliegende Dissertation, angenommen von der Fakultät für Geschichte, Kunst- und Orientwissenschaften als Teil der Erfüllung der Vorgaben* zur Erwerbung des Grades eines Doktors der Philosophie an der Universität Leipzig, ermöglicht es mir, all denjenigen meinen Dank zu übermitteln, die mich hilfreich unterstützten.
Mein erster Dank gilt meinem Doktorvater, Herrn Professor Dr. Hans-Georg Ebert. Würdigen möchte ich nicht nur die Betreuung der Dissertation, sondern auch die große Freiheit, die er mir bei der Themenwahl und der Gestaltung der Arbeit gewährt hat.
Danken möchte ich ferner den Herren Professoren Schulz und Strunz für die bereitwillige Übernahme der Aufgaben des Zweitgutachters und externen Korrektors.
Meine Forschungen auf libyschem Gebiet sowie in den USA wurden wohlwollend gefördert durch ein großzügiges Stipendium des Deutschen Akademischen Austauschdienstes, der sich über die finanzielle Hilfe hinaus für meine Belange einsetzte.
Andere Institutionen, deren vollständige Aufzählung hier zu umfangreich ausfiele, entsprachen meinen Anfragen und Wünschen aufs freundlichste und schufen auf diese Weise angenehme Forschungsbedingungen. Der auf Hinweisschildern im Lesesaal Naher Osten / Nordafrika der in Washington, D.C., ansässigen Library of Congress vermerkten folgenden Anregung komme ich gerne nach:

> "Research for this dissertation was conducted at the Library of Congress and was facilitated by the staff of the African and Middle Eastern Reading Room."

Der empfohlene Wortlaut findet exemplarisch für alle weiteren in den USA, aber auch in Libyen und Deutschland aufgesuchten Bibliotheken Geltung.
Verbunden bin ich den Einzelpersonen in verschiedenen Behörden, Handelsunternehmen und privaten Institutionen Libyens, der USA und Deutschlands, die mir ihre Zeit, ihr Recherchematerial und Spezialwissen zur Verfügung stellten. Ihre Gesprächsbereitschaft und die gewährten Einblicke leisteten einen nicht unerheblichen Beitrag zu dieser Arbeit und waren hilfreich für das Verständnis grundsätzlicher Zusammenhänge wie auch konkreter Entwicklungen.
Großen Dank schulde ich schlußendlich allen, die so freundlich waren, der vorliegenden Arbeit vorausgegangene Entwürfe zu lesen und zu kommentieren. Besondere Anerkennung gebührt dabei meinen Eltern Adelheid und Ulrich Hinz sowie Sandra Göbel.

---

* Die Verteidigung fand am 11. Mai 2004 statt.

Praktische Hinweise

- Die Wiedergabe arabischer Termini in lateinischer Schrift erfolgt nach den Regeln der Deutschen Morgenländischen Gesellschaft, die 1935 in Rom festgelegt wurden.[1] Besondere Umschriftprobleme werfen die Eigen- und Ortsnamen auf, die oft bis zur Unkenntlichkeit der phonetischen Realität folgend verändert werden. Eine konsequente Anwendung der in der Arabistik üblichen Transliterationssysteme führt unter Umständen zu unliebsamen Mißverständnissen. Mir erscheint es sachdienlich, gelegentlich einen Kompromiß einzugehen und eine phonetische Schreibweise anzugeben. Bei der Erstnennung wird dieser das nach den genannten Regeln transliterierte Wort in Klammern beigefügt.
- Für die deutlichere Vergegenwärtigung der Ortsgegenden enthält der Anhang eine Karte.
- Arabische Fachtermini erscheinen bei ihrer Erstnennung kursiv und können im Glossar nachgeschlagen werden. In die deutsche Sprache eingegangene Wörter wie beispielsweise Hidschra und Koran finden entsprechend der deutschen Schreibweise Verwendung und erhalten keinen Eintrag im Glossar.
- Datumsangaben erfolgen nach dem Gregorianischen Kalender. Wo es hilfreich erscheint, wird in Klammern das Datum gemäß dem islamischen Kalender (A.H. - Anno Hegirae)[2] angegeben. Um Irritationen vorzubeugen, ist zu bemerken, daß die offizielle Zeitrechnung Libyens das Sonnenjahr mit Muḥammads Geburts- bzw. das Mondjahr mit Muḥammads Todesjahr als Bezugspunkt hat. Häufig sind parallel vier Datumsangaben mit den folgenden Zusätzen zu finden: *faranǧī* / f. (christlicher Kalender), *hiǧrī* / h. (islamischer Kalender), *min mīlād ar-rasūl* / m. (Zählung ab dem angenommenen Geburts- des Propheten) und *min wafāt ar-rasūl* / w.r. (Zählung ab dem Todesjahr des Propheten).[3]

---

1 Vgl. „Die Transliteration der arabischen Schrift und ihrer Anwendung auf die Hauptliteratursprachen der islamischen Welt. Denkschrift dem 19. Orientalistenkongreß in Rom." Leipzig: Brockhaus, 1935. Für die Aussprache siehe S.29.

2 Vgl. BARTHEL/STOCK 1994, S.319: Überschlagsformel bei der Umrechnung: Jahr A.H. - (Jahr A.H. : 33) + 622 = Jahr n.Chr.; vgl. auch WÜSTENFELD, F.: „Vergleichungstabellen der Muhammedanischen und Christlichen Zeitrechung." Leipzig: Brockhaus, 1903. Unter <http://www.ori.unizh.ch/hegira.html> steht eine elektronische Umrechungstabelle zur Verfügung.

3 So wurde am 10.2.1979 die Zeitrechnung beginnend mit Muḥammads Todestag (8.6.632) eingeführt - vgl. NELSON 1979, S.viii. SIVERS erklärt dies damit, daß die Auswanderung des Propheten von Mekka nach Medina ein Akt der Erniedrigung, sein Tod jedoch ein Augenblick des Triumphs über das Heidentum war (ders. 2001, S.582). Am 18.2.1994 erfolgte die Einführung des neuen islamischen Sonnenkalenders, der das Geburtsjahr Muḥammads zum Bezugsjahr hat. Vgl. MATTES 1995b, S.119; FAZ Nr. 79, 3.4.2001, S.14.

- Bezüglich mitunter nicht gern gesehener „eurozentristischer" Begriffe wie Islamischer Orient, Westen[4] u. ä. ist zu bemerken, daß die Sprache selbst der mehr oder weniger akzentuierte Ausdruck eines kulturellen Ethnozentrismus[5] mit tief verwurzeltem Wortschatz und ausgeprägten sprachlichen Strukturen ist. Ich sehe überwiegend davon ab, entsprechende Begriffe in Anführungszeichen zu setzen und füge ggf. eine Fußnote mit erklärenden Angaben ein.
- Des weiteren weise ich darauf hin, daß sich die Rechtschreibung an den Beschlüssen der staatlichen Orthographiekonferenz im Jahre 1901 in Berlin orientiert.[6] Ausgenommen sind Zitate aus Artikeln und Publikationen, die sich bereits nach dem amtlichen Regelwerk für die neue deutsche Rechtschreibung vom 1.7.1996 richten.
- Alle Zitate aus dem Englischen, Französischen, Arabischen, Lateinischen etc. sind, wenn nicht anders vermerkt, von mir übersetzt.

Almut Hinz

4 Vgl. zu den Begriffen „Orient" und „Westen" die Ausführungen HALLs, der diese als historische und sprachliche Konstrukte definiert, deren Bedeutung sich mit der Zeit ändert. Vgl. ders. 2000, S.137-179, insbes. S.141.

5 HALL schreibt dazu: „Das Wissen, das ein Diskurs produziert, konstituiert eine Art von Macht, die über jene ausgeübt wird, über die ‚etwas gewußt wird'. Wenn dieses Wissen in der Praxis ausgeübt wird, werden diejenigen, über die ‚etwas gewußt wird', auf eine besondere Weise zum Gegenstand der Unterwerfung. Dies ist immer eine Machtbeziehung [...]." HALL 2000, S.154. SAID betont, daß es keinen Grund gebe, auf der Trennung und Unvergleichlichkeit ethnischer Identitäten zu beharren. Es sei lohnender - und schwieriger - über das andere nachzudenken als nur über ‚uns'. Vgl. ders. 1994, S.442.

6 Für Einzelheiten siehe DUDEN 1991; DUDEN 2000.

Inhaltsübersicht

Vorwort ... 7
Inhaltsverzeichnis ... 13
Abkürzungsverzeichnis ... 21
Abbildungs- und Tabellenverzeichnis ... 27
Erläuterungen zur Aussprache des Arabischen ... 29
Einleitung ... 31
Erster Teil: Theoretischer und historischer Hintergrund ... 41
1. Kapitel: Sanktionen als Mittel der internationalen Politik ... 43
2. Kapitel: Die Geschichte Libyens bis zur Verhängung der Sanktionen ... 103
Zweiter Teil: Die Ursachen der Sanktionen gegen Libyen ... 165
3. Kapitel: Die unilateralen Sanktionen der USA gegen Libyen ... 167
4. Kapitel: Die Sanktionen der VN, der EG/EU und Deutschlands ... 235
Dritter Teil: Die Bedeutung der VN-Sanktionen für Libyen ... 287
5. Kapitel: Die Auswirkungen der VN-Sanktionen auf Libyen ... 289
6. Kapitel: Der Weg zur Aufhebung der VN-Sanktionen gegen Libyen ... 331
Schlußbetrachtung ... 381
Literaturverzeichnis ... 385
Zusammenfassung (Englisch) ... 447
Indices und Appendices ... 449
Glossar arabischer Termini ... 449
Namen- und Stichwortverzeichnis ... 453
Anhang 1: Karte von Libyen ... 457
Anhang 2: Abgrenzung und Überschneidung von Sanktionen und Embargos ... 459
Anhang 3: Maßnahmen der USA gegen Libyen seit 1972 ... 461
Anhang 4: Chronologie der US-libyschen Konfrontation seit den 70er Jahren ... 467
Anhang 5: Vom US-Kongreß geplante oder erlassene Gesetze mit Libyen-Bezug ... 471

Inhaltsverzeichnis

Vorwort 7

Inhaltsübersicht 11

Abkürzungsverzeichnis 21

Abbildungs- und Tabellenverzeichnis 27

Erläuterungen zur Aussprache des Arabischen 29

Einleitung 31

Erster Teil: Theoretischer und historischer Hintergrund 41

1. Kapitel: Sanktionen als Mittel der internationalen Politik 43
A. Allgemeine Erscheinungsform und Charakterisierung von Sanktion 44
I. Herkunft und Bedeutung des Ausdruckes Sanktion 45
B. Sanktionen im modernen Völkerrecht 48
I. Allgemeines 48
1. Sanktionssystem von Dumas 49
2. Formen und Grade von Sanktionen 50
II. Der juristische Begriff 54
III. Der sozialwissenschaftliche Begriff 55
IV. Sanktionsforschung 56
C. Erscheinungsformen des Embargos im Völkerrecht 58
I. Historische Entwicklung: Schiffsembargo - Handelsembargo 60
II. Entwicklung des modernen Sanktionsverständnisses:
das Handelsembargo 63
1. Das Embargo als staatliche Maßnahme 64
2. Das Embargo als Instrument der Außenpolitik 67
3. Abgrenzung zu Maßnahmen der Außenwirtschaftspolitik 68
4. Abgrenzung zu Kriegsführung 69
III. Formen des Handelsembargos 69
1. Unterscheidung nach Beteiligten: Kollektiv- und Individualembargo . 69
2. Unterscheidung nach Sachmerkmalen:
allumfassendes / partielles Embargo 71
D. Funktionsweise und Auswirkungen von Sanktionen 74
I. „Sanktionsdreieck“ und Wirkungsebenen 74
1. Die Beziehungen innerhalb des Sanktionsdreiecks 75
2. Die Wirkungsebenen von Sanktionen 77
II. Ansprüche an den Einsatz von Sanktionen 79
1. Grundüberlegungen zu Sanktionen 81

2. Rahmen- und Erfolgsbedingungen von Sanktionen 83
III. Hauptmängel, Verbindlichkeit und Universalität von Sanktionen 85
1. Die Verbindlichkeit von Sanktionen 85
2. Die mangelnde Universalität und die Positionen der wichtigsten Handelspartner 86
IV. Beurteilung der Effektivität: wirtschaftliche und politische Folgekosten 89
1. Wirtschaftliche Folgekosten / Inkaufnahme wirtschaftlicher Nachteile 92
2. Politische Folgekosten 93
3. Humanitärer Aspekt 93
4. Die sog. Sanktionsdebatte 97
Zusammenfassung 101

2. Kapitel: Die Geschichte Libyens bis zur Verhängung der Sanktionen 103
A. Geographie Libyens 103
I. Die Landesteile Libyens 104
1. Tripolitanien 105
2. Cyrenaika 107
3. Fessan 108
II. Die libysche Bevölkerung 109
1. Die verschiedenen Ethnien Libyens 109
2. Gesellschaftsstruktur: Stämme 114
B. Historischer Hintergrund bis zur libyschen Unabhängigkeit 115
I. Libyen von der Vorzeit bis zur Neuzeit 115
II. Die neuzeitliche Entwicklung Libyens 122
1. Osmanische und türkische Qaramanli-Suzeränität (1551-1835) 122
a. Die osmanische Regierung in Libyen 125
b. Europäische Interessen in Libyen 126
Exkurs: Barbareskenstaaten und Korsarentum 126
2. Die Spätzeit der Osmanen und der beginnende Nationalismus (1835-1912) 131
Exkurs: Die Sanūsīya 132
3. Italienische Interessen in Libyen: die italienische Besetzung 134
4. Der Zweite Weltkrieg und seine Folgen für Libyen 139
5. Unabhängigkeit statt Treuhandschaft 142
C. Das Sanūsī-Königreich von Libyen, 1951-1969 143
I. Verwaltungsaufbau 144
II. Ölförderung 144
III. Unzufriedenheit der Bevölkerung 146
D. Die Entwicklung Libyens unter al-Qaḏḏāfī 148

I. Die Phasen der Revolution und die Herausbildung des Systems der Ǧamāhīrīya 150
1. Die Arabische Sozialistische Union 150
2. Das Grüne Buch als Handlungsanleitung 151
3. Ideologisch geprägtes Jahrzehnt 154
4. Wirtschaftliche Korrekturen 157
II. Innen- und außenpolitische Kurskorrekturen 158
III. Einschätzung der Situation in Libyen heute 160
Zusammenfassung 162

Zweiter Teil: Die Ursachen der Sanktionen gegen Libyen 165

3. Kapitel: Die unilateralen Sanktionen der USA gegen Libyen 167
A. Die Grundlagen für Sanktionen im US-amerikanischen Recht 167
I. Die Ausfuhrkontrollgesetze im internationalen Wirtschaftsverwaltungsrecht der USA 168
1. Allgemeines 168
2. Historischer Hintergrund 169
3. Die Stellung des Ausfuhrkontrollrechts in der US-amerikanischen Rechtsordnung 169
II. Die US-Ausfuhrkontrollgesetzgebung 171
1. Allgemeines 172
2. Gesetze mit Bedeutung für das US-Exportkontrollrecht 173
III. Mängel im US-amerikanischen System der unilateralen Sanktionen 182
1. Kritik von Verbänden und Wissenschaft 182
2. Kritik europäischer Staaten an der extraterritorialen Dimension der Vorschriften 185
Zusammenfassung 189
B. Die US-Sanktionen gegen Libyen 190
I. Die libysch-amerikanischen Beziehungen nach 1969 190
1. Vorbehalte der USA gegenüber der libyschen Politik seit 1969 192
Exkurs: Massenvernichtungswaffen 197
2. Erste Sanktionen 201
3. Die „Schurkenstaaten"-Doktrin 203
4. Die Eskalation der Gewalt unter Präsident Reagan 208
5. Die Instrumentalisierung Libyens zur Durchsetzung einer globalen Strategie 210
II. Die Intensivierung der Sanktionsmaßnahmen gegenüber Libyen seit 1986 211
1. Allgemeines 212
2. Bestimmungen des Finanzministeriums 213
a. Allgemeines 213

b. Handelssanktionen ... 214
c. Transaktionsverbote ... 215
d. Einfrieren von Geldern und Verbote im Finanzbereich ... 215
3. Bestimmungen des Wirtschaftsministeriums ... 216
4. Auswirkungen des Iran and Libya Sanctions Act ... 217
5. Genehmigungsvergabe ... 223
a. Genehmigungsvergabe durch das Finanzministerium ... 223
b. Genehmigungsvergabe durch das Wirtschaftsministerium ... 227
6. Auslegungsschwierigkeiten ... 228
a. Die Reichweite der Verbote im Finanzbereich ... 228
b. Das unkoordinierte Inkrafttreten sich überlagernder Verbote ... 228
c. Die Ausnutzung „dehnbarer" Bestimmungen für substantielle Vorhaben ... 229
d. Libyscher Ursprung von Waren und Dienstleistungen ... 230
e. Der Begriff „Dienstleistung" ... 231
Zusammenfassung ... 232

4. Kapitel: Die Sanktionen der VN, der EG/EU und Deutschlands ... 235
A. Die Sanktionen der organisierten Staatengemeinschaft ... 235
I. Rechtliche Grundlagen für die Zulässigkeit von VN-Sanktionen ... 236
1. Begriff und Bedeutung der Sanktionen nach allgemeinem Völkerrecht ... 236
2. Begriff und Bedeutung der Sanktionen im Rechtssystem der Vereinten Nationen ... 237
3. Sanktionen nach Kapitel VII SVN ... 240
4. Durchführung der Maßnahmen durch die Mitgliedstaaten ... 242
Zusammenfassung ... 243
II. Die VN-Sanktionen gegen Libyen ... 244
1. Der Lockerbie-Konflikt und die Verhängung der VN-Sanktionen ... 246
2. Libyens Klage vor dem IGH ... 250
Zusammenfassung ... 256
B. Die Sanktionskompetenz der EG/EU ... 257
I. Völkerrechtliche Zulässigkeit von EG/EU-Sanktionen gegen Drittstaaten ... 259
II. Kompetenz der Gemeinschaft zu dem Erlassen von Sanktionen ... 261
1. Der Begriff der „Gemeinsamen Handelspolitik" ... 263
2. Die Rechtslage vor und nach dem Maastrichter Vertrag ... 263
III. Die Umsetzung von nichtmilitärischen VN-Sanktionen durch die EG/EU ... 265
1. Zulässigkeit einer wiederholenden mitgliedstaatlichen Sanktionsgesetzgebung ... 266

IV. Die Sanktionen der EG/EU gegen Libyen vor und nach dem Maastrichter Vertrag 267
V. Zulässigkeit von eigenständigen Wirtschaftssanktionen der Mitgliedstaaten 269
Zusammenfassung 270
C. Nationales Recht: Zulässigkeit von Sanktionen in Deutschland 271
I. Rechtsgrundlage zur Verhängung von Sanktionen in Deutschland 271
1. Regelungsgegenstand und Ziel des deutschen Außenwirtschaftsrechts 272
2. Die Beschränkungstatbestände des AWG 274
3. Beschränkungen des Außenwirtschaftsverkehrs durch Rechtsverordnungen 275
4. Straf- und Bußgeldbewehrung im Außenwirtschaftsrecht, §§ 33, 34 AWG 276
5. Die Zielsetzung der Reformen des AWR in den Jahren 1990 und 1992 278
II. Ausfuhr von Kriegswaffen: das Kriegswaffenkontrollgesetz 279
III. Sanktionen der Bundesrepublik Deutschland gegen Libyen 280
Zusammenfassung 285

Dritter Teil: Die Bedeutung der VN-Sanktionen für Libyen 287

5. Kapitel: Die Auswirkungen der VN-Sanktionen auf Libyen 289
A. Negative sanktionsverursachte Folgen in Libyen 289
I. Das wirtschaftliche System als Transformationsebene 289
1. Charakteristika der libyschen Wirtschaft vor 1992 290
2. Ökonomische Auswirkungen der VN-Sanktionen 292
II. Das gesellschaftliche System als Transformationsebene 297
1. Humanitäre Folgen 298
2. Verschlechterung der Lebensumstände der Bevölkerung 298
3. Die sozialen Auswirkungen der Sanktionen 300
4. Bildung und Gesundheit 301
III. Das politische System Libyens als Zielebene 302
1. Politische Effektivität: Der Einfluß der Sanktionen auf die Politik 302
Zusammenfassung 304
B. Die Sanktionen und das Verhältnis zwischen Libyen, den USA und Europa 305
I. Libysche Darstellungen der zu den VN-Sanktionen führenden Ereignisse 305
1. Stellungnahmen in Reden al-Qaḏḏāfīs 308
2. Die Darstellung in Publikationen und Zeitschriften 311
II. Die Bedeutung der Sanktionen für Deutschland 312

1. Die Bedeutung von Exportverboten für die deutsche Wirtschaft........313
2. Umgehung der Sanktionen durch deutsche Firmen........315
III. Libyen und die euro-mediterrane Partnerschaft........316
IV. Auswirkungen der Sanktionen auf das Verhältnis zwischen den USA und Europa........318
1. Der Einfluß der Familien der Lockerbie-Opfer........320
2. Gegen die Sanktionen gerichtete Unternehmer-Initiativen........326
3. Die Bedeutung der US-Sanktionen für Europa........327
Zusammenfassung........329

6. Kapitel: Der Weg zur Aufhebung der VN-Sanktionen gegen Libyen........331
A. Die Konzeption Libyens zur Aufhebung der Sanktionen........331
I. Initiativen Libyens zur Lösung des Lockerbie-Konfliktes........332
1. Anfängliche libysche Vermittlungsbestrebungen........333
2. Das Engagement der Arabischen Liga und anderer Organisationen...335
3. Ergebnislosigkeit der Bemühungen........337
II. Die grundsätzlichen Strategien........338
1. Hinwendung von der panarabischen zur panafrikanischen Politik........339
a. Aufruf zur offiziellen Verletzung der VN-Sanktionsbeschlüsse........341
b. Gründung der Sahel- und Saharastaatengemeinschaft SinSad........345
c. Die Afrikanische Union........346
2. Libyens Auftreten als Vermittler in internationalen Konfliktsituationen........349
3. Die Geiselnahme auf Jolo........350
4. Weitere Maßnahmen zur Überwindung der außenpolitischen Isolation........351
Zusammenfassung........354
B. Die Folge der politischen Strategie: Der Weg zur Suspendierung der VN-Sanktionen........355
I. Verhandlungen wegen der Überstellung der Verdächtigten: August 1998 - April 1999........355
1. Die britische / US-Initiative im Juli 1998........355
2. Weitere Gründe für die Annäherung der Positionen........357
II. Suspendierung der VN-Sanktionen........361
III. Suspendierung der EG/EU-Sanktionen........363
IV. Der Weg zur Suspendierung der deutschen Sanktionen........364
Exkurs: Das La-Belle-Urteil in Deutschland........365
Zusammenfassung........366
C. Die Aufhebung der VN-Sanktionen (12.9.2003)........367
I. Die zur Aufhebung der VN-Sanktionen führende Entwicklung........367
1. Der Lockerbie-Prozeß und das Urteil........367
2. Die endgültige Aufhebung der VN-Sanktionen........371

II. Schrittweise Aufhebung der US-Sanktionen gegen Libyen 375
Zusammenfassung 379

Schlußbetrachtung 381

Literaturverzeichnis 385
A. Monographien, Sammelwerke, Zeitschriftenaufsätze und Zeitungsartikel 385
B. Monographien, Sammelwerke, Zeitschriftenaufsätze und Zeitungsartikel (Arabisch) 424
C. Nachschlagewerke, Wörterbücher 431
D. Gesetzestexte und offizielle Dokumente 434
E. Zeitungen, Zeitschriften und Gesetzesblätter 440
F. Internetverweise 443

Summary 447

Indices und Appendices 449
Glossar arabischer Termini 449
Namen- und Stichwortverzeichnis 453
Anhang 1: Karte von Libyen 457
Anhang 2: Abgrenzung und Überschneidung von Sanktionen und Embargos 459
Anhang 3: Maßnahmen der USA gegen Libyen seit 1972 461
Anhang 4: Chronologie der US-libyschen Konfrontation seit den 70er Jahren 467
Anhang 5: Vom US-Kongreß geplante oder erlassene Gesetze mit Libyen-Bezug 471

Abkürzungsverzeichnis

Abb.	Abbildung(en)
ABC-Waffen	Atomare, biologische und chemische Waffen
ABl.	Amtsblatt der Europäischen Gemeinschaften
Abs.	Absatz
Abschn.	Abschnitt
Abt.	Abteilung
AEA	Atomic Energy Act
AECA	Arms Export Control Act
a.F.	alte Fassung
A.H.	Anno Hegirae, im Jahre der Hidschra (der Auswanderung Muḥammads von Mekka nach Medina 622 n.Chr.)
AIPAC	American Israel Public Affairs Committee
AL	Arabische Liga
AL	Ausfuhrliste
Ann.	Annotated
App.	Appendix
AR	Ausfuhrregelung
arab.	arabisch
ASU	Arabische Sozialistische Union
AU	Afrikanische Union
AV	Allgemeine Volkskonferenz
AVK	Allgemeines Volkskomitee
ÄVO	Änderungsverordnung
AWG	Außenwirtschaftsgesetz
AWV	Außenwirtschaftsverordnung
b.	bin (Sohn von)
BAFA	Bundesamt für Wirtschaft und Ausfuhrkontrolle
BAnz.	Bundesanzeiger
Bd./Bde.	Band
b/d	barrels per day
BGB	Bürgerliches Gesetzbuch
BGBl.	Bundesgesetzblatt
BSP	Bruttosozialprodukt
BVK	Basisvolkskonferenz
bzw.	beziehungsweise
ca.	circa: ‚um', ‚etwa', ‚ungefähr', ‚rund'
CCC	Commerce Country Chart
CCL	Commerce Control List
C.F.R.	Code of Federal Regulations
CG	Consultative Group
CIA	Central Intelligence Agency
Co.	Company
CoCom	Coordinating Committee on Multilateral Export Controls
Comessa	Communauté des Etats Sahélo-Sahariens

Corp.	Corporation
CSIS	Center for Strategic and International Studies
CWÜ	Chemiewaffenübereinkommen
d. Ä.	der Ältere
DEA	Drug Enforcement Agency
ders.	derselbe
dess.	desselben
d.h.	das heißt
DIA	Defense Intelligence Agency
dies.	dieselbe(n)
Diss.	Dissertation
d. J.	der Jüngere
DNP	Der Neue Pauly (Enzyklopädie der Antike)
Dok.	Dokument
DTSA	Defense Technology Security Administration
DUT	Dritte Universaltheorie
DUV	Dual-Use-Verordnung / Verordnung über Güter mit doppeltem Verwendungszweck
d.Verf.	die Verfasserin / der Verfasserin
EAA	Export Administration Act
EAG	Europäische Atomgemeinschaft
EAR	Export Administration Regulations
ebd.	ebenda, an gleicher Stelle ‚ibidem'
ECA	Export Control Act
ECCN	Export Control Classification Number
ed. cit.	editio(ne) citata ‚die (oder ‚in der') aufgeführte(n) Ausgabe'
EG	Europäische Gemeinschaft
EGKS	Europäische Gemeinschaft für Kohle und Stahl
EGV	Vertrag zur Gründung der Europäischen Gemeinschaft
EG-VO	EG-Verordnung
EG-VOen	EG-Verordnungen
EI	Enzyklopaedie des Islam
einschl.	einschließlich
En.	Endnote
EPZ	Europäische Politische Zusammenarbeit
Erg.-Lfg.	Ergänzungs-Lieferung
et al.	et alii /-ae /-a: ‚und andere'
etc.	et cetera
EuGH	Europäischer Gerichtshof
EUV	Vertrag über die Europäische Union
evtl.	eventuell
EWG	Europäische Wirtschaftsgemeinschaft
EWGV	Vertrag zur Gründung der Europäischen Wirtschaftsgemeinschaft
Ex. Order	Executive Order
f.	farangī (Datumsangabe nach dem Gregorianischen Kalender)
f. / ff.	(und) der, die, das Folgende
FAA	Foreign Assistance Act
FAZ	Frankfurter Allgemeine Zeitung

Fed.Reg.	Federal Register, s. auch F.R.
Fn.	Fußnote
F.R.	Federal Register, s. auch Fed.Reg.
FTD	Financial Times Deutschland
GA	General Assembly (Generalversammlung der VN)
GASP	Gemeinsame Außen- und Sicherheitspolitik
GATT	General Agreement on Tariffs and Trade,
geb.	geboren
gem.	gemäß
GG	Grundgesetz der Bundesrepublik Deutschland
ggf.	gegebenenfalls
GKF	Großer Künstlicher Fluß
GPO	Government Printing Office
gr.	griechisch
h.	hiğrī (Datumsangabe nach dem islamischen Kalender)
Hg.	Herausgeber
H.R.	Gesetzesentwurf des House of Representatives in den USA
i.d.F.	in der Fassung
IEEPA	International Emergency Economic Powers Act
IGH	Internationaler Gerichtshof
IKRK	Internationales Komitee vom Roten Kreuz
ILSA	Iran and Libya Sanctions Act
Inc.	Incorporated
indet.	indeterminiert
insbes.	insbesondere
IPO	International Progress Organization
IPR	Internationales Privatrecht
ISDCA	International Security and Development Cooperation Act
ITAR	International Traffic in Arms Regulations
i.V.m.	in Verbindung mit
IWF	Internationaler Währungsfonds
JANA	Jamahiriyah News Agency
Jh.	Jahrhundert
jun.	junior
Kap.	Kapitel
km	Kilometer
kodif.	kodifiziert
KWKG	Kriegswaffenkontrollgesetz
LAA	Libyan Arab Airways
LAAICO	Libyan Arab African Investment Company
LAFICO	Libyan Arab Foreign Investment Company
LD	Libyan Dinar / Libyscher Dinar
LFIB	Libyan Foreign Investment Board
LG	Landgericht
LL.M.	Magister Legum / Master of Laws
LSR	Libyan Sanctions Regulations
Ltd.	Limited

m.	min mīlād ar-rasūl (libysche Datumsangabe, der das angenommene Geburtsjahr Muḥammads zugrundeliegt)
M.A.	Magister Artium / Master of Arts
m.E.	meines Erachtens
MEED	Middle East Economic Digest. London.
MFN	Most Favored Nation
Mio.	Millionen
Mrd.	Milliarde
m.W.v.	mit Wirkung vom
NAM	Non-aligned Movement (Bewegung der blockfreien Staaten)
NATO	North Atlantic Treaty Organization
n.Chr.	nach Christus
NEA	National Energy Act
NOC	[Libyan] National Oil Company
Nr.	Nummer
NRC	Nuclear Regulatory Commission
NZZ	Neue Zürcher Zeitung
o.a.	oben angegeben
OAPEC	Organization of Arab Petroleum Exporting Countries
OAS	Organization of American States / Organisation Amerikanischer Staaten
OAU	Organization of African Unity
ODTC	Office of Defense Trade Controls
OECD	Organization for Economic Cooperation and Development
OEE	Office of Export Enforcement
OEL	Office of Export Licensing
OFAC	Office of Foreign Assets Control
OIC	Organization of the Islamic Conference
o.J.	ohne Jahr
o.O.	ohne Ort(sangabe)
OPEC	Organization of Petroleum Exporting Countries
o.S.	ohne Seite(nangabe)
OSZE	Organisation für Sicherheit und Zusammenarbeit in Europa
o.V.	ohne Verlag
OWi	Ordnungswidrigkeit(en)
OWiG	Ordnungswidrigkeitengesetz
PJZS	Polizeiliche und justitielle Zusammenarbeit in Strafsachen
P.L.	Public Law (als in den USA erlassenes Gesetz)
PLO	Palestine Liberation Organization
Präs.	Präsident
RKR	Revolutionärer Kommandorat
S.	Satz (bei Zitierung von Artikeln und Paragraphen)
S.	Seite
S.	Senats-Gesetzentwurf (in den USA)
s.	siehe
S.C.R.	Supreme Court Reports (Kanada)
sec.	section (Paragraph)
Sen.	Senator
sen.	senior

SIGH	Statut des Internationalen Gerichtshofes
SinSad	Sahel- und Sahara-Staatengemeinschaft
s.o.	siehe oben
sog.	sogenannte
Sp.	Spalte
SR	Sicherheitsrat (der Vereinten Nationen)
st.	starb
Stat.	Statutes (Sammlung der Bundesgesetze)
StGB	Strafgesetzbuch
StPO	Strafprozeßordnung
SVN	Satzung der Vereinten Nationen
SZ	Süddeutsche Zeitung
TSRA	The Trade Sanctions Reform and Export Enhancement Act of 2000
TWEA	Trading with the Enemy Act
u. a.	unter anderem (anderen)
u. ä.	und ähnliche(s)
UAS	Union der Afrikanischen Staaten
UK	United Kingdom (Vereinigtes Königreich)
UN	United Nations (Vereinte Nationen)
Univ.	Universität, University, Université
UNO	United Nations Organisation
UNPA	United Nations Participation Act
U.S.	United States
USA	United States of America
U.S.C.	United States Code (Sammlung der Bundesgesetze)
U.S.C.Ann.	United States Code Annotated (Sammlung der Bundesgesetze mit Anmerkungen)
U.S.C. app.	United States Code appendix
USML	United States Munitions List
usw.	und so weiter
VB	Völkerbund
VBS	Völkerbundsatzung
Verl.	Verlag
vgl.	vergleiche
v.H.	vom Hundert
VN	Vereinte Nationen
VN-Res.	Resolution der Vereinten Nationen
VO	Verordnung
VOen	Verordnungen
WMD	Weapons of Mass Destruction (Massenvernichtungswaffen)
w.r.	min wafāt ar-rasūl (libysche Datumsangabe, der das Todesjahr Muḥammads zugrundeliegt)
WTO	World Trade Organization
Ziff.	Ziffer
ZVEI	Zentralverband Elektrotechnik- und Elektroindustrie

Abbildungs- und Tabellenverzeichnis

Abbildungen:

Abbildung 1: Sanktionsdreieck ... 76

Abbildung 2: Sanktionsebenen ... 78

Tabellen:

Tabelle 1: Abgrenzung von *Sanktion* und *Embargo* ... 45

Tabelle 2: Der Begriff *sancire* ... 45

Tabelle 3: Der Begriff *sanctio* ... 46

Tabelle 4: Typologie von Sanktionen ... 52

Tabelle 5: Auswahl vorhandener Standardwerke zu Sanktionen ... 56

Tabelle 6: Schiffs- und Handelsembargo ... 62

Tabelle 7: Bedeutungsgleiche Termini für die Akteure der Anwender- / Empfängerebene ... 77

Tabelle 8: Primäre Ziele von Sanktionen ... 79

Tabelle 9: Sekundäre Ziele von Sanktionen ... 80

Tabelle 10: Tertiäre Ziele von Sanktionen ... 80

Tabelle 11: Die verschiedenen Sanktionsebenen ... 82

Tabelle 12: Anhaltspunkte für eine kritische Sanktionsbetrachtung ... 85

Tabelle 13: Gegenmaßnahmen des Sanktionsgegners ... 89

Tabelle 14: Faktoren des vieldimensionalen kausalen Sanktions-Beziehungsgeflechtes ... 91

Tabelle 15: Humanitäre Folgen von Embargos ... 94

Tabelle 16: Die innenpolitische Entwicklung Libyens ... 150

Tabelle 17: Kernpunkte al-Qaḏḏāfīs programmatischer Rede von Zuwāra ... 152

Tabelle 18: Auswahl wichtiger Gesetze als Verhängungsgrundlage für Sanktionen ... 173

Tabelle 19: Richtlinien für unilaterale Sanktionen ... 184

Tabelle 20: Mögliche Maßnahmen gegen Libyen ab 1977 ... 195
Tabelle 21: Wichtige Faktoren in den US-libyschen Beziehungen seit 1969 ... 196
Tabelle 22: US-Kriterien für „Schurkenstaaten" ... 204
Tabelle 23: In den Libyan Sanctions Regulations enthaltenen US-Sanktionen gegen Libyen ... 211
Tabelle 24: Sanktionsmaßnahmen nach ILSA ... 219
Tabelle 25: Die Aufforderungen in der Res. 731 (1992) (Auswahl) ... 247
Tabelle 26: Die Verpflichtungen in der Res. 748 (1992) ... 248
Tabelle 27: Die Verpflichtungen in der Res. 883 (1993) ... 250
Tabelle 28: Klagepunkte Libyens vor dem IGH vom 3.3.1992 ... 252
Tabelle 29: Empfehlungen an die europäische Sanktionspolitik ... 270
Tabelle 30: Verpflichtungen/Überlegungen bei der Erteilung von Exportgenehmigungen ... 274
Tabelle 31: Die Haltung der EG gegenüber Libyen im ersten Halbjahr 1986 ... 328
Tabelle 32: Der Inhalt der Res. 1192 (1998) ... 358
Tabelle 33: Der Inhalt der Res. 1506 (2003) (Auswahl) ... 374

Erläuterungen zur Aussprache des Arabischen

Die Transliteration arabischer Begriffe in lateinischer Schrift erfolgt nach den Regeln der Umschrift der Deutschen Morgenländischen Gesellschaft (vgl. S.8, Fn.1 im Vorwort).
Bezüglich der Aussprache der transliterierten Termini gibt die folgende Tabelle[7] Aufschluß.

Buchstabe	**Aussprache**
ā	langes *a* wie in *Kahn*
b	wie im Deutschen
t	wie im Deutschen
ṯ	englisches *th* in *three*
ǧ	deutsches *dsch* wie in *Dschungel*
ḥ	gepreßtes *h*; Laut bei starkem Hauchen oder dem Versuch, deutlich zu flüstern
ḫ	stimmloser Gaumensegelreibelaut wie *ch* in *Bach*
d	wie im Deutschen
ḏ	englisches stimmhaftes *th* wie in *there*
r	gerolltes Zungenspitzen-R
z	wie im Deutschen das *s* in *Sand*
s	stimmhaftes *s* wie im Englischen das *s* in *sun*
š	deutsches *sch* wie in *Schnee*
ṣ	velarisiertes *s* (bewirkt dumpfe Färbung der umgebenden Vokale)
ḍ	velarisiertes *d* (bewirkt dumpfe Färbung der umgebenden Vokale)
ṭ	velarisiertes *t* (bewirkt dumpfe Färbung der umgebenden Vokale)
ẓ	velarisiertes stimmhaftes *th* (bewirkt dumpfe Färbung der umgebenden Vokale)
ʿ	gepreßter Knarrlaut in der Stimmritze
ġ	stimmhafter velarer Reibelaut, Zäpfchen-r wie in hochdeutsch *Rinde*
f	wie im Deutschen
q	am Gaumensegel artikuliertes *k* mit dumpfer Färbung der umliegenden Vokale
k	wie im Deutschen
l	wie im Deutschen (Ausnahme: Allah)
m	wie im Deutschen
n	wie im Deutschen
h	wie im Deutschen
w, ū	englisches *w* und Dehnungsbuchstabe für *u* wie in *Kuh*
y, ī	wie ein deutsches *j* und Dehnungsbuchstabe für *i* wie in *Knie*
ʾ	Hamza: Stimmabsatz; vgl. im Dt. die Trennung zwischen *e* und *a* in *beachten*

[7] Für weitere Erläuterungen vgl. KROPFITSCH 1996, S.12 f.

Einleitung

A. Konfliktlage und Untersuchungsgegenstand

Diese Arbeit hat sich die Aufgabe gestellt, die wichtigsten Formen völkerrechtlicher Sanktionen darzustellen. Dabei stützt sie sich auf die grundlegenden Beschreibungen und Erörterungen im Schrifttum von Politik- und Rechtswissenschaft.

Die Dissertation selbst kann keine rechtswissenschaftliche sein, da sie nicht in dem Wissenszweig der Rechtswissenschaft entstanden ist. Sie hat jedoch die Absicht, die rechtlichen Grundlagen, die Anwendungstechniken und die judikativen Überwachungsmöglichkeiten von Sanktionen seitens der Vereinten Nationen (VN), der USA sowie der EG/EU verstehbar werden zu lassen für Leser, die in den Bereichen von Politik, Wirtschaft und Kultur mit einem Staat in Berührung kommen, der sich Sanktionen ausgesetzt sieht - und zwar konkret im Falle des arabischen Landes Libyen.

Aus dieser Zielsetzung ergibt sich ein weiterer Schwerpunkt der Arbeit: die Frage nämlich, wie sich ein Land der arabisch-islamischen Welt unter dem Zwang von Sanktionen, die seit den siebziger Jahren des 20. Jahrhunderts bis heute von seiten der internationalen Staatengemeinschaft, der EG/EU und einzelnen Staaten - insbesondere den USA - initiiert worden sind, entwickelt hat. Wo haben die Bemühungen eines Landes ihre Wurzeln, sich nicht nur gegen ein langandauerndes Sanktionsregime zu behaupten, sondern sich auch nicht von den Ansprüchen und Einflüssen der westlich geprägten Staaten und ihrer Gemeinschaften vereinnahmen zu lassen?

Als eine in der Arabistik entstandene Arbeit sieht die Verfasserin eine Aufgabe der vorgelegten Dissertation darin, die landesgeschichtlichen Besonderheiten darzustellen, die es einem großen, aber bevölkerungsarmen Land ermöglicht haben, seine Identität zu finden und zu erhalten. Dabei wird zum einen die historisch-politische Entwicklung seit der Antike, der das Land seinen heutigen Namen verdankt, den ihr gebührenden Raum einnehmen. Zum anderen erfährt die staatliche Entwicklung seit der Beendigung der Kolonialzeit sowie die selbst in der arabischen Welt einzigartige Ausprägung Libyens Beachtung, das als islamisch-sozialistisches Land seinen eigenen Platz in der arabischen Welt und der Weltgemeinschaft fordert.

Den genannten Aspekten Rechnung tragend gilt es, fächerübergreifend anzusetzen, um die vorliegende komplexe Thematik zu untersuchen. Obwohl eine umfangreiche US-amerikanische Literatur zu Sanktionen vorhanden ist und sich seit einigen Jahren auch deutschsprachige Publikationen verstärkt dieser Problematik widmen, so fehlt bislang eine Arbeit, die sich nicht ausschließlich mit Detailfragen be-

faßt, sondern welche die unilateral und multilateral gegen Libyen verhängten Sanktionen umfassend behandelt.[8]
Über die Tatsache hinaus, daß die Charakterisierung der Sanktionen gegen Libyen in der Literatur uneinheitlich ausfällt, findet die vorliegende Arbeit ihre Rechtfertigung auch in der Unvollständigkeit und Fehlerhaftigkeit der bisherigen Literatur zum Thema sowie in der bislang weitgehend übersehenen Bedeutung, die Libyen hinsichtlich seiner gezielt vorgenommenen Maßnahmen zur Aufhebung der Sanktionen zukommt.[9]
Es gilt, das Bewußtsein für die jeweils „andere Seite" zu wecken: sei es für die verschiedenen beteiligten Staaten (Libyen, USA, die Bundesrepublik Deutschland u.a.) und deren Bevölkerung, sei es für die unmittelbar mit den Sanktionsregelungen Konfrontierten in Wirtschaft, Gesellschaft, Recht und Politik.

B. Quellenmaterial und Untersuchungsmethoden

Als Quellenmaterial dienten neben verschiedenen europäischsprachigen Monographien und Sammelwerken Dokumente, Resolutionen und Presseartikel sowie arabische Fachpublikationen und Veröffentlichungen politischer und universitärer Einrichtungen.
Der ausführliche Fußnotenapparat soll darauf aufmerksam machen, daß es weitaus mehr Literatur und Dokumente gibt, als in der Regel in westlichen Publikationen angezeigt wird.
Methodisch stützt sich diese Arbeit vornehmlich auf Literaturauswertung sowie auf das Befragen von Vertretern verschiedener Disziplinen in wissenschaftlichen Institutionen, Behörden und Unternehmen, die mit Sanktionen - insbesondere den gegen Libyen - direkt oder indirekt befaßt sind oder waren.

I. Schriftliches Material

1) Wissenschaftliche Publikationen

Aus den wenigen für die vorliegende Arbeit inhaltlich direkt verwendbaren Titeln sind besonders die Arbeiten von Hanspeter MATTES vom Deutschen Orient-Institut in Hamburg hervorzuheben.[10] Diese bieten sehr gut aufbereitete Informa-

[8] AL-SOWAYEL bemerkt, daß es in den meisten Arbeiten zu Sanktionen ausschließlich um die Beurteilung ihrer Effektivität gehe: erreichen Wirtschaftssanktionen das beabsichtigte Ziel, und können sie das Verhalten eines Staates verändern? Darüber hinausgehend seien jedoch Untersuchungen notwendig, die darstellten, wie Sanktionen wirken: "That process includes an awareness of the dynamics of the internal political setting in the target and sender states." (dies. 1999, S.195). Auch MOZIA weist nachdrücklich darauf hin, daß Sanktionen nicht in einem theoretischen Vakuum untersucht werden sollten, sondern die Theorie mit der Praxis einhergehen zu habe (vgl. ders. 1998, S.18).

[9] Vgl. für eine Einschätzung der Literaturlage zum „revolutionären Libyen" MATTES 2002a, S.70-78.

[10] Von diesem Autor liegen im deutschsprachigen Raum viele Publikationen über Libyen vor.

tionen zu den gesellschaftlichen, politischen und wirtschaftlichen Bereichen Libyens und deren Verflechtungen. Unter den englischsprachigen Wissenschaftlern sind insbesondere Ronald Bruce ST JOHN, Geoff SIMONS und Tim NIBLOCK zu erwähnen. Sie stellen die Zusammenhänge der Entwicklung mit dem Ergebnis der aktuellen Lage Libyens ausführlich in ihren Publikationen dar.[11]

Bezüglich der US-Sanktionen ist die umfassende Arbeit von Michael P. MALLOY: "U.S. Economic Sanctions: Theory and Practice." zu nennen, die im Jahre 2001 erschienen ist.[12]

Hinsichtlich der VN-Sanktionsdebatte ist auf die von Michael BRZOSKA herausgegebene Publikation "Smart Sanctions: The Next Steps; The Debate on Arms Embargoes and Travel Sanctions within the 'Bonn Berlin Process'." zu verweisen.[13]

Einen guten Einblick in den Umgang mit Sanktionen in Deutschland bietet die Veröffentlichung der Beiträge des Außenwirtschaftsrechtstages vom 19./20. November 1998, der in Münster im Zentrum für Außenwirtschaftsrecht stattfand.[14]

Insgesamt ist festzustellen, daß die deutsche Literatur in US-Publikationen kaum berücksichtigt, im umgekehrten Fall hingegen die US-Literatur sehr stark rezipiert wird. Libysche Veröffentlichungen wiederum beschränken sich zumeist auf libysche Quellen und werden kaum international wahrgenommen.

2) Dokumente und unveröffentlichte wissenschaftliche Arbeiten

Die Vereinten Nationen unterhalten in Tripolis/Libyen mit der Hilfe von libyschen Mitarbeitern ein United Nations Information Center. Dort befinden sich fünf umfangreiche Mappen mit arabischen und englischen Dokumenten zur Lockerbie-Angelegenheit. Auch wenn die Beschriftung ("Lockerby") auf den wenig sorgfältigen Umgang mit den Unterlagen hinweist und einiges an Material doppelt oder aber unvollständig vorhanden ist, gewährleistet der unmittelbare Zugang zu den Unterlagen - der in der Bibliothek der Vereinten Nationen in New York in dieser Weise nicht möglich ist - einen guten Überblick.

Zu den unveröffentlichten wissenschaftlichen Arbeiten zählen vor allem Diplom- und Magisterarbeiten sowie Dissertationen. Die relevanten, an libyschen Universitäten vorhandenen Titel beschäftigen sich vorrangig mit rein ideologisch-politischen Fragestellungen[15], d.h. ohne Einbeziehung der Sanktionen-Dimension. Sie beinhalten also weder umfangreiches statistisches Material, noch ist geordnetes detailliertes Wissen zu den einzelnen von den Sanktionen betroffenen Sektoren feststellbar. Die Untersuchung politischer und politisch-ökonomischer Hintergrün-

---

11 Siehe SIMONS 2003; ST JOHN 2002; NIBLOCK 2001.

12 Vgl. MALLOY 2001.

13 Vgl. BRZOSKA 2001.

14 Vgl. EHLERS/WOLFFGANG 1999.

15 Insbesondere das Verhältnis zu den USA und die als ungerecht empfundene neue Weltordnung stehen im Vordergrund - vgl. z.B. AD-DAURĪ 1992; AL-KURĠŪLĪ 1997; LĀŠĪN 1997; AḤMAD 1998.

de findet sich vornehmlich in verschiedenen Abhandlungen, die an Universitäten in Nordamerika entstanden sind.[16]

3) Offizielle libysche und arabische Publikationen
Den größten Teil der offiziellen libyschen und arabischen Publikationen über die Sanktionen gegen Libyen bilden Zeitschriftenaufsätze libyschen und arabischen Ursprungs[17], einige wenige Monographien sowie die im „Nationalen Register" (*as-siǧill al-qaumī*) gesammelten Reden des Revolutionsführers al-Qaḏḏāfī[18], die jährlich veröffentlicht werden.
Hinzu kommen die Statistiken, die auf libyscher Seite zugänglich sind. Trotz der Verwendung dieser Daten in der vorliegenden Arbeit muß darauf verwiesen werden, daß sie mit Vorsicht interpretiert werden sollten und von der Verfasserin lediglich für verschiedene Vergleiche als notwendig erachtet wurden.

4) Zeitungen
Einen aufschlußreichen Überblick über aktuelle Ereignisse vermittelte die Berichterstattung verschiedener Zeitungen (Financial Times Deutschland, Frankfurter Allgemeine Zeitung, International Herald Tribune, Neue Zürcher Zeitung u.a.). Bemerkenswert ist dabei, wie selten Zeitungsmeldungen sich explizit auf Libyen und auch die Sanktionen allgemein beziehen - sieht man von tagespolitischen Entwicklungen ab. Dieser Umstand weist auf die in dieser Arbeit dargestellte mangelhafte objektive Darstellung der Sanktionen gegen Libyen hin, die auch aus dem negativ besetzten Vokabular ersichtlich ist, dessen sich in der westlichen Presse bedient wird.[19]

---

16 Vgl. z.B. BROWN 1985; DASHTI-GIBSON 1998; D'HOLLANDER 1995; DICK 1999; DRURY 1993; EYLER 1998; HAYES 1998; MARTIN 1990; MUDATHIR 1985; MOZIA 1998; OTHMAN 1982; ROGERS 1992; SELDEN 1995 und AL-SOWAYEL 1999.

17 Es handelt sich um die in Beirut erscheinende Al-mustaqbal al-ᶜarabī [Die arabische Zukunft], die auf Zypern herausgegebene libysche Zeitschrift Aš-šāhid [Der Zeuge] sowie verschiedene andere Zeitschriften aus den Bereichen Politik, Recht und Wirtschaft (eine vollständige Auflistung befindet sich im Literaturverzeichnis unter Punkt E.).

18 Laut DARGEL/PLAMBÖCK 1994, S.136 sind 643 (sic!) Schreibvarianten des Namens al-Qaḏḏāfī möglich. Verbreitet sind unter anderem die Formen Ghadhafi, Qathafi, Gaddafi, Qaddafi. In dieser Arbeit wird der wissenschaftlichen Schreibweise der Vorzug gegeben.

19 Antonomasien für al-Qaḏḏāfī sind Legion - wie auch entsprechende Publikationen über ihn. Als ein Beispiel kann das 175 Seiten starke Büchlein von Julian SMITH mit dem Titel "The Rants, Raves & Thoughts of Moammer Khadafy. The Dictator in his own words + those of others." gelten. Die Zusammenstellung von aus dem Zusammenhang gerissenen Zitaten beeinflußt den Leser einseitig und ist somit fragwürdig. Anschaulich ist auch die - leider unkommentierte - Zusammenstellung von Vorurteilen über Libyen in der britischen Presse eines Korrespondenten der Middle East International mit dem Fazit, daß Libyen den zweifelhaften ersten Platz unter Berichten bei offensichtlichen Vorurteilen einnehme (vgl. MEI (1971)5, S.18 f.). Auch MATTES erwähnt die große Kluft zwischen Medienrealität und Er-

Interessant wäre ein Vergleich von für Libyen relevanten Meldungen westlicher Nachrichtenagenturen und vergleichbaren Meldungen der libyschen Nachrichtenagentur JANA[20]. Ein solcher Vergleich wird hier jedoch nicht vorgenommen. Die unterschiedliche Berichterstattung wird aber in der Darstellung der jeweils eigenen Position deutlich (vgl. insbesondere das 3. und 6. Kapitel).

5) Internet

Einen beachtlichen Stellenwert hinsichtlich des Quellenmaterials nimmt auch das Internet ein, obwohl die Seitenzahlen der Materialien systemabhängig beim Ausdruck auf verschiedenen Computern variieren können und damit die Vergleichbarkeit erschwert wird. Darüber hinaus ist der dauerhafte Zugriff auf die angegebenen Internetadressen nicht gewährleistet, so daß unter Umständen damit gerechnet werden muß, daß sie nicht mehr aktiviert werden können. Trotz dieser Mängel handelt es sich um ein sehr hilfreiches Medium, so daß die Verfasserin Material aus dem Internet verwendet und die Kennung, das Datum sowie ggf. die Startseiten nennt.

II. Beobachtungen

Aufgrund des hinsichtlich der Fragestellung unzureichenden Materials nehmen die aus mehreren Feldforschungsaufenthalten in Libyen und den USA im Zeitraum zwischen 1998 und 2002 gewonnenen Erkenntnisse insofern eine bedeutende Rolle ein, als daß sie für die Einordnung des schriftlichen Materials äußerst hilfreich waren. Ihre empirische Auswertung wurde nicht vorgenommen, da ein solcher Ansatz den Stellenwert des schriftlichen Materials als Grundlage der Arbeit geschmälert hätte. Das war jedoch nicht beabsichtigt. Die in den Felduntersuchungen vorgenommenen Beobachtungen und Leitfaden-Interviews[21] dienen ausschließlich zur Absicherung der aus dem schriftlichen Material gewonnenen Informationen und fließen nur indirekt in das Textkorpus ein.

Durch Kenntnisse, die aus Aufenthalten in Libyen 1998 und 1999 gewonnen wurden, war es möglich, durch Beobachtung[22] im Jahr 2002 vor Ort gemachte Erfahrungen vergleichend und nach Möglichkeit systematisierend einordnen zu können. Diese Methode vermittelt zum einen Einblicke in die 1999 mit der Suspendierung der VN-Sanktionen erfolgte veränderte gesellschaftspolitische Situation. Zum an-

eignisrealität und leitet daraus die Notwendigkeit ab, Entwicklungen darzustellen und Fakten zu präsentieren, um der unreflektierten Weitergabe von Stereotypen und Fehlinformationen entgegenzutreten (ders. 2001a, S.3). ANDERSON bemerkt, daß selbst in den arabischen Ländern immer wieder der geistige Zustand al-Qaḏḏāfīs diskutiert werde und viele sein Verhalten verurteilen - vgl. ders. 1999, S.8.

20 Jamahiriyah News Agency - wikālat al-ǧamāhīrīya li-'l-anbā' / ĀWǦ - s. ELSÄSSER/GOLDMANN 1999, S.451.

21 Vgl. dazu KAUFMANN 1999; LEHMANN 2001; FROSCHAUER/LUEGER 1998.

22 Vgl. für den theoretischen Hintergrund von „teilnehmender Beobachtung“ z.B. ASAD 1994, S.55-88; OEVERMANN 1979, S.352-435; GOFFMAN 1977, insbes. S.9-51.

deren ermöglicht es das Führen von Gesprächen mit Vertretern unterschiedlicher Bereiche (universitäre Einrichtungen, nicht-libysche Firmen, Privatpersonen u.a.) und damit Beobachtungen, die in der bisherigen Literatur nicht ohne weiteres ersichtlich sind oder nicht in Erscheinung treten.
Von den verwerteten Beobachtungen seien bereits vorab genannt:

- die Erleichterung weiter Bevölkerungskreise über die erheblich billiger gewordenen Importwaren vor allem im Nahrungsmittel- und Kleidungsbereich sowie über den normalisierten Luftverkehr;
- der größer werdende Unterschied zwischen arm und reich in einer der vormals egalitärsten Gesellschaften in der arabischen Welt;
- die zunehmende Korruption;
- wachsender Unmut über staatliche Förderungsmaßnahmen zugunsten ärmerer Staaten, die als ursächlich für den eigenen Wohlfahrtsverlust gesehen werden;
- das Desinteresse weiter Bevölkerungskreise für die Sanktionsproblematik, die von vielen seit der Suspendierung der Sanktionen als bereits erledigt betrachtet wurde.

Diese in zwanglosen Gesprächen und durch Beobachtung gewonnenen Eindrücke waren in den Leitfragen-Interviews zu prüfen.

III. Leitfragen-Interviews und Recherchegespräche

Sowohl in Libyen als auch in den USA und Deutschland wurden gezielt Gespräche in Form von Leitfragen-Interviews mit Vertetern verschiedenster Bereiche geführt.[23] Die Konzentration auf Tripolis und Benghasi (Libyen) sowie Washington, D.C., (USA) war durch die Bedeutung dieser drei Städte für wissenschaftliche Einrichtungen und Wirtschaft vorgegeben. Innerhalb Deutschlands dominierte keine Region, und die Recherchegespräche[24] fanden in Abhängigkeit von den Gesprächspartnern aus Wissenschaft, Politik und Wirtschaft in verschiedenen Städten statt.
Es wurde folgende Unterteilung der Interview-Partner vorgenommen: a) im Import/Export tätige Unternehmer, b) mit Exportkontrolle befaßte Juristen, c) Wissenschaftler an Universitäten und Forschungseinrichtungen, d) Regierungsangestellte und e) Privatpersonen.
Deutlich wurde eine tendenziell zunehmende Zurückhaltung der Gesprächspartner abhängig von der Nationalität. So gestalteten sich die Gespräche in Deutschland oder mit Europäern, die in Libyen tätig sind, einfacher als Gespräche in den USA. Dies dürfte auf die langjährig belasteten Beziehungen zwischen Libyen und den

---

23 Insgesamt wurden im Zeitraum von Dezember 2001 bis Dezember 2002 35 Gespräche geführt: 18 in Libyen, neun in Deutschland und acht in den USA.

24 Innerhalb dieses halbstrukturierten Interviews ohne quantifizierende Auswertung in Form von Leitfragen variierten die angewandten Techniken zwischen einem weichen und neutralen Interview (vgl. LEHMANN 2001, S.10 f.). Im Vordergrund stand die Situationsanalyse der einzelnen Gesprächspartner, um dadurch Entwicklungen besser einschätzen zu können - vgl. dazu KAUFMANN 1999, S.25 und S.65-69.

USA zurückzuführen sein. In Libyen selber erfuhr das Untersuchungsthema Beachtung und Wertschätzung nicht nur durch die Bevölkerung. Auch von staatlicher Seite war mit wenigen Ausnahmen freundliches Wohlwollen zu verzeichnen, das sich auf die Recherchebedingungen positiv niederschlug. Im Gegensatz zu Gesprächen mit nichtlibyschen Staatsangehörigen wurde großer Wert auf ein Empfehlungsschreiben des die Arbeit betreuenden Wissenschaftlers gelegt. Dessenungeachtet blieben die Gespräche häufig inhaltlich oberflächlich und kennzeichnen damit durchaus den von der Regierung eingeschlagenen Umgang mit den Sanktionen. Ausschließlich staatliche Verlautbarungen geben Aufschluß darüber, wie sich die Sanktionen in Libyen auswirkten.

C. Interdisziplinarität

Die vorliegende Arbeit ist aus einer interdisziplinären Perspektive entstanden, eine Zielsetzung, die bisherige Darlegungen zur Fragestellung und Methodik bereits erkennen lassen. Die Komplexität nationaler und internationaler Prozesse erfordert die Herangehensweise an die Thematik durch Einbeziehung verschiedener wissenschaftlicher Disziplinen und erweist sie als einen sinnvollen methodischen Ansatz. Auf diese Weise soll ein Teil der vielschichtigen Prozesse nachvollziehbar dargelegt werden.

Die unerläßliche Grundlage für Untersuchungen dieser Art bilden dabei die durch das Studium der Arabistik erworbenen Kenntnisse der Sprache, Kultur und Geschichte sowie Untersuchungen der rechtlichen, politischen, gesellschaftlichen und wirtschaftlichen Entwicklungswege der Länder des arabischen Raumes im allgemeinen und Libyens im besonderen.[25]

A. EXENBERGER verweist in seiner Studie zu Recht darauf, daß durch die Breite der von ihm vorgenommenen komparativen Analyse (Irak, Kuba, Libyen) manche länderspezifischen Erkenntnisse verlorengegangen sind und einige Punkte weniger Aufmerksamkeit erhielten, als sie in den Augen von Spezialisten verdienten. Dafür öffne sich jedoch der Blick für interessante Zusammenhänge, die manchen Spezialisten verborgen blieben.[26] In Abgrenzung zu diesem Ansatz soll es hier gerade

---

[25] Daß eine derartige interdisziplinäre Herangehensweise einen unabdinglichen Hintergrund zur qualifizierten Bewertung von Ereignissen in diesem Raum darstellt, wird anhand von beispielsweise dem in Washington, D.C., ansässigen Middle East Research Institute (Memri) deutlich. Sein Ziel ist es, die Sprachbarriere zwischen dem Westen und dem Nahen Osten / Nordafrika durch die Bereitstellung von aktuellen Übersetzungen von Zeitungstexten zu überbrücken. Zwar sind die Übersetzungen qualitativ hochwertig, doch reden sie laut WHITAKER den politischen Interessen des Staates Israel das Wort. Über die Auswahl der Übersetzungen wird somit die Sprache als Barriere ausgenutzt, um die Wahrnehmung der arabischen Welt zum Schlechteren zu wenden. Vgl. ausführlich hierzu WHITAKER 2002, KIRCHNER 2002, S.46-48 und S.49, HAYES 2002, S.50 f. sowie die explizite Gegenposition von Memri bei NORDBRUCH/GLÄSER 2002, S.49.

[26] Vgl. EXENBERGER 2002.

darum gehen, in der Bearbeitung der Fragestellung indigene Potentiale und Besonderheiten in einem größeren Rahmen als in anderen Arbeiten in die Untersuchungen einzubeziehen.[27]
Die Darstellung wichtiger Aspekte aus dem rechtlichen Bereich (rechtliche Grundlagen für die Verhängung von Sanktionen, das US-Exportkontrollrecht und dessen Extraterritorialitätsproblematik, die EG- sowie die deutschen Exportkontrollbestimmungen) dient der Veranschaulichung der Auswirkungen, welche die Sanktionsverhängung an Schwierigkeiten für die Betroffenen mit sich gebracht haben.[28]

Dieser Einführung zur allgemeinen, theoretischen und konzeptionellen Hinführung an die Untersuchung der internationalen Sanktionen gegen Libyen folgen sechs Kapitel, deren Inhalt geschichtlicher, politik- und rechtswissenschaftlicher Natur ist. Die Arbeit gliedert sich in drei Teile. Im ersten Teil (1./2. Kap.) wird der Begriff der Sanktion behandelt und Libyens Geschichte dargestellt. Die Beschreibung dient der Einbettung der jüngeren politischen Entwicklung und der internationalen Positionierung des Landes. Mit den Ursachen der gegen Libyen verhängten Sanktionen beschäftigt sich der zweite Teil (3./4. Kap.). Im dritten Teil (5./6. Kap.) stehen die Auswirkungen der Sanktionen auf das Zielland sowie die daraus resultierenden Gegenmaßnahmen im Vordergrund.
Das **1. Kapitel** befaßt sich mit den Grundlagen der Sanktionstheorie.[29] Es erfolgt eine Begriffsbestimmung unter Behandlung der Varianten dieses außenpolitischen Instruments sowie eine theoretische Einschätzung der Vor- und Nachteile seines Einsatzes aus Sicht der Sanktionierenden.
Das **2. Kapitel** ist als historische Längsschnittanalyse aufgebaut, in der die Ausbildung und Struktur des heutigen Libyen von der vorkolonialen und kolonialen bis zur postkolonialen Phase herausgearbeitet werden. Hierbei wird untersucht, wie sich die lokalen Bedingungen mit externen Konditionierungen durch ökonomische, politische und kulturelle Kräfte verschränken und wie dies auf die jeweils nächste Phase einwirkte (so z.B. die Implementierung fremden Rechts in der Kolonialzeit

---

27 Auch HASSE weist am Beispiel von Wirtschaftsembargos auf den interdisziplinären Charakter hin und erwähnt Außenwirtschaft, allgemeine Wirtschaftspolitik, die politischen internationalen Beziehungen, die Konfliktstrategie und das Völkerrecht. Für jede Teildisziplin bleibe Raum für fortführende Spezialuntersuchungen (vgl. HASSE 1973, S.XIX). CHUNG verweist auf die Teilung der Sanktionsforschung in drei Gruppen: Einzelfallstudien, mit der Effektivität von Sanktionen befaßte Literatur sowie interdisziplinäre Sanktionsuntersuchungen, die über die Problematik der Wirksamkeit hinausgehen und insbesondere die humanitäre Dimension einbeziehen. Vgl. ders. 2002, S.6-10.

28 Zu den Betroffenen zählen zum einen der libysche Staat, seine Bevölkerung und libysche Unternehmen, zum anderen libysche Anrainerstaaten sowie z.B. Exportfirmen, Erdölfirmen, Exportkontrollbehörden u.a. in den Sanktionsanwenderstaaten.

29 ROGALSKI bevorzugt den Ausdruck „Sanktionstheoreme" - vgl. ders. 2000, S.74 f.

und die seit 1969 erfolgende Instrumentalisierung des Islams als eines staatlichen Entwicklungskonzeptes).
Im **3. Kapitel** geht es um die Verhängung der US-Sanktionen gegen Libyen. Im Zentrum stehen dabei das US-Exportkontrollrecht mit seiner extraterritorialen Reichweite sowie die politischen Ereignisse, die zur Einsetzung der Sanktionen seit den siebziger Jahren des vorigen Jahrhunderts führten.
Die Umsetzung der Sanktionsresolutionen der Vereinten Nationen durch ihre Übernahme seitens der EG/EU[30] sind der Gegenstand des **4. Kapitels**. Beispielhaft werden die Folgen für Deutschland als einem EU-Staat nachvollzogen.
Das **5. Kapitel** gibt Aufschluß über die Konsequenzen der Sanktionen für Libyen: welche wirtschaftlichen Kosten entstanden, und wie wirkten sich die Sanktionen auf die Bevölkerung und die Staatsführung aus?
Die Strategien Libyens mit dem Ziel der Aufhebung aller Sanktion werden im **6. Kapitel** untersucht. Nachgezeichnet wird, mit welchen Mitteln der libysche Staat die Aufhebung der VN-Sanktionen erreichte, und was bislang unternommen wurde, um die Beziehungen zu den USA zu verbessern oder die Aufhebung der US-Sanktionen durchzusetzen.
Zusammenfassungen sind an die Abschnitte angefügt, bei denen es sinnvoll erscheint, die Thematik knapp zusammengefaßt darzustellen.
In der Schlußbetrachtung soll deutlich werden, daß es nicht das vorausgesetzte Ziel dieser Arbeit war zu zeigen, ob eine der beteiligten Seiten „Recht" hat. Ihr Ergebnis kann daher nicht eine Klassifizierung nach einem solchen Kriterium sein. Wird eine Kategorisierung von dieser Art vorgenommen, setzt sie immer die Einnahme eines politischen Standpunktes voraus. Solche politischen Grundannahmen beeinflussen oftmals die Diskussion über Sanktionen. Da in der vorliegenden Arbeit keiner bestimmten politischen Richtung der Vorzug gegeben werden kann und soll, werden lediglich die rechtlichen Folgen und Meinungen dargestellt, welche mit der jeweiligen politischen Ansicht zusammenhängen. Es soll auf diese Weise sichergestellt werden, daß der Leser die in einem Grenzbereich von Recht und Politik zu findenden Grundlagen selbst beurteilen kann.

[30] Für die Begriffe EG und EU s. 4. Kap., Abschn. B., S.257, Fn.963.

Erster Teil: Theoretischer und historischer Hintergrund

1. Kapitel: Sanktionen als Mittel der internationalen Politik

Der Gang der Untersuchung wird von der Herkunft des Wortes über die Einteilung von Sanktionen in Formen und Typen auf einem im Ansatz empirisch-phänomenologischen Weg zu einer Gesamtdefinition des Institutes Sanktion bestimmt. Da die gewachsene zu referierende Terminologie, die weitgehend unstreitig ist, zur Aufdeckung der Schwierigkeiten, die bei der Anwendung von Sanktionen, aber auch schon bei einer theoretischen Grundlegung des Sanktionssystems auftreten, nur einen unzureichenden Beitrag leisten kann, soll in einem Vorgriff auf die Problemfelder hingewiesen werden, die gewissermaßen in der „Natur der Sache" gründen.

Es wird sich im Verlauf des historischen und libyenbezogenen Teils dieser Abhandlung erweisen, daß Schwierig- und Ausweglosigkeiten, Verletzungen, Grenzüberschreitungen, Verstöße usw. konkreter Art in einem Zusammenhang stehen mit derartigen von der Verfasserin angenommenen Problemfeldern: Geht man aus von der Sanktion als einer *Zwangsmaßnahme*, mit der ein Völkerrechtssubjekt auf das Verhalten eines anderen Völkerrechtssubjektes reagiert, wird deutlich, daß machtpolitische Interessen von Staaten Gewicht für die Konstruktion und die Ausfüllung der Institution Sanktion haben können und Regeln rechtlicher Art überlagert werden.

Legt man die in einer mehr rechtlich orientierten Definition enthaltene Merkmalsbeschreibung zugrunde, die von einer *Rechtsregel* ausgeht, die mit einer *Rechtsfolge* verbunden ist, die der *Rechtsregel* Geltung verschaffen soll, ist das Vorhandensein einer Rechtsregel, d.h. einer Norm Voraussetzung.[31] Dieser Aspekt tritt noch deutlicher und differenzierter zutage, wenn außer Normen auch die Einhaltung von „Verpflichtungen" soll erzwungen werden können, die Völkerrechtssubjekte untereinander eingegangen sind.

Im erstgenannten Fall ist die Gefahr darin, daß der stärkere Sanktionspartner ein „Recht des Stärkeren" in Anspruch nimmt, offensichtlich. Aber auch im zweiten Fall, der von Regeln und Pflichten, d.h. von Normen im weitesten Sinne ausgeht, liegt die Möglichkeit der fehlenden Anerkennung und Allgemeinverbindlichkeit der Norm offen zutage, ein Problem, das seine Entsprechung darin findet, daß es keine ausreichende Rechtsprechungsinstanz gibt, die Grundlagen von Sanktionen und die eingesetzten Mittel auf ihre Rechtskonformität verbindlich prüfen und Rechtsfrieden schaffen kann. Dieser der politischen und nicht der rechtlichen Dimension innewohnende Mangel wird nicht durch eine Verrechtlichung zu beseitigen sein - wenigstens nicht in überschaubarer Zukunft.

Die Untersuchung wird daher von zwei Fragen begleitet sein, die eine Entwicklung von Sanktionen über eine schrittweise Verrechtlichung zu einer praktikableren, den

---

[31] Vgl. Weber 2000, S.1134.

Schutz der betroffenen Bevölkerung berücksichtigenden Untersuchung aufzeigen sollen.
Als Elemente auf diesem Wege sind zu nennen: die kollektivrechtlichen Möglichkeiten, die in dem Status der VN insbesondere ihres Sicherheitsrates begründet liegen sowie das in der Weltöffentlichkeit zunehmende Verständnis einer Sanktionslage als eines sich entwickelnden Prozesses von Maßnahmen und Gegenmaßnahmen, die der Vermittlung (Mediatisierung) zugänglich sind und letztlich in einem Kompromiß enden können. Unter diesem Aspekt können sie der Kriegsverhinderung dienen und entfalten unter der ungeschriebenen Maxime der „Verhältnismäßigkeit der Mittel" eine Wirkung, die der Bevölkerung des sanktionierten Staates eine gewisse Schonung gewähren.
Ob eine derartige Tendenz in den Sanktionsbeziehungen zu Libyen erkennbar wird, wird anhand der Untersuchung zu beurteilen sein, während nachstehend das rechtstechnische Instrumentarium „vorzustellen" ist und dort auf seine Eignung und Offenheit für die skizzierte Entwicklung beurteilt werden kann.

A. Allgemeine Erscheinungsform und Charakterisierung von Sanktion

Eine Rechtsordnung muß in der Lage sein, ihren normativen Ansprüchen realiter Geltung zu verschaffen.
Die Durchsetzung von Normen geschieht durch Vollzug. Diesem kann ggf. Nachdruck verliehen werden durch Zwang oder andere Formen einer Sanktion. Dabei ist Sanktionierbarkeit jedoch keine konstitutive Voraussetzung für den Normencharakter einer einzelnen Rechtsnorm.[32] Im Rahmen der Sanktionstheorie[33] steht der zielgerichtete Versuch eines Akteurs[34] im Mittelpunkt, mittels Sanktionen als Durchsetzungsinstrument eine bestimmte Verhaltensänderung eines anderen Akteurs zu erreichen.
Häufig werden die Begriffe Sanktion und Embargo synonym verwendet. Dabei umschreiben diese beiden Begriffe nicht das gleiche. Ein Embargo ist jede nach

---

32 Vgl. HOLLERBACH 1995, Sp.68.

33 Bedient wird sich mitunter auch des Terminus „Sanktion*en*theorie". Anhand dieses Begriffes soll deutlich werden, daß es mehr als eine Sanktionsart gibt. Doch ist der Ausdruck nicht nur schwerfällig, sondern läuft auch Spezifika der deutschen Wortbildung zuwider. Im folgenden findet er deshalb keine Verwendung. Unabhängig der von ROGALSKI getroffenen Feststellung, daß bislang noch keine wissenschaftlichen Ansprüchen genügende Theorie von Sanktionen entwickelt worden sei und insofern allenfalls von Sanktionstheoremen gesprochen werden könne, wird dieses Kapitel über die theoretischen Sanktionskonzepten im Rahmen der Sanktionsforschung von mir mit „Sanktionstheorie" überschrieben. Vgl. für Einzelheiten ROGALSKI 2000, S.74-76.

34 Unter Akteur ist eine informelle oder auch formelle Gruppe von Individuen oder diese repräsentierenden Organisationen auf nationaler und internationaler Ebene zu verstehen, die Einfluß auf Entscheidungen nehmen können. Vgl. WELLNER 1991, S.5, Fn.15.

außen gerichtete staatliche Behinderung des Handels. Sanktionen hingegen sind repressive außenpolitische staatliche Maßnahmen. Während der Sanktionsbegriff ausschließlich repressive Maßnahmen beinhaltet, ist der Embargobegriff also weiter gefaßt und umfaßt sowohl repressive als auch präventive Maßnahmen. Allerdings sind Sanktionen im Gegensatz zu Embargos nicht nur auf Handel beschränkt, und HENTZEN schreibt:

> „In beschränktem Umfang können die Begriffe „Embargo“ und „Sanktion“ synonym gebraucht werden, nämlich soweit sie repressive Handelsbeschränkungen beschreiben.“[35]

Embargos sind demzufolge als außengerichtete Exportkontrollmaßnahmen, Sanktionen als außengerichtete repressive, über den Exporthandel hinausgehende Kontrollmaßnahmen zu verstehen.[36]

Tabelle 1: Abgrenzung von *Sanktion* und *Embargo*

Außenpolitische Maßnahmen	
Sanktion	**Embargo**
als außenpolitische staatliche Maßnahme	als staatliche Behinderung des Außenhandels
Anwendungsbereiche: Handel, Militär, Finanzen usf.	Anwendungsbereich: Außenhandel
repressiv	repressiv und präventiv

I. Herkunft und Bedeutung des Ausdruckes Sanktion

Das Verb „sanktionieren“, abgeleitet von lateinischen *sancire* mit der ursprünglichen Bedeutung „heiligen, unverbrüchlich machen“, kann sowohl im Deutschen als auch im Lateinischen drei Bedeutungen annehmen:

Tabelle 2: Der Begriff *sancire*

	Lateinisch[37]	**Deutsch**[38]
a)	gesetzlich verordnen, anordnen	einem Gesetzesentwurf Gesetzeskraft verleihen
b)	bestätigen, genehmigen, als gültig anerkennen	etwas bestätigen / gutheißen
c)	etwas bei Strafe verbieten	Sanktionen verhängen

---

[35] HENTZEN 1988, S.29.

[36] Vgl. HENTZEN 1988, S.28 f.; s. auch die Übersicht in Anhang 2.

[37] Vgl. MENGE-GÜTHLING 1954, S.674; GEORGES 1992, Bd.II, Sp.2476 f.

[38] Vgl. MEYER 1977, Bd.XX, S.688 (Sanktion).

Das lateinische Substantiv *sanctio, sanctionis (f)* - übersetzt als „Heilung, Strafandrohung" - gelangte als „Sanktion" in den deutschen Wortschatz. Im Lateinischen und im Deutschen ergeben sich die folgenden Bedeutungsunterschiede:

Tabelle 3: Der Begriff *sanctio*

	Lateinisch[39]	**Deutsch**[40]
a)	bei Gesetzen: Strafbestimmung / -artikel	Billigung, Zustimmung, Bestätigung
b)	bei Bündnissen / Verträgen: Klausel, Vorbehalt	Maßnahme zur Erzwingung eines bestimmten Verhaltens oder zur Bestrafung

Ausgehend vom römischen Recht vollzog sich über das byzantinische Recht ein Bedeutungswandel des Begriffes Sanktion, wie er heute im deutschen Recht Verwendung findet.

Römisches Recht

In Abkehr vom etymologischen Zusammenhang mit der späteren Bedeutung von *sancire* als „verordnen" im Lateinischen wurde unter *sanctio* nicht eine Verordnung oder die Erteilung eines Gesetzesbefehls nach der Feststellung des Gesetzesinhalts durch die gesetzgebenden Körperschaften verstanden. *Sanctio legis* war im Rechtsgebrauch abgesehen von der vereinzelt vorkommenden Bedeutung dieses Begriffes als Vorbehaltsklausel bei Verträgen nur die Befestigungsklausel, die den meisten Gesetzen als Schlußbestimmung angefügt wurde. Sie konnte eine dreifache Bedeutung haben. Primär war jedoch das Androhen von Rechtsnachteilen für den Fall der Nichtbefolgung des Gesetzes.[41]

> „In dieser im klassischen römischen Recht entwickelten Bedeutung als „Rechtsverwirklichungsgarantie" spielt der Begriff der Sanktion eine bedeutsame Rolle sowohl in der modernen Rechtstheorie, in der man über die Frage streitet, ob der Zwang (die Sanktion) ein wesentliches Merkmal des Rechts ist, als auch im modernen Völkerrecht."[42]

Byzantinisches Recht

Im byzantinischen Recht entwickelte sich ein anderer Bedeutungsinhalt für den Begriff „Sanktion" heraus. Seit dem 5. Jahrhundert waren *sanctiones pragmaticae* besondere kaiserliche Erlasse, die meist in Angelegenheiten einzelner Personen oder Körperschaften ergingen. Als Bezeichnung für wichtige Gesetze fand die „pragmatische Sanktion" Eingang in die spätmittelalterliche und neuere Rechtssprache europäischer Länder. Solche Gesetze wurden nicht nur von einem Monar-

---

39 Vgl. MENGE-GÜTHLING 1954, S.674; GEORGES 1992, Bd.II, Sp.2477.

40 Vgl. BROCKHAUS 1997, Bd.XIX, S.111. Für eine davon abweichende Definition aus der ersten Hälfte des 18. Jahrhunderts s. ZEDLER 1995, Bd.XXXIII, Sp.1922 f.

41 Vgl. SCHLOCHAUER 1960, Bd.III, S.158 f. (Sanktion).

42 SCHLOCHAUER 1960, Bd.III, S.159 (Sanktion).

chen erlassen, sondern ebenso vom Deutschen Reichstag. Als *terminus technicus* bezeichneten pragmatische Sanktionen auch die kirchliche Angelegenheiten betreffenden Verordnungen.[43]

Deutsches Recht

Vor dem Ersten Weltkrieg bestand der Ausdruck „Sanktion" als Begriff der völkerrechtlichen Rechtssprache noch nicht, und im deutschen Recht fand er nur als Bezeichnung des staatsrechtlichen Aktes Verwendung, durch den der Träger der Staatsgewalt einen Rechtsakt mit verbindlicher Kraft ausstattet, den die dazu berufenen Staatsorgane formuliert hatten.

Erst in der Kriegszeit wurde der Begriff in Anlehnung an die französische, englische und andere nichtdeutsche Rechtsterminologie erweitert. Damit beinhaltete er zusätzlich eine völkerrechtliche Komponente und umfaßte auch die im Völkerrecht zulässigen Zwangs- und Gewaltmaßnahmen.[44]

---

43 Vgl. SCHLOCHAUER 1960, Bd.III, S.159 (Sanktion). Bei NEILSON heißt es dazu: "During the Byzantine Empire, an imperial constitution or decree answering a request or petition of a college, municipality, or other public body, concerning its public affairs." (NEILSON 1950, S.1938). S. auch KINDHÄUSER 1995, Bd.IV, Sp.999.

44 Vgl. SCHLOCHAUER 1960, Bd.III, S.159 (Sanktion).

B. Sanktionen im modernen Völkerrecht

I. Allgemeines

Das Völkerrecht hat die Möglichkeit und Aufgabe, die internationalen Beziehungen in Rechtsschranken zu halten und dadurch den Frieden zu bewahren.[45] Dabei soll nicht ein Land oder eine Staatengruppe den Gang der internationalen Beziehungen bestimmen, sondern eine internationale Integration in Gleichberechtigung aller Völker erfolgen. Es gilt, dem Gedanken der Humanität und der sittlichen Verantwortung Rechnung zu tragen[46] - ohne den Einsatz von Gewalt.[47] Umzusetzen ist dies durch ein System völkerrechtlicher Normen. BERBER definiert dabei Völkerrecht folgendermaßen:

> „Völkerrecht ist die Gesamtheit der Regeln, die die rechtlichen Beziehungen in erster Linie und generell zwischen Staaten, aber auch in gewissem Umfang zwischen Staaten und anderen zum internationalen Rechtsverkehr zugelassenen Rechtspersonen sowie zwischen diesen Rechtspersonen selbst zum Gegenstand haben."[48]

In der Staatenpraxis wird Sanktion als eine wirtschaftliche oder politische Zwangsmaßnahme bezeichnet, die einem Völkerrechtssubjekt[49] als Folge einer Völkerrechtsverletzung angedroht oder gegen dieses unternommen wird und dieses zu einer bestimmten Verhaltensweise veranlassen soll.[50] Allerdings wird der Begriff Sanktion (Englisch: *sanction*, *penalty*) nicht einheitlich gebraucht und bezeichnet über die Strafbestimmungen in den völkerrechtlichen Verträgen hinaus auch die aufgrund dieser Bestimmungen vorgenommenen Straf- und Zwangsmaßnahmen. Damit unterscheidet sich das Völkerrecht von anderen normativen Ordnungen wie der Moral oder der Völkersitte, die trotz des Fehlens rechtlicher Sanktionen eine wichtige Rolle in den Beziehungen der Völker zueinander spielen. Das

---

45 Vgl. für einen Überblick zum Problem der Friedenssicherung in seiner ideengeschichtlichen und völkerrechtlichen Entwicklung die akademische Antrittsvorlesung des Völkerrechtlers SCHLOCHAUER (ders. 1946).

46 Vgl. BERBER 1975, Bd.I, S.IX.

47 Zum völkerrechtlichen Gewaltverbot vgl. PUTTLER 1989, S.65-71. Einige Autoren fassen auch wirtschaftliche Zwangsmittel unter den Begriff Gewalt (force) in Art. 2 Ziff. 4 SVN. Aus dem Wortlaut geht nicht klar hervor, ob die Bestimmung Waffengewalt meint oder auch andere Formen des Zwanges. Nach allgemeiner Meinung umfaßt Art. 39 SVN nicht den wirtschaftlichen Zwang. Wird der Einsatz wirtschaftlichen Druckes somit als friedliches Mittel der Streitbeilegung gesehen, verstößt er auch nicht gegen Art. 2 Ziff. 3 SVN. Siehe RESS 2000, S.472 und den Abschnitt über die VN, S.177 ff.

48 BERBER 1975, Bd.I, S.9. Vgl. auch WEBER 2000, S.1504 f. (Völkerrecht).

49 Also „ [...] jede natürliche und juristische Person, auf die die Regeln des Völkerrechts unmittelbar Anwendung finden, d.h. der aus dem Völkerrecht Recht oder Pflichten erwachsen." WEBER 2000, S.1506.

50 Vgl. MEYER 1977, Bd.XX, S.688 (Sanktion); WEBER 2000, S.1134.

Spektrum der Sanktionen ist dabei nicht ausschließlich auf Erzwingbarkeit durch äußere Gewalt beschränkt.[51]

1. Sanktionssystem von Dumas

Die Grundlage für den Begriff Sanktion im modernen Völkerrecht legte Jacques DUMAS 1905 in seiner Untersuchung »Les sanctions de l'arbitrage international.« über die Sanktionen in Verbindung mit der internationalen Schiedsgerichtsbarkeit und der Entwicklung eines Systems von völkerrechtlichen Sanktionen. DUMAS unterscheidet zwischen moralischen, materiellen, zivilen und politischen Sanktionen sowie Strafsanktionen.
Eid und Versprechen zählen zu moralischen Sanktionen. Retorsion[52], Repressalie[53], Blockade[54], Intervention[55] bis hin zu Krieg als *ultima ratio* bilden die materiellen Sanktionen. In Anlehnung an das Privatrecht ergeben sich durch zivile Sanktionen Maßnahmen, um einen Staat zu treffen. So kann eine internationale Kommission

---

[51] Vgl. SCHLOCHAUER 1960, Bd.III, S.159 f. (Sanktion): spezifische Rechtssanktionen können Kriminal-, Disziplinar- und Verwaltungsstrafe in verschiedenen Formen und Abstufungen des Zwanges sein. Für eine umfassendere Auflistung s. ebd.

[52] Dabei handelt es sich um Reaktionen auf eine Völkerrechtsverletzung, die unabhängig von ihrem Sanktionscharakter - etwa als unfreundliche Akte - völkerrechtlich zulässig sind. Vgl. SCHLOCHAUER 1960, Bd.III, S.110 (Retorsion); WEBER 2000, S.1106 (Retorsion).

[53] Repressalien sind einseitige Zwangsmaßnahmen, die ihrerseits Völkerrechtsverletzungen darstellen würden, wenn sie keine berechtigten Sanktionen gegen einen Völkerrechtsverletzer mit dem Ziel wären, die Rechtsverletzungen zu beenden, ihre negativen Folgen so gering wie möglich zu halten und die Verletzer zu Wiedergutmachung zu veranlassen. Vgl. SCHLOCHAUER 1960, Bd.III, S.103-106 (Repressalie); WEBER 2000, S.1103 (Repressalie).

[54] Für eine detaillierte Abgrenzung von Blockade und Embargo s. HASSE 1973, S.130 f.: Die Blockade ist kein isoliertes Instrument, sondern wird immer kombiniert mit einem Embargo eingesetzt, um einen Staat vom Weltmarkt abzusperren. Während das Embargo auf staatsrechtlichen Verboten beruht und sich auf das Territorium der Rechtshoheit des Embargoinitiators beschränkt, kann mittels einer Blockade die gegnerische Küste abgesperrt und damit auch der Warentransport außerhalb des staatlichen Hoheitsgebietes kontrolliert werden. Diese Unterschiede wirken sich auch auf den Umfang der Kontrollmöglichkeiten aus: durch ein Embargo kann nur der Außenwirtschaftverkehr im eigenen Lande untersagt werden, wohingegen die Blockade ggf. auch den Seehandel von Drittstaaten erfassen kann. Die Blockade ergänzt und erweitert also die Kontrollmöglichkeiten des Embargos. Siehe auch LAMBERS 1956, S.41 f.

[55] Ein Embargo ist keine Intervention, kann aber ein Mittel dafür sein. Vgl. auch SCHLOCHAUER 1960, Bd.II, S.144-147: (Intervention). DICKE schreibt dazu: „Die Staatenpraxis zum Handelsembargo und der Wirtschaftshilfe hat demnach das generell gewonnene Ergebnis bestätigt, daß die Ausübung wirtschaftlichen Druckes nur dann völkerrechtswidrig ist, d.h. nur dann eine Intervention darstellt, wenn das angewandte Mittel die Verletzung einer Völkerrechtsnorm impliziert. Die Ausübung wirtschaftlichen Druckes selbst ist nicht völkerrechtswidrig." - ders. 1978, S.229.

eingerichtet werden, oder beteiligte Staaten können eine Kaution hinterlegen, um mittels Analogie zu bereits im innerstaatlichen Recht entwickelten Vorgehensweisen internationales Recht durchzusetzen. Politische Sanktionen orientieren sich an dem Gedanken einer Staatenföderation und den daraus erwachsenden Sanktionsmöglichkeiten. Strafsanktionen sehen die Bestrafung von Amtsträgern vor, die bestehende Verordnungen in Ausübung ihrer Amtsbefugnisse bewußt verletzt haben.[56]

2. Formen und Grade von Sanktionen

Die Formen und Abstufungen von Sanktionen sind vielfältig und mitunter schwer voneinander abzugrenzen. Verschiedene Begriffspaare sind denkbar und finden Verwendung.[57]
Die verschiedenen Sanktionsdimensionen weisen die folgenden Merkmale auf:

- **Sanktionen im engeren / weiteren Sinne:** Im *engeren Sinne* dienen Sanktionen der Durchsetzung völkerrechtlicher Ansprüche bei deren Verletzung, im *weiteren Sinne* handelt es sich um alle Rechtsgarantien, die ein der Völkerrechtsordnung entsprechendes Verhalten zu gewährleisten vermögen.[58]
- **Sanktionen des besonderen / allgemeinen Völkerrechts:** Zu den spezifischen Sanktionen des *besonderen Völkerrechts* zählen die im Versailler Vertrag festgelegten Sanktionen, die Zwangsmaßnahmen des Völkerbundes (Art. 16 i.V. mit Art. 10, 11 Abs. 1, 13 Abs. 4 und 17), die auf dem Briand-Kellogg-Pakt von 1928 basierende Kriegsächtung, die Zwangsmaßnahmen der Vereinten Nationen (Kap.VII) sowie die Sanktionen des Kriegs- und Neutralitätsrechts.[59] Abzugrenzen davon sind die Sanktionen staatlicher Souveräne nach *allgemeinem Völkerrecht* wie Selbsthilfe (durch Retorsion, Friedens-/ Kriegsrepressalie, Intervention, Notwehr,Selbstschutz), der Abbruch der diplomatischen Beziehungen[60] und Krieg (Wirtschaftskrieg, Zollkrieg, konventioneller Krieg etc.).
- **Individual-/ Kollektivsanktionen:** *Individualsanktionen* verpflichten Einzelpersonen in Form von Strafe, Vewaltungszwang und anderen Disziplinarmitteln unmittelbar. *Kollektivsanktionen* wie Repressalie, Boykott, Krieg und völkerrechtliche Zwangsmaßnahmen regeln die Beziehungen zwischen den Staaten und anderen Völkerrechtssubjekten.

---

[56] Vgl. SCHLOCHAUER 1960, Bd.III, S.160 (Sanktion). CONLON weist darauf hin, daß Strafsanktionen dem Adressaten eine erhebliche Benachteiligung aufbürden, um ihn zur Aufgabe seines unerwünschten Handelns zu bewegen - ders. 1996, S.6.

[57] Vgl. WELLNER 1991, S.23-27.

[58] Vgl. dazu auch STENGER 1988, S.12.

[59] Vgl. SCHLOCHAUER 1960, Bd.III, S.161 (Sanktion).

[60] S. dazu SCHLOCHAUER 1960, Bd.I, S.378 f. (Diplomatische Beziehungen, Abbruch der).

- **Unilaterale, multilaterale oder universale Sanktionen:** Entscheidend diesbezüglich ist die Anzahl der Akteure auf der Anwenderebene bzw. ob alle Akteure einer bestimmten internationalen Ebene an den Sanktionen partizipieren.
- **Moralische / reale Sanktionen:** *Moralischen* (sozio-kulturellen) Sanktionen werden *reale* (materielle) der verschiedensten Ausformungen (rechtlich, politisch, wirtschaftlich, finanziell, militärisch) entgegengesetzt, die häufig nicht eindeutig abzugrenzen sind.
- **Formelle / materielle Sanktionen:** Den *materiellen* oder realen Sanktionen (rechtlich, politisch, finanziell, militärisch, wirtschaftlich) können *formelle* Sanktionen gegenübergestellt werden, wie sie insbesondere im rechtlich geordneten Zwang und insoweit vor allem im nationalen Recht, aber auch im Völkerrecht auftreten.
- **Nichtzwangs-/ Zwangssanktionen:** Die meisten Unrechtsfolgen erscheinen als schlichte Sanktionen, also als nicht in Gestalt von Zwangsakten auftretenden Unrechtssanktionen. *Zwangssanktionen* als in Form eines Unrechtsaktes auftretende Unrechtsfolge ist nur eine Art von Sanktionen.
- **Interne / externe Sanktionen:** Ausschlaggebend ist, ob die Motivation für die Sanktionen in einem *innen*- oder außenpolitischen Verhalten des Empfängerlandes begründet liegt.
- **Positive / negative Sanktionen:** Handelt es sich um eine *Belohnung* für eine vom Sanktionsanwender gewollte Handlung auf der Zielebene oder um eine *Strafe* für eine nichterfolgte Verhaltensänderung?
- **Freiwillige / verbindliche Sanktionen:** Stellen die Sanktionen *Empfehlungen* dar oder *legalisierte Verbote*?
- **Selektive / generelle Sanktionen:** Soll der Einsatz des *gesamten* Sanktionenspektrums oder nur einiger *spezieller*[61] Sanktionen erfolgen?

---

[61] Vgl. dazu die Debatte über die sog. „intelligenten Sanktionen" ("smart sanctions", oder auch "targeted sanctions" – „zielgerichtete Sanktionen"): seit 1999 stehen verstärkt diese Art von Sanktionen im Blickpunkt. 1999/2000 organisierte die schweizerische Regierung den sog. Interlaken-Prozeß, bei dem es um die Entwicklung eines allgemeingültigen Rahmenwerkes für den Umgang mit Geldwäsche und indirekt auch um die Möglichkeiten von Finanzsanktionen ging. Daran anknüpfend initiierte das deutsche Auswärtige Amt den „Bonn-Berlin-Prozeß", eine Reihe von Expertenseminaren, um Verbesserungsvorschläge zu zielgerichteten Sanktionen (vornehmlich Waffenembargo und Reisebeschränkungen) zu erörtern. Für Details siehe insbes. BRZOSKA 2001, S.9-17; DAVIS 2001, S.263-267; KULESSA 2001, S.23. Die Befürwortung des Einsatzes gezielterer Maßnahmen besteht im übrigen schon länger und ist seit jeher umstritten. So lehnt sie CONLON, ein hoher VN-Verwaltungsbeamter, als zu kompliziert ab, da sie eine umfangreiche Verwaltung und eine bessere zwischenstaatliche Koordination erforderten (vgl. ders. 1995, S.337 f.). CHUNG verweist auf den semantisch unglücklich gewählten und unzutreffenden Ausdruck der sog. smart sanctions hin, da

- **Begrenzte / unbegrenzte Sanktionen:** Erfolgt eine *zeitlich Befristung* der Sanktionen, oder werden sie *ohne zeitliche Begrenzung* eingesetzt?

Das Spektrum der Sanktionsdimensionen und die im folgenden aufgelisteten typologisch unterscheidbaren Sanktionsformen verdeutlichen die Bandbreite möglicher Kombinationen. Die strategische Umsetzung folgt den jeweiligen Erfordernissen, so daß ein Sanktionsregime aufgrund der unterschiedlichen Gegebenheiten selten einem anderen gleicht.[62]

Tabelle 4: Typologie von Sanktionen

Sanktionstypen	**Charakteristika**
diplomatische / politische Sanktionen	• Protest, Mißbilligung, Verurteilung • Verschieben / Absagen offizieller Besuche, Treffen etc. • Reduzierung / Begrenzung der diplomatischen Vertretungen (Status der Vertretung; Anzahl der diplomatischen Angestellten; Anzahl der Konsulate) • Abbruch der diplomatischen Beziehungen • Nichtanerkennung von neuen Regierungen / Staaten
Kommunikationssanktionen[63]	• Einschränkung bei / Abbruch von Telefon-, Kabel- und Postverbindungen
Sport-/ kulturelle Sanktionen, soziale Sanktionen	• Reduzierung / Abbruch kulturellen Austausches (in Wissenschaft, Bildung, Sport, Unterhaltung)
chemo-technische Sanktionen	• waffenähnlicher Mikrowelleneinsatz • Einsatz von materialaufweichenden Chemikalien • Einsatz einer Mikrobenlösung, die Flugtreibstoffe in eine schmierige Masse verwandelt • Störung oder Lähmung der Energieversorung • Einsatz von Schlafgasen
beschränkte militärische Maßnahmen / Sanktionen	• Waffenembargo • die Aufgabe jeglicher militärischer Unterstützung • Manöver / Krieg • militärischer Schutz von Hilfskonvois • Einrichtung von Luftschutzzonen / regionalen Schutzzonen für bedrohte Bevölkerungsgruppen • humanitäre Intervention • zeitlich begrenzte militärische Sanktionen im Auftrag des VN-SR

die Entscheidungen früherer durchgeführter Sanktionen dadurch pauschal verworfen und für „nicht-smart" erklärt werden - vgl. ders. 2002, S.214.

[62] Vgl. MOZIA 1998, S.6-8; DOXEY 1996, S.14 f.; FOREIGN POLICY TOOLS o.J.: hierbei handelt es sich um eine systematische Zusammenstellung außenpolitischer Maßnahmen nach den Kategorien freundlich, überzeugend, feindlich, zwingend. Siehe auch den sehr guten Überblick bei ROGALSKI 2000, S.48 f.

[63] Vgl. VALKYSERS 1999, S.134 f.

Wirtschaftssanktionen im Finanzbereich[64]	• Einschränkung / Aussetzung / Widerruf von Unterstützung in den Bereichen Militär, Nahrungsmittel, Entwicklung, Finanzierung technischer Hilfe • Einschränkung / Aussetzung / Widerruf von Krediten zu günstigen Konditionen • Einfrieren / Beschlagnahmung von Guthaben der Regierung des Adressatenlandes • Beschlagnahmung / Enteignung weiterer Vermögenswerte des Adressatenstaates • Verbot der Zinszahlung • Verbot weiterer Transferzahlungen • Ablehnung von Refinanzierung und Umschuldungszahlungen (Zinsen und Kapital) • Kontrolle / Verbot des Kapitalverkehrs
Wirtschaftssanktionen im kommerziellen und technischen Bereich	• Importquote • Exportquote • Beschränkung von Import- / Exportlizenzen • Begrenztes / allumfassendes Importembargo • Begrenztes / allumfassendes Exportembargo • Diskriminierende Tarifpolitik (Verweigerung z.B. des *most favored nation status* in den USA) • Beschränkung / Aussetzung / Widerruf von Fischrechten • Aussetzung / Widerruf von Gemeinschaftsprojekten • Widerruf von Handelsabkommen • Exportverbot von Technologie • Erstellen von Schwarzen Listen derjenigen Personen und Firmen, die mit dem Adressatenland Handel treiben • Reduzierung / Aussetzung / Widerruf von technischer Hilfe und Ausbildungsprogrammen • Verbot von Versicherungsleistungen
unterstützende Maßnahmen	• politische und wirtschaftliche Unterstützung von politischen Oppositionsgruppen in- u. außerhalb des sanktionierten Landes • Aufbau von speziellen Hilfsprogrammen im sanktionierten Land für sozial schwache Bevölkerungsgruppen
völkerrechtliche Sanktionen	*Mitgliedschaft und Teilnahme:* • Votum gegen die Aufnahme des Adressatenlandes • Votum gegen das Akzeptieren von Beglaubigungsschreiben • Votum für Aussetzung • Votum für Ausschluß

64 Vgl. GABRIEL 1987, S.20; CORTRIGHT/LOPEZ/CONROY 2001, S.180. CORTRIGHT weist explizit auf die höhere Erfolgsquote von Finanzsanktionen als von Wirtschaftssanktionen hin - und auf den Vorteil, daß durch sie gezielt Druck auf die politischen und ökonomischen Eliten konzentriert werden kann, die für das jeweilige „Fehlverhalten" verantwortlich sind (siehe ders. 1996, S.6).

völkerrechtliche Sanktionen	*Zuwendungen:* • Votum gegen die Vergabe von Krediten, technische Hilfe und andere Beihilfen • Votum für die Verlegung von Hauptquartieren und Regionalbüros aus dem Adressatenland
Reisesanktionen[65]	• Reiseverbot für Touristen in das / aus dem Adressatenland • Widerruf von Visa für Angehörige des Adressatenlandes • Einschränkung / Aussetzung / Widerruf von Lande- und Überflugrechten • Einschränkung / Aussetzung / Widerruf von Gewässertransit, Anlege- und Hafenrechten • Einschränkung / Aussetzung / Widerruf von Transitrechten über Land
positive Sanktionen	• schrittweise / teilweise / umfassende Aufhebung von einigen auserwählten oder sämtlichen negativen Sanktionen und Initiierung von neuen positiven Maßnahmen, die auf eine Ausweitung im Falle des Wohlverhaltens zielen (Anreizpolitik)

II. Der juristische Begriff

Der juristische Begriff der Sanktion bedeutet zunächst die Überleitung eines Gesetzentwurfes in verbindliches Recht (staatsrechtlicher Begriff) sowie eine nachteilige Rechtsfolge zur Sicherung normativer oder faktischer Rechtsgeltung (rechtstheoretischer Begriff). Beide Begriffe entstammen der römischen Rechtssprache, die mit *sanctio legis* den Teil eines Gesetzes bezeichnet, in dem die Folgen für den Fall des Zuwiderhandelns festgelegt werden. Der etymologische Bezug zu „weihen" (s.o.) wird auf die Unverbrüchlichkeit des Gesetzesbefehls übertragen. Der Begriff des Gesetzes geht vom Strafgesetz aus. Dies impliziert diese Weihung, so daß das Strafurteil die Übereignung des Verurteilten an eine Gottheit ermöglichte.[66]

[65] Vgl. für Einzelheiten CORTRIGHT/LOPEZ/CONROY 2001, S.181 f.: Mit Hilfe von Reisesanktionen soll die Mobilität bestimmter Individuen und Gesellschaften beschränkt werden. Sie sind sehr zielgenau und haben keine Auswirkungen auf schwache Bevölkerungsgruppen. Das Verbot, ins Ausland zu reisen, kann Geschäfts- und Finanzbeziehungen stören, die lebenswichtig für den Wohlstand und die Macht der anvisierten Individuen sind. Auch kann das Sanktionieren bestimmter Fluggesellschaften, die in vielen Ländern zumindest teilweise staatlich sind, eine empfindliche Einnahmeneinbuße bewirken. Reisesanktionen können dementsprechend zweierlei Art sein: zum einen mag bestimmten Personen durch Visaverweigerung oder Einziehung von Pässen der Zugang zu anderen Ländern verweigert werden. Zum anderen kann beschlossen werden, daß bestimmte Gesellschaften nicht befugt sind, Reisende in ein Land zu transportieren.

[66] Vgl. KINDHÄUSER 1995, Bd.IV, Sp.998 f. STENGER weist darauf hin, daß „Sanktion" eines der seltenen Wörter sei, die das Gegenteil ihrer ursprünglichen Bedeutung bedeuten. Mit

Nach heutiger Lehre ist der staatsrechtliche Begriff der Sanktion derjenige Teil des Gesetzesbeschlusses, bei dem der Entwurf durch Erteilung des Gesetzesbefehls Gesetz wird. Allerdings ist der Sanktionsbegriff im modernen Verfassungsrecht bedeutungslos geworden, da die Sanktionsgewalt nur noch dem Parlament zustehen kann.
Bezüglich des rechtstheoretischen Aspekts von Sanktionen ist nach der faktischen und der normativen Geltung des Rechts zu unterscheiden:

> „[...] sie [die Sanktion] hat ungültigem Recht die normative Wirksamkeit zu versagen und verbindlichem Recht zu faktischer Wirklichkeit zu verhelfen."[67]

Die Sanktion sichert in bezug auf die normative Geltung von Recht die Erfüllung der jeweiligen Voraussetzung verbindlichen Rechts (Einhaltung von Verfahrensregeln, Formen und Fristen u.a.), sollten die entsprechenden Normen oder Ansprüche als nicht mehr rechtlich gültig angesehen werden.
Die faktische Geltung von Sanktionen wird durch Maßnahmen durchgesetzt, durch deren Androhen und gegebenenfalls Ergreifen die handlungswirksame Anerkennung einer Rechtsnorm garantiert werden soll.
Damit sind zwei Arten von Normen dem Begriff der Sanktion eigen: die materiellrechtliche Verhaltensnorm und eine deren Geltung sichernde formelle Sanktionsnorm.
Sanktionsmittel und Adressat der Sanktionsnorm sind je nach Rechtsgebiet verschieden. Allerdings ist die Androhung und Verhängung von Kriminalstrafen Paradigma der Sanktion in diesem Sinne.[68]

III. Der sozialwissenschaftliche Begriff

In den Sozialwissenschaften ist der Sanktionsbegriff von wesentlicher Bedeutung bezüglich der Funktionsanalyse gesellschaftlicher Strukturen. Unter sozialen Sanktionen werden gesellschaftliche Maßnahmen von einzelnen Gruppen oder Organisationen bzw. Institutionen verstanden, mit denen auf das Verhalten anderer Mitglieder der Gesellschaft reagiert wird. Damit ist der sozialwissenschaftliche weiter als der rechtstheoretische Sanktionsbegriff gefaßt. Durch Billigung / Mißbilligung, Belohnung / Bestrafung soll die Einhaltung gesellschaftlich anerkannter Normen erzwungen werden. Der Geltungsbereich der Sanktionen ist dabei vom Geltungsbereich der mit ihnen verbundenen Normen abhängig. Positive Sanktionen (Lob, soziales Ansehen etc.) erfolgen auf Verhaltensweisen, die den gesellschaftlichen

---

der Lösung von der ursprünglichen Verwendung habe sich kein einheitlicher Sprachgebrauch herausgebildet, so daß heute sowohl die in Gesetzeswerken enthaltene Strafandrohung als auch die daraus resultierende Maßnahme als Sanktion bezeichnet werde - vgl. STENGER 1988, S.12 und Fn.76, ebd.

67 KINDHÄUSER 1995, Bd.IV, Sp.1000.

68 Vgl. KINDHÄUSER 1995, Bd.IV, Sp.999.

Normen entsprechen. Negative Sanktionen (Tadel, Freiheitsentzug u.a.) resultieren aus abweichendem Verhalten. Formelle Sanktionen werden von einem hierzu legitimierten Sanktionsapparat (Polizei, Gerichte) nach entsprechenden Sanktionsnormen ausgeführt. Bei informellen Sanktionen hängen Grad und Verbindlichkeit der Sanktionen eher von den betroffenen Akteuren selber ab und können aus Äußerungen der Verachtung oder des Spotts (aber auch aus Boykott) bestehen. Während der Sozialisation werden gesellschaftliche Normen häufig so stark verinnerlicht, daß nicht mehr alle Verhaltensweisen sanktioniert werden müssen und Normenmißachtungen in der Regel mit Schuldgefühlen von der Person selbst sanktioniert werden (sog. innere Sanktionen).[69]

IV. Sanktionsforschung

Die klassische Sanktionsforschung ist ein Teilgebiet der Kriminologie und beschäftigt sich mit der empirischen Aufklärung der Anwendung von strafrechtlichen Sanktionsmitteln wie Freiheitsentzug, Geldstrafe und Erziehungsmaßregeln. Sie liefert einen Beitrag zur Normengenese und vertritt die normative Forderung, im Zweifelsfall die leichteste Maßnahme zu ergreifen.[70]

Eine wissenschaftliche Beschäftigung mit Sanktionen findet jedoch auch auf völkerrechtlicher Ebene statt. In Nachschlagewerken ist dies nur selten aufgeführt, doch sind die zahlreichen Publikationen Beleg dafür. Standardwerke, die aus dem angelsächsischen Raum stammen und im Kontext der siebziger bis frühe achtziger Jahre entstanden, sind die folgenden Abhandlungen:

Tabelle 5: Auswahl vorhandener Standardwerke zu Sanktionen

•	DOXEY, Margaret P.: "Economic Sanctions and International Enforcement." London u.a.: Oxford University Press, 1971.
•	LOSMAN, Donald: "International Economic Sanctions. The Cases of Cuba, Israel and Rhodesia." Albuquerque: University of New Mexico Press, 1979.
•	RENWICK, Robin: "Economic Sanctions." Cambridge / Massachusetts: Center for Internationals Affairs Harvard University, 1981.
•	ELLINGS, Richard: "Embargoes and World Power. Lessons from American Foreign Policy." Boulder: Westview Press, 1985.
•	BALDWIN, David: "Economic Statecraft." Princeton / New Jersey: Princeton University Press, 1985.
•	HUFBAUER, Gary / SCHOTT, Jeffrey / ELLIOTT, Kimberley Ann: "Economic Sanctions Reconsidered: History and Current Policy." Washington, D.C.: IIE, 1985.

[69] Vgl. MEYER 1977, Bd.XX, S.688 (Sanktion); BROCKHAUS 1997, Bd.XIX, S.111; KINDHÄUSER 1995, Bd.IV, Sp.1000.

[70] Vgl. KINDHÄUSER 1995, Bd.IV, Sp.1000. Für eine kritische Auseinandersetzung mit dem strafrechtlichen Sanktionssystem s. JUNG 1992.

Besonders die letzten beiden Werke relativieren das Ergebnis älterer Sanktionsliteratur, die Wirtschaftssanktionen als mehrheitlich nicht erfolgreich einschätzt. BALDWIN wies einem Großteil der Literatur konzeptionelle Unschärfen nach, und HUFBAUER/SCHOTT/ELLIOTT[71] verlassen sich in ihrem grundlegenden Werk über Wirtschaftssanktionen zwar konzeptionell auf die Tragfähigkeit der überkommenen Ansätze der Sanktionsforschung, relativieren ihre Ergebnisse jedoch auf der Basis einer methodisch aufwendigen, quantitativen Regressionsanalyse mit dem Ergebnis, daß Wirtschaftssanktionen unter bestimmten, allerdings relativ restriktiven Voraussetzungen, sehr wohl Erfolg versprechen.[72] Während BALDWIN und HUFBAUER/SCHOTT/ELLIOTT sich auf eine Untersuchung der Mittel und Ziele beschränken, greift MAULL die innenpolitischen und internationalen Rahmenbedingungen auf. Seine These lautet, daß Wirtschaftssanktionen eine gewichtige Rolle in der Außenpolitik spielen, da sie durch Veränderungsprozesse in der Natur der internationalen Beziehungen aufgewertet werden. Die wachsende Bedeutung der zwischenstaatlichen Interdependenz fördere die Neigung, zu wirtschaftlichen Instrumenten der Außenpolitik zu greifen. Dabei werde die Instrumentalisierung wirtschaftlicher Prozesse für politische Ziele durch diese Tendenz zu horizontaler Interdependenz und die damit in Zusammenhang stehende wachsende gegenseitige Durchdringung von Staat und Gesellschaft (vertikale Interdependenz) verkompliziert. MAULLs Fazit beinhaltet, daß Wirtschaftssanktionen an Bedeutung zunehmen werden - wie auch die Komplexität ihrer Handhabung ansteigen wird.[73]
Wirtschaftliche Mittel als die intensivste Form außenpolitischen Drucks sind im Rahmen von Wirtschaftssanktionen ein eigenständiges Instrument der Außenpolitik. Ihre realpolitische Anwendung erfolgt durch Handelsembargos.[74]

---

71 Die 116 Fallstudien umfassende Untersuchung zu ökonomischen Sanktionen wurde 1985 von dem Institute for International Economics (Washington, D.C.) herausgegeben. Nach der zweiten, nunmehr zweibändigen Auflage von 1990 ist eine dritte Auflage in Arbeit und soll im Herbst 2004 erscheinen. Die Dissertation von DRURY setzt sich kritisch mit der gewählten Methodik auseinander, macht auf Fehlerquellen aufmerksam und bietet Lösungsmöglichkeiten für diese (ders. 1993). Auch PARKER weist auf die Subjektivität bei der Einschätzung der verschiedenen Sanktions-Beispiele hin (ders. 2000, S.28 f.).

72 Für Einzelheiten bezüglich der Erkenntnisse von BALDWIN und HUFBAUER/SCHOTT/ELLIOTT siehe MAULL 1991, S.343-345. Für eine ausführlichere Einschätzung der Literatur zu Sanktionen s. MOZIA 1998, S.9-19; EYLER 1998, S.9-20; ROGALSKI 2000, S.16-19.

73 Vgl. MAULL 1991, S.346.

74 Vgl. VALKYSERS 1999, S.13. MAULL zählt neben der engeren Auffassung von Wirtschaftssanktionen als Instrument der Strafe auch Anreize (Sanktionen in Form von Außenhandelsvergünstigungen, Subventionen, Erteilung von Lizenzen, Finanzhilfe, Steuervorteile, Investitionsgarantien) und die Veränderung des Informationsstandes des Objektes mit dem Ziel, seine Kosten-Nutzen-Perzeptionen zu manipulieren, dazu (vgl. ders. 1991, S.347). Für einen Überblick über mögliche Maßnahmen siehe die umfangreiche, aber nicht vollständige Liste negativer und positiver Wirtschaftssanktionen (ders. 1991, S.356 f.).

Daher kommt innerhalb der staats- und völkerrechtlichen Sanktionsforschung den verschiedenen Embargos als nachteiligen Rechtsfolgen (negative Sanktionen)[75] zur Sicherung und Durchsetzung der normativen und faktischen Rechtsgeltung eine große Bedeutung zu.[76]
Der folgende Abschnitt C. befaßt sich mit dem theoretischen Aspekt von Embargos.

C. Erscheinungsformen des Embargos im Völkerrecht

Embargos finden häufig als wirtschaftliches Sanktionsmittel praktische Anwendung. Trotz umfangreicher völkerrechtlicher, wirtschafts- und politikwissenschaftlicher Literatur bestehen begriffliche und inhaltliche Unklarheiten gegenüber den Merkmalen eines Embargos und damit über seine Abgrenzung zu verwandten Erscheinungsformen wie Boykott, Blockade und moralischem Embargo.[77]
Die Interdependenz von Außenwirtschaft, der allgemeinen Wirtschaftspolitik, der politischen internationalen Beziehungen, der Strategie (Drohung, Konfliktentstehung, -ablauf und -kontrolle) und des Völkerrechts (Kriegs-, Friedensrecht, Neutralität, Rechtsschutz der wirtschaftlichen Beziehungen) wird überwiegend unterschätzt.[78]

> „Entsprechend der etymologischen Bedeutung wurde es [das Embargo] ursprünglich im Völkergewohnheitsrecht nur in Verbindung mit den speziellen Formen der Zurückhaltung und Beschlagnahme von fremden Handelsschiffen verwendet, durch die auf den Flaggenstaat Druck ausgeübt wurde.“[79]

Abgeleitet ist der Ende des 18. Jahrhunderts ins Deutsche übernommene Terminus Embargo von dem spanischen *embargo* (Beschlagnahme, Sperre, Hindernis), dem wiederum das Verb *embargar* (hindern, anhalten, pfänden, beschlagnahmen) zu-

---

75 Positive Sanktionen fallen nicht unter den Embargobegriff und werden deswegen nicht berücksichtigt.

76 „Das wirtschaftliche Embargo ist ein altes Instrument der Außenpolitik; es wurde im Altertum (Athen, Rom), im Mittelalter (Hanse, Päpste), am Beginn des 19. (u.a. Kontinentalsperre) und während des 20. Jahrhunderts häufig eingesetzt. Die Fehlschläge überwogen jedoch. Dennoch griff man immer wieder auf das Embargo zurück und machte es völkerrechtlich hoffähig, indem es offiziell als Sanktionsmittel in den kollektiven Sicherheitssystemen des Völkerbundes (Art. 16 VBS) und der Vereinten Nationen (Art. 41 SVN) verankert wurde. Das Embargo wurde immer von großen Hoffnungen und Befürchtungen begleitet.“ - HASSE 1977, S.115.

77 Vgl. HASSE 1973, S.XVIII.

78 Vgl. HASSE 1973, S.XIX. Auf S.2 schreibt HASSE: „Kurz umrissen wird mit dem Embargo versucht, das *politische* Verhalten eines Staates zu beeinflussen. Das Embargo ist demnach eine *staatliche* Maßnahme, es will Druck durch *wirtschaftliche Schädigung* bewirken, indem der internationale Handel in *diskriminierender* Weise verzerrt wird. Beim Embargo greifen wirtschaftliche, staats- und völkerrechtliche und organisatorische Aspekte ineinander.“

79 HASSE 1973, S.2.

grundeliegt. Dieses geht auf das vulgärlateinische *imbarricare* (in Sperrschranken legen) zurück, das evtl. mit dem vulgärlateinischen *barra* (Querstange) in Verbindung gebracht werden kann.[80] Erstmalig verwendet wurde der Begriff im sog. „amerikanischen Embargo" 1807-09: die USA ordneten eine Unterbrechung des Warenaustausches mit verschiedenen Staaten an - als Repressalie gegen englische und französische Handelsbehinderungen.[81] Neben dem Handelsembargo bildeten sich später auch das Finanz- und Kapitalembargo heraus, da die Komplimentarität zwischen Güter- und Geldströmen und den Besonderheiten des mulitlateralen Handels bei konvertiblen Währungen diese Ausweitung erforderlich machten. Aus ähnlichen Gründen entwickelte sich das Embargo immer stärker zu einer Maßnahme, die nicht allein von einem Staat, sondern von einer Völkergemeinschaft kollektiv eingesetzt wurde.[82]

Der Einsatz wirtschaftlicher Mittel zum Erreichen außenpolitischer Ziele ist keiner bestimmten Zeitepoche zuzuordnen. Frühformen des Embargos bestanden bereits im Altertum. So wurde das erste bekannte Handelsembargo kurz vor dem Ausbruch des Peloponnesischen Krieges (431-404) durchgeführt, als Athen 445 v.Chr. das Verbot erließ, Waren aus der Nachbarstadt Megara einzuführen. Denn Megara lag auf der wichtigen Landverbindung zur peloponnesischen Halbinsel und war mit dem künftigen Gegner Athens, Sparta, verbündet. Politisches Ziel Athens war es, Megara zur Aufgabe des Bündnisses mit Sparta zu bewegen.[83]

---

80 Vgl. ETYMOLOGISCHES WÖRTERBUCH 1993, Bd.I, S.280 (Embargo) und ILLIG 2001, S.522. LAMBERS erwähnt, daß das Wort über das Englische ins Deutsche gekommen sei (ders. 1956, S.1). Während das englische *to embargo* auch als Adjektiv (*embargoed*) Verwendung findet (vgl. OXFORD 2000, S.157), ist die eigenwillige Übersetzung *embargiert* nicht Bestandteil der deutschen Sprache. Auffällig ist der angelsächsische Einfluß auf die Sanktionsterminologie. Durchaus vorhandene deutsche Begriffe scheinen entweder nicht geläufig zu sein oder werden der Einfachheit halber nur ungern verwendet.

81 Vgl. für Einzelheiten HASSE 1973, S.19 f.; LINDEMEYER 1975, S.520; DICKE 1978, S.210: primärer Ansatz zur Umsetzung der handelspolitischen Sanktionen war 1794 ein Auslaufverbot für Schiffe. Zunächst bestand es als eine Abwehrmaßnahme der neutralen USA gegen die englische und französische Prisenpraxis zur Zeit der Kontinentalsperre. Bezweckt werden sollte eine Unterbrechung des Handels mit England und Frankreich durch ein allgemeines Auslaufverbot für amerikanische und Frachtaufnahmeverbot für ausländische Schiffe in US-amerikanischen Häfen. 1798 erfolgte der Abbruch des Handelsverkehrs mit Frankreich, 1806 ein Einfuhrverbot britischer Waren. Die US-Embargomaßnahmen endeten 1814 mit der Niederlage Napoleons.

82 Vgl. HASSE 1973, S.2, Fn.1. Deutlich wurde dies im Rahmen der Kontinentalsperre, die ursprünglich ein französisches Handelsverbot gegen Großbritannien war. Mit der Errichtung der Hegemonialherrschaft Napoleons über Europa erfolgte eine räumliche Erweiterung dieses Handelsverbotes, das letztlich ein Fehlschlag war. Die Kontinentalsperre zeigte in ihren Stadien bereits die wichtigsten Ansätze und Probleme eines kollektiven Embargos, wie sie im 20. Jahrhundert wieder auftraten (vgl. für Details ders. 1973, S.8-18).

83 THUKYDIDES berichtet eingehend darüber im 1.Buch, Kap. 139 von „Der peloponnesische Krieg." (ders. 2002, S.84 f.). Über weitere Frühformen des Embargos im Altertum und in der

Insgesamt unterlag der Umfang, mit dem der Außenwirtschaftsverkehr politisiert wurde, großen Unterschieden und hing vom organisatorischen Geschick und dem Aufwand der Kontrolle ab. Erst seit Anfang des 19. Jahrhunderts findet der Embargo-Begriff auch auf das außenpolitisch motivierte Verbot des Außenhandels Anwendung.[84]

I. Historische Entwicklung: Schiffsembargo - Handelsembargo

Gemäß der primär etymologisch bestimmten Definition des Embargos besteht das Schiffsembargo aus der Beschlagnahmung und der Zurückhaltung von Schiffen als konkreten Vermögensobjekten. Schiffe desjenigen Staates, der ein völkerrechtliches Delikt begangen hat, werden in den Häfen des verletzten Staates festgehalten.[85] Damit ist es vom sogenannten Generalembargo und auch dem Arrêt de prince abzugrenzen, das während eines Krieges den Kriegsführenden in Notfällen das Recht gibt, neutrale Schiffe zur Verhinderung der Nachrichtenverbreitung in ihrem Machtbereich zurückzuhalten.[86]
Ein Handelsembargo[87] hingegen wird vom Embargoinititator zur Wiedergutmachung des zugefügten und nicht freiwillig beseitigten Unrechts gegen den Embargogegner verhängt. Erfolgt es nicht in Form einer Repressalie, wird es selbst zu einem völkerrechtlichen Delikt.[88] Dabei wird kein konkretes Vermögensobjekt, sondern höchstens ein abstraktes Rechtsgut beeinträchtigt: internationale Verträge des

frühkapitalistischen Verkehrswirtschaft des Mittelalters bis hin zu den vom Völkerbund verhängten Embargos s. ausführlich HASSE 1973, S. 3-84.

84 Vgl. HASSE 1973, S.106.

85 LINDEMEYER 1975 definiert umfassender: „Das Schiffsembargo ist eine staatlich angeordnete zeitweilige Beschlagnahme und Stillegung von Schiffen unter fremder Flagge auf hoher See oder im Hafen des die Beschlagnahme verhängenden Staates." - ders. 1975, S.519. Von dem Rechtsinstitut der Prise unterscheidet sich das Schiffsembargo dadurch, daß es nur eine zeitweilige Beschlagnahme ist, die die Eigentumsverhältnisse an dem Schiff unberührt läßt (vgl. ebd., S.519 f.).

86 LAMBERS beklagt, daß es keine einheitliche Begriffsbildung in der Staatenpraxis und Völkerrechtswissenschaft bezüglich der Termini Wirtschaftssperre, -krieg, Handelskrieg, Blokkade, Embargo, Boykott etc. gebe, und daß teilweise Gleiches unterschiedlich und Unterschiedliches gleich benannt werde (ders. 1956, S.32). Zwar beschäftigten sich seit 1956 einige Autoren von Dissertationen mit Embargos und Sanktionen (u.a. HASSE und LINDEMEYER) und arbeiteten eindeutige Begriffe heraus, doch erfolgt der Umgang mit diesen Fachtermini bis heute häufig sehr willkürlich.

87 „Das Handelsembargo äußert sich hingegen als ein an die Gebietsansässigen gerichtetes staatliches Verbot bestimmter Geschäfte im Außenwirtschaftsverkehr mit einem näher bezeichneten fremden Wirtschaftsgebiet. Das Verbot kann den Warenverkehr (Exporte und Importe), den Kapital- oder den Dienstleistungsverkehr (Transporte) oder auch - seltener - alle drei Bereiche gleichzeitig erfassen." - LINDEMEYER 1975, S.519.

88 Vgl. SCHAER 1954, S.185.

privaten Wirtschaftsrechts, Verletzungen abstrakter Vermögenswerte (wohlerworbener Rechte), die sich aus dem Aufbau einer Absatzorganisation, den Markterschließungen im Ausland und letztlich aus den Möglichkeiten einer Gewinnerzielung im Ausland ergeben. Um die unterschiedlichen völker- und staatsrechtlichen Tatbestände abzugrenzen, wurde die Unterscheidung von feindlichem Embargo (Schiffsembargo)[89], friedlichem Embargo (*civil embargo*[90]), Arrêt de prince[91] und Angarie[92] entwickelt.

Das klassische Embargo war jedoch das Schiffsembargo, denn nicht die Ware, sondern das Schiff war in der Regel als konkretes Vermögensobjekt der alleinige Gegenstand der Beschlagnahme. Mit der wachsenden Intensität der internationalen Wirtschaftsbeziehungen und dem steigenden Umfang der Transportmöglichkeiten (Eisenbahn, Auto, Flugzeug) sank die relative Bedeutung des Schiffes als Vermögensobjekt. Die Verfügbarkeit der Waren geriet statt dessen wieder in den Mittelpunkt des Interesses - wie es schon vom Altertum bis in das späte Mittelalter der Fall gewesen war.[93]

> „Die mit der Entwicklung des Außenhandels und der Transportmöglichkeit ebenfalls wachsenden Anforderungen an die verwaltungstechnische Überwachung eines Embargos waren im 19. Jahrhundert neben den wirtschaftsordnungspolitischen Leitideen ein zweites Hindernis für den Einsatz dieses Instrumentes."[94]

Diese Schwierigkeiten konnten ausgeräumt werden durch a) die kontinuierliche Verbesserung in der Nachrichtenübermittlung (Telefon, Telegraf), b) die allgemein zunehmende Verwaltungs- und Interventionsfreudigkeit des Staates und c) die Wandlung des Kriegsbegriffs.

Auf diese Weise entwickelte sich das allumfassende Handelsembargo heraus - mit dem Schiffsembargo als Randerscheinung. Der Begriff Embargo erhielt insofern einen neuen Inhalt, als daß sich die objektiven Merkmale änderten. Die Absicht der Schädigung des anderen Staates aus außenpolitischen Gründen (als subjektives Merkmal) blieb jedoch unverändert bestehen. Beide Embargovarianten waren friedliche Zwangsmittel, die außerhalb des Kriegszustandes verhängt wurden.[95]

---

89 LAMBERS betont, daß das Schiffsembargo nur als Repressalie völkerrechtlich zulässig ist und deswegen mitunter auch „völkerrechtliches Embargo" genannt werde (vgl. ders. 1956, S.33).

90 Ein Auslaufverbot für Schiffe der eigenen Flagge im Interesse des öffentlichen Wohls - ohne ein direktes außenpolitisches Ziel. LAMBERS nennt es auch „landrechtliches Embargo" (vgl. ders. 1956, S.33).

91 Das zeitweilige allgemeine Auslaufverbot für alle Schiffe aus Gründen der staatlichen Sicherheit.

92 Die nicht diskriminierende Beschlagnahmung von Schiffen zur Nutzung gegen Entschädigung.

93 Vgl. HASSE 1973, S.132 f.

94 HASSE 1973, S.107.

95 Vgl. HASSE 1973, S.107 f.; LINDEMEYER 1975, S.519.

Tabelle 6: Schiffs- und Handelsembargo[96]

Charakteristika	**Schiffsembargo**	**Handelsembargo**
Bereich	Zwangsmittel des Friedensrechts	Instrument der Außenpolitik: „zwischenstaatliches Kampfmittel“ [97]
Ziel	Wiedergutmachung tatsächlichen / vermeintlichen Unrechts	Diskriminierung[98] eines bestimmten Staates - ggf. trotz eigener Nachteile
Mittel	Beschlagnahme	Verbot, über das Eigentum in einer bestimmten Weise zu verfügen
Merkmale	• vorübergehende Beschlagnahme von Schiffen zum Zwecke ihrer Stillegung, nicht aber Inanspruchnahme • Eingriff in fremde Eigentumsrechte und in die durch die Flagge ausgedrückte Bindung des Schiffes an den fremden Staat • direkte physische Gewaltanwendung • nur als Repressalie erlaubt (im Hafen oder in den Küstengewässern des Verhängerstaates) • bis Ende 19. Jahrhundert üblich • völkerrechtlich unzulässig	• staatliche Beschränkung des Außenhandels: Verbot, mit einer im betroffenen Wirtschaftsgebiet ansässigen Personen bestimmte Handelsgeschäfte abzuschließen • innerstaatliche Maßnahme, die sich primär an die eigenen Staatsangehörigen wendet • ohne Anwendung physischer Gewalt • völkerrechtlich relevant erst durch Zielrichtung und gewählten mittelbaren Auswirkungen • ab etwa 1920 üblich • völkerrechtlich unzulässig nur als Intervention, Verstoß gegen die Neutralitätspflicht / ein ausdrückliches vertragliches Verbot

96 Vgl. LINDEMEYER 1975, S.176 f., S.210-212, S.477.

97 STENGER weist auf das Differenzierungskriterium zwischen Wirtschaftssanktion und Handelsembargo hin: Liegt ein völkerrechtliches Delikt tatsächlich oder vermeintlich vor, stellt die folgende Verhängung eines Handelsembargos eine Wirtschaftssanktion dar, so daß beide Begriffe in einer Maßnahme zusammentreffen können. Wird aber der zwischenstaatliche Wirtschaftsverkehr von einem Staat einem anderen gegenüber eingeschränkt, um dessen politisch mißliebiges Verhalten zu korrigieren, ohne daß ein völkerrechtliches Delikt vorliegt oder behauptet wird, so kann nur von einem Handelsembargo, nicht aber von einer Wirtschaftssanktion gesprochen werden (vgl. STENGER 1988, S.13).

98 Der Begriff ist im Sinne der unterschiedlichen Behandlung gebraucht und besagt nichts über die völkerrechtliche Zulässigkeit. Auf diese Weise wird eine Unterscheidung von Maßnahmen der staatlichen Wirtschaftsförderung ermöglicht, die den Handel allgemein und insoweit jeden Staat betrifft (vgl. LINDEMEYER 1975, S.211).

II. Entwicklung des modernen Sanktionsverständnisses: das Handelsembargo

Im 19. und 20. Jahrhundert wandelte sich die Stellung des Embargos im Völkergewohnheitsrecht.[99] Mit der Verbreitung der liberalen Staats- und Wirtschaftsidee im 19. Jahrhundert blieben Seeblockaden, Schiffsembargos, Zollkriege sowie Boykotte zwar Bestandteile der Auseinandersetzungen um Ressourcen und Märkte. Durch bi- und multilaterale internationale Verträge wurde jedoch versucht, eine Trennung von Handel und Außenpolitik vor allem für Kriegszeiten festzuschreiben.[100] Einsetzend mit dem Ersten Weltkrieg änderte sich die Wirtschafts- und Völkerrechtsordnung für Konfliktfälle. Die Weiterentwicklung des Embargos als Instrument ist eng damit verknüpft. In Verbindung mit der Wandlung des völkerrechtlich gültigen Kriegs- und Feindbegriffes und dem Bemühen, eine kollektive Friedensordnung zu schaffen, wurde das Embargo nicht mehr ausschließlich als „friedliches“ Sanktionsinstrument betrachtet, sondern auch als ein in Kriegszeiten einzusetzendes Mittel. Die Änderung des Kriegsbegriffs prägte darüber hinaus entscheidend die Ausgestaltung der Sanktionen, die in friedlichen Zeiten eingesetzt wurden.[101] Von Bedeutung dafür war das Prinzip der kollektiven Sicherheit als Grundlage einer internationalen Rechtsordnung: in Form von friedlicher Kon-

---

[99] LAMBERS beklagt, daß im 19. Jahrhundert der Begriff des Schiffsembargos von vielen erweitert wurde und sich schließlich auch auf Außenhandelsverbote erstreckte. Die Differenzierung zwischen Schiffs- und Handelsembargo setzte sich erst später durch. Vgl. ders. 1956, S.34 f.

[100] LINDEMEYER schreibt: „[...] vom 17. Jahrhundert bis zum 1. Weltkrieg [hat] eine große Anzahl von Staaten in ihren Handels- und Schiffahrtsverträgen das Embargo verboten.“ - ders. 1975, S.83. Schon vor dem Frieden von Utrecht 1713 wurden in zwischenstaatlichen Verträgen Bestimmungen aufgenommen, nach denen im Falle eines Krieges dem fremden Kaufmann mit seinem Schiff und anderen Eigentum freier Abzug gewährt werden sollte - ebd., S.83 f.

[101] Vgl. HASSE 1973, S.24-31 und GABRIEL 1987, S.10 ff.: der anglo-amerikanische Kriegsbegriff entwickelte sich aus dem Seekriegsrecht und der anglo-amerikanischen Prisenrechtsprechung. Der kontinentaleuropäische Kriegsbegriff hingegen wurde durch das Landrecht geprägt. Mit der liberalen Wirtschaftsidee fand der kontinentaleuropäische Kriegsbegriff Eingang in die bilateralen Wirtschaftsabkommen. Ziel war es somit, Privatpersonen und ihr Eigentum als Repressalienobjekte auszuschließen. Mit der Entwicklung des Ersten Weltkrieges zu einem umfassenden Krieg geriet jedoch die Wirtschaft zu einem entscheidenden Kriegsfaktor. Damit war eine Annäherung an den anglo-amerikanischen Kriegsbegriff erfolgt, der zwischen Kombattanten und Zivilbevölkerung nur unterscheidet, um eine differenziertere Zuteilung der gegen die Gegner gerichteten Maßnahmen zu erleichtern. Während im kontinentaleuropäischen Kriegsbegriff das Handelsverbot die Ausnahme ist, stellt es dem anglo-amerikanischen Verständnis nach jedoch die Regel dar. Auf der Pariser Wirtschaftskonferenz der Alliierten im Juni 1916 setzte sich der anglo-amerikanischen Kriegsbegriffes endgültig durch. Die Anwendung wirtschaftlicher Kampfmaßnahmen in Nicht-Kriegszeiten oder über Kriegszeiten hinaus fand Eingang in das Völkerrecht, und das Embargo wurde als Instrument der Friedenssicherung in die Völkerbundsatzung aufgenommen.

fliktlösung sollten der Selbsthilfe vorgeschaltete Formen einen Konflikt verhindern. Bei deren Nichtbeachtung oder Scheitern waren Zwangsmaßnahmen gegen den Friedensbrecher zu verhängen.[102] Das Embargo wurde zu einem wichtigen Instrument der internationalen Konfliktlösung, und das Prinzip der Zweckmäßigkeit der Maßnahmen dominierte die Rechtsgrundsätze.[103]

1. Das Embargo als staatliche Maßnahme

Ein Embargo ist eine hoheitliche Maßnahme des Staates. Die Art der Embargoeinsetzung hängt von rechtstechnischen Faktoren und wirtschaftsordnungspolitischen Gegebenheiten ab. So kann zur Einsetzung eines Embargos ein neues Gesetz beschlossen werden (wie es die USA 1807 vornahmen) oder aber auch qua Einführungsgesetz bereits bestehende rechtliche Regelungen in Kraft gesetzt werden (vgl. TWEA, Kap.3, Abschn. A.II.2., S.174 f.). Eine weitere Möglichkeit bietet ein bereits existierendes Ermächtigungsgesetz, das der Regierung erlaubt, unter bestimmten Voraussetzungen ein Embargo zu verhängen. Besteht bereits ein gesetzliches Einfuhr- und Ausfuhrverbot von Waren und Devisen mit Genehmigungsvorbehalt, ist es schwieriger, Einzelmaßnahmen als Embargo zu erkennen. Denn hier genügen interne, nichtöffentliche Verwaltungsanweisungen, um die außenwirtschaftlichen Transaktionen innerhalb des gewährten Ermessensspielraumes in die politisch gewünschte Richtung zu lenken.[104]
Soll ein Embargo Wirkung zeigen, muß die Umgehung des Verbotes unter Strafandrohung gestellt werden. Von großer Bedeutung für den Umfang des notwendigen Kontrollapparates sind dabei die jeweilige Wirtschaftsordnung, die Anzahl der am Außenwirtschaftsverkehr partizipierenden Teilnehmer, die zu kontrollierenden Ein- und Ausfuhrorte sowie die geographischen Gegebenheiten.[105]

---

[102] Vgl. HASSE 1973, S.31. Siehe auch GABRIEL 1987, S.9-16: hier wird die Bedeutung von US-Präsident Wilson hervorgehoben, der den Wirtschaftskrieg als Teil der kollektiven Sicherheitsmaßnahmen des VB institutionalisierte und damit quasi die Wirtschaftssanktionen im modernen Sinn des Wortes begründete. Insbesondere GABRIEL stellt dar, wie die US-Amerikaner von Gegnern des Wirtschaftskrieges zu den „Architekten der Wirtschaftssanktionen" wurden.

[103] Vgl. HASSE 1973, S.37; LINDEMEYER 1975, S.84 f.

[104] Vgl. HASSE 1973, S.108 f.

[105] Vgl. HASSE 1973, S.109. Als problematisch erweist sich die Neutralität eines Staates, die sich in erster Linie auf staatliche Handlungen erstreckt, bei denen der Staat das eigentliche Völkerrechtssubjekt ist. Da es im Völkerrecht keine individuelle moralische oder Gesinnungsneutralität gibt, werden neutrale Staaten meist zu Drehscheiben des Umgehungshandels. Vgl. HASSE 1977, S.123.

a) Abgrenzung zu privaten Maßnahmen

Als private Beschränkung des Außenwirtschaftsverkehrs in Abgrenzung zum Embargo gilt der Boykott. Das Wort geht auf den irischen Gutsverwalter Charles Cunningham BOYCOTT zurück (1832-1897). Wegen seiner Härte bei der Eintreibung von Pachten wurde 1879/1880 jeglicher Kontakt mit ihm abgebrochen, so daß er schließlich als Konsequenz Irland verließ und nach New York auswanderte.[106] Sein Name wurde zum Kennzeichen des Versuchs, Personen oder Personengruppen durch wirtschaftliche und/oder gesellschaftliche Isolation zu maßregeln.[107] HASSE definiert den Begriff folgendermaßen:

> „Der Boykott erstreckt sich auf alle sozialen, kulturellen und wirtschaftlichen Lebensbereiche auf nationaler und internationaler Ebene. Sein Anwendungsbereich ist damit viel breiter als der des Embargos, was aus dem Ursprung des Boykottbegriffs abzuleiten ist. Das entscheidende Abgrenzungskriterium zwischen dem Embargo und dem außenwirtschaftlichen Boykott ist der staatliche Charakter des Embargos bzw. das Fehlen des direkten Eingriffes des Staates beim Boykott. Denn beide Begriffe haben zwei gemeinsame subjektive Merkmale: Ein Dritter soll wirtschaftlich diskriminiert und geschädigt werden."[108]

Aufgrund des privaten Charakters des Boykotts fehlt ihm die völkerrechtliche Relevanz. Dessenungeachtet wird Boykott in der völkerrechtlichen Literatur häufig als Oberbegriff für alle Maßnahmen genommen, die den organisierten Abbruch der internationalen Wirtschaftsbeziehungen anstreben. Dies läßt sich jedoch kaum rechtfertigen angesichts der stark voneinander abweichenden rechtlichen und organisatorischen Prinzipien von Embargo und Boykott.[109] Eine andere Unterteilung richtet sich ausschließlich nach der Richtung des Warenstromes und berücksichtigt nicht, von wem die Maßnahme eingeführt und organisiert wird. Diese Klassifizierung von Embargo als Verbot der Warenausfuhr und Boykott als Verbot der Wareneinfuhr verdeckt den bedeutsamen Unterschied, der für die Herausbildung des Boykottbegriffes maßgeblich war. Insofern ist es sinnvoller, die klaren rechtlichen Unterschiede zwischen privaten und staatlichen Maßnahmen der Außenwirt-

---

106 Vgl. HASSE 1973, S.110, Fn.1.

107 Vgl. STENGER 1988, S.9: 1883 kehrte BOYCOTT nach Irland mit geänderten Ansichten zurück und wechselte in das Lager seiner früheren Gegner. Darauf bezugnehmend soll ein Boykott nicht nur mißliebiges Verhalten unterbinden, sondern auch einen positiven Umschwung bewirken. Aus diesem Wunsch heraus wird in der Staatenpraxis häufig bei der Anwendung wirtschaftlicher Zwangsmaßnahmen von Boykott gesprochen.

108 HASSE 1973, S.109 f.

109 Vgl. HASSE 1973, S.110 f.: Die Unterteilung Staats- und Privatboykott vernachlässigt, daß durch den Begriff Staatsboykott auch alle politischen, kulturellen, sportlichen und sozialen Beziehungen erfaßt werden. Diese Zusammenfassung unter einem Oberbegriff ist somit unzweckmäßig. Für einen umfassenden Überblick über die verschiedene Besetzung der Begriffe s. LAMBERS 1956, S.43. Auch STENGER weist auf die Unterschiede zwischen primary / secondary / tertiary oder extended boycott und andere Zusätze hin (ders. 1988, S.10).

schaftsbeschränkungen begrifflich zu trennen. Dementsprechend verbietet bzw. beschränkt bei einem Embargo der Staat qua seiner Hoheitsgewalt den Außenwirtschaftsverkehr mit einem Land aus politischen Gründen, um es wirtschaftlich zu diskriminieren und zu schädigen. Bei einem Boykott werden ähnliche Maßnahmen von privaten Wirtschaftssubjekten ergriffen und organisiert.[110]

b) Abgrenzung zum „moralischen Embargo"

Die Abgrenzung von Einzelfällen zwischen Embargo und Boykott wird durch fließende Übergänge erschwert.[111] Ein Beispiel ist das sog. moralische Embargo, das die USA bereitwillig einsetzen, um Waffenlieferungen an Staaten zu verhindern, denen inhumane Kriegsführung vorgeworfen wird. Um ein offizielles Ausfuhrverbot als unfreundlichen Akt zu vermeiden, wurden die entsprechenden Waffenhersteller benachrichtigt, so daß der angestrebte Effekt ohne ein formelles Verbot erzielt werden konnte. Variablen des Erfolges eines moralischen Embargos sind die Autorität des Initiators, die Transparenz des Marktes sowie die Kooperationsbereitschaft der zahlenmäßig möglichst wenigen Adressaten. Praktizieren die privaten Firmen eine Selbstbeschränkung ihrer Ausfuhr, ist das „moralische Embargo" als staatliche Aufforderung an Private zum Boykott geglückt.[112]

---

110 Vgl. HASSE 1973, S.111 f. Auch LAMBERS befaßt sich ausführlich mit der terminologischen Abgrenzung von Boykott (s. LAMBERS 1956, S.44-46). Für den heutigen Gebrauch im Arbeitsrecht vgl. WINTER 1998, S.209 (Boykott) und für die oben erläuterten Zusammenhänge relevanter S.146 (Behinderungswettbewerb) und SCHLOCHAUER 1960, Bd.I, S.238-240 (Boykott, wirtschaftlicher).

111 So handelt es sich um einen Boykott, wenn ein Staat gegen einzelne ausländische Firmen ein Außenhandelsverbot erläßt - denn bei einem Embargo muß das Verbot gegen einen anderen Staat gerichtet sein. Bei dem Einfuhrverbot arabischer Staaten gegenüber allen Firmen, die mit Israel Handel treiben, handelt es sich dementsprechend um einen Boykott. Diesen Tatbestand erfüllt auch die Praxis der „Schwarzen Listen". Problematisch für die rechtliche Beurteilung sind die staatlichen Betriebe oder Aktiengesellschaften, deren Grundkapital ganz oder teilweise in Staatsbesitz ist, und die sich an einem außenwirtschaftlichen Boykott beteiligen. Ebenso kompliziert ist die Abgrenzung bei der Gründung *ad hoc* gewährter oder staatlich angeregter Exportkartelle, die durch Liefersperren oder durch ein internationales Gebietskartell durchsetzen, daß ein Land diskriminiert wird. Auch ist fragwürdig, ob ein Staat bei der Organisation eines Boykotts hinnehmen darf, daß die privaten Organisationen eine eigene Strafgewalt ausüben, um die Kontrollen durchzusetzen. S. HASSE 1973, S.113 f.

112 Vgl. HASSE 1973, S.112 f.; LAMBERS 1956, S.46; LINDEMEYER 1975, S.186-188. DIKKE hingegen wertet das moralische Embargo aus völkerrechtlicher Sicht als Handelsembargo - denn die Verantwortlichkeit des Staates für den Boykott könne nachgewiesen werden, und somit sei es völkerrechtlich gleich einem Embargo zu behandeln (vgl. ders. 1978, S.205 f.).

2. Das Embargo als Instrument der Außenpolitik

Außenpolitik setzt sich aus denjenigen Maßnahmen zusammen, die die Beziehungen eines Staates zu weiteren Staaten regeln. Mit einem Embargo versucht dessen Initiator, die politische Verhaltensweise eines anderen Staates zu beeinflussen. Damit steht der außenpolitische Charakter eines Embargos als Substitut für militärische Handlungen in Phasen politischer Konfrontation im Vordergrund.[113]

a) Abgrenzung zu Maßnahmen des *ordre public*, der Gesundheits- und Kulturpolitik

Von einem Embargo sind Handelsbeschränkungen interner Zielsetzung auszuklammern. Diese dienen dem Erhalt von öffentlicher Ordnung, Sicherheit und Sittlichkeit (z.B. Verbot der Einfuhr unsittlicher Schriften), aber auch dem Schutz der Gesundheit von Mensch, Tier und Pflanze. Auch Ausfuhrverbote von Kulturgütern (zur Verhinderung der Abwanderung von Kulturgut) stellen kein Embargo dar.[114]

b) Abgrenzung zu diplomatischen Maßnahmen

Die Voraussetzung für Diplomatie ist ein gemeinsames Interesse der beteiligten Staaten - und sei es nur der Wunsch nach Verhinderung eines größeren Schadens. Im Mittelpunkt steht der verbale Austausch zwischen den Staaten, die über ihre diplomatischen Beziehungen ihr Verhältnis zueinander koordinieren und ausgestalten. Unter den diplomatischen Sanktionen (unter anderem Protestnoten, Verurteilungen, die Mobilisierung der öffentlichen Meinung) überwiegen diejenigen verbaler Natur. Sie werden erst eingesetzt, wenn dieser Minimalkonsens nicht mehr gegeben ist, und darin eine Möglichkeit gesehen wird, den „abtrünnigen“ Staat zur Rückkehr zum Verhandlungskonsens zu bringen. Solche Sanktionen können auch in Handlungen übergehen und führen dann zum Abbruch der diplomatischen Beziehungen und der Einstellung des kulturellen Austauschs.[115] VALKYSERS weist auf den Unterschied zwischen diplomatischen Maßnahmen und Sanktionen hin:

> „Durch den offen angewandten Zwang, der sich qualitativ von dem diplomatisch erzeugbaren Druck unterscheidet, grenzen sich Sanktionen von diplomatischen Mitteln ab. Sie

---

[113] Für einen umfassenden Überblick zu den Aspekten von Wirtschaftssanktionen als Instrument der Außenpolitik siehe MAULL 1991, S.341-367. Mit der Betrachtung von kollektiven Sanktionen als Alternative für militärischen Zwang befaßt sich WHITE (siehe ders. 1994, S.75-91).

[114] Vgl. HASSE 1973, S.114; LINDEMEYER 1975, S.210.

[115] Vgl. LINDEMEYER 1975, S.211; GABRIEL 1987, S.5. CRAWFORD macht auf die nicht zu unterschätzende Bedeutung des Ausschlusses von kulturellen und sportlichen Veranstaltungen aufmerksam: auf diese Weise werden Außenstehende über die Sachlage in Kenntnis gesetzt und somit ggf. auch die Voraussetzungen für schärfere Sanktionsbestimmungen geschaffen (ders. 1996, S.52). Dem wäre hinzuzufügen, daß dies auch auf gesellschaftliche Ereignisse zutrifft.

gehören damit zum Repertoire der "coercive foreign policy", bleiben qualitativ aber hinter der Kategorie des "use of force" zurück: ..."[116]

3. Abgrenzung zu Maßnahmen der Außenwirtschaftspolitik

Ungleich schwieriger ist es, Embargos eindeutig von Maßnahmen der Außenwirtschaftspolitik zu unterscheiden, also dem staatlichen Eingriff in den Handel mit einem anderen Staat. Es ist strittig, ob ein Embargo als „friedliches Mittel" der Außenpolitik auch Maßnahmen der wirtschaftlichen Kriegsführung beinhalten kann. Außenhandels- und währungspolitischer Protektionismus liegt in vielschichtigen Erscheinungsformen vor. Da die Merkmale sich vielfach mit denen von Embargos decken, ist eine Abgrenzung nicht einfach vorzunehmen.[117] Übereinstimmungen bestehen hinsichtlich der Beschränkung des internationalen Wirtschaftsverkehrs (a), der organisatorischen Kontrollen (b), der umfangreichen hoheitlichen Aktionen (c) und den außerökonomischen Begründungen (d).[118] Entscheidende Unterschiede sind jedoch die abweichenden Zielvorstellungen (a), die Ansatzpunkte der außenwirtschaftlichen Maßnahmen (b) und die unterschiedlichen Interessenlagen zwischen Staat und Wirtschaftssubjekten (c). Der wesentlichste Unterschied besteht darin, daß das Embargo meist als aggressives Instrument die ausdrückliche Absicht der Diskriminierung und Schädigung des Gegners und damit die absolute oder relative Verbesserung der eigenen Lage beabsichtigt. Dies ist bei protektionistischen Maßnahmen nicht der Fall - die wirtschaftliche Schädigung ist ein ungewolltes Nebenergebnis.[119]

Bezüglich Kampfmaßnahmen der Außenhandelspolitik schreibt LINDEMEYER:

> „Handelsbeschränkungen als Kampfmaßnahmen der Außenhandelspolitik gebraucht, richten sich zwar gegen einen bestimmten Staat, sind aber wegen ihrer vorwiegend wirtschaftlichen Zielsetzung ebenfalls vom Embargo abzugrenzen [...]."[120]

Damit ist das Embargo abzugrenzen von internen Maßnahmen der Wirtschaftspolitik wie Ausfuhrverboten im Rahmen der Ausfuhrqualitätskontrolle, der Vorratshaltung und der Verbesserung der Handels- und Zahlungsbilanz. Denn diese richten sich als von objektiven Bedürfnissen bestimmt, nicht gegen einen bestimmten Staat. Zugunsten politischer Ziele nimmt der Staat wirtschaftliche Nachteile in Kauf, wenn er ein Embargo verhängt. Bei Kampfmaßnahmen der Außenhandelspolitik jedoch geht es ausschließlich um die wirtschaftliche Schädigung oder auch die Erzwingung wirtschaftlicher Vorteile.[121]

---

116 VALKYSERS 1999, S.27.
117 Vgl. HASSE 1973, S.114 f.
118 Vgl. dazu ausführlich: HASSE 1973, S.115 f.
119 Vgl. ebd., S.116 f.
120 LINDEMEYER 1975, S.210.
121 Vgl. LINDEMEYER 1975, S.210, 212.

4. Abgrenzung zu Kriegsführung

Unter dem Begriff der Kriegswirtschaftsmaßnahmen wird die Zusammenfassung aller volkswirtschaftlichen Kräfte in den Dienst der Kriegsführung verstanden.[122] Das Handelsembargo als friedliches Zwangsmittel unterscheidet sich von den wirtschaftlichen Maßnahmen der Kriegsführung dadurch, daß es eine Einzelhandlung ist, die die übrigen Beziehungen zu dem betroffenen Staat unberührt läßt. Im Gegensatz dazu ist die wirtschaftliche Kriegsführung ein unselbständiger Bestandteil aller zur Niederringung des Gegners getroffenen Kampfhandlungen. Sie umfaßt also alle gegen die Kriegswirtschaft des Gegners gerichteten nichtmilitärischen Handlungsweisen, die eine Unterbrechung des feindlichen Außenhandels, insbesondere der Zufuhr, bewirken sollen. Das Embargo ist damit abzugrenzen von wirtschaftlichen Maßnahmen der Kriegsführung, da sie auf anderen innerstaatlichen und völkerrechtlichen Grundlagen beruhen und in den allgemeinen Maßnahmen des Krieges aufgehen.[123] Während durch einen Wirtschaftskrieg die Wirtschaftspolitik eines anderen Staates beeinflußt werden soll (Subventions-, Zoll-, Steuerpolitik usw.), haben Wirtschaftssanktionen einen primär politischen Zweck, denn sie zielen zunächst auf die Beeinflussung der inneren Ordnung des Zielstaates.[124]

III. Formen des Handelsembargos

1. Unterscheidung nach Beteiligten: Kollektiv- und Individualembargo

Unter einem **kollektiven Embargo** ist ein von mehreren Staaten durch gemeinsames Vorgehen verwirklichtes Handelsembargo gegen einen oder mehrere Staaten zu verstehen. Es handelt sich um eine Vielzahl parallel verlaufender und sich ergänzender Embargomaßnahmen einzelner Staaten, die zueinander aufgrund eines Einzelfallkonsenses oder im Rahmen einer supranationalen Organisation aufgrund der dieser verliehenen Normierungskompetenz in einer Bindung stehen, welche sie zu der Anordung der Embargomaßnahmen veranlaßt. Über diese Bindung hinaus ist eine ständige Koordinierung notwendig.[125]

Ein Kollektivembargo kann sich aus den Mitgliedspflichten in internationalen Organisationen ergeben. So umfaßte die Satzung des Völkerbundes (SVB) die unmittelbare Verpflichtung zur Verhängung eines Embargos (SVB Art. 16[126], Art. 41).

---

122 Vgl. LINDEMEYER 1975, S.211.

123 Vgl. ebd., S.211, 520; SCHLOCHAUER 1960, Bd.III, S.857-862 (Wirtschaftskrieg).

124 Vgl. GABRIEL 1987, S.8.

125 Vgl. LAMBERS 1956, S.50; NEUSS 1989, S.24.

126 Nach Art. 16 Abs.1 SVB sind die Mitgliedstaaten verpflichtet, alle wirtschaftlichen und finanziellen Beziehungen zu einem Mitglied abzubrechen, das unter Verletzung von Satzungsbestimmungen zum Kriege schritt. Art. 17 erweitert diese Verpflichtung unter bestimmten

Die VN machen die Ergreifung von Zwangsmaßnahmen von einer vorherigen Entscheidung des Sicherheitsrates abhängig. Die Organisation der Amerikanischen Staaten (OAS) sieht eine Konsultativversicherung der Außenminister vor (Satzung der OAS Art. 43)[127].

Für seine Wirksamkeit bedarf das Kollektivembargo der völkerrechtlichen Koordination der einzelstaatlichen Maßnahmen - die gegensätzlichen wirtschaftlichen Interessen der beteiligten Länder könnten sonst zu unzureichender Befolgung führen.[128]

Unilaterale Sanktionsregime in Form eines **Individualembargos** werden im Unterschied zu einem Kollektivembargo von nur einem Staat - als Mittel der jeweiligen individuellen Politik - durchgeführt.[129] Ihre Anzahl übersteigt die der Kollektivembargos bei weitem. Die meisten unilateralen Sanktionen werden von den USA und ihren Bundesstaaten verhängt. Allerdings ist die wirtschaftliche Schlagkraft gering, und die politischen Folgewirkungen sind nur schwer kalkulierbar. VALKYSERS beschreibt treffend:

> „Bei den Eigenschaften, die im globalen Umfeld humanitär gesteigerter Empfindlichkeit, wirtschaftlich ausdifferenzierter Strukturen und politischer Komplexität gefordert sind, offenbart sich bei unilateralen Sanktionsregimes regelmäßig eine negative Bilanz."[130]

Für die Wirtschaft des Verhängerstaates sind die unmittelbaren, mittelbaren und langfristigen Kosten hoch anzusetzen. Nicht nur der Verkaufsausfall (unmittelbare Kosten), sondern auch der Aufbau beispielsweise einer kompletten Infrastruktur für den jeweiligen Ausfuhrartikel (mittelbare Kosten - bei der Flugzeugindustrie sind dies z.B. Trainingssimulatoren, Wartungseinrichtungen usf.), der aufgrund der Sanktionen langfristig geschlossene Markt (langfristige Kosten) sowie der damit einhergehende Wettbewerbsnachteil aufgrund der latenten Gefährdung der betroffenen Exportbereiche gegenüber empirisch gesehen weniger sanktionsfreudigeren Staaten wirken schädigend auf die heimische Wirtschaft. Wenn auch nicht immer gleich sichtbar, verursachen Sanktionen dem Sanktionsinitiator vielfältige ökonomische Kosten: zu den ausgefallenen Exporteinnahmen kommen der Verlust von Arbeitsplätzen und die hohen Folgeinvestitionen für Unternehmen, um nach Sank-

---

Voraussetzungen auf den Fall, daß ein Nichtmitglied Kriegshandlungen gegen einen Mitgliedstaat vornahm. Vgl. dazu LAMBERS 1965, S.19.

127 Für von der OAS verhängte Sanktionen siehe WHITE 1994, S.86 f.; LINDEMEYER 1981, S.15.

128 Vgl. LINDEMEYER 1975, S.355 ff. Siehe auch GABRIEL 1987, S.16, der neben VN und OAS auch OAU, OPEC und EG nennt - nach 1945 sei es zu einer Flut von Sanktionen gekommen.

129 Embargos von Einzelstaaten haben gegenüber den Sanktionen internationaler Organisationen lediglich den Vorteil, daß es in der Regel den beteiligten Staaten nicht an der erforderlichen Entschiedenheit fehlen wird - vgl. DICKE 1978, S.152.

130 VALKYSERS 1999, S.113; vgl. DICKE 1978, S.152; HENTZEN 1988, S.45-48.

tionsaufhebung ihre vormalige Position in dem Markt des Sanktionsgegners mit gesteigertem Aufwand zurückzuerhalten.[131]
Da die Wirkung unilateraler Sanktionen nicht auf einzelne politische Themenfelder begrenzbar ist, belasten sie häufig die gesamten zwischenstaatlichen Beziehungen, auch wenn sie ursprünglich nur wegen einer partiellen Meinungsverschiedenheit verhängt wurden. Bei einer Flut von unilateralen Sanktionen - und dies ist in den USA der Fall - wird die Außenpolitik eines Landes stark behindert.[132]

2. Unterscheidung nach Sachmerkmalen: allumfassendes / partielles Embargo

Es bestehen markante, qualitative Unterschiede zwischen Handelsembargos. Wird kein vollständiger Abbruch der Wirtschaftsbeziehungen (allumfassendes Handelsembargo[133]) angestrebt, besteht die Möglichkeit für partielle Handelsembargos, die sich auf einzelne Bereiche der Außenhandelsbeziehungen beschränken.[134]
Das allumfassende Handelsembargo - unterschieden nach Sachmerkmalen:

- **Exportembargo:** Ein Ausfuhrembargo kommt zustande, wenn die Ausfuhren aller Waren oder einzelnen Warengruppen in das Land, das geschädigt werden soll, unterbunden sind. Selten wird ein die gesamte Ausfuhr umfassendes Embargo verhängt, so daß das selektive Ausfuhrembargo von größerer Bedeutung ist.[135]
- **Importembargo:** Der Kerngedanke ist die Störung einer Volkswirtschaft durch Abschneiden von ihren Absatzmärkten. Unmittelbare Rückwirkungen auf die Binnenwirtschaft sind Betriebsstillegungen, Arbeitslosigkeit, das Absinken der Produktion und die Herabsetzung der Devisenvorräte. Auf diese Weise kann die Volkswirtschaft sehr stark beeinträchtigt werden. Die Auswirkungen eines Importembargos steigern sich in Abhängigkeit von der Anzahl der mit einem Einfuhrverbot belegten Warengruppen.[136]

Werden ausgewählte Bereiche des Außenwirtschaftsverkehrs in bezug auf einen bestimmten Staat oder mehrere Staaten unterbunden, fällt dies unter den Begriff des partiellen Handelsembargos. Mit Verweis auf die Ausführungen am Anfang dieses Kapitels und damit auf die teilweise gegebene Überschneidung der Begriffe Sanktion und Embargo werden im folgenden einige Embargotypen aufgezählt, die bereits in Tabelle 4 „Typologie von Sanktionen“ enthalten sind.

---

131 Vgl. VALKYSERS 1999, S.112-115.
132 Vgl. VALKYSERS 1999, S.118 f.
133 Sämtliche Außenhandelsbeziehungen werden in bezug auf einen bestimmten Staat unterbunden - vgl. LAMBERS 1956, S.46.
134 Vgl. NEUSS 1989, S.24 f.
135 Vgl. NEUSS 198, S.47.
136 Vgl. ebd., S.47.

Das partielle Handelsembargo - unterschieden nach Quantität:

- **Kapitalembargo:** Häufig auch unter dem Namen Finanzsanktionen verwendet, fällt unter diese Rubrik vornehmlich das „Einfrieren" von Guthaben, die Kapitaltransferkontrolle sowie die Enteignung ausgewählter Einheiten und Individuen. Doch auch Kredite, Schulden und Desinvestitionen können wirkungsvoll zum Durchsetzen eigener Vorstellungen eingesetzt werden - vor allem bei ärmeren Ländern.[137]
- **Neutralitätsembargo:** Ein Neutralitätsembargo kann ein Waffenausfuhrverbot sein mit dem Ziel, nicht in einen Konflikt zwischen zwei Staaten gezogen zu werden.[138] Neutralen Staaten ist es bereits in Friedenszeiten verboten, sich an einem Kollektivembargo zu beteiligen.[139] Dies traf insbesondere für die Schweiz zu, deren traditionelle Neutralität eine Teilnahme an Sanktionen ausschloß und statt dessen *courant normal*[140] verlangte. Allerdings forderten international verhängte Sanktionen die schweizerische Neutralität heraus, und gewöhnlich entschloß sich die Schweiz zu einer sofortigen und vollständigen Teilnahme an den Sanktionen im Rahmen ihrer differentiellen Neutralitätspolitik.[141] Diese pragmatische Politik paßte sich je nach äußerem Druck den Gegebenheiten an und war vom Konzept her erfolgreich, befriedigte aber konzeptuell nicht, da dieser Pragmatismus Konzeptionslosigkeit vermittelte, war er doch von einem offiziellen Konzeptionswandel begleitet gewesen.[142] Mit dem Beitritt der Schweiz in die VN erübrigte sich diese Debatte.[143]

---

137 DONGES versteht unter *Kapitalembargo* lediglich das Nichtgewähren von Krediten (ders. 1982, S.3). Anknüpfend an die zu Beginn dieses Kapitels vorgenommene Unterscheidung zwischen Sanktion und Embargo beinhaltet das Kapitalembargo das Ergreifen sowohl repressiver als auch präventiver Maßnahmen. Für die praktischen Auswirkungen von Finanzsanktionen auf Banken - in diesem Fall auf das Private Banking bei schweizerischen Banken -, s. anschaulich dargestellt bei MOSER 1995, S.32-39.

138 Vgl. LINDEMEYER 1975, S.353.

139 Vgl. ebd., S.477.

140 Im Rahmen eines *courant normal* („Normalhandel")werden weiterhin offiziell Handelskontakte gepflegt, doch wird durch eine Bewilligungspflicht für die betroffenen Im- und Exportgüter gewährleistet, daß Volumen und Struktur des Außenhandels mit dem Embargogegner den Jahresdurchschnitt der letzten drei Jahre nicht überschreiten - vgl. HASSE 1977, S.123, S.178.

141 1951 unterwarf sich die Schweiz einschränkenden Maßnahmen durch zwei Vorkehrungen, die der Bundesrat vornahm. Zum einen wurden Importzertifikate eingeführt, die garantieren sollten, daß „strategische" Güter in der Schweiz verbleiben. Zum anderen wurde durch die Ausfuhrbewilligungspflicht der Export überwacht, so daß der eigene Export im Nofall auf den *courant normal* beschränkt werden konnte. Vgl. GABRIEL 1987, S.27 f.; MOSER 1995, S.14 f. Für den Umgang der Schweiz mit VN-Sanktionen s. ders. 1995, S.31 f.

142 Vgl. GABRIEL 1991, S.11-13; ders. 1987, S.2 f.

143 Mit dem VN-Beitritt der Schweiz - die entsprechende Verfassungsänderung wurde am 3.3.2002 von dem Volk und den Ständen angenommen - wurde der Bund verpflichtet, vom

- **Ölembargo:** Im Rahmen eines solchen Embargos beschließt ein oder mehrere Erdöl exportierende Länder, diese Exporte auszusetzen. Aufgrund der hohen Abhängigkeit der Industrieländer vom Erdöl ist das Druckpotential groß. Andererseits haben die Erdöl exportierenden Staaten (OPEC) nicht das Interesse, die Wirtschaft der Industrieländer zu zerstören, da sie dann der Abnehmer verlustig gehen.[144]
- **Technologie-Embargo:** Hierunter fällt der Entzug von Lizenzen, die Einschränkung von technischer Hilfe und von Technologietransfers.[145]
- **Transportmittelembargo:** Hierunter sind zuvörderst Flugverbote zu subsumieren. Diese - wie auch das Ein- und Ausreiseverbot per Eisenbahn, Schiff oder Kraftwagen - können auch den Reisebeschränkungen zugeordnet werden. Da in der Praxis vor allem Flugverbote von Bedeutung sind, werden sie in der Literatur am ausführlichsten behandelt.[146]
- **Waffenembargo:** Ein solches Embargo bezieht sich auf Waffen, aber auch auf Gegenstände des zivilen Bedarfs[147], die das Kriegspotential verstärken können. Auf diese Weise kann der Kriegsverlauf beeinflußt oder die Ausweitung eines Bürgerkrieges verhindert werden. Die Verhängung von sog. „strategischen Embargos" gegen mögliche Kriegsgegner dienen dem Schutz der Sicherheit des Staates: alle Güter, die zum Aufbau der Rüstungsindustrie verwandt werden

---

VN-SR auf Grundlage des Kapitel VII SVN beschlossene nichtmilitärische Sanktionen umzusetzen, und zwar nicht wie anhin autonom/fakultativ, sondern kollektiv/obligatorisch. Demgegenüber liegt es weiterhin in der Entscheidungsfreiheit der Schweiz, nichtzwingende VN-Sanktionen und Sanktionen der wichtigsten Handelspartner auf der Grundlage des Embargogesetzes zu übernehmen. Dieses Bundesgesetz über die Durchsetzung von internationalen Sanktionen wurde von der Bundesversammlung am 22.3.2002 angenommen und bildet die Grundlage für alle Embargo-Verordnungen und damit der Einhaltung des Völkerrechts dienende Sanktionen der VN, OSZE oder der wichtigsten schweizerischen Handelspartner, die die schweizerische Regierung mittragen möchte. Siehe WEBER 2002, S.304 f. Für einen Kurzkommentar des schweizerischen Embargogesetzes vgl. ebd., S.304-308.

144 Die am 17.10.1973 von der OAPEC schrittweise beschlossene Drosselung der Erdölproduktion und -ausfuhr gilt als eines der erfolgreichsten Handelsembargos. Dies ist jedoch zu bezweifeln, da das offizielle Ziel (Räumung der von Israel bis 1967 besetzten Gebiete) nicht erreicht wurde (vgl. DICKE 1978, S.216-218). Siehe dazu auch die Dissertation von DAOUDI über die politische Dynamik von Wirtschaftssanktionen, die er am Fallbeispiel der arabischen Ölembargos verdeutlicht. Er kommt zu dem Schluß, daß Sanktionen nicht zwangsläufig als gescheitert gelten müssen, weil sie ihr ausdrückliches Ziel nicht erreicht haben (vgl. ders. 1981).

145 Vgl. MAULL 1991, S.356 f.

146 Vgl. für Einzelheiten CONROY 2001, S.223-237: hier wird ausführlich behandelt, welche Schwierigkeiten die Umsetzung von Flugverboten insbesondere für die nationalen Flugverkehrsbehörden mit sich bringt.

147 Sog. Güter mit doppeltem Verwendungszweck - auch Dual-use-Güter genannt.

können, unterliegen den Bestimmungen eines solchen Embargos.[148] Ein Waffenembargo zählt als Präventivmaßnahme:

> „... [es soll] einem sich völkerrechtswidrig verhaltenden oder aggressiven Staat die für die Fortsetzung seines Vorgehens nötigen Mittel vorenthalten, um auf diese Weise das unerwünschte Verhalten zu erschweren oder gar unmöglich zu machen."[149]

Oft handelt es sich um Güter, deren freier Handel schon aus anderen Gründen unterbunden wurde. Auf diese Weise unterstützt die Staatengemeinschaft Waffenembargos, ohne direkten Bezug zu ihnen zu haben. Dies ist nicht zuletzt insofern von Bedeutung, da Waffenembargos erst mit zunehmender Dauer ihre Effektivität steigern und zur schnellen Krisenlösung ungeeignet sind, da die beteiligten Staaten dann bereits über eine hohe Anzahl von Waffen verfügen.[150]

- **Wirtschaftsembargo:** diese Art von Embargo wurde bereits in den vorangegangenen Abschnitten C.I. und C.II. ausführlich behandelt.

D. Funktionsweise und Auswirkungen von Sanktionen

Mit der Darstellung der Grundzüge und Probleme von Sanktionen sind die wichtigsten Facetten und Wirkungsweisen unter Annäherung der tatsächlichen Gegebenheiten systematisch zu analysieren. Welche Wirkungen können mit Sanktionen erzielt werden, und welche Voraussetzungen müssen dafür erfüllt sein? Wie verwikkelt ist die Organisation und Kontrolle von Sanktionen in der Staatengemeinschaft, wenn die Interdependenzen zwischen den staats- und völkerrechtlichen, den politischen sowie ökonomischen Bedingungen und Tatsachen berücksichtigt werden?[151]

I. „Sanktionsdreieck" und Wirkungsebenen

Sanktionen setzen bestimmte Annahmen voraus, inwiefern sich eine Verschlechterung bestimmter Gegebenheiten (bei Wirtschaftssanktionen z.B. die Verschlechterung der ökonomischen Situation) auf das politische Verhalten des sanktionierten Landes auswirkt. Idealtypisch sind zwei analytisch differenzierbare, praktisch jedoch vermischt auftretende Modelle, die den rationalen Akteur und die pluralistische Interessenpolitik als Bezugspunkt setzen.[152]

---

[148] Vgl. LINDEMEYER 1975, S.354. LAMBERS sieht das strategische Embargo als erweiterte Form des Waffenembargos und unterscheidet sich darin von LINDEMEYER, der das strategische Embargo als Vorsichtsmaßnahme verstanden wissen möchte - vgl. LAMBERS 1956, S.48.

[149] CONLON 1996, S.6.

[150] Vgl. CONLON 1996, S.6. Siehe für eine ausführliche Darstellung BONDI 2001, S.63-85; RYDELL 2001, S.143-161.

[151] Vgl. HASSE 1973, S.325.

[152] Vgl. VALKYSERS 1999, S.34 f.

Bezüglich des **rationalen Akteurs** wird vorausgesetzt, daß er den Entscheidungsbereich der im sanktionierten Staat herrschenden politischen Führung repräsentiert und die Entscheidungsfindung einem rationalen Erwägungen unterworfenen Abwägungsprozeß folgt. Unterstellt wird ein linearer Zusammenhang zwischen dem Ausmaß der sanktionsbedingten negativen Entwicklung und dem sich unmittelbar daraus ergebenden politischen Effekt, so daß die sanktionsbedingten Kosten gegen den Nutzen der sanktionierten Politik aufgerechnet werden. Bei diesem Modell wird jedoch nicht berücksichtigt, daß die politische Entscheidungsfindung in aller Regel weitaus komplexer ist und sanktionsbedingte Kosten und politischer Nutzen sich nur selten in direkt miteinander vergleichbarer Maßeinheit darstellen lassen.[153]
Das zweite Modell der **pluralistischen Interessenpolitik** berücksichtigt, daß die politische Entscheidungsfindung nicht nur von einem rationalen Akteur bestimmt wird. Die Effekte der Sanktionen werden unabhängiger von den durch die Sanktionen verursachten Kosten untersucht. Die politischen Auswirkungen von Sanktionen hängen von den politischen Signalen ab, die einzelnen Gruppen im politischen System des Zielstaates übermittelt werden. So können Sanktionen Oppositionsgruppen unterstützen, wodurch ihre Forderungen ein größeres Gewicht erhalten und mehr Menschen erreichen. Sanktionen können jedoch auch ein Ausdruck von Mißfallen, Verurteilung, Warnung oder Drohung sein, und die entscheidende Veränderung des Kosten-Nutzen-Kalküls der politischen Entscheidungsträger könnten eine Folge der symbolischen Wirkung der Sanktionen sein und nicht unmittelbar aus z.B. ihren ökonomischen Konsequenzen.
Dessenungeachtet bleibt die hypothetische Schwierigkeit bestehen: die Folgen der von den Sanktionen ausgehenden Signale sind nicht eindeutig vorhersehbar. Kaum abzuschätzen ist auch die zielgenaue Ansprache der unterschiedlichen Oppositionsgruppen. Fundierte Kenntnisse der Charakteristika der politischen Prozesse im sanktionierten Land sind unabdingbar, und auch mit einer langen Wirkzeit der Sanktionen sollte gerechnet werden.[154]

1. Die Beziehungen innerhalb des Sanktionsdreiecks

Die Wirkung von Sanktionen im Zielstaat ist davon abhängig, wie das Angebot der sanktionierten Güter und Leistungen auf anderen Märkten als dem des Erlaßstaates zugänglich ist. In wirtschaftlicher Hinsicht dominieren bezüglich dieses vertikalen Verhältnisses von Erlaß- und Zielstaat drei Aspekte:
je enger die wirtschaftliche Anbindung an den Erlaßstaat, desto markanter wird es von den Beschränkungen betroffen neue Geschäftsbeziehungen müssen geknüpft werden der Gütererwerb verzögert sich wegen des Ausweichens in großem Umfang auf Quellen in Drittstaaten.

---

[153] Vgl. VALKYSERS 1999, S.35 f.
[154] Vgl. ebd., S.36 f.; KULESSA 1996, S.8.

Von entscheidender Bedeutung ist auch die Kooperation anderer Staaten mit dem Erlaß- oder Zielstaat auf der sog. horizontalen Ebene. Denn Entbehrungseffekte sind auch davon abhängig, wie streng die Beschränkungen durchgesetzt werden. Das Fremdhilfepotential bemißt sich daran, inwieweit Ausweichmärkte zugänglich sind und Versorgungsengpässe im Zielstaat vermieden werden können.[155]

Abbildung 1: Sanktionsdreieck

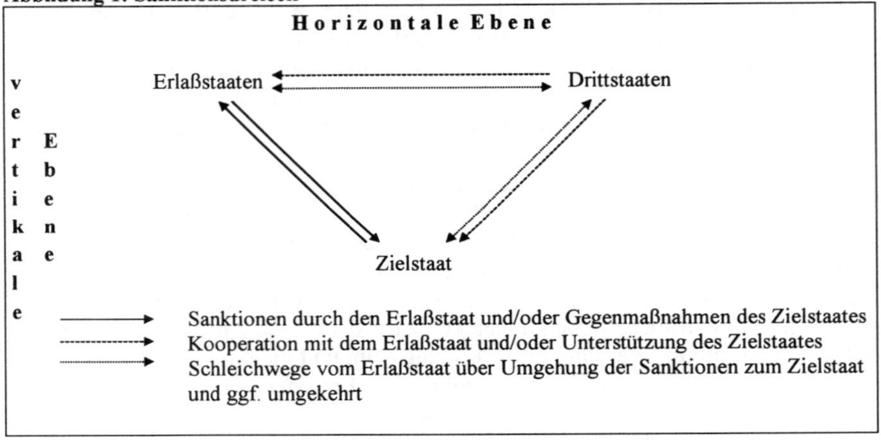

Entscheidend für den Erfolg von Sanktionen sind die geographische Anordnung, die wirtschaftlichen Rahmenbedingungen und die politischen Faktoren.

Bezüglich der **geographischen Anordnung** sind drei Möglichkeiten denkbar: der Anwenderstaat umschließt mit seiner Landmasse (ggf. mit der seiner Verbündeten) das Zielland vollständig oder zu einem Großteil, es existiert überhaupt keine gemeinsame Grenze oder aber Anwender- und Zielstaat weisen teilweise gemeinsame Grenzen auf.[156]

Hinsichtlich der **wirtschaftlichen Rahmenbedingungen** ist eine große wirtschaftliche Diskrepanz des Bruttosozialproduktes zwischen Anwender- und Zielstaat (Größenordnung: 10:1) sowie eine hohe Handelskonzentration des Ziellandes mit dem Anwenderstaat (mehr als 25 % vom Handel des Ziellandes) vorteilhaft für erfolgreiche Sanktionsmaßnahmen.[157]

Die **politischen Faktoren** sind entscheidend für den organisatorischen Erfolg der Sanktionen. Benötigt wird eine möglichst starke politische Ausgangslage und damit eine breite internationale Unterstützung und gefestigte Strukturen nach innen. Das Zielland wird jede Gelegenheit nutzen, die politische Entschlossenheit des Anwen-

[155] Vgl. HENTZEN 1988, S.42-45.
[156] Vgl. VALKYSERS 1999, S.30 f.
[157] Vgl. ebd., S.31.

derstaates zu unterminieren und seine nach innen gerichteten Bemühungen auf eine möglichst geschlossene eigene Bevölkerung konzentrieren.[158]

2. Die Wirkungsebenen von Sanktionen

Aufgrund der sanktionsimmanenten Anwender- und Empfängerebenen bietet sich eine konzeptionelle Zweiteilung der Analyseebene an. Die Anwenderebene[159] setzt sich aus mindestens einem Staat zusammen. Im Höchstfall besteht sie aus den staatlichen und nichtstaatlichen Akteuren der internationalen Staatengemeinschaft abzüglich des Staates / der Staaten der Empfängerebene.[160]

Tabelle 7: Bedeutungsgleiche Termini für die Akteure der Anwender- / Empfängerebene[161]

Anwenderebene	**Empfängerebene**
Erlaß- / Anwenderstaat / Sanktionsanwender	Zielstaat
Senderstaat / Sanktionssender	Zielstaat / Sanktionsziel
Verhängerstaat	Empfängerstaat
Sanktionsinitiator	Sanktionsgegner
Sanktionierender	Sanktionierter
Initiant / Initiator	Adressat

Die Initiative hinsichtlich der Sanktionsentscheidungsvorgänge gehen oftmals von nichtstaatlichen nationalen Akteuren aus. Bestimmte Akteure - meist eines nationalen Systems - werden zur Empfängerebene von Sanktionen aufgrund ihres nach außen oder innen gerichteten Verhaltens.[162]

---

[158] Vgl. VALKYSERS 1999, S.31 f. CORTRIGHT weist darauf hin, daß politische Führer z.B. in Kuba, Libyen, Irak ökonomischen Druck instrumentalisierten, um ihre Macht zu behalten und die Bevölkerung hinter sich zu sammeln. Gelingt es hingegen, die Zivilgesellschaft im Zielland der Sanktionen vom allgemeinen Nutzen der Sanktionen zu überzeugen, fördert dies die moralische Legitimität und damit die Erfolgsaussichten der Sanktionen - vgl. ders. 1996, S.6 f.

[159] Die Bezeichnung „Sender" fand bereits einige Male Verwendung, obwohl es in diesem Kontext im Deutschen nicht existiert. Es wurde von einigen Autoren aus dem Englischen ins Deutsche übernommen.

[160] Vgl. WELLNER 1991, S.2.

[161] Diese und andere Begriffe für die Akteure der Verhänger- und Zielebene werden synonym gebraucht. In der englischsprachigen Literatur dominiert die Verwendung der Termini *sender* und *target*. Im Deutschen ist besonders bei allgemeinen Ausführungen die Verwendung von *Sanktionsinitiator /-gegner* sprachlich von Vorteil, da dann nicht zwangsläufig zwischen der Anzahl der betroffenen Länder unterschieden werden muß , wie dies z.B. bei *Zielland / Zielländer* der Fall ist. ROGALSKI verwendet in seiner Dissertation über die VN-Sanktionen konsequent die Termini *Sanktionierender / Sanktionierter*.

[162] Vgl. WELLNER 1991, S.6.; Abb. 2 geht auf WELLNER zurück - s. ders. 1991, S.6.

Abbildung 2: Sanktionsebenen

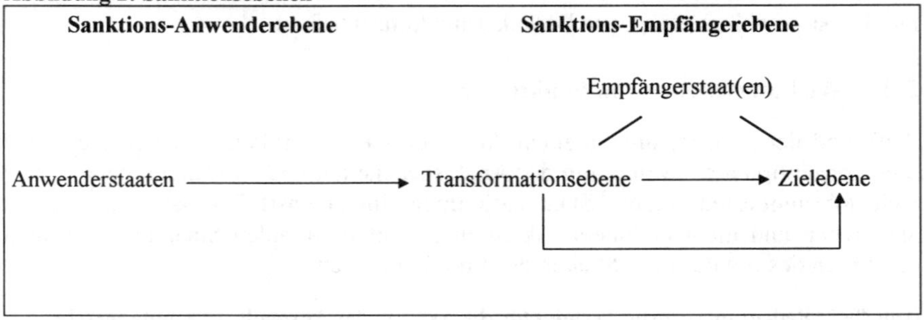

Das primäre Erkenntnisinteresse auf der Analyseebene des Sanktionsinitiators ist die objektive Beschreibung und Erklärung seines Struktur- und Verhaltensmusters bezüglich der Sanktionen gegen den Sanktionsgegner. Wegen der Vielschichtigkeit der Fragestellungen an Sanktionen sind vor allem der historische, institutionelle, ökonomische und juristische Aspekt zu berücksichtigen. Denn eine allgemeingültige und insbesondere interdisziplinäre Sanktionstheorie gibt es nicht.

Hinsichtlich der Empfängerebene sind die Strukturen der Sanktionen und die durch sie ausgelösten Anpassungsvorgänge zu untersuchen. Erst dann kann eine Sanktionstheorie für das jeweilige Fallbeispiel entwickelt werden. Wegen der verschiedenen Wirkungsebenen beim Sanktionsempfänger (Wirtschaftssystem, gesellschaftliches und politisches System) sind monokausale Methoden unzweckmäßig. Abhängig von der intendierten Transformation sind z.B. die Wirkungen des Wirtschaftssystems auf das gesellschaftliche und/oder politische System entscheidend. Aber auch andere Wirkungsmechanismen sind denkbar. Meist verspricht sich jedoch der Sanktionsinitiator durch die Verhängung von Wirtschaftssanktionen den größten Erfolg.[163]

Auf der **Anwenderebene** entscheiden die nationalen oder internationalen Akteure entsprechend der Norm der akteursspezifischen Nutzenmaximierung im Rahmen der internationalen Konfliktlösung über Einsatz und Durchführung von Sanktionen. Diese richten sich gegen einen bestimmten Akteur (Zielebene) im Rahmen des dazugehörigen nationalen Systems (**Empfängerebene**) und sollen bei ihm eine Verhaltensänderung im Sinne der Anwenderakteure hervorrufen. Um diese Verhaltensänderung zu erreichen, wird eine indirekte Einflußnahme auf der Zielebene versucht, sollte eine direkte Einflußnahme auf diese Ebene aus technischen Gründen nicht möglich oder aus wirtschaftlichen bzw. politischen Gründen nicht akzeptabel sein (Kosten-Nutzen-Analyse).

Die Anwenderebene entscheidet gemäß der eigenen Kosten-Nutzen-Analyse, ob sie direkt Einfluß auf die **Zielebene** ausüben möchte und/oder die Einflußnahme über

---

[163] Vgl. WELLNER 1991, S.2-4.

eine **Transformationsebene** des bestimmten Akteurs der Empfängerebene (Zielebene) initiiert, damit dieser gemäß der eigenen Kosten-Nutzen-Analyse zu einer bestimmten Verhaltensänderung angehalten wird. In Abhängigkeit von der Ausprägungsform der internationalen Konfliktsituation und den jeweiligen Zielsetzungen der Anwenderakteure können die wirtschaftlichen, gesellschaftlichen und/oder politischen Systeme bzw. Akteure des Empfängerlandes zur Transformationsebene und/oder Zielebene von Sanktionen werden.[164]

II. Ansprüche an den Einsatz von Sanktionen

Die Funktion von Sanktionen und damit auch Embargos hat sich über die letzten Jahrzehnte erweitert. So werden sie nicht nur eingesetzt, um Frieden und Sicherheit wiederherzustellen, sondern auch, um Diktatoren zu Reformen zu zwingen und die Einhaltung von Menschenrechten zu bewirken.[165] Bezüglich der Zielsetzung von Sanktionen kann zwischen primären, sekundären und tertiären Zielen unterschieden werden.[166]
Die Politik des Zielstaates soll konkret beeinflußt werden:

Tabelle 8: Primäre Ziele von Sanktionen

Primäre Ziele: Zielsetzungen, die mit dem Verhalten des Sanktionsempfängers positiv korreliert sind	
•	moderate innen- oder außenpolitsche Verhaltensänderung des Ziellandes
•	grundlegende innen- oder außenpolitische Verhaltensänderung des Ziellandes
•	Destabilisierung der Regierung des Ziellandes
•	Unterbrechung begrenzter militärischer Konflikte
•	Schwächung militärischer und ökonomischer Potentiale des Ziellandes
•	sonstige Zielsetzungen: Signal- und Abschreckungsgefahr
•	Bestrafung des Ziellandes

164 Vgl. WELLNER 1991, S.5 f.

165 Vgl. DOXEY 1996a, S.17. Siehe hierfür bei HENTZEN die Unterteilung von Exportkontrollmaßnahmen, die der instrumentalen, der quasi-instrumentalen und symbolischen Kontrolle dienen, und die sich in bezug zu den primären, sekundären und tertiären Zielen von Sanktionen setzen lassen. Siehe ders. 1988, S.30-32. Ausführlich beschäftigt sich auch CLAWSON mit den unterschiedlichen Aspekten und Auswirkungen von Sanktionen - vgl. ders. 1993, S.17-37.

166 Die folgenden drei Tabellen basieren auf Angaben bei WELLNER 1991, S.20-22; VALKYSERS 1999, S.37, 135; CORTRIGHT 1996, S.5.

Es soll verdeutlicht werden, daß überhaupt etwas getan wird, um auf diese Weise ggf. innenpolitischen Druck abbauen und außenpolitisch den Eindruck der Lethargie verhindern zu können.

Tabelle 9: Sekundäre Ziele von Sanktionen

Sekundäre Ziele: Zielsetzungen, die mit dem Verhalten des Sanktionsanwenders verbunden sind	
•	Demonstration der eigenen Entschlossenheit
•	Ausdruck von Status, Reputation und Stellung des Sanktionsanwenders auf nationaler und internationaler Ebene: die Kapazität und Effektivität in der Beeinflussung des Ziellandes soll dem heimischen / internationalen Publikum bewiesen werden

Wie bei den primären Zielen soll die Politik des jeweiligen Zielstaates konkret beeinflußt werden. Im Vordergrund stehen dabei nicht staatliche Strukturen, sondern die des internationalen Systems.

Tabelle 10: Tertiäre Ziele von Sanktionen

Tertiäre Ziele: Zielsetzungen, die mit der Struktur, den Normen und dem Verhalten des internationalen Systems an sich verbunden sind	
•	gemäß internationaler Normen wünschenswertes Verhalten des Empfängerstaates erzwingen
•	Bestrafung „abtrünniger Staaten" / von Fehlverhalten
•	Erhaltung des Kräftegleichgewichts
•	Abschreckungsfunktion
•	Senden symbolischer Botschaften[167]
•	Bekämpfung des internationalen Terrorismus (z.B.: Iran, Libyen)
•	Kampf gegen den Drogenschmuggel (z.B.: Kolumbien, Afghanistan)
•	Verhinderung nuklearer Proliferation (z.B.: Nordkorea, Pakistan)
•	Schutz der Menschenrechte

Gemäß ihrer Zielsetzung unterscheiden sich die Sanktionen abhängig von den drei Sanktionsmodellen des revolutionären Ansatzes, des "thumb-screw-approach" und des evolutionären Ansatzes.[168]

---

167 Einige Autoren schätzen den Symbolwert besonders von Wirtschaftssanktionen im Rahmen politischer Entscheidungsprozesse hoch ein und warnen vor einer Überbetonung ihrer Ineffizienz - vgl. DONGES 1982, S.11, Fn.1.

168 Vgl. WELLNER 1991, S.43 f.

a) Der revolutionäre Ansatz
Ziel ist die gewaltsame Ablösung der herrschenden Elite durch die Schwächung des militärischen Apparates und die Förderung der inneren Unruhen. Die ideolgische Basis der herrschenden Eliten ist dabei nicht das eigentliche Ziel der Transformation.

b) "thumb-screw-approach"
Indem das wirtschaftliche System als Transformationsebene auf Kosten der Zielebene benutzt wird, wird das politische System mit einer Art progressiven Steuer auf den mißliebigen Umstand belegt. Es handelt sich um die klassische Konzeption, die hinter der Einsetzung von Sanktionen steht.

c) Der evolutionäre Ansatz
Strategisches Ziel ist die moderate Verhaltensänderung des politischen Systems des Sanktionsgegners. Verwirklicht werden soll es durch eine Kombination von Anreizen und Strafen im Einsatz von positiven und negativen Wirtschaftssanktionen. Die Sanktionen zielen insofern primär auf das gesellschaftliche und politische System, als daß dem wirtschaftlichen System auf der Basis der Modernisierungstheorien ein Hebel auf das gesellschaftliche und politische System unterstellt wird.[169]

1. Grundüberlegungen zu Sanktionen

Da eine Wirtschaftssanktion keinen privaten, wirtschaftlichen Zwecke verfolgt, sondern innen- und außenpolitische Gesichtspunkte entscheidend sind, ist es nützlich, zwischen politisch-psychologischen und wirklichen politischen Absichten zu differenzieren. Bezüglich innenpolitischer Ziele sind die Einhaltung von Menschenrechten, die Herbeiführung eines Regimewechsels sowie unter anderem die Freilassung politischer Gefangener maßgebend. Außenpolitisch bedingt sollen meist Aggressionen verhindert oder bekämpft werden. Häufig werden Wirtschaftssanktionen ergriffen und damit ein Handelsembargo verhängt, um politisch-psychologische Effekte hervorzurufen: der Initiant möchte in erster Linie die nationale und internationale öffentliche Meinung beeinflussen und den Eindruck von Ratlosigkeit und mangelnder Tatkraft ausschließen. Ein solches Handeln ist durchaus legitim, doch ist die Verhältnismäßigkeit der Mittel zu wahren.[170]

> „In der praktischen Politik werden solche komplexen Überlegungen selten angestellt, denn Politiker handeln oft unter grossem Zeitdruck und entscheiden vorschnell. Der Mann der Praxis verkennt nicht selten die Komplexität von Ursachen und Wirkungen, und als

[169] Vgl. zu den Wirkungsmöglichkeiten positiver ökonomischer Sanktionen den Aufsatz von FORSBERG - vgl. ders. 1997, insbesondere S.337 f., 348.

[170] Vgl. GABRIEL 1987, S.22 f.

Folge davon bleibt der Erfolg in manchen Fällen aus. Allein die Probleme mit Drittländern sind nicht zu unterschätzen."[171]

Häufig werden von den Entscheidungsträgern nicht alle relevanten Aspekte berücksichtigt. Denn bei der Anwendung von Sanktionen sind vier Ebenen zu berücksichtigen, die durch Verwendung des Außenwirtschaftsverkehrs als politisches Instrument beeinträchtigt werden:

Tabelle 11: Die verschiedenen Sanktionsebenen

a)	Sanktionen aus der Sicht des Sanktionsinitiators (Land A)
b)	Sanktionen aus Sicht des Sanktionsgegners (Land B), der auch Gegensanktionen einführen kann
c)	die internationalen politischen und wirtschaftlichen Bedingungen, in die Sanktionen eingebettet sind
d)	die politische Beziehung zwischen Sanktionsinitiator und -gegner während der Sanktionen und davor

Zu a) Von Bedeutung ist die Größe des Landes, das wirtschaftliche Potential und die Wirtschaftsstruktur. Hinzu kommt die außenwirtschaftliche Abhängigkeit (Außenhandelsgüterstruktur), der Umfang der Sanktionen sowie die außenwirtschaftlichen Beziehungen insbesondere zwischen den Konfliktparteien. Auch die politische Präferenzskala der wirtschaftspolitischen Ziele ist ein wichtiger Faktor für die Sanktionsmaßnahmen sowie die Form des politischen Systems und die damit verbundene politische Stabilität während der Sanktionen.[172]

Zu b) Dieselben Faktoren wie unter a) sind relevant. Allerdings müssen sie bei Land B (dem Sanktionsgegner) unter dem Gesichtspunkt der wirtschaftlichen Verwundbarkeit betrachtet werden. Bei der Bewertung der politischen Stabilität können Unterschiede auftreten, da Land B der Angegriffene ist und äußerer Druck häufig zu innerer Solidarität führt.[173]

Zu c) Nur in einer Welt mit zwei Ländern reichen die Außenhandelsverflechtungen als Indikatoren für die Beurteilung der Wirkung von Sanktionen aus. In einer Welt mit mehr als zwei Staaten ist für die Erfolgsaussichten von Sanktionen entscheidend, ob Ausweichmöglichkeiten für Land B existieren. Diesbezüglich müssen die Verhaltensweisen neutraler Staaten und die Bildung von Allianzen zur Durchsetzung/Abwehr der Sanktionen untersucht werden. Interessant sind dabei die Motive, die Lock- und Druckmittel, die angewendet werden, um eine Allianz zu gründen, die rechtliche und organisatorische Form der Koordination von (Gegen-)Sanktions-

[171] GABRIEL 1987, S.24.
[172] Vgl. HASSE 1973, S.328 f.
[173] Vgl. ebd., S.329. Für Einzelheiten siehe HASSE 1977, S.22.

maßnahmen sowie die Aussichten einer gleichmäßigen Lastenverteilung unter den Teilnehmern an den (Gegen-)Sanktionen.[174]

Zu d) Sanktionen sind ein außenpolitisches Druckmittel. Aufgrund dessen sind sie im Rahmen der weiteren außenpolitischen Handlungen und Beziehungen zu betrachten. Ein wesentliches Beurteilungskriterium für die Entschlossenheit, mit der (Gegen-)Sanktionen verhängt werden, besteht darin, welches Gewicht dem politischen Ziel zugemessen wird. In diesen Zusammenhang gehören die Überlegungen, wie sich die diplomatischen Beziehungen vor und während der Sanktionen entwikkeln und ob diese militärische Sanktionen beinhalten. Auch die Geschlossenheit der Allianz um Land A und B ist zu prüfen. Sobald Unstimmigkeiten über den Umfang und die Organisation sowie über die politischen Ziele bestehen, darf eine Instabilität der Allianz unterstellt werden. Dies kann den Mißerfolg von Sanktionen oder die Sanktionsabwehr hervorrufen. Die Interdependenz zwischen politischen, rechtlichen und wirtschaftlichen Faktoren ist damit deutlich und zeigt, wie umfassend eine realitätsbezogene Untersuchung über Sanktionen zu sein hat.[175]

2. Rahmen- und Erfolgsbedingungen von Sanktionen

Durch die Wahl der adäquaten Strategie legt der Initiator die Grundlage für erfolgreiche Sanktionen und kann damit die externen Risiken (Gegenmaßnahmen des Gegners) gleich zu Beginn minimieren. Grundsätzlich ist zwischen zwei Ansätzen zu unterscheiden: a) der Strategie der direkten und allumfassenden Reaktion und b) die Strategie der anpassungsfähigen, schrittweise erfolgenden Handlungsweise.[176]

a) Die Strategie der direkten und allumfassenden Reaktion

Mit der Absicht der maximalen wirtschaftlichen Zerrüttung werden unmittelbar nach dem sanktionsauslösenden Vorkommnis Sanktionen verhängt. Dieses schnelle Vorgehen demonstriert zum einen die psychologisch wichtige Entschlossenheit und zum anderen erlaubt es dem Gegner nicht, sich auf die Sanktionen vorbereiten zu können. Die Sanktionskosten fallen in der beabsichtigten Form an, und ein schneller Erfolg ist wahrscheinlich. Nachteilig ist jedoch, daß der eigene politische Gestaltungsraum durch Ausschöpfung aller Optionen nur den Einsatz militärischer Macht als Option übrig läßt, möchte man die Glaubwürdigkeit seiner Politik nicht gefährden. Die wirtschaftlichen Ausfälle im eigenen Land können ggf. die Sanktionsallianz schwächen, und die kontraproduktiv wirkenden nationalen Solidarisierungseffekte werden gefördert. Nach Beendigung der Sanktionen ist der Sanktionsinitiator mit den Folgen der Sanktionen belastet, und er steht in der Verantwor-

---

[174] Vgl. HASSE 1973, S.329.
[175] Vgl. ebd., S.330.
[176] Vgl. VALKYSERS 1999, S.46.

tung, den wirtschaftlichen Wiederaufbau, die Verhinderung humanitärer Katastrophen und politischer Instabilität zu gestalten und zu finanzieren.[177]

b) Die Strategie der anpassungsfähigen, schrittweise erfolgenden Handlungsweise

Eine alternative Option besteht in dem graduellen Einsatz[178] von Sanktionen. Durch eine größere wirtschaftliche und politische Flexibilität können die politischen Prozesse beim Sanktionsgegner besser beeinflußt werden. Durch den selektiven Einsatz fällt der nationale Solidarisierungseffekt geringer aus, und die interne Opposition wird durch die sanktionsbedingte Diskriminierung der Regierung aufgewertet und unterstützt. Die anfänglich geringeren Kosten des Initiators begünstigen die Mobilisierung des innenpolitisch notwendigen Rückhalts und erleichtern die Konsensfindung über konkrete Sanktionsmaßnahmen auf multilateraler Ebene. Allerdings ist diese Option stark von dem Erfolg der oppositionellen Kräfte im Zielland abhängig. Erschöpfen sich die politischen Strukturen des Systems innerhalb der herrschenden Eliten, werden selektive Sanktionen nur selten den für ihren Erfolg notwendigen Druck von unten aufbauen können, da die Möglichkeiten eines kleinen, homogenen Führungszirkels leicht die ökonomischen Folgen punktuell angesetzter Sanktionen ausgleichen können.

Neben der inländischen Unterstützung brauchen derart gestaltete Sanktionen Zeit, bis sich ihre Wirkung voll entfaltet. Um die Erfolgschancen auszuschöpfen ist ein individuell passendes Sanktionsprofil zu erstellen, daß auf einer individuellen Analyse der politischen, wirtschaftlichen und kulturellen Besonderheiten beruht. Dies geschieht in der Praxis jedoch kaum.[179]

Bei den Vorüberlegungen für zukünftige Sanktionsregime ist eine konkrete Entscheidung für eine der skizzierten Optionen abhängig zu machen von ihren Vor- und Nachteilen in Abhängigkeit zu den eigenen politischen Vorstellungen. Die Erfolgsbedingungen von Sanktionen setzen sich aus der Einigkeit der internationationalen Gemeinschaft (1), der effektiven Einhaltung der Sanktionen insbesondere der Nachbarländer (2), den möglichst geringen Kosten für die Sanktionierenden oder Drittstaaten (3) und der Billigung der Sanktionen durch einen signifikanten Teil der Bevölkerung des sanktionierten Landes - um nicht dem Vorwurf der neoimperialistische Einmischung anheim zu fallen - zusammen.[180]

---

177 Vgl. VALKYSERS 1999, S.47 f. Siehe für Details HASSE 1977, S.22 f.

178 RUDOLF nennt dies auch den „gradualistischen Ansatz“ - s. ders. 1997, S.317 f.

179 Vgl. VALKYSERS 1999, S.48 f.

180 Vgl. BARATTA 2001, Sp.382. Siehe auch die Aufzählung von zehn Bedingungen bei DIKKE, die als entscheidend gewertet werden für den Erfolg eines Embargos, und die in der Praxis kaum gleichzeitig zu erfüllen sind - vgl. ders. 1978, S.223 f. Speziell mit den Auswirkungen von Sanktionen auf die Bevölkerung des Ziellandes ist die Dissertation von ALMASRI befaßt - s. ders. 2001.

III. Hauptmängel, Verbindlichkeit und Universalität von Sanktionen

Aus den empirischen Erfahrungen mit den bislang verhängten Sanktionsmaßnahmen und aus den theoretischen Idealbedingungen lassen sich die Hauptmängel von Sanktionen zusammenstellen.
Zwar wurden gerade auch im Zuge der Erfahrungen mit CoCom[181] viele Verbesserungen[182] vorgenommen, so daß sich auf diesem Gebiete bereits grundlegende Veränderungen ergeben haben. Dessenungeachtet bietet gerade das im Mai 2003 aufgehobene gegen den Irak 1990 verhängte Sanktionsregime Anhaltspunkte für eine kritische Betrachtung:[183]

Tabelle 12: Anhaltspunkte für eine kritische Sanktionsbetrachtung

•	Sanktionen wurden bislang stets von „Norden nach Süden“ verhängt
•	Sanktionen ziehen humanitäres Unheil, wirtschaftlichen und sozialen Verfall nach sich
•	sie lassen befürchten, daß sie primär vom Eigeninteresse einzelner Weltmächte im Sinne einer *hidden agenda* bestimmt und konditioniert werden
•	sie verursachen Nachteile für die Nachbarländer
•	ihre Durchsetzung ist nicht verbürgt
•	Sekundärsanktionen gegen eklatante Sanktionsbrecher bleiben aus
•	sie sind schwierig zu beenden
•	die Verwaltung des Sanktionsregimes ist schwerfällig

1. Die Verbindlichkeit von Sanktionen

Hinsichtlich der Verbindlichkeit von Sanktionen läßt sich feststellen, daß diese nicht uneingeschränkt gilt. Um sich zu schützen haben schon seit langer Zeit insbesondere „sanktionsgefährdete“ Staaten (bis zu ihrer Auflösung vor allem die Sowjetunion) in Wirtschaftsverträgen entweder ausdrücklich Sanktions-Verbote oder feste Lieferverpflichtungen, die im Ergebnis Sanktionen (konkret: Embargos) ebenfalls ausschließen, vereinbart. Sie sind Beispiele für die Verletzung völkerrechtlicher Verträge, doch haben Embargo-Verbotsklauseln insgesamt eine positive Wirkung entfaltet.[184]

---

181 Siehe ausführlicher im 3. Kap., S.179, Fn.624, im 4. Kap., S.258, Fn.972.

182 Vgl. dazu die Auflistung einiger Gründe, die LINDEMEYER zu dem Urteil veranlassen, daß die meisten Embargos als Zwangsmittel trotz Koordination und Kontrolle ungeeignet seien - ders. 1975, S.359.

183 Vgl. KULESSA 2001, S.25.

184 Vgl. DICKE 1978, S.229 f.

Auch kann die zeitliche Verzögerung beim Einsatz von Sanktionen ihre Wirkung teilweise oder vollständig unterminieren. Denn erfolgt der Einsatz von Sanktionen erst nach einer längeren zeitlichen Verzögerung, hat der Sanktionsgegener Zeit für Gegenmaßnahmen.[185]
Die mangelnde Organisation und Koordinierung der Sanktionskontrolle - insbesondere bei Handelsembargos - ist ebenfalls von großer Bedeutung:

> „Ein nicht zu unterschätzendes Problem des Embargos ist seine rechtliche und organisatorische Bewältigung. Es müssen die internationalen Transaktionen in ihrer Richtung, Menge und Zusammensetzung kontrolliert werden.“[186]

So muß erstens rechtstechnisch eine Lösung gefunden werden, die flexibel genug ist, die Embargogüterlisten und Kontrollverfahren an veränderte Situationen anzupassen. Diesbezüglich bestehen gravierende Unterschiede zwischen einem allumfassenden und einem selektiven Handelsembargo. Unabhängig von der Form des Embargos ist zweitens für dessen Wirkung entscheidend, ob die Rechtshoheit des Sanktionsinitiators und der notwendige geographische Kontrollbereich übereinstimmen oder auseinanderfallen. Drittens muß über die Kontrollkompetenz hinaus die organisatorische Ausgestaltung lückenlos sein und die Anwendung der Bestimmungen den Zielen des Embargos entsprechen.[187] Unabhängig von den rechtlichen Problemen der Zulässigkeit, des Rechtsgüterschutzes und des Schadensersatzes wird davon ausgegangen, daß diese rechtlichen Erwägungen weder national noch international ausreichen, um den Einsatz von Außenwirtschaftsverboten zu verhindern.[188]

2. Die mangelnde Universalität und die Positionen der wichtigsten Handelspartner

Bei der Betrachtung der monetären, güterwirtschaftlichen, organisatorischen, rechtlichen und wirtschaftsordnungspolitischen Wirkungen von Sanktionen zeigt sich, wie vielschichtig die Voraussetzungen sind, die erfüllt sein müssen, sollen Sanktionen mehr als eine deklamatorische Handlung sein.[189] Ziel von Sanktionen - speziell Embargos - muß sein, den gesamten Außenwirtschaftsverkehr des Sanktionsgegners zu kontrollieren und zu unterbrechen. Dies ist kaum zu erreichen, da es immer Länder gibt, die aus wirtschaftlichen / politischen Gründen einen Außensei-

185 Vgl. HASSE 1977, S.23. Um den Erfolg / Mißerfolg von Sanktionen im Sinne ihrer politischen Effektivität feststellen zu können, sind im Einzelfall die Gegenmaßnahmen der Regierung und vor allem nicht nur die wirtschaftliche Effektivität der Sanktionen (instrumentelle Effektivität) zu prüfen, sondern auch die innenpolitischen Entwicklungen der Desintegration zu erfassen und zu bewerten. Vgl. dazu ausführlich ROGALSKI 2000, S.99.

186 Vgl. ebd., S.440.

187 Vgl. ebd., S.440.

188 Vgl. ROGALSKI 2000, S.441.

189 Vgl. HASSE 1977, S.21 f.

terposition einnehmen und so als Ausweichmarkt für den Sanktionsgegner fungieren können.[190] Es ist zwischen internen und externen Konfliktpotentialen zu differenzieren:

Interne Konfliktpotentiale

Interne Konfliktpotentiale treten vor allem auf, wenn es sich beim Verhänger um eine Allianz und damit bei den Sanktionen um mulitlaterale oder kollektive Sanktionen handelt. Denn dann kommt es leicht zu einer mangelhaften Koordination der beschlossenen Maßnahmen innerhalb der sanktionierenden Staaten, da sich durch die individuelle Umsetzung zwangsläufig Unterschiede hinsichtlich der Schnelligkeit der Umsetzung oder der anschließenden Kontrollgenauigkeit ergeben. Diese Lücken bewirken die Uneinigkeit der Teilnehmer und damit verbunden ein zähes Aushandeln von Güterlisten und Diensten. Die zeitliche Verzögerung bei der Umsetzung gibt dem Gegner Zeit für Gegenmaßnahmen und kann zusätzlich schädigend wirken als Signal für mangelnde Geschlossenheit des Sanktionsinitiators und stärkt damit den Durchhaltewillen des Gegners.[191]

Durch Wirtschaftssanktionen können sich die Handelsbedingungen des Gegners erheblich verschlechtern: die Importe verteuern sich, die Exporte verbilligen sich. In Abhängigkeit von Zeitdauer und Zwecksetzung der Sanktionen erhöhen sich diese Anfälligkeiten - erfahrungsgemäß ist die ökonomische Wirkung von Sanktionen im ersten Jahr am größten. Doch dieser Effekt läßt keine gesicherten Rückschlüsse auf den benötigten Zeiteinsatz zur Verwirklichung auch der politischen Ziele zu.[192] Je länger die Sanktionen ohne durchschlagenden Erfolg in Kraft bleiben, desto intensiver werden auf beiden Seiten der Verhängerstaaten die Debatten, die über den weiteren Sinn des Festhaltens an den Sanktionen geführt werden. So kann die Sanktionsdauer nicht nur ökonomisch gegen, sondern auch psychologisch für den Gegener arbeiten. VALKYSERS schreibt:

> „Die gleiche zersetzende Wirkung kann eintreten, wenn die mit den Sanktionen verfolgten politischen Ziele schlichtweg als zu ehrgeizig angesetzt werden. Charakteristisch für die hier beschriebenen sowie andere denkbare *interne* Konfliktpotentiale bleibt letztlich, daß sie vom Grundsatz her alle selbst-veschuldet und damit vermeidbar wären."[193]

---

[190] Vgl. HASSE 1977, S.23 f.

[191] Vgl. VALKYSERS 1999, S.41; DONGES 1982, S.8-10. HASSE schreibt dazu: „Die Bildung von stabilen und wirksamen Allianzen sowohl auf der Seite des Embargoinitiators als auch beim Embargogegner setzt eine Übereinstimmung in der politischen Zielsetzung und gleichwertige Ausführungsregeln voraus, um mindestens die „technische" Wirksamkeit des Embargos sicherzustellen." - ders. 1977, S.20 f.

[192] Vgl. VALKYSERS 1999, S.42. Für eine scharfe, undifferenzierte Kritik an Wirtschaftssanktionen, die sich ausschließlich am humanitären Aspekt orientiert, siehe CHEVÈNEMENT 1996, S.93 f.

[193] Vgl. VALKYSERS 1999, S.43.

Externe Konfliktpotentiale

Ein sanktionierter Staat ist darum bemüht, die Sanktionswirkung möglichst gering zu halten. Für den Sanktionsinitiator stellt sich diese Reaktion auf Sanktionen als externes Konfliktpotential dar, denn wie VALKYSERS erläutert:

> „Auf längere Sicht wird der Adressat durch politisch-psychologische Gegenmaßnahmen versuchen, sich der Sanktionen ganz zu entledigen, und zwar möglichst ohne zuvor den politischen Forderungen des Senders entsprochen zu haben."[194]

Unmittelbare Gegenmaßnahmen sind innerstaatliche Umstrukturierungen (vor allem im ökonomischen Bereich), die auf die Sanktionen vorbereiten und reagieren sollen. Damit muß der Initiator rechnen, doch kann er sie in ihrer Gesamtheit und Auswirkung nicht vorhersehen.[195]

Ein wirtschaftlich leistungsfähiger Adressat kann erwägen, Gegensanktionen zu verhängen. Denn häufig reichen gezielte Sanktionen gegen nahegelegene Initiatorenstaaten aus, um die ungleiche Kostenlast innerhalb der Initiatorallianz so zu verstärken, daß die Solidarität der Initiatoren und damit die Fortdauer der Sanktionen ernsthaft gefährdet werden kann.

Besonders unanfällig für die von Sanktionen erhofften Rückkopplungseffekte sind Staatsformen mit einem funktionierenden Repressionsapparat mit nur wenig Raum für oppositionelle Interessen. Solche Systeme gewähren den staatstragenden Eliten Privilegien und bürden die durch die Sanktionen verursachten wirtschaftlichen Nachteile der Bevölkerung auf. Dadurch erhöht sich die Überlebensfähigkeit des Regimes, und der politischen Führung gelingt es meist, die eigene Bevölkerung mit dem Aufruf zu nationaler Solidarität hinter sich zu sammeln (sog. Wagenburgeffekt / *rally-round-the-flag*-Effekt). Auf diese Weise unterstützen Sanktionen nicht wie intendiert die interne Opposition, sondern sie werden von den Regierenden als Erklärung für die vielfältigen Fehlentwicklungen im eigenen Land herangezogen und täuschen über das eigene Versagen hinweg.[196]

Auch sind die Sanktionen kontraproduktiv, wenn es der Gegner versteht, ihre Legitimität in der internationalen Öffentlichkeit zu diskreditieren. Statt einer Infragestellung der völkerrechtlichen Legitimität der Sanktionen wird die ethisch-

---

[194] VALKYSERS 1999, S.43.

[195] Zum einen nimmt der Sanktionsgegner die Sanktionen häufig zum Anlaß, seine Außenhandelsabhängigkeit durch Importsubstitution und Umstrukturierung der Exportproduktion zu vermindern - vgl. DONGES 1982, S.9. Zum anderen bestehen diverse Umgehungsmöglichkeiten / Umgehungstatbestände von Sanktionen. So können die Ursprungszeugnisse und Herstellerbezeichnungen gefälscht werden, Handel und Transport über Drittländer erfolgen und Scheinfirmen gegründet werden. Aufgrund des großen Erfindungsreichtums innerhalb marktwirtschaftlicher Systeme kann selbst bei hoher Außenhandelsabhängigkeit der Widerstand eines Landes nur schwer gebrochen werden, und mitunter ermöglicht die unterschiedliche politische und wirtschaftliche Interessenlage bei genügend hoher Investitionstätigkeit z.B. die Streichung von Schwarzen Listen.

[196] Vgl. VALKYSERS 1999, S.43 f.; DONGES 1982, S.11.

moralische Legitimität in den Mittelpunkt gestellt: ist das Leiden verwundbarer Gruppen im Zielland legitim zur Erreichung eines Zweckes? Und steht die sich selbst auferlegte Verpflichtung zur Achtung der elementaren Menschenrechte im Widerspruch zum Sanktionsinstrument, wenn sich die Sanktionen gegen ein Regime ohne demokratische Legitimation richten?[197]

Tabelle 13: Gegenmaßnahmen des Sanktionsgegners

•	Ausnutzen administrativer Lücken
•	Vertiefen der politischen Uneinigkeit der Sanktionsteilnehmer
•	Versuch, eigene Allianzen zu bilden, um ein Gegengewicht zu schaffen
•	Androhen eines Gegenembargos und Leisten großer wirtschaftlicher Versprechungen, um Anreize zu schaffen für eine Aufhebung der Sanktionen

IV. Beurteilung der Effektivität: wirtschaftliche und politische Folgekosten

MALLOY widmet in seinem Buch über Wirtschaftssanktionen ein Kapitel[198] der Effektivität von Sanktionen. Er hebt hervor, daß Sanktionen lediglich ein Instrument darstellen und keine Politik verkörpern. Aufgrund dessen sei auch nicht die Effektivität der Sanktionen selber, sondern die ihnen übergeordnete Politik zu beurteilen, der sie Nachdruck verleihen sollen. Dafür sei es notwendig, eine Methode zur Einschätzung der Wirksamkeit von Sanktionen als Mittel der Außenpolitik zur Verfügung zu haben.[199]

Die Effektivität eines Sanktionsprogrammes ist von dem Politikziel abhängig, das mit Hilfe der Sanktionen durchgesetzt werden soll. In der Regel ist das Politikziel leitender, verteidigender oder kommunikativer Art oder eine Kombination dieser

[197] Vgl. VALKYSERS 1999, S.45 f. Hinzu kommt der Vorwurf, daß Sanktionen meist vom Norden gegen den Süden - gegen die marktorientierte Demokratie und das entsprechende Entwicklungsmodell Opponierenden - verhängt würden, seitdem der Kommunismus als Feind des Westens weggefallen sei: „Heuchelei, Amoralität, unbarmherzige Interessenpolitik und zügelloser Opportunismus kennzeichnen die Sanktionspraxis der internationalen Politik." - DIAS 1996, S.18. Den ethischen Aspekt bei Sanktionen berücksichtigen insbesondere RUDOLF (siehe ders. 1997); LOPEZ/CORTRIGHT 2000a; BRUDERLEIN 1998 (hierbei handelt es sich um die Stellungnahme des VN-Büros für die Koordination humanitärer Angelegenheiten zu den humanitären Auswirkungen von Sanktionen).

[198] Vgl. dazu MALLOY 2001, 4. Kap., S.339-383. Für die Grundlagen der Behandlung und Beurteilung von Sanktionen s. ROGALSKI 2000, S.42-99.

[199] S. MALLOY 2001, S.340 f. Überlegungen zur Effektivität von Sanktionen stehen insgesamt im Vordergrund bei Sanktionsbetrachtungen, so z.B. bei MACK/KHAN 2000 (insbes. S.280 f., S.285 f.); REISMAN 1996; CORTRIGHT/LOPEZ 2000 (insbes. Kap. 2, S.13 ff., und Kap. 12, S.222 ff.); PARKER 2000, S.25-34; ROGALSKI 2000, S.98.

Elemente.[200] Deren Effektivität bemißt sich an dem Erreichen ihrer Ziele in Abhängigkeit von den dafür aufgewendeten Kosten.
Ohne die Äußerung eines klaren Politikzieles ist eine solche Einschätzung nicht vornehmbar.[201] Sanktionen stellen verhandelbare Positionen im Dienste einer Normalisierung von Beziehungen sowie das Potential für die Verhandlung von Schadensersatzansprüchen zur Verfügung. Aufgrund dessen ist es nicht ausreichend, angesichts einer internationalen Krise auf Sanktionen zu verzichten, nur weil sie meist nicht sofort Auswirkungen zeitigen. Im Vordergrund stehen bei dem Einsatz von Sanktionen die Langfristigkeit ihrer Wirkung. Sie sollen nicht konkrete Mißstände ausräumen, sondern Einfluß auf die allgemeinen Umstände ausüben und eine ohnehin ablaufende Entwicklung beschleunigen. Die im Rahmen des Sanktionseinsatzes in Kauf zu nehmenden Unwägbarkeiten können sich sowohl positiv als auch negativ bemerkbar machen - so können zum einen die Erwartungen überflügelt werden oder aber zum anderen z.B. unerwartete Sanktionsgegner die eigene Stellung unterminieren.[202]
Bezüglich der Einschätzung der Effektivität von Sanktionen sind die Bereiche ausschlaggebend, die von den Sanktionen berührt werden. Diese sind jedoch nicht immer klar vorhersehbar und machen damit die Effektivitätsbewertung zu einem schwierigen Unterfangen.[203] Unwillkürlich erfolgt eine Einschätzung von Sanktionen meist anhand der durch sie erreichten oder nicht erreichten politischen Ziele. Fälschlicherweise wird dabei implizit zugrundegelegt, daß es sich um eine lediglich zweiseitige Beziehung handele, die auch noch ohne zeitlichen Spielraum Schlußfolgerungen zulassen können soll. Tatsächlich ist die kausale Beziehung jedoch ein vieldimensionales Beziehungsgeflecht, das sich aus den folgenden Komponenten zusammensetzt:[204]

---

200 MACK/KHAN geben als Ansatzpunkte für Sanktionen die folgenden an: das Stigmatisieren des Zielstaates, seine „Eindämmung" zum Verhindern eines größeren Schadens, die Abschreckungswirkung auf andere mögliche Verletzer des internationalen Rechtes, als Präventionsmaßnahme, als Reaktion zur Verstärkung einer verbalen Verurteilung einer Handlung sowie ggf. aus innenpolitischen Interessen - vgl. dies. 2000, S.285 f.

201 Vgl. MALLOY 2001, S.342. Bezüglich der Bewertung der Effektivität von Sanktionen s. HUFBAUER/SCHOTT/ELLIOT 1990; MACK/KHAN setzen sie in Bezug zu anderen Effektivitätsstudien und halten fest, daß ca. 98 % der Sanktionen gegen autoritäre Staaten nicht ihr Ziel erreichen - vgl. dies. 2000, S.282. Zur Effektivität s. auch ROGALSKI 2000, S.87-97.

202 Vgl. MALLOY 2001, S.344-349.

203 Vgl. MALLOY 2001, S.349. CHUNG weist daraufhin, daß die Quantifizierbarkeit der Variablen kaum möglich sei im Rahmen einer Kosten-Nutzen-Abwägung. Referenzrahmen sowie die Prämissen des Beobachters sind darüber hinaus von erheblicher Bedeutung. Vgl. ders. 2002, S.73, 79.

204 Vgl. MALLOY 2001, S.379. Siehe dazu auch die Dissertation von BROWN, der die relative Kosten-Nutzen-Rechnung von Sanktionen beim Verhängerland, auf der internationalen Ebene und beim Empfängerstaat untersucht und zu dem Schluß kommt, daß aufgrund der vielen

Tabelle 14: Faktoren des vieldimensionalen kausalen Sanktions-Beziehungsgeflechtes

•	Handlungen / Reaktionen	a) des sanktionierenden Landes b) des sanktionierten Landes c) anderweitig beteiligter Länder sowie d) indirekt betroffener Staaten und Organisationen
•	nicht in unmittelbarem Zusammenhang stehende Ereignisse	
•	Verlauf der Zeit	

Um aus vergangenen Sanktionsregimen Rückschlüsse für die Zukunft ziehen zu können, muß zunächst ein Konsens über die erreichbaren Ziele der verschiedenen Sanktionen hergestellt werden. Zweitens ist übereinzukommen, anhand welchen Datenmaterials die Erfüllung der vorgenannten Ziele festgestellt werden kann. Drittens gilt es abzuwägen, inwieweit die Kosten die Erfolge von Sanktionen rechtfertigen.[205]

Insgesamt betrachtet scheinen umfangreichere Ziele mehr Zeit zu benötigen und sind eher zu erreichen mittels einer Bandbreite von Sanktionen in Kombination mit anderen außenpolitischen Mitteln.[206]

Bei der Beurteilung der Effektivität von Sanktionen ist deutlich zwischen unilateralen und multilateralen / kollektiven Sanktionen zu unterscheiden.

Im folgenden stehen die multilateralen / kollektiven Sanktionen im Mittelpunkt. Die abweichende Einschätzung unilateraler Sanktionen - das Potential multilateraler / kollektiver Sanktionen ist im Vergleich zu unilateralen Sanktionen weitaus vielversprechender zu bewerten - wird im dritten Kapitel am Beispiel der USA dargelegt (s. 3. Kap. Abschn. A.III., S.182 ff.).

Es gibt keine allgemein anerkannten Kriterien zur Beurteilung der Frage der Effektivität und des Erfolges von Sanktionsmaßnahmen.[207] Die Betrachtung der Leistungsfähigkeit von Sanktionen resultiert aus den bisher gemachten Erfahrungen und reflektiert die Aspekte der humanistischen, wirtschaftlichen und politischen Folgewirkungen von Sanktionen unter den veränderten Rahmenbedingungen der postkonfrontativen Phase.[208]

Die empirische Forschung teilt nicht die pauschal ablehnende Einstellung von Sanktionskritikern. Die Frage der Verhältnismäßigkeit ist allerdings bei der Bewertung der Effektivität zu berücksichtigen - dabei genügt es nicht, daß die völkerrechtlichen Akzeptanzkriterien der angewandten Maßnahmen erfüllt waren. Daran schließt sich die Grundsatzfrage, ob Maßnahmen, die über längere Zeiträume ihre

Unwägbarkeiten Sanktionen nur ausnahmsweise angewendet werden sollten - vgl. ders. 1985a.

205 Vgl. MALLOY 2001, S.382.

206 Vgl. MALLOY 2001, S.383.

207 CORTRIGHT formuliert dies folgendermaßen: „Die Effektivität einer bestimmten Sanktionsmaßnahme zu beurteilen ist ein subjektives Unterfangen, das mit Ungenauigkeiten belastet ist. Viel hängt dabei von dem Referenzrahmen des Beobachters ab.“ - ders. 1996, S.4.

208 Vgl. VALKYSERS 1999, S.110.

offiziell angestrebten Ziele nicht erreichen und Nebenwirkungen auf Dritte haben, überhaupt verhältnismäßig sein können.[209]
Zur Beurteilung der Effektivität können die Erfolgschancen, die wirtschaftliche Effizienz, die politische Wirkung und die humanitären Nebenwirkungen von Sanktionen analysiert werden. Während die Einschätzung der wirtschaftliche Effizienz von der Genauigkeit der vorliegenden Informationen abhängt, ist die politische Effizienz anhand der praktisch-instrumentellen Folgen zu untersuchen. Dabei muß auch die symbolisch-psychologische Wirkung berücksichtigt werden.
Im nachhinein ist eine exakte Rückführung der feststellbaren Ergebnisse auf ihre auslösenden Instrumente immer schwierig - hinzu kommt die Frage, was „erfolgreiche" Sanktionen auszeichnet. In Betracht gezogen werden sollten auch mögliche Kosten und der Nutzen einer zur Verfügung stehenden Alternative wie der Einsatz militärischer Mittel.[210]

1. Wirtschaftliche Folgekosten / Inkaufnahme wirtschaftlicher Nachteile

Die wirtschaftlichen Auswirkungen von Sanktionen sind häufig eng verbunden mit massiven humanitären Folgen für die Bevölkerung des sanktionierten Landes, da das bislang angewendete klassische Handelsembargo sich stark auf die schwächste Gesellschaftsgruppe (Kinder, Kranke, alte Menschen, Schwangere) auswirkt.[211] Durch die rasche Bilder- und Nachrichtenübertragung im allgemeinen und die sog. humanitärer Katastrophen im besonderen wird ein enormer Handlungsdruck bewirkt[212], und damit stellen sie eine Determinante im außenpolitischen Entscheidungsprozeß dar. Es kommt zu dem Pardoxon, daß wirtschaftlich zu erfolgreiche Sanktionen den politischen Gesamterfolg gefährden anstatt ihn zu begünstigen. Auch werden die Folgen wirtschaftlich hoch effizienter Sanktionen erst nach Ablauf des eigentlichen Sanktionsregimes in der Unternehmens- und Produktionsstruktur des sanktionierten Landes deutlich. Dabei kann an einer umfassenden Zerstörung der ökonomischen Infrastruktur kein Interesse bestehen, da die wirtschaftlichen Schäden die politische Stabilität über das Ende der Sanktionen hinaus ge-

---

[209] Vgl. CONLON 1996, S.11. DIAS fordert, daß die Entscheidungskriterien nicht zu einem Zahlenspiel verkommen dürften - im Mittelpunkt müsse immer die Intensität des menschlichen Leidens stehen - dies. 1996, S.19.

[210] Vgl. VALKYSERS 1999, S.33 f., S.110 f.; auch CORTRIGHT betont, daß Sanktionen einen wichtigen Beitrag zur Lösung politischer Konflikte leisten können - wenn die Sanktionen Teil einer umfassenden, langfristigen und konsequent verfolgten Strategie sind - siehe ders. 1996, S.4.

[211] Vgl. BARATTA 2001, Sp.382. EYLER entwickelte im Rahmen seiner Dissertation über Konsumauswirkungen von Wirtschaftssanktionen ein Modell, mit dem Preisveränderungen und sinkender Wohlstand im Zielland gemessen werden. Dies könne jedoch nicht als Maß für die Effektivität der jeweiligen Wirtschaftssanktionen gewertet werden. Vgl. ders. 1998, S.177.

[212] Vgl. DOXEY 1996a, S.17.

fährden und neue sicherheitspolitische Risiken hervorrufen könnten. Kollektive Sanktionsregime müssen also genügend wirtschaftlichen Druck ausüben, um ihr Ziel zu erreichen, und gleichzeitig möglichst wenig Schaden anrichten, um unerwünschte Nebeneffekte zu minimieren.[213]
Zu den Kosten, die den Volkswirtschaften der Verhängerstaaten durch Sanktionen entstehen, müssen auch immer die Kosten von alternativen Maßnahmen in Bezug gesetzt werden, die häufig wesentlich teurer wären, als es Sanktionen letztendlich sind.[214]

2. Politische Folgekosten

Die politische Effektivität bei kollektiven Sanktionen - insbesondere bei VN-Sanktionen - ist meist gering, und der ausgeübte wirtschaftliche Druck unzureichend bis kontraproduktiv, so daß die politischen Ziele selten innerhalb eines angemessenen Zeitraumes erreicht werden.
Ein Grund dafür ist, daß Sanktionen in ihrer Leistungsfähigkeit abhängig von den individuellen wirtschaftlichen und politischen Rahmenbedingungen sind. Die individuelle Anpassung des politischen Zweckes an die durch die herrschenden Voraussetzungen im Zielland begrenzten Möglichkeiten wird nach wie vor nur unzureichend ausgeschöpft. Letztlich ist die Leistungsfähigkeit des Sanktionsinstrumentes durch zu ehrgeizige Ziele überfordert und durch organisatorische Unzulänglichkeiten (verwaltungstechnische Vorbereitung, Umsetzung und Nachbereitung) behindert.
So wurde noch kein Lastenausgleich konzipiert, der das unterschiedliche Maß an Belastung unter den teilnehmenden Sanktionsanwendern einem ausgewogenen Schlüssel unterwirft.[215]
Im Rahmen der Nachbereitung sollte es zum einen um die strafrechtliche Aufarbeitung gehen, um Mängel und Ungleichheiten gering zu halten. Zum anderen wäre über die Schaffung eines internationalen Gremiums nachzudenken, das zukünftige Sanktionsregimes plant und auswertet.[216]

3. Humanitärer Aspekt

Sanktionen sind nach dem humanitären Völkerrecht rechtens, wenn sie die Menschenrechte und das humanitäre Völkerrecht einhalten. Dies bedeutet, daß Sanktionsregimes nicht das Leben oder die Gesundheit der Bevölkerung des Zielstaates beeinträchtigen dürfen. Humanitäre Ausnahmen müssen möglich sein, um das Lei-

---

[213] Vgl. VALKYSERS 1999, S.124-126.
[214] Vgl. ELLIOT 1981, S.7.
[215] Diesen Vorwurf erhebt auch CREMER und weist auf den Nutzen eines sog. Sanktionshilfefonds hin - vgl. ders. 2000, S.12; ders. 1998, S.113-116.
[216] Vgl. VALKYSERS 1999, S.127-129.

den der Zivilbevölkerung zu begrenzen und um den entsprechenden Vorschriften im Menschenrecht und humanitären Völkerrecht nachkommen zu können.[217]
Am Beispiel der Sanktionen gegen den Irak wies die UNICEF wiederholt darauf hin, daß die Wirtschaftssanktionen nur minimalen politischen Gewinn gebracht hätten, doch eine hohe Sterblichkeitsrate verursachten. Dies sei auch mit einem langfristigen politischen Erfolg nicht zu rechtfertigen, da die VN geschaffen worden seien, um Ländern und Gemeinschaften zu helfen.[218]
Betroffene humanitäre Bereiche können sein:

Tabelle 15: Humanitäre Folgen von Embargos[219]

•	Verarmung der Bevölkerung
•	Verlust an intellektueller Substanz (sog. *brain drain*)
•	fehlender Import wissenschaftlicher Zeitschriften und Bücher
•	sich verschlechternde Infrastruktur: Verkehr, Transport, Fernmeldewesen, Erziehung, andere staatliche Dienstleistungen
•	schleichende Kriminalisierung der Gesellschaft durch Verarmung
•	Aufzehren der staatlichen Kapital- und Devisenreserven Aufbrauchen von Ersparnissen in der Bevölkerung
•	ggf. die Aufgabe der Beseitigung von Kriegsschäden

Damit verbunden sein kann die Verbreitung von Infektionskrankheiten, Mangelernährung und die Erhöhung der Kindersterblichkeitsrate. Da es oftmals schwierig ist, verläßliche Daten darüber zu erhalten, ist die Einschätzung humanitärer Auswirkungen kaum möglich und kann aufgrund dessen leicht mißbräuchlich betrieben werden.[220]

217 Vgl. SEGALL 1999, S.783; CORTRIGHT/LOPEZ 2000, S.23-26.

218 Vgl. SCHULER 1996, S.112, 114. In seinem Aufsatz geht der Autor ausführlich auf humanitäre Auswirkungen von Sanktionen am Beispiel Iraks ein. Gegen den Irak bestehen die umfangreichsten wirtschaftlichen Sanktionen, die die VN bis dato verhängt haben. Siehe dazu auch den Artikel in der NZZ vom 7.1.2000, der sich mit den humanitären Folgen dieses Embargos befaßt (s. ebd., S.3). LINDEMEYER weist darauf hin, daß das US-Außenministerium gezielt Unwahrheiten zur Beeinflussung der öffentlichen Meinung propagiere - denn die US Defense Intelligence Agency (DIA) kenne nicht nur, sondern protokolliere auch sämtliche Auswirkungen der Sanktionen (vgl. ders. 2002, S.79 f.). BOUTROS-GHALI plädiert in seinem Ergänzungspapier zur „Agenda für den Frieden", einem Positionspapier des VN-Generalsekretärs, für einen Weg zur Milderung von unbeabsichtigten Sanktionsauswirkungen und betont die bedingungslose Notwendigkeit von Sanktionen in bestimmten Fällen (vgl. ders. 1996, S.90).

219 Vgl. NZZ 7.1.2000, S.3; CALIC 1996, S.34.

220 Vgl. dazu auch MACK/KHAN 2000, S.284 f.

a) Die Wahrnehmung humanitärer Verantwortung

Hindernisse für Wirtschaftssanktionen können möglicherweise völkerrechtliche Grundsätze übergeordneten Ranges darstellen.[221] Nachdem Medikamente von jeher nicht in Embargos erfaßt wurden, zeichnet sich die Tendenz ab, zukünftig auch Lebensmittel nicht mehr in Sanktionsregimes einzuschließen. Schwierigkeiten bereitet diesbezüglich die Definition von „Lebensmittel". Auch Güter, die für die zivile Wasserversorgung benötigt werden, haben keinen klaren Status. Je weiter entfernt ein Gut von diesen nicht abgegrenzten Kategorien ist, desto weniger Konsens findet sich bei der Grenzziehung zwischen völkerrechtlich zu unterstützenden Interessen der Zivilbevölkerung und den Effektivitätserfordernissen bei der Durchsetzung der Kollektivbeschlüsse des Sicherheitsrates. So stehen die rechtsabsolutistische Auffassung des Vorrangs von SR-Beschlüssen unter Kap.VII vor allen anderen Völkerrechtsüberlegungen und das Argument, daß Wirtschaftssanktionen *per se* menschenrechtsverletzend seien und nicht angewendet werden dürften, gegenüber.[222] Unklar ist bislang, welche rechtlichen Konstruktionen, Begriffe, Kategorien und Kriterien Grenzziehungsregelungen einführen könnten, die die berechtigten Interessen des kollektiven Sicherheitssystems gegen diejenigen von Drittstaaten und Zivilbevölkerung abzuwägen vermögen. Da die Praxis der VN-Sanktionsausschüsse inkonsequent, desorganisiert und völkerrechtlich unfundiert ist, kann von keiner sich herausgebildeten Handhabung gesprochen werden. Durch die Geheimhaltungspraxis des SR gibt es zudem keine Erkenntnisse in diesem Bereich des humanitären Völkerrechts, so daß die Lehre ohne Zugang zu Tatsachenmaterial nichts zur Lösung beitragen kann.[223]

b) Mögliche Ansätze des humanitären Völkerrechts

Ziel des humanitären Völkerrechts ist es, die Grundbedürfnisse der Zivilbevölkerung - in der Regel in militärischen Kriegssituationen - zu schützen. Die Lebensqualität der Zivilbevölkerung kann jedoch auch innerhalb der zulässigen Grenzen gering sein. Angestrebt werden sollte deshalb die Ausarbeitung der völkerrechtli-

---

[221] Vgl. dazu ausführlich KÖCHLER 1994, der die ethischen Aspekte der Sanktionen im Völkerrecht untersucht und fordert, daß eine Prüfung der umfassenden Wirtschaftssanktionen auf ethische Gesichtspunkte hin zu erfolgen habe, bevor eine normative Beurteilung der derzeitigen völkerrechtlichen Praxis vorgenommen werden könne - vgl. ebd., S.8 f. KÖCHLER beschreibt die ethische Qualität umfassender Wirtschaftssanktionen als Terrorbombardements entsprechend, da die Zivilbevölkerung ausdrücklich als Geisel in einer macht- und sicherheitspolitischen Strategie eingesetzt werde - ebd., S.11.

[222] Vgl. CONLON 1996, S.20 f.; VALKYSERS 1999, S.124. Vgl. hierzu auch die Untersuchung von STARCK über die Rechtmäßigkeit von VN-Sanktionen in Anbetracht ihrer Auswirkungen auf die Zivilbevölkerung (vgl. dies. 2000, insbes., S.419-425.

[223] Vgl. CONLON 1996, S.21 f. Vorschläge für die Handhabung von Ausnahmen machen CORTRIGHT/LOPEZ und unterscheiden zwischen Ausnahmeregelungen, die an Institutionen, Gegenstände oder Länder gebunden sind. Vgl. dies. 2000, S.227 f.

chen Regelungen zum Schutz eines höheren Niveaus der Versorgung der Zivilbevölkerung vor allem bei Wirtschaftssanktionen. Denn eine Abschwächung der Kontrollmöglichkeiten dieser Sanktionen muß sich nicht zwangsläufig als Verbesserung für die Zivilbevölkerung auswirken. Durch verbesserte Ausnahmeregelungen und eine intensivere Zusammenarbeit mit Hilfsorganisationen soll die Zivilbevölkerung von den wirtschaftlichen Sanktionsfolgen entlastet werden.[224] Bezüglich der VN-Sanktionen wird offensichtlich, daß das Potential für „humanere" Sanktionen noch nicht ausgeschöpft ist: so wurde bislang zu wenig beachtet, daß die Praxis des Sicherheitsrates auf Blockade-Erfahrungen beruht. Dies vernachlässigt, daß der Sicherheitsrat selber nicht an der Blockade beteiligt ist und auch *de facto* keine Kontrolle darüber ausübt. Abhilfe geschaffen werden müßte also durch die Regelung der Rechtsbeziehung zwischen dem die Blockade beschließenden Sicherheitsrat und den ausführenden Mitgliedstaaten.[225]

c) Mißbrauch humanitärer Ausnahmeregelungen

Die Effektivität von Sanktionen bemißt sich nicht an der ausreichenden Versorgung der Bevölkerung mit Medikamenten und Lebensmitteln. Aufgrund dessen unterliegen diese humanitären Güter Ausnahmeregeln. Dies bringt insofern Probleme mit sich, als daß der dadurch anwachsende Handel mit dem Sanktionsgegner immer schwieriger zu überwachen ist. In der Praxis entstand so unter Ausnutzung von humanitären Ausnahmegenehmigungen ein reger Mißbrauch seitens des Sanktionsgegners und der Drittländer. Ebenfalls kontraproduktiv ist die Ablehnung von Sanktionsmaßnahmen durch humanitäre Organisationen und von negativen Sanktionsauswirkungen betroffenen Drittstaaten, die das Instrument der Wirtschaftssanktionen durch humanitäre Milderungen auszuhöhlen versuchen. Dies könnte den Sicherheitsrat dazu veranlassen, in Zukunft auf humanitäre Ausnahmen zu verzichten oder anstelle von Sanktionen auf militärische Maßnahmen zurückzugreifen. Während im Sicherheitsrat die Auffassung überwiegt, daß Menschenrechte nicht verletzt werden können im Rahmen der Erfüllung einer den Sanktionsausschüssen vom SR übertragenen Obliegenheit, mag dies in einzelnen Fällen zutreffen. Gene-

---

[224] Vgl. VALKYSERS 1999, S.130 f.: allerdings sind auch die Möglichkeiten dieser sog. intelligenten Sanktionen begrenzt, da häufig die notwendigen Informationen fehlen, um z.B. die entsprechenden Auslandskonten rasch einzufrieren. Darüber hinaus haben Regierungen und Führungen viele Möglichkeiten, sich am Leben zu halten - derart spezielle Sanktionen zu konzipieren ist schwierig. Vgl. insgesamt zur Problematik von "smart sanctions" den Aufsatz von TOSTENSEN/BULL, die auf die großen Schwierigkeiten bezüglich der Umsetzung solcher zielgerichteter Sanktionen hinweisen und vor zu hohen Erwartungen warnen (vgl. dies.2002, insbes. S.385-394, 402 f. Auch HUFBAUER/OEGG unterstreichen dies - vgl. dies. 2000, S.4.

[225] Vgl. CONLON 1996, S.23.

rell ist es jedoch an den Völkerrechtlern zu entscheiden, unter welchen Umständen eine Verletzung der Menschenrechte erfolgt.[226]

d) Die besondere Problematik des Artikel 50 SVN

Von jeher stellte sich bei der Verhängung von Sanktionen die Problematik der allgemeinen Lastenverteilung der unbeabsichtigt unter den Sanktionen leidenden Staaten.[227] Art. 50 SVN befaßt sich mit diesem Sachverhalt und gewährt den Betroffenen das Recht, den SR zu konsultieren. Konkrete Hilfsmaßnahmen sind allerdings nicht vorgesehen. Lösungsvorschläge, die z.B. das Einhalten von Sanktionen von finanziellen Gegenleistungen der Staatengemeinschaft abhängig machen oder besonders stark betroffene Drittstaaten von der Einhaltung von Sanktionen befreien, sind völkerrechtlich bedenklich. Diese interessenorientierte Interpretation von Art. 50 verdeutlicht, daß das politische Problem in völkerrechtlich akzeptabler Form gelöst werden muß, um das rechtliche Niveau der Sanktionspraxis des SR nicht noch weiter herabzusetzen.[228]

4. Die sog. Sanktionsdebatte

Reformansätze und generelle Überlegungen sind bemüht, einen Eindruck über das wahrscheinlich erscheinende zukünftige Aufgaben- und Leistungsprofil von Sanktionen in ihrer Rolle als außen- und sicherheitspolitisches Instrument zur Krisen- und Konfliktbewältigung zu vermitteln. Die Sanktionsexperten CORTRIGHT und LOPEZ stellen in ihrem Buch über die „Sanktionsdekade“ (1990-1999) ihre Einschätzung über die VN-Sanktionen aus diesem Zeitraum dar. Dabei behandeln sie

---

[226] Vgl. CONLON 1996, S. 24 f. Vgl. dazu auch den Abschnitt bei SEGALL über Argumente für eine restriktive Ausübung der Macht im SR, Sanktionen zu verhängen - dies. 1999, S.774-778.

[227] DAVIES weist ausdrücklich darauf hin, daß Nachbarländer nicht zwangsläufig unter Sanktionen leiden müssen - mitunter kann die starke Handelsposition des Ziellandes von schädigender Wirkung für die benachbarten Volkswirtschaften sein. Unter diesen Umständen kann der Wegfall des Handels des sanktionierten Landes stimulierend auf die Region wirken. Unabhängig davon seien Sanktionsauswirkungen von struktureller Anpassung abhängig, und die könne auch ohne Sanktionen notwendig sein - durch Sanktionen nehme lediglich der Druck dafür zu (vgl. ders. 1981, S.37). ELLIOT formuliert dies verallgemeinert und schreibt: "[...] trade is never static in terms of either geographical distribution or commodity composition. Trading nations and trading firms recognise that only the monopoly seller or the monopsonistic buyer can expect a degree of insulation from the flux of trade: and such are indeed rare." - ders. 1981, S.8 f.

[228] Vgl. CONLON 1996, S. 25-27. Vgl. dazu das Positionspapier des damaligen VN-Generalsekretärs BOUTROS-GHALI, der dafür plädiert, daß die Kosten von Sanktionen von allen Mitgliedstaaten getragen werden sollten und darüber hinaus konkrete Angaben zu seinen Vorstellungen machte - s. ders. 1996, S.90.

neben den gängigen Kritikpunkten an Sanktionen[229] das „Verhandlungs-Modell / *bargaining model*", in dem es mehr um den parallel zu den Sanktionen ablaufenden Verhandlungsprozeß geht als um das sanktionsbedingte Erreichen der postulierten Politikziele.[230] Der Mängeldebatte ebenfalls zuzurechnen ist die Diskussion darüber, ob einer raschen Verhängung von Sanktionen einer stufenweise erfolgenden und umfassender greifenden Verhängung der Vorzug zu geben ist.[231] Einen anderen Problemkreis stellen die den Sanktionen zugrundeliegenden Gedanken entweder des Verhandelns oder des Bestrafens dar. Die traditionell im Einklang mit dem Strafgedanken erfolgenden Sanktionen dienen dazu, den Zielstaat unter Druck zu setzen und zu isolieren. Eine Aufhebung der Sanktionen ist nur bei vollständiger Erfüllung der Sanktionsvorgaben möglich.[232] Von diesem Ansatz unterscheidet sich die Auffassung von Sanktionen nicht als Strafe, sondern als Überzeugungsmittel. Das Zielland soll mittels Sanktionen ermutigt werden, seine Politikoptionen zu überdenken. Dieses sog. „Verhandlungsmodell" geht von Sanktionen als Überzeugungsmittel aus, das am effektivsten im Rahmen einer „Zuckerbrot-und-Peitsche"-Strategie eingesetzt wird, um eine Lösung mittels Verhandlungen zu erreichen. CORTRIGHT und LOPEZ beschreiben das Modell folgendermaßen:

> "It views sanctions not as a policy unto themselves but as a part of a continuum of policy instruments from the negative to the positive, designed to encourage political compromise and spark a process of dialogue and negotiation."[233]

Dabei ist ausdrücklich zu betonen, daß Verhandeln und Strafen eng verwandt sind und die Unterschiede nicht klar zu ziehen sind. Strafe kann als ein Element im Verhandlungsprozeß gewertet werden. Manchmal vermag nur Zwang die Bereitschaft zum Verhandeln zu bewirken. Ein Verhandlungsprozeß ist normalerweise notwen-

---

229 Erkenntnisse aus den 90er Jahren des 20. Jahrhunderts sind, daß a) der wirtschaftliche Erfolg nicht den politischen Erfolg von Sanktionen garantiert, b) Sanktionen schwerwiegende unbeabsichtigte Folgen mit sich bringen können, c) die VN nicht über die Fähigkeiten verfügen, Sanktionen zu verwalten, d) die Ziele des SR und die der VN-Mitgliedstaaten nicht immer identisch sind, e) Sanktionen entweder als Alternative oder aber als Auftakt für einen Krieg eingesetzt werden und f) Fallstudien und Statistiken gegenwärtig die einzigen Möglichkeiten sind, um etwas über die Effektivität von Sanktionen zu erfahren. Vgl. CORTRIGHT/LOPEZ 2000, S.3-8. Siehe auch dies. 1995, S.201-208; DOXEY 1996, S.124-127.

230 Vgl. CORTRIGHT/LOPEZ 2000, S.8. Dabei ist dieser Ansatz so neu nicht. BALDWIN widmete bereits 1971 einen Aufsatz der „positiven Sanktionen innewohnende Kraft". Anhand von 14 Parametern (z.B. Abschreckung, Wirksamkeit, Systemstabilität etc.) untersucht er die jeweiligen Unterschiede von positiven und negativen Sanktionen und kommt zu dem Schluß, daß positiven Sanktionen bislang zu wenig Beachtung fanden. Vgl. ders. 1971, S.27-38, insbes. S.37 f.

231 Vgl. CORTRIGHT/LOPEZ 2000, S.26 f.

232 DOXEY formuliert treffend: "The danger with all high-profile negative sanctions is that they will produce defiance rather than compliance." - dies. 1996, S.125.

233 Vgl. CORTRIGHT/LOPEZ 2000, S.27 f.

dig, aber nicht immer ausreichend für die Lösung eines Konfliktes. Die Einhaltung des Vereinbarten ist das vordringliche Ziel und erfordert häufig die Androhungen bis hin zur Ausübung von Zwangsmaßnahmen. Allerdings wird Zwang kontraproduktiv, wenn er nicht verhandelbar ist und statt dessen die vollständige Unterwerfung als Preis für die Hebung des Zwanges erfordert.[234]
Die Effektivität von Sanktionen im Verhandlungsmodell liegt jedoch nicht primär in der Fähigkeit des Strafens oder Zwingens begründet. Nicht die Schwere des zuzufügenden wirtschaftlichen Schadens ist erheblich, sondern die Fähigkeit, Dialog und Verhandeln in Gang zu bringen. In dieser Hinsicht können Sanktionen bewertet werden bezüglich ihres Erfolges: tragen sie zum Verhandlungsprozeß bei und werden damit zur Basis, über die ein verhandeltes Abkommen erreicht wird. Dafür haben Sanktionen nicht drakonisch zu sein, sondern ausreichend Härten zu verursachen, um die entsprechenden Autoritäten zum Verhandeln zu veranlassen. Der Erfolg mißt sich also nicht anhand einer objektiven Messung von wirtschaftlichem Schaden, sondern anhand der subjektiven Antwort der jeweiligen politischen Führer. Somit gilt:

> "Sanctions work if the desire for a lifting of coercive pressure serves as an inducement for negotiation and compliance."[235]

Für den Verhandlungsprozeß sind die Bedingungen für den Zeitpunkt und die Art und Weise der Aufhebung der Sanktionen von größter Wichtigkeit. Ein Angebot an das Zielland über die Beendigung der Sanktionen kann als Anreiz für das Zielland dienen, Zugeständnisse zu machen. Ein Verhandlungsprozeß in Form von „Zuckerbrot und Peitsche“[236] hebt die Wahrscheinlichkeit für einen erfolgreichen Ausgang des Prozesses. Auch Stufenpläne[237] - das Angebot der Beendigung der Sanktionen

---

234 Vgl. CORTRIGHT/LOPEZ 2000, S.27 f. ELLINGS, Autor eines Standardwerkes über Sanktionen von 1985, sieht Sanktionen noch ausschließlich als Droh- und Strafmittel und stellt ihnen positive Anreize gegenüber -vgl. ders. 1985, S.5.

235 CORTRIGHT/LOPEZ 2000, S.29.

236 Vgl. hierzu CORTRIGHT/LOPEZ 2000, S.29-32; eine Studie zeigte, daß der Einsatz einer aus Anreizen und Sanktionen bestehenden Strategie dreimal effektiver ist als der ausschließliche Einsatz von Zwangsmaßnahmen (ebd., S.29).

237 Im Englischen dominiert hierfür der Begriff *roadmap*. Gemeint sind klare Kriterien, nach denen sich die Hebung der Sanktionen im Sinne eines *quid pro quo* richtet. Das Schaffen von Anreizen wird gelegentlich als Form der Beschwichtigung (*appeasement*) gesehen, als Zahlung für zielgerichtetes Verhalten, die wiederum andere dazu bringen kann, sich ebenfalls fehlzuverhalten, um in den Vorzug dieser Beschwichtigungspolitik zu gelangen. Vor diesem Vorwurf kann sich der Verhängerstaat schützen, indem er Zugeständnisse seinerseits im Rahmen einer *quid-pro-quo*-Strategie an Zugeständnisse des Zielstaates knüpft. Den Erfolg einer solchen Strategie unterstützen auch Erkenntnisse der Kooperationstheorie. Bei der Weigerung des Verhängerstaates, Konzessionen des Zielstaates zu belohnen - und bei der vorzeitigen Beendigung von Sanktionen - ist der durch Sanktionen gewonnene Verhandlungsspielraum jedoch verloren. Vgl. CORTRIGHT/LOPEZ 2000, S.30.

ist an konkrete Handlungen des Ziellandes geknüpft - vermag den Verhandlungsprozeß zu beschleunigen.[238]
Während bis zum Ende der 90er Jahre Sanktionen die wirtschaftliche Schwächung des Sanktionsgegners zur Erreichung eines politischen Zweckes zugedacht war, ist durch die zunehmende Verflechtung der Staaten ein davon abweichendes Sanktionsverständnis in Entwicklung. Zwar bleibt der politisch verfolgte Zweck elementar, doch geht die Tendenz zu zielgerichteten Sanktionen sowie zu dem Schaffen von positiven Anreizen.[239] Auf diese Weise gilt es, einen möglichst engen thematischen Bezug zwischen Sanktion und auslösender Ursache erkennbar zu machen, damit die Wirkungsweise der Sanktionen direkt diejenigen anspricht, bei denen die Entscheidungsgewalt über die mit den Sanktionen angestrebten politischen Richtungsänderung angenommen wird.
Der bisherige *modus operandi* von Sanktionen soll also durch einen verkürzten und dadurch humanitär entlastend wirkenden Sanktionsmechanismus ersetzt werden.
Um dieser Forderung nach höherer Zielgenauigkeit entsprechen zu können, werden im Rahmen zukünftiger Sanktionsregimes gezielte finanzielle Sanktionen (Einfrieren von Guthaben, Streichen von Umschuldungsprogrammen, Einstellen der Unterstützung von Regierungen, Zurückhalten von Krediten) und „elektronische" Sanktionen (plaziert eingesetzte Computerviren, Abbruch der internationalen Fernverbindungen, Störung der nationalen Telekommunikation, Lähmung des Computernetzes von Banken und Firmen usw.) unter anderem eingesetzt.[240]
Neben eine verbesserte Entscheidungsprozedur zur Vergegenwärtigung der Kosten-Nutzen-Beziehung tritt somit der Aufruf zu einer zeitlichen Befristung von Sanktionen, der Berücksichtigung von Verhältnismäßigkeit, Erfolgsaussichten, Zielgruppenorientierung und humanitärer Belange.[241]
Dessenungeachtet bleibt die Leistungsfähigkeit multilateraler / kollektiver Sanktionen von vielen zusammenwirkenden Einflußfaktoren abhängig, und sie erreichen ihre größtmögliche Wirksamkeit, wenn sie in einer in sich geschlossenen, übergeordneten politischen Strategie und kombiniert mit diplomatischen und ggf. militärischen Druckmitteln eingesetzt werden. Dafür ist ein gemeinsam vertretener politischer Wille der Verhängerstaaten, die übereinstimmende Lösung organisatorischer Probleme vorab und eine reale Einschätzung des Verhältnisses von Schädigungswirkung und dem politisch verfolgten Zweck notwendig.[242]

---

238 Vgl. CORTRIGHT/LOPEZ 2000, S.27-29.

239 Vgl. MACK/KHAN 2000, S.286-290.

240 Siehe VALKYSERS 1999, S.134 f. Vgl. dazu auch die Debatte über die sog. „intelligenten Sanktionen", S.51, Fn.61 und S.96, Fn.224. LOPEZ/CORTRIGHT 1997, S.333 f. Für Beispiele „elektrischer Sabotageakte" vgl. auch CHUNG 2002, S.207.

241 Vgl. VALKYSERS 1999, S.130.

242 Vgl. dazu auch MACK/KHAN 2000, S.288 f.: die Autoren verweisen auf die drei Hauptproblemkreise von zielgerichteten Sanktionen. 1. Solche Sanktionen müssen laut der ihnen zugrundeliegenden Theorie (mit der Schärfe der Sanktionen wächst die Wahrscheinlichkeit für

Sanktionen als Mittel zur Kriseneindämmung oder Durchsetzung eines politischen Zweckes stellten sich als weitaus weniger hilfreich als zunächst angenommen heraus. Dies soll nicht automatisch bedeuten, daß militärischer Gewalt wieder mehr Gewicht innerhalb einer langfristig angelegten Krisen- und Konfliktprävention einzuräumen ist.[243]

Zusammenfassung

Der Einsatz von Sanktionen ist umstritten. Sowohl ihre Befürworter als auch ihre Kritiker vermögen nachvollziehbare Argumente anzuführen. Es ist von Nachteil, daß die Literatur sehr zersplittert vorliegt und verkürzte, einseitige Darstellungen überwiegen. Die insbesondere seit Ende des letzten Jahrhunderts als Lösung gepriesenen sog. intelligenten Sanktionen sind schon lange davor bekannt gewesen und eingesetzt worden und somit nichts Neues. Auch sie vermögen das „Sanktionsdilemma" nicht zu lösen.
Sanktionen verursachen immer auch ungerechte Kosten. Insofern gilt es abzuwägen, unter welchen Umständen ihre Verwendung dennoch geboten ist. Dabei ist es unerläßlich, den jeweiligen Gegebenheiten Rechnung zu tragen und Form, Umfang und Aufgabenprofil der Sanktionen den Rahmenbedingungen anzupassen. Nur dann kann ihr Einsatz zum Schaffen einer Verhandlungsgrundlage langfristig positive Folgen nach sich ziehen. Dies setzt jedoch voraus, daß ein hohes Maß an verantwortlichem Denken damit einhergeht und die Mißbrauchsgefahr nach bestem Wissen beschränkt wird. Anderenfalls überwiegt der Schaden den Nutzen nicht nur hinsichtlich der angestrebten Effektivität (unabhängig davon, was konkret darunter verstanden wird), sondern auch insbesondere hinsichtlich des Ansehens „westlicher" politischer Strategien, denen häufig Inkonsequenz und politische Vorteilnahme unterstellt werden kann.
Letztlich kommt es auf die von einem verantwortlichen Rechtsbewußtsein getragene freie Zustimmung und Anerkennung der normativen Kraft der Gesetze an. Ziel ist nicht abstrakter Normativismus, sondern das verbindliche Entwerfen einer sachlich geprägten, in der Sachgegebenheit aber nicht aufgehenden Ordnung. Dabei darf das Recht insgesamt von der Wahrnehmung seiner normativen Aufgabe der Orientierung an leitenden Ideen und Grundsätzen nicht abweichen.

---

deren Erfolg) besonders effektiv sein; 2. je differenzierter die Sanktionen ausfallen, desto komplizierter wird deren Überwachung und 3. besonders problematisch ist hinsichtlich zielgerichteter Sanktionen seitens der VN, daß ihre Beschlußphase eine zu große Zeitspanne einnimmt und somit dem betroffenen Staat Spielraum für vorbeugende Maßnahmen bietet - die die Wirkung der Sanktionen untergräbt.

[243] Dies wird in der Literatur unterschiedlich bewertet: so zielt VALKYSERS als Absolvent der Universität der Bundeswehr in München darauf ab, daß die entscheidende Determinante nach wie vor auch der mögliche militärische Einsatz sei - vgl. ebd., S.136.

Nach dieser Darstellung der allgemein anerkannten oder allgemeinen Merkmale von Sanktionen und der charakteristischen Funktionsweisen wird nach dem sich anschließenden Kapitel 2 zur libyschen Geschichte in Teil II (3., 4. Kap.) übergegangen zu der Darstellung der rechtlichen Grundlagen für die Verhängung und der Ausführung von Sanktionen mit besonderer Berücksichtigung Libyens.

2. Kapitel: Die Geschichte Libyens bis zur Verhängung der Sanktionen

Der Landstrich, der heute unter dem Namen Libyen als selbständiger Staat Mitglied der VN ist, tritt bereits in der Antike unter dieser Bezeichnung in Erscheinung. Wenngleich man von einer vollständigen Kontinuität der konstitutiven Elemente Gebiet, Volk und Staatsgewalt in der Geschichte Libyens nicht sprechen kann, ist die historische Entwicklung von seinem geschichtlichen Anfang an darzustellen, um einerseits Konstanten, dann aber auch vor allem Umbrüche und von außerhalb einwirkende Einflüsse aufzuzeigen, die die Entwicklung von Libyen als einem „Außenseiter" bestimmt haben.
Dabei soll deutlich werden, daß die geschichtliche Entwicklung in allen ihren Aspekten wie Kultur, Religion, Volkstum, Sprache und Staatsentwicklung in einem Spannungsfeld zu sehen ist: der ausgedehnten Landesfläche und ihrer schwierigen verkehrsmäßigen Durchdringung und der geringen Bevölkerungsanzahl einerseits und den Impulsen, die von der Islamisierung und Arabisierung ausgegangen sind. Dabei wird auch die Einflußnahme von außen hervortreten, die die gesamte Zeit seiner Geschichte hindurch dieses Land durch Ansprüche von mächtigen Nachbarn, großen Staaten und Gemeinschaften erfahren hat. Insbesondere sind zu untersuchen die Auswirkungen und Ansprüche, die an Libyen seit der Entwicklung einer Erdölexportwirtschaft von der Weltwirtschaft und ihren dominierenden Vertretern gestellt werden.

A. Geographie Libyens

Die Fläche des heutigen Staates Libyen beträgt 1.775.500 km^2 und wird von nur knapp 5,5 Millionen Einwohnern bewohnt. Somit kommen durchschnittlich 3,1 Einwohner auf den Quadratkilometer. Die Mehrheit der Bevölkerung lebt jedoch in den Städten im Küstenstreifen (Tripolis: 1,7 Mio. Einw.; Benghasi: 450.000 Einw.; az-Zawiya: 220.000 Einw. u.a.) - lediglich 12 % der Menschen leben nicht in Städten.
Die Landesteile unterscheiden sich stark voneinander (vgl. Abschn. A.I., S.104 ff.), und auch die Bevölkerung ist in sich nicht homogen (s. Abschn. A.II., S.109 ff.), obwohl 97 % Muslime sind und insofern unter Vernachlässigung der Ibaditen und des Reformordens der Sanūsīya (s. den Exkurs dazu, S.132 ff.) eine relative Einheitlichkeit gegeben ist.[244]

[244] Vgl. BARRATTA 2002, Sp.507 f., MARTHELOT 1975, S.33-50; IḤṢĀ' 2002 ,S.10, S.20.

I. Die Landesteile Libyens

In der klassischen Antike wurde der westlich Ägyptens gelegene Teil Nordafrikas[245] als Libyen bezeichnet, und erst mit wachsender geographischer Kenntnis reduzierte sich die Bezeichnung Libyen auf die westlich an Ägypten angrenzenden Landstriche. Im spätrömischen Reich bezog sich Libyen nur noch auf die antike Cyrenaika[246]. Im Zuge der arabischen Eroberungen setzten sich die Termini *al-Barqa* für die Cyrenaika, *Ṭarābulus* für das sich westlich anschließende Tripolitanien und *Fazzān* (Fessan) für die südlich gelegenen Gebiete durch. Unter osmanischer Oberherrschaft hieß das gesamte Gebiet Tripolis, und Barqa und Fessan waren darin Verwaltungseinheiten. Mit dem ab dem 18. Jahrhundert verstärkt einsetzenden europäischen Interesse an Afrika wurden die klassischen Bezeichnungen Tripolitanien und Cyrenaika wieder geläufig. Zu einer Vereinigung der Provinzen unter dem antiken Namen Libyen kam es allerdings erst unter der italienischen Kolonialherrschaft.[247]
Historisch gesehen ist „Libyen" weder zwangsläufig mit „Land der Libyer" gleichzusetzen, noch „Libyer" mit „Bevölkerung Libyens".
Terminus ante quem ist die schriftliche Niederlegung in der Odyssee.[248] Durch die römische Provinzialeinteilung gewann der Begriff „Libyen" eine neue Facette: der Name erhielt eine territoriale Bedeutung im Zusammenhang mit der Verwaltung

---

245 Arabische Geographen und Historiker pflegten, die westlich Ägyptens gelegenen „arabischen" Länder (nördliches Afrika, Spanien) unter dem Terminus „Maghreb" zusammenzufassen - vgl. AL-BAKRĪ 1913, S.7. MALTZAN bezeichnet den sich von Tripolis bis nach Marokko erstreckenden Raum als Maghreb - vgl. ders. 1870, S.V. Heute wird unter Tunesien, Algerien und Marokko der Kernmaghreb verstanden. In einer umfassenden Definition sind zusätzlich Mauretanien, die Westsahara und Libyen eingeschlossen - vgl. SHBOUL 1980, S.3.

246 Vgl. GEMOLL, S.460: Κυρήνη: Staat in Nordafrika, Kolonie von Thera; die Gebietsbezeichnung lautet Κυρηναία χώρα. Somit wäre korrekterweise statt von der *Cyrenaika* von der *Kyrenaia* zu sprechen. Davon jedoch sehe ich ab und richte mich nach dem allgemeinen Sprachgebrauch. Ein Überblick über die verschiedenen Namensformen findet sich bei SMITH 1966, S.732-734. Bezüglich der Aussprache von *Cyrenaika* ist in Anlehnung an die latinisierte Form des Wortes die Sprechung des *C* als *Z* verbreitet. Entsprechend der griechischen Herkunft der Bezeichnung findet jedoch auch die Sprechweise mit *C* als *K* Verwendung.

247 Vgl. EISEL 1993, S.5; WRIGHT 1969, S.21. Das Buch von WRIGHT gilt als herausragendes Werk über die Geschichte Libyens bis zum Ende der libyschen Monarchie 1969. Vgl. auch GROTHE 1941, S.28: „Die Italiener benennen ihr nordafrikanisches Kolonialreich „Libyen". So besagte dies ausdrücklich das Annexionsdekret vom 5. November 1911. Sie tun dies in bewußter Anknüpfung an die glänzende Zeit der Antike."

248 Vgl. ZIMMERMANN 1999, S.6-8, 199. Für genaue Ausführungen über die Verwendung des Begriffes s. S.199-204. Für alte Berichte über Libyen vgl. u.a. die mit Anmerkungen versehene lateinisch-griechische Ausgabe der 17 Bücher Strabons. Insbesondere das 17. Buch befaßt sich mit Libyen: vgl. STRABONIS 1807, Bd.II: S.1115-1187.

des römischen Imperiums. Vor diesem Hintergrund ist nicht ohne Interesse, daß Anfang des 20. Jahrhunderts Libyen als Bezeichnung für die aus dem Italienisch-Türkischen Krieg 1911/12 (sog. Tripoliskrieg[249]) hervorgegangene Kolonie wiederum eine politisch-territoriale Bedeutung angenommen hat, die mit der Λιβύη κατὰ Κυρήνην der griechischen Welt in wesentlichen Teilen übereinstimmt.[250]

1. Tripolitanien

Tripolitanien, der Nordwest-Teil von Libyen, ist die Abdachung der Sahara-Scholle zum Syrtenmeer (Ḫalīğ Sirt)[251] und umfaßt etwa 330.000 km^2.[252]
Am Mittelmeer erstreckt sich die nach Tunesien hineinreichende 350 Kilometer lange Küstenebene Djeffara (Sahl al-Ğifāra), in der über 90 % der Bevölkerung als Bewohner der Küstenstädte leben. Im Landesinneren wird die Küstenebene halbmondförmig (von der tunesischen Grenze bis zum Mittelmeer bei Homs / al-Ḫums) vom Tripolitanischen Bergland umschlossen, dessen mittlerer und höchster Teil die Nafūsa-Berge (Ğabal Nafūsa) sind.[253] Tripolitanien wurde ursprünglich von libyschen Stämmen bewohnt und ist nach den drei Städte Sabratha (Ṣabrāta)[254], Oea

[249] Vgl. BARTHEL/STOCK 1994, S.303 (Italienisch-Türkischer Krieg).

[250] Vgl. ZIMMERMANN 1999, S.204; HAYNES 1947, S.14-18; ausführlich PAULY-WISSOWA 1894, 25. Halbband, Sp.149-202 (Libye).

[251] MALTZAN schreibt über die Syrten: „... in der kleinen Syrte, welche eigentlich nichts ist, als eine große Untiefe, auf der man fast überall mit Sicherheit Anker werfen kann, bietet die Seefahrt nur in den seltensten Fällen wirkliche Gefahren. Was die Alten von der Gefährlichkeit der Syrten sagen, muß sich [...] auf die [...] große Syrte beziehen." - ders. 1870, S.175. DYER hingegen beschreibt die Syrten (Σύρτις μεγάλη καὶ μικρά) als: "... two broad and deep gulfs in the Libyan sea on the N. coast of Africa, and in the district called after them Regio Syrtica. [...]. The name is derived from the Arabic, *Sert*, a desert from the desolate and sandy shore by which the neighbourhood of the Syrtes is still characterised." - SMITH 1966, Bd.II, S.1081 (Syrtis Major and Minor). Infolgedessen galt die Seefahrt dort der Felsen und Untiefen wegen als besonders gefährlich, und die Kleine Syrte wurde sogar für unbefahrbar gehalten.

[252] Vgl. HUART 1927, S.101; MATTES 1994, S.282.

[253] Vgl. BROCKHAUS 1997, Bd.XXII, S.321 (Tripolitanien). Eine geographische Beschreibung Tripolitaniens bietet G. ROHLFS basierend auf seiner im Auftrag des preußischen Königs 1868/69 im nördlichen Afrika durchgeführten Reisen (ders. 1871, Bd.I: S.54-79). Siehe auch SCHANZ 1905, S.200-204; HAYNES 1947, S.11-14. MALTZAN, der im Rahmen seines 27. Kapitels „Gränzdistrict und Ankunft in Tripoli" die örtlichen Gegebenheiten beschreibt und feststellt, daß nicht überliefert sei, wann Tripolis seinen Namen erhalten habe (ders. 1870, S.171-247).

[254] Zur Geschichte dieser Stadt vgl. POLIDORI/DI VITA-ESSARD/BACCIALLI 1999, S.146-181; HAYNES 1947, S.81-99. Siehe auch den Artikel von BOUCHER: ptolemäisch Σαβράτα, ursprünglich ein phönizischer Name, der gräzisiert zu Abrotum wurde - s. SMITH 1966, Bd.II, S.870 (Sabrata).

(ʾŪwīyā)[255] und Leptis (Labda)[256] benannt, die phönizisch-karthagischen Ursprungs sind. Bis zum Zweiten Punischen Krieg (218-201 v.Chr.) gehörte Tripolitanien zu Karthago, bis 46 v.Chr. zu Numidien und anschließend zum Römischen Reich. Mittelpunkt der von Diokletian (284-305)[257] eingerichteten Provinz Tripolitana war ab 297 n.Chr. Tripolis.[258]
Der Name Tripolis (Ṭarābulus) für dieses Gebiet findet sich nur bei den römischen Schriftstellern des 4. Jahrhunderts n.Chr. Doch die Bezeichnung Tripolitanien wurde schon im 3. Jahrhundert der sonst Syrtica[259] genannten Gegend gegeben, die dem Verwaltungszentrum Tacape[260] unterstand. In der byzantinischen Periode (534 n.Chr. verloren die Wandalen das ab 431 in Besitz genommene Gebiet an Byzanz[261]) wurde der Name Tripolis ausschließlich für Oea angewandt.[262] Um 650 eroberten die Araber das Land, das nun von muslimischen Dynastien beherrscht wurde. Die Eroberer behielten den Namen Tripolis in der Form Ṭarābulus unter Hinzufügung „al-ġarb" (des Westens) bei, um es von Tripolis im Libanon zu unterscheiden. Trotz seines geschützten Hafens[263] hatte Oea keine große politische, militärische oder wirtschaftliche Bedeutung im Gegensatz zu Sabratha und Leptis.[264]

---

255 Bei PLINIUS Oeensis civitas genannt, bei den Ptolemäern 'Εώα. Gegründet wurde sie im 1. Jh. n.Chr. als Oeea colonia. Siehe SMITH 1966, Bd.II, S.465 (Oea) und HAYNES 1947, S.78-81. Der heutige Name ist Tripolis (Ṭarābulus) - in Anlehnung an das griechische Τρίπολις.

256 Vgl. POLIDORI/DI VITA-ESSARD/BACCIALLI 1999, S.44-145: eine ausführliche Beschreibung der Stadt Leptis Magna. SMITH erwähnt ἡ Λέπτις μεγάλη / Λεπτιμάγνα; Λέπτις als eine der ältesten phönizischen Siedlungen, die von Sidoniern gegründet worden sei (ders. 1966, Bd.II, S.162 f.). Vgl. auch den Abschnitt bei HAYNES 1947, S. 57-78 sowie die Angaben im NATIONAL ATLAS 1978, S.17.

257 Vgl. BROCKHAUS 1997, Bd.V, S.531 (Diokletian).

258 Vgl. BROCKHAUS 1997, Bd.XXII, S.321 (Tripolitanien). Für die Ausdehnung des Römischen Reiches in Nordafrika siehe NATIONAL ATLAS 1978, S.18.

259 Vgl. dazu ROHLFS 1871, Bd.I, S.117 f.: ROHLFs lehnt die Auffassung von DELLA CELLA ab, daß die Landschaft südlich der Großen Syrte Sert oder Sürt als Erinnerung und Ableitung von „desertum" heiße.

260 Beim heutigen Gabes (Qābis)/Tunesien.

261 Bezüglich der angegebenen Zahlen vgl. hier Abschn. B.I., S.119 über die Wandalen. Siehe auch FISHER 2001, S.716.

262 Für eine übersichtlich gestaltete und bebilderte Darstellung der Geschichte Tripolitaniens vgl. POLIDORI/DI VITA-ESSARD/BACCIALLI 1999, S.13-181.

263 Vgl. "A Mapp of the Citie and Port of Tripoli in Barbary. By John Seller, Hydrograph of the King.": diese Karte bietet einen Prospekt von Tripolis sowie eine nicht genordete kartographische Darstellung von Stadt und Hafen mit Verzeichnung seiner Untiefen - vgl. SELLER 1675, o.S.

264 Vgl. BROCKHAUS 1997, Bd.XXII, S.321 (Tripolitanien). Eine umfassenden Einblick gewährt das Standardwerk von Ettore ROSSI über die Geschichte von Tripolis und Tripolitanien von der arabischen Eroberung bis 1911 (ders. 1968).

2. Cyrenaika

Die Cyrenaika umfaßt im weiteren Sinne ganz Ost-Libyen und reicht bis nach Ägypten hinein. Das Gebiet gliedert sich in drei Großlandschaften. Am Mittelmeer erstreckt sich als 300 Kilometer langes Gebirge zwischen dem Golf von Benghasi und Derna (Darna) das Barkahochland (al-Ǧabal al-Aḫḍar / das Grüne Gebirge) - die Cyrenaika im engeren Sinne. Die Marmarika[265] (Mārmārīkā, Baṭnān oder auch al-Barqa al-Baḥrīya) setzt als 100 bis 200 Meter hohe, küstenparallel verlaufende Kalktafel das Barka-Hochland als Steppenregion nach Osten fort bis nach Ägypten. Nach dem Süden schließt sich die Libysche Wüste an, die überwiegend aus Sandsteintafeln besteht, welche zum Teil mit Basaltablagerungen und Sanddünen überdeckt sind.[266]
In seiner heutigen Ausdehnung beträgt die Fläche ca. 857.000 km^2.[267]
Einen umfassenden Überblick unter Nennung der lateinischen Bezeichnungen bietet die Beschreibung von Philip SMITH:

> "In its widest sense the term includes the whole of the country which was subject to Cyrene, when that city was most flourishing, from the borders of Carthage on the W[est] to those of Egypt on the E[ast]. On both sides, [...] the boundaries varied. On the E[ast] they seem never to have been perfectly defined, being placed at the CHERSONESUS MAGNA (*Ras-et-Tin*), or at the CATABATHMUS MAJOR (*Marsa Sollom* or *Akabet et Kebira*, the present boundary of *Tripoli* and *Egypt*), according as MARMARICA was included in Cyrenaica or not. On the W[est] the boundary was fixed, after long disputes, at the bottom of the Great Syrtis. [ARAE PHILAENORUM.] On the S[outh] the nominal limits of the country reached as far as the oasis of PHAZANIA (*Fezzan*). [...] On the N[orth] the shore was washed by that part of the Mediterranean which was called the Libyan Sea (LIBYCUM MARE), and on the W[est] by the Greater Syrtis."[268]

---

265 Vgl. ENCICLOPEDIA ITALIANA 1934, Bd.XXII, S.365 f. (Marmarica). Griechisch Μαρμαρική, lateinisch Marmarica. Über die unterschiedlichen Grenzen der Marmarika im Laufe der Zeit s. DNP 1996, Bd.VII, Sp.926 f. (Marmarika) und einen ausführlichen geschichtlichen Hintergrund PAULY-WISSOWA 1894, 28. Halbband, Sp.1881-1883 (Marmarica). Siehe für eine Karte LÜDERITZ 1983, S.178.

266 Vgl. BROCKHAUS 1997, Bd.V, S.37 (Cyrenaika) und Bd.XIV, S.247 (Marmarika). Eine detaillierte geographische Beschreibung der Cyrenaika enthält der Artikel „Reisen in Cyrenaica. Im Auftrag der Handels-Erforschungsgesellschaft von Mailand ausgeführt von Capitän Camperio und Dr.Mamoli, Commendatore Haimann und Herrn Pastore." Dr. A. Petermann's Mittheilungen aus Justus Perthes' Geographischer Anstalt. Gotha. 27(1881)9, S.323-329. Vgl. auch ROHLFS 1871, S.1-19; SCHANZ 1905, S.194-200; POLIDORI/DI VITA-ESSARD/BACCIALLI 1999, S.182-239.

267 Vgl. MATTES 1994, S.282.

268 SMITH 1966, Bd.I, S.732-734 (Cyrenai'ica).

3. Fessan

Fessan ist der Name für den größten Oasen-Archipel der mittleren Sahara. Es ist ein vollarides, sich nach Süden an das Nafūsa-Bergland anschließendes Gebiet von ca. 570.000 km^2.[269] Den größten Teil nehmen zwei mit Dünenfeldern bedeckte Becken ein: die Edeien von Aubari (Idhān ᵓŪbārī) im Norden und die Edeien von Mursuk (Idhān Murzuq) im Süden. Die Bevölkerung findet zuerst unter dem Namen Garamanten Erwähnung, das Land als Phasania mit der Hauptstadt Garama[270] (heute Ǧarma). 19 v.Chr. kam es durch Cornelius Balbus in römischen Besitz. Für die Zeit nach 100 n.Chr. gibt es kaum Kenntnis über die Vorgänge im Lande. Dies ändert sich erst mit der Eroberung durch ᶜUqba b. Nāfiᶜ (st. 683 n.Chr.) im 7. Jahrhundert und der damit einhergehenden Arabisierung und Islamisierung. Im 16. Jahrhundert versuchte sich der Fessan gegen Tripolitanien zu behaupten, stand jedoch nominell unter osmanischer Herrschaft. So lange die Herrscher Fessans Tribut entrichteten, herrschte Frieden. Auf die Unterbrechung der Zahlungen reagierte Tripolitanien konsequent mit Einmarsch. Erst 1744 war das Vasallenverhältnis zu Tripolis gefestigter, und für ein Jahrhundert bestand Ruhe.[271] Von 1842 bis 1912 war der Fessan eine osmanische Verwaltungseinheit (*muqāṭaᶜa ᶜuṯmānīya*) und wurde Ende 1912 an Italien abgetreten, das es jedoch erst nach 1928 unterwerfen konnte. Im Zweiten Weltkrieg eroberten es 1942 Truppen Frankreichs, und bis 1951 blieb der Fessan unter französischer Verwaltung.[272]
Von großer Bedeutung für die Bewohner war die in der Mitte des westöstlichen Oasenzuges gelegene Stadt Mursuk an dem Kreuzpunkt der Karawanenwege Tripolis - Tschad und demjenigen nach Ghat (Ġāt) und der Cyrenaika.[273] M. SCHANZ schreibt dazu:

---

[269] Vgl. FISHER 2001, S.715.

[270] Vgl. SCHANZ 1905, S.205: schon Herodot erwähnt Phasania als das Land der Garamanten. Für Einzelheiten s. PAULY-WISSOWA 1894, 38. Halbband, Sp.1905-1909 (Phazania): Plinius nennt die Garamanten Gamphasantes, und in deren Namen scheint das Wort Phazania zu stecken (Gam-**phasan**-tes) - ebd., Sp.1905.

[271] Siehe für eine weniger wissenschaftliche als auf Beobachtungen beruhende Beschreibung des Fessans für die Jahre 1822-1825 von dem Schotten Hugh Clapperton BRUCE-LOCKHART 2000.

[272] Vgl. BROCKHAUS 1997, Bd.VII, S.237 f. (Fessan); siehe auch NATIONAL ATLAS 1978, S.20 für eine Karte über die Verwaltungszonen während und nach dem Zweiten Welkrieg.

[273] Vgl. HUART 1927, S.101 f. Vgl. für eine Auflistung der Hauptausfuhrartikel Libyens SCHANZ 1905, S.225, 233. Näheres zu Handelswegen und -dauer ebd., S.226-232. GROTHE erläutert: „Die mitgeführten Europaartikel wurden in diesen Gebieten von den mit geringen Unkosten reisenden und handelsgewandten Arabern billiger abgesetzt, als sie von den Faktoreien der Senegal- und Guineaküste geliefert werden konnten." - ders. 1941, S.49 f. Siehe auch die Karte des südlichen Libyens und der benachbarten Landschaften bei ebd., S.51.

„Was den Handel betrifft, so erleichtert die zentrale Lage im Mittelmeer die Pflege von Beziehungen nach Ost und West hin, besonders aber bestimmt die natürliche Gestaltung das eigentliche Tripolitanien zum Haupttransitland für Zentralafrika; liegen doch die Ausganspunkte des Karawanenhandels, Tripolis, Choms und Benghasi, dem Sudangebiet etwa 400 km näher, als die Häfen von Algerien und Tunesien, da die Küste Nordafrikas hier am weitesten nach Süden eingebuchtet und das keilförmige tief ins Innere eindringende Land in den Oasen [...] auf dem Weg nach Süden von der Natur gegebene Halte- und Ruhepunkte für die Karawanen und Sammelpunkte des innersaharischen Verkehrs, dazu zahlreiche Brunnen, bedeutende Salzlager und verhältnismäßige Sicherheit besitzt."[274]

II. Die libysche Bevölkerung

1. Die verschiedenen Ethnien Libyens

HERODOT[275] äußert sich über die Bevölkerung Libyens in seinem vierten Buch (Abschn. 168-197). In Abschnitt 197 heißt es:

„Eins hab ich über das Land aber noch zu sagen. Vier Völker haben es inne und nicht mehr - soweit wir wissen -, und zwei dieser Völker sind Ureinwohner, zwei aber nicht; die Libyer und Aithiopen sind Ureinwohner, die einen im Norden Libyens, die andern im Süden, Phönizier und Hellenen aber sind Zuwanderer."[276]

Neben den mehrheitlich im Süden lebenden dunkelhäutigen Teda (wohl die „Aithiopen" Herodots), ist somit auf die Tuareg im Westen und die Libu-Berber im Norden und Osten einzugehen - neben weiteren, später hinzugekommenen Bevölkerungsgruppen wie Juden, Arabern und Quloglis.[277]

Die Tubu / Teda

Die Tubu (Tūbū) sind eine über ein großes Gebiet zwischen der Libyschen Wüste im Osten, dem Hoggar-Gebirge (Aḥaǧǧār) im Westen, dem Fessan im Norden und

274 SCHANZ 1905, S.224 f. Die günstige Lage hebt auch SAᶜŪD hervor. S. ders. 2000, S.269 f.

275 Für eine knappe, dennoch ausführliche Beschreibung der Person Herodots s. SELLIER 1966, S.7-22.

276 MARG 1973, S.398 - bei dieser Ausgabe handelt es sich um eine Übersetzung der ersten vier Bücher Herodots. Vgl. auch den Kommentar von MACAN zu Herodots 4.-6. Buch (MACAN 1973). Eine Auflistung der Stämme in Libyen findet sich bei P. SELLIER, der sich in »L'Orient Barbare Vu Par Un Voyageur Grec: Hérodote.« mit Herodots Bild des „Barbarischen Orients" befaßt (ders. 1966, S.120-134).

277 Vgl. HUART 1927, S.101; s. auch Bd.I, 1. Buch, 4. Kapitel (Natürliche Beschaffenheit des Fezzâns, S.112-134) und 6. Kapitel (Geschichte und Bevölkerung von Fezzân, S.159-196) von NACHTIGAL (ders. 1879). S. zur Bevölkerung auch die bibliographischen Verweise in HILL 1959, S.76-83.

der Tschad-Gegend im Süden zerstreut lebende Ethnie.[278] Im Fessan bilden sie mit ca. 32.000 Personen einen großen Teil der Bevölkerung. Die verschiedenen Stämme bezeichnen sich selbst mit besonderen Namen. Der Oberbegriff Tūbū / Tibbū stammt von den Europäern. Der Name Tūbū wird vor allem auf die autochthone Bevölkerung des Tibesti-Gebirges (Tībistī) angewendet, in deren Sprache er „Bewohner des Tū / Tibesti" bedeutet. Die Eigenbezeichnung hingegen lautet für die Kamelnomaden des Tibesti Tēda und für die Rinderzüchter in den südlicheren Gebieten Daza.[279] Abzugrenzen von ihnen sind die sog. arabischen oder auch libyschen Schwarzen, die etwa 98.000 Personen ausmachen und ein jemenitisch geprägtes Arabisch sprechen.[280]

Berber und Tuareg

Die Berber sind die autochthone Bevölkerung Libyens.[281] Über die Jahrhunderte waren sie vielfältigen orientalischen, europäisch-mediterranen und subsaharischen Einflüssen ausgesetzt. Sprache und Kultur wurden letztlich vom mit der Islamisierung einhergehenden arabischen Element verdrängt. Eine Ausnahme bilden jedoch die von den Arabern Tuareg (*ṭawāriq*) Genannten, deren wichtigstes gemeinsames Kulturmerkmal ihre Dialekte des Berberischen (im libyschen Grenzgebiet: *tamahak*)[282], ihre Schrift (*tifinagh*) und der Gesichtsschleier der Männer (*tagulmust*, arab. *liṯām*) ist.[283] Die Herkunft der den Berbern Nordafrikas verwandten Stämme

---

278 Über die Sprache der Tūbū s. LUKAS 1953.

279 Vgl. den ethnographischen Bericht von G. NACHTIGAL im 7. Kapitel seines zweiten Buches über die Teda / Tubu, Bd.I: S.197-464 (ders. 1879). Siehe auch YVER 1934, S.886 f.; FUCHS 1991, S.94-112; KRONENBERG 1958.

280 Hinzukommen noch ca. 190.000 muslimische Sudanesen. Eine Übersicht zu den ethnischen Gruppen und ihren Bevölkerungszahlen in Libyen stellte mir Sebastian Maisel freundlicherweise zur Verfügung. Die im folgenden genannten Zahlenangaben gehen auf diese Übersicht zurück.

281 Die Selbstbezeichnung der Berber (arab.: barbarī, abgeleitet vom lateinischen barbarus als „unzivilisiert") lautet Imazighen, Imuhagh oder auch Imuschagh. Sie sind die einheimische Grundbevölkerung Nordafrikas vom Mittelmeer bis in den Süden Nigers, zwischen der ägyptischen Oase Siwa bis zur Atlantikküste. Vgl. BARTHEL/STOCK 1994, S.106 (Berber). Für die Berber im vorislamischen Libyen vgl. ABULFEDAE 1831, S.177 f. im Liber Quintus, ethnographicus, S.149-200.

282 Die Fachtermini sind der Fachliteratur und Nachschlagewerken entnommen und entsprechend den Vorlagen wiedergegeben. Die Unterschiede bei den acht wichtigsten Dialekte mit einer Vielzahl lokaler Sprachformen führt zu verschiedenen Schreibweisen derselben Begriffe. Für eine wissenschaftliche Transliteration s. die in der EI^2 verwendete Schreibung in BASSET 1986, S.1181 ff., insbesondere S.1185 und PRASSE 1998, S.379-381. Für Einzelheiten s. die Vorbemerkung von SPITTLER zu seinem „Glossar der Tamajegh- und Hausawörter" (ders. 1989, S.183).

283 Vgl. BARTHEL/STOCK 1994, S.601 f. (Tuareg); DUPREE 1958, S.37-39; für weiterführende Literatur GÖTTLER 1989; TUAREG 1983; ZÖHRER 1940; FUCHS 1991, S.38-67; WAIBEL 1998.

und Völker der Tuareg ist im einzelnen unbekannt. Entsprechend ihrem ausgeprägten Statusbewußtsein differenzieren die Tuareg zwischen Adeligen (*imuhar*), Vasallen (*imghad / kel ulli*) und Sklaven (*iklan*). Als assoziierte, prinzipiell unabhängige Gruppen gelten die islamischen Marabutstämme (*inislimen*) und die Schmiede (*enaden*), denen das Handwerk sowie auch manche medizinische und magisch-religiöse Tätigkeit obliegt. In Libyen ist das Hauptsiedlungsgebiet der Tuareg der Raum Ghadames (ca. 20.000). Während die arabischen Berber ca. 230.000 Personen umfassen, bilden weitere große Berbergruppen die um Jalo (Ǧālū: 34.000), um al-Jawf (al-Ǧauf: 22.000) und in den Nafusa-Bergen lebenden Berber (170.000).[284]

Araber

Die Araber wanderten ab dem 7. Jahrhundert in Nordafrika ein und stellen heute die Bevölkerungsmehrheit mit insgesamt ca. 3 Millionen. Ab 1049/50 n.Chr. strebten die arabischen Beduinenstämme der Banū Hilāl und der Banū Sulaim nach Westen. Ein Großteil der einheimischen Berber-Bevölkerung vermischte sich mit diesen Beduinenstämmen und arabisierte sich.[285] Die nomadisierenden Araber sind unter dem Namen Beduinen bekannt und gehen auf die genannten arabischen Einwanderungen zurück.[286]

Quloglis

Eine weitere Bevölkerungsgruppe bilden die auf ca. 35.000 Abkömmlinge (1979) von türkischen Janitscharen[287] unterschiedlicher ethnischer Herkunft mit einheimischen Frauen angewachsenen Quloglis (arab. *quruġlīya*, abgeleitet von dem türkischen *kuloğulları*[288]: „Söhne der Diener / Sklaven"). Zwar durften sie ihrer Abstammung wegen nicht in das osmanische Heer übernommen werden, doch nahmen sie eine wichtige Stellung zwischen Herrschern und Beherrschten ein - sowohl in der Verwaltung als auch in der Handwerkerschicht und gelegentlich sogar in der Landwirtschaft. Heute gelten sie traditionell als gebildet und haben meistens höhere

---

284 Siehe DUPREE 1958, S.33-36.

285 Die Anzahl der arabisch geprägten Beduinen im Fessan beträgt 170.000, der um Kufra 22.000 und in der Sirte-Region 28.000. Die Sanūsī-Beduinen umfassen ca. 510.000 Personen, die der Riyah 28.000. Auch diese Zahlenangaben gehen auf S. Maisel zurück (vgl. Fn. 280).

286 Vgl. zu den „rabischen Nomaden der Sahara" FUCHS 1991, S.67-75.

287 *Yeniçeriler* kamen fast durchweg aus Anatolien und Rumelien, waren aber nun nicht mehr hauptsächlich in ihrer Jugend bei den Griechen ausgehobene Fußsoldaten, sondern in der muslimischen Bevölkerung angeworbene Infanteristen. Die Janitscharen in den nordafrikanischen Regentschaften waren ein sich bewußt und systematisch nach außen erneuerndes Militärkontingent - vgl. SIVERS 2001, S.522.

288 Für *Qulogli* finden sich verschiedene Schreibweisen - SIVERS bezeichnet sie als *kuloğulları / Quloglis* (ders. 2001, S.522). Verbreitet sind auch *Kuloglis*, *Qouloughlis* und andere Varianten.

Verwaltungsposten inne.[289] Türkische Familiennamen haben sich gehalten, und mitunter wird von älteren Menschen noch die türkische Sprache beherrscht. Optisch fallen Nachfahren der Quloglis unter Umständen durch sehr helle Haut, blonde Haare sowie blaue oder grüne Augen auf - ein Erbe, das auf russische und andere Söldner in türkischem Dienst zurückzuführen ist.[290]

Juden

> „Die erste Einwanderung der Juden Libyens liegt mehr als zweitausend Jahre zurück. Auf Geheiß der Ptolemäer Ägyptens erschienen sie schon in der Mitte des 3. Jahrhunderts v.Chr. in der Pentapolis der Cyrenaika. Durch die Verfolgung des Antiochus Epiphanes in Palästina, weiterhin auch zu Zeiten des ebenfalls judenfeindlichen Vespasian vermehrte sich ihre Zahl und verbreitete sich über ganz Nordlibyen."[291]

WRIGHT stützt sich in seinem Artikel über die Juden von Tripolis auf Quellen, die die Ankunft der ersten Juden in der Cyrenaika kurz nach der Zerstörung des ersten Tempels in Jerusalem 597 v.Chr. ansetzen. Zu Zeiten der römischen Herrschaft über Nordafrika blühten insbesondere die jüdischen Gemeinschaften in Tripolitanien, Kyrene sowie anderen Teilen der Cyrenaika. Im Zuge der großen jüdischen Revolte von 115-117 n.Chr. suchten viele Juden bei Berberstämmen in der Sirteregion und der Sahara Zuflucht.[292]
LÜDERITZ weist in seiner Arbeit über das Corpus jüdischer Textzeugnisse aus der Cyrenaika darauf hin, daß die meisten der von ihm untersuchten Zeugnisse aus der römischen Kaiserzeit bis 115 n.Chr., also dem Beginn des jüdischen Aufstandes, stammen.[293] Insgesamt fällt die Quellenlage spärlich aus. Dies ändert sich erst mit den in späteren Jahrhunderten erfolgten Einwanderungswellen aus Spanien aufgrund der dortigen Verfolgungen im Jahre 1391 sowie nach der Einnahme Granadas und der Vertreibung der Mauren 1492.[294] Mit der italienischen Besetzung Libyens ab 1911 verloren die Juden einerseits ihre teilweise kommunale Unabhängigkeit, waren jedoch andererseits auch frei von Diskriminierung und zudem besser

---

289 Vgl. NELSON 1979, S.328; HUART 1927a, S.1194.

290 Vgl. SANDERS 1999, S.59; BARTHEL/STOCK 1994, S.358.

291 GROTHE 1941, S.37. Vgl. auch den allgemeingehaltenen „Exkurs über die Juden der Sahara" bei FUCHS (ders. 1991, S.18-22). WRIGHT spricht sogar von einer 2500 jährigen jüdischen Präsenz in Libyen (ders. 2002, S.52).

292 Vgl. WRIGHT 2002, S.41. Nicht unüblich war es offensichtlich auch, Libyen mit dem Ziel Jerusalem zu verlassen, um dort den Lebensabend zu verbringen und begraben zu werden. Ein bedeutender Vertreter der Juden aus der Cyrenaika in Jerusalem war z.B. Simon von Kyrene, der Jesus das Kreuz tragen half. Er nahm zunächst am Gemeindeleben der Synagoge der Kyrenäer teil, konvertierte jedoch bald mit seiner Familie zum Christentum. Vgl. Markus-Evangelium 15,21; KNOCH 1988, S.282-285.

293 Vgl. LÜDERITZ 1983, S.XII.

294 Vgl. GROTHE 1941, S.37. Siehe auch im Internet unter <http://sunsite.berkeley.edu/ JewsofLibya/>.

angesehen als die Muslime. Unter dem italienischen Recht hatte der jüdische Gemeinderat einen rechtlichen Spezialstatus inne und war eine autonome städtische Behörde. Eine große psychologische Wirkung hatte die ab 4.11.1945 drei Tage andauernden Feindseligkeiten der arabischen Bevölkerung gegen die Juden, die 130 Juden das Leben kosteten. Auslöser dafür mögen die in Ägypten wegen des *Balfour Day* entstandenen Ausschreitungen gewesen sein, die allerdings nach Libyen systematisch weitergetragen worden sein müssen. Mit der Gründung des Staates Israel wanderten viele Juden aus. Nur wohlhabendere Juden blieben auch nach 1952 noch in Libyen.[295]

Die meisten dieser 30.000 Juden verließen jedoch Libyen, als ihr Eigentum von der Regierung konfisziert wurde.[296] Bis heute existiert eine kleine jüdische Minderheit in Libyen. Die vor wenigen Jahren wiederaufgebaute Große Synagoge in Tripolis sowie die Wiedereröffnung einer jüdischen Schule zeugen von einem gewandelten Umgang der Regierung mit den jüdischen Einwohnern Libyens.[297]

Neben den genannten Bevölkerungsgruppen leben ca. 54.000 palästinensische Flüchtlinge in Libyen sowie eine große Zahl von Gastarbeitern aus den angrenzenden Ländern (Ägypten, Tunesien, Tschad, Sudan und Niger sowie Nigeria).[298]

---

295 Vgl. dazu das Kapitel 10 über Libyen in der vom American-Jewish Committee herausgegebenen Publikation "Jewish Communities in the Muslim Countries of the Middle East."[London: Jewish Chronicle Ltd., 1950], S.87-92, abgedruckt in SANCHEZ 1998, S.107 f., Nr. 40097 und Nr. 40098. Siehe auch WRIGHT 2002, S.52.

296 WRIGHT weist darauf hin, daß schon vor der Ausweisung der Juden 1970 fast alle Juden Libyen aufgrund der anti-jüdischen Ausschreitungen während des Juni-Krieges 1967 verlassen hätten (vgl. ders. 2002, S.52).

297 Vgl. WILLIS 1999, S.100. WRIGHT erwähnt dies hingegen in seinem Artikel nicht (ders. 2002, S.52 f.).

298 Die Zahl der Nicht-Libyer in Libyen beträgt etwa 750.000 (vgl. BARATTA 2002, Sp.507). Es ist jedoch von einer höheren Zahl auszugehen, da sich viele Arbeitsmigranten ohne offizielle Erlaubnis im Land aufhalten. Dies bringt nicht unerhebliche Schwierigkeiten mit sich, wie sich insbesondere Ende September 2000 herausstellte. Bei Unruhen am 26.9.2000 kamen 50-166 Schwarzafrikaner ums Leben, da die libysche Bevölkerung den Anstieg von Alkoholmißbrauch, Verwaltigungen, Diebstählen u.a. auf sie zurückführt. Im sog. Zawiya-Prozeß am 21.5.2001 wurden diesbezüglich sieben Todesurteile verhängt. Al-Qaḏḏāfī sieht als Ursache für diese Ereignisse den Versuch einer Hintertreibung der Bedeutung Libyens für Afrika - vgl. AL-QADHAFI 2001, S.6. Siehe auch HENDERSON 2000, S.19; MATTES 2001a, S.38; MATTES 2001c, S.116; MATTES 2002, S.124, S.128; NZZ vom 26.1.2001, Nr.21, S.6 („Massenprozesse in Libyen."). Die Anzahl der Palästinenser wird im Fischer Weltalmanach 2003 mit 30.000 angegeben (s. ebd.).

2. Gesellschaftsstruktur: Stämme

Libyen ist der tribal / beduinisch am stärksten geprägte Staat in Nordafrika. Diese Prägung hat zwangsläufig Rückwirkungen auf die Einhaltung vorgezeichneter Familien-Klan-Stammes- beziehungen bei politischen und wirtschaftlichen Entscheidungen.[299] Obwohl der Stammesbegriff in der Ethnologie nicht eindeutig geklärt ist, wird doch allgemein hierunter die Existenz einer abgrenzbaren abstammungsmäßig geprägten sozialen Gruppe mit eigenen Sozialstrukturen verstanden. Charakterisiert wird ein Stamm als eine soziopolitische Gruppierung (1), die ein gemeinsames Territorium besitzt (2), sich explizit von anderen Gruppen abgrenzt (3) und eine auf gemeinsame Ahnen zurückgehende Abstammung (4) aufweist.[300]
EL-KIKHIA beschreibt das libysche Stammessystem folgendermaßen:

> "Throughout its history Libya has had more religious than secular leaders. More importantly, however, at no time did it have one unifying leader for all its provinces. The tribal society continued until the end of World War II, when a Libyan constitution and national institutions were created by the United Nations. It is not surprising, then, that Libya does not have democratic institutions today. The absence of a democratic tradition has created a political vacuum periodically filled by strong dictatorial leaders who have kept themselves in power through the use of force."[301]

---

[299] Vgl. dazu MATTES 1999a, S.273. Eine genaue Beschreibung der Stammesstruktur in der Cyrenaika bietet EVANS-PRITCHARD. Das Kapitel „Die Sanūsīya und die Stämme" (S.62-89) gewährt einen guten Überblick über die Beziehung der verschiedenen Stämme zueinander. Vgl. ders. 1949, S.49-61, S.62-89.

[300] Vgl. KOHL 2001, S.104; JOHNSON 1973, II. Kapitel: Tribal Distribution and Herding Life Styles, S.29-66.

[301] EL-KIKHIA 1997, S.23. Vgl. hierzu auch DAVIS 1987, S.179-240: DAVIS führte 1975 eine Feldstudie bei den Zuwaya durch und führt die Gründe für den Widerstand der Stämme gegen die Regierung auf die akephale Stammesstruktur zurück, die sich kaum mit staatsrechtlichen Vorstellungen vereinbaren läßt.

B. Historischer Hintergrund bis zur libyschen Unabhängigkeit

I. Libyen von der Vorzeit bis zur Neuzeit

Eiszeit bis Altertum

Prähistorische Funde (Felszeichnungen, Höhlenmalereien, Gräber) zeugen von einer alten Kultur in Libyen in der fruchtbaren Periode der Sahara (8000-3000 v.Chr.). Seit der jüngeren Steinzeit (5000-1500 v.Chr.) ist das Land verhältnismäßig dicht besiedelt. Aufgrund klimatischer Bedingungen befinden sich die Siedlungsschwerpunkte in der Ǧifāra-Ebene und dem Nafūsa-Bergland an der westlichen Mittelmeerküste (Tripolitanien), dem Küstenstreifen und dem al-Aḫḍar-Gebirge an der östlichen Mittelmeerküste (Cyrenaika) und dem Oasengürtel im Südwesten (Fessan). Die natürlichen Schranken von Steppe und Wüste bewirkten eine ausgeprägte Eigenentwicklung der drei Gebiete.[302]

Das etwa von 1500 v.Chr. bis ins 1. Jahrhundert n.Chr. im Süden existierende Garamanten-Reich stellte bis in das 20. Jahrhundert das einzige von „Libyern" geschaffene Staatsgefüge auf libyschem Boden dar.[303]

Die phönizische Kolonialisierung

Ab dem 9. Jahrhundert v.Chr. gründeten phönizische Kaufleute im westlichen Mittelmeergebiet Handelsniederlassungen[304], die zu unabhängigen Städten wurden und unter Karthago (814 v.Chr. angelegt) zur Vormacht aufstiegen.[305]

> »Les Phéniciens (du grec Φοινιξ désignant la pourpre): peuple cananéen du littoral syro-palestinien. La Phénicie était un ensemble de cités-États parmi lesquelles prédominaient Byblos, Tyr et Sidon. Selon Silius Italicus, les Phéniciens qui créèrent les emporia de Tripolitanie venaient de Tyr; si l'on suit Salluste, ils étaient originaires de Sidon.«[306]

Die Griechen

Die griechische Besiedlung und Beherrschung libyschen Territoriums begann im 7. Jh. v.Chr. und fand ihr Ende 96 v.Chr.[307]

---

[302] Vgl. EISEL 1993, S.6.

[303] Vgl. EBERT 1995, S.437; EISEL 1993, S.6 ff. Für einen allgemeinen Überblick siehe BEN MASSAUD FUSHAIKA 1962, S.14-22; JOHNSON 1973, S.92-108. Eine übersichtliche Zeittafel über den Zeitraum vom 11. Jahrhundert bis zum Regierungsantritt Justinians in Byzanz (527 n.Chr.) findet sich in POLIDORI/DI VITA-ESSARD/BACCIALLI 1999, S.242 f.

[304] Siehe die beiden Landkarten mit den phönizischen Niederlassungen: AJAYI/CROWDER 1985, S.16.

[305] Für allgemeine Literatur vgl. BEN MASSAUD FUSHAIKA 1962, S.22 f.; HAYNES 1947, S.18-30.

[306] Blas De Robles 1999, S.15.

[307] Vgl. BEN MASSAUD FUSHAIKA 1962, S.24 f.; zur persischen Periode: S.25 f.

Gründung Kyrenes[308]

> „Zu den wichtigsten und bedeutendsten Culturstätten der alten Welt, welche durch den regen Eifer der Hellenen, zu colonisieren und hellenische Sitten und hellenisches Leben weithin zu verbreiten gegründet sind, gehört der kyrenische Staat auf der Hochebene Barka an der Nordostküste Afrika's: es ist diese Gründung um so merkwürdiger, als sie einen deutlichen Beweis davon liefert, wie ergiebig ein Land werden kann durch den Anbau der Menschen, wie ohne denselben selbst das von der Natur mit Fruchtbarkeit ausgestattete nicht nur unergiebig bleiben, sondern auch wüste werden, ja die Mittel zur Cultur verlieren kann."[309]

Die Hochebene von Barka (gr. Βάρκη[310]), auf der Kyrene[311] liegt, ist von drei Seiten von Meer umgeben: dem Mittelmeer im Norden, der Großen Syrte im Westen und dem Golf von Bomba (Ḫalīǧ Bambā) im Osten.[312]
631 n.Chr. von Battos aufgrund eines Orakels der Pythia[313] gegründet, bot die geographische Lage ein gutes Klima, bis zu drei Ernten im Jahr und günstig gelegene Häfen: Kyrene wurde ein wichtiges Handelszentrum und bald wohlhabend. In rascher Folge kam es zur Gründung von vier weiteren Städten (Ptolemäus / Ṭul-

---

308 Vgl. ausführlich dazu VATER 1849, S.3-37; GOODCHILD, S.35-75. ZIMMERMANN stellt die Geschichte Kyrenes anhand der Sagen übersichtlich dar (s. ders. 1999, S.136 ff.). Empfehlenswert ist die kommentierte Übersetzung ins Englische von MACAN und seine Übersicht über den Aufbau des libyenrelevanten zweiten Teils des 4. Buches Herodots (s. ders. 1973, S.xxxii). Siehe PAULY-WISSOWA 1894, 23. Halbband, Sp.150-169 (Kyrena) sowie für eine kunsthistorische Beschreibung POLIDORI/DI VITA-ESSARD/BACCIALLI 1999, S.195-227.

309 GOTTSCHICK 1858, S.1.

310 Vgl. SMITH 1966, Bd.I, S.377 f. (Barca).

311 Kyrene verdankt ihren Namen der Quelle Κύρα, welche die Gründung der Stadt eben dort veranlaßte - vgl. GOTTSCHICK 1858, S.20. Dies sieht auch F. VATER so: „Uebrigens hat man mit Recht erinnert, dass der Name der Quelle des Apollon Kyre, an welcher die Stadt lag, sich zu Kyrene wie Messe zu Messene verhalte; und es ist gewiss kein Grund vorhanden diese Wurzel für libysch auszugeben: [...]." - ders. 1849, S.31.

312 Vgl. GOTTSCHICK 1858, S.2; eine umfassende Zusammenstellung von antiken geographischen und historischen Beschreibungen Tripolitaniens und der Cyrenaika findet sich bei PLAYFAIR 1971, S.570.

313 „Kennst du die Trift Libyé, so *du* doch nimmer geschauet, Besser als *ich* sie *geschauet*, dann staune ich schier ob der Weisheit." - VATER 1849, S.3. Vgl. auch die Übersetzung von MARG 1973, Bd.I, S.381, Abs.157. Für das griechische Original siehe MACAN 1973, S.111, Abs.157: „αἰ τὺ ἐπεῦ Λιβύην μηλοτρόφον οἶδας ἄμεινον, μὴ ἐλθὼν ἐλθόντος, ἄγαν ἄγαμαι σοφίην σεῦ." Eine anschauliche Beschreibung der Gründungsgeschichte Kyrenes bietet die mythologische Abhandlung von VATER, der bezüglich des Orakels schreibt: „Nichtsdestoweniger empfanden die Theräer einige Uebelkeiten, als sie diese Weisung erhielten, eben weil niemand sagen konnte wo Libyen zu finden sei, und weil das Orakel sich nicht deutlicher aussprechen mochte; dieses hatte ohne alle näheren Angaben schlechtweg Libyen „gesegnet" (πολυήρατος) und „herdenerzeugend" (μηλότροφος) genannt, wahrscheinlich nach Homer oder aus einer ähnlichen Quelle." - ders. 1849, S.17.

maiṯa[314], Teucheira / Tūkrah[315], Berenike / Banġāzī[316] und Apollonia/Sūsa[317]. Zusammen bildeten diese fünf Städte die Pentapolis[318].
Gehandelt wurde hauptsächlich mit Getreide, Rindern, Pferden und vor allem Silphium[319], einer nur in der Cyrenaika wachsenden Gemüse-, Gewürz- und Heilpflanze, von der die griechischen Ärzte annahmen, daß sie alle Krankheiten heile.[320]

---

[314] Für eine kunsthistorische Beschreibung s. POLIDORI/DI VITA-ESSARD/BACCIALLI 1999, S.234-239.

[315] Zur Zeit der Ptolemäer hieß Ταύχειρα/Teucheira Arsinoe, nach Kleopatra Kleopatris, aber auch Tochira, Terkera, Trokare, Trochera und Tokrah - vgl. GOTTSCHICK 1858, S.27. Siehe auch ROHLFS 1871, S.145-177. STRABON schreibt über Arsinoe: „Quod in Arsinoe urbe, qua prius Crocodilorum urbs vocabantur, mansuetus crocodilus cultus fuerit." - ders. 1807, Bd.II, S.1301.

[316] Ursprünglich bekannt als Hesperides oder Euhesperides, wurde die Stadt seit dem 3. Ptolemäer Berenike genannt (vgl. GOTTSCHICK 1858, S.27-29). SMITH erwähnt es als 'Εσπερίδες,'Εσπερίς, später Βερενίκη, Ben Ghazi - vgl. ders. 1966, Bd.I, S.1063 (Hespe'rides or He'esperis). Siehe auch ROHLFS 1871, Bd.I, S.113-136: „Bengasi" (mit Belegen der griechischen und römischen Autoren) und S.136-145: „Berenice, die Hesperiden-Gärten und der Lethefluss".

[317] Zu Apollonia s. GOODCHILD 1959, S.77-84; GOTTSCHICK 1858, S.24 f.: Apollonia befindet sich westlich vom nördlichsten Vorgebirge des Landes, des Phykus im Altertum. Für eine kunsthistorische Beschreibung s. POLIDORI/DI VITA-ESSARD/BACCIALLI 1999, S.228-233. Vgl. auch SMITH 1966, Bd.I, S.162 (Apollo'nia): Apollonia diente als Hafen für Kyrene und wurde auch Marsā Sūsa (heute: Sūsa) genannt.

[318] Vgl. zum Aufstieg und Fall der griechischen Stadtstaaten FREEMAN 1950, S.xv-xx, insbesondere zu Kyrene: S.181-201.

[319] „Unter den Pflanzen des Landes war besonders berühmt das Silphium oder die Lasarpiz-Pflanze, deren medicinische Kräfte sie zu einem wichtigen Ausfuhrartikel machten. Daher die Pflanze sogar auf den Münzen der Kyrenäer erscheint. Auch diese Pflanze ist durch Vernachlässigung entartet: sie wird weder so schön, noch so häufig, noch soweit verbreitet gefunden, als früher, isd jedoch wieder zu erkennen in der heutigen Drias der Eingebornen." - GOTTSCHICK 1858, S.31. In Fußnote 21 auf S.1182 / Bd.II heißt es bei STRABONIS 1807: „Silphium fuit planta magni pretii inter veteres, quam Plinius, Theophrastus, et Dioscorides describunt et laudant." Auch werden die verschiedenen Bezeichnungen des kultivierten Doldenblütlers Ferula silphium erwähnt: lateinisch Sirpe oder Laserpiz / Laserpitium, griechisch τό σίλφῖον. Vgl. auch BROCKHAUS 1997, Bd.XX, S.224; FRISK 1960, Bd.II, S.707.

[320] Vgl. BLAS DE ROBLES 1999, S.9. Aber auch Honig, Ammoniak, Citrum-Holz und Safran waren Ausfuhrgüter - vgl. GOTTSCHICK 1858, S.34. Darüber hinaus kamen aus Kyrene berühmte Persönlichkeiten wie Aristippos, seine Tochter Arete (geb. Anfang des 4. Jahrhunderts v.Chr.), deren Sohn Aristippos d. J. (geb. ca. 360 v.Chr.), Karneades (214-129 v.Chr.), Eratosthenes (ca. 276-196 v.Chr.) und Kallimachos (ca. 270 v.Chr. geb.) - vgl. ders. 1858, S.36-39. Siehe auch STRABONIS 1807, Bd.II, S.1305: „Quod e Cyrene fuerint sapientes viri, Aristippus Socraticus, et hujus filia Arete; [...]." Auf Aristippos d. Ä. geht die namhafte Philosophenschule der Kyrenaiker zurück - s. LAERTIUS 1967, S.86 f.

Um 450 v.Chr. legten die Karthager und Griechen ihre Einflußsphären fest.[321] Im Zuge der Eroberung Ägyptens durch Alexander d. Gr. unterwarf sich Kyrene 332 v.Chr. und wurde nach seinem Tod von den Ptolemäern beherrscht. Mit dem Verlust von Freiheit und Selbständigkeit verlor Kyrene seine Bedeutung. Thronfolgestreitigkeiten zwischen Ptolemäus VI. und VII. bewirkten, daß sich Rom einmischte und anordnete, daß Ptolemäus VII. die Cyrenaika mit Zypern als selbständiges Reich 158 v.Chr. erhielt. Sein Sohn Ptolemäus Apion setzte per Testament Rom als Erben ein, so daß ab 96 v.Chr. die Römer die Herrschaft übernahmen und die gesamte nordafrikanische Küste ihnen unterstand.

Das numidische Königreich

Masinissa, König Numidiens[322] (202-149 v.Chr.), gründete mit Hilfe der Römer ein unabhängiges Königreich an der Küste und war nach dem Zweiten Punischen Krieg (218-201 v.Chr.) Herrscher fast des gesamten heutigen Tripolitaniens. Die Empörung Jugurthas (st. 104 v.Chr.), eines Enkels von Masinissa, gegen die römische Vormundschaft - die Herrschaft Jubas - führte in diesen Ländern zur Übernahme der Gewalt durch die Römer.[323]

Die Römer

Mit der römischen Beherrschung Nordafrikas[324] änderte sich zunächst wenig in den betroffenen Gebieten, da die Interessen Roms wirtschaftlicher Natur waren und

---

[321] Als Ergebnis eines wohl nicht mit rechten Dingen zugegangenen Wettlaufes wurde die Grenze bei Philainon Bomoi (Φιλαινῶν βώμοι / Maḏbaḥ Fīlainī) gezogen. Siehe NATIONAL ATLAS 1978, S.17.

[322] Zu dieser Bezeichnung vgl.: „Zu diesen an der Küste wohnenden Libyern, welche von den Römern Numider (vom Worte νομάδες, herumziehende Völker) genannt wurden, ...“ - ROHLFS 1871, Bd.I, S.34.

[323] Vgl. ROHLFS 1871, Bd.I, S.34. Für einen ausführlichen Überblick siehe HAYNES 1947, S.30-33; WRIGHT 1969, S.47-50. Sallust beschreibt den Krieg mit Jugurtha anschaulich in seinem gleichnamigen Buch (De Bello Iugurthino Liber) - s. CRISPUS 1958, S.57-140; ders. 1984, S.140-170.

[324] Zur Ausdehnung des römischen Reiches in Nordafrika zu unterschiedlichen Zeitpunkten s. die entsprechenden Landkarten bei AJAYI/CROWDER 1985, S.17. Vgl. auch die mehrfach modifizierte, von Agrippa 12 v.Chr. entworfene Karte, die den *orbis terrarum* von Britannien bis Indien ohne einheitliche Projektion und in verzerrender Längsstreckung zeigt (TABULA PEUTINGERIANA 1984). Segment VIII/5 und IX/1 zeigen „Lybicum“ mit der Pentapolis, den Montes Cyrene und der einzigen als Küstenweg existierenden Route durch die Cyrenaika. Verzeichnet wurden die Reisewege im Imperium Romanorum und im angrenzenden Orient mit Unterkünften, Entfernungsangaben, Flußübergängen und Pässen. Vgl. auch die Tabula Peutingeriana in der ansehnlichen Klapp-Version von CASTORIUS: Segment VII/3 zeigt Tripolis, Seg. VII/4 Leptis Magna, Seg. VIII/1 die Kleine Syrte sowie Seg. VIII/4 die Große Syrte – vgl. ders. 1892. MILLER ergänzt in seinem Werk „Die Peutingersche Tafel“ von 1962 die im Original mit lateinischen Ortsnamen versehene und teilweise schlecht ge-

sich darauf beschränkten, durch systematischen Bewässerungsbau Tripolitanien zu einem Anbaugebiet von Getreide und Oliven zu machen.[325]
Zur Zeit der Herrschaft des in Leptis (nordwestlibysche Küstenstadt) geborenen römischen Kaisers Septimius Severus (193-211 n.Chr.) umfaßten die Cyrenaika und Africa proconsularis zahlreiche blühende Städte mit großen Bädern, Bibliotheken, Theatern und Villen. 313 n.Chr. wurde das Christentum im Römischen Reich Staatsreligion, und die Christianisierung Nordafrikas beschleunigte sich.
Mit der Spaltung des Römischen Reiches 395 n.Chr. fiel die Cyrenaika an Ost- und Tripolitanien an Westrom.[326]

Die Wandalen und Byzantiner

439 n.Chr. wurde Karthago, 455 n.Chr. Tripolitanien von den Wandalen unter Geiserich erobert. Durch die Eroberung seines Reiches, der alten Provinz Africa[327], durch den Feldherrn des oströmischen Kaisers Justinian, Belisar, gelangten dessen Truppen auch nach Tripolis, das mit der Zerstörung des Wandalenreiches ab 533 dem Ostreich unterworfen war.[328]
Das Christentum, das durch die arianischen Wandalen und durch die Aufstände der Stämme im Landesinnern an Anhängern verloren hatte, gewann durch Ostrom bis zur Eroberung durch die Araber erneut an Einfluß.[329]
Das Oströmische Reich übte jedoch seine Herrschaft aufgrund der Konflikte mit dem Sassanidenreich in Mesopotamien nur sehr eingeschränkt aus und setzte sich nicht gegen den Widerstand der Nomaden durch.[330]

---

druckt schwer lesbare Karte mit umfassenden Hintergrundinformationen und aktuellen Landkarten für den Vergleich (ders. 1962). „Die Tabula Imperii Romani: Lepcis Magna. H.I.-33" beinhaltet zwei übersichtlich gestaltete Kartenblätter zu West- und Ostlibyen in römischer Zeit - vgl. TABULA IMPERII 1968, o.S.

325 Vgl. BRENTJES 1982, S.36 ff.; EISEL 1993, S.10 ff.

326 Vgl. FRANK/KAMP 1995, S.247. Für allgemeine Beschreibungen s. BEN MASSAUD FUSHAIKA 1962, S.26-31; für die Zeit der Prosperität unter der Dynastie der Serveri s. HAYNES 1947, S.39-44; für den Zeitraum von 96 v.Chr.-643 n.Chr. JOHNSON 1973, S.109-144.

327 Für die Eroberungen durch die Wandalen in Afrika vgl. die Karten bei AJAYI/CROWDER 1985, S.18, und BEN MASSAUD FUSHAIKA 1962, S.31 f.; HAYNES 1947, S.48-54.

328 Zu den Kriegen Kaiser Justinians gegen die Wandalen vgl. die sehr seltene und reichverzierte, von Henry Holcroft ins Englische übertragene und 1653 erschienene Ausgabe von Procopius: ders. 1653, S.1-25 (The History of the Wars of the Emperour Iustinian: Book I.) und S.27-55 (The History of the Wars of the Emperour Iustinian: Book II.).

329 Vgl. ROSSI 1934, S.882.

330 Vgl. KAMP/FRANK, S.248. Siehe auch die Karte des byzantinischen Afrikas und der einheimischen Fürstentümer 565-600 n.Chr. bei AJAYI/CROWDER 1985, S.18.

Einwanderung der Araber

Nach der Eroberung Ägyptens (639-641 n.Chr.)[331] durch arabische Heere[332] unter ᶜAmr b. al-ᶜĀṣ (st. 664 n.Chr. / 34 A.H.) begann ein Jahrhunderte währender Prozeß der Islamisierung und Arabisierung Nordafrikas gegen den Willen der autochthonen Bevölkerung. Ab dem 8. Jahrhundert verbreitete sich die politisch-religiöse Lehre von ᶜAbdullāh b. Ibāḍ (*Ibāḍīya*), in der das Recht auf einen wählbaren Imam betont und die sozialen Unterschiede unter den Muslimen kritisiert werden. Tripolis war Zentrum eines unabhängigen ibaditischen Berberstaates. 795 n.Chr. versuchte der Abbasidenkalif Hārūn ar-Rašīd die maghrebinischen Sezessionsbestrebungen durch eine Verwaltungsreform zu unterbinden. Tripolitanien, Tunesien und der östliche Teil Algeriens wurden zur Provinz Ifriqiya (*Ifrīqiyā*) zusammengefaßt. Der Statthalter dieser Provinz, Ibrāhīm b. al-Aġlāb, begründete eine selbständige Fürstendynastie (Aghlabiden / *Aġāliba*, 800-909 n.Chr.), unter der die Islamisierung Tripolitaniens erfolgte. Die Cyrenaika wurde als Teil der abbasidischen Provinz Ägypten von der faktisch selbständigen Tulunidendynastie (*Ṭūlūnīyūn*, 868-905 n.Chr.) verwaltet. Ab dem 10. Jahrhundert kam es zur Gründung unabhängiger ibaditischer Reiche in Tripolitanien. Ifrīqiyā wurde von Berberstämmen unter Abū ᶜAbdullāh aš-Šīᶜī für die schiitisch-ismailitischen Kalifen der Fatimiden (*Fāṭimīyūn*) erobert und 969-1171 n.Chr. von ihnen beherrscht. Unter der Dynastie der Ziriden (*Banū Zīrī*, 973-1156 n.Chr.) war die Provinz Ifrīqiyā faktisch unabhängig von den Fatimiden. Unter al-Muᶜizz sagten sie sich schließlich von den Fatimiden gänzlich los und erkannten die abbasidische Oberhoheit an. Zur Vergeltung entsandten die Fatimiden gegen die abtrünnigen Ziriden ab 1049/50 n.Chr. die arabischen Beduinenstämme der *Banū Hilāl* und der *Banū Sulaim* nach Westen. Während die Banū Hilāl an der libyschen Küste entlangzogen, eroberten die Banū Sulaim den Fessan. Die autochthone Gesellschaft vermischte sich mit den hinzugezogenen Beduinenstämmen und arabisierte sich.[333]

1061-1147 n.Chr. herrschten die formal die ᶜabbāsīdische Oberherrschaft in Bagdad anerkennenden Almorawiden (*Murābiṭūn*) - eine sunnitisch-orthodoxe Berberdynastie - über Tripolitanien. Aus einer gegen diese Herrschaft gerichteten religiösen Bewegung entstand die Almohaden-Dynastie (*Muwaḥḥidūn*)[334]. 1146 nahm der

[331] 647 n.Chr. standen arabischen Truppen vor den Mauern Tripolis', und bis 680 n.Chr. waren alle „Berberstaaten" durch den Feldherrn ᶜUqba b. Nāfiᶜ unterworfen - vgl. ROHLFS 1871, Bd.I, S.34.

[332] Vgl. als arabische Quelle zur arabischen Eroberung Nordafrikas von an-Nuwairī - hier aus dem Arabischen ins Französische von MAC GUCKIN übersetzte – „Geschichte der Provinz Afrika und des Maghrebs." – vgl. MAC GUCKIN 1841.

[333] Vgl. BRENTJES 1982, S.63 ff.; EISEL 1993, S.15 ff.; FRANK/KAMP 1995, S.248 f. Für ausführliche Beschreibungen siehe BEN MASSAUD FUSHAIKA 1962, S.32-42; JOHNSON 1973, S.145-161.

[334] Vgl. BARTHEL/STOCK 1994 (Almohaden), S.38: eine nordafrikanisch-berberische Dynastie, die von 1147-1269 an der Macht war.

Normannenkönig Roger Tripolis von den Muslimen ein und ließ es durch ein Gremium städtischer Notabeln verwalten.[335] 1158 n.Chr. konnte es ᶜAbd al-Muʾmin für die Almohaden zurückerobern. 1229 n.Chr. stürzten die tunesischen Hafsiden (*Ḥafṣīyūn*, stellten seit 1209 die Gouverneure von Tunis, beherrschten Tripolitanien bis 1574 n.Chr.)[336] die Almohaden. 1355 n.Chr. eroberten genuesische Kreuzritter Tripolis, vertrieben die Almohaden, konnten die Stadt jedoch nicht halten.[337] In Tripolitanien, wo einzelne Gebiete sich selbständig verwalteten, wurde diese Herrschaft jedoch nur nominell anerkannt. Im Zuge der Reconquista besetzten spanische Truppen nach ihrem Sieg über Abū Fāris von Tunis 1510 n.Chr. unter Piedro de Navarra Tripolis.[338] 1530 n.Chr. übertrug Karl V. den von Rhodos vertriebenen Johannitern Tripolis und Malta als Lehen. Diese konnten sich 1533 zwar nicht gegen den türkischen Admiral Barbarossa behaupten, blieben mit der Hilfe von Karl V. jedoch bis 1551 in Tripolis an der Macht.[339]

Den Fessan kontrollierte ab dem 10. Jahrhundert der Berber-Klan der Ḫaṭṭāb. Im 12. Jahrhundert erfolgte die Eingliederung von Teilen des Fessans in das seit dem 11. Jahrhundert islamisierte Reich von Kanem-Bornu.[340] Ab 1300 n.Chr. eroberten die marokkanischen Mariniden (*Marinīyūn*) den Fessan und errichteten ein Sultanat mit dem Verwaltungssitz Mursuk. Große Teile des Fessans wurden jedoch vom Stamm der Aulād Muḥammad kontrolliert.[341]

---

335 Siehe CASPAR 1963, S.417 f.

336 Vgl. BEN MASSAUD FUSHAIKA 1962, S.43-47. Siehe auch BRUNSCHVIG 1940, S.391-395 über Tripolis zur Zeit der Ḥafṣīden.

337 Vgl. GOTTFRIED 1994, S.55.

338 Siehe für den spanischen Einfluß auf Libyen u.a. „Mapas, planos y fortificaciones hispánicos de Libia: 1510-1911." von Juan B. VILAR. Madrid: Ministerio de Asuntos Exteriores u.a., 1997.

339 Vgl. ROHLFS 1871, Bd.I, S.35; DAPPER 1670, S.292 f.; MÖSSNER 1968, S.31-33; FRANK/KAMP 1995, S.249 f.

340 Vgl. NACHTIGAL 1879: Bd.I, 3. Buch: Reise nach Bornû, S.465-748; Bd.II mit dem 4. Buch: „Reise nach Kânem und Borkû", S.1-242; Bd.III, 7. Buch: „Reise von Bornû nach Wadâï", S.1-296 sowie die Karte zu den Reisen von NACHTIGAL im Anhang.

341 Vgl. FRANK/KAMP 1995, S.248-250.

II. Die neuzeitliche Entwicklung Libyens

1. Osmanische und türkische Qaramanli-Suzeränität (1551-1835)

1551 belagerte der osmanische Admiral Sinan Tripolis und setzte sich gegen die Johanniter durch.[342] Dies wirkte sich jedoch nicht auf die freibeuterischen[343] Aktivitäten der nordafrikanischen Küstenstädte[344] aus, die weiterhin europäische und

---

342 Vgl. für allgemeine Literaturhinweise für die osmanisch-türkische Vorherrschaft in Libyen BEN MASSAUD FUSHAIKA 1962, S.48-55, und die anschauliche Beschreibung bei MALTZAN (ders. 1870, 29. Kapitel: Tripolis. Regierung und Volk, S.249 ff.) sowie ABUN-NASR 1987, S.187-205.

343 Rechtlich gesehen waren die Überfallenden Korsaren und **keine Piraten**, da sie von ihren Regierungen ausgestellte Briefe mit sich führten. Allerdings ist der Unterschied zwischen Korsar und Pirat nur gering. Die beiden Wörter wurden von jeher synonym verwendet. Genau besehen handelte es sich bei den Korsaren um legitimierte Mittelmeer-Seeräuber. Sie zeichneten sich vor allem durch sorgfältig geführte Unternehmungen nach einem abgesprochenen Schlüssel von Anteil und Profit aus (vgl. DEARDEN 1976, S.1). Für Details zu diesen strengen Regeln s. ebd., S.16; BRAUDEL 1972, S.627 f. Für den Antipiratischen Verein Hamburg hingegen stellte 1819 „die Seeräuberei der Barabesken" kein kriegerisch-staatsrechtliches, sondern ein kriminelles Verhältnis zu Europa dar, da alle Staaten für freie Schiffahrt Tribut zahlten (s. LEIP 2002, S.12). MÖSSNER weist im Rahmen seiner Untersuchung von Völkerrechtspersönlichkeit und -praxis der Barbareskenstaaten darauf hin, daß die Barbareskenstaaten zwar nicht Mitglieder der abendländischen Völkerrechtsgemeinschaft waren, die vorhandenen vielfältigen Beziehungen zwischen den europäischen und den Barbareskenstaaten jedoch ein eigenes Völkerrecht bildeten. Und in diesem „Zwischen-Ordnungs-Recht" waren die Barbareskenstaaten Völkerrechtspersönlichkeiten. Vgl. ders. 1968, S.170. Abgesehen davon war die Rechtslage bis zur Pariser Seerechts-Deklaration 1856 dahingehend, daß Staaten Privatleuten Kaperbriefe erteilen konnten. Dem islamischen Rechtsdenken lagen die Kategorien „Piraterie" / „Kaperei" ohnehin fern, und der Seeraub der Barbaresken ist dem Dschihad zuzuordnen, da die Regenten zu einem Fünftel am Erlös beteiligt waren. Daß der Dschihad seinen religiösen Sinn vielfach verlor und zu einem Raubkriegszug wurde, kann wegen der engen Verknüpfung der verschiedenen Motive im Dschihad nicht zu einer anderen Beurteilung führen - s. ebd., S.169 f. Gemäß BROCKHAUS WAHRIG sind die Begriffe Kaperei / Kaperkrieg, Korsarentum, Freibeutertum und Seeräuberei / Piraterie klar voneinander abzugrenzen. Für „Korsar" - aus dem italienischen *corsaro/corsare* übernommen - sind Pirat, Seeräuber und Freibeuter synonoym zu verwenden und grenzen sich von der Kaper dadurch ab, daß ohne Kaperbrief Handelsschiffe erbeutet werden. Die 1856 durch die Seerechtsdeklaration offiziell abgeschaffte Kaperei hingegen bedeutete das Aufbringen von feindlichen Handelsschiffen durch Privatpersonen aufgrund des Kaperbriefes einer kriegsführenden Macht. Da die Literatur die genannten Begriffe synonym verwendet, wird hier aus Gründen der Lesbarkeit davon abgesehen, konsequenterweise ausschließlich von Kaperei zu sprechen.

344 Damit sind Tunis, Tripolis, Algier und je nach Auffassung Marokko gemeint, die als „Barbarenstaaten" oder auch „Barbarei" bekannt waren. Dieser Ausdruck ist vermutlich griechischen Ursprungs: ὁ βαρβαρος bzeichnet den Barbar, Nichtgriechen und damit Ausländer sowie den der griechischen Kultur Unteilhaftigen (vgl. MENGE 1991, S.132; FRISK 1960,

später amerikanische Handelsschiffe als Beute betrachteten.[345]
Bereits 1521[346] war die Cyrenaika dem Osmanischen Reich als tributzahlender Vasall (*tābi*ᶜ *li-'l-*ᶜ*uṯmānīya dāfi*ᶜ *ḍarībahu*) eingegliedert worden, und ab spätestens 1566 unterlag Tripolitanien demselben Status bis 1711 (nominell sogar bis 1835).[347] Zwar waren weder der Fessan noch die Cyrenaika in den folgenden Jahrhunderten vollständig osmanisch kontrolliert, doch führte die direkte Herrschaft über Libyen dennoch zur Herausbildung einer politischen Einheit. Die regelmäßige Rekrutierung von Janitscharen in den Kernprovinzen des Osmanischen Reiches gewährleistete eine enge Anlehnung der Verwaltung an das Zentralsystem in Istanbul. 1603 wurde der vom osmanischen Sultan entsandte Pascha durch vor Ort bestimmte Kapitäne oder Offiziere im Gouverneursamt ersetzt. Die Kommandostrukturen, Vergünstigungen, Verwaltungspraktiken, Sprache und Rechtsprechung folgten jedoch weiterhin dem Vorbild Istanbuls. Tripolitanien - und auch Tunesien und Algerien - wurden zu Regentschaften und befanden sich damit in einer Mittelposition zwischen regulären osmanischen Provinzen und souveränen Staaten.[348]
1711[349] begründete der albanische[350] Offizier Aḥmad Qaramanlī[351] unter formeller Anerkennung der osmanischen Oberhoheit eine eigene Statthalterdynastie in Liby-

Bd.I, S.219 f.; s. aber auch S.110, Fn. 281). FORESTER führt dazu aus: "This name was used in an effort to imitate the strange speech of foreigners, and it came to be permanently applied to the people of North Africa, the Berbers." - ders. 1953, S.5. Das ebenfalls für die „Barbarenstaaten" verwendete Wort „Barbaresken" kann sich aus den Begriffen „Berber" und „Barbar" entwickelt haben (s. MÖSSNER 1968, S.1), und im folgenden wird ihm der Vorzug gegenüber den anderen Benennungen gegeben.

345 Vgl. SCHANZ 1905, S.202 f.

346 Vgl. EISEL 1993, S.21: 1517/21. Für eine Karte über die Ausdehnung des Osmanischen Reiches in Nordafrika s. NATIONAL ATLAS 1978, S.20. BALTAJI gibt als Jahr der Aufteilung des osmanischen Maghrebs in drei Verwaltungseinheiten 1587 an - ders. 2000, S.29.

347 Dies war der Fall aufgrund der Herrschaft der Qaramanli, die sich nicht bis in die Cyrenaika erstreckte.

348 Vgl. SIVERS 2001, S.523.

349 Vgl. auch GROSSER ATLAS 1989, S.101: demnach war die Qaramanli-Dynastie seit 1714 an der Macht. Vgl. zur Herrschaft Aḥmad Qaramanlīs ausführlich DEARDEN 1976, 1. Kap., S.25-66.

350 Vgl.BRENTJES 1982, S.82: sein Großvater sei aus dem türkischen Karaman; siehe auch EISEL 1993, S.22 f.: türkisch-albanischer Abstammung. Gem. STEUERWALD 1997, S.489: Karaman (frz. Lârende) ist die Bezeichnung einer Stadt und ein gleichnamiger Distrikt im Regierungsbezirk Konya / Türkei.

351 Zur Schreibweise des Familiennamens: im Arabischen Qaramanlī (MUNĞID 1996, S.436) oder auch Qarahmānlī (AŠ-ŠATĪWĪ 1993, S.234), im Türkischen Karamanlı (s. STEUERWALD 1997, S.489). In deutschen Publikationen ist eingedeutscht sowohl Karamanli als auch Qaramanli zu finden. Hier wird im folgenden der zweiten Variante der Vorzug gegeben wird. Vgl. auch den ausführlichen Artikel in der EI[1] „Ḳaramanlı" von BASSET (ders. 1927, S.799 f.) und über die Qaramanli-Herrschaft MĪKĀKĀ 1961.

en. Ein Großteil der Macht ging damit von dem „Diwan“ als einem beratenden Gremium, in dem alle wichtigen Kapitäne und Offiziere saßen und um die Vormacht kämpften, an diese erbliche Bey-Dynastie über.[352]
Die aufgrund von Kaperkrieg und Sklavenhandel florierende Wirtschaft wurde erst durch die auf dem Wiener Kongreß (1814/15) beschlossene Ächtung des Sklavenhandels und den Druck der europäischen Mächte auf die Profiteure der Kaperei zurückgedrängt.[353]
Mit der Einstellung des Seeraubes kam es zur Anhebung der Zölle aus dem Transsaharahandel, um die Einkommensverluste auszugleichen. Dies veranlaßte Großbritannien, Frankreich und die USA, ihre Handelsinteressen mit militärischen Mitteln zu verteidigen.
Das Osmanische Reich reagierte auf die Intervention der ausländischen Mächte mit der Entsendung von Truppen nach Libyen, um die Qaramanli-Herrschaft zu beenden. Zwischen 1835 und 1911 verwalteten infolgedessen regelmäßig neu eingesetzte Paschas[354] das Land.[355]
1835 dankte Yūsuf Pascha ab[356], und sein Sohn ᶜAlī folgte ihm in der Herrschaft. Da dies in Widerspruch zum Senioritätsprinzip stand, trat ein Gegenpascha auf. Der türkische Sultan löste die Angelegenheit, indem er ein Schiff schickte, auf das ᶜAlī

352 Vgl. SIVERS 2001, S.523. Bey (arab. *bāy*) ist ein türkischer Ehrentitel und entspricht dem arabischen „Emir“ (*amīr* - Befehlshaber, Statthalter, Fürst). Im Osmanischen Reich war es zunächst noch ein Herrschertitel und später dann auch der Titel der Söhne eines Paschas sowie der hohen Offiziere und Beamte. Siehe BARTHEL/STOCK 1994, S.109 (Bey).

353 ROHLFS kommentiert dies mit den folgenden Worten: „Im Jahre 1819 wurde[n] ... der Regentschaft die Beschlüsse von Aachen mitgetheilt, wie das in Algier und Tunis geschehen war, und Jussuf [der damalige Pascha in Tripolis], besonders da man das Recht schwarze Sklaven zu halten und zu kaufen nicht antastete, nahm offen alle Bedingungen an. Es war hiemit ein grosser Schritt gewonnen. Denn durch diesen Vertrag bekommen zum ersten Mal die Schiffe der kleinen Mächte [...] dieselbe Berechtigung wie die Fahrzeuge der Staaten, welche wie Oesterreich, Frankreich und England Verträge mit den Berberstaaten hatten.“ - ders. 1871, Bd.I, S.38 f. Vgl. dazu auch ZIADEH 1958, S.24.

354 Pascha (arab. *bāšā*) war der Titel für einen osmanischen Provinzgouverneur oder Militärbefehlshaber. In Tripolitanien war es als *terminus technicus* der Titel des den osmanischen Sultan repräsentierenden Regenten - vgl. NELSON 1979, S.329. Um 1630 hatten sich die Umstände dahingehend geändert: der Dey - dem vormals die Leitung der Verwaltung unterstanden hatte - wurde zum eigentlichen Herrscher. Und mit Beginn der Herrschaft der Qaramanli 1711 trug der Dey auch den Paschatitel. Vgl. MÖSSNER 1968, S.31 f. und zu Bey S.124, Fn.352).

355 Vgl. BRENTJES 1982, S.76-96. ZIADEH führt dazu aus, daß zwischen 1835 und 1911 insgesamt 33 Paschas herrschten, allerdings nur drei für insgesamt dreißig Jahre. Alle anderen überschritten selten ein Jahr Herrschaftszeit - dies. 1966, S.26.

356 Zur Vorgeschichte seiner Abdankung vgl. den ausführlichen Bericht ROHLFS (ders. 1871, Bd.I, S.42-44).

gelockt wurde.[357] Nach seiner Gefangennahme erfolgte seine Internierung in Istanbul, und an seiner Statt wurde ein Türke zum Pascha ernannt.[358]

a. Die osmanische Regierung in Libyen

Mit dem Ende der Qaramanli-Herrschaft lösten sich im Zeitraum weniger Jahre im Lande als nunmehr osmanischer Provinz (*muqāṭaᶜa ᶜuṯmānīya*) gänzlich landfremde Statthalter ab - meist Emporkömmlinge, die lediglich darauf bedacht waren, ihre Privatkassen aufzufüllen.[359] Die Regentschaft der Türken erfolgte nach türkischem Maßstab, so daß die heimische Verwaltung beseitigt und der Beamtenschematismus des Bosporus eingeführt wurde. Der offizielle Titel der Regentschaft lautete „Wilâyet" (Statthalterschaft).[360] Obwohl die Türken nur geringe Präsenz zeigten, hatten sie lange nicht so intensiv wie die Franzosen in Algerien mit dem Widerstand der Einheimischen zu kämpfen.[361] Finanziell war Tripolitanien nur in Ausnahmen auf Zuschüsse aus Konstantinopel angewiesen. Die Rechtspflege wurde von einem in Konstantinopel ernannten Kadi[362] ausgeübt, der seinerseits das Recht hatte, weitere Kadis (mit dem offiziellen Titel *nāᵓib*) zu berufen. In Fällen, in denen Türken beteiligt oder die größeren Ausmaßes waren, fand das ḥanafītische Recht Anwendung. Die Angelegenheiten der Einheimischen wurden gemäß mālikītischem Recht entschieden. Die in Tripolis ansässigen europäischen Kaufleute unterstanden ihren Konsulaten. Und Streitigkeiten zwischen Europäern und Einheimischen wurden dem Richter vorgelegt, der der konsularischen Vertretung des Beklagten angehörte.[363]

---

[357] Vgl. für Details ROHLFS 1871, Bd.I, S.46 f.

[358] Vgl. MALTZAN 1870, S.252-256. Bei DAPPER ist zu lesen: „Vor diesem ward Tripol / durch einen Sangjack / der unter dem Bassa von Tunis stund / beherschet. Aber nach der Zeit hat der Großtürcke / als er dieses Reich erobert / alda einen Bassa gehalten; welchen er / mit der Tripolischen Fahne / von Constantinopel zu senden pfleget / und etliche Bey oder Beglerbey nennen." - ders. 1670, S.293.

[359] Durch möglichst kurze Regierungszeiten der jeweiligen Paschas beabsichtigte die Pforte, sich vor neuen Unabhängigkeitsbestrebungen zu schützen. Ab 1846 erfolgte der Wechsel dann weniger häufig in einem Vierjahresrhythmus. Vgl. ROHLFS 1871, Bd.I, S.48-53; SIVERS 2001, S.550.

[360] Vgl. MALTZAN 1870, S.264.

[361] Vgl. MALTZAN 1870, S.266. MALTZAN begründet diesen Unterschied mit derselben Religion von Besatzer und Besetzten. Siehe auch ROHLFS 1871, Bd.I, S.54-61.

[362] Vgl. allgemein zum Qāḍī-Amt NAGEL 2001, S.112-121.

[363] Vgl. ROHLFS 1871, Bd.I, S.61.

b. Europäische Interessen in Libyen

Seit etwa Mitte des 19. Jahrhunderts war Tripolis Ausgangspunkt für europäische Forscher, die im Auftrag ihrer Regierung oder wissenschaftlicher Gesellschaften das Innere Afrikas erkundeten.[364]

Bereits Ende des 15. Jahrhunderts waren die Städte Nordafrikas[365], deren wichtigste Lebensgrundlage das Korsarentum war, in das Blickfeld der europäischen Seemächte gerückt. Dabei waren nur Frankreich und England durch Verträge mit den verschiedenen dortigen Machthabern geschützt. Diese Länder entsandten von Zeit zu Zeit Expeditionen, um mit Waffengewalt die Aufrechterhaltung der Verträge zu erzwingen.[366]

Exkurs: Barbareskenstaaten und Korsarentum

Einsetzend mit dem 15. Jahrhundert wurden die nordafrikanischen Küstengewässer[367] zunehmend von Korsaren beherrscht: Sizilien und Malta waren in Segelweite, und die Korsarenschiffe mit wenig Tiefgang und großem Fassungsvermögen für die Beute eigneten sich vorzüglich für die Gewässer.

---

[364] Vgl. EISEL 1993, S.26. Als ein Beispiel für derartige Bestrebungen sei der von C.G. EHRENBERG herausgegebene Band genannt: „Naturgeschichtliche Reisen durch Nord-Afrika und West-Asien in den Jahren 1820 bis 1825." Bd.I: „Reisen in Aegypten, Libyen, Nubien und Dongala." Berlin u.a.: Mittler, 1828. Vgl. für eine Auflistung von deutschen und italienischen Forscher in Libyen: SCHANZ 1905, S.205 f. Interessante Einblicke bietet die Expeditionsbeschreibung von DELLA CELLA, der als Arzt eines Beys diesen von Tripolis an die ägyptische Grenze begleitete und seine Beobachtungen in Briefen an einen Dr. Viviani aus Genua festhielt (s. ders. 1822). Vgl. auch die Aufzeichnungen von NACHTIGAL, der im Auftrage des preußischen Königs als Anerkennung für die gastliche Aufnahme Rohlfs und anderer deutscher Reisender Geschenke zu überbringen beauftragt war und im Rahmen dessen seine Reisevorbereitungen, die Landschaft, die Einheimischen und die dort lebenden Europäer beschreibt (vgl. ders. 1869, S.90-93).

[365] Für eine umfassende Bibliographie dieser „Barbarenstaaten" siehe "The Bibliography of the Barbary States." von Sir Robert L. PLAYFAIR - vgl. ders. 1971. Für eine Beschreibung des täglichen Lebens in Tripolis im ausgehenden 18. Jahrhundert empfehlen sich die in Briefform herausgegebenen Beobachtungen von Miss Tully, einer Angehörigen des britischen Konsuls in Tripolis (vgl. dies. 1957) mit einer sehr guten Einleitung von Seaton DEARDEN aus dem Jahre 1956. Für bibliographische Verweise zu Beschreibungen, Reisen und Entdeckungen s. HILL 1959, S.15-19.

[366] Vgl. ROHLFS 1871, Bd.I, S.35-37: Auflistung von verschiedenen größeren militärischen Begegnungen europäischer Mächte mit den „Piraten". Siehe auch SIVERS 2001, S.521.

[367] Für eine Landkarte der nordafrikanischen Barbareskenstaaten siehe "A Chart of the Westernmost Part of the Mediterranean Sea By John Seller, Hydrographer of the King." (SELLER 1675, o.S.). Ein Überblick über die damalige Vorstellung über die libysche Küste findet sich in der "Chart of the Levant or Easternmost Part of the Mediterranean Sea. By John Seller." - ders. 1675, o.S. Eine neuere Karte ist bei SIVERS 2001, S.514, abgedruckt.

Ende des 15. Jahrhunderts hatte das Osmanische Reich sein Interesse auf das westliche Mittelmeer ausgedehnt. Als die Granadiner 1487 den osmanischen Sultan um Hilfe im Kampf gegen Kastilien baten, entsandte dieser Freibeuter. Doch konnten die Korsaren nicht den Fall Granadas verhindern und wurden 1495 vom Sultan zurückbeordert. Ab Anfang des 16. Jahrhunderts unternahmen Korsaren im Namen des osmanischen Sultans die ersten Schritte zur Rückeroberung des islamischen Westens von den Iberiern. 1512/13 setzten sie sich in Tunis, 1516 in Algier fest. Aus Sorge über den schleppenden Fortschritt bei der Eroberung des Maghreb rüstete der osmanische Sultan die Korsaren verstärkt auf. In den folgenden Jahrzehnten kam es zu wechselnden Erfolgen für Spanier und Osmanen. 1571 verloren die Osmanen bei Lepanto im Ostmittelmeer gegen die vom Vatikan und Venedig ausgerüstete Flotte. Die Spanier konnten 1573 die Korsaren aus Tunis vertreiben, doch fiel es bereits ein Jahr später mit Hilfe der Korsaren wiederum und endgültig in osmanische Hand. Im 17. und 18. Jahrhundert wurde der Kleinkrieg zwischen muslimischen und christlichen Korsaren[368] gegeneinander und um die jeweils gegnerischen Handelsschiffe zu einem Nebenkonflikt - in Nordafrika kämpften Korsaren im Namen des vom Osmanischen Reich repräsentierten Islams gegen christliche Korsaren weiter, die von Frankreich direkt oder aber indirekt über den Johanniter- / Malteserorden auf Malta unterstützt wurden. Nichtsdestoweniger wurde dieser Seekrieg zu einer großen Belastung für den Handel und die Küstenbewohner der iberischen und italienischen Halbinsel.[369] Über die kriegerischen Überfällen im Dienste des osmanischen Sultans hinaus griffen die Korsaren vor allem unbewaffnete Handelsschiffe auf dem Weg in die Levante an, denn sie sahen sich persönlich als im Krieg befindlich mit jeder Nation, mit der sie keinen Friedensvertrag und finanzielle Abkommen hatten.[370]

Bis 1655 behinderten diese Freibeuter beständig britische und andere Handelsschiffe - dann verschaffte Admiral Robert Blake der englischen Flotte durch einen Sieg

---

[368] Vgl. SIVERS 2001, S.521: Seit dem Ende der Kriege gegen Spanien traten arbeitslose englische und holländische Atlantikkapitäne zu den Korsaren beider Religionen über. Ihre gut ausgerüsteten Schiffe machten die Korsaren weniger abhängig von Wind, Wetter und geographischen Gegebenheiten.

[369] Vgl. SIVERS 2001, S.507-520.

[370] DEARDEN erläutert das System mit den Schiffspässen: "By international agreement, every Mediterranean consul from the Christian States was issued by his government with special passports. These consisted of sheets of paper covered with heavily engraved designs which, after signature, could be divided in half. The bottom sheets of these passes were passed to the Rais of the Marine, who issued them to the corsair captains before they left port. The top halves were then issued to the captains of merchant vessels by the consul before their ships sailed. If stopped at sea, the captain produced his half of the passport, which the corsair captain would fit to his half. If they fitted the ship was allowed to go on its way undisturbed. It was a simple system for a mainly illiterate people. Other passes were also issued to the corsair captains by the consuls. This left them free to operate if stopped by a warship of the country concerned." - ders. 1976, S.16 f. Siehe ebd., S.4, 15.

über die Korsaren Respekt. 1678 kam es zu einem Friedens- und Handelsvertrag zwischen Großbritannien und Tripolis. Ein britisches Konsulat - sieben Konsulate anderer Mächte folgten bis 1783 - wurde in Tripolis eingerichtet, und die Aufgabe der Konsuln[371] bestand in der Förderung des Handels. Sie sollten die freie Passage für Handelsschiffe sichern, für die Freilassung vertragswidrig gefangener Schiffsangehöriger sorgen und sich um die Sklaven[372] und Schutzbefohlenen anderer Staaten ohne Konsulat kümmern. Gesichert war diese Schutzfunktion eines Konsuls, der weitreichende Vollmachten besaß, durch internationale Abkommen. In den Kapitulationen von 1761 war der Status der Europäer im Osmanischen Reich festgeschrieben. Von weitreichender Bedeutung war dabei, daß die Angehörigen der Vertragsstaaten von der Rechtsprechung des Pascha ausgenommen waren. Angehörige der europäischen Vertragsstaaten unterlagen in Strafsachen und zivilrechtlichen Streitigkeiten mit Landesbewohnern der ausschließlichen Gerichtsbarkeit eines bei dem Konsulat eingerichteten Gerichtes. Die Stellung der Konsuln war einerseits von herausragender Bedeutung für die europäischen Staatsangehörigen. Andererseits war aber auch der Einfluß auf den Pascha groß, der von finanziellen Einnahmen abhängig war.[373] Allerdings hatte ein Pascha oft keine Skrupel, Abmachungen in seinem Sinne zu brechen, wenn die politische Situation oder seine Finanzlage es ihm opportun erschienen ließen.[374]

> "In time of war, when the protection of trade routes was uncertain, and reprisal difficult, the Barbary corsairs sallied forth from their harbours upon the seaways of Spain, Italy, and Greece, taking sides between the contending powers, swooping on the defenceless shipping of the smaller maritime states, or raiding their coasts for slaves."[375]

Das Nachsehen hatten besonders die kleinen Seehandelsnationen wie Venedig, Genua, Griechenland, Malta, Sizilien, der Vatikan und Spanien, die sich kein Friedensabkommen leisten konnten. Großbritannien, Frankreich und die Niederlande hätten sich leicht zusammenschließen und dem Freibeutertum ein Ende bereiten können, doch lag dies wegen des Wettbewerbs mit den nähergelegenen kleineren Staaten nicht in ihrem Interesse.[376]

---

371 Vgl. ausführlich dazu DEARDEN 1976, S.57-63.

372 Bezüglich der Sklaven waren die Korsaren darum bemüht, möglichst christliche Sklaven zu erbeuten, da ihnen als Muslime die Versklavung von Muslimen untersagt war - vgl. DEARDEN 1976, S.16.

373 Zum einen mußten die Konsuln die Aktivitäten und Intrigen ihrer Kollegen verfolgen, zum anderen galt es, durch persönlichen Charme, Fähigkeiten und den sinnvollen Einsatz von finanziellen oder militärischen Überzeugungsmitteln den Pascha zu beeinflussen, um die Interessen des eigenen Landes zu fördern - vgl. RODD 1932, S.56 f.

374 Vgl. TULLY 1957, S.8-11. Zur rechtlichen Beurteilung der Beziehungen Europas zum Osmanischen Reich siehe die umfassende Darstellung von MÖSSNER - ders. 1968, S.83-88.

375 TULLY 1957, S.6.

376 Vgl. DEARDEN 1976, S.15; s. auch S.24: so lag es z.B. im Interesse Frankreichs, die Barbaresken-Aktivitäten zu kontrollieren, nicht aber zu beenden.

Zwar belästigten die Korsaren Europa etwa 300 Jahre lang, doch hatten sie nie Einfluß auf das europäische Leben oder die Kultur - was sich deutlich in der dürftigen Literaturlage widerspiegelt. Die Barbareskenstaaten waren als kleine, entfernt gelegene Dependancen des Osmanischen Reiches für Europa unwichtig und hatten lediglich solange Bestand, wie Europa vom 16.-18. Jahrhundert in internen Auseinandersetzungen begriffen war.[377] Mit der im Rahmen der zwischen Frankreich und Großbritannien auf dem Wiener Kongreß 1815 erzielten Einigung wurden auch Maßnahmen beschlossen, die letzlich den Zusammenbruch der drei Staaten Algerien, Tunis und Tripolis bewirkten. Vor allem mit dem Sklavereiverbot wurde den Barbareskenstaaten die Basis zur Finanzierung ihrer kostspieligen Söldner entzogen.[378]
Seit Bestehen der USA und dem damit einhergegangenen Wegfall des Schutzes durch die britische Flotte[379] waren amerikanische Handelsschiffe in Auseinandersetzungen mit den Barbaresken verwickelt.[380] Unter dem US-Präsidenten Jefferson wurde der Vorschlag gemacht, mit den anderen betroffenen Ländern eine Flotte zusammenzustellen, die die Barbareskenstaaten unter Blockade stellen sollte. Aus Geldgründen mußten die USA von ihrem Vorschlag zurücktreten. Die europäischen Länder sahen keine Veranlassung, das Vorhaben, das vor allem den USA genützt hätte, durchzuführen. Zunächst schlossen sich die US-Handelsschiffe meist englischen, niederländischen, portugiesischen oder spanischen Konvois an und waren dadurch vor den Korsaren geschützt. Durch eine Ermächtigung des US-Kongresses war es Politikern wie Adams, Franklin und Jefferson möglich, Verträge

377 Vgl. TULLY 1957, S.5 f.

378 Vgl. TULLY 1957, S.9. FORESTER schreibt dazu: "But for the Barbary States to give up piracy would mean that they would have to change their whole way of life. This was something they could not even consider. Under threats they would promise to keep the peace - they would promise anything. But in time, their lack of money and necessary goods would force them to return to their old way of life." - ders. 1953, S.14. GOTTFRIED fügt hinzu: "Piracy was one of the few sources of outside wealth that Libya had. A virtual industry grew around the buying and selling of loot. Buccaneers on shore leave were never looked upon as criminals. Rather they were regarded as valued customers with lots of gold in their pockets to spend. Indeed, the Libyan seaports flourished on pirate booty." - ders. 1994, S.92.

379 Vgl. die Details bei RODD 1931, S.27. GOTTFRIED nennt als einen Grund dafür, daß sich Großbritannien nicht von seinen ehemaligen Kolonien die Märkte streitig machen lassen wollte - vgl. ders. 1994, S.117.

380 Für eine Beschreibung s. RODD 1931, S.29-35; IRWIN 1931, 2. Kap., S.20-36; LIBYA 1996, S.30-33; AL-KURĠULĪ 1997, S.61-80. Siehe auch AŠ-ŠATĪWĪ 1993: hier wurden Auszüge der Korrespondenz der US-Amerikaner mit den Machthabern der Barbareskenstaaten ins Arabische übersetzt und veröffentlicht. ʿUṯmān 1990 und RAIT o.J. beschäftigen sich ebenfalls mit dem Verhältnis zwischen den USA und Libyen.

mit den Barbareskenstaaten abzuschließen.[381] Gleichwohl wurden in den USA militärische Maßnahmen erwogen, da es wiederholt zu Zwischenfällen gekommen war. Andererseits scheute man militärische Eingriffe: selbst als Tripolis den USA bereits den Krieg erklärt hatte[382], lehnte es Präsident Jefferson unter Hinweis auf die US-Verfassung ab, Tripolis im Gegenzug den Krieg zu erklären. Nachdem 1801 - drei Monate nach der genannten Kriegserklärung - erneut einige Amerikaner ums Leben gekommen waren, entstand erstmals der konkrete Plan der Amerikaner, Tripolis durch eine Blockade auszuhungern. Die Aussicht auf Erfolg schien nicht gering, da die Schwäche Tripolis' in seiner Abhängigkeit unter anderem von Lebensmitteleinfuhren über See lag. Auf amerikanischer Seite wurden jedoch einige geographische Faktoren unterschätzt: So war die nordafrikanische Küste ohne verläßliches Kartenmaterial angesichts der herrschenden unberechenbaren Windverhältnisse für Blockadeschiffe im Segelbetrieb kaum ohne Risiko befahrbar.[383] Zudem hatten die Amerikaner die schwierige Nachschublage bei einem Monat Segelzeit ohne Stützpunkte in der Region nur unzureichend berücksichtigt. Auch schätzten die Korsarenführer die Ernsthaftigkeit der US-Kriegsführung gering ein, da die Amerikaner ihre Gefangenen nicht wie sie versklavten, sondern bei Kapitulation freiließen. Insgesamt kalkulierten die amerikanische Seite den notwendigen Kräfteaufwand falsch und hätte ungeachtet dessen im Frühstadium der Staatswerdung ohnehin nicht die Mittel besessen, eine größere Streitmacht zu entsenden.[384] Der Krieg zog sich bis 1805 hin.[385]

Der zwischen den USA und Pascha Yūsuf Qaramanlī von Tripolis ausgehandelte Friedensvertrag[386] schuf die Grundlage für ein pragmatisch bestimmtes Auskom-

---

381 Vgl. IRWIN 1931, S.187 f. Die offizielle Beziehung zwischen den USA und Libyen (Tripolis) begann mit einem Vertrag von 1796 - s. ST JOHN 2002, S.19. Für eine genaue Beschreibung der US-Interessen im Mittelmeer s. ebd., S.21-24.

382 S. für Details Bd.I der NAVAL DOCUMENTS 1939-1944; NASH 1968, 9. Kap. (S.177-189).

383 Vgl. FORESTER 1953, S.16, 21 f., 35-47.

384 Vgl. FORESTER 1953, S.47 f., 56 f., 153; DEARDEN 1976, S.151-155. Für chronologisch geordnetes Quellenmaterial in Form von diplomatischer Korrespondenz und Marinequellen s. die sechs umfangreichen Bände über die Dokumente mit Bezug zum Krieg der USA mit den Barbareskenstaaten in der Zeit zwischen 1785 bis 1897 (NAVAL DOCUMENTS 1939-1944). Für eine künstlerische Darstellung der von den USA gegen Tripolis gefochtenen Schlachten im US-Kapitol reiste der beauftragte Maler nach Tripolis und veröffentlichte 1860 seine Reiseeindrücke (Wilhelm HEINE: „Eine Sommerreise nach Tripolis."). Siehe für die zwischen den beiden Staaten ausgefochtenen Schlachten auch TAKAR o.J.

385 Für Beschreibungen des Krieges s. z.B. FIELD 1969, S.49-58; CATHCART 1901.

386 Für Einzelheiten zum geheimen Zusatzabkommen - das der US-Verfassung widersprach und dem US-Außenministerium nicht bekannt war - s. RODD 1931, S.263, 268 ff.; NAVAL DOCUMENTS 1939-1944, Bd.VI. Ein Abdruck des kompletten Vertragswerks befindet sich bei MILLER o.J., Bd.II, S.520-556, und AL-KURĠULĪ 1997, S.235-240 (arabischer Text des Friedensabkommens zwischen Yūsuf Bāšā und der amerikanischen Regierung).

men. Für das Nachgeben des Paschas war weniger die Einnahme Dernas durch die Amerikaner ausschlaggebend gewesen als ein drohender Aufstand in Tripolis.[387] Für die hier vorgenommene Untersuchung ist der folgende Aspekt beachtenswert: Die sog. Korsarenzeit war erst mit der Entmachtung des Deys[388] von Algier 1830 endgültig beendet.[389] Libyen unter al-Qaḏḏāfī sollte jedoch die Spätwirkungen des Kriegs gegen die USA (1801-1805) in der zweiten Hälfte des 20. Jahrhunderts noch zu spüren bekommen:

> "For the first time since the creation of our new navy under the Constitution, relatively large forces were employed together in battle. Aside from the success attained against Tripoli, the effect was far reaching in creating a high morale and a spirit of the offensive among a large proportion of the officers and men of the navy. These benefits survived the Barbary Wars, were largely responsible for the subsequent naval efficiency and success in the War of 1812, and became traditional."[390]

2. Die Spätzeit der Osmanen und der beginnende Nationalismus (1835-1912)

Die beiden wichtigsten Wirtschaftsbetätigungen und Einnahmequellen der libyschen Bevölkerung bestanden in Landwirtschaft und Handel. Das Osmanische Reich versuchte diese überkommene Wirtschaft - im Gegensatz zu Italien in späterer Zeit - nicht zu ändern. Die Folge dieser unterlassenen Wirtschaftspolitik war eine Stagnation. Industriebetriebe gab es nur vereinzelt - so z.B. die Webereien zur Herstellung der im Lande benötigten Kleidung. Die Vernachlässigung der Wirtschaft kann zum Teil auf die innere Verfassung des damaligen Osmanischen Reiches zurückgeführt werden: die ständige Führung von Kriegen sowie die Anstrengungen zum Zusammenhalten des Vielvölkerstaates. Hohe Steuern behinderten dadurch ein mögliches Wirtschaftswachstum. Dieser Zustand provozierten überdies den Suzerän schwächende Revolten.[391] Als von Bedeutung für den Widerstand in Libyen erwies sich insbesondere auch gegen spätere Fremdbestimmung die Sanūsīya-Bewegung.

---

[387] Vgl. RODD 1931, S.266 f.; DEARDEN 1976, S.206-210. ST JOHN stellt fest, daß das Ergebnis des Krieges durchaus positiv für die Qaramanlīs ausfiel, hatten sie doch die USA geschlagen und somit ihr Ansehen als internationale Seemacht erhöht - s. ders. 2002, S.26.

[388] Siehe z.B. die Definition von „Dey" bei ROSSI 1968, S.172.

[389] Vgl. LLOYD 1981, S.165; IRWIN 1931, S.192 ff. Siehe zudem das 5. und 6. Kapitel des 2.Teils bei ROSSI 1968 (S.221-238 und S.239-258).

[390] NAVAL DOCUMENTS 1939-1944, Bd.IV, S.iii.

[391] Vgl. ABDUSSALAM/ABUSEDRA 1985, S.441-443. Für einen allgemeinen Überblick s. ABUN-NASR 1987, S.314-323.

Exkurs: Die Sanūsīya

Die islamische Erneuerungsbewegung der Sanūsīya (die sog. Senussi-Bewegung) wurde 1826 von Muḥammad bin ᶜAlī as-Sanūsī al-Ḫaṭṭābī (1787-1859)[392] in Mekka gegründet. Ihr Ziel bestand darin, die islamische Frömmigkeit und Ethik wiederherzustellen, um dadurch alle Muslime zu vereinigen.[393] Im Gegensatz zur in Saudi-Arabien beheimateten Wahhābīya[394] ist die Sanūsīya jedoch eher mystisch ausgerichtet und nahm viele Elemente früher verbreiteter Sufi-Orden auf.[395] Die Sanūsīya wurde durch die sich ihr anschließenden Stämme der Cyrenaika und des Fessan in Abwendung von ihrer ursprünglichen ḥanbalītischen[396] Prägung mālikītisch[397] beeinflußt und erkannte ausschließlich Koran und Sunna als Rechtsquellen an.[398] Ab 1843 gewannen die Anhänger der Sanūsīya zunehmend Einfluß auf die Beduinen der Cyrenaika und gründeten in al-Baiḍāᵓ (al-Beida)[399] die erste

[392] Vgl. BARTHEL/STOCK 1994, S.523: hier wird 1791 als Geburtsjahr angegeben. Auch über den Geburtsort scheint Unklarheit zu herrschen: entweder bei Mostaghanèm oder Tlemcen / Algerien - vgl. WILHELMY 1950, S.542. Für eine genaue biographische Beschreibung s. ZIADEH 1958, S.35-51, und VIKØR, insbesondere die Seiten 5-8 (ders. 2000). BIN ᶜALĪ bietet einen umfassenden Überblick über die Sanūsīya - s. ders. 1960.

[393] Vgl. DARGEL/PLAMBÖCK 1994, S.16; EISEL 1993, S.25 f. ZIADEH erläutert näher, daß sie sich von ihrem ursprünglichen Ziel, die muslimische Welt zu reformieren und die heterogenen islamischen Gruppen zu einer großen, spirituellen und evtl. politischen Einheit zu vereinigen, abwandten und sich auf das innere Leben des einzelnen Muslims konzentrierten (s. dies. 1958, S.126). Für den Ursprung und die Ausbreitung der Sanūsīya vgl. EVANS-PRITCHARD 1949, S.1-28. Seine Darstellung der Sanūsīya in der Cyrenaika gilt als Grundlagenwerk und entstand nach seinem zweijährigen Aufenthalt als Offizier in der britischen Militärverwaltung in der Cyrenaika von 1942-1944.

[394] Die Wahhābīya ist seit 1932 die offizielle religiöse Richtung in Saudi-Arabien - vgl. für Einzelheiten BARTHEL/STOCK 1994, S.625 (Wahhabiten).

[395] Für eine Abgrenzung von Sanūsīya und Wahhābīya s. ZIADEH 1958, S.128 f.: beide Bewegungen orientieren sich stark am ḥanbalītischen Rechtsgelehrten Ibn Taimīya (st. 1328 n.Chr.), und die Ähnlichkeiten im Gedankengut verleiteten viele zur Annahme, daß die Sanūsīya wahhābītisch beeinflußt sei - zumal Muḥammad bin ᶜAlī as-Sanūsī viele Jahre in Saudi-Arabien verbracht hatte. Tatsächlich bewirken eher die ähnliche Ziele die Gemeinsamkeiten beider Bewegungen.

[396] Die ḥanbalītische Rechtsschule ist eine der vier orthodoxen sunnitischen Rechtsschulen und wurde von Aḥmad b. Ḥanbal (st. 855 n.Chr.) begründet. Für Einzelheiten vgl. BARTHEL/STOCK 1994, S.256 (Hanbal).

[397] Auch die mālikītische Rechtsschule zählt zu den vier orthodoxen sunnitschen Rechtsschulen. Ihr Begründer ist Mālik bin Anas (st. 795 n.Chr.). Vgl. BARTHEL/STOCK 1994, S.389 (Malik bin Anas).

[398] Vgl. MATTES 1982, S.22 ff. Der Begründer der Sanūsīya erreichte sein Ziel, den Islam in Afrika erheblich zu stärken, und verwurzelte zudem den Islam in der Cyrenaika, wo bis dahin vorislamisches Gedankengut hohe Wertschätzung genossen hatte (vgl. ZIADEH 1958, S.126).

[399] Hierbei handelt es sich um das antike Balagrae / Βάλαγραι - vgl. LÜDERITZ 1983, S.43.

zāwiya, ein religiöses Zentrum[400]. 1853 wurde die Zentrale der Sanūsīya-Bewegung aus strategischen Gründen in die nahe der ägyptischen Grenze gelegene Oase al-Ǧaġbūb (Jaghbub) verlegt: abgeschieden von türkischen, französischen und ägyptischen Einflüssen, doch an dem für den Handel so bedeutsamen Karawanenweg nach Mekka gelegen.[401] Neben die religiösen Bestrebungen dieser Lehre traten vermehrt sozialreformerische Tendenzen, so daß das Osmanische Reich sich genötigt sah, mit der geistigen und weltlichen Führungsorganisation der Sanūsīya zu verhandeln.[402] Mit dem Tod des Ordensgründers 1859 trat sein Sohn Muḥammad al-Mahdī as-Sanūsī (1844-1902)[403] die Nachfolge als Ordensoberhaupt (*šaiḫ aṭ-ṭarīqa*) und sog. Großsanūsī (*as-sanūsī al-kabīr*) an. Eine friedliche Reformpolitik[404] betreibend und der erreichten Ausweitung des Einflußbereiches entsprechend verlegte er die Zentrale der Sanūsīya 1895 nach Kufra (al-Kufra: im Südosten Libyens gelegen) und vier Jahre später nach Gouru[405], einer zwischen Tibesti und Borku gelegenen wichtigen Station der Wadaî-Straße, am Südrand des Tibesti-Gebirges. 1902 sah sich Aḥmad aš-Šarīf - ein Neffe al-Mahdīs - gezwungen, den Sitz nach Kufra zurückzuverlegen, da Frankreich von seinen neugewonnenen Kolonialgebieten in Mittelafrika um die Jahrhundertwende schrittweise nach Norden

---

400 Eine *zāwiya* wurde in der Regel an Kreuzungspunkten von Karawanenwegen, an der Küste oder bei Brunnen errichtet und bestand aus verschiedenen Gebäuden, die der Ausübung ihrer Funktion dienten: einer Moschee, Schulräumen, Gästeräumen, Vorratsräumen, Häuser für das Oberhaupt (*šaiḫ*), Räume für die Lehrer und Schüler sowie Unterkünfte für die *iḫwān* (die Ordensbrüder -im Unterschied zu den den einfachen Anhängern des Ordens, den *muntasibūn* und Dienern (s. ZIADEH 1958, S.113-119). Für eine Übersicht mit Koordinatenangaben von 121 *zāwiyas* (Pl.: *zawāyā*) nach Ländern geordnet s. DUVEYRIER 1884, S.56-80.

401 Vgl. EVANS-PRITCHARD 1949, S.14. Für eine ausführliche Beschreibung der Oase s. DUVEYRIER 1884, S.57 f.

402 Da die Sanūsīya die Stämme dazu anhielt, die Steuern pünktlich bei den Osmanen abzuliefern, befreiten die Osmanen die zu den Religionszentren gehörigen Ländereien von den Steuern. Die Oberhäupter der Sanūsīya verstanden sich als Mitgouverneur und nicht als Untertan - und mit ihren nahezu 150 Zentren in Ostlibyen, Ägypten und Zentralafrika bildete die Sanūsīya zusammen mit den Osmanen ein informelles Kondominium in der Cyrenaika (vgl. SIVERS 2001, S.551).

403 Für seine Biographie s. ZIADEH 1958, S.51-65. WILHELMY gibt 1901 als al-Mahdīs Todesjahr an (ders. 1950, S.543). Für einen Überblick über die Muḥammad as-Sanūsī folgenden Oberhäupter s. MARTEL 1991, S.246.

404 Die Sanūsīya fürchtete den britischen und französischen Einfluß in Nordafrika und bemühte sich, ihren Herrschaftsbereich zu bewahren. Ihre Anhänger waren nie explizit christenfeindlich. Daß sie in Europa in diesem Ruf standen, ist wohl dem Buch »La confrérie musulmane de Sîdi Mohammed Ben Alî es-Senûsî et son domaine géographique en l'année 1300 de l'hégire = 1883 de notre ère.« von DUVEYRIER geschuldet (s. ders. 1884). In den Augen der Sanūsīs war die europäische Zivilisation materialistisch und arm an geistigen Werten. Vgl. dazu ZIADEH 1958, S.131 f.

405 Nach anderer Schreibung auch Guro (vgl. WILHELMY 1950, S.543) oder Góru (vgl. GROTHE 1941, S.67), arabisch Ǧūrū - heute im Tschad gelegen.

vordrang und im Januar 1902 die Zāwiya in Kanem zerstört hatte.[406] Bei dem Tode al-Mahdīs zählte sein Sohn Muḥammad Idrīs as-Sanūsī[407] erst zwölf Jahre, so daß Aḥmad aš-Šarīf as-Sanūsī für ihn die Ordensleitung bis 1916 übernahm[408] und anschließend ins ägyptische Exil ging, wohin ihm Idrīs im Dezember 1922 folgte.[409]

3. Italienische Interessen in Libyen: die italienische Besetzung

Auf dem Berliner Kongreß 1878 wurde Tripolitanien Italien überlassen[410]. Zunächst traten keine Änderungen der Machtverhältnisse ein. Ab 1880 begann Italien, Tripolis wirtschaftlich in verstärktem Umfang zu durchdringen: Fabriken, Siedlungen, Kliniken und Stützpunkte von Handelsgesellschaften wurden errichtet. Der Beschluß der europäischen Großmächte auf der Berliner Konferenz von 1885 beschleunigte dieses Vorgehen, da fortan koloniale Besitzansprüche nur wirksam werden sollten, wenn das betroffene Gebiet tatsächlich in Besitz genommen war.[411] In einem Geheimabkommen zwischen Frankreich und Italien erkannten beide Staaten ihre beiderseitigen kolonialen Interessen in Nordafrika an, und 1889 sicherten Frankreich und Großbritannien Italien freie Hand in Libyen zu.[412] Entgegen den italienischen Hoffnungen löste die Besetzung Libyens jedoch nicht die fundamentalen innenpolitischen Probleme Italiens. Im Gegenteil, der sich zu einem

---

406 Vgl. WILHELMY 1950, S.543.

407 VILLARD widmet in seinem Buch über Libyen zehn Seiten der Person Idrīs' und ist voll des Lobes für ihn (vgl. VILLARD 1956, S.34-45. Für einen mit Fotos versehenen guten Überblick über Idrīs' Leben s. CANDOLE 1990.

408 Aḥmad wurde auf Betreiben der Engländer von Idrīs abgelöst - für Einzelheiten dazu s. MÜLLER-MAHN 1995, S.131.

409 Vgl. unter anderem BRENTJES 1982, S.96 ff.; MATTES 1996, S.468; ZIADEH 1958, S.65-72.

410 Vgl. FRANK/KAMP 1995, S.251. Für allgemeine Beschreibungen vgl. BEN MASSAUD FUSHAIKA 1962, S.56-61; JOHNSON 1973, S.162-192. Für die Vorgeschichte Italiens vgl. HERKOMMER 1941, S.19 f.: erst ab 1871 bestand Italien als Königreich. GROTHE weist auf die italienische Rechtfertigung des Machtanspruchs hin durch Italien als Nachfolger der politischen und kulturellen Ideen des römischen Weltreiches und als Erbe der mittelalterlichen Seemacht der norditalienischen Handelsstädte Venedig, Genua und Pisa (ders. 1941, S.12). Für weitere Gründe s. EVANS-PRITCHARD 1949, S.218. Für eine knappe Beschreibung des Verhältnisses zwischen Libyen und Italien in der Kolonialzeit s. NAGIAH 1995.

411 Vgl. EISEL 1993, S.26 ff. Auch von deutscher Seite wurde schon frühzeitig das Interesse an der Eroberung und Kolonisation der nordafrikanischen Küsten Tunis' und Tripolis' bekundet - eine mögliche Vorgehensweise schildert C.F. BLÄSER (vgl. ders.1882).

412 Vgl. FRANK/KAMP 1995, S.251. HERKOMMER schreibt dazu aus dem Blickwinkel seiner Zeit und seiner Herkunft: „Erst als die Gefahr einer Nichtachtung der französisch-italienischen Verträge von 1902 durch Frankreich bevorstand, ließ sich Italien im Jahre 1911 darauf ein, Libyen zunächst an der Küste zu besetzen, um Frankreich nicht wiederum, wie schon einmal in Tunesien, zuvorkommen zu lassen.“ - ders. 1941, S.22).

Krieg ausweitende libysche Widerstand trug zu den innenpolitischen Schwierigkeiten Italiens bei.[413]
1911 erklärte Italien dem Osmanischen Reich den Krieg.[414] Am 3.10.[415] landeten italienische Truppen in Tripolis. Wider Erwarten konnten sie sich nicht rasch gegen die einheimische Bevölkerung durchsetzen, die sich auf die Seite der Osmanen[416] stellte und unerwartet Widerstand leistete.[417] Italien gelang es nicht, sich über die Küstengegenden hinaus festzusetzen. Mit Ausbruch des Ersten Weltkrieges erhielt die Bevölkerung zusammen mit der osmanischen auch deutsche Unterstützung.[418] Im ersten Italienisch-Libyschen Krieg (1911-1917) hatten Aḥmad aš-Šarīf und ᶜUmar al-Muḫtār das weitere Vordringen Italiens verhindern können. Sie erreichten aufgrund der militärischen Mißerfolge Italiens Zugeständnisse.[419] Am 5.11.1918

413 Vgl. SIMON 1985, S.333. Für eine umfassende Untersuchung des antikolonialen Widerstandes in Libyen für den Zeitraum 1830-1932 s. AHMIDA 1990.

414 Vgl. LIBYA 1990, S.5.200.6. Bei der türkischen Führung weckte dies die Furcht, daß die arabischen Elemente im Osmanischen Reich generell im Rahmen der beginnenden Nationalbewegungen gestärkt werden könnten. In der Tat war in Libyen zu beobachten, daß die Kampfhandlungen dort das Interesse der Bewohner anderer arabischer Regionen förderten, Libyen beizustehen, denn der Kampf in Libyen schien für eine kurze Zeit Teil des allgemeinen arabischen Kampfes für Unabhängigkeit zu sein. Vgl. SIMON 1985, S.336.

415 Vgl. FRANK/KAMP 1995, S.251 f.: Besetzung Tripolis' am 29.9.1911. Die italienische Okkupation Libyens stieß auf starke Aufmerksamkeit in Deutschland, und eine breite Öffentlichkeit verurteilte sie als Bruch internationalen Rechts - vgl. dazu GERLINGHOFF 2001, S.16. Siehe auch die Berichterstattung von Gottlob Adolf Krause, die auch ins Arabische übesetzt vorliegt (s. Ġānim 1993).

416 Zwar räumte das Osmanische Reich gemäß dem Friedensvertrag von Ouchy (Hafenviertel von Lausanne) vom 18.10.1912 die Cyrenaika, doch rief Enver Pascha zum Kampf gegen die Italiener auf: ihm gelang es, ihr Vordringen in den Fessan (1913) und in das Hinterland der Großen Syrte (1914) aufzuhalten - vgl. WILHELMY 1950, S.544; EVANS-PRITCHARD 1949, S.113. Für Einzelheiten zum Vertrag von Ouchy s. Kap.9 (S.174-200) und Kap.10 (S.201-230) bei CHILDS 1990.

417 Vgl. FAATH/MATTES/AL-WARFALLÎ 1984, S.38. Die Italiener zerstörten zwar viele Zāwiyas und fügten der Sanūsīya damit großen Schaden zu, doch kam mit der italienischen Niederlage Idrīs wieder zum Zuge, der in der Zwischenzeit seine Aktivitäten auf die Cyrenaika konzentriert hatte (s. ZIADEH 1958, S.133).

418 Aḥmad aš-Šarīf konnte für einen Angriff auf Anglo-Ägypten gewonnen werden. Da dieser jedoch erfolglos endete, verschwand er 1916 mit Hilfe eines deutschen U-Bootes und lebte später im Exil - vgl. WILHELMY 1950, S.545. Laut EVANS-PRITCHARD floh er erst 1918 in einem türkischen U-Boot in die Türkei - vgl. EVANS-PRITCHARD 1949, S.130.

419 LAROUI schreibt über den libyschen Widerstand: "It is difficult to cover all the battles fought against the Italians in Libya in a survey history; however, it is insufficient to say that in and around every city, town and valley, there was an encounter against the Italians." (LAROUI 1985, S.96). Für den Verlauf des Widerstandes siehe LAROUI 1985, S.94 ff. Im Abkommen von Akrama (23 km westlich von Tobruk) verpflichtete sich Idrīs 1917 zur Öffnung des Landes, der Entwaffnung der Bevölkerung und zu einer friedlichen Zusammenarbeit mit den Italienern - vgl. WILHELMY 1950, S.545. Unterzeichnet wurde die Übereinkunft über den

riefen die Führer der tripolitanischen Widerstandsbewegung die Republik Tripolitanien (mit Sitz in Ġariyān / Ghariyan) aus, der im Rahmen der italienischen Oberherrschaft Autonomie zugestanden wurde. Zwei Statute für die Cyrenaika und Tripolitanien vom 31.10.1919 teilten das Land und sahen für beide Landesteile je ein Parlament und einen Regierungsrat vor.
Im Rahmen des in Ouchy geschlossenen Friedens mit Italien (18.10.1912) verzichtete das Osmanische Reich auf seine Oberhoheit in Libyen.[420] 1920 unterzeichnete Muḥammad Idrīs as-Sanūsī einen Friedensvertrag mit Italien, und am 25.10.1920 wurde das Gebiet als Sanūsī-Emirat autonom.[421] Allerdings erkannten die Stämme des Westens Idrīs nicht als Emir an.[422]
Mit dem politischen Wechsel 1922 in Italien änderte sich die italienische Libyenpolitik.[423] Italien kündigte am 1.5.1923 einseitig das mit Tripolitanien und der Cyrenaika bestehende Autonomieabkommen[424], d.h. den Vertrag von ar-Raǧma vom

modus vivendi mit Großbritannien am 14.4.1917 und mit Italien am 17.4.1917 (s. EVANS-PRITCHARD 1949, S.143). EVANS-PRITCHARD schreibt weiterhin: "The accord was a truce of convenience, on the basis [...] of the *uti possidetis*, entered into by Italians and Sanusi because both were exhaustet by the ordeal." - ders. 1949, S.145.

420 Dem libyschen Volk wurde die Unabhängigkeit zugesagt, damit das Osmanische Reich vor der islamischen Welt sein Gesicht bewahren konnte - vgl. LAROUI 1985, S.96.

421 Mit dem Vertrag von ar-Raǧma (ca. 35 km östlich von Benghasi) vom 25.10.1920 erkannte Idrīs die italienische Oberhoheit an. Umgekehrt gestanden die Italiener dem Sanūsī-Führer bedeutende Rechte zu: so den erblichen Titel des Emirs (*amīr*), die Herrschaft über die grossen Oasen im Landesinneren unter der Bedingung, daß Idrīs in Aǧdābiyā (Ajdabiya) residiere sowie beträchtliche monatliche Zuwendungen abführte (s. WILHELMY 1950, S.545; GROTHE 1941, S.69; EVANS-PRITCHARD 1949, S.148 f.). Das Abkommen von Bū Mariyam (ca. 60 km nordöstlich von Benghasi) vom 11.11.1921 legte die gemeinsame Verantwortung der Italiener und Cyrenaiker für die Sicherheit und das Wohlergehen des Landes fest. Für Italien stellte es sich bald heraus, daß das Abkommen seinen Einfluß keinesfalls erhöhte, sondern schmälerte (vgl. EVANS-PRITCHARD 1949, S.152).

422 Zur Herausentwicklung der libyschen Nationalidentität vgl. GOLINO 1970, S.348 und 350: 1922 trugen die tripolitanische Führer dem Emir der Cyrenaika das Emirat von ganz Libyen an - Idrīs lehnte ab, da dies nicht aus Respekt für seine Person geschah, sondern um die Italiener von Tripolitanien abzulenken. So war es bis zur libyschen Unabhängigkeit noch ein weiter Weg - und zunächst erklärte Idrīs 1949 nur die Cyrenaika für unabhängig. Die Frage der Einheit war letztlich erst gelöst mit Schaffung des Einheitsstaates und Abschaffung der Föderation 1963 - trotz der historischen, linguistischen und kulturellen Offensichtlichkeiten einer libyschen, nationalen Identität. Vgl. insbesondere EVANS-PRITCHARD 1949, S.153-155. Siehe auch die Dissertation von Karim MEZRAN, die sich mit der Herausbildung der nationalen Identität in Libyen befaßt (ders. 2002).

423 HERKOMMER erläutert dies folgendermaßen: „Ab 1923 begann gegenüber Libyen eine neue italienische Politik. Der am 28. Oktober 1922 nach dem Marsch auf Rom an die Regierung gelangte Faschismus erkannte klar, daß mit Kompromissen eine Kolonisation nicht durchzuführen war, da die inneren Widerstände, vor allem durch die Senussi, viel zu groß waren." - ders. 1941, S.22.

424 Vgl. EISEL 1993, S.38; EVANS-PRITCHARD 1949, S.156.

25.10.1920, und begründete diesen Schritt damit, daß sich Idrīs entgegen den Vereinbarungen durch die Stammes-Scheichs zum Groß-Emir habe ausrufen lassen, die Bevölkerung nicht entwaffnet und sich durch seine Flucht nach Ägypten der Verantwortung entzogen habe.[425] Als Gouverneur Libyens verstärkte Graf Guiseppe Volpi[426] den Kampf gegen den libyschen Widerstand, da Libyen langfristig zum Zentrum des italienischen Siedlungskolonialismus[427] gemacht werden sollte. Im zweiten Italienisch-Libyschen Krieg (1923-1932) wurde General Graziani mit der abschließenden Eroberung Libyens beauftragt. Er ließ die südlichen Oasen besetzen, einen großen Teil der Bevölkerung in Lagern internieren, die Lebensgrundlagen der Zivilbevölkerung[428] gezielt zerstören und 1930/31 einen Grenzverhau von 270 Kilometern entlang der ägyptischen Grenze ziehen, um zu verhindern, daß die Truppen ᶜUmar al-Muḫtārs den Kampf von dort aus führen und von der Bevölkerung Unterstützung erhalten konnten.[429] Am 20.1.1931 wurde al-Muḫtār gefangengenommen und am 16.9.1931 wegen Rebellion gehängt. Der Widerstand brach zusammen, erlosch jedoch nie vollständig, war doch der Blutzoll des Volkes sehr hoch gewesen (etwa ein Drittel der Bevölkerung war im Kampf gegen die Italiener umgekommen).[430] Am 9.11.1934 wurden Tripolitanien, die Cyrenaika und der Fessan durch königliches Dekret als *Colonia Libia* zu einer Agrarkolonie zusammen-

---

425 Vgl. WILHELMY 1950, S.545. Um einem Emirat von Italiens Gnaden auszuweichen, ging Idrīs as-Sanūsī nach Ägypten ins Exil und übergab die Leitung der Sanūsīya ᶜUmar al-Muḫtār - vgl. SIVERS 2001, S.563.

426 Volpi war vom 25.8.1921 bis zum 2.7.1925 Gouverneur Libyens in Tripolis. Für eine Auflistung sämtlicher italienischer Gouverneure siehe HERKOMMER 1941, S.24 f.

427 Zu dieser Sonderform der Grenzkolonisation, die ihre erste Ausprägung in der Kolonisationsbewegung der Phönizier hatte, s. OSTERHAMMEL 1995, S.11.

428 Vgl. dazu HERKOMMER 1941, S.47-54. GROTHE erläutert aus seiner Sicht die Einbeziehung der libyschen Bevölkerung in die Kolonisation: „Im übrigen schritt die Kolonialverwaltung auch an eine arabische Dorfkolonisation. Ein Gesetz vom 3. April 1937 legte fest, daß der regelmäßigen Bodenbearbeitung zuzuführendes Land ebenfalls an arabische Pflanzer [...] kostenlos abgegeben werden kann und soll." - ders. 1941, S.63. Als Ausgleich zur Beschneidung von Stammes-Weidegebieten wurden „arabische Dörfer" aufgebaut sowie Reservate für ein „Hirtendasein" im inneren Hochland eingerichtet (vgl. ders. 1941, S.64 f.).

429 Vgl. GROTHE 1941, S.26: „[...] um einem unwillkommenem Aufenthaltswechsel der libyschen und ägyptischen Araberstämme wie einem Schmuggel von Waffen und anderen Gegenständen an die libyschen Aufständischen zu steuern [...]." Für einen eindrücklichen Bericht über das italienische Nordafrika siehe den Reisebericht "Desert Encounter." des 1931 ermordeten dänischen Journalisten HOLMBOE, der 1930 mit dem Ziel, Ägpyten zu erreichen, von Marokko aufbrach und in der Cyrenaika von den italienischen Behörden zum Umkehren veranlaßt wurde (HOLMBOE 1937). Auch LAROUI schildert den libyschen Widerstandskampf und die Strategie der Italiener, den Widerstand zu brechen (vgl. ders. 1985, S.98 ff.).

430 Vgl. EISEL 1993, S.41: geschätzte Bevölkerung 1911: über eine Million; 1931: ca. 700.000; vgl. auch SCHLIEPHAKE 1976, S.22: 1931: 840.000 und 1954 1.089.000 Einwohner Libyens.

gefaßt.[431] Während der Norden seit dem 9.1.1939[432] integraler Bestandteil des Mutterlandes war (mit Verbot der ethnischen Vermischung von Libyern und Italienern), verblieb der Süden unter Militärverwaltung.[433]
Durch diese Form der italienischen Kolonisation wurde keine einheimische Oberschicht aufgebaut - als ein „erweitertes Hinterland“ sollte das Gebiet lediglich dazu dienen, Italiens Probleme zu lösen, nicht aber Strukturvorteile (Infrastruktur, Bildungs- und Gesundheitswesen) zu schaffen: das libysche Volk war von allen diesen Kolonialstrukturen ausgeschlossen.[434] Ca. 90.000 Italiener verdrängten die Einheimischen aus dem fruchtbaren Küstenstreifen, entzogen ihnen ihre ökonomische Basis und nutzten sie als kostengünstige Arbeitskräfte.[435]
SEGRÈ beurteilt in seinem Standardwerk “The Fourth Shore: The Italian Colonization of Libya.”, daß wie in so vielen anderen Ländern auch Libyen erst nach seiner Unabhängigkeit 1951 die Vorteile der italienischen Kolonisation zu spüren bekam. Obwohl für Italien die „demographische Kolonisation“ und damit die Ansiedlung von Italienern im Vordergrund gestanden hatte, blieben Libyen die von den Italienern gelegten Grundlagen vor allem im landwirtschaftlichen Bereich nach

---

431 Siehe GROTHE 1941, S.29. Für die rechtliche Situation - von der Verfassung bis zum rechtlichen Status der Libyer - vgl. HERKOMMER 1941, S.177-183; EVANS-PRITCHARD 1949, S.212-217.

432 ST JOHN nennt fälschlich den 1.1.1935 - ders. 2001, S.35.

433 Vgl. FRANK/KAMP 1995, S.251 ff.; BRENTJES 1982, S.101 ff.; BAUMANN/EBERT 1995, S.438. Für eine knappe Darstellung der italienischen Kolonialzeit in Libyen siehe MATTIOLI 2003.

434 Vgl. FIKRY 1974, S.92: nur Exillibyer kamen im arabischen oder europäischen Ausland mit der „Moderne“ in Berührung, da Italien die Einheimischen systematisch isolierte. Bezüglich der Söldner verließen sich die Italiener auf eriträische Soldaten, die verläßlicher als Libyer und zudem Christen seien, so daß Fraternisieren nur in Ausnahmen vorkam - vgl. HOLMBOE 1937, S.131. ABDUSSALAM/ABUSEDRA stellen die wirtschaftliche Situation (Landwirtschaft, Industrie und Infrastruktur) unter der italienischen Besetzung dar und benennen die von der libyschen Bevölkerung erzwungenen Opfer (vgl. dies. 1985, S.443-447.

435 Vgl. EISEL 1993, S.42. WILHELMY beschreibt die Situation anders: „Man kann nicht leugnen, daß sich die Italiener in den dreißiger Jahren bemüht haben, wieder eine Politik des friedlichen Ausgleichs mit den Eingeborenen zu verfolgen, daß sie das religiöse und kulturelle Leben der Mohammedaner respektierten und trotz ihrer Siedlungspläne den Grundbesitz der festansässigen Bevölkerung nicht antasteten. Es floß viel Geld in die Kolonie, und der Lebensstandard der Eingeborenen hat sich nicht unwesentlich gehoben.“ - ders. 1950, S.546 f. Dies bestätigt auch GROTHE 1941, S.79. Einen pragmatischen Überblick über die italienische Siedlungspolitik, -formen und -förderung bietet HERKOMMER 1941, S.55-96. Vgl. dazu auch GROTHE 1941, S. 54-58, der die Arten des Landerwerbs für die italienischen Siedler schildert und die Kolonisationsmethode darstellt. EVANS-PRITCHARD beschreibt ausführlich die italienische Herrschaft und Kolonisation zwischen 1932 und 1942 (s. ders. 1949, VIII. Kap., S.191-229): allerdings ließen sich die Beduinen nicht von Mussolinis Präsentation als „Verteidiger des Islams“ überzeugen (vgl. ders. 1949, S.204).

deren Abzug erhalten.[436] Italien hatte große Summen in den Aufbau Libyens investiert.[437] Für einige wenige Italiener erwies sich dies als profitabel, doch für den italienischen Staat war es eine wirtschaftliche Last, da die Kolonie zu keinem Zeitpunkt autark war, geschweige denn zur italienischen Autarkie beigetragen hätte. Letztlich profitierte Italien sogar von dem Scheitern seines „vierten Ufers", da es so von einer finanziellen Last befreit wurde.[438]

4. Der Zweite Weltkrieg und seine Folgen für Libyen

Im Zweiten Weltkrieg (Italien trat am 10.6.1940 auf deutscher Seite in den Krieg ein) wurde Libyen zur Ausgangsbasis italienischer und deutscher Truppen für Kampfhandlungen in Nordafrika.[439] Mit der Kapitulation Italiens am 26.1.1943 wurde Libyen nach der Haager Konvention von 1907 als besetztes Feindesland unter militärische Besatzung gestellt:
Großbritannien verwaltete getrennt voneinander Tripolitanien und die Cyrenaika[440]

---

[436] Auch die 1937 eingeweihte asphaltierte Küstenstraße von der tunesischen bis zur ägyptischen Grenze von 1822 km Länge, die sog. „Litoranea", ist in diesem Rahmen zu erwähnen - vgl. GROTHE 1941, S.46 f., 58. Einen Einblick in das italienische Libyen bietet die Beschreibung in BAEDEKER 1929, S.477-496.

[437] SIVERS nennt eine Summe von 1,2 - 1,4 Milliarden Lire insgesamt, denen in den späteren dreißiger Jahren vielleicht einige hundert Millionen Lire Einnahmen gegenüberstanden - ders. 2001, S.564.

[438] Vgl. SEGRÈ 1974, S.182-186. Das Werk orientiert sich an der italienischen Sicht der Dinge. Eine realistische Einschätzung der Lage findet sich bei BANSE, der bereits 1913 schrieb, daß Italien viel Geld in Libyen investieren müsse, um mehr als eine Erhöhung seiner Rolle in der internationalen Politik zu erlangen (vgl. BANSE 1913, S.15).

[439] Vgl. BAUMANN 1970, S.1000. Ausführlicher dazu schreibt JOHNSON - ders.1973, S.193-215. Für eine Karte mit den Kriegsschauplätzen in Libyen s. NELSON 1979, S.35, für bibliographische Verweise für militärische Handlungen in Libyen während des Zweiten Weltkrieges s. HILL 1959, S.71-73. Siehe auch STEWART 2000. ST JOHN hält die nordafrikanische Kampagne als ausschlaggebend für die Entwicklung hin zur libyschen Unabhängigkeit - ders. 2002, S.37-40.

[440] Siehe ausführlich über die britische Besatzung ab Dezember 1940 in der Cyrenaika RODD 1948, S.242-264. An eine arabische Beteiligung an einer Übergangsregierung war nicht zu denken, da gemäß der Haager Konvention das italienische Recht weiterhin von Gültigkeit war. RODD schreibt dazu: "The difficulty over the continuation of a latent Italian sovereignity was one of the main stumbling blocks in the path of the Administration. It preserved a sense of uncertainty about the future which, unless carefully handled, might turn into a cynical distrust of British intentions. Moreover it had a stultifying effect on private enterprise, for no one knew whether his efforts would not, in the end, be undone. It was too much to expect the Administration to administer Italian Law in full: hardly a legal book remained and the number of officers capable ot interpreting it was necessarily small, particularly in a sparsely populated country in which local administrative officers had to deal with almost every aspect

und Frankreich den Fessan.[441] Mit britischer Zustimmung stationierten die USA Truppen in Tripolitanien und bauten bis Kriegsende östlich von Tripolis den strategisch günstig gelegenen Luftwaffenstützpunkt Wheelus Field (Huwīlis Fīld) auf.[442] Am 7.10.1944 fanden in Tripolis Demonstrationen für eine politische Unabhängigkeit statt. Auf der Potsdamer Konferenz (Juli 1945) wurde der Beschluß gefaßt, daß Italien sämtliche Rechte an seinen früheren Kolonien aufzugeben habe. In Art. 23 des Pariser Friedensvertrages mit Italien vom 10.2.1947 ist diese Auflage fixiert. Annex XI desselben Vertrages beinhaltete, die Generalversammlung der VN über Libyen entscheiden zu lassen, falls keine Einigung unter den Signatarstaaten innerhalb eines Jahres zustandekomme.[443]
Eine Vier-Mächte-Kommission der Vertragsstaaten, die Libyen zwischen dem 6.3. und dem 20.5.1948 bereiste, stellte fest, daß Libyen weder ökonomisch selbständig noch politisch zur Unabhängigkeit in der Lage sein werde, da sich die drei Landesteile sehr voneinander unterschieden.[444] Den Libyern selbst, die in verschiedene Bewegungen gespalten waren (Royalisten, Republikaner, arabische Nationalisten)[445] war lediglich die Ablehnung der Fremdherrschaft mit dem Ziel der Unab-

of government without legal advice." - ders. 1948, S.252. Siehe auch von Siegfried LENZ „Duell mit dem Schatten.", in dem die Vergangenheitsbewältigung eines in Libyen stationierten britischen Offiziers Gegenstand ist (ders. 2000).

441 Für eine Karte der Besatzungszonen s. NATIONAL ATLAS 1978, S.20.

442 Vgl. EISEL 1993, S.44. Zur Zeit der italienischen Besatzung hieß der 1923 eingerichtete kleine Flugplatz Mellaha (Malāḥa). Im Krieg wurde er ab 1943 von den USA und Großbritannien genutzt und war einfacher zu erreichen als der Haupt-Flughafen Castel Benito. Einhergehend mit den sich verschlechternden US-sowjetischen Beziehungen entstand bei US-Militärstrategen der Plan, Mellaha in das US-Verteidigungssystem einzubeziehen. Im Rahmen eines Abkommens über eine zeitlich begrenzte Nutzung und den Ausbau von Mellaha mit Großbritannien, das nach dem Krieg den Flughafen übernommen hatte, nutzten die USA den Stützpunkt ab Februar 1948. Eingedenk eines im Iran ums Leben gekommenen US-Luftwaffenoffiziers namens Wheelus Field wurde Mellaha 1945 umbenannt. 1951 konnte der Vertrag über die Nutzung für 20 Jahre (bis Ende 1971) verlängert werden. Daraufhin entstand der größte US-Luftwaffenstützpunkt außerhalb der USA. Am 11.6.1970 räumten ihn die USA auf Verlangen Libyens vor Vertragsende. Vgl. VILLARD 1956, S.23, 137-142, ST JOHN 2002, S.69 f., PROKOP 1971, S.153; <http://www.globalsecurity.org/wmd/facility/wheelus.htm>, abgerufen am 27.8.2003.

443 Vgl. VILLARD 1956, S.28

444 Der im Auftrag der International Bank for Reconstruction and Development entstandene Bericht von 1960, der die libysche wirtschaftliche Entwicklung seit 1951 einschätzte und Zukunftsaussichten aufzeigt, konnte aufgrund der Erdölfunde zu einem komplett anderen Ergebnis kommen (vgl. IBRD 1960). Auch HAJJAJI weist auf eine vielversprechende Zukunft Libyens durch das Öl hin (vgl. ders. 1967, S.154).

445 Waren die Zwistigkeiten zwischen den verschiedenen Stammesgruppen und einflußreichen Familien eine Erleichterung für die Italiener während der Kolonialzeit gewesen, erwies sich dies beim Aufbau der Monarchie als Erschwernis. Der von Idrīs 1948 einberufene Nationalkongreß forderte die Unabhängigkeit. Die Nationalisten Tripolitaniens hatten unterschiedli-

hängigkeit gemeinsam. Auf einer Außenministerkonferenz (13.9.1948) der Siegermächte konnte man sich nicht über den Status Libyens einigen[446], so daß den VN die Entscheidung überlassen wurde.[447]
VILLARD, der Anfang der fünfziger Jahre als US-Sondergesandter in Libyen tätig war, schreibt dazu:

> "When all the variations on the theme of trusteeship were exhausted, the weary foreign ministers agreed to disagree, and in accordance with provisions of the Treaty of Peace with Italy, dropped the problem into the lap of the United Nations General Assembly which met in Paris on September 21, 1948." [448]

Die Generalversammlung der VN beschloß am 21.11.1949 im Einvernehmen mit den USA[449] die Entkolonialisierung unter Aufsicht der VN und die Errichtung eines souveränen Staates unter einem Hochkommissar (dem Niederländer Adrian Pelt, 10.12.1949 ernannt) bis spätestens 1.1.1952.[450]

---

che Vorstellungen über die Modalitäten einer Vereinigung und Regierung, und zwischen den etwa dutzend verschiedenen Nationalistengruppierungen und Idrīs konnte keine Einvernehmlichkeit erreicht werden (vgl. SIVERS 2001, S.571 f.; FRANK/KAMP 1995, S.253; SCHIFFERS 1962, S.60)

[446] Für die unterschiedlichen Positionen vgl. WILHELMY 1950, S.547.

[447] In der Cyrenaika kam der 1946 aus seinem ägyptischen Exil zurückgekehrte Idrīs dem VN-Entscheid zuvor und rief im September (nach SIVERS am 1.6.) 1949 in Benghasi einen selbständigen Sanūsī-Staat aus. Während Großbritannien der Außenhandel, die Außenpolitik und die Landesverteidigung oblag, war Idrīs in der Innen- und Wirtschaftspolitik souverän. In der Rechtsprechung und in Budgetfragen besaß Großbritannien ein Mitbestimmungsrecht - vgl. WILHELMY 1950, S.548. 1946; SIVERS 2001, S.571. Für eine sehr detaillierte Darstellung des libyschen Weges in die Unabhängigkeit siehe von Hisham SABKI die Fallstudie zu Libyen als Beispiel für eine friedliche Beilegung von Streitigkeiten (ders. 1970).

[448] VILLARD 1956, S.29.

[449] „Die Erklärung des Vertreters der Vereinigten Staaten bei den Vorarbeiten für diese souveräne Regierung, man sei in den Vereinigten Staaten fest davon überzeugt, nur das libysche Volk könne selbst seine Regierungsform entscheiden, zeigt, wie wenig man über die wahren Verhältnisse [...] unterrichtet ist." - LIBYEN 1950, S.183. ST JOHN gibt vier Gründe dafür an, warum die USA eine libysche Unabhängigkeit als positiv dafür erachteten, ihre folgenden Ziele in der Region zu erreichen: die Gewährleistung a) des Zugangs zu Öl, b) der Sicherheit Israels, c) der Eindämmung des Kommunismus und d) der Prinzipien der Selbstbestimmung und der friedlichen Konfliktlösung - vgl. ders. 2002, S.1 f. Auch SCHUMACHER betont, daß es zur libyschen Unabhängigkeit vor allem durch die Fürsprache der USA gekommen sei - ders. 1986, S.331.

[450] Vgl. SIMONS 1996, S.373 f.: Appendix 8, die elf Punkte umfassende "UN Resolution on Independence of Libya (21 November 1949)."; vgl. auch EISEL 1993, S.45 ff.; FAATH/MATTES/AL-WARFALLÎ 1984, S.38; VILLARD 1956, S.32 f. Für einen Über-

5. Unabhängigkeit statt Treuhandschaft

In den Folgejahren erfolgte die Ausarbeitung der politischen Strukturen: Eine Nationalversammlung konstituierte sich im November 1950, berief am 2.12.1950 den schon genannten Emir Idrīs zum König und verabschiedete am 7.10.1951 noch vor der Proklamation des unabhängigen Vereinigten Libyschen Königreiches eine westlich konzipierte Landesverfassung[451], die eine Föderation der drei Landesteile (*wilāya*) mit jeweils eigenem Parlament (Mitglieder zu drei Vierteln gewählt und zu einem Viertel vom König ernannt) und eigener Regierung (Gouverneur - *wālī* - vom König bestimmt) festschrieb. Ein Senat als zweites Haus bestand aus 24 paritätisch aus den drei Provinzen berufenen Honoratioren. Die entscheidende Machtfülle konzentrierte sich beim König, der nach eigenem Ermessen den Premierminister und die Regierung ernennen und entlassen konnte, die in ihrer Arbeit allerdings dem Parlament verantwortlich waren. Mit Tripolis als auch Benghasi (Banġāzī) als zwei Hauptstädten zog der Regierungsapparat anfangs halbjährlich, später nur noch alle zwei Jahre um.[452] Finanziell war Libyen von den VN abhängig.[453] ST JOHN beschreibt Libyen als den bisher einzigen von der VN-Generalsversammlung geschaffenen Staat folgendermaßen:

> "A fragile product of bargains and compromises, the United Kingdom of Libya was driven by a complex web of internal and external demands and interests. In the end, it was a genuine surprise to most observers that it lasted almost eighteen years, a period in which it brought a certain precarious stability to the eastern Mediterranean."[454]

---

blick über die VN-Dokumente mit Libyen-Bezug für den Zeitraum 1952-1978 s. JAMAHIRIYA 1979.

451 Vgl. KHADDURI 1963, S.341-362: Appendix III: Verfassung des Vereinigten Königreiches Libyen; siehe auch FAATH/MATTES 1992, S.64: Die uneingeschränkten Optionen zur Ausarbeitung der Verfassung aufgrund des Einflusses von VN und Großbritannien sind deutlich an den westlichen Verfassungseinflüssen zu erkennen.

452 Vgl. EISEL 1993, S.50; BAUMANN 1970, S.1001; siehe zur Verfassung auch SCHIFFERS 1962, S.59 f.; FAATH/MATTES/AL-WARFALLÎ 1984, S.40; MATTES 1995, S.196. Über die Unannehmlichkeiten berichtet VILLARD eindrücklich: alle Diplomaten bevorzugten Tripolis gegenüber Benghasi, und es stand außer Frage, die diplomatischen Vertretungen nach Benghasi zu verlegen, zumal für die Einreise in die Cyrenaika noch ein Visum benötigt wurde - vgl. ders. 1956, S.87-89.

453 Vgl. FRANK/KAMP 1995, S.254. Eine gute Beschreibung des Regierungssystems in der libyschen Monarchie bietet ZUZIK 1966, S.3 f. ZIADEH schreibt dazu: "The total result [...] was [...], that the modern state of Libya needed a new pattern. The tribal Sanūsī body of principles and teachings was probably good for the period between 1843 and 1911, and it was certainly useful in carrying out the struggle against the Italians, but it was not exactly befitting of a modern regime." - dies. 1958, S.134.

454 ST JOHN 2002, S.57. Ca. ein Jahr vor der libyschen Unabhängigkeit lancierten die VN ein Programm für technische Hilfe, das bis 1964 Bestand hatte. Für eine Beschreibung des Projektes s. UNITED NATIONS 1965, S.1-4.

Die historische Rolle der Sanūsīya in der Cyrenaika, ihre Verankerung im Stammeswesen und die Uneinigkeit der politischen Führung Tripolitaniens bewirkten die Wiederbelebung dieser Bewegung als eines politischen Faktors zunächst nur in der Cyrenaika, wo die Briten ihre strategischen Ziele verfolgend Idrīs als Emir der nominell unabhängigen Cyrenaika anerkannt hatten, und ab 1951 auch in Gesamtlibyen, nachdem die Führer Tripolitaniens Idrīs als Herrscher eines Vereinigten Königreiches akzeptiert hatte in der Erkenntnis, daß dies die einzige Möglichkeit war, um einer erneuten Fremdherrschaft zu entgehen.[455] Wenngleich Idrīs auch Schritte zur religiösen Wiederbelebung der Sanūsīya einleitete, fungierte er aufgrund der Verfassung nur als weltlicher Herrscher. Wegen der massiven britischen Präsenz und der seit der Erdölförderung erfolgenden Integration Libyens in den Welterdölmarkt spielte der Islam in der politischen und wirtschaftlichen Entwicklung keine Rolle, auch wenn er gemäß Art. 5 als Staatsreligion fixiert war.[456]

C. Das Sanūsī-Königreich von Libyen, 1951-1969

In dem am 24.12.1951 in die Unabhängigkeit entlassenen Libyen stützte sich die Monarchie auf traditionelle Autoritätsstrukturen (Stammesführer, Religionsgelehrte) und auf einige wenige, wirtschaftlich einflußreiche Familien. Entscheidungen orientierten sich eher am Stammeswohl als am Gesamtwohl, so daß Korruption, Amtsmißbrauch und Günstlingswirtschaft (*maḥsūbīya*) nicht selten waren.[457] Die Instabilität unter Idrīs äußerte sich auch in den häufigen Regierungsumbildungen.[458] In den fünfziger Jahren des 20. Jahrhunderts war Libyen eines der ärmsten Länder der Welt. Die Analphabetenrate betrug 90 %. Die Exporteinkünfte bestanden in dem Erlös des Verkaufs des Metalls der im Zweiten Weltkrieg zurückgelassenen oder zerstörten Kriegsgeräte sowie von Halfagras[459] nach Großbritannien und Italien.[460]

---

[455] Vgl. MATTES 1996, S.468 f. Siehe hierfür auch die Dissertation von ROUMANI, welche die Entstehung des modernen Libyens unter Berücksichtigung politischer Traditionen und des kolonialen Erbes zum Inhalt hat (ders. 1987).

[456] Vgl. MATTES 1996, S.469-472.

[457] Vgl. FAATH/MATTES/AL-WARFALLÎ 1984, S.40.

[458] Vgl. EBERT 1986, S.1022.

[459] Vgl. SANDERS 1999: bekannt auch unter dem Namen Alfa-/ Espartogras oder Spanisches Gras, wächst Stipa tenacissima in den steppenartigen Vorwüstenflächen Libyens. Die Halme und groben Blattfasern der Süßgrasgattung werden für die Herstellung von Papier, Banknoten, starken Tauen und Schuhen verwendet (vgl. BROCKHAUS 1997, Bd.IX, S.395)

[460] Außerdem waren zwei Institutionen geschaffen worden, die die wirtschaftliche Lage entwikkeln sollten: die nach libyschem Recht geschaffene Libysche Agentur für öffentliche Entwicklung und Stabilisierung, die durch ausländische Gelder finanziert wurde, und die Libysche Finanzkörperschaft, die zu moderaten Zinsen libyschen Bauern und Firmen Kredite zur Verfügung zu stellen beauftragt war - vgl. VILLARD 1956, S.68. Über weitere externe Unterstützung vgl. SABKI 1970, S.149-156.

Am 29.7.1953 schloß Libyen mit Großbritannien einen Freundschaftsvertrag ab, der auch die Unterhaltung militärischer Stützpunkte (u.a. al-ᶜAdam in der Cyrenaika) vorsah und bei einer zwanzigjährigen Laufzeit Libyen jährlich 3,75 Mio. Pfund Sterling einbringen sollte.[461]
Erst am 14.12.1955 wurde das Königreich Libyen in die VN aufgenommen - vorher hatte die Sowjetunion die Zustimmung verweigert, da es Libyen unterstellte, ein von den USA und Großbritannien gesteuerter Staat zu sein.[462]

I. Verwaltungsaufbau

Im Rahmen wirtschaftlicher Veränderungen kam es am 27.4.1963 zur Abschaffung des Föderalismus, da dieser als nicht mehr mit der aufkommenden Erdölwirtschaft vereinbar angesehen wurde. Auch die arabischen nationalistischen Gruppen vor allem in Tripolitanien vermochten dies nicht zu verhindern. Denn zunächst war nur in der Cyrenaika Öl entdeckt worden, und nur dieses Gebiet profitierte davon im Gegensatz zu den beiden anderen Provinzen. Dieser Zustand änderte sich erst, als Libyen als ein Einheitsstaat mit zehn Provinzen (*muḥāfaẓa*) wurde, deren Gouverneure der König ernannte. Frauen erhielten sowohl das aktive als auch das passive Wahlrecht. Nominelle Hauptstadt war al-Baiḍāᵓ. Der ständige Sitz der Regierung befand sich hingegen in Tripolis.[463]

II. Ölförderung

1914 wurde in der Nähe von Tripolis beim Bohren nach Wasser erstmalig Methangas gefunden. Die Suche der Italiener nach Untergrundwasservorräten in den zwanziger und dreißiger Jahren führte zu weiteren, jedoch nicht ergiebigen Funden. Pionier der Erdölsuche in Libyen war der italienische Professor Ardito Desio, der sich 1935 dazu entschloß, bei Wasserbohrungen nach Erdöl- und Erdgasspuren Ausschau zu halten. Ende der dreißiger Jahre reichte er der italienischen Regierung einen vertraulichen Bericht darüber ein. Die AGIP (Azienda Generale Italiana Petroli) entwickelte ein tripolitanisches Explorationsprogramm.[464] Im Sommer 1940 wurden die Untersuchungen wegen des Krieges eingestellt. Aufgrund der ungewissen Zukunft Libyens nach 1945 wurden weitere Explorationen auf die Zeit nach der

[461] Vgl. EISEL 1993, S.52 f.; EBERT 1986, S.1022; BAUMANN 1970, S.1002. Festzuhalten ist, daß Libyen unter VN-Verwaltung nicht in das Verteidigungssystem des Westens hätte einbezogen werden können - als unabhängiges Land hingegen konnte Libyen Verträge mit westlichen Mächten abschließen. VILLARD schreibt dazu: "For the present, Libya's strategic location is [...] its most important commodity. As long as the military requirements of the Western powers are important, the political and economic stability of Libya is of direct as well as indirect concern to them." - ders. 1956, S.147, vgl. auch ebd., S.33 f.

[462] Vgl. VILLARD 1956, S.152.

[463] Vgl. EBERT 1986, S.1021; ABUN-NASR 1987, S.414.

[464] Vgl. WRIGHT 1969, S.244.

Unabhängigkeit verschoben. Nach einem 1953 verabschiedeten Mineraliengesetz durften neun große internationale Gesellschaften Explorationsberichte erstellen. Im Jahre 1955 wirkten sich zwei Ereignisse günstig auf die Situation in Libyen aus. Zum einen wurde in der algerischen Sahara Erdöl gefunden, ein Ergebnis, das als Beweis für das Vorhandensein von Erdöl in Nordafrika gewertet wurde. Zum anderen wurde im Juni 1955 das erste Erdölgesetz[465] verabschiedet. Alle unterirdischen Mineralienressourcen wurden zu Staatseigentum erklärt und Konzessionsbedingungen festgelegt. Bereits im Oktober desselben Jahres wurden die ersten Konzessionen vergeben. Innerhalb der folgenden drei Jahre war das Land zu 55 % unter 14 internationalen Erdölfirmen aufgeteilt. Die Attraktivität Libyens in den fünfziger Jahren beruhte trotz eines weltweiten Erdölüberschusses und der damit einhergehenden fallenden Preise darauf, daß den europäischen Ländern an einer möglichst großen Anzahl von Erdöllieferanten aus verschiedenen Ländern gelegen war. Verstärkt wurde diese Entwicklung durch die Abadan-Krise Anfang der fünfziger Jahre und durch die Suezkanalblockade 1956/57. Libyens Vorteil war die Nähe zu Europa und die Unabhängigkeit vom Suezkanal.[466]

Mit den ersten ergiebigen Erdölfunden am 14.4.1959 (ESSO) begann die Ölförderung im großen Maßstab, so daß der libysche Export 1965 sich zu 99 % aus Öl zusammensetzte (1957: noch 66 % landwirtschaftliche Produkte).[467] 1966 war die Bilanz des Staatshaushaltes erstmalig positiv.[468]

Bereits 1961 warnte König Idrīs vor den Problemen, die durch den Wohlstand erwachsen könnten.[469] Außerdem absorbierte der Dienstleistungsbereich die meisten Arbeitskräfte, so daß dem Wunsch nach Autarkie und Export wegen fehlender Arbeitskräfte für die Industrie nicht Rechnung getragen werden konnte. Die libyschen Produkte hätten den europäischen weder nach Preis noch nach Qualität standhalten können.[470] Zwischen 1957 und 1965 verdoppelten sich die Preise, und Tripolis

---

465 S. ÖLCHRONOLOGIE 1974, S.1. Laut FURLONGE stammt das erste libysche Erdlölgesetz aus dem Jahre 1960 - ders. 1975, S.10. Zur Erdölgesetzgebung siehe auch AL-MURTAḌĀ 1982; ĠĀNIM 1985, S.25 ff.

466 Vgl. WRIGHT 1969, S.245 f.; FURLONGE 1975, S.9. Für einen ausführlichen Überblick über den libyschen Ölsektor vgl. NYROP 1973 (12. Kapitel: Industrie, S.239-259) und die Publikation eines Beamten des libyschen Erdölministeriums KUBBAH (KUBBAH 1964, III. bis VIII. Kapitel).

467 Vgl. dazu auch ZUZIK 1966, S.4-6.

468 Vgl. EISEL 1993, S.57 f., 65, 68.

469 Vgl. WRIGHT 1969, S.259; ALLAN 1981, S.96-115. König Idrīs verfügte zudem kurz nach seiner Machtübernahme, daß kein Mitglied der königlichen Familie Regierungspositionen einnehmen dürfe und Importe für den königlichen Haushalt ebenso besteuert würden wie alle anderen Importe. Er untersagte auch, Straßen , Gebäude und öffentliche Einrichtungen nach ihm oder Familienmitgliedern zu benennen - vgl. VILLARD 1956, S.110.

470 Vgl. WRIGHT 1969, S.270 f.

wurde eine der teuersten Städte der Welt.[471] Dessenungeachtet war bis 1965 das Verhältnis zwischen der libyschen Regierung und den Ölgesellschaften gut, und auch in der Folgezeit bemühte sich die Regierung um Verbesserungen durch Zugeständnisse an die Ölfirmen. Ab 1968 übernahm die staatliche LINOCO die Abwicklung der Erdölgeschäfte mit den ausländischen Firmen.[472]

III. Unzufriedenheit der Bevölkerung

Als Folge der Erdölexporte kam es zu wachsenden Konflikten zwischen Volk und Führung. Zum einen blieb die kleinstädtische Bildungselite (Lehrer, Studenten, Angestellte, Offiziere) von jeglicher Machtpartizipation ausgeschlossen, und zum anderen fehlten auch effektive Massenorganisationen.[473]
BEN MASSAUD FUSHAIKA stellt in seinem Abriß der Geschichte Libyens die Errungenschaften innerhalb des ersten Jahrzehnts der Monarchie dar: u.a. besuchten mehr Kinder die Schule[474], es war eine Universität gegründet worden und die Produktion in der Landwirtschaft gesteigert worden. Nicht nur die wirtschaftliche Autarkie sei zielstrebig verfolgt, sondern auch negative westliche Einflüsse seien reduziert worden. So würden nun Gesetze auf arabisch veröffentlicht und auch höhere Posten in der Verwaltung könnten mittlerweile mit Libyern besetzt werden. Die erlangte Unabhängigkeit, der große Enthusiasmus, dem Land zu dienen und die Entdeckung von Erdöl hätten Libyen unvorhergesehene Möglichkeiten eröffnet.[475]
Mit der durch die Ölförderung ausgelösten gesellschaftlichen Veränderungen wur-

---

471 Vgl. WRIGTH 1969, S.276. KUBBAH erläutert dies folgendermaßen: "Inflated prices have resulted from a glut of purchasing power that available goods and services could not absorb at current prices. The rational method of rectifying this economic disequilibrium is not to attempt to legislate it out of existence by price control as the Libyan authorities have tried to do, but to attack it where it originates: to relieve shortages by encouraging imports and increasing domestic production." - ders. 1964, S.43 f.

472 Vgl. FURLONGE 1975, S.10.

473 Vgl. FAATH/MATTES/AL-WARFALLÎ 1984, S.41; MATTES 1982, S.32. Laut ST JOHN haben auch die USA Anteil an dem Sturz der Monarchie, da sie den König zwangen, eine in der arabischen Welt unpopuläre Außenpolitik zu betreiben, und den Widerstand des Volkes dagegen unterschätzten - vgl. ders. 2002, S.3, 75.

474 ST JOHN merkt an, daß der Erdölreichtum zwar wenig Einfluß auf die libysche Außenpolitik hatte, dafür jedoch die innenpolitischen Bedingungen für den Putsch bewirkte. Zum einen, weil der sozioökonomische Wandel einem politischen Wandel voranging, den die Monarchie nicht vornehmen wollte. Zum anderen durch die von der libyschen Regierung unterstützte Alphabetisierungskampagne, die mit ägyptischen Schulbüchern und Lehrern erfolgte und dem wachsenden arabischen Nationalismus Vorschub leistete. Vgl. dazu ders. 2002, S.84 f.

475 Vgl. BEN MASSAUD FUSHAIKA 1962, S.68 f.; ALLAN 1981, S.116-156. ST JOHN ist der Meinung, daß der Einfluß des Erdöls weitaus größer hätte ausfallen können. So kündigte Libyen bereits 1964 an, die Verträge 1970 mit Großbritannien und den USA nicht zu verlängern. Dessenungeachtet wurden freundschaftliche Beziehungen beibehalten - nicht zuletzt deswegen, weil Libyen auf den westlichen Schutz angewiesen war (ders. 2002, S.84).

de Libyen jedoch zu einer nichtproduzierenden Gesellschaft (Rentier-Staat): Importe ersetzten die eigenen Produkte (vor allem im landwirtschaftlichen Bereich, da eine staatliche Förderung fehlte), und die eigene wirtschaftliche Leistung verlagerte sich auf den Importhandel und den Dienstleistungssektor. Negative Folgen der erdölinduzierten Transformation verstärkten die Urbanisierung, in deren Gefolge die Entstehung von Elendsvierteln stand. Da trotz der starken Erdöleinkünfte der Lebensstandard der Bevölkerung nicht stieg, wuchs die Unzufriedenheit über die Bereicherung einiger weniger Nutznießer sowie über die zunehmende Verwestlichung[476] vor allem im staatlichen Bereich (Verwaltungs- und Arbeitsorganisation, -hierarchie, -disziplin, -verträge und -sprache).[477]
Libyen war zwar formal unabhängig, wirtschaftlich jedoch an den Westen gebunden.[478] Die relativ starke Armee zum Schutz der Monarchie (1962/63 beliefen sich die Ausgaben bereits auf 12,7 % des Staatshaushaltes) sowie der Ausschluß der Bevölkerung von der politischen Beteiligung ließen umfassende Veränderungen nur durch Eingreifen des Militärs erwarten. Deshalb war es nur folgerichtig, als es es aufgrund offenkundiger Unzufriedenheit in der Armee 1967 bei der Umstellung britischer und US-amerikanischer Stützpunkte zu Protesten gegen eine Nutzung der Stützpunkte zugunsten Israels kam.[479] Die Regierung war zu Veränderungen gezwungen und sicherte 70 % der Erdöleinnahmen für einen Entwicklungsplan sowie für die finanzielle Unterstützung von arabischen Ländern zu, denen materieller

---

476 Anschaulich beschreibt dies der Anthropologie-Professor DUPREE: "American influence and personnel are increasing at a rapid space. [...]. Most American servicemen are apathetic to service in Libya and almost never leave the air base. Others, when they do leave, make asses of themselves. Few understand or even attempt to understand the history, culture or problems of the United Kingdom of Libya. The native population is referred to as "Mohab", and rumors spread that Christians are killed in the Old City of Tripoli. All Libyan customs are interpreted - and compared, always unfavorably - in terms of the air conditioned, skyscrapered culture of the United States." - ders. 1958, S.44. Vgl. auch ST JOHN 2002, S.8.

477 Vgl. FAATH/MATTES/AL-WARFALLÎ 1984, S.41 f.; EBERT 1986, S.1022. Das Problem der ungleichen Einkommensverteilung erwähnt auch der IBRD-Bericht - IBRD 1960, S.5.

478 Vgl. GLAGOW 1972, S.147. ABUN-NASR schreibt darüber: "Libya, the first country in the Maghrib to become officially independent, in a sense, attained true independence only after the revolution of 1969. The discovery of oil enabled Libya to dispense with outside financial aid which was one of the bases of the close ties which the Libyan government maintained with Great Britain and the U.S.A. and created new social-political forces irreconcilable with the maintenance of the monarchical regime." - ders. 1987, S.411 f.).

479 Vgl. NYROP 1973, S.273. ST JOHN räumt der anti-westlichen Haltung des libyschen Volkes einen großen Stellenwert ein und schreibt: "Viewing Libya after independence as a strategic asset as opposed to an important but sovereign ally, the U.S. government encouraged the regime of [...] Idris [...] to adopt foreign policy options that were unpopular in the Arab world and thus contributed to the popular perception of Libya as a Western dependency." - ders. 2002, S.2.

Schaden durch die Existenz Israels entstand.[480] Jedoch gelang es König Idrīs nicht, die Unzufriedenheit vollständig auszuräumen.[481]

D. Die Entwicklung Libyens unter al-Qaḏḏāfī

Am 1. September 1969 - König Idrīs weilte im Ausland[482] - übernahm der Bund der Freien Unionistischen Offiziere (*rābiṭat aḍ-ḍubbāṭ al-aḥrār al-waḥdāwīyīn*)[483] unter Führung al-Qaḏḏāfīs die Macht in Libyen.[484] 1942 in der Sirte-Gegend als Angehöriger eines der sechs Unterstämme des für libysche Verhältnisse kleinen Qaḏāḏifa-Stammesverbandes geboren, wuchs al-Qaḏḏāfī in einfachen Verhältnissen auf. Er besuchte zunächst eine Koranschule. Als begabter Schüler kam er nach Sabha (Fessan) auf eine weiterführende Schule. Seine Klassenkameraden ᶜAbd as-Salām Ǧallūd[485], Muṣṭafā al-Ḫarūbī und Abū Bakr Yūnis Ǧābir wurden seine späteren Verbündeten im obersten exekutiven und legislativen Organ des Revolutionären Kommandorates (RKR - *maǧlis qiyādat aṯ-ṯaura*).[486]

---

[480] Vgl. BAUMANN 1970, S.1005. VILLARD hatte diese Entwicklung vorausgesehen und 1956 in die folgenden Worte gefaßt: "It is now up to the Libyans themselves to push their development, not only politically and economically, but sociologically as well. For example, they may have to reconsider reforms in the status of the women ..." - ders. 1956, S.158.

[481] Vgl. SIMON 1985, S.342. LASWAD stellt in seiner Dissertation über politisches Bewußtsein und Langlebigkeit von Regimes im Nahen Osten dar, daß sich in Libyen im Rahmen des Widerstandskampfes ein politisches Bewußtsein entwickeln konnte, welches letztlich die Legitimität der Monarchie in Frage stellte und zu ihrem Sturz führte (s. ders. 1993). Für die Vorgeschichte und den Umsturz durch al-Qaḏḏāfī siehe ausführlich auch bei CRICCO 2001.

[482] Ḥasan ar-Riḍāᵓ as-Sanūsī, libyscher Kronprinz und Neffe von König Idrīs, dankte noch 1969 in seinem und im Namen seines Onkels ab und starb am 28.4.1992 in ärmlichen Verhältnissen in London. Der neue Kronprinz, Muḥammad al-Ḥasan ar-Riḍāᵓ as-Sanūsī, betonte den Anspruch der Sanūsī-Familie auf den Thron. Vgl. BIDWELL 1998, S.371; MATTES 1993, S.114.

[483] Vgl. zu diesem Bund ausführlich MATTES 1999a, S.268 f. Dort erwähnt ist auch der Bund der Gefährten (*rābiṭat rifāq al-Qaḏḏāfī*) al-Qaḏḏāfīs als nichtmilitärische Ergänzung zum Bund der Freien Unionistischen Offiziere.

[484] Zu den Bezeichnungen „Septemberrevolution", „Putsch" oder „Staatsstreich mit revolutionären Folgen" vgl. KHELLA 1986, S.53. MATTES grenzt die libysche Sebtemberrevolution (*ṯaurat al-fātiḥ min sibtambar*) von einem Staatsstreich (*inqilāb*) ab, da mit dem Machtwechsel in Libyen eine grundsätzliche Umgestaltung des politischen Systems, des Wirtschaftssystems und bislang gültiger gesellschaftlicher Normen angestrebt und auch umgesetzt wurde (ders. 2001a, S.4, S.25). Vgl. das Standardwerk von Ruth FIRST über die „schwierig zu erreichenden" Revolutionsziele: "Libya.The Elusive Revolution." - dies 1974.

[485] Geb. 1944, gehört dem Stamm der Maqārḥa aus dem Fessan an - vgl. BIDWELL 1998, S.209 f. Für eine Übersicht über die RKR-Mitglieder s. ÖLCHRONOLOGIE 1974, S.3.

[486] Vgl. LIBYA 1990, S.5.200.7 und ULE 1975, S.20 ff. Einen Überblick über al-Qaḏḏāfīs Leben vermittelt MUSCAT in "My President, My Son. ... Or One Day That Changed The History of Libya.", das 1974 erschienen ist. Eine jüngere und nur selten angeführte Publikation von Mu-

Nach der Beendigung der Schulausbildung in Miṣurātah absolvierte al-Qaḏḏāfī die Militärakademie der Qār-Yūnis-Universität in Benghasi von 1964-1965 und wurde 1966 für eine neunmonatige Zusatzausbildung an britischen Militäreinrichtungen nach England gesandt.[487]
Die kleine Armee (8000 Mann) war eine moderne Enklave inmitten einer an traditionellen Werten orientierten Gesellschaft.[488] Mit dem Postulat von Freiheit (*ḥurrīya*), Sozialismus (*ištirākīya*) und Einheit (*waḥda*) sollte nach der erfolgreichen von al-Qaḏḏāfī und seinen Verbündeten erstrebten Machtübernahme der Unterschied zwischen dem nationalen Reichtum und der Rückständigkeit der Volksmassen aufgehoben werden.[489] Dabei ging es ihnen nicht nur um Import und Nachahmung, sondern um die Entwicklung eines eigenen Weges[490] und die Umsetzung eines eigenen Konzeptes mit dem obersten Ziel der Selbstbestimmung des Volkes, wofür Re-Arabisierung und massive bildungspolitische Maßnahmen wesentliche Voraussetzungen darstellten.[491]

---

sa KOUSA befaßt sich ausführlich mit dem sozialen Hintergrund al-Qaḏḏāfīs (ders. 1983). Auch HINNEBUSCH 1982 bietet einen guten Einblick in die personalisierte Führung Libyens. BALTAJI geht ausführlich auf die nasseristische, marxistische und „prophetische" Prägung al-Qaḏḏāfīs ein - ders. 2000, S.48-61. Für einen knappen Überblick s. BIDWELL 1998, S.336-338.

487 Vgl. LIBYA 1990, S.5.200.7; SANDERS 1999, S.52. Die Angaben über al-Qaḏḏāfīs Aufenthalt in England variieren stark - s. z.B. MUSCAT 1974, S.50-53; KYLE 1987, S.29; GOTTFRIED 1994, S.82; BIDWELL 1998, S.336. Verläßlich sind die Belege allein bei CRICCO. Er zitiert britische und US-amerikanische Dokumente, aus denen hervorgeht, wie lange al-Qaḏḏāfī an welchen Einrichtungen weilte. Die vorgenannten Autoren berücksichtigen diese unterschiedlichen Stationen al-Qaḏḏāfīs jedenfalls nicht und erwähnen meist nur eine von vielen. Für Einzelheiten s. CRICCO 2002, S.35.

488 Vgl. WINFRIED 1970, S.98. Der Gedanke, eine eigene Armee aufzubauen, um sich nicht mehr auf fremde Truppen verlassen zu müssen, war erst Ende 1966 entstanden - vgl. WRIGHT 1969, S.274.

489 Vgl. FAATH/MATTES/AL-WARFALLÎ 1984, S.62. Für die in den Jahren 1969-1989 erreichten Erfolge s. LĪBIYĀ o.J. Eine Beschreibung der Revolution aus libyscher Sicht liegt z.B. von AŠ-ŠARĪF (ders. 1997) vor.

490 GLAGOW führt dazu aus: „Die libysche Revolution trägt dem Eigencharakter der Völker und der Religion Rechnung; die Natur des Menschen, die absolute Ideologien ablehnt, ist für sie eine reale Größe. Sozialismus ist hieraus folgend für al-Qadhdhāfī eine Arbeitsmethode zur Überwindung der Rückschrittlichkeit, nicht aber eine „unfehlbare Lehre". Der Unterschied zwischen dieser Art von Sozialismus und dem Sozialismus kommunistischer Ausprägung ist für ihn somit unüberbrückbar." - ders. 1972, S.147. Interessant sind diesbezüglich auch die Vorstellungen al-Qaḏḏāfīs, die in einem Artikel von NIZZA über „Libyens preußische Rolle für die arabische Einheit" für die Zeitschrift New Middle East deutlich werden - s. ders. 1972.

491 Vgl. FAATH/MATTES/AL-WARFALLÎ 1984, S.62 f. VIORST schreibt dazu: "Independence was a luxury Libya was able to afford: billions of dollars in oil revenues arrived early on to assure the revolution's financial freedom." - ders. 1999, S.64.

I. Die Phasen der Revolution und die Herausbildung des Systems der Ǧamāhīrīya

Die innenpolitische Entwicklung läßt sich in vier Phasen teilen:[492]

Tabelle 16: Die innenpolitische Entwicklung Libyens

1)	09/1969 - 1971	Entscheidung für die Gründung der *Arabischen Sozialistischen Union* (ASU)
2)	1971 - Ende 1975	Veröffentlichung des ersten Teils des Grünen Buches als ideologischer Handlungsanleitung
3)	1976 - 1987	Dekade stark ideologisch geprägter Politik
4)	seit 1987	Veränderungen im politischen System sowie wirtschaftliche Korrekturen

1. Die Arabische Sozialistische Union

Die erste Phase war von zwei gegensätzlichen Entwicklungen gekennzeichnet. Erstens von einem außenpolitischen Determinismus[493], der in konkreten Handlungen wie der Räumung der britischen und amerikanischen Militärstützpunkte (am 28.3. und 11.6.1970)[494], der Ausweisung der italienischen Siedler (Oktober 1970) sowie dem Beginn der Verstaatlichung der ausländischen Ölfirmen[495] deutlich

---

[492] Für diese Angaben vgl. MATTES 1995a, S.111.

[493] Die Außenpolitik von al-Qaḏḏāfī soll an dieser Stelle ausgeklammert bleiben, da sie im 2. Kap. (S.158 f.) und im 6. Kap. (Abschn. A., S.331 ff.) behandelt wird. Es ist jedoch an dieser Stelle auf den Artikel von CRICCO zu verweisen, der die Einschätzung al-Qaḏḏāfīs durch Großbritannien und den USA in den Jahren 1969-71 untersucht und zum Ergebnis kommt, daß diese das Schließen ihrer Militäreinrichtungen in der Hoffnung auf spätere gute wirtschaftliche Beziehungen zu Libyen hinnahmen und al-Qaḏḏāfī trotz seiner gegen den Westen gerichteten Rhetorik als „den richtigen Mann am richtigen Ort" ansahen. Al-Qaḏḏāfī hingegen sah die Schließung dieser Einrichtungen als Anfang des libyschen Emanzipationsprozesses von westlichem Einfluß. Vgl. ders. 2002, S.32.

[494] Nach der US-Räumung von Wheelus - die insgesamt 3545 festen Bauten mußten vertragsgemäß unbeschädigt zurückgelassen werden - wurde der Stützpunkt umbenannt in „Luftstützpunkt der Libyschen Arabischen Republik ʿUqba bin Nāfiʿ" - s. PROKOP 1971, S.56, 69 f.

[495] Für eine Auflistung der in Libyen operierenden Ölfirmen s. ÖLCHRONOLOGIE 1974, S.18. Vgl. insbesondere die ausführliche Beschreibung in der "Chronology of the Libyan Oil Negotiations, 1970-1971." als offizieller US-amerikanischer Quelle über die Vorgänge insgesamt (ÖLCHRONOLOGIE 1974). Trotz dieser Nationalisierungsbestrebung war al-Qaḏḏāfī immer bemüht, die ausländischen Ölfirmen nicht zu brüskieren. Ausländische Ölfirmen wurden in Joint Ventures überführt mit mind. 51 % libyscher Beteiligung. Eine Ausnahme stellt die Nationalisierung von British Petrol 1971 dar. Grund hierfür war die Unterstützung Großbritanniens für den Schah von Persien im persischen Golfkonflikt - vgl. SCHUMACHER 1986, S.333. Libyens Forderungen an die westlichen Erdölfirmen erfuhren Unterstützung

wurde.[496] Zweitens entwickelte sich eine innenpolitische Flexibilität in bezug auf die Suche nach neuen Organisationsformen mit dem Ziel der umfassenden Beteiligung am Entscheidungsprozeß zwecks Verwirklichung der sozialen Freiheit.[497] Weder die Erste Erklärung[498] des RKR vom 1.9.1969 noch die am 11.12.1969 verabschiedete Verfassungsproklamation[499] hatten zu diesen Themen Festlegungen vorgenommen.[500]

2. Das Grüne Buch als Handlungsanleitung

In der zweiten Phase mündete die Suche nach neuen Organisationsformen beeinflußt von der panarabischen Orientierung al-Qaḏḏāfīs (intensivierte Kooperation zwischen Ǧamāl ᶜAbd an-Nāṣir / Nasser und al-Qaḏḏāfī seit September 1969; Föderation der Arabischen Republiken[501] vom 17.4.1971 zwischen Libyen, Ägypten und Syrien)[502] in der Übernahme der ägyptischen Verfassungsmodells und der Konzeption einer von Bauern und Arbeitern dominierten Einheitspartei, der sog. libyschen ASU.[503] Doch erfüllten sich für den RKR weder die mit der Einführung der ASU verbundenen Hoffnungen auf eine generelle politische Mobilisierung der *ǧamāhīr* (Volksmassen) noch die Hoffnung auf eine Forcierung der vom RKR ein-

---

durch die Ankündigungen der Erdölminister Saudi-Arabiens, Iraks und Algeriens, ihre Erdöllieferungen zu stoppen, sollten die Erdölfirmen nicht auf die libyschen Forderungen eingehen - s. für Einzelheiten ÖLCHRONOLOGIE 1974, S.14 f.

496 Vgl. FAATH/MATTES/AL-WARFALLÎ 1984, S.42, 52: Ziel war die Beibehaltung des Rentenstaatkonzepts - allerdings im Zustand der sozialen Gerechtigkeit. Damit immobilisierte sich das Volk jedoch als einfacher Empfänger staatlicher Leistungen selber. Siehe auch LIBYA 1990, S.5.200.8. Zum Stand der libyschen Wirtschaft 1973 siehe auch MAĞĪD 1973, insbesondere S.81-86 (Erdöl) und S.125-153 (Probleme und Lösungen).

497 Vgl. FAATH/MATTES/AL-WARFALLÎ 1984, S.44.

498 Abgedruckt bei BRENTJES 1982, S.122 f. (deutsch).

499 Die „Verfassungsproklamation des Revolutionsrates der Libyschen Arabischen Republik vom 11. Dezember 1969." liegt auf Deutsch bei BAUMANN 1970, S.1011-1016, auf Englisch bei BRYDE 1970, S.385-389 und - übersichtlicher - unter: <http://www.oefre.unibe.ch/law/icl/ly00t-.html> (abgerufen am 19.6.2003) sowie auf Französisch bei BLEUCHOT 1983, S.170 vor.

500 Die wichtigsten offiziellen und halboffiziellen Dokumente aus dem Zeitraum vom 1.9.1969 bis zum 30.8.1970 finden sich bei ANSELL/AL-ARIF 1972.

501 Vgl. TIBI 1972, S.106 ff. Siehe auch MEI 1971a, S.24 f. für Einzelheiten.

502 Vgl. FAATH/MATTES/AL-WARFALLÎ 1984, S.45. Vgl. hierzu auch die Dissertation von PRITCHETT, in der die Bedeutung des arabischen Nationalismuses für die Beziehung zwischen den drei Ländern herausgearbeitet ist (dies. 1992).

503 Vgl. für offizielle Angaben FIRST SEPTEMBER 1974, S.5 f. Dabei sieht sich die libysche Revolution nicht als Spiegelbild der ägyptischen Erfahrungen. So ist die Inkorporation des Islams in den Panarabismus ohne Beispiel, auch brauchte Libyen ungleich Nasser keinen reichen Patron, war doch Libyen dank des Erdöls reich und damit auch der einzige reiche arabische Staat, der arabische Einheit anstrebte. Vgl. dazu ST JOHN 2002, S.117.

geleiteten sog. Entwicklungsrevolution im landwirtschaftlichen Sektor, in der Industrie sowie im Bildungs- und Gesundheitswesen.[504] Im Frühjahr 1973 bekundete al-Qaḏḏāfī seine Unzufriedenheit mit dem erreichten geringen Grad der politischen Mobilisierung und gesellschaftlichen Entwicklung, da sich die ASU als zweiter bürokratischer Apparat neben der herkömmlichen Verwaltung etabliert habe. In seiner programmatischen Rede von Zuwāra (westlibysche Küstenstadt) kündigte al-Qaḏḏāfī deswegen mehrere politische Maßnahmen (als Volksrevolution / *aṯ-ṯaura aš-šaᶜbīya* und damit als zweite Phase des revolutionären Transformationsprozesses) zur Sicherung des Revolutionsprozesses und der Ziele der Revolution an:[505]

Tabelle 17: Kernpunkte al-Qaḏḏāfīs programmatischer Rede von Zuwāra

•	zügige Reform der Gesetzgebung, verstärkte Anpassung an die revolutionären Erfordernisse
•	Kampf gegen den politischen Opportunismus (Muslimbrüder, Mitglieder der *Baᶜṯ-Partei*, Marxisten, politisch Andersdenkende u.a.)
•	Bewaffnung der Volksmassen in Hinblick auf die Ablösung der klassischen Armee durch Volksmilizen und damit die Freiheit des Volkes, über die eigene Zukunft, das politische und soziale System zu bestimmen
•	Einleitung der Verwaltungsrevolution (Bildung von *Volkskomitees - lağna šaᶜbīya* - in allen Verwaltungseinrichtungen)[506]
•	Einleitung einer kulturellen Revolution (*aṯ-ṯaura aṯ-ṯaqāfīya*) durch eine verstärkte Arabisierungspolitik[507], die Schaffung eines neuen Verhältnisses zwischen Stadt und Land, durch Veränderungen im Pressesektor usw.

Wichtigste Neuerung waren die im Rahmen der Verwaltungsrevolution gebildeten Volkskomitees in Verwaltung und Unternehmen (Ölsektor, Bankwesen und Militär blieben ausgenommen oder waren erst seit den achtziger Jahren teilweise betroffen), wodurch eine Loslösung vom nasseristischen Modell erfolgte.[508] Die administrativen Funktionen der Volkskomitees und ihr Wahlmodus wurden nach teilweise ungeordneten Verhältnissen in der Anfangszeit im November 1973 durch ein Gesetz geregelt, das mit Modifikationen bis heute gültig ist. Ungelöst blieben die Pro-

---

504 „Die schwache personelle Mitgliederbasis und die ablehnende Haltung der ländlichen Bevölkerung gegenüber der ASU hat so einen entscheidenden Einfluß auf die anstehenden Modernisierungsprogramme verhindert." (FAATH/MATTES/AL-WARFALLÎ 1984, S.45). Zur Entwicklungsrevolution s. umfassend die offiziellen libyschen Angaben in FIRST SEPTEMBER 1974, S.27-156.

505 Vgl. FAATH/MATTES/AL-WARFALLI 1984, S.45, 48-55; BLEUCHOT 1973, S.22 f.; ders. 1974, S.26.

506 MAMMERI erklärt diesen Terminus folgendermaßen: »... cette nouvelle forme du pouvoir sera exercée par les conseils d'entreprises, d'universités, d'agriculture, de fonctionnaires ... seuls détenteurs du pouvoir dans tous les domaines et à tous les niveaux, conformément à la philosophie de la «troisième théorie».« - ders. 1975, S.13.

507 Allerdings ist Arabisch erst seit 1983 alleinige Verwaltungssprache - vgl. AAL 1984, S.139.

508 Auf diese Entwicklung bezugnehmend machte al-Qaḏḏāfī darauf aufmerksam, daß nun das Volk regiere - vgl. MAMMERI 1976, S.16. Siehe auch MODIFICATION 1976, S.16.

bleme, wie die von der Bevölkerung entsprechend dem Gesetz alle drei Jahre zu wählenden Volkskomitees die bürokratischen Strukturen der ASU zu dynamisieren in der Lage sein sollte und wie die politische Kontrolle über sie auszusehen habe. Zur Klärung dieser offenen Fragen zog sich al-Qaḏḏāfī von April 1974 bis Anfang 1975 vom politischen Alltagsgeschehen zurück[509] und erarbeitete die Grundstrukturen des zukünftigen libyschen Staatsmodells[510], den Staat der Massen - die *ǧamāhīrīya*[511]. Konkretes Ergebnis war die Auflösung der ASU durch Überwindung ihres Parteicharakters: die Partei wurde für alle libyschen Staatsbürger ab 18 Jahren, die sich in legislativen, sog. *Basisvolkskonferenzen* (BVK - Sg.: *muᵓtamar šaᶜbī asāsī*) innerhalb einer geographischen Einheit zusammenschlossen, geöffnet. Auf drei jährlichen Sitzungskonferenzen sind alle politischen Entscheidungen zu diskutieren. Ihnen sind jeweils regionale Volkskomitees als exekutive Organe verantwortlich, deren Mitglieder alle gewählt (ausgewählt)[512] sein müssen. Daneben haben sich alle abhängig Beschäftigten (Lehrer, Ingenieure, Ärzte, Bauern, Arbeiter, Studenten etc.) als dritte Säule des Systems in entscheidungsbefugten Berufskonferenzen zusammenzuschließen und mehrmals jährlich zu nationalen Entwicklungsfragen aus berufsspezifischen Sicht Stellung nehmen. Mit einem imperativen Mandat versehene ausgewählte Vertreter der örtlichen Berufsvolkskonferenzen, Volkskomitees und Berufsorganisationen treten im nationalen Gremium der *Allgemeinen Volkskonferenz* (*al-muᵓtamar aš-šaᶜbī al-ᶜāmm*, AV) jährlich zusammen, führen die lokalen Beschlüsse in nationale Beschlüsse (Gesetze) über und bestellen das nationale *Allgemeine Volkskomitee* (*al-laǧna aš-šaᶜbīya al-ᶜāmma*, AVK), dessen Mitglieder Ministerfunktionen haben, aber zur Verdeutlichung des Auftragscharakters Sekretäre (*amīn*) genannt werden. Dieses System der direkten Demo-

---

509 Vgl. FAATH/MATTES/AL-WARFALLÎ 1984, S.49; AAL 1976, S.326.

510 Für eine schematische Darstellung der politischen Struktur Libyens seit dem 2.3.1979 s. MATTES 2001, S.54. Vgl. auch EL FATHAHLY/PALMER/CHACKERIAN 1977, S.99 f. Die Autoren weisen des weiteren auf den aus mindestens vier Schritten bestehenden Legitimisierungsprozeß der Institutionen und des Revolutionsführers hin: a) die Verringerung der Massenunterstützung für die traditionellen Stammeseliten, b) die positive Einschätzung der Anstrengungen des Revolutionsführers durch die Bevölkerung, den libyschen Lebensstandard zu heben, c) die Bereitschaft der libyschen Landbevölkerung, einem modernen Verwaltungsapparat zu vertrauen und d) die Bereitschaft, aktiv am politischen System zu partizipieren (dies. 1977, S.2 f.). Die Dissertation von AL NAMLAH befaßt sich ebenfalls im Rahmen einer psychologisch-historischen Analyse ausführlich mit der politischen Legitimität al-Qaḏḏāfīs (ders. 1992).

511 Dieser Begriff ist ein Neologismus zur Bezeichnung des Staatswesens und wird gebildet aus *ǧumhūrīya* (Republik) und *ǧamāhīr* (Volksmassen) und kann mit „Volksmassenstaat" übersetzt werden.

512 Vgl. EBERT 1995, S.422: Funktionsträger werden nicht *gewählt*, sondern *ausgewählt*. Siehe auch ders. 1986, S.1024 f.: Statt „Wahl" (*intiḫāb*) werden die Termini „Aufsteigen" (*tasᶜīd*) und „Auswahl" (*iḫtiyār*) verwendet.

kratie trat im Dezember 1975 in Kraft und ist im ersten Teil des Grünen Buches[513] (*Die Lösung des Demokratieproblems: Die Macht des Volkes* - ḥall muškilat ad-dīmuqrāṭīya: sulṭat aš-šaᶜb) niedergelegt, der am 17.9.1976 erschien.[514] Der zweite Teil *Lösung des wirtschaftlichen Problems: Der Sozialismus* (ḥall al-muškil al-iqtiṣādī: al-ištirākīya) wurde am 1.2.1978 veröffentlicht. Der dritte Teil, herausgegeben im Juni 1979, *Die soziale Basis der dritten Universaltheorie* (al-rukn al-iǧtimāᶜī li-'n-naẓarīya al-ᶜālamīya aṯ-ṯāliṯa)

> "[...] presents the genuine interpretation of history, the solution of man's struggle in life and the unsolved problem of man and woman."[515]

Sie kann als die Handlungsanleitung für die Dritte Universaltheorie (DUT) bezeichnet werden.[516]

3. Ideologisch geprägtes Jahrzehnt

In der dritten Phase nahmen verschiedene Entwicklungen Einfluß auf den institutionellen Rahmen und den Verlauf der innenpolitischen Ereignisse.

a) Mit der Entstehung der Revolutionskomitees (*laǧnat aṯ-ṯaura*) machten es sich überzeugte Anhänger der Ideologie al-Qaḏḏāfīs zur Aufgabe, durch Aufklärungsarbeit und Vorbildfunktion das neue Ǧamāhīrīya-Modell zu verankern. Zwischen 1977 und 1980 entstanden in allen Institutionen (vor allem in den Basisvolkskonferenzen, aber auch in Volkskomitees, Schulen und Unternehmen) sog. Revolutionskomitees. Ihre Arbeit untereinander wurde von einem zentralen Verbindungsbüro in Tripolis abgestimmt, so daß deren ursprüngliche Aufgabe der Massenmobilisierung einer Kontrollfunktion in Bezug auf die Basisvolkskonferenzen und einer Verstärkung der Einflußnahme nach al-Qaḏḏāfīs Direktiven wich.[517]

---

513 Für eine Internet-Ausgabe des Grünen Buches siehe unter <http://www.geocities.com/Athens /8744/readgb.htm>.

514 Vgl. MATTES 1995a, S.112 ff.; VANDEWALLE 1991, S.218; EBERT 1986, S.1026-1030. Für die Vorstellungen bezüglich der internationalen Beziehungen im Grünen Buch s. AL-MAZŪĠĪ o.J.

515 LIBYA 1990, S.5.200.9.

516 Vgl. MATTES 1995a, S.115; VANDEWALLE 1991, S.218 f. Für bibliographische Angaben zu al-Qaḏḏāfīs politischer und sozialer Philosophie s. WITHERELL 1990, S.106 f. Die sog. Dritte Universaltheorie grenzt sich vom kapitalistischen und auch kommunistischen Modell ab und versteht sich als einen „dritten Weg". Für Einzelheiten s. FIRST SEPTEMBER 1974, S.9-14. Siehe insbesondere das umfassende Werk von Roswitha BADRY (dies. 1986; dies. 1987) sowie AL-ǦAHĪMĪ 1990 über die wirtschaftliche Ausbeutung.

517 Vgl. MATTES 1995a, S.115. Ausführlich beschäftigt sich BALTAJI mit der Bedeutung der Revolutionskomitees - ders. 2000, S.85-97.

b) Am 2.3.1977[518] setzte die Proklamation der Volksherrschaft[519] die Verfassungserklärung von 1969 *de facto* außer Kraft. Der aus al-Qaḏḏāfī und mittlerweile nur noch vier weiteren Mitgliedern[520] bestehende RKR wurde aufgelöst und durch die Bildung eines Generalsekretariats der AVK ersetzt, das sich aus denselben fünf Personen zusammensetzte. Nach einer zweijährigen Übergangszeit erhielt al-Qaḏḏāfī den offiziellen Titel des Revolutionsführers (*qāʾid aṯ-ṯaura*)[521] und nahm seither keine Regierungsfunktionen mehr wahr.[522] Damit war das politische System in zwei Bereiche aufgespalten. Zum einen in den sog. Herrschaftsbereich mit einem formellen und gesetzlich geregelten Verwaltungs- und Verfahrensgang in bezug auf die Volkskonferenzen und - komitees. Zum anderen in den sog. Revolutionssektor, der aus nicht wählbaren und wegen der revolutionären Legitimität keiner Institution politisch verantwortlichen Revolutionskomitees und der Revolutionsführung repräsentiert wird.[523] Letztgenannte erläßt richtungsweisende Direktiven, über deren Umsetzung die nachgeordneten Revolutionskomitees zu wachen haben. Dieses System erhöht den Operationsspielraum des libyschen Revolutionsführers und macht bei Systemeingriffen den Rekurs auf Verfassungsänderungen - wie sie beim Vorliegen einer herkömmlichen Verfassung erforderlich wären - entbehrlich.[524]

---

[518] Vgl. MATTES 1995, S.197: vom 28.2.-2.3.1977 fand eine Außerordentliche Tagung des AV statt, auf der auch die Umbenennung in „Sozialistische Libysche Arabische Jamahiriya" erfolgte - vgl. auch AAL 1978, S.164. Der Zusatz „Große" wurde erst 1986 in Verbindung mit den militärischen Auseinandersetzungen mit den USA dem offiziellen Staatsnamen vorangestellt - vgl. EISEL 1993, S.130.

[519] „*Iʿlān sulṭat aš-šaʿb*": deutsche Übersetzung bei EBERT 1995, S.445 f.

[520] Der RKR setzte sich anfänglich aus insgesamt zwölf Mitgliedern zusammen. Letzlich blieben neben al-Qaḏḏāfī als Mitglieder Stabsmajor ʿAbd as-Salām Ǧallūd, Brigadegeneral Abū Bakr Yūnis Ǧābir, Brigadegeneral Muṣṭafā al-Ḫarūbī und Major al-Ḫuwildī al-Ḥumaidī übrig - vgl. FRANK/KAMP 1995, S.258; FAATH/MATTES 1992, S.65. Für die gesellschaftliche Herkunft der verschiedenen RKR-Mitglieder siehe HINNEBUSCH 1982, S.184; EL-KIKHIA 1997, S.172, Endnote 43 des 4. Kapitels.

[521] "The personalization of Libyan policy and the interchangeable usage of the leader's name for that of the country are therefore no mere literary devices; Qaddafi is the personal policy chief of Libya, to a greater extent in foreign than in domestic policy. He makes specific decisions of importance in addition to establishing the ideological context within which they are made; [...] Yet, without diminishing this personal primacy, it does operate within an institutional framework and under some political constraints." - ZARTMAN/KLUGE 1983, S.66.

[522] Ab 1979 widmete sich al-Qaḏḏāfī ausschließlich den Fragen der Fortführung der Revolution - vgl. AAL 1980, S.176 und FAATH/KOSZINOWSKI/MATTES 1998, S.18.

[523] Damit ist nach westlichem Verständnis „... Libyen ein Staat ohne Verfassung, dessen Bürger theoretisch und praktisch der Willkür der politischen Führung ausgeliefert sind, da diese keiner wie auch immer gearteten Kontrolle unterliegt." - MATTES 1995, S.197.

[524] Vgl. MATTES 1995a, S.115 f.; MATTES 1995, S.197; FAATH/MATTES 1992, S.65.

c) Des weiteren ergaben sich aus den im ersten Teil des Grünen Buches enthaltenen Vorstellungen institutionelle Veränderungen im religiösen Bereich[525], in bezug auf die Armee (gemäß beduinischer Überzeugung hat jeder für die Verteidigung seines Stammes einzutreten; die damit begründete allgemeine Militärausbildung des Volkes wurde bereits 1989 erreicht und als „Bewaffnung des Volkes" gefeiert) sowie hinsichtlich der diplomatischen Apparatur[526], die als unvereinbar mit dem Prinzip gesehen wurde. Deshalb wurden Anfang der achtziger Jahre die im Ausland lebenden Libyer dazu aufgefordert, ihre Botschaften zu besetzen und Volkskomitees zur Leitung der nunmehr Volksbüros (*al-maktab aš-šaᶜbī*) genannten ehemaligen Botschaften zu bilden. Allerdings mußten unter Berücksichtigung internationaler Geflogenheiten einige Neuerungen zurückgenommen werden, so daß lediglich der Bruch mit den klassischen Rekrutierungsprinzipien sowie die Terminologie bis heute von Bestand sind.[527]

d) Die seit 1978/79 erfolgenden ideologisch motivierten Wirtschaftseingriffe[528] waren Ergebnis der wirtschaftspolitischen Konjunktur (Erdöleinnahmen 1978: 9,5 Mrd. US-$, 1980: 21,4 Mrd. US-$) und orientierten sich am zweiten Teil des Grünen Buches. Dabei riefen die Konzepte der „Produzentenrevolution"[529] (Übernahme aller Unternehmen durch betriebsinterne Volkskomitees), der Verstaatlichung des Binnenhandels, des Aufbaus von Volkssupermärkten und der Sozialisierung von Mietwohnungen (*das Haus seinem Bewohner als Eigentum* - al-bait lisākinihi)[530] erheblichen Widerstand hervor. Ihre Umsetzung konnte erst nach dem Aufbau der allgegenwärtigen Revolutionskomitees als Organen des Systemschutzes, die spätestens seit Ende der siebziger Jahre die bewaffneten Streitkräfte als „Avantgarde der Revolution" ablösten, abgeschlossen werden.[531]

---

525 1975 erging das Redeverbot für Religionsgelehrte (*ᶜulamāʾ*) zu politischen Angelegenheiten mit dem Argument, daß der Koran auf Arabisch niedergelegt sei und von daher kein Mittler zwischen Gott und den Menschen benötigt werde. S. dazu die Darstellung von MAIER, der auf die Rede al-Qaḏḏāfīs zum Dialog mit den islamischen Gelehrten vom 3.7.1978 hinweist (ders. 2002, S.137-144). Die Folge dieser auf einer fundamentaltheologisch radikalisierten Kritik des Islams basierenden Politik ist faktisch eine Säkularisierung. Die politische Relevanz des Islams wird auf das koranisch begründete formale Prinzip ethischer Verantwortung des Individuums reduziert. Dies wird als islamisch begründet und soll dem Islamismus den Boden entziehen. S. ders. 2002, S.139 f.

526 Vgl. MAMMERI 1979, S.9 f.

527 Vgl. MATTES 1995a, S.116 ff.

528 Vgl. BFAI 1981, S.1; für eine ausführliche Behandlung dieses Themas siehe die Dissertation von VANDEWALLE, der dieses ohne Rücksicht auf die politische und wirtschaftliche Entwicklung durchgeführte „staatskapitalistische Experiment" untersucht (ders. 1988).

529 Vgl. FAATH/MATTES/AL-WARFALLÎ 1984, S.55.

530 AL-QAḎḎĀFĪ 1995, S.90.

531 Vgl. MATTES 1995a, S.118.

e) Etwa seit 1977 - und in Übereinstimmung mit der Entwicklung der Revolutionskomitees und der Einsetzung von Revolutionsgerichten ab 1980 - nahm unter Mißachtung rechtsstaatlicher Grundsätze die extralegale, länderübergreifende Revolutionsjustiz zu, die sich bis dahin mehr auf eine entsprechende revolutionäre Rhetorik beschränkt hatte.[532]

4. Wirtschaftliche Korrekturen

Die vierte Phase ist dadurch gekennzeichnet, daß die innenpolitische Lage seit Mai 1984 (8.5.1984 Putschversuch in der Bāb-al-ᶜĀzīzīya-Kaserne, Tripolis)[533] gespannt war. Anfang 1987 sah al-Qaḏḏāfī den Bestand der Ǧamāhīrīya gefährdet, da die Bevölkerung in den Basisvolkskonferenzen immer offener ihre Unzufriedenheit über die Versorgungsengpässe aufgrund zurückgegangener Erdöleinkünfte, der hohen Bindung der Einnahmen für militärische Zwecke (Rüstungseinkäufe, Tschadeinsatz[534]) und industrielle Großprojekte, über die Ineffizienz der Volkssupermärkte, das staatliche Im- und Exportmonopol sowie die immer stärker als repressiv empfundenen Handlungen der Revolutionskomitees äußerte. Die sich verschlechternden Beziehungen zu den USA und die Wende in dem seit Anfang der achtziger Jahre währenden Tschad-Engagement (hohe Verluste vor allem von Dezember 1986 - Sommer 1987) waren schließlich der Anlaß für eine neue Kursbestimmung im Frühjahr 1987. Um die verlorene Legitimität wiederzuerlangen, wurde eine wirtschaftliche und politische Liberalisierung angestrebt. Etliche der zwischen 1978 und 1980 eingeführten ideologisch motivierten Wirtschaftseingriffe wurden rückgängig gemacht, und von 1992-1994 vollzog sich eine vollständige Liberalisierung aller wirtschaftlichen Aktivitäten einschließlich der Privatisierung staatlicher Unternehmen und der Zulassung privater Banken, so daß es trotz der bei jährlich 9 Mrd. US-$ stagnierenden Erdöleinnahmen und trotz des Embargos (geschätzter Verlust: 24 Mrd. US-$) zu einer verbesserten Versorgungslage und zu einer ansteigenden Investitionstätigkeit kam.[535]

---

532 Vgl. MATTES 1995a, S.118 f.

533 Vgl. AAL 1985, S.133.

534 Vgl. FRANK/KAMP 1995, S.263 f.: 1990 einigten sich Tschad und Libyen, den IGH ihren Konflikt um den Aouzou-Streifen zu lösen. Am 3.2.1994 sprach der IGH Tschad den Aouzou-Streifen zu. Für Einzelheiten s. WITHERELL 1990, S.59-64; NEUBERGER 1982, S.29 f. In Libyen sind nach wie vor Karten erhältlich, die Libyen inklusive des annektierten Gebietes darstellen. Und im Aṭlas al-waṭan al-ᶜarabī wa-'l-ᶜālam gibt die politische Karte Libyens zwar den aktuellen Grenzverlauf wieder, doch den thematischen Karten auf der Nachbarseite liegt offensichtlich älteres, heute nicht mehr gültiges Kartenmaterial zugrunde. Vgl. dafür AṬLAS AL-WAṬAN 1996, S.160 f.

535 Zu den Reformansätzen vgl. FAATH/MATTES 1995, S.10. Für die Entwicklung des tschadisch-libyschen Konfliktes s. MATTES 1989, S.200-206. Für eine Analyse der libyschen Wirtschaftspolitik in den Jahren 1987-1993 siehe die Dissertation von ALTUNISIK (ders. 1995).

II. Innen- und außenpolitische Kurskorrekturen

Flankiert wurde der Wirtschaftsreformkurs seit Ende 1987 von innen- und außenpolitischen Kurskorrekturen. In außenpolitischer Hinsicht spiegelte sich dies in der erstmaligen Anerkennung der Regierung des Tschad (1988) sowie in der Regelung des Konflikts um den Aouzou-Streifen (ʾŪzū)[536] wider. Außerdem kam es zu einer verbesserten bilateralen Beziehung zu Tunesien ab 1987 und zur Lösung von Streitpunkten mit Algerien und Marokko, eine Entwicklung, die am 17.2.1989 in der Gründung der Arabischen Maghreb-Union (AMU - *ittiḥād al-maġrib al-ʿarabī*)[537] gipfelte. Offiziell entsagte Libyen allen terroristischen Aktivitäten und ergriff auch im Zweiten Golfkrieg nicht Partei. Diese Politik der Mäßigung war lange überschattet von dem einer breiten Öffentlichkeit bekannten Lockerbie-Konflikt.[538] Innenpolitisch bewirkten systemstabilisierende Maßnahmen seit 1988 als „Revolution der Revolution" oder „Dritte libysche Revolution" (nach der Septemberrevolution von 1969 und der Volksrevolution seit 1973) ein liberaleres Wehrpflichtgesetz (Dezember 1987), die Verurteilung von Machtmißbrauch durch die Revolutionskomitees sowie eine Konzentration der Komitees auf ihre eigentliche Aufgabe der Massenerziehung. Es kam zur Freilassung politischer Gefangener (3.3.1988) und zur Aufhebung aller Auslandsreisebeschränkungen. Mit der Verabschiedung der Menschenrechtscharta[539] (*al-waṯīqa al-ḫaḍrāʾ al-kubrā li-ḥuqūq al-*

---

536 Vgl. RONDOT 1979, S.406: seit Juni 1973 forderte al-Qaḏḏāfī unter Berufung auf ein nicht ratifiziertes Abkommen zwischen Frankreich und Italien von 1935 das ca. 1100 Kilometer lange und 100-200 Kilometer breite Gebiet an der Grenze zum Tschad. S. auch EISEL 1993, S.135 ff. GROTHE schreibt dazu: „Über den Hauptteil der südlichen Grenzlinie, die Französisch-Äquatorialafrika zum Nachbar machte, ergab sich erst am 7. Januar 1935 eine Einigung zwischen Italien und Frankreich. Sie verläuft in der ansehnlichen Länge von 1200 km vom Brunnen El Uâar im Tummohochland zum südlichsten Punkt Libyens überhaupt, der in die zentralafrikanische Hochflächenlandschaft der Sandsteinplatte von Erdi hineinragt." - ders. 1941, S.24 f. Vgl. zur Problematik der unabhängig von örtlichen Gegebenheiten gezogenen Grenzen Libyens MULLER 1982, S.167-172, in bezug auf Tschad insbes. S.178.

537 Vgl. FRANK/KAMP 1995: Die AMU ist ein aus Algerien, Libyen, Marokko, Mauretanien und Tunesien bestehender Staatenbund mit dem Ziel der wirtschaftlichen Kooperation sowie der Vereinheitlichung der Finanz-, Kultur- und Bildungspolitik. S. KAMP 1999, S.46: Bislang wurde noch keines dieser Ziele verwirklicht. Für Einzelheiten s. MATTES 1990, S.208. Ausführlich befaßt sich KISTENFEGER mit der Maghreb-Union und ihrer Bedeutung für Libyen - ders. 1994.

538 Vgl. MATTES 1995a, S.121 und VIORST 1999, S.60 ff. Für den Lockerbie-Konflikt siehe das 4. Kap., Abschn. A.II.1., S.246 ff.

539 „Die große grüne Friedens- und Menschenrechtsdeklaration in der Volksmassen-Ära." ist untrennbarer Bestandteil der Proklamation über die Errichtung der Volksherrschaft. Vgl. EBERT 1996, S.52; MAYER 1995, S.123; MATTES 1989a, S.108. Für den Text siehe MENSCHENRECHTSCHARTA 1988, S.476-479. Ausführlich beschäftigt sich BALTAJI mit der Dritten Universaltheorie und der ihr inhärenten Menschenrechtstheorie - vgl. ders. 2000. Auf ihren hohen Stellenwert verweisend sieht er die fehlende Demokratie in interna-

insān fī-ᶜaṣr al-ğamāhīr) am 12.6.1988, präzisiert durch das „Gesetz Nr. 20 vom 1.9.1991 über die Festlegung der Freiheit“[540], erfolgte erstmals seit 1969 eine Kodifizierung einzelner Bürgerrechte, auf die sich ein Bürger formal berufen und deren Verwirklichung er vor einem ebenfalls neu geschaffenen Gerichtshof einklagen kann.[541] Doch ist die innenpolitische Liberalisierung bis heute von Konflikten zwischen Staats-/ Revolutionsführung und der islamistischen Opposition[542] überlagert, die durch die Grenzöffnung und die Gewährung größerer politischer Freiräume gestärkt wurde und die eine weitere Systemveränderung in Frage stellt. Denn die islamistische Opposition, die zwar in verschiedene Gruppierungen gespalten ist, kritisiert al-Qaḏḏāfīs Islampolitik und damit seine Politik der Entmachtung religiöser Autoritäten und seine Zurückweisung traditioneller Rechtsquellen außerhalb des Korans als Grundlage politischer Entscheidungen.[543] Solange nicht das islamische Recht (*šarīᶜa*) eingeführt und zur Grundlage aller politischen Entscheidungen gemacht sei, könne das revolutionäre System nicht islamisch sein. Diese Konfrontation von Revolutionsführung und Islamisten ist einer innenpolitischen Stabilisierung abträglich, da durch die Auseinandersetzung repressive Instrumente in großem Umfang zum Einsatz kommen, so daß meist Islamisten Opfer von Menschenrechtsverletzungen werden.[544]

---

tionalen Organisationen und im internationalen Wirtschaftssystem als gegensätzlich und grundverkehrt an (s. ders. 2000, S.187-199).

540 Der Text ist abgedruckt bei EBERT 1995, S.447-451 (deutsch) und unter LIBYA 1991, A/6-8 (englisch).

541 Vgl. MATTES 1995, S.197; AAL 1989, S.173.

542 Zu den verschiedenen islamistischen Gruppierungen in Libyen s. detailliert CALLIES DE SALIES 1998, S.142-145; DEEB 1999, S.77-79; MARTINEZ 2000, S.221-224; OUANNES 1999, S.177-182. Für die militärische, tribale und säkulare Opposition s. DEEB 1999, S.79-82. Von den im Ausland agierenden Oppositionsgruppen ist vor allem die National Front for the Salvation of Libya (NFSL) zu erwähnen, die die Errichtung einer pluralistischen Demokratie zum Ziel hat. Für Einzelheiten bezüglich ihres Programmes siehe NFSL 1993 und unter <http://www.nfsl-libya.com>. Allerdings bietet die NFSL keine realistische Alternative zu al-Qaḏḏāfī , und »Le seul objectif politique qui tient lieu de projet est de débarasser la Libye de Kadhafi et de donner ainsi satisfaction à l’Occident.« - DJAZIRI 1988, S.776. Für bibliographische Angaben über Oppositionsbewegungen im Exil s. WITHERELL 1990, S.107-111; OUANNES 1999, S.176 f.

543 Vgl. zur Idee des islamischen Staatsaufbaus z.B. GRÄF 1966, S.144 ff.

544 Vgl. MATTES 1995a, S.121 ff. Siehe auch die Ausführungen von SIVERS, der festhält, daß sich insgesamt nicht viel an dem libyschen Recht geändert habe - nur daß al-Qaḏḏāfī fortan den Koran frei auslegen könne, was bei der Ableitung der Gesetze aus dem Koran durchaus einen großen Spielraum darstellt - vgl. ders. 2001, S.581.

III. Einschätzung der Situation in Libyen heute

Al-Qaḏḏāfī lehnt jede herkömmliche Theorie der Volksvertretung ab, da sie zu nicht gerechten Ergebnissen führe, und fordert eine nichtrepräsentative Herrschaft anstelle eines parlamentarischen Systems. Im Grünen Buch sind die Institutionen einer solchen Regierung beschrieben, ohne daß explizite Angaben über ihre Zusammenarbeit gemacht werden.
Auch wenn einige Gedanken wie politische Wunschideen wirken, grenzt sich al-Qaḏḏāfī mit seinem „Dritten Weg" von parlamentarischen Demokratien und vom Sozialismus ab.[545] Entscheidend ist die Bedeutung des Korans, den al-Qaḏḏāfī im Sinne einer vollständigen Neugestaltung der Gesellschaft interpretiert.[546] Mit dem Islam als Religion der Volksmacht läßt sich das Konzept der direkten Demokratie begründen.[547] Als Haupthindernisse für die Verwirklichung dieses Konzeptes stellten sich die gesellschaftlichen Institutionen und Werte heraus.[548] Die hohen, aus dem Erdölexport resultierenden Einnahmen ermöglichten es der Führung indessen, eine ihren Vorstellungen entsprechende soziale und wirtschaftliche Infrastruktur zu schaffen. Wie groß diese Abhängigkeit von den Erdölrenten ist, zeigte sich durch die Rücknahme der ideologisch motivierten Wirtschaftseingriffe, als die Erdöleinnahmen weltmarktbedingt zurückgingen.[549] Sowohl diese äußere Abhängigkeit (2002: Erdöl und -gas machen 90 % des Exportes aus[550], hohe Importquote) als auch die innere (Dominanz des öffentlichen Sektors; vom Staat dominierter Ölsektor; eine durch den Stellenwert des Erdöls bedingte Stagnation von Landwirtschaft und Industrie) ist dem Staat bewußt und bewirkte Projekte wie das des Großen Künstlichen Flusses (GKF - *an-nahr aṣ-ṣinā*ᶜ*ī al-*ᶜ*aẓīm*).[551]

---

545 Vgl. DAVIS 1981, S.40.

546 In der Verfassungsproklamation von 1969 wird der Koran als Grundgesetz der Gesellschaft bezeichnet - vgl. RONDOT 1979, S.403; ULE 1975, S.21. Darauf bezugnehmend bezeichnet KIENZLER in seinem Kapitel über Islam und Fundamentalismus (S.80-104) „den libyschen Präsidenten" [sic!] als fundamentalistisch auf seine Weise - vgl. ders. 2001, S.95 f. Die ausgewiesene Libyen-Kennerin Mary-Jane DEEB hingegen sieht al-Qaḏḏāfīs Islam eher reformistisch als fundamentalistisch an. Sie stellt fest: "It is not surprising, therefore, that Qadhdhafi's views of religion and politics bear the imprint of the Sanussi legacy." - dies. 1989, S.169.

547 Vgl. RONDOT 1979, S.409 f.

548 So sorgte die unzureichende Vorbereitung der Bevölkerung auf die radikalen Maßnahmen für Verwirrung im Wirtschaftsleben - vgl. RONDOT 1979, S.409.

549 1985: 21 Mrd. US-$, 1986 nur noch 8,5 Mrd. US-$ - vgl. VANDEWALLE 1991, S.228.

550 Vgl. BARATTA 2002, Sp.508.

551 Mit dem Projekt wurde am 23.8.1984 begonnen. Ziel ist es, die großen Grundwasservorräte aus dem Inneren der Sahara in die Küstenregion zu leiten (vgl. KAMP/FRANK 1995, S.261). Für Einzelheiten vgl. GAZZO 1981, S.59, 66 ff.; FONTAINE 2000, S.62-65; SCHLIEPHAKE 1995, S.165-180. SAGER nennt unter dem Namen „Wasserverbundsystem" vor allem die

Häufig wird der durch al-Qaḏḏāfī eingeleitete Wandel in Libyen als originelles Experiment mit ungewissem Ausgang bezeichnet, das von der inneren und äußeren Integrationskraft al-Qaḏḏāfīs abhänge, der seine revolutionäre Zielsetzung aus tiefster moralischer Überzeugung verfolge.[552] In engem Zusammenhang mit diesem „Experiment“ steht die Frage seiner Nachfolge. Das Wegfallen des Revolutionsführers als zentraler Führungspersönlichkeit wird Folgen für die Stabilität des Staates haben, zumal bislang offiziell kein Nachfolger ausersehen worden ist.[553] Zwar zogen sich mit der umfassenden politischen Mobilisierung viele Personen von Einfluß in die familiären und Stammesinstitutionen zurück und waren aufgrund von großzügig gewährten Renten dem Staat gegenüber zumindest neutral eingestellt. Doch konnte der Einfluß der Stammesstrukturen nicht entscheidend vermindert werden. Durch den Rückgang der Erdöleinnahmen und die steigende finanzielle Belastung des Staatshaushaltes (Tschad-Konflikt, industrielle Großprojekte wie das des GKF) zeigte sich deutlich, daß Reformen nicht vorgenommen wurden, die für den Staat hätten gefährlich werden können, und daß die Langlebigkeit der Revolution auf gekaufter Kooperation beruhte.[554] Al-Qaḏḏāfī ist also durchaus flexibel in bezug auf das Erreichen von Zielen und stellt Fragen von geringerer Bedeutung zurück: so brachte der Zwang zur sinnvollen Verwendung der sinkenden Staatseinnahmen die Revision ideologischer Standpunkte mit sich.[555] Der derzeitige politische Kurs ist geprägt durch die Suche nach einem Kompromiß zwischen denjenigen, denen an Libyens revolutionärer Identität gelegen ist, und einer technokratischen Elite, die

positiven Aspekte desselben - vgl. ders. 1990, S.57-61; siehe auch die entsprechenden Karten im dazugehörigen Anhang. Für die Verwendung des Wassers s. TAQRĪR 1999, S.69.

552 Vgl. RONDOT 1979, S.402, 410. ULE 1975, S.22, schreibt über al-Qaḏḏāfī, daß er auch für seine Landsleute schwer zu verstehen sei als asketischer, glühender Nationalist, Panarabist, berechnend in politischen Verhandlungen und kompromißloser Verfechter seiner Ideale. SCHUMACHER äußert: “While many of those around him are corrupt, Qaddafi by all accounts is not, making him the worst sort of dictator: a true-believing one.” - ders. 1986, S.332.

553 Vgl. hierzu den Artikel über al-Qaḏḏāfīs Familie in der Jeune Afrique l'Intelligent - vgl. FAMILLE 2000, S.55 ff.

554 Vgl. VANDEWALLE 1991, S.229 ff. DEEB nimmt an, daß die Nachfolgefrage nicht einfach oder glatt von Statten gehen wird - vgl. dies. 1999, S.88.

555 Vgl. FAATH/MATTES 1995, S.9. ZARTMAN beschreibt dies allgemein als: “[...] there are many ways of incorporating a challenge, including both buying the leaders away from the cause and buying the cause away from its leaders.” - ders. 1985, S.35. Diesbezüglich ist auch die Dissertation von ARAB von Interesse. Der Autor untersucht die Bedeutung des Wertesystems al-Qaḏḏāfīs für seine Außenpolitik und kommt zu dem Schluß, daß es von Relevanz ist und insofern das Verhalten al-Qaḏḏāfīs nicht nur nachvollziehbar macht sondern auch vorhersehen läßt (vgl. ders. 1988). EL-KIKHIA teilt diese Auffassung. Er schreibt: “Thus Libya's foreign policy manifests a certain degree of dualism reflecting General Qaddafi's need for order and chaos in the same policy.” - ders. 1997, S.113. Für Einzelheiten s. ders. 1997, S.111-115; SOBH 1995, S.30 f.

Posten im Regierungs- und Verwaltungsapparat innehat. Beide Seiten befürworten es, die Ideologie den nationalen Wirtschaftsinteressen unterzuordnen.[556] Zwar gibt es einsetzend mit der Suspendierung des Embargos alles zu kaufen, doch haben die meisten Einwohner nicht das erforderliche Geld zur Verfügung, da Ende der achtziger Jahre mit der Aufhebung des staatlichen Handelsmonopols die Preise den Marktgesetzen folgten und stiegen, Löhne und Gehälter jedoch festgeschrieben blieben. Dazu kommt eine hohe Arbeitslosigkeit[557] vor allem unter jungen Männern sowie eine wachsende Anzahl von unverheiratet bleibenden Frauen[558] (aufgrund des mehrheitlich weiblichen Bevölkerungsanteils).
Die sozioökonomischen Leistungen der Revolution seit 1969 sind durchaus anzuerkennen.[559] Doch ist eine gute materielle Ausgangsbasis nicht allein Grundlage für das Maß der Zufriedenheit der Bevölkerung eines Staates mit seiner politischen Führung. Politische Aspekte wie die Gewährung und Garantierung bürgerlicher Rechte, die Zulassung von privaten Initiativen in Politik und Wirtschaft weisen auf die Defizite im politischen Handlungsbedarf in Libyen hin. Diese zu beseitigen obliegt jedoch der Landesbevölkerung und nicht fremden Staaten wie den USA.[560]

Zusammenfassung

In Hinblick auf das Korsarentum der Barbareskenstaaten (17.-19. Jahrhundert) und den US-tripolitanischen Krieg Anfang des 19. Jahrhunderts wird aus westlicher Sicht bis heute häufig auf eine „Tradition der Konfrontation" Libyens insbesondere mit den USA verwiesen. Verschiedene Autoren (DEARDEN, MÖSSNER) zeigen jedoch, daß diese Behauptung - zumindest aus juristischer Sicht - nicht zutrifft.

---

556 Vgl. KAMP 1999, S.47. Siehe dazu auch BUTANI, der 1975 schon auf die bis heute herrschenden Probleme in der politischen Ökonomie verwies - ders. 1975, insbesondere S.109, 117 f., 120 f.

557 Im Jahr 2000 wurde die Arbeitslosenrate in Libyen auf ca. 30 % geschätzt - vgl. BARATTA 2002, Sp.508.

558 Zu dem Bildungsstand und die Tätigkeitsbereiche der arbeitenden Frauen s. TAQRĪR 1999, S.138, 140, 141, 146, 147, 149.

559 VIORST schreibt dazu: "No doubt, Qaddafi [...] has contributed much to Libya. He ended colonial rule. He has devoted Libya's substantial wealth to building an impressive infrastructure: roads, schools, hospitals, electricity, a water distribution system. He has gone as far as any Arab leader in providing for popular participation in decision-making and in liberating women." - ders. 1999, S.72 f. Auch in "Island of the Blest" des Anthropologen MASON werden die durch al-Qaḏḏāfī initiierten Neuerungen gewürdigt - s. ders. 1977, S.142-145. ALSUDAIRY kommt jedoch in seiner Studie zu dem Ergebnis, daß durch militärische Macht in Libyen initiierte soziale Entwicklung nicht der Aufbau von lebensfähigen politischen Institutionen entstehen konnte - vgl. ders. 2000. Auch der libysche Entwicklungsbericht 1999 gibt Aufschluß über das Erreichte. Vgl. z.B. S.43 (Analphabetentum), Lebenserwartung (S.44), S.62 (Haushaltsausgaben) in TAQRĪR 1999.

560 Vgl. EISEL 1999, S.48; MATTES 1995a, S.25

Ähnlich hartnäckig halten sich auch die negativen Einschätzungen von Libyens Revolutionsführer al-Qaḏḏāfī und seiner Außenpolitik. Al-Qaḏḏāfī gilt als nicht berechenbar und verschroben. Die von ihm bestimmte Außenpolitik lasse keine klare Linie erkennen. DEEB, NIBLOCK, ST JOHN u.a. Libyenkenner relativieren diese Sicht im Rahmen ihrer Untersuchungen und gehen von einer zielstrebigen Politik Libyens unter al-Qaḏḏāfī aus.
Die USA nahmen die Machtergreifung al-Qaḏḏāfīs in Libyen 1969 abwartend zur Kenntnis. In den siebziger Jahren verstärkten sich jedoch ihre Befürchtungen, Libyen könne zur Marionette der Sowjetunion werden. Die US-Politik gegenüber Libyen in den folgenden Jahrzehnten ist vor diesem Hintergrund zu sehen. Darüber hinaus verstanden die USA die unverhohlene Unterstützung Libyens für Befreiungsbgewegungen aller Art als Förderung des internationalen Terrorismus. Beide Aspekte bewirkten, daß die USA Libyen nicht mehr wie in den fünfziger und sechziger Jahren protegierten, sondern gezielt zu einem feindlichen Staat, mehr noch durch eine entsprechende Politik zu dem feindlichen Staat schlechthin aufbauten. Das folgende dritte Kapitel befaßt sich mit dieser Thematik.

Zweiter Teil: Die Ursachen der Sanktionen gegen Libyen

3. Kapitel: Die unilateralen Sanktionen der USA gegen Libyen

Der United Nations Participation Act of 1945 (UNPA) ermächtigt den Präsidenten zur Umsetzung von kollektiven Sanktionen, die vom Sicherheitsrat der Vereinten Nationen nach Art. 41 SVN verhängt worden sind.[561] Im folgenden werden diese Sanktionen außer acht gelassen (vgl. dazu Kap.4, S.235 ff.). Statt dessen stehen die unilateralen Sanktionen der USA im Zentrum der Betrachtung. Diese wurden vor allem seit den vierziger Jahren des 20. Jahrhunderts verstärkt verhängt - als praktische Notwendigkeit für Maßnahmen der Selbsthilfe, nachdem die Ineffektivität des Sicherheitsrates deutlich geworden war.[562]

A. Die Grundlagen für Sanktionen im US-amerikanischen Recht

Wirtschaftssanktionen als *trade controls for political ends* sind in den USA schon immer eng mit dem Exportkontrollrecht verbunden. Obwohl ihre Presse und die Bewertung ihrer Effizienz selten positiv ausfällt, bedient man sich ihrer nach wie vor als Instrument zur Durchsetzung staatlicher Ziele.
Seit dem Zweiten Weltkrieg werden Sanktionen verstärkt dafür eingesetzt, ein Land zum Truppenrückzug zu bewegen, Pläne zur territorialen Ausdehnung zu vereiteln und andere militärische Unternehmen zu verhindern. Auch zur Verminderung der wirtschaftlichen Leistungsfähigkeit eines Landes sollen sie dienen, um entsprechende Auswirkungen auf das militärische Potential hervorzurufen, oder um fremde Regierungen zu destabilisieren. Beginnend in den frühen sechziger Jahren erweiterte sich ihr Einsatzspektrum: als außenpolitische Ziele kamen der Schutz von Menschenrechten, die Politik der Non-Proliferation, die Lösung von Enteignungsfragen und die Bekämpfung des internationalen Terrorismus[563] hinzu.

---

[561] Für den United Nations Participation Act (UNPA) s. UNPA, kodifiziert in 22 U.S.C. 7, § 287 (c).

[562] Vgl. PUTTLER 1989, S.69. Auf S.75 schreibt dies.: „Embargos mit Knebelcharakter, d.h. Embargos, die einen Staat derart unter Druck setzen, daß ihm nichts anderes übrig bleibt, als dem Diktat des anderen Staates zu folgen, dürften [...] selten wenn nicht gar bei der heutigen Konkurrenzsituation auf dem Weltmarkt und der politischen Blockbildung unmöglich sein."

[563] DAASE (siehe ders. 2002, S.367-373) geht ausführlich auf die Problematik ein, daß es keine verbindliche juristische oder politische Definition von Terrorismus gibt. „Das Changieren des Terrorismusbegriffs zwischen staatlicher, substaatlicher und staatlich geförderter Gewalt zeigt vor allem eines: dass es die Asymmetrie der beteiligten Akteure ist, die bei der Bestimmung von Terrorismus eine entscheidende Rolle spielt." - ders. 2002, S.373. Diese Asymmetrie kritisierend wandte sich Libyen als Reaktion auf die *United Nations Millennium Declaration* in einem Schreiben vom 25.9.2000 an die Generalversammlung der VN - vgl. A/55/414, Abschn. II. Um eine objektive Beurteilung des „libyschen Terrorismus" bemühen sich BLAKE und ABU-OSBA und weisen auf den von den USA praktizierten „physischen und psychologischen Terrorismus" gegenüber Libyen hin. Vgl. dies. 1992, S.7.

Ihre rechtliche Grundlage stellt sich unübersichtlich in einer Vielzahl von Regelungen dar, so daß sie selbst von US-Exporteuren ein *haphazard legal regime* - ein willkürliches rechtliches Instrument - genannt werden.[564]

I. Die Ausfuhrkontrollgesetze im internationalen Wirtschaftsverwaltungsrecht der USA

1. Allgemeines

Das Exportkontrollrecht in den USA stellt sich als kompliziertes Regelwerk dar und kann für verschiedene nationale und internationale Belange der USA instrumentalisiert werden.[565] Die Gründe dafür lassen sich nicht auf eine bestimmte Ursache reduzieren. Vielmehr ist dieses Gesamtinstitut aus seinen Ursprüngen und der geschichtlichen Entwicklung zu erklären: von der Einführung des Exportkontrollrechts in der Kriegszeit zu Beginn des 20. Jahrhunderts bis zu der gegenwärtigen Gestalt.[566]

Allgemein ist zwischen wirtschaftspolitischen, innen- und außenpolitischen Motiven zu unterscheiden. Aus **wirtschaftspolitschen** Gründen erfolgen Exportkontrollen nur ausnahmsweise - z.B. um das nationale Preisgefüge zu erhalten -, da dadurch die Entwicklungsmöglichkeiten der eigenen Wirtschaft beschränkt würden.[567] Um **innenpolitische** Ziele zu erreichen, sind Ausfuhrkontrollen wenig zweckmäßig - es sei denn, wirtschaftspolitsche Gründe sprechen ebenfalls dafür.[568]

Überwiegend verhängen die USA Exportkontrollen aus **außenpolitischen** Gründen. Im Rahmen solcher repressiver außenpolitscher Maßnahmen wird der wirtschaftliche Austausch bewußt gesteuert, um die unliebsame Politik eines anderen Staates zu beeinflussen. Präventive außenpolitische Motive zielen auf die Verhinderung von eigenen wirtschaftlichen und politischen Abhängigkeiten vom Ausland ab. Dabei sollen vor allem aus sicherheitspolitischen Erwägungen die Vorteile und Möglichkeiten des internationalen Handels in sensitiven Wirtschaftszweigen potentiellen Gegnern vorenthalten werden.[569]

---

564 Vgl. HÖLSCHER 1998, S.115.

565 Über die völkerrechtlichen Grenzen von Export- und auch Reexportverboten vgl. PUTTLER 1989. Die Autorin hebt hervor, daß Ausfuhrbeschränkungen zur Sicherung des binnenwirtschaftlichen Bedarfs in Krisenzeiten und zum Schutz des nationalen Kulturgutes selten Anlaß für völkerrechtliche Bedenken gaben. Strittig hingegen seien Exportkontrollen aus außen- und sicherheitspolitischen Gründen. Vgl. ebd., S.15.

566 Vgl. HÖLSCHER 1998, S.72.

567 Vgl. ausführlicher HENTZEN 1988, S.74 f.

568 Für Einzelheiten s. NEUSS 1989, S.6 f.; HENTZEN 1988, S.66-69.

569 Vgl. HENTZEN 1988, S.27 f., 70-74.

2. Historischer Hintergrund

Diese skizzierte Ausfuhrkontrollgesetzgebung in den USA ist geprägt durch die außenpolitischen Vorgaben der Kriegswirtschaft im Ersten und Zweiten Weltkrieg und in noch stärkerem Maße durch die politische Position, die die USA während des Kalten Krieges eingenommen haben. Die Bedingungen des Krieges hatten eine strikte Gesetzgebung über den Handel mit dem Feind notwendig gemacht. Die Eindämmungs- und Konfrontationspolitik gegenüber der Sowjetunion und ihren Verbündeten zwangen zu einer sicherheits- und außenpolitisch orientierten Steuerung und Kontrolle der US-Ausfuhrwirtschaft, so daß diese einen globalen Charakter annahm. Der wirtschaftliche Aufschwung in Europa machte indessen bald eine multilaterale Koordinierung der Ausfuhrkontrollwirtschaft notwendig.[570]

3. Die Stellung des Ausfuhrkontrollrechts in der US-amerikanischen Rechtsordnung

Ausfuhrkontrolle (*export control*) gehört systematisch innerhalb des internationalen Wirtschaftsverwaltungsrechts zum Rechtsgebiet des Außenwirtschaftsrechts[571] (*trade law / foreign trade law*[572]), bildet jedoch eine in sich geschlossene Materie, die als solche in der rechtswissenschaftlichen Literatur eine eigene Behandlung findet.[573]

Staaten greifen im allgemeinen durch Förderungs- und auch durch Beschränkungsmaßnahmen in den internationalen Handel ein. Von weitreichender Bedeutung sind hier vor allem die Beschränkungen des internationalen Handels, die zum Schutz oder zum Nachteil der eigenen Wirtschaft eingesetzt werden. Eine dabei auftretende negative Auswirkung auf die eigene Wirtschaft kann ausnahmsweise beabsichtigt sein oder sich als unliebsame Nebenfolge einstellen.[574]

Im Fall der USA gilt: Exportkontrollen stellen sich überwiegend nachteilig für die Wirtschaft dar. Sie beeinträchtigen die Wettbewerbsposition von US-Unternehmen auf dem Weltmarkt und führen zu Handelsverlusten. Dabei läßt sich ein Unterschied feststellen, ob ursprüngliche Exportförderungsprogramme ausgesetzt werden oder direkt durch Exportkontrolle eingegriffen wird - wovon dann auch ausländische Unternehmen als Vertragspartner betroffen sind.[575]

---

570 Vgl. LÜBBIG 1995, S.2.

571 Für eine Beschreibung des US-Außenwirtschaftsrechts vgl. HÖLSCHER 1998, S.39-46.

572 Obwohl es keine strikte Trennung zwischen Privatrecht und öffentlichem Recht gibt, wird unter *trade law* gemeinhin nur das öffentliche Wirtschaftsrecht im Bereich Außenwirtschaft subsumiert. Das zivile Wirtschaftsrecht (Gesellschafts-, Handels-, Kartellrecht etc.) wird als *business law* bezeichnet - vgl. HÖLSCHER 1998, S.39.

573 Vgl. LÜBBIG 1995, S.3. Für diverse Darstellungen des US-Exportkontrollrechts in englischer Sprache siehe die Angaben bei HÖLSCHER 1998, S.59, Fn.298.

574 Vgl. HENTZEN 1988, S.23.

575 Vgl. HENTZEN 1988, S.24.

Drei Faktoren verdienen besondere Berücksichtigung innerhalb der Exportkontrollstrukturen:

- Die Position der Auswärtigen Gewalt des Präsidenten und seiner Delegatare ist verfassungsrechtlich sehr stark. Diese Prärogative verschafft dem Präsidenten gegenüber den anderen Gewalten des US-Verfassungslebens und den Bürgern ein rechtliches Aktionsfeld, das nur eingeschränkt judizieller Kontrolle unterliegt.[576]
- Das US-Verfassungsrecht betrachtet die Teilnahme am Exporthandel nicht als ein Recht des Bürgers, sondern als ein Privileg („*export privilege*") - d.h. eine Rechtsposition, die nicht verfassungsrechtlich gewährleistet, sondern quasi als Gunst vom Staat zugewandt wird und daher jederzeit wieder eingezogen werden kann.[577]
- Institutionen und Institute der Ausfuhrkontrollgesetzgebung sind in ihrem repressiven Teil von sicherheitspolitischem Mißtrauen gegenüber der Ausfuhr von Hochtechnologiegütern[578] geprägt, das dazu führt, staatlichen Interessen im präventiven und repressiven Außenwirtschaftsverfahren eine gewichtige Stellung einzuräumen.[579]

Diese drei Faktoren bestimmen die Rechtsposition des US-Exporteurs gegenüber den staatlichen Kontrollbehörden. Der Vorrang der Exekutive in der Auswärtigen Gewalt und die mangelnde Einklagbarkeit des Ausfuhrrechtes lassen die rechtliche Stellung der Ausfuhrindustrie als schwach erscheinen. Im Vergleich zu den deutschen Verhältnissen sind die Rechtsschutzmöglichkeiten der Betroffenen in einigen Bereichen stark eingeschränkt, und die für die Ausfuhrverstöße verhängten Strafen sind zum Teil sehr erheblichen Umfangs. Diese rechtliche Situation deutet LÜBBIG als Spiegelbild der im Vergleich zu Deutschland geringeren Bedeutung des Exports für die US-Volkswirtschaft.[580]

---

576 Vgl. LÜBBIG 1995, S.2.

577 Vgl. LÜBBIG 1995, S.2. Das Verfahren zur Erteilung dieses Privilegs in Form einer behördlichen Genehmigung wird im Englischen als *licensing* bezeichnet - vgl. HÖLSCHER 1998, S.52.

578 Werden Technologien oder Anlagen zur Herstellung von Waren ausgeführt, hat der Exportstaat häufig auch Interesse daran, nicht nur den Reexport, also die erneute Ausfuhr dieser Güter aus dem Importstaat in einen dritten Staat, der ursprünglich gelieferten Güter zu kontrollieren, sondern auch zu bestimmen, in welche Staaten die mit Hilfe dieser Anlagen / Technologien im Importstaat hergestellten Waren gelangen sollen. Vgl. dazu PUTTLER 1989, S.79.

579 Vgl. LÜBBIG 1995, S.2 f. HENTZEN beschreibt präventive außenpolitisch motivierte Exportkontrolle als Kompelementärbebriff zu exportbeschränkenden Sanktionen. Präventive Exportkontrollen werden angeordnet, um dem Zielstaat den Nutzen des Handels vorzuenthalten. Sie stellen keine Antwort auf einzelne Handlungen des Zielstaates dar, sondern die Reaktion auf eine Situation. Bekanntestes Beispiel hierfür sind die präventiven US-Exportkontrollen zur Beschränkung des Technologietransfers gegenüber der Sowjetunion und den Staaten des Warschauer Paktes. Vgl. dazu ders. 1988, S.37-40.

580 Vgl. LÜBBIG 1995, S.3. In Deutschland belief sich der Exportanteil am BSP im Jahr 2000 auf 25,75 %, in den USA hingegen lediglich auf 8,05 % (vgl. für die Zahlengrundlagen dieser

Beklagt wird die Benachteiligung der US-Industrie gegenüber ihren Konkurrenten in Europa und Asien sowie die Kosten, die das Ausfuhrkontrollregime bei der Exportwirtschaft verursacht.[581]

II. Die US-Ausfuhrkontrollgesetzgebung

Die meisten Regelungen betreffen breit angelegte Embargos und Sanktionen gegen Länder wie Libyen, Irak oder Iran, deren Eindämmung oder politische Isolierung erreicht werden soll.[582] Im Rahmen dieser Arbeit soll Libyen mit Schwergewicht als Betroffener dieser Gesetzgebung untersucht werden (s. S.190 ff.). Exportbeschränkungen sind hierbei oft nur ein Teil weitergehender politischer Maßnahmen.[583] Zuständigkeitskonflikte und die große Zahl an Regelungen wirken sich negativ auf die Genehmigungsverfahren aus, und das betroffene Unternehmen muß die äußerst komplizierten, sich überlagernden und oft widersprüchlichen Regelungen der einzelnen Behörden zunächst einmal verstehen.[584] Auch die verschiedenen Kategorien der Genehmigungen stiften Verwirrung. Hinzu kommt der Vorwurf vor allem an das Verteidigungsministerium, Genehmigungsverfahren gezielt zu verzögern. Einheitliche Maßstäbe der verschiedenen Behörden für die Verhängung von Bußen und Strafgeldern existieren nicht. Die Zusammenarbeit mit dem Ausland funktioniert nur mangelhaft, und die Kontroll-Listen werden selten rechtzeitig angepaßt. Aus der Geschichte ist die Vorgehensweise des US-Gesetzgebers erkennbar: Auf bestimmte Konflikte und Probleme (anfänglich überwiegend militärischer Natur) reagierte er mit bestimmten gesetzgeberischen Maßnahmen. Diese Entwicklungsgeschichte ist dem Regelwerk anzusehen.[585]

Berechnungen BARATTA 2000; ders. 2001; ders. 2002). Auch PUTTLER verweist auf diesen Zusammenhang, der bei US-Politikern die Bereitschaft erhöhe, Exportbeschränkungen als Mittel der Außenpolitik einzusetzen. Vgl. dies. 1989, S.48.

581 Vgl. LÜBBIG 1995, S.5.

582 Für eine abgestufte Verknüpfung zwischen Motiv und Wirkung in den US-Gesetzen sowie der Abgrenzung zwischen thematischer und kausaler Begründung bei der Anwendung des jeweiligen Gesetzes s. Übersicht 12 bei HENTZEN 1988, S.123.

583 Die USA kontrollieren den Export von zahlreichen Produkten mittels Spezialgesetzen. Wie bei den meisten Restriktionen ist das Motiv von Exportbeschränkungen eng mit dem Charakter des Kontrollobjektes verbunden. Neben abstrakten und generell wirkenden Einzelermächtigungen an die Exekutive kann der Kongreß selbst auf Einzelfälle reagieren und bestimmte Exportkontrollen verhängen. So z.B. bei den lange umstrittenen Sanktionen gegen Südafrika. Spezialgesetze erlauben, das Spektrum von Sanktionen weiterzufassen als Exportkontrollen es tun. Die Beschränkungen gelten *ex lege*, und die Verwaltung hat insofern kein Ermessen, den Umfang von Kontrollen zu bestimmen. Vgl. dazu HENTZEN 1988, S.92-94.

584 Genannt seien die überlangen, unübersichtlich strukturierten Vorschriften, Redundanzen, unpräzise sprachliche Formulierungen, überflüssige Detailregelungen, ausgedehnte Wiedergabe rechtspolitischer Erwägungen - vgl. HÖLSCHER 1998, S.73.

585 Vgl. HÖLSCHER 1998, S.61 f., 71 f.

HÖLSCHER führt dazu aus:

> „Diese pragmatische, überaus amerikanische Vorgehensweise, hat [...] ein Netzwerk von Gesetzen und Vorschriften entstehen lassen, das nur noch schwer überschaubar ist. Mit den zugehörigen Sanktionsgesetzen geht es weit über die eigentlichen Exportkontrollen hinaus [...]. Dabei ist zu beobachten, daß vorhandene Gesetze äußerst flexibel ausgelegt werden, so daß die Grenzen einer gesetzlichen Grundlage oftmals verwischen, und auch veraltete Normen beibehalten und nach Bedarf als Ermächtigung herangezogen werden. Schließlich wird die nach dem EAA vorgesehene Differenzierung nach *National Security* und *Foreign Policy Controls* in der Praxis gar nicht mehr beachtet. Die Konturen des Systems verschwimmen. Es bleibt ein undurchsichtiges Konglomerat."[586]

Die Folgerung und Bewertung daraus erfolgt in der Zusammenfassung (s. S.232 f.).

1. Allgemeines

Das in der Einleitung beschriebene US-Exportkontrollrecht beruht zum einen auf der Umsetzung internationaler Abkommen (Wassenaar[587], Missile Technology Control Regime[588]), die hier nicht weiter zu untersuchen sind, und zum anderen auf den nationalen aufgrund von Exportbeschränkungen erlassenen Bundesgesetzen, Rechtsverordnungen und internen Verwaltungsanweisungen[589], die keine weiteren staatlichen Hoheitsakte erfordern.[590] In den meisten Fällen werden Sanktionen in Rechtsverordnungen gefaßt, da sie einerseits ein Mindestmaß an Publizität und andererseits den für die Wirksamkeit von Sanktionen wesentlichen Überraschungseffekt und die größtmögliche Flexibilität gewährleisten. Der normative Prozeß wird unter Umgehung des oftmals umständlichen parlamentarischen Gesetzgebungsverfahrens auf die Exekutive übertragen und ermöglicht dieser damit ein rasches Handeln und die Fähigkeit, Inhalt, Art und Ausmaß von Sanktionen variabel zu gestalten. Auf diese Weise kann der Druck auf den Sanktionsgegner optimiert und der Schaden für das eigene Land möglichst gering gehalten werden.[591] Die internationalen Abkommen erscheinen den USA seit einiger Zeit zu liberal, da unter anderem keine Überprüfungsmöglichkeiten mehr durch die Mitgliedstaaten existieren[592] und

---

586 HÖLSCHER 1998, S.72 f.

587 Vgl. hierzu STEWART 1998, S.19-6 f. Siehe auch im Internet: <http://www.wassenaar.org>.

588 Siehe S.258, Fn.970.

589 Sanktions- oder Embargomaßnahmen, die mittels verwaltungsinterner Weisung ergehen, werden auch verschleierte oder versteckte Sanktionen / Embargos genannt - vgl. NEUSS 1989, S.26.

590 Als weiterführende Literatur zum US-Exportkontrollrecht s. HIRSCHHORN 2000; ROOT/ LIEBMAN 2000.

591 Vgl. NEUSS 1989, S.25 f.

592 Dabei ist die internationale Gemeinschaft von einem integrierten System internationaler Non-Proliferationssysteme und Exportkontrolle noch weit entfernt, da die zugrundeliegenden Abkommen und Verträge gravierende konzeptionelle Mängel aufweisen und die Überwachung und Durchsetzung von Kontrollen schwierig ist - vgl. HÖLSCHER 1998, S.36.

außerdem wichtige Exportstaaten wie China und Indien teilweise den Abkommen nicht beigetreten sind.[593] Gesetze von eminenter Bedeutung sind die folgenden:

Tabelle 18: Auswahl wichtiger Gesetze als Verhängungsgrundlage für Sanktionen

Trading with the Enemy Act of 1917 (TWEA)
Atomic Energy Act of 1954 (AEA)
Foreign Assistance Act of 1961 (FAA)
Arms Export Control Act of 1976 (AECA)
National Emergencies Act of 1976 (NEA)
International Emergency Economic Powers Act of 1977 (IEEPA)
Export Administration Act of 1979 (EAA)

2. Gesetze mit Bedeutung für das US-Exportkontrollrecht

Foreign Assistance Act of 1961

Besonders herausgehoben sei das Auslandshilfegesetz, das am 4.9.1961 verabschiedet wurde (P.L. 87-195).

Auf der Grundlage dieses Gesetzes kann der Präsident ein allumfassendes Handelsembargo im außenpolitischen Bereiche gegen andere Staaten verhängen.[594]

§ 620 a beinhaltet das Verbot von Unterstützung und Krediten durch die USA an Staaten, die in der Liste der Terrorismus unterstützenden Staaten[595] aufgenommen

---

[593] Vgl. CREYDT 2002, S.454. Derzeit scheint sich das US-Exportkontrollrecht jedoch einem Reformprozeß anzunähern, in dem es langfristig darum gehen muß, unter Berücksichtigung des Völkerrechts mit Blick auf eine verstärkte internationale Kooperation neue, adäquate Regelungen bereitzustellen, um den nationalen und internationalen Rechtsverkehr zu erleichtern - vgl. HÖLSCHER 1998, S.189. Diesbezüglich verweist HÖLSCHER auf das kanadische Exportkontrollrecht. Obwohl die USA und Kanada demselben Rechtskreis angehörten, hebe sich das kanadische Ausfuhrrecht durch klare Strukturen und Regelungen von dem US-amerikanischen ab. Die USA könnten bei ihren Reformen wichtige Anregungen von Kanada rezipieren - vor allem hinsichtlich internationaler Kooperation, extraterritorialer Maßnahmen und Sanktionen (ebd., S.187).

[594] Vgl. REINMUTH 2001, S.38.

[595] Die Liste der Terrorismus fördernden Staaten ist quasi ein Nebenprodukt des Auslandshilfegesetzes und wird jährlich vom US-Außenministerium in Übereinstimmung mit § 6 (j) der EAA überarbeitet. Aufgelistet sind diejenigen Staaten, die wiederholt den internationalen Terrorismus unterstützten. Vgl. auch die jährlich herausgegebene Publikation des US-Außenministeriums *Patterns of Global Terrorism*. § 6 (j) EAA wurde durch § 4 des Anti-Terrorism and Arms Export Control Amendments Act of 1989 ergänzt: ungeachtet des Exportwertes ist der Kongreß über Exporte in Terrorismus unterstützende Länder zu informieren, wenn diese Exporte deren militärischer Schlagkraft oder Fähigkeit, den internationalen

sind.[596] Ein diese Arbeit beschäftigendes Beispiel sind die "Prohibitions on Imports and Exports to Libya".[597]

Trading with the Enemy Act (TWEA)

Mit dem Eintritt der USA in den Ersten Weltkrieg gab der Gesetzgeber dem Präsidenten in einem Vorläufergesetz des TWEA freie Hand, für den Zeitraum der kriegerischen Auseinandersetzung den Export jeglicher Güter in jedes von ihm benannte Land zu beschränken. Diese Regelung wurde kurze Zeit danach durch den TWEA ergänzt.[598] Das Feindhandelsgesetz von 1917[599] wurde die Grundlage für das Eingreifen der USA 1917 gegen Deutschland und Österreich-Ungarn im Ersten Weltkrieg. Das Gesetz war eine der ersten gesetzlichen Grundlagen zur Kontrolle des allgemeinen Wirtschaftsverkehrs und seit 1933 erlaubt es dem Präsidenten über den Erlaß von Regelungen zur Kontrolle kriegswichtiger Güter hinaus, in Zeiten eines nationalen Notstandes jede Form des wirtschaftlichen Kontaktes mit einem bestimmten Zielland zu regulieren oder zu unterbinden.[600] Bis Ende 1977 bestand nach diesem Gesetz ein Nebeneinander von Kriegs- und Notstandswirtschaft[601], so daß auch Notstandsituationen in Friedenszeiten mit dem Instrumentarium des Kriegswirtschaftsrecht geregelt werden konnten. Seine Befugnisse nach diesem Gesetz übertrug der Präsident im wesentlichen auf das Finanzministerium, und das dort ansässige OFAC (Office of Foreign Assets Control) verwaltet die maßgeblichen Anwendungsverordnungen (Foreign Assets Control Regulations).[602]

Terrorismus zu unterstützen, dienen können (vgl. PRADOS 2001, S.78). S. auch LĀTBĪH 1996, S.73-75.

596 Eine solche Streichung von der Liste ist auch das ausgewiesene Ziel derselben: im Rahmen der Anti-Terrorismus-Politik geht es darum, die des Terrorismus bezichtigten Staaten nach Erfüllung vorgegebener Maßnahmen von der Liste zu streichen. Vgl. z.B. PATTERNS 1999, Introduction, S.2. Siehe auch BERLACK/HUNT 2001, S.325-372, für Libyen insbesondere S.349-351.

597 Vgl. HENTZEN 1988, S.283. Siehe in diesem Kap. Abschn. B.II., S.211 ff.

598 Vgl. HENTZEN 1988, S.95. HENTZEN schreibt weiterhin ebd., daß es der Exekutive im Kriegsfall oder Notstand ohne Verzögerung möglich sein soll, neben dem militärischen das gesamte Spektrum der wirtschaftlichen Kriegsführung auszuschöpfen. Siehe auch JANDER/BISCHOFF 1982, S.779.

599 Kodifiziert in 50 U.S.C. App. §§ 1-44 (1944).

600 Vgl. REINMUTH 2001, S.39; HENTZEN 1988, S.94 f.

601 Mit Einführung des IEEPA 1977 wurden Kriegs- und Notstandsermächtigung getrennt - siehe HENTZEN 1988, S.95.

602 Vgl. LÜBBIG 1995, S.6; HENTZEN 1988, S.96. Siehe auch HÖLSCHER 1998, S.116 f.: Das OFAC gehört zum Finanzministerium und arbeitet eng mit dem Außenministerium, den US-Zollbehörden (US Customs Service), der Drug Enforcement Agency (DEA) und der Bankenaufsicht zusammen. Da sich die Genehmigungszuständigkeit des OFAC in vielen Bereichen mit denen des Wirtschaftsministeriums (Department of Commerce) überschneidet, ist die Zusammenarbeit intensiv. Das OFAC handelt in erster Linie auf der breiten Ermächtigungsgrundlage des TWEA und des IEEPA. Zur Verfügung stehen grundsätzlich zwei Sank-

Voraussetzung für das Auslösen der präsidialen Ermächtigung ist, daß sich die USA im Kriegszustand befinden. Gemäß Art. 1 Abschn. 8, Satz 11 der Verfassung der USA[603] ist es nur dem Kongreß erlaubt, einen Krieg zu erklären. Erst im Anschluß an eine Kriegserklärung kann die Exekutive ermächtigt werden, einen Bereich des Wirtschaftsverkehrs zu reglementieren. Kontrollen können sich dann umfassend auf den Güter-, Technologie-, Dienstleistungs- und Kapitalexport erstrekken, können aber noch weiter reichen. Die unter dem TWEA ergangenen Maßnahmen unterliegen grundsätzlich gerichtlicher Kontrolle. Die umfassende Ermächtigung dieser Gesetze gibt der Exekutive indessen den größtmöglichen Handlungs- und Ermessensspielraum, der als solcher richterlicher Kontrolle kaum zugänglich ist. Die Legislative selbst kontrolliert nur den Auslöser der Ermächtigungsgrundlage: die Kriegserklärung. Abgesehen davon kann sie allein durch die Verabschiedung neuer Gesetze in das Geschehen eingreifen.[604]

International Emergency Economic Powers Act (IEEPA)
Der IEEPA („Notstandsermächtigungsgesetz betreffend die Wirtschaft") ist eine dem TWEA ähnliche, geringfügig engere Ermächtigungsgrundlage für Handelsbeschränkungen.[605]

1977 schuf der Kongreß dieses Gesetz, um die bis dahin nach dem TWEA verhängten Notstandsmaßnahmen in Friedenszeiten auf eine eigene gesetzliche Grundlage zu stellen. Ziel war es, dem Präsidenten die Möglichkeit zu nehmen, nach dem TWEA i.d.F. 1933 Maßnahmen zu verhängen, die sich auf die Lösung primär innenpolitischer Problemlagen bezogen.[606] Seit der Novelle des TWEA von 1977 ist dieser wieder ausschließlich für den Kriegsfall reserviert. Die Notstandsermächtigung bildet allein der IEEPA in Verbindung mit dem National Emergencies Act (NEA).[607] Der Präsident kann nach dem IEEPA in seinem politischen Ermessen einen nationalen Notstand erklären, wenn sich außerhalb der USA Gefah-

---

tionskategorien: a) Finanzsanktionen und b) Handels- und Wirtschaftsembargos. Vgl. für Details FINAL REPORT 2001, S.30-45, und Abschnitt B.II. dieses Kapitels, S.211 ff.

603 HENTZEN nennt fälschlich Artikel 10 - vgl. ders. 1988, S.96.

604 Vgl. HENTZEN 1988, S.96 f. Für einen Überblick zum TWEA s. auch FINAL REPORT 2001, S.17-23.

605 Vgl. HENTZEN 1988, S.96.

606 Nachdem der Präsident die Kriegsgesetzgebung extensiv ausgelegt hatte, erweiterte der Kongreß die Ermächtigung auch auf Zeiten des erklärten Notstandes. Seitdem waren in den USA praktisch durchgehend ein oder mehrere Notstände in Kraft, die weitreichende Kontrollen auch außerhalb von Kriegszeiten erlaubten und auf unterschiedlichen Auslösern beruhten. Vgl. dafür HENTZEN 1988, S.98.

607 Vgl. HENTZEN 1988, S.98 f. Siehe ebd., S.101: Der Präsident kann Maßnahmen unter dem IEEPA erst treffen, wenn er die prozessualen Erfordernisse des NEA beachtet und einen Notstand erklärt hat. Siehe IEEPA, 50 U.S.C. 35, §§ 1701-1706 und NEA, 50 U.S.C. 34, § 1601-1651, insbes. § 1641.

ren für die nationale Sicherheit, Außenpolitik oder Volkswirtschaft der USA ergeben. Da die formellen Voraussetzungen für eine Notstandserklärung im NEA aufgestellt sind, gleicht der IEEPA den einfachen Strukturen des TWEA. Wie dieser enthält der IEEPA einen Blankettstraftatbestand für vorsätzliche Verletzungen des Gesetzes, nach diesem Gesetz ergangener Verordnungen oder von Bestimmungen in Verwaltungsakten.[608] Die Exekutive hat somit für den Notstandsfall ein wirtschaftspolitsches Korrektiv zur Hand. Andererseits soll nicht jedes Problem zum Notstand gemacht werden und weitreichende Eingriffe in Freiheit und Eigentum auslösen können. Deswegen werden materielle und prozessuale Barrieren für die Sicherung eines vernünftigen Kompromisses vorgegeben.

Die Verwaltungsaufgaben nach dem IEEPA wies der Präsident - wie bei dem TWEA - dem Finanzministerium zu. Ausfuhrgenehmigungen werden als Gruppen- und Einzelgenehmigungen erteilt. Als problematisch erweist sich, daß Exportkontrollen unter der Notstandsgesetzgebung andere bestehende Kontrollen nicht ersetzen, sondern überlagern.[609] Damit einzelne Exporte nicht zweifach genehmigt werden müssen - die außerhalb des IEEPA verfügten Kontrollen werden von anderen Behörden verwaltet -, wurden zwei Lösungsmöglichkeiten entwickelt. Zum einen wird bei der Verhängung der Exportkontrolle bereits sachlich unterschieden, ob sie nach allgemeinen Gesetzen zulässig ist oder ob es eines Notstandes bedarf. Nur die Notstandskontrollen werden durch das Finanzministerium erlassen und überwacht, für die anderen Kontrollen ist das im Gesetz genannte Ministerium zuständig. Wegen des Nachteils, daß als Gesamtheit gedachte Kontrollen zerissen werden, wird häufig die Genehmigungsvergabe bei einem bestimmten Ministerium zusammengefaßt.[610]

Grundsätzlich steht der Rechtsweg gegen Maßnahmen nach dem IEEPA offen. Der Kongreß hat sich weitreichende Kontrollinstrumente vorbehalten und der Exekutive auferlegt, Bericht zu erstatten.[611] Durch ein legislatives Veto in Form der *joint resolution* kann er den festgestellten Notstand außer Kraft setzen und dadurch die

---

608 Vgl. LÜBBIG 1995, S.6 f. Siehe für einen knappen Überblick zum IEEPA FINAL REPORT 2001, S.23-29.

609 Für eine hilfreiche Übersicht zu den Konkurrenzen in der Exportgesetzgebung s. HENTZEN 1988, Übersicht 9, S.112.

610 Siehe HENTZEN 1988, S.99 f. BAMBERGER erläutert, daß der IEEPA erst seit 1990 der US-Regierung zur Durchführung der US-Ausfuhrbestimmungen dient, da die erforderliche, vom Kongreß zu erteilende Verlängerung des den Bestimmungen als rechtliche Grundlage dienenden Gesetzes (EAA) von Bush hauptsächlich wegen der politischen Veränderungen in Osteuropa im Kongreß nicht beantragt worden war und bis heute auch nicht wieder außer Kraft gesetzt wurde, weil sich Regierung und Kongreß noch nicht über die vorliegenden Gesetzesentwürfe einigen konnten. Vgl. dies. 1999, S.447.

611 Die Exekutive muß einen Rechenschaftsbericht über den zugrundeliegenden Tatbestand, die getroffenen Maßnahmen und deren Notwendigkeit erstatten. Dieser Bericht ist halbjährlich zu aktualisieren. Vgl. HENTZEN 1988, S.102 f.

Grundlage für weitere Maßnahmen beseitigen. Ohne jährliche Verlängerung endet der Notstand automatisch.[612]

Atomic Energy Act (AEA)
Sicherheitspolitischen Belangen und vor allem der nuklearen Weiterverbreitungskontrolle dient der AEA von 1954 i.d.F. von 1985, der in Anknüpfung an Präsident Eisenhowers 1953 gehaltene Rede zur friedlichen Nutzung der Kernenergie ergangen ist.[613] Der AEA regelt den Umgang mit und die Ausfuhr von spaltbarem Material, Nukleartechnik, technischen Ausrüstungen und Daten aus diesem Bereich. Ähnlich dem AECA enthält der AEA kein geschlossen abgefaßtes System für die Überwachung kommerzieller Exporte. Die einschlägigen Normen sind über das gesamte Gesetz verstreut. Der Erlaß von Verordnungen und die Vergabe von Ausfuhrgenehmigungen im Nuklearbereich im Rahmen dieses Gesetzes obliegt einer Spezialbehörde, der Nuclear Regulatory Commission (NRC) im Energieministerium, die im Benehmen mit dem Verteidigungs- und dem Wirtschaftsministerium auch über Ausfuhrgenehmigungen entscheidet.[614]

Arms Export Control Act (AECA)
Anknüpfend an das Vorgängergesetz Mutual Security Act von 1954[615] ist der Präsident seit 1976 im Rahmen des Arms Export Control Act ermächtigt, zur Förderung des Weltfriedens, der nationalen Sicherheit und der Außenpolitik den Export von Gütern und Dienstleistungen, die der Verteidigung dienen können, zu kontrollieren.[616] Diese Ermächtigung delegierte der Präsident an den Außenminister. In Zusammenarbeit mit der Defense Technology Security Administration (DTSA) des Verteidigungsministeriums wurden daraufhin vom Außenministerium durch das Office of Defense Trade Controls (ODTC), das dem Bureau of Political Military

612 Vgl. HENTZEN 1988, S.102 f.

613 Vgl. HENTZEN 1988, S.89. 1974 wurde darüber hinaus der Energy Reorganization Act (42 U.S.C. 73, § 5841 (f)) geschaffen, der den Atomic Energy Act bezüglich der Exportregelungen für spaltbares Material, Nukleartechnik und Atomkraftwerksausrüstungen ergänzt. Vgl. JANDER/BISCHOFF 1982, S.779.

614 Vgl. LÜBBIG 1995, S.7. HENTZEN schreibt, daß die NRC eine unabhängige Agentur sei, die als nicht der Verwaltungshierarchie eingegliedert auch nicht dem direkten Weisungsrecht des Präsidenten unterliege. Das von der NRC zu konsultierende Außenministerium habe über die sicherheitspolitischen Konsequenzen eines beantragten Exportes zu befinden. Vgl. ders. 1988, S.90.

615 Der Mutual Security Act of 1954 löste den Marshall-Plan ab. Auf seiner Grundlage konnte das US-Außenministerium die Ausfuhr von Waffen, Munition und anderem Kriegsgerät sowie die technischen Daten zur Herstellung derartiger Güter kontrollieren. Siehe HASSE 1973, S.226-228.

616 Der AECA ist nicht mit Gütern mit doppeltem Verwendungszweck befaßt (diese unterliegen dem EAA), sondern er soll die Weitergabe primär militär- oder raumfahrttechnischer Kenntnisse verhindern. Kerntechnik untersteht dabei weitgehend dem Atomic Energy Act. Siehe dazu HENTZEN 1988, S.83. Für den historischen Hintergrund des Gesetzes siehe ebd., S.84.

Affairs des Außenministeriums angehört, als Ausführungsverordnung zum AECA die International Traffic in Arms Regulations (ITAR, 22 C.F.R. §§ 120-130) erlassen.[617] Diese regeln die Vergabe von Exportgenehmigungen. Die Exportgenehmigungspflicht gilt für die Güter auf der US Munitions List / USML (22 C.F.R. § 121), die einen Teil der ITAR bildet. Auf der USML sind die Technologien und Güter aufgeführt, für die Exportkontrollen bestehen.[618] *Per se* gehören dazu die im AECA erwähnten Verteidigungsartikel. Jede Person, die in den USA damit Geschäfte betreibt (unabhängig davon, ob es sich um Exportgeschäfte handelt), muß sich beim ODTC registrieren lassen. Um nicht nur jedes Verbringen von Verteidigungsgütern in ein Land außerhalb der USA, sondern auch jeden Transfer von technischen Daten an ausländische Personen und die Erbringung von Verteidigungsdienstleistungen im Auftrag von oder zum Vorteil für eine sich in oder außerhalb der USA aufhaltende ausländische Person zu untersagen, ist der Exportbegriff der ITAR weit gefaßt.[619] Die Bestimmungen der ITAR werden hauptsächlich durch die US-Zollbehörden ausgeführt, und es können scharfe Sanktionen und Strafen verhängt werden.[620]

§ 5099 (a) des Omnibus Diplomatic Security and Antiterrorism Act of 1986 ist ein Nachtrag zu § 40 des AECA und verbietet den Export von Gegenständen der USML in Länder, denen nachgesagt wird, daß sie den internationalen Terrorismus fördern.[621]

Export Administration Act von 1979 (EAA)

Vor Einführung des EAA regelte der Export Control Act (ECA) of 1949 (P.L. Nr.11, 81. Kongreß, 1. Session (1949)) die Ausfuhrwirtschaft in Friedenszeiten erstmalig umfassend.[622] Rechtspolitisch war der ECA stark geprägt durch den Ost-West-Gegensatz und stellte ein außenwirtschaftliches Korrelat zur Außenpolitik des Containment dar.[623] Denn mit der Schaffung des ECA wurde auch auf multila-

617 Vgl. HÖLSCHER 1998, S.61.

618 Die Bandbreite der Kontrollen reicht im Vergleich zum EAA noch weiter - siehe HENTZEN 1988, S.86 und ROOT/LIEBMAN 2001, S.2-1 ff.

619 Vgl. CREYDT 2002, S.454 f.; LÜBBIG 1995, S.7 f. Da eine vergleichsweise genau umschriebene Produktpalette erfaßt wird, werden die Gründe, aus denen Exportkontrollen verhängt werden, nicht aufgegliedert - siehe HENTZEN 1988, S.86.

620 Vgl. HÖLSCHER 1998, S.61; HENTZEN 1988, S.87.

621 Vgl. PRADOS 2001, S.78. Für eine Auflistung der Gesetze, die sich auf den internationalen Terrorismus fördernde Staaten beziehen, siehe ebd., S.78-80.

622 Für eine sehr ausführliche Darstellung des ECA und des EAA s. MALLOY 2001, S.39-77. Für eine Beschreibung der Struktur des ECA und ein graphische Darstellung s. HASSE 1973, S.224 f. Vgl. auch ZIEGENHAIN 1993, S.900 f.

623 Vgl. REINMUTH 2001, S.36; LÜBBIG 1995, S.8. Ziel war es, die Versorgung des Binnenmarktes sicherzustellen und das Wiederaufbauprogramm für Europa zu ermöglichen - vgl. HENTZEN 1988, S.56.

teraler Ebene durch die Gründung des CoCom[624] eine Gleichordnung der Außenwirtschaftspolitik in den Ländern des westlichen Bündnisses betrieben. Nahezu uneingeschränkt konnte der Präsident die Ausfuhrwirtschaft administrativ kontrollieren und den Bürgern eindrücklich vermitteln, daß die Teilnahme am Außenhandel nicht ein gewährleistetes Recht, sondern ein vom Staat verliehenes Privileg darstellt.[625]
1965 wurde dem ECA ein Fremdkörper eingefügt: das Antiboykott-Gesetz.[626] US-Unternehmen sollen aufgrund dessen nicht ausländische Boykottmaßnahmen unterstützen dürfen, die gegen US-Personen oder gegen den USA freundlich gesinnte Staaten gerichtet sind. Anlaß dafür waren die seit 1946 andauernden Handelsbeschränkungen arabischer Staaten gegen Israel.[627]
Mit Ablauf der mehrfach veränderten und jeweils befristeten Ermächtigung beschloß der Kongreß 1969 eine Verlagerung des Regelungsschwerpunktes - wie es auch in der Benennung des Gesetzes mit *Export Administration Act* deutlich wird.[628]

a. Zielsetzung des Gesetzes

Bei dem EAA[629] handelt es sich um eine Exportkontrollregelung für Güter mit doppeltem Verwendungszweck.[630] In Abhängigkeit von der nationalen Sicherheit, außenpolitischen Gründen und im Falle einer Unterversorgung können Exporte nach Ermessen kontrolliert und ggf. beschränkende Regelungen erlassen werden.[631] Insofern soll der EAA die Erfüllung sicherheitspolitischer Aufgaben gewährleisten.

---

[624] Ende 1949 kam es zu einem *gentlemen's agreement* innerhalb der sog. Consultative Group (GC), einem im wesentlichen aus NATO-Staaten gebildeten Organ, dessen Organisation und Verwaltung das CoCom (Coordinating Committee) übernahm. Vgl. dazu HENTZEN 1988, S.56.

[625] Vgl. LÜBBIG 1995, S.8.

[626] P.L. Nr. 89-63, §§ 3-4, 79 Stat. 209, 210 (1965). Vgl. auch HUFBAUER/SCHOTT/ELLIOTT 1990, S.327-329.

[627] Vgl. für Einzelheiten MALLOY 2001, S.49-52, und BRENSCHEIDT 1979, S.91 f.: seit 1954 praktiziert die Mehrzahl der arabischen Staaten einen gemeinschaftlich organisierten Boykott gegen Israel. Siehe dazu auch ᶜAṬĪYATALLĀH 1980, S.582 (ḥaẓr at-taᶜāmul).

[628] Vgl. HENTZEN 1988, S.57 f.

[629] P.L. Nr. 91-184, 83 Stat. 841 (1969), kodifiziert in 50 U.S.C. App. §§ 2401-2413.

[630] Das Genehmigungssystem legt fest, daß im Grundsatz alle Exporte aus den USA überwacht werden - also alle Güter oder Technologien, die der US-Jurisdiktion unterliegen oder die von Personen exportiert werden, die der US-Jurisdiktion unterliegen. Die Voraussetzungen dafür regeln die §§ 5-7 des EAA. Siehe dazu HENTZEN 1988, S.66, 75.

[631] Vgl. CREYDT 2002, S.454. Sichergestellt werden soll, daß amerikanische Waren und Technologie keinen Beitrag zu einem fremden, gegen die USA gerichteten Militärpotential leisten können - vgl. NEUSS 1989, S.5. Als Auslöser der Beschränkungen kommen UN-Embargos, die Verhinderung der Verbreitung von Kerntechnologie, regionale Stabilität, antikommunistische Kontrollen, die Abwehr des internationalen Terrorismus und die Menschenrechtsfrage in Betracht (siehe HENTZEN 1988, S.59).

Mit der Neufassung des ECA als EAA erfolgte eine Anpassung an die Gegebenheiten der Entspannungspolitik: die zuvor dominierende Auffassung, daß nicht nur die Lieferung von Militärgütern und Gütern mit doppeltem Verwendungszweck an die Ostblockstaaten, sondern allgemein der Handel mit diesen Ländern eine Gefahr für die nationale Sicherheit der USA darstelle, wurde aufgegeben. Die Entwicklung der Liberalisierung des Osthandels mündete in eine weitere Neufassung des Gesetzes durch den EAA 1979[632], der 1985[633] und 1988[634] geändert und erweitert wurde.[635] Die wichtigste Neuerung durch die Novelle von 1979 bestand in der Trennung von sicherheits- und außenpolitischen Exportbeschränkungen.[636]
Die durch den EAA erlangten Ermächtigungen delegierte der Präsident an das Wirtschaftsministerium (Department of Commerce)[637], welches das Gesetz durch das Bureau of Industry and Security (BIS)[638] verwaltet.[639] Das vormals Bureau of Export Administration (BXA) genannte BIS kontrolliert die Ausfuhr von Gütern mit doppeltem Verwendungszweck und soll somit der nationalen Sicherheit, der Außenpolitik und den wirtschaftlichen Interessen Rechnung tragen.[640] Es hat den größten Einfluß auf die US-Export- und Reexportkontrollen. Nach dem Ende der Laufzeit des EAA wurde dieser 1979 durch den Kongreß bis 1994 erneut in Kraft gesetzt. Im Anschluß daran erfolgte die präsidiale Ermächtigung zur Überwachung des Exports durch den IEEPA.[641]

---

632 P.L. Nr. 96-72, 93 Stat. 503 (1979), kodifiziert in 50 U.S.C. App. §§ 2401-2420.

633 P.L. Nr. 99-64, 99 Stat. 120, kodifiziert in 50 U.S.C. App. §§ 2401 ff. als Export Administration Amendments Act of 1985 - vgl. dazu MALLOY 2001, S.69.

634 P.L. Nr. 100-418, 102 Stat. 1107 (1988): Omnibus Trade and Competitiveness Act of 1988 (OTCA) - vgl. dazu FORWICK 1993, S.31-33 und MALLOY 2001, S.71-77.

635 Die Geltung des EAA of 1979 endete 1983. Mit kurzfristigen Verlängerungen und zeitweisen Notstandserklärungen wurde unter anderem nach dem Ausräumen von Kompetenzstreitigkeiten von Ministerien im Juli 1985 wieder eine längerfristige Ermächtigungsgrundlage bestimmt. Siehe dazu HENTZEN 1988, S.61 f.

636 Vgl. LÜBBIG 1995, S.8 f. Für Deails siehe HENTZEN 1988, S.62-78.

637 EAA: § 2403 (2) Satz 2. Wie es Aufgabe des Wirtschaftsministeriums ist, die Ermächtigungen in der Praxis umzusetzen, liegt auch die Durchsetzung der Exportkontrolle im wesentlichen in dessen Hand. Der dem Finanzministerium zugeordnete Zoll überwacht die Grenzen. Beide Behörden haben weite Befugnisse, Rechtsverstöße aufzudecken. Durchsuchen und beschlagnahmen dürfen sie jedoch nur eingeschränkt. Um Verstöße zu ahnden, kann das Wirtschaftsministerium auf Verwaltungssanktionen zurückgreifen. Für ein Strafverfahren ist jedoch die dem Justizministerium unterstellte Staatsanwaltschaft zuständig. Vgl. dazu HENTZEN 1988, S.77 f.

638 Bis zum 18.4.2002 hieß das BIS Bureau of Export Administration (BXA). Die Namensänderung erfolgte, um den vielfältigen Aufgaben der Behörde Rechnung zu tragen (vgl. CREYDT 2002, S.454). Siehe für Einzelheiten im Internet unter <http://www.bxa.doc.gov>.

639 Vgl. CREYDT 2002, S.454.

640 Siehe für die Selbstdarstellung des BIS unter <http://www.bxa.doc.gov/ManagementTeam /whoarewe.htm>, abgerufen am 5.3.2003.

641 Vgl. HÖLSCHER 1998, S.60.

Wegen der vergleichsweise niedrigen Strafen bei Verstößen gegen das Exportkontrollgesetz kam es zu Kritik gegen diese Regelung, was - bis zur Schaffung einer neuen Exportkontrollgesetzgebung- zu einer erneuten Inkraftsetzung des EAA führte.[642]

b. Die Durchführungsbestimmungen

Der EAA muß im Zusammenhang mit den Export Administration Regulations (EAR) als den zugehörigen Ausführungsbestimmungen gesehen werden. In diesen werden die konkreten Exportbeschränkungen verfügt, indem durch den Präsidenten oder eine aufgrund einer Delegierung zuständigen Bundesbehörde für den Einzelfall Art, Umfang und Adressaten von Handelsbeschränkungen festgelegt werden.[643] Diese komplizierten und umfangreichen Bestimmungen für die Exportkontrolle von Gütern mit doppeltem Verwendungszweck werden vom BIS erlassen.[644] Exporte, auf die die EAR anwendbar sind, erfolgen dem Grundsatz nach bewilligungsfrei. Eine Ausnahme besteht jedoch für alle Exporte von Gütern und technischen Daten, die auf der Kontroll-Liste (Commerce Control List - CCL) stehen. Diese Liste für Handelskontrolle wird erstellt in Zusammenarbeit von Verteidigungsministerium (Department of Defense), Außenministerium (State Department) und Energieministerium (Department of Energy). Die EAR verweisen für die Notwendigkeit einer Exportgenehmigung[645] auf diese Liste, die sich in zehn Kategorien untergliedert und inhaltlich größtenteils dem Wassenaar-Arrangement entspricht.[646] Genehmigungen können jedoch auch nach dem Commerce Country Chart (CCC) erforderlich sein. Die vom BIS aufgestellte Liste macht die Genehmigungsvergabe von dem jeweiligen Zielstaat abhängig.

---

642 Vgl. CREYDT 2002, S.454.

643 Vgl. NEUSS 1989, S.10. Bei den EAR handelt es sich nicht um eine Verordnung i.S. des deutschen Verwaltungsrechts, sondern um eine Mischung aus verbindlichen, über die lapidare gesetzliche Ermächtigung hinausgehenden Ausfuhrbestimmungen und einer Art Arbeitsanleitung. Sie werden periodisch geändert, wobei nicht nur neue Akzente gesetzt, sondern auch Mängel beseitigt werden. Aufgrund dessen ist es in mancher Hinsicht einfacher und wichtiger, sich an diesem Meinungsbildungsprozeß - der ein völlig offener Kommunikationsprozeß ist - der EAR zu beteiligen als zu versuchen, die gesetzliche Grundlage zu beeinflussen. Eben diesen Mechanismus nutzt die US-Industrie massiv, und auch ausländische Firmen könnten sich dementsprechend betätigen. Vgl. GRIESSBACH 1999, S.155 f.; EHLERS/WOLFFGANG 1999, S.173.

644 Die EAR werden im Code of Federal Regulations (C.F.R.) von der US-Regierung veröffentlicht. Änderungen werden im Federal Register bekanntgegeben und sind damit verbindlich. Die aktuellen EAR sind im Internet auf der Seite des U.S. Government Printing Office abrufbar: <http://www.gpoaccess.gov/cfr/index.html>.

645 Für Einzelheiten bezüglich des Genehmigungssystems siehe NEUSS 1989, S.6 f.; PUTTLER 1989, S.20 f.

646 Vgl. CREYDT 2002, S.454; HÖLSCHER 1998, S.60.

In der Praxis obliegt es dem Exporteur herauszufinden, ob ein bestimmtes Gut aufgrund der CCC unter Beachtung der CCL beim Export in ein bestimmtes Land genehmigungspflichtig ist.[647] Bei Verletzungen der Bestimmungen sind das Office of Export Enforcement (OEE), das Office of Enforcement Support und das Office of Antiboycott Compliance (alle innerhalb des BIS) zuständig.[648]

III. Mängel im US-amerikanischen System der unilateralen Sanktionen

Die von den USA einseitig verhängten Wirtschaftssanktionen zeichnen sich in der Regel dadurch aus, daß sie a) oft andere Auswirkungen mit sich bringen als man erwartet hat oder b) ihr Ziel nicht erreichen.[649]
Zahlreiche Reformvorschläge für das US-Exportkontrollrecht sehen eine ausgewogenere Kontrollpolitik, ein transparenteres, einfacheres System, schlankere Bürokratie zur Gesetzesausführung u.a. vor.[650] Die Reformvorschläge orientieren sich vornehmlich an den im folgenden aufgezählten Kritikpunkten.[651]

1. Kritik von Verbänden und Wissenschaft

Anders als bei militärischen Gewalt-Anwendungen gegen Staaten konzentriert sich die Kritik an der US-amerikanischen Sanktionspolitik in Anknüpfung an die feststellbaren Gründe, Ziele und Konsequenzen dieser Politik auf die folgenden Bereiche:[652]

- Wegen fehlender politischer Ziele und in Ermangelung einer übergeordneten Richtung in der US-Außenpolitik sei in der Zeit nach 1989/90 die Anzahl der verhängten Sanktionen stark angestiegen.
- Aus vorangegangenen Sanktionsprogrammen seien keine Konsequenzen gezogen worden. Die Verhängung von Sanktionen sei ohne Berücksichtigung und Bewertung von unterschiedlichen Umständen und Bedingungen erfolgt.

---

647 Vgl. CREYDT 2002, S.454. Für eine detaillierte Beschreibung des Genehmigungsverfahrens - allerdings noch des BXA - siehe HÖLSCHER (ders. 1998, S.62-66).

648 Vgl. HÖLSCHER 1998, S.60 f.

649 Vgl. PREEG 1999, S.vii f., 7-10.

650 Vgl. HÖLSCHER 1998, S.72. Für das Spektrum an unterschiedlichen Auffassungen vgl. z.B. die vom Subkomitee für internationale Wirtschaftspolitik und Handel angesetzte Anhörung über Sanktionen vom 10.9.1998 - HEARING 1999.

651 Richtungsweisend ist hier die umfassende Studie von PREEG, die sich als erste ausschließlich mit den unilateralen Wirtschaftssanktionen der USA befaßt. Vgl. der. 1999.

652 Vgl. SMITH 2000, S.354. Barry CARTERs Buch über die unilateralen internationalen US-Sanktionen beinhaltet Verbesserungsvorschläge für das US-Sanktionssystem. Daß diese durchaus umstritten sind, zeigt eine Rezension seines Werkes von FENTON. Dieser verweist auf die Risiken des CARTERschen Ansatzes und darauf, daß es wenig wahrscheinlich ist, daß die USA ihrer Möglichkeit entsagen, globale geopolitische Entwicklungen durch Sanktionen zu beeinflussen. Vgl. FENTON 1989, insbesondere S.810.

- Auch Bundesstaaten und lokale Behörden verhängten internationale Handels- und Finanzsanktionen. Unabhängig von der fraglichen Effektivität solcher Maßnahmen könnten solcherart verhängte Sanktionen der US-Außenpolitik zuwiderlaufen.

Es besteht Übereinstimmung darin, daß Sanktionen nur erfolgreich sind, wenn der betroffene Staat sehr stark von den USA abhängig ist. Einigkeit herrscht auch in der Auffassung, daß unilaterale Sanktionen generell weniger erfolgversprechend als multilaterale Sanktionen sind.
Die negativen Begleiterscheinungen wie z.B. die hohe Schadensbilanz für die US-Wirtschaft[653] werden allerdings von der politischen Öffentlichkeit eher in Kauf genommen, wenn es darum geht, die Mißbilligung einer Angelegenheit durch die USA zu verdeutlichen. Dessenungeachtet ist festzuhalten:

> „Unternehmen optimieren nicht nach politischen, sondern nach ökonomischen Kriterien. Unternehmen nutzen spezifische politische Bedingungen, reagieren auf veränderte politische Bedingungen und versuchen natürlich selbst, politische Bedingungen zu verändern, allerdings nicht um politischer Ziele willen, sondern im Unternehmensinteresse. Unternehmen können nur mit verbindlichen politischen Auflagen, nicht aber mit politisch-moralischen Appellen dazu gebracht werden, in einem politisch erwünschten Sinn zu handeln ...“[654]

Insgesamt werden für multinationale Sanktionen zielgerichtete Ansätze vor allem im Finanzbereich von Experten favorisiert. Als Alternative zu unilateralen Sanktionen halten Fachleute es für weitaus sinnvoller, im Rahmen von *managing relations* statt Drohungen und Zwang Belohnungen und Anreize einzusetzen, um keine unausgewogene Spirale negativer Reaktionen zu verursachen. Da die Möglichkeiten dafür innerhalb der Außenpolitik als begrenzt angesehen werden, gilt es, die Beteiligung potentieller Zielländer in internationalen Organisationen als Anreiz zur Einhaltung internationaler Normen zu verstärken. In zahlreichen Fällen wurde dies bereits versucht, doch ist nach wie vor nicht geklärt, ob eine verstärkte Einbeziehung auch für sog. Schurkenstaaten in Betracht komme.[655]

---

653 Die hohe Schadensbilanz resultiert aus Export- und Arbeitsplatzverlusten, aus dem Ruf als unzuverlässiger Lieferant und daraus folgenden Verlust von Aufträge - vgl. dazu USA*ENGAGE 2002c, S.3, sowie USA*ENGAGE 2002d. Anknüpfend an die häufig formulierte Ineffektivität von Sanktionen ergriff USA*Engage eine Initiative und trugen ihre Konzeption des Widerstandes gegen die unilaterale Sanktionspolitik der USA in die Öffentlichkeit. Für Details s. die ergiebige Internetseite unter <http://www.usaengage.org>. Die Bewegung ist der Auffassung, daß ein nachhaltiges Engagement im Weltgeschehen (politisch, wirtschaftlich, religiös, kulturell, bildungspolitisch, karitativ) zu einer Verbreitung der freien Marktwirtschaft und damit zu einer Anhebung des Lebensstandards führen wird (vgl. dazu USA*ENGAGE 2002a). Ein solches Engagement werde jedoch von unilateralen US-Sanktionen sowie Sanktionen der einzelnen US-Bundesstaaten unterminiert (vgl. USA*ENGAGE 2002b). Siehe auch PREEG 1999, S.196-200; LOSMAN 1998, S.40 f.

654 DIENST IN ÜBERSEE 1987, S.56.

655 Von Interesse können hierbei auch die Anregungen der Presidential Study Group sein, die in deren Bericht aus dem Jahre 2001 festgehalten sind. Insgesamt wird für das Verhältnis USA -

Es herrscht die Auffassung vor, daß für eine langfristige Verhaltensänderung die Einbindung in die internationale Gemeinschaft durchaus Möglichkeiten birgt - für kurzfristig zu erreichende Ziele hingegen kommt dieser Gesichtspunkt nicht in Frage. Hier gilt vielmehr ein ausgefeiltes Sanktionssystem nach wie vor als erforderlich. Oberste Priorität hat dabei das am Einzelfall ausgerichtete Konzept jedes Sanktionsprogrammes. Denn fast übereinstimmend wird erklärt, daß Sanktionen erfolgreich sein können, wenn sie gezielt als Teil einer größeren Außenpolitik-Strategie angewendet werden. Dabei sind mindestens die folgenden Faktoren zu berücksichtigen:

Tabelle 19: Richtlinien für unilaterale Sanktionen

•	Unilaterale US-Sanktionen müssen Teil eines in sich schlüssigen Paketes von außenpolitischen Instrumenten sein.
•	Im Vordergrund steht eine angemessene Einschätzung der Situation: humanitäre Notfälle müssen berücksichtigt werden, und für das Sanktionsprogramm ist eine Machbarkeitsstudie ist zu erstellen.
•	Es sollen nur aussichtsreiche Sanktionen - vorzugsweise im Finanzbereich - verhängt werden. Der rasche technologische Fortschritt kann die Aussicht auf Erfolge (z.B. in Form von Namenserkennungsprogrammen) verbessern.
•	Werden allumfassende anstelle von zielgerichteten Sanktionen verhängt, ist für humanitäre Erleichterungen oder Ausnahmeregelungen Sorge zu tragen, damit die Zahl der Opfer der Sanktionspolitik möglichst gering gehalten wird.
•	Mit der Verhängung von Sanktionen müssen ihre Auswirkungen durch Dokumentierung begleitet werden. Durch Auswertung solcher Dokumentationen können der Erfolg der Sanktionen gemessen und ggf. eine Anpassung vorgenommen werden.
•	Um die Glaubwürdigkeit von Sanktionen nicht zu untergraben, sollte von vornherein eine maximale Anwendungszeit festgelegt werden (sog. *sunset clause*).

Zusammenfassend läßt sich feststellen, daß weitsichtig und in Einklang mit weiteren Politikinstrumenten eingesetzte Sanktionen durchaus einer Sanktionspolitik Glaubwürdigkeit verleihen können.[656]

Naher Osten / Nordafrika empfohlen, kritische Beziehungen aufzubauen. Hauptsächlich soll Wissen über die USA verbreitet werden - auf dem Wege von American Studies Centers vor Ort, aber auch durch arabische Studenten in den USA -, um auf diese Weise im Nahen Osten verbreitete Vorurteile über die USA auszuräumen. Vgl. für Details PRESIDENTIAL STUDY GROUP 2001, S.49 f. Diesen Ansatzpunkt vertrat SAID bereits 1994, als er feststellte, daß selbst gebildete und erfahrene arabische Bürger ein nicht der Realität entsprechendes Bild der USA hätten. Vgl. ders. 1994, S.391.

656 Zu den vorangegangenen Ausführungen vgl. die Ergebnisse der "38th Strategy for Peace, US Foreign Policy Conference 1997" zum Thema US-Sanktionspolitik, die von namhaften Sanktionsexperten wie DAMROSCH, CARTER, DOXEY und ELLIOT zusammengetragen wurden (US SANCTIONS POLICY 1998, S.4-16). Von besonderem Interesse sind darüber hinaus die im Abschlußbericht der Juristischen Revisionskommission zu Foreign Assets

2. Kritik europäischer Staaten an der extraterritorialen Dimension der Vorschriften

Der klassische Fall einer extraterritorialen Hoheitsausübung liegt bei der Bestrafung eines eigenen oder fremden Staatsangehörigen für eine Auslandstat vor oder auch, wenn ein Staat den Beteiligten aufgibt, im Ausland belegene Unterlagen und Beweismittel vorzulegen, die ihm unzugänglich sind. Unter einer extraterritorialen Hoheitsausübung ist daher die hoheitliche Regelung von Sachverhalten zu verstehen, die einen unmittelbaren Auslandsbezug aufweisen.[657]

Die extraterritoriale Gesetzgebung[658] der USA wird von anderen Staaten vielfach als Eingriff in das internationale Recht und die nationale Souveränität gesehen. Da insbesondere die EU-Staaten eine große wirtschaftliche Macht darstellen, fällt deren Kritik am Vorgehen der USA entsprechend stark aus. Die USA berufen sich demgegenüber darauf, daß eine extraterritorale Gesetzgebung nach internationalem Recht durchaus erlaubt sei -vorausgesetzt es existiere eine vorwerfbare Verbindung zwischen dem betroffenen Staat und den zu verfolgenden externen Ereignissen.[659]

a. Extraterritoriale Rechtsanwendung

Die US-Gesetze gestatten die konfliktträchtigen extraterritorialen Rechtsanwendungen[660] unter zwei Ansatzpunkten:

Control an den US-Kongreß zusammengetragenen Ergebnisse über den sog. Kingpin Act. Hierbei handelt es sich im Grunde um eine Einschätzung der Auswirkungen der US-Sanktionsprogramme auf US-Bürger und -Wirtschaftsunternehmen. S. FINAL REPORT 2001, S.2 f., sowie für die Hauptkritikpunkte und die mit Erläuterungen versehen Empfehlungen S.101-148. In einem Gespräch mit d. Verf. zeigten sich US-amerikanische Rechtsanwälte erstaunt darüber, daß die nach ihrer Auffassung berechtigte Kritik, die von der Kommission am OFAC geübt wurde, und die in ihren zwölf Empfehlungen zum Ausdruck kommt, so offen geäußert wurde. Vgl. auch die allgemeinen Ausführungen zu unilateralen Sanktionen im 1. Kap. unter Abschn. B.I.2., S.51.

657 Vgl. ZIEGENHAIN 1993, S.898.

658 Vgl. für die Entwicklung des Extraterritorialitätsprinzips im US-Recht s. BRENSCHEIDT 1979, S.97. Die extraterritoriale Gesetzgebung der USA ist in sich nicht einheitlich schlüssig - so besteht z.B. diesbezüglich ein großer Unterschied zwischen dem Cuban Libyerty and Democratic Solidarity (LIBERTAD) Act und ILSA. Vgl. GERKE 1997, S.60.

659 Vgl. dafür GERKE 1997, S.43. Nach US-Interpretation sind unter externen relevanten Ereignissen solche zu verstehen, welche die Nationalität, das Territorium, den Schutz bestimmter bundesstaatlicher Interessen sowie den Schutz der Interessen der Kommunen berühren. Auch DUNNING stellt extraterritoriale Gesetzgebung wie den ILSA nicht als internationales Recht verletzend dar, weist aber deutlich auf die unbeabsichtigten Konsequenzen solcher Gesetze hin (vgl. ders. 1998, S.189, 199). Vgl. auch EHLERS/WOLFFGANG 1999, S.173: US-Behörden erlangten Kenntnis von Verstößen durch Geheimdienste und Hinweise von Konkurrenten.

660 Im englischen Sprachgebrauch: *secondary sanctions*. Vgl. GERKE 1997, S.50-57: 5. Secondary Sanctions and the Rules of the World Trade Regime. Siehe für einen analytischen Rahmen zur Bewertung von Extraterritorialität auch DUNNING 1998, S.172-186; JAN-

- Gemäß einem **sachbezogenen** Ansatz werden in der Praxis fast durchgängig Reexporte überwacht. Darunter fallen entweder vorausgegangene Ausfuhren aus den USA oder der Einsatz solcher Technologien oder Komponenten im Produktionsprozeß, die einmal aus den USA ausgeführt wurden.
- Im Rahmen eines **personalen** Ansatzes wird an den jeweiligen Exporteur angeknüpft. Auf der Grundlage der sog. Kontrolltheorie unterwerfen die USA auch selbständige Unternehmen im Ausland Beschränkungen, wenn sie von Unternehmen oder Personen in den USA beherrscht werden.

Die Durchsetzung des Rechts im Inland wird durch Verwaltungssanktionen und Kriminalstrafen gewährleistet. Im Ausland vermag die Drohung mit dem Entzug des Exportprivileges die Beachtung der Normen weitgehend sicherzustellen - ungeachtet aller rechtlichen Bedenken und teilweise auch ohne Berücksichtigung von Gegenmaßnahmen anderer Staaten.[661]

Ihrerseits dulden die USA nicht alle Ausfuhrbeschränkungen anderer Staaten, die extraterritoriale Geltung beanspruchen und die von der Reichweite her ihren eigenen Gesetzen entsprechen.[662]

Neben der extraterritorialen Anwendung der US-Exportkontrollnormen birgt vor allem die rückwirkende Verhängung von Maßnahmen Risiken für europäische Unternehmen. Die Gefahr retroaktiver Wirkung ist immanent mit dem Erlaß von extraterritorialen Exportkontrollen verbunden. Wird *ad hoc* der Reexport von Gütern untersagt, so hat dies den gleichen Effekt, als hätten die US in der Vergangenheit die Exporte eben dieser Güter aus ihrem eigenen Territorium verboten.[663]

Die US-Reexportkontrollen stellen im internationalen Rechtsverkehr ein Problem dar: Die US-Regierung vertritt den Standpunkt, daß ein Staat nach völkerrechtlichen Grundsätzen Handlungsfreiheit zur extraterritorialen Anwendung von Exportkontrolle[664] genieße, solange kein spezifisches Verbot entgegenstehe. Kritiker halten diesen Standpunkt hingegen für völkerrechtlich[665] nicht gerechtfertigt, da bei

---

DER/BISCHOFF 1982, S.784. ZIEGENHAIN hält fest, daß das US-Recht vergleichsweise räumlich weitreichendere Beschränkungsbefugnisse als z.B. das deutsche Exportkontrollrecht vorsieht und damit tendenziell eher Gefahr läuft, die Souveränitätsinteressen anderer Staaten nachhaltig zu beeinträchtigen. Vgl. ders. 1993, S.906. Für grundlegende Unterschiede zwischen dem deutschen und dem US-Exportkontrollrecht siehe LÜBBIG 1995.

661 Vgl. HENTZEN 1988, S.175 f.

662 Vgl. ebd., S.176.

663 Vgl. ebd., S.176.

664 Demnach sind Güter und Technologien mit US-Ursprung der US-Jurisdiktion unterworfen, auch wenn sie das Gebiet der USA verlassen haben und in fremden Besitz und Eigentum übergegangen sind - vgl. FORWICK 1993, S.67.

665 Im Völkerrecht gibt es keine eindeutige Antwort auf die Frage nach den Grenzen politisch motivierter extraterritorialer Gesetzgebung. Es existieren keine internationalen Verträge, in denen die Reichweite extraterritorialer Exportkontrollen festgelegt ist; auch kann von keiner gewohnheitsrechtlichen Anerkennung gesprochen werden (vgl. FORWICK 1993, S.68). NEUSS argumentiert, daß das US-Recht nicht mehr Regelungshoheit über den Genehmi-

Reexportkontrollen Sachverhalte außerhalb des Staatsgebietes des kontrollierenden Staates geregelt werden, so daß das Territorialitätsprinzip nicht anwendbar ist.[666] Bis 1987 waren die Vorschriften bezüglich der Reexportkontrollen in einem gesonderten Abschnitt der EAR zusammengefaßt. Sie besagten, daß Reexporte vorbehaltlich einer entsprechenden Genehmigung untersagt sind. Da immer mehr Produzenten auf die Verwendung von Produktbestandteilen aus den USA verzichteten, wurde 1987 eine de-minimis-Ausnahme eingeführt. PUTTLER schreibt dazu:

> „Ein im Ausland gefertigtes Produkt kann also den amerikanischen Ausfuhrbestimmungen unterfallen, wenn es nur ein einziges Teil enthält, das aus den USA stammt. Die amerikanischen Behörden machen die Genehmigungspflicht in diesen Fällen davon abhängig, ob das Endprodukt selbst, wenn es in den USA gefertigt worden wäre, den amerikanischen Reexportkontrollen unterläge, oder ob ein Direktexport der US Komponente in das betreffende Empfängerland unter einer »general license« genehmigungsfrei wäre. Von der Genehmigungspflicht ausgenommen sind Bestandteile, deren Wertanteil am Endprodukt gering ist. Darüberhinaus wird auch der Export von im Ausland mit nicht amerikanischen Materialien hergestellten Waren kontrolliert, wenn diese Güter mit Hilfe von aus den USA stammender Technologie hergestellt wurden."[667]

In ihrer heutigen Anwendungspraxis führt diese Ausnahme dazu, daß Waren mit unter 25 v.H. US-Anteil vom Reexportverbot nicht erfaßt werden. Bei Exporten nach Iran, Syrien und anderen Ländern beträgt der Schwellenwert 10 %. Für den Bereich der Technologie galt eine Einzelfallbeurteilung. In den neuen EAR sind die Reexportvorschriften in die anderen Vorschriften integriert, und die de-minimis-Regel wurde - zur Erleichterung für den Exporteur - auch auf Technologie- und Software-Produkte ausgedehnt.[668]

b. Reaktionen auf die extraterritoriale Rechtsanwendung

Die extraterritoriale US-Exportkontrolle bewirkt bei anderen Staaten, daß man mit Hilfe von Gerichtsstandsklauseln, Rechtswahlklauseln und besonderen Vertragsklauseln die Wirkung von US-Exportkontrollen versucht präventiv abzufedern.[669]

---

gungsgegenstand beanspruchen könne als an Rechtsmacht demjenigen zusteht, der die Verknüpfung zwischen Genehmigungsgegenstand und US-Recht verkörpert. Beanspruche der US-Gesetzgeber dennoch eine derart erweiterte Regelungshoheit, stelle sein Verhalten dort, wo die Regelunghoheit eines anderen Staates durch die US-Rechtsvorschrift berührt ist, den Tatbestand einer völkerrechtlichen Intervention dar, weil der eigene Souveränitätsbereich zu Lasten eines anderen Souveränitätsbereiches ausgedehnt werde. Vgl. ders. 1989, S.77 f., 114.

666 Vgl. HÖLSCHER 1998, S.113 f.; FORWICK 1993, S.67. PUTTLER schreibt: „Um diese Weiterlieferung (Reexport) zu verhindern, erstrecken Exportstaaten ihr Exportkontrollrecht häufig auch auf ausländische Importeure und schreiben ihnen vor, unter welchen Voraussetzungen sie reexportieren dürfen." - dies. 1989, S.16.

667 PUTTLER 1989, S.25.

668 Vgl. HÖLSCHER 1998, S.111-113. Speziell für Technologieexporte vgl. ebd., S.127-141.

669 Für den Umgang der EU mit konkreten extraterritorial angelegten US-Gesetzen s. hier in Abschn. B.II.4., S.217 ff. die Ausführungen zum Iran and Libya Sanctions Act (ILSA). Siehe

Allerdings zeigt die Arbeit von FORWICK über die extraterritorialen US-amerikanischen Exportkontrollen, daß es keinen vertraglichen Kunstgriff gibt, mit dem die unerwünschten Einwirkungen von US-Exportkontrollen abgewendet werden können. So bleibt die Ungewißheit vor allem für europäische Exportfirmen bestehen. Denn die USA behalten sich vor, durch bloße Verwaltungsanweisung Exportverbote gegenüber anderen Staaten „über Nacht" einzuführen, um auf diese Weise ihre Sicherheitsinteressen effektiv wahren zu können.
Gezielt steuern läßt sich eine Anwendung der US-Exportgesetze mit den Mitteln der Vertragsgestaltung nur, wenn ein Gericht in den USA mittels einer Gerichtsstandsklausel gewählt wird. Darüber hinaus lassen sich Verträge so gestalten, daß im Falle einer Befolgung extraterritorialer US-Exportgesetze zumindest kein Schadensersatz wegen Nichterfüllung bezahlt werden muß.[670]
Eine Folge dieser Situation, insbesondere der beschränkten Verteidigungsmöglichkeiten vor US-Gerichten ist, daß es selbst in befreundeten Staaten zum verstärkten Erlaß von Abwehrgesetzen kommt. Vor US-Gerichten gelten sie als Mittel der Entlastung. Allerdings geraten damit die betroffenen Firmen „zwischen die Fronten", indem sie den gegensätzlichen Anordnungen verschiedener Staaten folgen sollen.[671] Bislang wurden die meisten Konflikte dieser Art auf diplomatischem Wege beigelegt.[672] Doch ist es auch nicht ausgeschlossen, daß sich ein betroffenes Unternehmen mit rechtlichen Mitteln gegenüber den drohenden Sanktionen[673] zur Wehr setzt.[674] PUTTLER weist jedoch auf den folgenden Sachverhalt hin:

> „Ausländische Unternehmen fürchten [...] vor allem die »administrative sanctions«, die im Gegensatz zu den strafrechtlichen Sanktionen auch verhängt werden können, wenn der Rechtsverstoß weder vorsätzlich noch fahrlässig begangen wurde. Bei solchen Verstößen können bereits erteilte Ausfuhrgenehmigungen zeitweise ausgesetzt oder auch entzogen werden. Außerdem gibt es eine sogenannte »denial of export privileges«."[675]

auch Abschn. 4 und 5 bei GERKE 1997, S.43-57: 4. Extra-Territorial Application and International Law; 5. Secondary Sanctions and the Rule of the World Trade Regime.

670 Vgl. dazu FORWICK 1993, S.172.

671 Dieser Umstand wurde in Gesprächen mit der Verf. deutlich. Die Beiträge in der Fachzeitschrift *Außenwirtschaftliche Praxis* (AW-Prax) spiegeln dieselbe Tendenz wider.

672 Vgl. FORWICK 1993, S.107, 119.

673 Verstöße gegen die US-Exportkontrollbestimmungen werden mit harten Sanktionen geahndet. Die strafrechtlichen Maßnahmen umfassen Geld- und Freiheitsstrafen sowie Bußgelder. In der Praxis spielen die strafrechtlichen Bestimmungen jedoch eher eine untergeordnete Rolle. Das Exportkontrollrecht ist vor allem Verwaltungsrecht, und bei Verstößen wird zunächst mit verwaltungsrechtlichen Sanktionen, etwa dem Entzug bereits erteilter Exportgenehmigungen, vorgegangen. Vgl. PUTTLER 1989, S.26, 92.

674 Vgl. hierfür detailliert: FORWICK 1993, S.107-118.

675 PUTTLER 1989, S.26. Bei dem *denial of export privileges* kann eine Person oder ein Unternehmen vom Exportgeschäft mit den USA ganz oder teilweise ausgeschlossen werden. Jeder, der mit solchen auf eine Schwarze Liste Gesetzten ohne vorherige Genehmigung der US-Behörden Handel treibt, verstößt ebenfalls gegen US-Recht. Vgl. ebd., S.26 f.

GERKE kommt zu dem Schluß, daß letztlich nur der Druck von US-Firmen auf den Kongreß die extraterritoriale US-Gesetzgebung wird eindämmen oder unterbinden können. Dem Kongreß muß bewußt vor Augen geführt werden, welche Schäden eine solche Gesetzgebung nach sich zieht - die dabei nicht einmal ihre Ziele erreicht.[676] Neben Unternehmer-Initiativen wie USA*engage unterstützen auch die National Association of Manufacturers und das in Washington, D.C., ansässige Institute of International Economics diesen Ansatz.[677] Die Problematik für die EU ist, wie sie mit einem Staat umgehen soll, der nicht vorhersehbare Handlungen vornimmt und dabei internationales Recht bricht. Sie ist nicht über die WTO zu lösen.[678] Ein *blocking statute* ist wirkungsvoller, da es die Kosten für die US-Wirtschaft hebt. Dies wiederum führt zu Besorgnissen bei US-Geschäftsleuten, die dann ihrerseits bemüht sind, den politischen Entscheidungsträgern zu verdeutlichen, daß das Einhalten von Handelsabkommen im Interesse der USA liegt.[679]

Zusammenfassung

Keine andere westliche Wirtschaftsmacht verfügt über ein vergleichbares Regelwerk bezüglich der Ausfuhr von Wirtschaftsgütern wie die USA. Diese haben damit die Möglichkeit, sowohl leitend und lenkend in die Exportpolitik ihrer Wirtschaft einzugreifen als auch über US-Tochterunternehmen und Lizenznehmer auf

[676] Für eine Untersuchung des Einflusses der Innenpolitik auf die US-Außenpolitik s. ROGERS 1992. Die Autorin hebt hervor, daß sich die gesellschaftlichen und wirtschaftlichen Kräfte insbesondere gegen Sanktionen aussprechen, wenn es sich um Handelssanktionen handelt und sie im Gegensatz zu Finanzsanktionen unmittelbar betroffen sind. Die drei Jahre später erschienene Dissertation von SELDEN knüpft an diese Argumentation an und hebt hervor, daß Finanz- und Importsanktionen gegenüber Exportsanktionen der Vorzug zu geben ist (ders. 1995).

[677] Auch die American Bar Association sowie die International Trade Commission im US-Außenministerium sehen unilaterale Sanktionen zunehmend als nutzlos und „selbstzerstörerisch" an. Vgl. BAMBERGER 2000, S.25. In einer vom CSIS erstellten Studie über unilaterale Sanktionen der USA wird ausdrücklich festgehalten, daß die US-Behörden größeres Vertrauen in den positiven Einfluß haben sollten, der von US-Geschäftsleuten, Nichtregierungsorganisationen, kulturellen Programmen, Reisenden und dem Austausch von Nachrichten ausgeht. Vgl. dazu US SANCTIONS POLICY 1999, S.21-23.

[678] MENG hingegen verweist darauf, daß die WTO durchaus eine Schlüsselrolle bei der Stärkung des Welthandels innehat, die bei richtiger ordnungspolitischer Rahmensetzung im Interesse aller ist. Denn das WTO-Recht erfüllt eine zentrale Funktion von internationalem Wirtschaftsrecht, nämlich Vorhersehbarkeit und damit Kostensicherheit durch Regeln herzustellen und durch entsprechende prozedurale Garantien abzusichern. Vgl. ders. 1997, S.428; ders. 1997a, S.317324. MENG unterstreicht auch, daß wegen der WTO-Problematik genauer von den Europäischen Gemeinschaften und nicht von der EU gesprochen werden sollte, da die Europäischen Gemeinschaften Mitglieder in der WTO seien, nicht aber die EU S. ders. 1997a, S.270.

[679] Vgl. GERKE 1997, S.60 f.

die Exportpolitik anderer Staaten Einfluß zu nehmen. Die Systematik der gesetzlichen Regelungen und ihre Anwendungsmechanismen erlauben der US-Regierung, differenziert auf politische Entwicklungen zu reagieren. Dieses Instrumentarium steht oftmals im Widerspruch zu den Interessen anderer, mit den USA befreundeter Exportländer.
Sanktionen drücken politische Handlungen und Ziele aus. Da ein Staat mit seinen Gesetzen seine Bürger anspricht, schränken Sanktionen auf diese Weise die Rechte, Möglichkeiten und Freiheitsräume von Bürgern ein. In der Alltagsgesetzgebung sind außenpolitisch motivierte gesetzliche Exportkontrollen am problematischsten, da hier der tagespolitische Einfluß oft am größten ist. Nur durch einen verantwortungsbewußteren und selektiveren Umgang der USA mit unilateralen Sanktionen können die durch den häufigen Einsatz verstärkt auftretenden Negativfolgen eingedämmt und kurzfristig abgebaut werden. Sollte dies gelingen, steht zu erwarten, daß sich die nach dem extensiven und oft mangelhaften Gebrauch übersteigerte Bedeutung in absehbarer Zeit abschwächen und eindämmen lassen wird.
Von großer Bedeutung ist weiterhin, daß quasi keine völkerrechtlichen Schranken existieren, die eine Verhängung von Sanktionen verhindern oder einschränken könnten. Dementsprechend schwierig gestaltet es sich für Sanktionskritiker, Politiker davon abzuhalten, Sanktionen zu verhängen.
Im folgenden wird die Verhängung von Sanktionen entsprechend dem US-amerikanischen Recht am Beispiel Libyens untersucht. Hierbei sind insbesondere die Zielsetzung der Sanktionen und ihr geschichtlicher Hintergrund in ihrer wechselseitigen Beziehung darzustellen.

B. Die US-Sanktionen gegen Libyen

I. Die libysch-amerikanischen Beziehungen nach 1969

Unter der Führung al-Qaḏḏāfīs zielte Libyen darauf ab, die arabischen nationalen Interessen in Einklang mit den revolutionären Begriffen Einheit (*waḥda*), Sozialismus (*ištirākīya*) und Freiheit (*ḥurrīya*) zu verfolgen. Angesichts der Bipolarität der Welt wollte sich Libyen von keiner der beiden Seiten instrumentalisieren lassen und befand seinen Status für „positiv neutral". Die USA erkannten al-Qaḏḏāfī aufgrund seiner internationalen Zugeständnisse und seiner antikommunistischen Haltung an und nahmen die bald nach 1969 auf internationalem Felde zunehmenden revolutionären Aktivitäten al-Qaḏḏāfīs ohne offizielle Kommentierung hin. Später so häufig in Zusammenhang mit Libyen verwendete Worte wie „Terrorismus" oder „subversiv" kamen in der Berichterstattung nicht vor. Im ersten Jahr nach al-

Qaḏḏāfīs Machtergreifung schützten die USA Libyen sogar vor inneren und äußeren Bedrohungen, indem sie ihn z.B. auf geplante Putschversuche hinwiesen.[680]
Das Auf und Ab in den US-libyschen Beziehungen während der siebziger Jahre zeigte, daß die frühen US-amerikanischen Annäherungen nicht auf die Realitäten der seit 1969 veränderten politischen Umstände Rücksicht nahmen. Die Ziele der Revolutionsführung, einer Außenpolitik entgegenzuwirken, die eine Veränderung des Status quo im Nahen Osten und Nordafrika zum Ziele hatte, machte eine Kooperation wie zu König Idrīs' Zeiten unmöglich.[681]
Dabei trug die US-Politik zu dem wechselhaften Verhältnis mit Libyen bei. Denn im Rahmen der „Eindämmung" des sowjetischen Einflusses waren die Präsidenten Nixon (1969-1974) und Ford (1974-1977) bereit, al-Qaḏḏāfīs Unterstützung für „Freiheitsbewegungen" aller Art hinzunehmen, um Libyen selbst vom Einfluß des Kommunismus fernzuhalten. Unter Präsident Carter (1977-1981) ging es dagegen der US-Politik weniger um die kommunistische Bedrohung als um die Anerkennung der Menschenrechte und die Einschränkung von Terrorismus.[682] Zwar hätte dieser Politikwechsel für Libyen eine Gelegenheit darstellen können, die Beziehungen zu den USA zu verbessern. Doch der Vertrag von Camp David und die bereits vor 1977 einsetzenden terroristischen Aktivitäten ließen diese Erwartungen unerfüllbar werden. Unter Präsident Reagen erreichten die Beziehungen einen Tiefpunkt. Bis heute hat sich das Verhältnis zwischen den beiden Ländern nicht wesentlich verbessert.[683]

680 Vgl. ST JOHN 2002, S.101-106; FAATH 1986, S.282 f. BROWN weist allerdings darauf hin, daß sich die Beziehungen bereits seit 1962 kontinuierlich verschlechtert hatten. Siehe BROWN 1985, S.39-44. Aufschlußreich ist auch die Betrachtung des Verhältnisses zwischen Libyen und den Vereinigten Staaten von EL-KIKHIA - vgl. ders. 1997, S.137-144.

681 Vgl. HALEY 1984, S.3-14: die Suche der USA nach einer politischen Strategie gegenüber Libyen 1969-1973. Eine ausführliche Darstellung der US-Ziele gegenüber Libyen seit dem 18./19. Jahrhundert findet sich bei WANNĀS - ders. 1993, insbes. S.21-53.

682 Vgl. FAATH 1986, S.283. Für eine Analyse der Politikmuster und US-Ziele gegenüber Libyen unter Nixon, Ford, Carter und Reagan vgl. DAVIS 1990, S.33-41; EL WARFALLY 1988, S.181 f. Für das Scheitern der Kooperationsversuche zwischen 1973 und 1980 s. ausführlich bei HALEY 1984, S.33-243.

683 Vgl. ST JOHN 2002, S.118 f. CRICCO setzt mit der beginnenden Annäherung Libyens an die Sowjetunion 1974 den Wendepunkt in der US-Politik gegenüber Libyen an: hatten die USA wegen des Kalten Krieges die Schließung ihrer Stützpunkte und die Verstaatlichung der Ölfirmen in Libyen noch hingenommen, ließ die libysche Hinwendung zu der Sowjetunion Libyen zum Gegner werden. Vgl. ders. 2002, S.39. Für die Strategien der US-Präsidenten Nixon, Ford, Carter und Reagan gegenüber Libyen vgl. auch ANDERSON 1982, S.529-533.

1. Vorbehalte der USA gegenüber der libyschen Politik seit 1969

Im Rahmen der US-Strategien während des Kalten Krieges wurde eine widersprüchliche US-Politik gegenüber dem Vereinigten Königreich von Libyen - der späteren Ǧamāhīrīya - verfolgt, die letztlich zum Scheitern der Monarchie beitrug. Nach dem Umsturz durch al-Qaḏḏāfī schätzten die USA Libyen als Land dahingehend ein, das die Sowjetunion gegen sie unterstützen könnte. In den ersten Jahren resultierte aus dieser Befürchtung die erwähnte Nachsicht gegenüber der libyschen Unterstützung von Befreiungsbewegungen. Doch mit dem zunehmenden Mißtrauen der USA über eine mögliche Zusammenarbeit zwischen der SU[684] und Libyen bewirkte diese sich als falsch erweisende Einschätzung eine Ära politischer Spannungen und gegenseitigen Mißtrauens.[685]

Libyen nahm nie einen hohen Rang in der außenpolitischen Planung der USA ein. Al-Qaḏḏāfī wurde konsequent als „Nicht-Akteur" behandelt. Wurde er den USA zu anmaßend, statuierten sie ein Exempel. Allerdings bewirkte diese Politik nur sehr eingeschränkt eine Änderung in der libyschen Außenpolitik.[686] Statt dessen entstand der Eindruck, daß ein kleines, unbedeutendes Land unter der Willkür eines übermächtigen Staates zu leiden habe - und dieser Umstand trug Libyen international Ansehen ein.[687]

---

684 Für die Beziehung Libyens zur Sowjetunion s. HALEY 1984, S.56-72.

685 ST JOHN stellt in seinem 2002 erschienen Buch detailliert und ausgewogen die seit mehr als zweihundert Jahren währende bilaterale Beziehung der USA und Libyens dar, ohne jedoch arabische Quellen zu berücksichtigen (vgl. ders. 2002). Von Interesse ist eine an der Qar-Yunis-Universität in Benghasi 1997 vorgelegte Magisterarbeit. In dieser wurde die Bedeutung des ideologischen Faktors in den libysch-amerikanischen Beziehungen untersucht und geschlußfolgert, daß die politischen Systeme zu unterschiedlich seien, als daß sie eine Verbesserung der Beziehungen in der näheren Zukunft erlaubten - vgl. AL-KURǦULĪ 1997, S.209.

686 Auf westliche Beobachter wirkte die libysche Außenpolitik folgendermaßen: "Western observers have tended to regard Libyan foreign policy as erratic, devoid of coherent rationale, and possessed of a tendency to undergo sudden, inexplicable changes of direction. " - NIBLOCK 2001, S.19. ST JOHN lehnt eine solche Beurteilung jedoch ab und sieht es für erwiesen an, daß die libysche Außenpolitik unter al-Qaḏḏāfī sehr kontinuierlich oder auch zu kontinuierlich war - al-Qaḏḏāfī sei es nicht gelungen, Lehren aus ihr zu ziehen (s. ST JOHN 1987, S.146 f.). DEEB, die eine umfassende Analyse zu Libyens Außenpolitik anstellte, kam zu demselben Schluß. Vgl. für die sehr aufschlußreichen Details dies. 1991, insbes. S.190-191.

687 In gewissem Sinne war Libyen ein Opfer der Apathie der US-Bevölkerung gegenüber außenpolitschen Themen. Denn aufgrund dessen konzentrierte sich die US-Politik auf die Innenpolitik und bemühte sich nicht, der Bevölkerung die Außenpolitik näherzubringen. Die „US-Dämonisierung" Libyens und die US-Konfrontationspolitik waren den US-Interessen jedoch wenig zuträglich. Statt dessen erleichterten sie al-Qaḏḏāfī das politische Überleben. Vgl. dazu ST JOHN 2002, S.9; ZARTMAN/KLUGE 1983, S.69; ZOUBIR 2002, S.33; HALEY 1984, S.247-273.

So änderten beispielsweise die militärischen Aktivitäten der USA gegen Libyen 1986 nicht al-Qaḏḏāfīs Politik, lenkten jedoch die internationale Aufmerksamkeit auf ihn und bewirkten eine Eskalation der Konfrontationspolitik.[688]
Den militärischen Handlungen gegen Libyen gingen Vorspiegelungen einer libyschen Gefahr durch gezielte Fehlinformationen in den Medien voraus, die die innenpolitische Akzeptanz einer Militäraktion vorbereiteten. Zugleich diente die Bedrohung von US-Bürgern durch terroristische, von Libyen angeblich gestützte Maßnahmen dazu, Erhöhungen im Verteidigungshaushalt und Erhöhungen für die Militärhilfen allgemein im Kongreß durchzusetzen.[689] Relevant darüber hinaus ist der Einfluß auf außenpolitische Entscheidungen durch verschiedene Interessengruppen, die Erdölgesellschaften[690] und Medien. FAATH schreibt dazu:

> „Den größten Einfluß üben dabei jene Persönlichkeiten mit direktem Zugang zum Präsidenten, den Kongreßabgeordneten oder dem Außenminister aus. In der Regel handelt es sich bei diesen Personen um Geldgeber für die Wahlkampagnen, persönliche Freunde oder Persönlichkeiten des öffentlichen Lebens. Dieser Personenkreis spielt eine nicht unbedeutende Rolle bei der Determinierung der Nahostpolitik, da zum einen zahlreiche Personen, zusätzlich zur jüdischen und israelischen Lobby in den USA, eine proisraelische Haltung einnehmen und z.B. eine nicht vordergründig Israel begünstigende Politik durch massiven Protest und durch Drohung mit Wählerstimmenentzug oder Finanzierungsverweigerung für Wahlkampagnen in der Regel ein Einlenken der Regierung erreichen, bzw. durch den Einfluß der Lobby auf die Kongreßabgeordneten indirekt Abstimmungen beeinflußt werden."[691]

In der Bevölkerung und auch in der Regierung der USA herrschte seit Beginn der 1980er Jahre eine hohe Bereitschaft, militärische Handlungen und Interventionen

688 SCHUMACHER 1986, S.336. Für eine libysche Darstellung der US-Angriffe auf Tripolis und Benghasi vgl. z.B. SAᶜĀDA 1995, S.49-51; KĪLŪ 1996, S.24-29; SAᶜĀDA 1996, S.14-17.

689 Vgl. FAATH 1986, S.290-293. CLAM weist auf die auffallend konsequente Einhaltung des zu Beginn von Reagans Amtszeit eingeschlagenen Kurses gegen Libyen hin und daß in anderen Schwerpunkten der Nahost-Politik Reagan durchaus weniger Entschlossenheit und Tatkraft hatte erkennen lassen. Siehe CLAM/HUBEL 1987, S.99 f.

690 Die Ölgesellschaften mobilisieren jedoch im Gegensatz zur proisraelischen Lobby keine Öffentlichkeit und sind primär an einer Deeskalation des Konfliktes interessiert (vgl. FAATH 1986, S.294). ANDERSON erwähnt die Erdölgesellschaften als die einzige pro-libysche Lobby (siehe dies. 2000, S.14). Für die entsprechenden Bemühungen von US-Erdölfirmen s. auch WALLACE 2000, S.6 f., und für die Lobby-Arbeit gedachte Broschüren wie z.B. der von Conoco, Amerada Hess und Marathon (s. CONOCO 2002).

691 FAATH 1986, S.293 f. Für eine sehr eindrucksvolle Beschreibung des US-internen Entscheidungsmechanismus in Bezug auf Libyen vgl. S.194-199 ebd. Auch MENG verweist auf das innenpolitisch motivierte Profilierungsbestreben von Regierungen und Parlamentariern als einen entscheidenden Störfaktor, Gegebenheiten, gegen die nur klare völkerrechtliche Verpflichtungen zur Absicherung gegen Drohungen und Verlockungen der Lobbies helfen könnten. Vgl. ders. 1997, S.428.

zu tolerieren oder durchzuführen. Die Rechtfertigung dafür bestand im Terrorismusvorwurf.[692]
Al-Qaḏḏāfī hoffte auf eine Verbesserung des Verhältnisses zu den USA unter Präsident Bush sen. (1989-1993), doch die unter Bush entwickelte „Schurkenstaaten"-Theorie (vgl. Abschn. B.I.3., S.203 ff. in diesem Kap.) versprach keine Veränderung in den Beziehungen.[693]
Im Februar 1996 beschuldigte Präsident Clinton (1993-2001) Libyen, in der libyschen Stadt Tarhuna (Tarhūna) eine Waffenfabrik gebaut zu haben.[694] Da sich die libysche Regierung nach wie vor weigerte, die Konvention gegen den Gebrauch, die Entwicklung und die Lagerung von chemischen Waffen von 1993 zu unterzeichen und Libyens Ansehen in den USA denkbar schlecht war[695], wurde Libyen unter Clinton kurzfristig in den ursprünglich nur gegen den Iran konzipierten Sanctions Act aufgenommen (vgl. zu ILSA Abschn. B.II.4., S.217 ff. in diesem Kap.).
Mit Beginn der Präsidentschaft von Bush jun. (seit 2001) wurde allgemein eine Änderung der Politik gegenüber Libyen erwartet, schienen doch beide Seiten zu einer Zusammenarbeit bereit zu sein. Allein das Problem lag zu dieser Zeit nicht mehr in den zwischenstaatlichen Beziehungen, sondern innerhalb der USA. Während die US-Regierung die gegen Libyen verhängten Sanktionen mittlerweile als wenig hilfreich für die Verbesserung der Beziehungen einschätzte, bewirkte der US-Kongreß eine Verlängerung des seit 1996 bestehenden ILSA um fünf statt der vorgesehenen zwei Jahre.[696]

---

692 Vgl. FAATH 1986, S.299. Dabei hatte al-Qaḏḏāfī trotz seiner umfangreichen finanziellen Zuwendungen keinen Einfluß auf die von Libyen unterstützen Gruppierungen. Es kam sogar dazu, daß Nikaragua keine Gelder mehr annahm, da al-Qaḏḏāfīs schlechte Reputation den finanziellen Nutzen nicht aufzuwiegen schien. Siehe dazu SCHUMACHER 1986, S.343 f.

693 Vgl. ST JOHN 2002, S.6. Am 19.1.1989 verkündete Präsident Bush sen. öffentlich, daß er die 1986 gegen Libyen verhängten Sanktionen aufrechterhalten wolle - vgl. COOKE 1990, S.197, Fn.8.

694 Vgl. dazu MATTES 1997, S.117.

695 Der Versuch Libyens, die Lockerbie-Opferfamilien durch eine in die Washington Post geschaltete Anzeige dazu zu bewegen, Druck auf die US-Regierung hinsichtlich der Annahme des libyschen Vorschlages zur Lösung der Angelegenheit auszuüben, rief große Empörung in den USA hervor. Vgl. WALLER 1996, S.78. Am 8.6.1997 erfolge ein weiterer Versuch mit einer Anzeige in der New York Times - siehe hierzu STRUNZ/DORSCH 2000, S.63.

696 Vgl. den Artikel von NOTZ/BAULIG/ESTERHAZY in der FTD vom 14.5.2001: Da Bush jun. befürchtet, den Rückhalt im Kongreß durch eine zügige Aufhebung der Sanktionen zu verlieren, er aber auf die Zustimmung der Republikaner für seine Reformprojekte angewiesen ist, sind für ihn die Stimmen aus dem Kongreß entscheidender als die aus der Industrie. Diese erreichte mit ihren Argumenten von Ölknappheit, gesamtwirtschaftlichen Umsatzeinbußen von ca. 5 Mrd. $ in Libyen seit 1986 und der europäischen Konkurrenz bislang nichts. Die Ölfirmen und darüber hinaus die Sanktionsgegner hoffen, daß mit der Aufhebung des ILSA auch das Geschäftsverbot für US-Firmen fallen wird. S. auch die NZZ vom 27.7.2001, Nr.172, S.2 („Niederlage Powells und Bushs im US-Senat."). Ende Oktober 2003 wurde im

Letztlich leisteten die bekannten Ereignisse am 11. September 2001 trotz der sofortigen und bedingungslosen Verurteilung der Anschläge durch Libyen der negativen Sichtweise über Libyen Vorschub. Libyens Ruf aus den achtziger und frühen neunziger Jahren sowie seine anhaltenden Bemühungen um chemische Waffen werden als Grund dafür angesehen, einen Wechsel der US-Politik unwahrscheinlich oder sogar unmöglich zu machen.[697]
Bereits kurz nach Präsident Fords am 19.7.1976 erhobenen Vorwurf, al-Qaḏḏāfī unterstütze den internationalen Terrorismus, wurde deutlich, daß sich militärische und zivile Einrichtungen damit beschäftigten, eine Gegenstrategie zur libyschen Terrorismusunterstützung[698] zu entwerfen. In Betracht dafür kamen nach einer 1977 verfaßten Studie:[699]

Tabelle 20: Mögliche Maßnahmen gegen Libyen ab 1977

•	Wirtschaftssanktionen (Ölembargo, Handelsembargo für Technologie- und Agrarprodukte)
•	Diplomatische Sanktionen im bilateralen und internationalen Bereich
•	direkte Aktionen (paramilitärische und psychologische Maßnahmen)
•	umfassende Allianzen (da Terrorismus als globales Problem zu sehen ist)
•	Medienkontrolle (Nachrichtensperre für Terrorakte zur Unterbindung der Öffentlichkeitswirkung)
•	Ausmerzen der Ursachen für Terrorismus

Über die genannten Maßnahmen hinaus war ein Militärschlag nur als letztes Mittel vorgesehen. Er erwies sich jedoch als quasi unumgänglich, da die USA mit der

US-Kongreß ein Gesetzesvorschlag zur Verschärfung von ILSA eingereicht, dem jedoch wenig Aussicht auf Erfolg eingeräumt wird - vgl. die Reuters-Meldung vom 30.10.2003 ("US lawmaker wants tougher Iran, Libya oil sanctions.").

697 Vgl. ST JOHN 2002, S.10 f. Siehe auch die m.E. gewagte These dess., daß die US-Politik gegenüber Libyen innerhalb der vergangenen fünfzig Jahre repräsentativ für die allgemeine Strategie der USA gegenüber der arabisch-islamischen Welt sei (s. ebd., S.11 f.).

698 ST JOHN schreibt dazu: "His support for liberation movements also brought Qaddafi into prolonged contact with groups and activities that the United States and its Western allies associated with terrorism. Consequently, he spent considerable effort in the 1980s and 1990s trying to differentiate between revolutionary violence, which he continued to support, and terrorism, which he purportedly opposed. American officials proved unable, at least officially, to differentiate between the two policies." - ders. 2002, S.4.

699 S. SCHUMACHER 1986, S.336; ders. schreibt weiterhin, daß letztlich keine dieser verschiedenen Strategien trotz ihrer unterschiedlichen kurz- und langfristigen Ergebnisse fruchtete und der Sturz al-Qaḏḏāfīs nicht erreicht werden konnte. Die erwähnte, der Verf. leider nicht vorliegende Studie stammt von CLEVELAND, Raymond / HEIFNER, Charles u.a.: "A Global Perspective on Transnational Terrorism. A Case Study of Libya." Research Report No.25. Air War College, Air University, USAF, Maxwell Airforce Base. Alabama, April 1977.

Schließung des Volksbüros in Washington am 6.5.1981 und dem Importverbot für libysches Erdöl am 10.3.1982 die wichtigste Handhabe ihrer Sanktionsmöglichkeiten wirkungslos vergeben hatten.[700]

Die Beziehungen zwischen Libyen und den USA sind vor allem geprägt durch:[701]

Tabelle 21: Wichtige Faktoren in den US-libyschen Beziehungen seit 1969

US-Vorbehalte gegenüber Libyen	Libysche Vorbehalte gegenüber den USA
antiwestliche Rhetorik	Hegemonie-Streben der USA
Unterstützung des internationalen Terrorismus	Kontrolle der arabischen Welt durch die USA
Nichtanerkennung Israels	Unterstützung Israels zum Schaden der Araber
Repressives innenpolitisches System	provokative Manöver im Sirte-Golf
Einmischung in Belange anderer Nationen	
zahlreiche Unionsversuche mit anderen Ländern	
Streben nach ABC-Waffen	

Während die militärischen Vorfälle und der Vorwurf gegen Libyen, den internationalen Terrorismus zu fördern, als Thema unter B.I. in diesem Kapitel (S.190 ff.) behandelt werden, wurde auf die „Einmischung Libyens in die Belange anderer Nationen"[702] sowie die zahlreichen Unionsversuchen mit arabischen Staaten bereits im 2. Kapitel hingewiesen (s. S.158 f.).

Im weiteren erfolgt eine knappe Darstellung des libyschen Strebens nach ABC-Waffen.

---

700 Vgl. MATTES 1986a, S.53 f. Zudem konnte al-Qaḏḏāfī keine Hilfe von außen erwarten und machte dadurch Libyen für Reagan zu einem besonders einfachen Ziel, da es ein nur geringes Risiko bedeutete und kein ernsthafter Gegner war. Der Kreml hatte Libyen schon beizeiten wissen lassen, daß es außer einigen Sympathieerklärungen keine Unterstützung von sowjetischer Seite zu erwarten hatte. Ein gegenteiliges Handeln von Moskau hätte impliziert, daß es dem internationalen Terrorismus nicht ohne Sympathie gegenüberstünde. Vgl. dazu LINDE 1986, S.3, 34. Über die Beziehung zwischen Sanktionen, innenpolitischen Reaktionen und Konflikteskalation vgl. die Dissertation von DICK, der darauf aufmerksam macht, daß bei nur unzureichend wirkenden Sanktionen sich der Sanktionsinitiator dem negativ ausfallenden Urteil der eigenen Bevölkerung ausgesetzt sieht. Um dem entgegenzuwirken, komme es meistens zu einer Eskalation im Konflikt. Vgl. ders. 1999, insbesondere Kap. 2 und 4.

701 Vgl. MARK 2001, S.47; ZOUBIR 2002, S.31; FAATH 1986, S.293 f.

702 Für eine Aufzählung diverser solcher Aktivitäten s. GOTTFRIED 1994, S.108-112.

Exkurs: Massenvernichtungswaffen

Daß die USA auch trotz der offiziellen Abkehr von dem Terminus *rogue state*[703] diesen verwenden, wird in einer Rede des Unterstaatssekretärs John Bolton vom 6. Mai 2002 über die Gefahren von Massenvernichtungswaffen deutlich. Über die „Achse des Bösen“[704] hinaus zählt er die weiteren „Schurkenstaaten“ auf. Diese seien daran interessiert, Massenvernichtungswaffen - insbesondere biologische Waffen - zu erwerben oder herzustellen.[705] Laut Bolton gab es keinen Zweifel daran, daß Libyen in die Produktion von A-, B- und C-Waffen involviert gewesen sei. Mit der Aussetzung und dann Aufhebung der VN-Sanktionen sei es zudem für Libyen einfacher geworden, über westliche Quellen an Bestandteile und Fachwissen für die entsprechenden Massenvernichtsungswaffen zu kommen.[706]

A-Waffen und Raketentechnologie

Seit Mitte der siebziger Jahre äußerte al-Qaḏḏāfī, daß er Atomwaffen für ein nützliches Mittel im Rahmen des Nahostkonfliktes erachte, da die Araber auf diese Wei-

703 Vgl. hierzu Abschn. B.I.3., S.203 ff.

704 Die Verwendung dieses Begriffes läßt sich anhand Ausführungen HALLs nachvollziehen: „Der Diskurs des ‘Westens und des Rests’ ist weit davon entfernt, vereinheitlicht und monolithisch zu sein, die ‘Aufspaltung’ ist einer seiner regelmäßigen Züge. Zuerst ist die Welt symbolisch geteilt, in gut-böse, wir-sie, anziehend-abstoßend, zivilisiert-unzivilisiert, den Westen-den Rest. Alle anderen [...] Unterschiede [...] sind [...] vereinfacht - d.h. stereotypisiert. Durch diese Strategie wird der Rest als etwas definiert, das der Westen nicht ist - sein Spiegelbild.“ - HALL 2000, S.167. SAID schreibt in Bezug auf den Orient: „Jahrzehntelang ist in Amerika ein Kulturkrieg gegen die Araber und den Islam geführt worden - entsetzliche rassistische Karikaturen von Arabern und Muslimen suggerierten, diese seien allesamt entweder Terroristen oder Scheichs, und die ganze Region sei ein dürrer Slum, geeignet nur für Profit oder Krieg. Die bloße Vorstellung, daß es dort eine Geschichte, eine Kultur, eine Gesellschaft - tatsächlich sogar viele Gesellschaften - geben könnte, ist nicht mehr als ein paar Augenblicke lang aufgetaucht [...].“ - SAID 1994, S.398.

705 Für Angaben über das libysche Streben nach Massenvernichtungswaffen s. den Artikel eines Absolventen des Maxwell Air Force College in den USA, der Sanktionen gegen Libyen für das beste Mittel hält, um al-Qaḏḏāfī unter Kontrolle zu halten und an „Fehlverhalten“ zu hindern (vgl. BLACK 2000, S.13-17, 19). Siehe auch den CIA-Bericht über Massenvernichtungswaffen, in dem Libyen Erwähnung findet (CIA Report 2002, S.1, 6). Libyen wehrt sich gegen solche Vorwürfe und fragt: “If the United States imagines that the Libyan Arab Jamahiriya is trying to manufacture weapons of mass destruction and hopes, by this act, to prevent the spread of such weapons, then one has to ask which state is stockpiling those weapons. Is is not the United States itself [...]?” A/52/343/Add.1, Ziff. 8.

706 Vgl. BOLTON 2002, S.5. Interessanterweise scheint Libyen jedoch immer weniger zu den sog. Schurkenstaaten gerechnet werden. Während des Irak-Krieges wurde Libyen im Zuge der Spekulationen über Maßnahmen gegen weitere „Schurkenstaaten“ nicht erwähnt. Vgl. hierfür z.B. den Artikel von NASS (ders. 2003).

se Stärke gegen Israel zeigen könnten.[707] In diesen Zusammenhang sind Libyens Bemühungen zu stellen, 1975 von China und 1978 von Indien Atomwaffen zu kaufen. 1980 und 1981 wurden Nutzungsabkommen mit Pakistan und China zwecks Partizipation an nuklearer Technologie angestrebt.[708] Diese Bestrebungen wurden in den folgenden Jahren (bis 1985) auch auf andere Länder ausgedehnt. Im Januar 2000 beschuldigte Großbritannien Libyen, chinesische Scud-Raketenkomponenten durch den Londoner Flughafen Gatwick nach Libyen zu schmuggeln, und das US-Verteidigungsministerium warf China im April desselben Jahres vor, Libyer in moderner Raketen-Technologie zu schulen. Als Folge der Erklärung des libyschen Außenministeriums vom 19.12.2003, auf Massenvernichtungswaffen zukünftig verzichten zu wollen, ratifizierte Libyen am 6.1.2004 als 109. Land das Abkommen zum Stopp von Atomtests von 1996 sowie drei Monate später (10.3.2004) das Zusatzprotokoll zum Atomwaffensperrvertrag. Die Kontrollkommission der Internationalen Atomenergiebehörde kam zu dem Urteil, daß Libyen über Nuklearmaterial, Technologie, Expertise, Waffenzeichnungen sowie über eine kleine Menge von angereichertem Plutonium verfügte. Deutlich wurde jedoch auch, daß das libysche Atomprogramm sich noch im Anfangsstadium befunden hatte und Libyen weit davon entfernt gewesen war, einsatzfähige Atomwaffen zu haben.[709]

B-Waffen

Am 19.1.1982 trat Libyen der Bio-Waffen-Konvention bei.[710] Dessenungeachtet vermuteten die USA, daß Libyen ein Bio-Waffen-Programm unterhielt. Es wurde angenommen, daß dieses Programm noch in der Entwicklungsphase war, jedoch bereits kleine Quantitäten an Bio-Waffen hergestellt werden konnten. Als nachteilig für die rasche Fortführung des Programmes wurden die ungenügenden technologischen und wissenschaftlichen Rahmenbedingungen in Libyen genannt sowie fehlende Ausrüstung, mangelnde Fachkräfte und die Auswirkungen der VN-Sanktionen. Im Rahmen der Rüstungskontrollen Anfang des Jahres 2004 wurde

---

707 Am 7.3.1995 hatte al-Qaḏḏāfī die Unterzeichnung des Atomwaffensperrvertrages abgelehnt und damit begründet, daß Israel auch nicht beigetreten sei. Vgl. MATTES 1996b, S.119.

708 Vgl. hierzu z.B. den Artikel in der NZZ vom 17.6.1998, S.3 („Politisches Geplänkel vor Clintons Chinareise.").

709 Vgl. MARK 2001, S.52; BOLTON 2002, S.6; ST JOHN 2002, S.178-182: Dies zeigt deutlich, daß Libyen nicht davor zurückscheut, Sanktionen zu brechen und illegale Handlungen vorzunehmen. Andererseits: warum sollte sich ein Land freiwillig an Sanktionen gegen sich beteiligen? Damit sie rascher aufgehoben worden wären - was keinesfalls absehbar war? Auch die jugoslawische Staatsfirma Jugoimport tätigte in Verletzung von VN-Resolutionen lukrative Waffengeschäfte unter anderem wohl mit Libyen und half bei der Entwicklung eines eigenen Raketenprogrammes. Vgl. die NZZ vom 5.12.2002, Nr. 283, S.3 und FISCHER WELTALMANACH 2004, S.277 f.

710 Eine Liste der Unterzeichner dieser Konvention ist auf der Internetseite des IKRK (<http://www.icrc.org>) zu finden. Für den Text s. unter <http://www.state.gov/www/global/arms/treaties/bwc1.html>.

jedoch deutlich, daß die Produktion biologischer Waffen nicht intensiv verfolgt worden war.[711]

C-Waffen

In den Kämpfen gegen Tschad setzte Libyen 1986/87 nachweislich chemische Waffen ein, die vermutlich über den Iran nach Libyen gelangt waren.[712]
1989 verhinderten die USA die bevorstehende Fertigstellung einer Chemiefabrik bei ar-Rabta (ar-Rābiṭa) 90 km südlich von Tripolis. Deutsche Unternehmen waren maßgeblich an der Lieferung der Ausrüstung beteiligt gewesen, was diese und auch die Bundesregierung dementierten, bis eindeutige Hinweise die Lieferantenrolle belegten.[713] Nach Auffassung der USA war der Produktionszweck der Firma die Herstellung chemischer Waffen. Libyen hingegen betonte, daß die Chemiefabrik der Herstellung von Medikamenten dienen solle. Die im Zusammenhang mit dieser sog. Rabta-Affäre zunehmenden Spannungen zwischen den USA und Libyen führten zu dem Abschuß von zwei libyschen MiG-23 durch die USA - wohl eine Überreaktion der USA. Beide Seiten maßen dem Vorfall vergleichsweise wenig Bedeutung bei, da al-Qaḏḏāfī an verbesserten Beziehungen zur neuen US-Regierung unter Bush sen. interessiert war und die USA unter dem Druck der Ölfirmen keine neuen Spannungen wünschten. So hatte noch Präsident Reagan kurz vor seinem Dienstende das Verbot für US-Firmen aufgehoben, mit Libyen über ihre Interessen

---

[711] Vgl. BOLTON 2002, S.5 f.; FISCHER WELTALMANACH 2004, S.278.

[712] Vgl. CROCKER/NELSON 2003, S.16.

[713] Vgl. dazu die Dissertation von Barbara S. BALAJ, in der die Beziehung Deutschlands zum Nahen Osten unter anderem anhand der sog. Rabta-Affäre exemplifiziert wird (dies. 1997). Siehe auch die Kommentierung der Ereignisse in der Zeitschrift *Außenwirtschaftliche Praxis*: BIENECK 1995, S.364 f.: über die Lieferung einer fast kompletten Chemiewaffenherstellungsanlage durch Dr. Hippenstiel-Imhausen; RABTA 1997, S.363: Urteil gegen Geschäftsleute, die 1990-1993 illegalerweise Schaltschrankenanlagen, Steuercomputer und Zubehör für die Produktion von Chemiewaffen nach ar-Rabta verschoben haben; BIENECK 1997, S.62-64: erneute Verurteilung wegen Lieferung von Rüstungsmaterial und damit in Zusammenhang stehender Waren nach Libyen und RABTA 2003, S.447 f.: Vorwürfe gegen die Fa. Berkefeld-Filter Anlagenbau GmbH, Celle, 1998 Ersatzteile und Chemikalien für eine Wasseraufbereitungsanlage nach Libyen geliefert zu haben. Einen guten Überblick zur Rabta-Angelegenheit bietet auch WELLMANN in seiner Dissertation über die Verbreitung von chemischen Waffen im Nahen und Mittleren Osten. Siehe ders. 1993, S.105-115. DEEB weist darauf hin, daß die Vorwürfe wegen ar-Rabta und später auch Tarhuna nie hätten bewiesen werden können - was jedoch nicht bedeuten müsse, daß Libyen in dieser Hinsicht unschuldig sei. Vgl. dies. 1999, S.85 f. Es herrschen also unterschiedliche Auffassungen über die Bedeutung von ar-Rabta als einer Chemiewaffenfabrik. Die Frage der Beweislast oder Unschuldsvermutung scheint in Abhängigkeit von dem jeweiligen politischen Standpunkt nicht endgültig zu klären sein. Für eine Beschreibung der Ereignisse aus der libyschen Warte s. z.B. ṢIRĀᶜ 1992, S.72 f.

in Libyen zu verhandeln. Die allgemeinen Sanktionen hingegen waren am 4.1.1990 verlängert worden.[714]
Außenpolitisch erwiesen sich die militärischen Schläge der USA als ein Erfolg für Libyen, da die Solidarität der Arabischen Liga, der OAU und des SR der VN (allerdings Veto durch USA, Großbritannien und Frankreich) nicht nur umgehend zum Ausdruck kam, sondern auch deutlicher ausfiel als nach dem Angriff von 1986 auf Tripolis und Benghasi.[715]
Im März 1990 beschuldigten die USA und Deutschland Libyen erneut, in ar-Rabta ein Zentrum für chemische Waffen zu bauen.[716] Im Februar 1993 folgte von Seiten der USA der Vorwurf, daß eine weitere chemische Fabrik in Tarhuna gebaut und voraussichtlich 1997/98 vollendet werde. Die USA verboten daraufhin den Export aller Chemikalien und Ausrüstungsgüter nach Libyen, die zur Herstellung von Waffen Verwendung finden konnten. Außerdem kündigte der damalige US-Verteidigungsminister Perry an, daß sein Land notfalls mit Waffengewalt die Fertigstellung der besagten Fabrik verhindern werde.[717]
Bis heute hat Libyen Rüstungsmaterial in Quantitäten erworben, die die Verwendungskapazität (auch qualitativ) durch die eigenen Streitkräfte übersteigen. Chemiewaffen strebte Libyen unter der Ägide al-Qaḏḏāfīs ganz offen an, da es keinen Grund gebe, Libyen ihren Besitz zu verbieten, solange andere Staaten ebenfalls legal über Chemiewaffen verfügten.[718] Immerhin trat Libyen am 5.2.2004 der C-Waffen-Konvention bei. Dies werten die USA als ein gutes Zeichen und setzen auf Inspektionen, die Libyens Absicht verifizieren sollen. Mit der Ankündigung vom 19.12.2003, internationale Rüstungskontrollen in Libyen zuzulassen, trug Libyen wesentlich zur Verbesserung des Verhältnisses zu den USA bei.[719]

---

714 Vgl. MATTES 1990a, S.112; LĀTBĪH 1996, S.76. Für den Versuch einer Einordnung des libyschen C-Waffen-Programmes s. WELLMANN 1993, S.116 ff. WELLMANN bietet verschiedene Erklärungen für den Rabta-Fall, weist auf die widersprüchlichen Berichte hin und kommt zu dem Schluß, daß sich Libyen zweifellos eine C-Waffen-Produktionsanlage beschafft habe, jedoch unklar sei, inwieweit diese Anlage tatsächlich chemische Kampfstoffe produziert habe.

715 Vgl. MATTES 1990a, S.115.

716 Vgl. hierzu ausführlich MATTES 1991b, S.112 f.: im Frühjahr 1990 kam es zu Drohungen von seiten der USA, die Chemie(waffen)fabrik in ar-Rabta bei Produktionsaufnahme durch eine Militäraktion zu zerstören. Der Brand der Fabrik am 14.3. ließ die Lage eskalieren, wobei Libyen Unterstützung durch die AL, die OAU und die OIC erhielt.

717 Vgl. MARK 2001, S.51; MATTES 1991, S.195.

718 Vgl. MATTES 1991, S.197; AS-SIĞILL AL-QAUMĪ, Bd.24 „1992/93", S.1107. ZUNES verweist auf das willkürliche Anprangern von Staaten mit Ambitionen bezüglich Massenvernichtungswaffen - Israel jedenfalls werde nicht deren Besitzes bezichtigt (vgl. ders. 1997, S.150). Auf diesen Umstand weist auch ein Sohn al-Qaḏḏāfīs hin - vgl. AL-QAḎḎĀFĪ 2003, S.44.

719 Vgl. BOLTON 2002, S.5. Konkret erwarteten die USA von Libyen die Unterzeichung des CWÜ, Zugeständnisse gegenüber der Internationalen Atomenergiebehörde, die Einhaltung

2. Erste Sanktionen

In der konsequenten Umsetzung der o.a. Politik und von dem Auf und Ab derselben nicht unbeeinflußt erließen die USA seit 1973 mehr als 20 Sanktionen gegen Libyen, die weitgehend die wirtschaftlichen Aktivitäten mit Libyen zum Erliegen brachten.[720] Erfaßt sind nicht nur der Transfer von konventionellen und ABC-Waffen, sondern auch direkte und indirekte Hilfe, der Import von Rohöl oder auch raffiniertem Erdöl in die USA[721], der Export von Gütern zur Erdölverarbeitungsausrüstung, der Handel, der Abschluß von Verträgen, die Vergabe von Krediten, Transaktionen der Export-Import-Bank und unter anderem die Veräußerung oder der Transfer von libyschem Eigentum[722] in den USA. Einige der Sanktionen erfuhren Veränderungen im Laufe der Jahre - so wurden z.B. bestimmte Flugzeug-Typen der Exportverbotsliste hinzugefügt, nachdem Libyen mit für die Zivilluftfahrt bestimmten Flugzeugen Truppen nach Uganda transportierte. Eine weitere Änderung erlaubte US-Ölfirmen[723] das Aushandeln von Stillhalteabkommen für ihre Konzessionen in Libyen.

---

der Richtlinien der Nuclear Suppliers Group sowie des Missile Technology Control Regime. Worte Libyens genügten also nicht, sondern sollten durch diese konkreten Schritte untermauert werden. Vgl. CROCKER/NELSON 2003, S.ix. Dies tat Libyen im Dezember 2003 bzw. im Februar 2004 - vgl. die NZZ online vom 20.12.2003 („Libyen verzichtet auf Massenvernichtungswaffen") und vom 28.2.04 („Plan zur Zerstörung von C-Waffen in Libyen") sowie FISCHER WELTALMANACH 2004, S.278.

720 Der Beginn der US-Sanktionen gegen Libyen wird unterschiedlich angegeben. Während HUFBAUER/ELLIOT/SCHOTT mit dem Verbot des Verkaufs militärischer Ausrüstungsgegenstände 1978 ansetzen (vgl. dies. 1990, S.140), lassen sich auch frühere Maßnahmen als Beginn verstehen (s. Anhang 3).

721 Eine globale Rezession ließ die libyschen Einkommen von 1980 24 Mrd. US-$ auf 1981 14 Mrd. US-$ sinken. "Lower oil revenues continued after 1982 as world recession and an embargo on Libyan oil by the United States combined with a world oil glut to restrain Libyan oil exports." - ST JOHN 2002, S.122. Die US-Importe fielen von 5,5 Mrd. US-$ 1981 auf 9 Mio. US-$ 1985. Die US-Exporte betrugen 1981 809 Mio. US-$, 1985 nur noch 200 Mio. US-$. Diese Haltung der US-Regierung erwies sich also für die US-Wirtschaft als sehr negativ. Vgl. NIBLOCK 2001, S.29.

722 Gemäß der Definition des US-Finanzministeriums umfaßt Eigentum a) kurzfristige Geldmarktpapiere privater Kreditnehmer, b) Sachvermögen, c) Immobilien / Anteile an Immobilien sowie d) Zinsen und Gewinne aus Vermögen und Immobilien. Vgl. COOKE 1990, S.216.

723 Die USA erhofften sich durch den von ihnen angeordneten Abzug der fünf US-Erdölfirmen Occidental Petroleum Corp.; Conoco, Inc.; Marathon Oil Comp.; Amerada Hess Corp. und W.R. Grace & Co., daß Libyen in Bedrängnis gerate. Allein dies geschah so nicht, da aufgrund der günstigen Konditionen AGIP und andere bereit waren, ihre Aktivitäten in Libyen auszudehnen - vgl. dazu MATTES 1986a, S.145, 150. Siehe auch ST JOHN 2002, S.141 f., COOKE 1990, S.210, und CROCKER/NELSON 2003, S.15, die darauf hinweisen, daß die USA den Ölfirmen das Verhandeln ihres Rückzuges und das Treffen von Vorkehrungen für ihr auf 2 Mrd. US-$ geschätztes Vermögen in Libyen ermöglichten, um al-Qaḏḏāfī nicht durch Verkauf in den Genuß einer größeren Geldsumme zu bringen - und um nicht die Kon-

Der Kongreß begrüßte die Handlungsweise der US-Regierung gegenüber Libyen und damit auch die Aufnahme Libyens in die Liste der Terrorismus unterstützenden Staaten 1979, wie auch die Luftangriffe auf Tripolis und Benghasi 1986 und die VN-Sanktionen[724] von 1992 und 1993 gegen Libyen.
Für Präsident Reagan waren die unilateralen Sanktionen der Schlüssel der US-Außenpolitik für die libysche Außenpolitik.[725] Diese unilateralen Sanktionen erwiesen sich jedoch als nicht wirksam genug, so daß Präsident Bush sen. gelang, bei den VN multilaterale Sanktionen gegen Libyen durchzusetzen.[726] Präsident Clinton schließlich verwandte die multilateralen Sanktionen als taktische Waffe, um die „Schurkenstaaten"-Doktrin zu verbreiten. Mit der Auslieferung der Lockerbie-Verdächtigten 1999 nahm in den USA jedoch die Unterstützung für die Sanktionen gegen Libyen ab.[727]

---

trolle über diese wichtigen Ölressourcen zu verlieren. Dessenungeachtet hatte der Rückzug der US-Ölfirmen weitreichende Konsequenzen für die Zukunft der libyschen Erdölindustrie. Kurzfristig berührte er eher die Exploration als die Produktion, zumal den US-Ölfirmen erlaubt ist, von Zeit zu Zeit nach ihren Anlagen zu sehen und sich wegen rechtlicher Fragen mit libyschen Regierungsvertretern ins Benehmen zu setzen. Für einen Bericht über die Situation 1991 und die libyschen Bemühungen um ausländische Erdölfirmen s. HINDLEY 1991, S.4 f. 1989 erlaubten die USA ihren Erdölfirmen die Wiederaufnahme ihrer Tätigkeit in Libyen über europäische Tochtergesellschaften - siehe ebd., S.33. Am 12.2.2002 gestattete das US-Außenministerium vier Ölfirmen, ihre Abkommen mit Libyen neu zu verhandeln - vgl. die Reuters-Meldung vom 12.2.2002 ("U.S. allows oil firms to renegotiate Libyan deals."). Seit der Aufhebung der US-Sanktionen im April und September 2004 können die US-Ölfirmen wieder ungehindert ihren Geschäften in Libyen nachgehen (s. 6. Kap., S.331 ff.).

[724] Für Einzelheiten zu den VN-Sanktionen siehe Kapitel 4.

[725] Mit der Wahl Reagans verschlechterte sich das Verhältnis zu Libyen. ST JOHN schreibt dazu folgendes: "Once in office, Reagan systematically increased diplomatic, military, and economic pressure on Libya. Colonel Qaddafi, unfairly and inaccurately characterized as a Soviet puppet, was labeled an international pariah to be restrained if not replaced. Within a year, the Reagan administration had fundamentally altered U.S. policy toward Libya in both the diplomatic and commercial arenas. In the process, Washington came to recognize Qaddafi not as an inconvenience but as an enemy." - ST JOHN 2002, S.121. Dies ist auch die Quintessenz der Magisterarbeit von MOORE über die US-libyschen Beziehungen unter Reagan (ders. 1991). Reagans Ziel war es, die Macht und den Einfluß der USA im Nahen Osten / Nordafrika wiederherzustellen. Eine schnelle und effektive Antwort auf den internationalen Terrorismus sollte die US-Kompetenz dafür unter Beweis stellen. Vgl. ST JOHN 2002, S.122; NIBLOCK 2001, S.23.

[726] Zunächst jedoch war die Strategie der neuen US-Regierung unter Bush, die bereits bestehenden Maßnahmen gegen Libyen beizubehalten und im übrigen abzuwarten, wie sich die Situation entwickelte. Vgl. dafür CHURBA 1989, S.185 und bezüglich der Expertenmeinungen über Libyen insbesondere dens. 1989, S.181-185.

[727] Vgl. ST JOHN 2002, S.192 f.

3. Die „Schurkenstaaten"-Doktrin

Mit dem Niedergang der Sowjetunion und ohne ein vergleichbares Feindbild sah sich der US-Generalstab 1989 vor die Aufgabe gestellt, eine neue Sicherheitspolitik zu entwerfen.[728] Diese sollte die Verteidigungsausgaben der USA auf dem Niveau der Zeit des Kalten Krieges halten, bis wieder eine glaubwürdige Bedrohung in Erscheinung träte. Da viele Kongreßabgeordnete eine „Friedensdividende" forderten und darunter signifikante Einsparungen im Militärbereich verstanden, ging es dem Generalstab unter General Colin Powell darum, eine Militärdoktrin für die Zeit nach dem Kalten Krieg zu entwickeln, die es erlauben sollte, den Status als Supermacht zu bewahren.

Während Powell kein Schurkenstaaten-Konzept vorbrachte, waren doch die zentralen Elemente einer Haltung gegen sog. Schurkenstaaten enthalten. Diese wurden von Bush sen. in seine neue strategische Doktrin[729] inkorporiert. Ihr Kern beinhaltet, daß es weniger globale als vielmehr regionale Konflikte sind, die es erforderlich machten, daß die USA ihre militärischen Kräfte bewahren.

Diese als *rogue doctrine*[730] bekannt gewordene Strategie war eine Reaktion auf den Fall der Berliner Mauer im November 1989. Der Einmarsch Iraks in Kuwait schien die Notwendigkeit dieser Strategie zu bestätigen. Ursprünglich dafür konzipiert, die Verteidigungsausgaben bis zum Auftauchen einer glaubwürdigen Bedrohung auf dem Niveau des Kalten Krieges zu halten, wurde die „Schurkenstaaten"-Doktrin das bestimmende Paradigma für die US-Sicherheitspolitik bis zum Ende der neunziger Jahre. Damit hatte diese Doktrin weitreichende Konsequenzen für die Regie-

---

728 Das „Schurkenstaaten"-Konzept entspringt der Auffassung, daß die USA auch nach dem Ende des Kalten Krieges in der Verantwortung stünden, die Welt zu schützen. Da seit Anfang der achtziger Jahre deutlich wurde, daß Reagans „Reich des Bösen" an Wirksamkeit eingebüßt hatte, mußten neue Feinde gefunden werden. Diese sollten sich vor den USA als einer sich irrational und rachsüchtigen verhaltenden Macht fürchten, wenn sie ihre vitalen Interessen angegriffen sieht. Vgl. ausführlich dazu CHOMSKY 2000, S.12 f. Der US-Politikprofessor ZUNES führt als weitere Gründe für die Schurkendoktrin die Bedeutung der Zionisten-Lobby (Israel als potentielles Opfer der „Schurkenstaaten" und als Bollwerk gegen diese schützen) sowie die Bedeutung der Schurkendoktrin aus innenpolitischen Gründen (Schaffung einer externen Bedrohung, gegen die die Bevölkerung geschützt werden muß). Vgl. ders. 1997, S.163 f., und auch ST JOHN 2002, S.193.

729 Präsident Bush stellte diese am 2.8.1990 in Aspen, Colorado, am Aspen Institute - unabhängig vom Einmarsch des Irak in Kuwait an demselben Tag - vor.

730 Zu Einzelheiten bei der Entwicklung der „Schurkenstaaten"-Doktrin vgl. die Aufsätze von DERRIDA 2003; O'SULLIVAN 2000; RUBIN 1999; SIGAL 2000; ZOUBIR 2002 sowie die Bücher von CHOMSKY 2000 und William BLUM: "Rogue State. A Guide to the World's only Superpower." Monroe/Maine: Common Courage Press, 2000 (dieses Buch lag mir jedoch nicht vor). Im Falle Libyens weist der Aufsatz von RUBIN inhaltliche Fehler auf. Insgesamt ist jedoch seinem Fazit zuzustimmen, daß das „Schurkenstaat"-Konzept als Instrument der amerikanischen Außenpolitik unterschätzt wurde -vgl. RUBIN 1999, S.12 f.

rungen derjenigen Länder, die Washington als Schurkenstaaten bezeichnete: vor allem Iran, Irak, Libyen, Nordkorea, Kuba, Sudan und Syrien.[731]
Trotz der Beständigkeit der „Schurkenstaaten“-Doktrin entwickelte sich nie ein Konsens über die Kriterien *des* Schurkenstaates, geschweige denn Strategien und Politikinstrumente gegen sie.
Diese Entwicklung war insofern nicht überraschend, da das Konzept von Beginn an lediglich dazu dienen sollte, innenpolitische Unterstützung für Strafaktionen durchzusetzen. Gleichzeitig wurde das Konzept als nützlich dafür erachtet, multilaterale Gremien für die Bedenken der USA gegenüber bestimmten Staaten zu sensibilisieren.[732]
Die USA erhoben gegenüber sog. Schurkenstaaten in der Regel fünf Vorwürfe:[733]

Tabelle 22: US-Kriterien für „Schurkenstaaten“

•	die Entwicklung von Massenvernichtungswaffen und Bedrohung der kollektiven Sicherheit
•	die Unterstützung von internationalem Terrorismus
•	sprunghafte/unstetige autoritäre Staatsführung mit repressiven innenpolitischen Methoden
•	Menschenrechtsverletzungen[734] im eigenen Land
•	offene Feindseligkeit gegenüber den USA und ihren Interessen[735]

[731] Vgl. ST JOHN 2002, S.155-159. Auffällig ist, daß beginnend mit der Aussetzung der Lokkerbie-Sanktionen Libyen nur noch selten mit den „Erzschurken“ Iran, Nordkorea und Syrien zusammen genannt wird. Die USA gestehen Libyen zwar den Willen zur Zusammenarbeit zu, sind jedoch noch nicht bereit, diesem Fortschritt durch Aufhebung der Sanktionen Rechnung zu tragen.

[732] ST JOHN 2002, S.158; O'SULLIVAN 2000, S.56. Siehe auch KURA 2001: hier werden die verschiedenen US-Strategien gegenüber den „Schurkenstaaten“ dargestellt - explizit ausschließlich aus der US-amerikanischen Perspektive.

[733] Vgl. O'SULLIVAN 2000, S.56; ZOUBIR 2002, S.34, 46.

[734] Zum theoretischen Hintergrund dieses Vorwurfes vgl. den Aufsatz von WERLE (ders. 1997, insbes. S.829): der Vorrang der internationalen Strafrechtspflege ordne das Verhältnis zu den nationalen Strafgewalten, weshalb das Völkerstrafrecht die Priorität von Menschenrechten vor nationaler Souveränität fordere. Der Politikwissenschafts-Professor LINK äußert sich kritisch dazu: „Die Menschenrechte sind zur „Zivilreligion“ der säkularisierten westlichen Demokratien geworden [...], in deren Namen militärische Gewaltanwendung (also Krieg) legitimiert wird. [...]. Die neuen gerechten Kriege werden als säkularisierte Kreuzzüge für die Menschenrechte geführt - gegen die „Barbaren“ (Schurkenstaaten).“ - LINK 2001, S.170 f.

[735] ZUNES bemerkt, daß al-Qaḏḏāfī und andere Repräsentanten sogenannter Schurkenstaaten zweifelsohne Aktivitäten entwickelten, die außerhalb des nach internationalen Normen akzeptierten Verhaltens lagen. Doch gebe es einen großen Unterschied zwischen der Unterstützung von Terrorismus und scharfer Rhetorik seitens der sog. Schurkenstaaten und dem Ziel der USA, solche Staaten ggf. auf nuklearem Wege zu zerstören - vgl. ders. 1997, S.157.

Der Ausdruck „Schurkenstaat“ - unabhängig von der später daraus entwickelten Theorie - läßt sich bis auf die seit 1979 jährlich vom US-Außenministerium veröffentlichte Liste von Ländern, die den Terrorismus unterstützen, zurückverfolgen. Unter der Reagan-Regierung lag das Augenmerk verstärkt auf staatlich gefördertem Terrorismus, und 1985 bezog sich Reagan auf Kuba, Iran, Libyen, Nikaragua und Nordkorea als *outlaw governments*, die internationalen Terrorismus gegen die USA förderten.[736] Ende der achtziger Jahre verknüpften US-Politiker staatlich unterstützten Terrorismus und die Entwicklung von Massenvernichtungswaffen gezielt mit ausgewählten Staaten der Dritten Welt.
In bezug auf Libyen wurde diese Liste fast für die gesamten neunziger Jahre angewendet.
N. CHOMSKY, Professor für Literaturwissenschaft am renommierten Massachusetts Institute of Technology in Cambridge/Massachusetts, weist auf die zweifache Verwendung des Begriffs *rogue state* hin. Diese erfolge zum einen aus propagandistischen Gründen, um ausgewählte Feinde zu kennzeichnen. Zum anderen erfolge sie jedoch auch in Verwendung der wörtlichen Bedeutung, um auf diese Weise Staaten zu beschreiben, die sich nicht an internationale Regeln und Abmachungen gebunden fühlen. Er führt aus:

> „Die Logik läßt erwarten, daß die mächtigsten Staaten unter die zweite Kategorie fallen, sofern ihnen nicht innenpolitische Beschränkungen auferlegt werden. Diese Erwartung wird von der Geschichte bestätigt.“

Weiterhin rückt CHOMSKY in das Blickfeld:

> „Die USA fühlen sich an diese Normen [VN-Charta, Entscheidungen des IGH etc. - d. Verf.] nicht gebunden und benötigen für deren Verletzung seit dem Ende des Kalten Krieges, der ihnen die weltweite Vorherrschaft bescherte, nicht einmal mehr irgendwelche Vorwände. Diese Tatsache ist nicht unbemerkt geblieben.“[737]

Damit ist für die USA die Angemessenheit einer Reaktion auf eine Bedrohung ihrer Macht, Position und ihres Prestiges kein möglicher Gegenstand des Rechts. Das internationale Recht sei nützlich, um die US-Position zu vergolden, aber die USA seien daran nicht gebunden. Ein damaliger Rechtsberater des US-Außenministeriums - Abraham Sofaer - bestätigte, daß die meisten Staaten die Ansichten der USA nicht teilen könnten und deswegen häufig bei wichtigen internationalen

---

[736] Paria-Staat oder auch Einzelgänger-Regime (*maverick regime*) waren ebenfalls gebräuchliche Bezeichnungen.

[737] CHOMSKY 2001, S.7. Für eine „Faktenschau“ der US-dominierten Geschichte des kapitalistischen Weltsystems vgl. das Buch von CHOMSKY „Wirtschaft und Gewalt. Vom Kolonialismus zur neuen Weltordnung.“ – ders. 2001a.

Fragen gegen die USA opponierten. Genau aus diesem Grund müßten die USA sich die Macht vorbehalten, über ihr Handeln selbständig entscheiden zu können.[738] Die Grundlage für die „Schurkenstaaten"-Theorie liefert demnach die Auffassung, daß die USA auch nach dem Kalten Krieg noch die Verantwortung dafür trügen, die Welt zu schützen. Präsident Kennedy (1961-1963) konnte in dieser Beziehung bereits von der „monolithischen und ruchlosen Verschwörung" sprechen, und Reagan berief sich zunächst auf das „Reich des Bösen", um dann einen bestimmten „Schurkenstaat" herauszuheben:

> „Präsident Reagan erkor sich schon bald nach Amtsantritt Libyen zum Lieblings-»Schurkenstaat«. Dieses Land ist militärischen Angriffen ziemlich schutzlos ausgesetzt und bietet sich daher bei Bedarf als idealer Prügelknabe an. Das geschah 1986, als zum ersten Mal in der Geschichte ein Bombardement so arrangiert wurde, daß es zur besten Sendezeit im Fernsehen übertragen werden konnte."[739]

Nach dem Szenario von der sowjetischen Bedrohung folgte nach dem Ende des Kalten Krieges das Szenario von der in den regionalen Verhältnissen des Nahen Ostens / Nordafrikas wurzelnden Bedrohung unter dem Namen „radikaler Nationalismus". 1990 wurde dem Irak die bis dahin Libyen vorbehaltene Position als „größter Schurke" zugewiesen. Als Kriterium eines „Schurkenstaates" wird erkennbar:

> „Ein »Schurkenstaat« ist nicht einfach ein Verbrecherstaat, sondern einer, der die Regeln der Mächtigen mißachtet - und diese genießen natürlich einen Sonderstatus."[740]

Letztlich büßte die „Schurkenstaaten"-Doktrin indessen an Glaubhaftigkeit ein, da die unter diesem Ausdruck zusammengefaßten Staaten nicht über geographische, ideologische, militärische oder demographische Gemeinsamkeiten verfügten. Auch Massenvernichtungswaffen können nicht als erwiesenes konstituierendes Kriterium Geltung beanspruchen. Insgesamt ging es um die Bestrafung und Isolierung von

---

[738] Vgl. CHOMSKY 2001, S.8-12. Auf diesen Aspekt geht auch DERRIDA ausführlich ein und formuliert: „Es gibt also nur Schurkenstaaten, in potentia oder in actu." - ders. 2003. Damit soll nicht nur die Parole vom Schurkenstaat *ad absurdum* geführt, sondern auch dargelegt werden, daß internationales Recht eine prinzipielle Schwäche besitzt: es kann seine Einhaltung nicht erzwingen. ZUNES ist ähnlicher Auffassung und betont, daß dieser „doppelte Standard" der Glaubwürdigkeit und darüber hinaus den Geschäftsinteressen der USA großen Schaden zufügt - vgl. ders. 1997, S.153, 164.

[739] CHOMSKY 2001, S.37. Siehe ausführlich dazu auch SAID 1994, S.430 f. Vgl. weiterhin CHOMSKY 2001a, S.12: „Als die USA und Großbritannien die chauvinistischen Gefühle wieder ein wenig anheizen wollten und zu diesem Zweck den libyschen Punchingball aus der Ecke holten, bezeichnete die halbamtliche ägyptische Zeitung *Al-Ahram* die Neue Weltordnung als »festen Regeln folgende internationale Piraterie«." Libyen ist sich seiner Rolle als „Lieblingsschurke" der USA durchaus bewußt, wie in vielen libyschen und arabischen Publikationen ausdrücklich zum Ausdruck kommt. Vgl. z.B. ṢIRĀᶜ 1992, S.214 ff.

[740] CHOMSKY 2001, S.50.

unliebsamen Staaten - und von Staaten, die sich ausdrücklich gegen die US-Hegemonie in ihrer Region aussprachen.[741]
Mitte 2000 wurde erkennbar, daß die „Schurkenstaaten"-Doktrin für die Clinton-Regierung nicht mehr relevant war. Die US-Außenministerin Madeleine Albright erklärte am 19.6.2000, daß „Schurkenstaaten" nicht mehr existierten - statt dessen beziehe man sich nun auf *states of concerns*. Laut Albright werde an der Namensänderung ein grundlegender Wandel deutlich: die betroffenen Staaten hätten durch interne Reformen ihr Verhalten geändert und sich dadurch einen nuancierteren Namen „verdient". In Libyen sei dies durch die Übergabe der mutmaßlichen Lokkerbie-Täter zum Ausdruck gekommen. Libyen begrüßte übrigens die Abkehr der USA vom Terminus Schurkenstaat als Hinwendung zu einer Beurteilung nach gerechteren Kriterien.[742]
Die Anwendung der Doktrin beruhte auf einer Politik der Isolation und Bestrafung von unliebsamen „Schurkenstaaten". Es erwies sich als sehr schwierig, eine solche Politik durchzusetzen und aufrechtzuerhalten. Unilaterale Sanktionen der USA zeitigten kaum Wirkung, und multilaterale Sanktionen waren davon abhängig, daß die USA ihre Verbündeten von deren Notwendigkeit überzeugen konnten.[743] Die „Schurkenstaaten"-Rhetorik verhinderte zudem alternative Strategien als Reaktion auf veränderte Umstände. Damit waren die USA in ihrer eigenen Rhetorik gefangen, da jeder Versuch, sich mit einem „Schurkenstaat" ins Benehmen zu setzen, als „Beschwichtigungs-Politik" verurteilt wurde. Zusätzlich zu dem diskriminierenden Zug (fast alle der betroffenen Länder sind arabisch/muslimisch[744]), stärkten die USA die Regierungen der „Schurkenstaaten" durch diese Art von Feindschaft, anstatt deren teilweise zu Recht kritisierten Regime stürzen zu helfen.[745] Weiterhin

---

741 Vgl. ST JOHN 2002, S.189; ZOUBIR 2002, S.46.

742 Der Politikwissenschaftler ZUNES weist darauf hin, wie zynisch der Umgang der USA gerade mit Libyen ausfällt, wenn die USA Libyen vorwerfen, ein Flugzeug zum Absturz gebracht zu haben und sich zu weigern, die mutmaßlichen Täter auszuliefern. Denn die USA hätten 1976 über die CIA dafür gesorgt, daß ein kubanisches Flugzeug abstürzte - die Täter genossen nach der Tat die Protektion durch die USA. Siehe ZUNES 1997, S.153 f.

743 Vgl. ST JOHN 2002, S.187-190.

744 HIPPEL merkt an, daß eine Reihe islamischer Staaten unter besonderen Druck der US-Politik gesetzt werden. Die Ursache hierfür sei jedoch nicht im islamischen Charakter dieser Länder zu suchen, sondern rein machtpolitische und strategische Gründe seien ausschlaggebend. Zwar sei das „Feindbild Islam" „attraktiv", um z.B. den hochgerüsteten Militärapparat zu rechtfertigen, doch habe der Westen auch wichtige islamische Verbündete. Insofern werde ein Hin- und Herpendeln je nach politischer Opportunität die westliche Außenpolitik auch in Zukunft bestimmen. Vgl. HIPPEL 2002, S.206.

745 Vgl. ZUNES 1997, S.157: deutlich wird jedoch, daß die den sog. Schurkenstaaten vorgeworfenen Aktivitäten hauptsächlich darin begründet liegen, daß diese Staaten die Hegemonie der USA in Frage zu stellen wagen. Sind diese Staaten mittels Sanktionen unter der Kontrolle der USA, vermögen diese insbesondere im Nahen Osten über diesen ihre Macht auszuüben.

wurden dauerhafte Schäden für zukünftige Beziehungen zu den Folge-Regimen angerichtet.[746] ZOUBIR kommt folgenden Schluß:

> "The fundamental flaw in the rogue state doctrine is that, while it is convenient in fuelling internal backing for hard-line policies, it limits any policy beyond punitive decisions. Europeans, who have used such concepts as 'critical engagement', have been more successful precisely because they have engaged with the countries that the USA labelled 'rogue states'."[747]

Fraglich ist allerdings, ob die bloße Umbenennung von „Schurkenstaat" in „besorgniserregenden Staat" eine Veränderung der Politik gegenüber diesen Staaten beinhaltet. Es ist davon auszugehen, daß eher eine gewisse „Sanktionsmüdigkeit" als ein Politikwechsel dafür ausschlaggebend waren. Deutlich wird dies daran, daß die „besorgniserregenden Staaten" als solche benannt werden wegen ihrer Massenvernichtungswaffen-Programme - die bereits zur Zeit der „Schurkenstaaten-Terminologie" der Grund dafür waren, ein ausgefeiltes und kostspieliges US-Verteidigungssystem aufzubauen.[748]

4. Die Eskalation der Gewalt unter Präsident Reagan

Unter der Regierung Reagan nahmen die Sanktionen gegen Libyen - als einem sog. Schurkenstaat - zu. Doch nicht nur mit Sanktionen wurde gegen das unliebsame Verhalten Libyens vorgegangen. Militärische Handlungen von beiden Seiten bewirkten1986 eine Eskalation der Lage und könnten ein Motiv für Ereignisse der Folgejahre gewesen sein (La-Belle-Anschlag, Lockerbie).[749]
Am 9.10.1973 hatte Libyen ein Memorandum an die Vollversammlung der VN gerichtet, das sich mit der Ausdehnung der Hoheitsrechte in der Sirte-Bucht - es handele sich um eine geschlossene Bucht und somit um einen Teil libyschen Hoheits-

---

746 Vgl. ZOUBIR 2002, S.46 f.

747 ZOUBIR 2002, S.47. Insgesamt setzten die europäischen Staaten von jeher mehr auf den sog. Kritischen Dialog, der von US-amerikanischer Seite mehrheitlich abgelehnt wird. Dessenungeachtet gibt es auch innerhalb der US-amerikanischen Politik Richtungen, die das Schaffen von Anreizen für ein in ihren Augen „international gebilligtes Verhalten" gegenüber Sanktionen vorziehen. Vgl. dazu KATZMAN 2001, S.108.

748 Vgl. ZOUBIR 2002, S.47.

749 DICK unterscheidet hinsichtlich der Eskalation der Beziehung zwischen den USA und Libyen vier Phasen: Verhängung eines Waffenembargos und geringfügiger diplomatischer Sanktionen (1977-1981), Intensivierung der Sanktionen (1981-1982), zunehmende Besorgnis der USA über die libysche Unterstützung von internationalem Terrorismus (1983-1984) und die zum militärischen Eingreifen führende Phase (1985-1986). Siehe DICK 1999, S.187 f. COOKE erachtet die Sanktionen gegen Libyen aus diesem Zeitraum für generell effektiv. Sie hätten Libyen entmutigt, sich weiterhin terroristisch zu betätigen - und selbst bei einem fortbestehenden libyschen Terrorismus hätten sich die Sanktionen durch ihre Straffunktion gelohnt.

gewässers[750] - befaßte. Die USA und auch die Sowjetunion wiesen diesen Anspruch zurück, um sich nicht in ihrem Bewegungsspielraum einengen zu lassen. Die internationale Seefahrt war von diesem libyschen Vorhaben nicht betroffen, da in den Golf von Sirte nur Schiffe mit einem libyschen Zielhafen einlaufen. Dessenungeachtet widerspricht die Sichtweise Libyens der gängigen internationalen Praxis, die eine Inkorporation von Buchten in Territorialgewässer nur erlaubt, wenn deren Öffnung keine 24 Meilen übersteigt. Da der Golf von Sirte auf der nördlichen Breite bei 32° 30' eine Öffnung von mehr als 300 Meilen aufweist, wird in der juristischen Diskussion der libysche Standpunkt mehrheitlich verworfen, und Libyen hätte nach internationalen Regeln den Zugang erlauben müssen. Aufgrund dessen wiesen die USA den libyschen Anspruch am 11.2.1974 zurück. Allerdings instrumentalisierten sie die libysche Sichtweise erst 1981. Damit wird die Provokation durch die USA deutlich, hätten doch schon im Zeitraum von 1973 bis 1981 Gegenmaßnahmen unternommen werden können. Am 19.8.1981 und am 24.3.1986 kam es zu bewaffneten Auseinandersetzungen, als die USA die „Linie des Todes" (*ḫaṭṭ al-maut*) mißachteten und Manöver im umstrittenen Gebiet durchführten.[751]
Begonnen hatten die Konfrontationen - nicht nur mit den USA - jedoch schon früher; sie zogen sich bis Ende der achtziger Jahre hin:[752]
ST JOHN stellt die Angriffe auf Libyen unter den Präsidenten Jefferson (1801-1809; vgl. S.129 f.) und Reagan in Bezug zueinander und sieht die Parallele darin, daß beide einen relativ schwachen und kleinen Akteur angreifen, um größere politsche Ziele zu erreichen. Als einziger Unterschied sei festzustellen, daß Reagan im Gegensatz zu Jefferson das Ziel hatte, einen politischen Führer auszuschalten.[753]

---

750 Beweggrund Libyens war wohl eher die Lage Benghasis, die Konzentration der Erdölfelder an der südlichen Sirteküste sowie die Konzentration der Erdölverarbeitungs- und Erdölverschiffungsinfrastruktur ebd., d.h. ökonomische und sicherheitspolitische Gründe (vgl. dazu MATTES 1986a, S.36, 40; DEEB 1991, S.107). Für eine ausführliche Analyse des libyschen Anspruchs auf den Sirte-Golf aus historischen und/oder vitalen Gründen s. die Dissertation von EMBERESH - ders. 1991.

751 Vgl. MATTES 1986a, S.36, 40; SCHUMACHER 1986, S.335. ST JOHN weist darauf hin, daß Libyen nie der *Convention on the Territorial Sea and Contiguous Zone* von 1958 beigetreten ist und al-Qaḏḏāfī insofern mit seiner Rhetorik auf den US-Vorwurf reagierte. Privat versuchte er jedoch, in den Dialog mit den USA zu treten, und bediente sich dafür arabischer und europäischer Unterhändler. Vgl. ders. 1987, S.84. Für den libyschen Standpunkt siehe auch AL-ḤUSNĪ 1980, ǦAFFĀL 1981; ᶜAZMĪ 1995 und AS-SANŪSĪ 2000, S.135 f.

752 Vgl. NIBLOCK 2001, S.28, 31; MARK 2001, S.53-55; MATTES 1986a, S.321; ST JOHN 2002, S.143 f.; GOTTFRIED 1994, S.105-108. Für eine Beschreibung der Eskalation aus libyscher Sicht vgl. z.B. SAᶜĀDA 1996, S.17 f.

753 Vgl. ST JOHN 2002, S.6. Meines Erachtens ist die beliebte Bezugnahme (vgl. z.B. KÖHLER 2001 o.S.; SIETZ 2001, S.104, aber auch in arabischen Publikationen wie z.B. UMMA 1997, S.13-17) auf die „Tradition der Konfrontation" wenig dienlich und auch nicht gerechtfertigt - zumindest nicht mit der Begründung der Piraterie seitens Tripolis. Die Mehrheit der fachlich

5. Instrumentalisierung Libyens zur Durchsetzung einer globalen Strategie

Die Konfrontation zwischen Libyen und den USA kam aufgrund der Weltsicht Reagans nicht überraschend. Solange al-Qaḏḏāfī seine Theorien auf Libyen beschränkte, hielten sich die USA zurück. Doch mit der Gefährdung des Status quo und der Einmischung in die internationale Politik änderte sich diese Haltung, und al-Qaḏḏāfī fand sich in Konfrontation mit den USA wieder. An al-Qaḏḏāfī sollte ein Exempel statuiert werden. Auch der Disput über den Verlauf der Seegrenze Libyens diente von Seiten der USA lediglich dem hegemonialen Zweck zu demonstrieren, wie die USA mit jemandem verfahren, der nicht ihrer Linie folgt.

Al-Qaḏḏāfī wurde symbolisches Surrogat für gefährlichere Gegner der USA, gegen die sie noch nichts ausrichten konnten. Die Bombardierung von Tripolis und Benghasi stellten eine Wende in der US-Politik dar: auch der Dritten Welt sollte deutlich gemacht werden, daß es unklug wäre, sich mit den USA anzulegen. Die meisten anderen Staaten verurteilten das Vorgehen der USA. Europa glaubte nicht an den Erfolg des militärischen Vorgehens der USA und der US-Sanktionen gegen Libyen. Es fürchtete eine Stärkung der Sowjetunion. Viele Länder der Dritten Welt und die arabischen Staaten[754] konnten nicht hinnehmen, daß eine Supermacht ein Land aus ihrem Kreise angreife - auch wenn kaum eines dieser Länder Sympathien für al-Qaḏḏāfī hegte.[755]

Letztlich war Reagans Libyenpolitik von gemischtem Erfolg gekennzeichnet. Zwar wurde erreicht, Libyen als Beispiel für unakzeptables Verhalten darzustellen. Doch es gelang nicht, die libysche Außenpolitik zu beeinflussen. Der „libysche Terrorismus" konnte nicht beendet werden, und die USA standen vor der Schwierigkeit, ihr Ansehen bei den arabischen Staaten zu heben und sich gleichzeitig deren Akzeptanz für eine antilibysche Politik zu versichern.[756]

---

bewanderten Autoren stellt diesbezüglich fest, daß es sich um eine Form „legaler Piraterie" gehandelt habe. Vgl. hierzu ausführlich 2. Kap., S.210, Fn.343 und auch JOFFÉ 2000, S.16.

754 Die arabischen Länder zeigten zwar nach außenhin Solidarität für Libyen, inhaltlich lassen sich jedoch deutliche Unterschiede nach Herkunft (Regierungsseite, Bevölkerung) feststellen. Hierfür und für eine Aufzählung der verschiedenen Beistandsklauseln s. MATTES 1986a, S.98-100.

755 Vgl. SCHUMACHER 1986, S.345 f.: Westeuropa fürchtete insbesondere die Einrichtung eines sowjetischen Militärstützpunktes in Libyen. Die VN verurteilten das US-Bombardierungen - vgl. MOHR 1992, S.308. Für die europäische Reaktion s. auch ST JOHN 1986, S.113 f.; BERI 1986, S.1258-1261; AT-TAṢʿĪD 1995, S.3-5 (berücksichtigt über die europäischen Reaktionen hinaus auch die der AL und anderer Staaten).

756 Vgl. ST JOHN 2002, S.150 f. SCHNAUBELT kommt jedoch in seiner Studie über die Effektivität der Abschreckung in der US-Politik zwischen 1970 und 1990 zu dem Schluß, daß auch die Bombardierungen auf Libyen ihre Abschreckungsfunktion erfüllt hätten und das Verhalten Libyens entsprechend der Abschreckungstheorie beeinflußten (vgl. ders. 2000). Zu dieser Einschätzung gelangte auch PRUNCKUN in seiner Untersuchung über die Effektivität der Operation „El Dorado Canyon" - dem US-Bombardement auf Libyen 1986 (ders. 1995). ANDERSON weist in seiner Dissertation darauf hin, daß lediglich das Zusammentreffen be-

NIBLOCK stellt fest, daß beide Seiten die Konfrontation in Kauf nahmen:

> "The confrontation was thus willed by both sides: the United States was eager to strike at a regime that was undermining its influence, and the Libyan regime was eager to confront the growing U.S. involvement and military presence in the Middle East."[757]

II. Die Intensivierung der Sanktionsmaßnahmen gegenüber Libyen seit 1986

Auslöser für weitere US-Sanktionen waren die Bombenanschläge von Rom und Wien am 27.12.1985, zu denen sich die Abu-Nidal-Gruppe bekannte. Präsident Reagan gab an, im Besitz von Beweisen über die libysche Beteiligung zu sein.[758] Er erklärte einen nationalen Notstand und verhängte am 7. und 8.1.1986 Sanktionsmaßnahmen gegen Libyen.[759] Diese umfaßten:

Tabelle 23: In den Libyan Sanctions Regulations enthaltenen US-Sanktionen gegen Libyen

•	die Unterbrechung des Handels mit Libyen (ausgenommen Exporte mit humanitärer Zielsetzung sowie den der Information dienenden Printmedien)
•	Verbot von Krediten an von dem libyschen Staat kontrollierte Institutionen
•	Arbeitsverbot für US-Bürger in Libyen
•	Verbot wirtschaftlicher Transaktionen[760] zwischen US-Bürgern und der libyschen Regierung
•	Einfrieren aller libyschen Vermögenswerte in den USA
•	Reiseverbot (ausgenommen blieben - auf Antrag - Journalisten[761])

stimmter Umstände zu dieser Intervention geführt habe, herrschte doch insgesamt in den 80er Jahren eine große Abneigung in den USA gegen Interventionspolitik (ders. 1993). GIESSMANN hingegen stellt fest, daß nach der Bombardierung Libyens eine Zunahme von Anschlägen stattgefunden hat und sieht dies als Beleg dafür, daß militärische Vergeltungsmaßnahmen gegen staatliche Förderung von Terrorismus nicht besonders wirksam seien (ders. 2000, S.481). Abgesehen davon profitierte al-Qaḏḏāfī insofern sogar von den US-Angriffen, als er intern (gegenüber der Opposition) und extern (er gewann das Mitgefühl der arabischen Bruderländer) gestärkt hervorging. Vgl. dazu BERI 1986, S.1261-1264.

757 NIBLOCK 2001, S.29. Dabei schrieb SCHUMACHER bereits 1986: "The best American policy would be to turn off the rhetoric from Washington and let him go." - ders. 1986, S.348.

758 Vgl. für Einzelheiten COOKE 1990, S.198-200. Siehe auch den umfassenden Aufsatz von BIALOS/JUSTER (dies. 1986): Die Wirtschaftssanktionen gegen Libyen haben dreierlei Ziele: a) Libyen von seinen terroristischen Tätigkeiten abzuhalten, b) das Land wegen seiner subversiven terroristischen Aktivitäten zu bestrafen und c) symbolisch die Abneigung der USA gegenüber der libyschen Politik auszudrücken.

759 Vgl. COOKE 1990, S.205-208; BAMBERGER 2000, S.23.

760 Unter Transaktion sollen in diesem Kontext größere (finanzielle) Unternehmungen verstanden werden.

761 Vgl. COOKE 1990, S.219: Farrakhan hielt sich jedoch vom 12.-29.3.1986 in Libyen auf und wurde nicht dafür belangt. Für Informationen bezüglich der praktischen Konsequenzen des

Westeuropa schloß sich diesen Sanktionen nicht an, da die Maßnahmen als ungeeignetes Mittel gegen den Terrorismus erachtet wurden.[762] Darüber hinaus war von Bedeutung, daß damit einem sowjetischen Vordringen im Mittelmeerraum hätte Vorschub geleistet werden können, viele Westeuropäer in Libyen arbeiteten und lebten, Libyen Schulden bei Italien, Deutschland und anderen Ländern hatte und die US-Maßnahmen insgesamt als übertrieben angesehen wurden.[763] Zehn Jahre später versuchten die USA über die extraterritoriale Reichweite des Iran and Libya Sanctions Act (ILSA), die Handelsbeziehungen insbesondere der europäischen Staaten mit Libyen Beschränkungen zu unterwerfen. Dagegen wehrte sich die EU erfolgreich und verbot ihren Mitgliedstaaten[764], den ILSA einzuhalten. Weitaus größere Bedeutung hatten hingegen die VN-Sanktionen gegen Libyen für die europäischen Staaten (s. 4. Kap., S.267 ff.).

1. Allgemeines

Die US-Sanktionen gegen Libyen bestehen im wesentlichen aus den vom Finanzministerium kontrollierten Sanktionsmaßnahmen.[765] Die Spezialbeschränkungen, denen Libyen aufgrund der US-Exportkontrolle unterliegt, werden hingegen vom Wirtschaftsministerium auf ihre Einhaltung überprüft.

Die Anfang Januar 1986 von US-Präsident Reagan verhängten Wirtschafts- und Finanzsanktionen gegen Libyen wurden auf der Grundlage des IEEPA von zwei

Reiseverbotes s. das vom US-Außenministerium herausgegebene Consular Information Sheet unter LIBYA SHEET 2002; am 26.2.2004 wurde das Reiseverbot für US-Bürger nach Libyen aufgehoben (s. NZZ vom 27.2.2004, Nr. 48, S.2).

762 Siehe dazu die Dissertation von G. B. MORGAN: “U.S. Media and Government: a Content Analysis of Press Coverage of the U.S. Call for Sanctions against Libya.”, die mit der Rolle der US-Regierung als Informationsquelle für internationale Nachrichten befaßt ist (ders. 1990). MARTIN zeigt in ihrer Dissertation auf, welche Möglichkeiten Staaten zur Verfügung stehen, die Wirtschaftssanktionen als außenpolitisches Instrument anwenden wollen und dafür die Unterstützung anderer Länder anstreben (dies. 1990).

763 Vgl. NIBLOCK 2001, S.29-31; SCHUMACHER 1986, S.344 f. Immerhin unterstützten die europäischen Länder die Sanktionsmaßnahmen der USA insofern, als ca. 600 Libyer ausgewiesen wurden - s. SCHUMACHER 1986, S.329. Weiterhin schreibt SCHUMACHER: “The Reagan Administration offended many West European countries by carrying out the April bombing just hours after the European Community had voted diplomatic sanctions on Libya in an emergency meeting called by Italy.” - ders. 1986, S.344. Zu der These von Libyen als sowjetischem Marionettenstaat und ihrer Haltlosigkeit s. MATTES 1994, S.301-313.

764 Für die Reaktionen von EU-Staaten und anderen s. ausführlich MUḎAKKIRA 1996.

765 Für eine knappe Übersicht vgl. das im Internet auf der Seite des OFAC (<http://www.treas.gov/ofac>) abrufbare Merkblatt “Libya - What You Need to Know About The U.S. Embargo.”, das eine Zusammenfassung der LSR darstellt.

Durchführungsverordnungen[766] (*executive order*) erlassen und werden vom Finanzministerium[767] überwacht.
Die Sanktionen richten sich größtenteils in Form von speziellen Verboten von Transaktionen und anderer Handlungen im finanziellen Bereich gezielt gegen die Regierung Libyens sowie deren Agenturen und Institutionen.[768] Die im Rahmen derselben Libyan Sanctions Regulations (LSR)[769] des Finanzministeriums erlassenen Warenexportbeschränkungen und Im- und Exportverbote hingegen sind auf einer breiten länderspezifischen Basis allgemeiner konzipiert.[770]

2. Bestimmungen des Finanzministeriums

a. Allgemeines

Die LSR weisen eine starke Ähnlichkeit zu den Sanktionsprogrammen des Finanzministeriums gegen Libyen vor 1977 auf. Einige signifikante Unterschiede zwischen den LSR und den früheren Bestimmungen bestehen jedoch. So wurden diese auf Grundlage von § 5(b) des Feindhandelsgesetzes (TWEA) erlassenen. Die LSR hingegen basieren auf dem IEEPA, und infolgedessen finden also die Sicherheitsklauseln des IEEPA Anwendung.[771] Ein weiterer interessanter Unterschied be-

---

[766] Durchführungsverordnung Nr. 12543 vom 7.1.1986 (F.R. 51(1986), S.875) und Durchführungsverordnung Nr. 12544 vom 8.1.1986 (F.R. 51(1986), S.1235). Der in Durchführungsverordnung Nr. 12544 bezüglich Libyens erklärte Ausnahmezustand wurde seitdem durch Verlängerungen kontinuierlich aufrechterhalten. Neben der Bedeutung des IEEPA (50 U.S.C. 35, §§ 1701 ff.) für beide Durchführungsverordnungen stellen zudem § 1601 ff. der National Emergencies Act (50 U.S.C. 34, §§ 1601 ff.), § 1114 des Federal Aviation Act of 1958 (ergänzt durch 49 U.S.C. 401, § 40106 (b)) sowie 3 U.S.C. 41, § 301 die rechtliche Grundlage für die Durchführungsverordnung vom 7.1.1986 dar. Verankert ist IEEPA in dem § 504 f. des International Security and Development Cooperation Act of 1985 (ISDCA, P.L. 99-83). Siehe MALLOY 2001, S.109 f., 512. Vgl. für den IEEPA auch 3. Kap., Abschn. A.II.2., S.173 ff.

[767] Siehe Durchführungsverordnung Nr. 12543, § 4. Das Wirtschaftsministerium übertrug seine Exportkontrollbefugnis bezüglich Libyen dem Finanzministerium - siehe 15 C.F.R. § 746.4.

[768] Entweder direkt durch z.B. das Blockieren von Vermögenswerten oder indirekt durch das Isolieren Libyens. Siehe dazu MALLOY 2001, S.513. Interessanterweise untersagt das OFAC keine Transaktionen mit Banken, an denen Libyen beteiligt ist oder die von libyschen Staatsangehörigen geleitet werden, da es keinen Beweis dafür gebe, daß solche Banken von Libyen kontrolliert werden. Erst dann verbieten die US-Sanktionsbestimmungen gegen Libyen die entsprechenden Transaktionen. S. für Einzelheiten FIASCO 1992, S.1 f.

[769] Siehe 31 C.F.R. §§ 550.101-901 (2001).

[770] Vgl. MALLOY 2001, S.513.

[771] Da der IEEPA in der neuen Ermächtigungsnorm in § 103 weitgehend den Wortlaut der alten Ermächtigungsnorm in § 5 (b) TWEA übernahm, wird allgemein angenommen, daß nach dem IEEPA z.B. auch dieselben Befugnisse zur extraterritorialen Regelung des Außenhandels bestehen wie nach dem TWEA. Vgl. dazu LÜBBIG 1995, S.76. COOKE weist auf die

steht darin, daß die LSR in zwei Schüben erfolgten: am 7.1.1986 durch die Handelsbeschränkungen und am 8.1.1986 durch das Blockieren[772] von Eigentum[773], an denen von seiten der libyschen Regierung[774] Interesse besteht. Diese Verzögerung bei der Einführung der Bestimmungen führt zu Auslegungsschwierigkeiten bei der Bestimmung des gültigen Datums der verschiedenen Beschränkungen. Dadurch unterscheiden sich die LSR im übrigen auch von den allgemein gehalteneren Bestimmungen zu Kuba und ähneln mehr den zielgerichteten Iranian Assets Control Regulations. Im Gegensatz zu diesen traten die LSR jedoch innerhalb weniger Tage in Kraft.[775]

b. Handelssanktionen

Die LSR beinhalten ein Verbot von US-Importen für Waren und Dienstleistungen[776] libyscher Herkunft. Ausgenommen sind Publikationen, sofern in den LSR nichts anderes verfügt wurde, sowie Zeitungen und Zeitschriften. Das Importverbot bezieht sich auch auf den Transit zu Land, See und Luft der besagten Waren und Dienstleistungen, wenn diese für Drittländer bestimmt sind.

---

unterschiedliche Verankerung der Wirtschaftssanktionen hin: die Herausarbeitung der nicht über die Notstandsgesetzgebung verhängten Sanktionen ist notwendig, um die Situation zu verstehen, in der auf dem IEEPA beruhende Notstands-Sanktionen verhängt wurden (vgl. ders. 1990, S.197). Wie in von der Verf. geführten Gesprächen deutlich wurde, überschätzen die europäischen Staaten die Bedeutung von ILSA und unterschätzen die der LSR.

772 Dieser Terminus ist in den LSR nicht definiert - s. MALLOY 2001, S.514, Fn.18.

773 Im Original *property* - dieser Begriff findet sich weitgefaßt in den LSR. Vgl. MALLOY 2001, S.514, Fn.19.

774 Die LSR verstehen unter „libyscher Regierung" den libyschen Staat und seine Regierung (a), alle Korporationen, Vereinigungen etc., die diesen gehören oder unterstehen (b), alle Personen, die direkt oder indirekt für (a) oder (b) tätig sind (c) und alle Personen oder Organisationen, die der Finanzminister in den LSR als dazugehörig aufgenommen hat (d). Die Tatsache, in Libyen zu leben, dort Geschäfte zu treiben oder dem libyschen Gesetz zu unterliegen, bewirkt also nicht automatisch die Aufnahme in die Definition „Regierung von Libyen". Vgl. dazu MALLOY 2001, S.514 f., Fn.20. Am 6.5.1991 veröffentlichte das OFAC eine Liste mit Namen von Organisationen und auch Individuen (*specially designated nationals* - SDN), die unter den Begriff „Regierung von Libyen" fallen. Diese Liste ist unter <http://www.treas.gov/ofac> abrufbar. Auch GEORGE erwähnt diese Liste, auf der z.B. die Umm-al-Jawaby-Firma genannt ist, die eine bedeutende Rolle spielt bei der Ausrüstung und bei dem Personal für die libysche Erdölindustrie. Vgl. ders. 1991, S.29. Nach KREUZER 1998, S.150, und MATTES 1999, S.118, können die Auswirkungen der LSR gar nicht hoch genug eingeschätzt werden: so bewirkte die Übernahme von tschechischen Hotels durch die maltesische Gesellschaft Corinthia - die sich auf dem Appendix A zu 31 C.F.R. 550, dem Libyen-Embargo, befindet -, daß nach US-Recht diese tschechische Hotelgruppe sich als libysches Eigentum darstellt und den US-Bestimmungen unterfällt. Dementsprechend wurden US-Bürger gewarnt, in diesen Hotels zu logieren.

775 Vgl. MALLOY 2001, S.514-516.

776 Die Definition wird in den LSR formuliert. Vgl. dazu MALLOY 2001, S.516, Fn.25.

Des weiteren verbieten die LSR den Export von Waren, Technologie und Dienstleistungen aus den USA.[777] Ausgenommen sind Publikationen und Spenden von Gegenständen, die humanitäres Leiden mindern sollen (z.B. Nahrung, Kleidung, Medikamente, medizinische Geräte) - sofern die LSR nichts anderes besagen. Das Exportverbot bezieht sich - wie beim Import - auch auf den Transit durch die USA von Waren, die für Libyen[778] bestimmt sind.[779]

c. Transaktionsverbote

Darüber hinaus enthalten die LSR eine Reihe von spezifischen Transaktionsverboten. Untersagt sind transportbezogene Transaktionen. Unter diese Bestimmung fallen:

- die Bereitstellung von Transportmöglichkeiten in die oder aus den USA durch jede libysche Person und jedes in Libyen registrierte Schiff oder Flugzeug und
- der in den USA vorgenommene Verkauf von Flügen, die eine Landung in Libyen vorsehen.

Darüber hinaus dürfen US-Personen[780] keine Verträge abschließen, die ein industrielles, ein handelsbezogenenes oder ein Regierungsprojekt unterstützen.[781]

d. Einfrieren von Geldern und Verbote im Finanzbereich

Die Bedeutung der LSR für internationale Transaktionen von US-Banken konzentriert sich hauptsächlich auf zwei Verbote, die der jeweils anderen Durchführungsverordnung entstammen.

Das erste Verbot untersagt jeder US-Person das Gewähren oder Verlängern von Krediten oder Darlehen an die libysche Regierung.[782]

Die andere Verbotsvorschrift gebietet das Blockieren von Vermögenswerten (*assets*) der libyschen Regierung. Eingefrorene[783] finanzielle Vermögenswerte müssen in zinsbringenden Konten angelegt werden. Des weiteren dürfen keine Transaktionen im Namen der libyschen Regierung vorgenommen werden, die widrigenfalls als null und nichtig anzusehen sind. Diese Bestimmung ist in der übli-

---

777 Vgl. F.R. 67(2002), S.7351-7355, für den Verstoß gegen die LSR und das hohe daraus resultierende Strafmaß (s. Action Affecting Export Administration[1]) und F.R. 67(2002), S.10890-10892, für einen weiteren Fall (Action Affecting Export Administration[2]).

778 Libyen ist als der Staat Libyen und jedwedes libysches Territorium, Kolonie etc., Besitz oder Ort, der libyscher Rechtsprechung unterliegt, definiert. Vgl. MALLOY 2001, S.517, Fn.29.

779 Vgl. MALLOY 2001, S.516-518.

780 Damit ist jeder US-Bürger, jeder in den USA dauerhaft wohnende Ausländer, jede dem US-Recht unterliegende juristische Person und damit jede Person in den USA gemeint. Vgl. MALLOY 2001, S.517, Fn.34. Für eine Übersicht der US-Gesetze, die Ausländer betreffen, und die daraus resultierenden Implikationen siehe HERKERT 2002, S.213-216.

781 Vgl. MALLOY 2001, S.518 f.

782 Für ausführliche Anmerkungen zu den Begriffen *credit*, *loan* und *transfer* s. MALLOY 2001, S.519.

783 Für eine umfassende Definition von „Gelder" und „Einfrieren von Geldern" s. HUCKO/ WAGNER 2001, S.124.

chen, auch in anderen Wirtschaftssanktionsbestimmungen zu findenden Weise formuliert: die US-Banken müssen in „angemessener Sorgfalt" die Transaktionen überprüfen, an denen die libysche Regierung beteiligt sein könnte.[784]

3. Bestimmungen des Wirtschaftsministeriums

Die vom Wirtschaftsministerium ausgeübten Exportkontrollen sind bei Ausfuhren nach Libyen generell anzuwenden. Dabei gehen die LSR Wirtschaftsvorschriften vor, sofern sich diese auf Exporte beziehen.
Das Wirtschaftsministerium ist jedoch immer zuständig für:

- Reexporte von Waren mit US-Herkunft aus einem Drittland nach Libyen (bestimmte Ausnahmen sind vorhanden)
- Exporte von im Ausland hergestellten Waren aus US-Originalteilen, -Anteilen oder -Materialien sowie Exporte, die im Ausland auf US-Technologie oder -Software[785] basierend hergestellt wurden.

Generell sind keine Ausnahmen für die Gewährung von Exportgenehmigungen vorgesehen.
Ausdrücklich bezieht sich diese Regelung auch auf Flugzeuge: diese dürfen weder nach Libyen exportiert werden, noch dürfen Teile oder Ausstattungszubehör in Länder ausgeführt werden, die diese für den Flugzeugbau und in allen Bereichen, die damit zusammenhängen, nach Libyen reexportieren oder Libyern verkaufen.
Weiterhin unterliegt Libyen den Anti-Terrorismus-Kontrollen durch das Wirtschaftsministerium. Aufgrund der strategischen Bedeutung von Hochleistungscomputern und der damit einhergehenden Gefahr der Waffen-Weiterverbreitung darf für Libyen als ein in *Computer Tier 4* aufgelistetes Land keine Genehmigung für den Export solcher Computer beantragt werden.
Darüber hinaus ist Libyen von speziellen Beschränkungen hinsichtlich der Nichtbelieferung von chemischen und biologischen Waffen betroffen.[786]

---

[784] Vgl. MALLOY 2001, S.520 f. Das Einfrieren der libyschen Vermögenswerte erwies sich als wenig erfolgreich, da Libyen weniger als eine Milliarde US-$ in den USA besitzt. Dieses Vermögen wurde hauptsächlich eingefroren, um eine Handhabe gegen Libyen und Entschädigungsvermögen zu haben, sollten US-Ölfirmen in Libyen konfisziert werden -vgl. COOKE 1990, S.224 f.

[785] Maßgebliches Datum ist hierbei der 12.3.1982. Das Verbot bezieht sich auf die nach diesem Stichtag exportierte und verwendete US-Technologie und -Software. Vgl. MALLOY 2001, S.521.

[786] Vgl. MALLOY 2001, S.521 f. Siehe zu Einzelheiten z.B. den Anti-Terrorism and Arms Export Amendments Act of 1989, der am 12.12.1989 als P.L. 101-222 Gesetz wurde und den Arms Export Control Act, den Export Administration Act of 1979 sowie den Foreign Assistance Act of 1961 ergänzt. Siehe auch den umfassend ansetzenden Antiterrorism and Effective Death Penalty Act of 1996 (P.L. 104-132 vom 24.4.1996, das der Prävention und Bestrafung terroristischer Handlungen dienen soll.

4. Auswirkungen des Iran and Libya Sanctions Act

Der Iran and Libya Sanctions Act of 1996 (ILSA)[787] wurde am 23. Juli 1996 vom Repräsentantenhaus in der Version H.R. 3107 gebilligt, am 5.8.1996 von Präsident Clinton unterzeichnet und damit Gesetz.[788] Auf seiner Grundlage können Sanktionen gegen ausländische Firmen verhängt werden, die sich an bestimmten Transaktionen mit Iran und Libyen beteiligen.[789] Der ILSA soll somit verhindern, daß ausländische Firmen in Libyen und Iran solche Geschäfte abwickeln, die US-Unternehmen seit 1986 (in Libyen) untersagt sind.[790] Vorgebliches Ziel ist es, Libyens Möglichkeiten noch verstärkter einzuschränken, im internationalen Wirtschaftssystem zu agieren und Einkünfte zu erzielen, die zur Finanzierung von Terrorismus und zum Erwerb von Waffen und Technologie verwendet werden könnten.[791] Allerdings lassen sich im ILSA zwei Paradoxa finden: Zum einen stellen sich die USA prinzipiell gegen die Verhängung sog. sekundärer Sanktionen wie dieser - zumindest hinsichtlich der Praxis der Arabischen Liga, Firmen, die in Israel investieren, auf eine Schwarze Liste zu setzen. Zum anderen wurde Libyen eher durch Zufall in den ILSA aufgenommen. Ursprünglich war dieses Gesetz ausschließlich gegen den Iran gerichtet. Als ein Gesetzesentwurf über Sanktionen gegen Auslandsinvestoren im iranischen Erdölsektor am 20. Dezember 1995 den

---

787 P.L. Nr. 104-172, 110 Stat. 1541 (1996), kodifiziert in 50 U.S.C. 35, § 1701. Vgl. SHAMBAUGH/YOUSEF/SAGAFINEJAD 2001, S.1-3. ILSA ist auch abgedruckt in HUCKO/WAGNER 2001, S.70. Für einen libyschen Standpunkt s. z.B. BŪDABBŪS 1998, S.28 f.

788 Vgl. KATZMAN 2001, S.105.

789 Die 1986 gegen Libyen erlassenen Sanktionen hingegen haben keine extraterritoriale Wirkung.

790 Über den Handel mit Iran und Libyen s. STEWART 1998, Abschn. 18.5.1. Die Praxis übersteigt dabei die durch den ILSA eingeräumten Befugnisse bei weitem. So ist es laut einem Bericht in der Neuen Zürcher Zeitung vom 26.5.2002 Usus, daß das US-Außenministerium durch „unmißverständliche Hinweise" ausländische Firmen darauf aufmerksam macht, um Ausfuhren insbesondere nach Iran, Syrien, Libyen und Nordkorea zu unterbinden. Diese Verzichten dann häufig „von sich aus" auf die entsprechenden Lieferung. Vgl. ASCHWANDEN 2002, S.14.

791 Vgl. ST JOHN 2002, S.174. Zu Einzelheiten über die Beweggründe für den Gesetzesvorschlag s. "Hearing before the Subcommittee on Trade of the Committee on Ways and Means" des Repräsentantenhauses vom 22.5.1996 (s. HEARING 1997). Siehe auch KATZMAN 2001, S.104. GERKE weist auf die unbewiesene Annahme hin, daß alle iranischen Einnahmen aus dem Energiesektor der Finanzierung von Massenvernichtungswaffen und Terrorismus vorbehalten seien (GERKE 1997, S.46). Dies läßt sich auch auf die libyschen Einnahmen aus dem Energiesektor übertragen. Als weiteren Grund geben SHAMBAUGH/YOUSEF/SAGAFINEJAD die Verbreitung US-amerikanischer Werte an und sehen ILSA als Ausdruck einer moralischen Überzeugung (vgl. dies. 2001, S.2).

Kongreß durchlief, wurde Libyen kurzfristig einbezogen[792], da es aufgrund der damaligen Lage keinen Grund gab, Libyen von diesen Maßnahmen auszuschließen.[793] MALLOY erklärt dies mit

> "[...] a sense of urgency developed to increase pressure on Libya to comply with U.N. resolutions."[794]

Der sich anfangs ausschließlich auf den Iran beziehende Aufbau des Gesetzes wurde keinen Veränderungen unterzogen - die Verweise auf Libyen zum Verhindern von Investitionen in Libyens Erdölindustrie erfolgten im nachhinein durch entsprechende Einfügungen und Zusätze.

Eine Zuwiderhandlung gegen ILSA ist festzustellen, wenn:

- eine ausländische Firma mehr als 40 Mio. US-$ im Jahr[795] in die Entwicklung der libyschen Erdöl- und Erdgasindustrie investiert oder
- eine ausländische Firma die VN-Sanktionen (VN-Res. 748 (1992), §§ 4(b) und 5; VN-Res. 883 (1993), § 5 f.)[796] bezüglich der darin enthaltenen Handelsverbote für bestimmte Waren und Dienstleistungen[797] bricht.

In diesen Fällen ist der Präsident verpflichtet, mindestens zwei von sieben möglichen Sanktionen gegen die jeweilige ausländische Firma zu verhängen. Dabei handelt es sich nicht um Verwaltungsstrafen, sondern um den Entzug von Vergünstigungen, deren Gewährung ohnehin im Ermessen der US-Behörden steht. Die Regelungen drohen wegen eines sich im Ausland abspielenden Sachverhaltes für die

---

792 "An amendment to S. 1228 applying all sanction in the bill to Libya as well as to Iran was introduced by Senator Kennedy and included in the Senate-passed version." KATZMAN 2001, S.105, Fn.26. Dem demokratischen Senator aus Massachussetts lag die Aufnahme Libyens in das Gesetz nicht etwa wegen großen Drucks von Angehörigen der Lockerbie-Opfer aus seinem Wahlkreis am Herzen, sondern es sei einfach ein „Lieblingsprojekt" von ihm gewesen. Wegen des von Kennedy eingereichten Zusatzes stimmte der Senat zunächst dagegen, gab dann aber unter dem Druck der Familien der Hinterbliebenen des Lockerbie-Anschlags nach. Die Familien der Lockerbie-Opfer verfügen durch verschiedene Gruppierungen wie z.B. die *Families of Pan Am 103 - Lockerbie* über enormen Einfluß auf den Kongreß. Vgl. dazu GERKE 1997, S.36 f.

793 Vgl. NIBLOCK 2001, S.32; KATZMAN 2001, S.104 f.

794 MALLOY 2001, S.522, Fn.72.

795 Ein Jahr später (5.8.1997) wurde diese Summe auf 20 Mio. US-$ reduziert. Vgl. KATZMAN 2001, S.105 f.

796 Für die VN-Resolutionen s. 4. Kap., S.247 ff. Der ILSA ist allerdings nicht die Vollzugsnorm der genannten VN-Resolutionen. Am 3.12.1993 hatte Präs. Clinton bereits den US-Wirtschaftsminister angewiesen, Reexporte von Produkten zu verbieten, die unter die Res. 748 (1992) und 883 (1993) fallen. Vgl. dazu S/1994/84, S.1.

797 Ausschlaggebend ist, ob diese Waren bzw. Dienstleistungen signifikant und materiell die libyschen militärischen oder paramilitärischen Kapazitäten erhöhen, Libyens Fähigkeit zur Ausbeutung der Erdölvorkommen unterstützen oder der Aufrechterhaltung des Flugverkehrs in Libyen dienen.

betroffene natürliche oder juristische Person jedweder Staatsangehörigkeit negative Konsequenzen an - doch werden diese Maßnahmen ausschließlich auf dem US-Territorium wirksam. Jurisdiktionskonflikte können daher nicht entstehen, faktische Auswirkungen auf die eigenständige Gestaltung der Wirtschaftspolitik anderer Staaten hingegen schon.[798]

Der ILSA beinhaltet die folgenden Sanktionsmaßnahmen:

Tabelle 24: Sanktionsmaßnahmen nach ILSA

1)	Verweigerung der Unterstützung durch die Export-Import Bank[799] für Exporte an die sanktionierte Person
2)	Verweigerung von Exportgenehmigungen für Exporte an die sanktionierte Person
3)	Verbot von Krediten/Darlehen durch US-Finanzinstitutionen, die 10 Mio. US-$ innerhalb eines Jahres überschreiten
4)	bezieht sich ausschließlich auf Finanzinstitutionen: sie werden nicht mehr als Hauptverwalter für das Schuldeninstrumentarium der US-Regierung eingesetzt
5)	bezieht sich ausschließlich auf Finanzinstitutionen: sie dürfen nicht mehr als US-Finanzhändler oder als Verwahrer von US-Regierungsfonds fungieren
6)	Verweigerung von Vermittlungsdiensten durch die US-Regierung[800]
7)	Verbot aller oder einiger Importe durch die sanktionierte Person[801]

Die Wahl der auf dem ILSA beruhenden Sanktionskombination soll es ermöglichen, eine den Umständen anpaßbare Abschreckungswirkung auf ausländische Firmen zu erzeugen, gleichzeitig aber auch den wirtschaftlichen Interessen der USA Rechnung zu tragen.

Diese Sanktionen gelten mindestens für zwei Jahre, wenn nicht der Präsident feststellt, daß die sanktionierte Person sich nicht mehr auf verbotene Weise betätigt und auch zukünftig nicht mehr betätigen wird. Allerdings müssen selbst dann die Sanktionen mindestens ein Jahr bestehen bleiben.

Die Sanktionen richten sich nicht nur gegen die jeweiligen Personen, denen Zuwiderhandlungen gegen ILSA nachgewiesen werden können, sondern auch gegen de-

[798] Vgl. RESS 2000, S.41.

[799] Die Export-Import Bank wurde 1934 gegründet. Viele Wirtschaftsexperten bewerten ihre Unterstützung von Exportunternehmen in Form von subventionierten Krediten als überflüssig, da sie die Unterstützung von bestimmten Industriezweigen auf Kosten der gesamtwirtschaftlichen Prosperität ablehnen. Vgl. LUKAS/VÁSQUEZ 2002.

[800] Dies ist die einzige Sanktionsmaßnahme, die in Einklang steht mit internationalen Handelsverpflichtungen - vgl. MALLOY 2001, S.525.

[801] Diese Sanktion muß mit den Bestimmungen in dem IEEPA vereinbar sein. Ursprünglich sollte ILSA nur Exporte berühren. Doch wurde in der Einbeziehung von Importen eine effektive Möglichkeit dafür gesehen, die US-Handelspartner dazu zu zwingen, sich zwischen den USA und den sanktionierten Märkten zu entscheiden - s. MALLOY 2001, S.525.

ren Mutter- und Tochtergesellschaften, Zweigstellen etc., die sich an den verbotenen Aktivitäten wissentlich beteiligt haben.
ILSA sieht auch vor, daß alle Personen und Rechtspersönlichkeiten, gegen die Sanktionen bestehen oder bestanden haben, im Bundesgesetzblatt der USA (*Federal Register / F.R.*)[802] veröffentlicht werden.
Der Präsident hat jedoch auch die Möglichkeit, auf die Verhängung von Sanktionen zu verzichten (*waiver*) oder bereits verhängte Sanktionen auszusetzen. Voraussetzung dafür ist gemäß ILSA ein Bericht an den Kongreß, in dem der Verzicht auf die Anwendung der Sanktionen mit der Berufung auf das nationale Interesse begründet werden kann.[803]
Die Verzichtklausel soll dem Präsidenten die notwendige Flexibilität zum Nutzen von US-Interessen und im Rahmen internationaler Verpflichtungen der USA ermöglichen. Bei großzügiger Auslegung vermag die Verzichtklausel mögliche juristische Konflikte mit anderen Staaten zu verringern. Dabei läßt sich fragen, wie großzügig die Auslegung ausfallen würde, sollte der Kongreß Einwände gegen die Praxis des Verzichtes erheben.
ILSA enthält eine Verfahrensbestimmung, die sich in keinem anderen unilateralen Sanktionssystem der USA findet: verläßt sich eine Person in gutem Glauben auf ein durch den Außenminister ausgestelltes Gutachten (*advisory opinion*), das eine bestimmte Handlung nicht als Verletzung des ILSA ansieht, kann sie aufgrund einer solchen Handlung nicht sanktioniert werden. Diese Bestimmung wurde aufgenommen, um einem Teilnehmer am Handel die Gelegenheit zu geben, seine Handelsgeschäfte vorab überprüfen zu können.
Die von dem ILSA aufgelisteten Sanktionen verlieren erst dann ihre Wirkung, wenn der Präsident dem Kongreß Bericht erstattet, daß Libyen die VN-Resolutionen 731 (1992), 748 (1992) und 883 (1993) erfüllt hat. Diese Bestimmung soll sicherstellen, daß die Sanktionen nicht enden, bevor die Ziele der USA zur Zufriedenheit des Kongresses erreicht wurden.
Der ILSA ist auf den Zeitraum von fünf Jahren beschränkt. Mit Ablauf dieser Frist hat der Kongreß eine Einschätzung der Lage vorzunehmen und ggf. den ILSA zu verlängern.[804]

---

802 Das F.R. ist die offizielle täglich erscheinende Veröffentlichung der Bestimmungen, vorgeschlagenen Bestimmungen und Bekanntmachungen der Bundesbehörden und -organisationen sowie der Durchführungsverordnungen und anderen vom Präsidenten verfaßten Dokumente. Siehe z.B. unter <http://www.gpo.gov/su_docs/aces/aces140.html>.

803 Vom US-Außenministerium wurden am 16.12.1996 Richtlinien (nicht formale Bestimmungen) zur Durchsetzung von ILSA herausgegeben, die dem Präsidenten große Entscheidungsfreiheit darüber zusprechen, ob eine ausländische Firma mit Sanktionen belegt werden soll oder nicht. Vgl. dazu H.R. 104-523, Teil II; KATZMAN 2001, S.105. Bemühungen verschiedener Kongreßabgeordneter zur Abschaffung der Verzichtsklausel scheiterten - vgl. MCGLONE/TRENKLE 1999, S.263, Fn.37.

804 Vgl. dazu MALLOY 2001, S.522-526.

Insbesondere die europäischen Staaten und Japan erhoben gegen die extraterritoriale Reichweite[805] Einwände. Am 22.11.1996 machte die EG ihre Ankündigung wahr und erließ eine Verordnung zur Abwehr der Sanktionen gegen Iran und Libyen und derjenigen gegen Kuba (VO (EG) Nr. 2271/96).[806] Die Grundlage hierfür stellen zum einen die sich aus Art. 133 EGV n.F. ergebende handelspolitische Ermächtigung Kompetenz der Gemeinschaft und zum anderen die Art. 57 und 308 EGV dar (s. 4. Kap., S.261 ff.).[807] Die USA sicherten der EU im Rahmen einer bilateralen Vereinbarung zu, auf Sanktionen gegenüber EU-Mitgliedern zu verzichten, die geschäftliche Beziehungen zu Iran, Libyen oder Kuba unterhalten.[808] Im

---

805 US-amerikanische Befürworter des ILSA stellen Europa vor die Entscheidung, entweder mit den USA, oder aber mit Iran/Libyen Handel zu treiben - beides sei nicht möglich. Die USA jedenfalls seien sich ihrer Haltung gegenüber Terrorismus fördernden Staaten sicher und stellten deren Bekämpfung vor den wirtschaftlichen Nutzen. Vgl. dazu RICKMAN 1997, S.41, 44; KATZMAN 2001, S.106. RESS spricht im übrigen ILSA eine wirkliche extraterritoriale Bedeutung ab, da durch das Gesetz lediglich Vorteile entzogen würden, auf die ohnehin kein Anspruch bestehe. Dessenungeachtet aber werde durch ILSA die schwierige völkerrechtliche Bewertung der extraterritorialen Wirkungen von Exportkontrollen deutlich. Siehe RESS 2000, S41 f. Zur Vorgeschichte von ILSA s. GERKE 1997, S.29 ff., 58 f.: a) es mißlang den USA, ihre Alliierten von der Notwendigkeit der US-Sanktionspolitik zu überzeugen; b) der Kongreß übte zunehmenden Druck auf Clinton aus mit dem Vorwurf, daß er als Präsident nicht entschieden genug durchgreife und c) die Wahlüberlegungen von Teilen der Regierung und von Kongreßmitgliedern. Infolgedessen sah sich Clinton aus innenpolitischen Gründen dazu veranlaßt, eine Initiative von Kongreßmitgliedern über Sanktionen gegen Iran vorwegzunehmen, sich darüber hinaus die Unterstützung der pro-israelischen Lobby (so z.B. des American Israel Public Affairs Committee - AIPAC) zu versichern und mit dem Iran eine Demonstration seiner Führungskraft und Stärke vorzunehmen. Resultat war letztlich der an Eigendynamik gewinnende ILSA-Gesetzesentwurf von D'Amato, den Clinton mit dieser Reichweite nie angestrebt hatte. Dessenungeachtet hätte Clinton das Gesetz verhindern können und müssen, da er als Exekutivorgan zur Kontrolle der oft lokal orientierten Kongreßentscheidungen verpflichtet ist. Clinton räumte statt dessen den internen politischen Interessen in Hinblick auf seine Wiederwahl Priorität gegenüber der Einhaltung des internationalen Rechts ein. Vgl. auch WALLER 1996, S.79.

806 Diese VO ist ein Novum im Gemeinschaftsrecht. Während in Deutschland der Bruch der VO als OWi mit 500.000,- EUR Bußgeld bewehrt ist (§ 70 Abs. 5 b AWV), wird es in Großbritannien als Straftat gewertet. In den anderen EU-Ländern ist es nicht sanktioniert. Für den Wortlaut der VO s. ABl. (EG) 1996 Nr. L 309, S.1. Für Details s. MENG 1997, S.425; ders. 1997a, S.314-317; HÖLSCHER 2002, S.215; EU/USA 1997, S.113 f.; BEUTEL 2001, Rn.5; HUCKO/WAGNER 2001, S.64-70.

807 Vgl. HERDEGEN 2001, Rn.374.

808 Zu Einzelheiten in dieser Angelegenheit vgl. MENG 1997, S.426. MENG verweist auf die Brisanz dieses Streites, der „in letzter Sekunde" durch einen Verzicht auf eine Eskalation durch die beiden Streitparteien abgewendet worden sei. In einem Interimsabkommen wurde vereinbart, daß die EG ihre Klage bis zum 15.10.1997 aufschiebe und die US-Regierung bis dahin den Kongreß dazu zu bewegen habe, die beanstandeten Teile ihrer Gesetzgebung in beiden Sanktionsfällen zu modifizieren. Siehe auch ders. 1997a, S.287-289.

Gegenzug machte die EU-Kommission das Zugeständnis, bei der WTO keine Untersuchung der US-amerikanischen Kuba-Sanktionen zu beantragen.[809] Im übrigen wandte sich Libyen in dieser Angelegenheit an die VN-Vollversammlung. Unter Betonung des Rechtes eines jeden Staates auf freie wirtschaftliche und soziale Entwicklung warb es für einen Resolutionsentwurf, der extraterritoriale Gesetze zum Zwecke der Sanktionierung von Ausländern und fremden Staaten zur Aufhebung bestimmt. Diese Resolution wurde auch verabschiedet. Das Ergebnis brachte einerseits die Ablehnung der US-Politik zum Ausdruck und ließ andererseits das Unbehagen vieler Staaten erkennen, Libyen allzu deutlich zu unterstützen.[810] Libyen verfolgte seinen Standpunkt, seine Position im VN-Plenum offen zu vertreten, um den Konflikt auf dem Arbeitsplan der VN zu halten und das Verhalten der USA der Weltöffentlichkeit vorzuführen.[811]

[809] Vgl. dazu NOTZ/BAULIG/ESTERHAZY 2001 (Artikel in der FTD vom 14.5.2001); EXENBERGER 2002, S.78; FISHER 2001, S.730. Zur Problematik dieses Sachverhaltes s. GERKE 1997, S.II f.: die EU-Klage bei der WTO bringe diese zwischen Skylla und Charybdis. Die USA berufen sich im Rahmen des Helms-Burton-Gesetzes (Cuban Liberty and Democratic Solidarity (LIBERTAD) Act of 1996) auf die Ausnahmeklausel des GATT in Art. XXI (b): sekundäre Sanktionen seien zum Erhalt der nationalen Sicherheit zulässig. Gibt die WTO der EU recht und entscheidet, daß die GATT-Sicherheitsklausel keine sekundären Sanktionen rechtfertigt, können die USA dem GATT vorwerfen, es verhindere die Verteidigung der US-Sicherheitsinteressen und würde die Glaubwürdigkeit der WTO in den USA erschüttern. Bestätigt aber das Urteil das Handeln der USA, dann kann sich jedes WTO-Mitglied auf Art. XXI (b) berufen, um sekundäre Sanktionen zu verhängen. Da beide Möglichkeiten wenig befriedigend sind, sollte die EU wegen der nicht absehbaren Risiken ihre Klage zurückziehen und statt dessen auf effektivere Gegenmaßnahmen wie eine Anti-Boykott-Gesetzgebung setzen. Denn eine solche erhöht die Kosten für die USA und moblisiert damit auch die US-Unternehmer. Druck von dieser Seite (ein Sprachrohr ist USA*engage) könnte den Kongreß überzeugen, Sanktionsgesetze aufzuheben oder nicht zu verlängern und keine sekundären Sanktionen mehr aus außenpolitischen Gründen zu verhängen. Zu einer ausführlichen Beschreibung der Bedeutung der WTO - die in der Praxis Saktionen kaum zu verhindern mag - bezüglich der Verhängung von Sanktionen vgl. SMITH 2000, S.354-368, 375 f.

[810] Neben 54 Ja-Stimmen (vornehmlich afrikanische und asiatische Staaten) gab es 76 Enthaltungen, die die mehrheitliche Skepsis der OECD-Länder zum Ausdruck brachten. Neben den USA lehnten drei weitere Staaten die Resolution ab. Vgl. KERN 2002, S.108.

[811] Vgl. KERN 2002, S.108.

5. Genehmigungsvergabe

a. Genehmigungsvergabe durch das Finanzministerium

α. Genehmigungsvergabe mit Bezug auf Verbote im Finanzbereich

Die LSR (Libyan Sanctions Regulations) untersagen Zahlungen an Libyen jeglicher Art (inklusive Schuldverpflichtungen, Gebühren, Steuern etc.). Zahlungen und Transfers von der libyschen Regierung hingegen dürfen vorgenommen werden, vorausgesetzt sie erfolgen auf ein blockiertes Konto einer sich in den USA befindlichen Bank.[812] Eine solche Zahlung oder Transfer darf nicht getätigt werden, wenn es sich um einen Zinstransfer zugunsten der libyschen Regierung, einer anderen Person oder eines anderen Landes handelt. In jedem Falle sind Transfers auf Konten außerhalb der USA verboten, und jede Bank, die eine Zahlung oder einen Transfer im erlaubten Rahmen vornehmen möchte, hat das OFAC (Office of Foreign Assets Control) darüber schriftlich in Kenntnis zu setzen.[813]

Die LSR enthalten allgemeine Bewilligungen[814], welche diejenigen Transaktionen rückwirkend genehmigen, die bei Inkrafttreten der entsprechende Durchführungsverordnung bereits bestanden. Ausgenommen waren jedoch von Anbeginn Zahlungen an eine libysche Einrichtung, oder diese konnten nur auf eingefrorene Konten einer in den USA gelegenen US-Bank erfolgen.[815]

Weitere allgemeine Bewilligungen versuchen, die Kontakte und Konflikte zwischen den LSR und dem internationalen Bankensystem zu begrenzen. Erlaubt sind auf dieser Basis **erstens** Transfers auf unter Decknamen geführte Konten zwischen zwei nichtlibyschen ausländischen Banken in den USA, wenn damit eine im Ausland getätigte Transaktion mit Beteiligung eines Kontos der libyschen Regierung bei einer der beiden betroffenen Banken durchgeführt werden soll.[816] **Zweitens** war

---

812 Der Begriff *domestic bank* ist definiert als jede nichtlibysche Bank oder Aktienkreditbank in den USA, die dem US-Bankrecht unterliegt - vgl. 31 C.F.R. § 550.317 (a).

813 Für Näheres dazu siehe MALLOY 2001, S.527, Fn.125.

814 Allgemeine Bewilligungen erlauben den Export von Ware, die auf der Liste der „sensiblen" Exportgüter steht. Eine solche Bewilligung muß im Gegensatz zu Einzelgenehmigungen nicht beantragt werden. Eine Einzelgenehmigung ermächtigt ausschließlich zu der bestimmten, im Antrag genannten Ausfuhr. Vgl. PUTTLER 1989, S.20; NEUSS 1989, S.6 f.

815 Siehe 31 C.F.R. § 550.512 (c).

816 Siehe 31 C.F.R. § 550.514. Da die Sanktionen keine extraterritoriale Wirkung haben, erstreckt sich das Einfrieren von Guthaben nur auf ausländische Niederlassungen von US-Banken, nicht aber auf juristisch selbständige Tochtergesellschaften. Doch konnte diese Einschränkung nicht verhindern, daß in ausländischen Gerichtsverfahren die extraterritoriale Reichweite der Sanktionsbestimmungen in Frage gestellt wurde. So verklagte eine libysche Bank im Mai 1986 die Londoner Niederlassung der US-Bank Bankers Trust auf Aufhebung der Einfrierung und Auskehrung ihrer dortigen Bankguthaben (131 Mio. US-$). Bankers Trust unterlag in dieser Entscheidung und wurde zur Auszahlung der Bankguthaben sowie zur Zahlung von Schadensersatz verurteilt - denn laut Urteil sei der Kontovertrag englischem

bis September 1992 erlaubt, Transfers von nichtblockiertem Kapital auch nach dem Inkrafttreten des Verbotes von, durch und an Bankinstitutionen oder andere Personen in den USA vorzunehmen, wenn damit Schulden der libyschen Regierung an sich in den USA aufhaltende Personen beglichen wurden. Um Mißbrauch auszuschließen, wurde diese allgemeine Bewilligung rückgängig gemacht und durch eine einzuholende Einzelgenehmigung ersetzt.[817] Der Transfer oder Empfang solchen Kapitals innerhalb der USA oder in den Besitz oder unter die Kontrolle einer US-Person zieht also nicht zwangsläufig das Blockieren von Geldern nach sich, so daß bis heute internationale Transaktionen zumindest in die USA trotz des bestehenden Verbotes vorgenommen werden können.[818] **Drittens** waren ursprünglich Nicht-Dollar-Einlagen außerhalb der USA von US-Personen aufgrund einer allgemeinen Bewilligung nicht blockiert. Diese Bewilligung wurde jedoch im Januar 1994 in Einklang mit VN-Res. 883 (1993) aufgehoben.[819]

β. Genehmigungsvergabe mit Bezug auf Handelssanktionen

Über diese Genehmigungsbestimmungen für finanzielle Transaktionen hinaus wird das OFAC kaum in Anspruch genommen.[820] Anfragen mit Bezug auf den Import von Erdölprodukten sind durch Genehmigungen den Erfordernissen der Durchführungsverordnung Nr. 12538[821] unterworfen.

Der Umfang der Genehmigungen unter den LSR für den Import von Gütern und Dienstleistungen ist gering. Die Genehmigungen kommen nur Libyern zugute, die für in den USA ansässige internationale Organisationen tätig sind, und deren offiziellem und persönlichem Gebrauch auf diese Weise Rechnung getragen werden soll.[822]

Der Import von Dienstleistungen ist auch im Zusammenhang mit der Einreise von libyschen Staatsbürgern in die USA zulässig, wenn das Visum vom Außenministerium zur Teilnahme an öffentlichen Konferenzen, Vorstellungen, Ausstellungen u.ä. ausgestellt wird.[823] Darüber hinaus sind libysche Publikationen[824], Geschenke

Recht unterworfen gewesen, und die Auszahlung des Guthabens könne banktechnisch so erfolgen, daß das US-Territorium nicht berührt sei. Vgl. dazu LÜBBIG 1995, S.77 f.; COOKE 1990, S.218.

817 Siehe F.R. 57(1992), S.41696 f.; MALLOY 2001, S.530, Fn.137 f.

818 Vgl. dazu auch 31 C.F.R. § 550.515 (b): Zahlungen, die im Rahmen einer solchen genehmigten Transaktion an die libysche Regierung vorgenommen werden, müssen dennoch auf ein blockiertes Konto erfolgen.

819 Siehe F.R. 59(1994), S.5105; 31 C.F.R. § 550.516; MALLOY 2001, S.530, Fn.141.

820 Für die Aufgaben von OFAC bezüglich Libyens vgl. ROOT/LIEBMAN 2001, S.3-23 - 3-25.

821 Siehe F.R. 50(1985), S.47527.

822 Siehe 31 C.F.R. § 550.505.

823 Siehe 31 C.F.R. § 550.506.

824 Für die Definition solcher Publikationen s. 31 C.F.R. § 550.507. Vgl. dazu MALLOY 2001, S.531, Fn.148.

geringfügigen Wertes[825] und Reisegepäck im üblichen Umfang[826] für den Import genehmigungsfähig.
Im März 1993 wurden die LSR durch einen Abschnitt über das Genehmigungsprocedere bei der Rechtshilfe von US-Personen für die libysche Regierung und Personen in Libyen ergänzt.[827] Zwar besteht die Befugnis, dem OFAC die Autorität abzusprechen, das Anwalt-Mandant-Verhältnis zwischen US-Berater und der von einer Blockierung betroffenen Person zu regeln, doch hat das OFAC mit der neuen Bestimmung seine Ermächtigung wieder geltend gemacht.
Die Bestimmung regelt nicht nur den Modus von Zahlungen der libyschen Regierung oder von Personen in Libyen an US-Personen für Dienstleistungen solcher Art, sondern sie autorisiert auch explizit durch die allgemeine Bewilligung die Bestimmung über den Rechtsbeistand.[828] Auch versucht die Bestimmung einen Unterschied vorzunehmen beim Autorisieren einer rechtlichen Vertretung der libyschen Regierung oder einer Person in Libyen, die von der allgemeinen Bewilligung erfaßt werden, und der Ermächtigung von Zahlungen für diese Vertretung, die nicht unter die allgemeine Bewilligung fällt und einer Einzelgenehmigung bedarf.[829] Im Genehmigungsprocedere wird zwischen verschiedenen Sondergenehmigungen unterschieden, die nach Einzelfallprüfung die Zahlungsannahme von Honoraren und Aufwandsentschädigungen bestimmen. Vorbedingung ist, daß die Zahlungen aus nichtblockiertem Vermögen stammen und ausschließlich an einen die allgemeine Bewilligung genehmigten Rechtsbeistand geleistet werden.[830]
Am 27.7.1999 traten eine Reihe von Genehmigungsbestimmungen für den Export von landwirtschaftlichen Gütern und Produkten, Medikamenten und von medizinischer Ausrüstung in Kraft.[831] Erlaubt sind der Abschluß wirksamer Verträge mit Individualpersonen in Libyen, die auf eigene Rechnung arbeiten, mit Nichtregierungsinstitutionen, mit bestimmten Versorgungseinrichtungen der libyschen Regierung und mit Personen in Drittstaaten, die für den Weiterverkauf an die Vorgenannten den eigenen Erwerb von landwirtschaftlichen Gütern und Produkten, Me-

825 Siehe 31 C.F.R. § 550.508: nicht mehr als 100,- US-$.
826 Siehe 31 C.F.R. § 550.509.
827 Siehe F.R. 58(1993), S.13198, und 58(1993), S.13199, kodifiziert in 31 C.F.R. § 550.517. Mit *Rechtshilfe* ist hier weder die innerstaatliche noch die internationale Rechtshilfe gemeint, sondern der rechtliche Beistand von US-Personen für libysche Personen und dem libyschen Recht unterstehende juristische Personen.
828 Siehe 31 C.F.R. § 550.517 (a). Für Details s. MALLOY 2001, S.532 f.
829 Vgl. 31 C.F.R. § 550.517 (a) und (b).
830 Siehe 31 C.F.R. § 550.517 (b).
831 Vgl. F.R. 64(1999), S.41784, kodifiziert in 31 C.F.R. §§ 550.405, 550.569-550.573; vgl. MARK 2001, S.53; MATTES 1991b, S.113; F.R. 64(1999), S.41789. Vier Monate später kaufte Libyen dann tatsächlich zum ersten Mal seit 15 Jahren Weizen in den USA ein.

dikamenten und medizinischer Ausrüstung tätigen.[832] Allerdings ist der Abschluß eines solchen Vertrages (inklusive aller vorbereitenden Handlungen, Zahlungen oder Hinterlegungen im Zusammenhang mit derartigen wirksamen Verträge) abhängig von einer vorangegangenen Autorisierung durch das OFAC.[833] Auch müssen die Bestimmungen eines wirksamen Vertrages die Erfordernisse des Genehmigungsverfahrens erfüllen, um unter die allgemeine Bewilligung zu fallen.[834] Reisen in, nach und von Libyen zum Zwecke des Abschließens derartiger Verträge sind durch eine allgemeine Bewilligung erlaubt. Eine Einzelgenehmigung ist hingegen notwendig, wenn eine Reise zum Einrichten oder zur Bedienung einer medizinischen Ausrüstung erfolgt, die auf der Grundlage einer allgemeinen Bewilligung nach Libyen verkauft wurde.[835] Einzelgenehmigungen können nach einer Einzelfallprüfung für den Verkauf, Export oder Reexport von landwirtschaftlichen Gütern zur Verwendung als Nahrung, Tierfutter oder Saatgut in Libyen an Personen in Libyen oder an die libysche Regierung vergeben werden.[836] Das Genehmigungsverfahren erfordert als Bedingung für die Genehmigungsvergabe die Verwendung bestimmter Termini im Vertragswerk.[837]
Einzelgenehmigungen können beim OFAC beantragt werden, wenn der Antragsteller nachweisen kann, daß im Rahmen der industriellen Praxis der Verkauf von bestimmten landwirtschaftlichen Gütern, Medikamenten oder von medizinischer Ausrüstung nicht auf dem Wege eines wirksamen Vertrages entsprechend der allgemeinen Bewilligung durchgeführt werden kann.[838] Die Durchführung von Reisen nach, von und in Libyen vor dem Hintergrund des Abschlusses von Verträgen zum Verkauf von landwirtschaftlichen Gütern unterliegt der Genehmigungspflicht.[839]
US-Personen ist mittels einer allgemeinen Bewilligung die Vermittlung von Verkäufen, Export oder Reexport von bestimmten landwirtschaftlichen Gütern durch US-Personen an Individualpersonen in Libyen, die auf ihre eigene Rechnung handeln, an Nichtregierungs-Institutionen, an bestimmte Versorgungseinrichtungen der libyschen Regierung und an Personen in Drittstaaten, die mit dem Weiterverkauf an

[832] Siehe 31 C.F.R. § 550.569 (a). Für Details über die Sonderregelungen s. auch MALLOY 2001, S.534, Fn.168.
[833] Siehe 31. C.F.R. § 550.569 (a).
[834] Siehe 31 C.F.R. § 550.569 (b) (1)-(5). Für den Wortlaut dieser Bestimmungen siehe MALLOY 2001, S.534 f., Fn.170.
[835] Siehe 31 C.F.R. § 550.573.
[836] Siehe 31 C.F.R. § 550.570 (a).
[837] Siehe 31 C.F.R. § 550.570 (b) (1)-(5); für die entsprechenden Formulierungen vgl. MALLOY 2001, S.535 f., Fn.174.
[838] Siehe 31 C.F.R. § 550.570 (d).
[839] Siehe 31 C.F.R. § 550.573.

die Vorgenannten befaßt sind, erlaubt.[840] Unter Vermittlung erfolgende Verkäufe unterliegen denselben Bedingungen wie direkt erfolgende Verkäufe.[841]

b. Genehmigungsvergabe durch das Wirtschaftsministerium

Die Vergabe von Exportgenehmigungen hinsichtlich des Handels mit Libyen wird durch zwei Einschränkungen bestimmt. Erstens verweisen die Handelsbestimmungen auf die Genehmigungsvergabe entsprechend der LSR, sofern sich diese auf den Export beziehen. Zweitens sind spezielle Ländervorgaben und -bestimmungen in Anlehnung an die Handelsvorschriften (*commerce regulations*) auf Libyen anzuwenden.[842]

In den Handelsvorschriften wird Libyen als Embargo-Zielland in der Ländergruppe E (*Country Group E*) aufgeführt. Aufgrund dieses Umstandes wird für alle Exporte und Reexporte nach Libyen eine Einzelgenehmigung benötigt - ungeachtet der Bestimmungen über allgemein anwendbare Ausnahmen von der Genehmigungspflicht in den EAR.[843] Die meisten Gegenstände, die eine solche Genehmigung benötigen, werden in der Regel nicht genehmigt.[844] Ausfuhren können Genehmigungsausnahmen unterliegen, wenn es sich um Geschenksendungen oder Gepäck - also keine Handelsware - handelt.[845]

Keine Genehmigung ist erforderlich für Reexporte von Nahrungsmitteln, Medikamenten, medizinischem Versorgungsmaterial und von landwirtschaftlichen Gütern.[846] Andere Reexporte können Genehmigungsausnahmen unterliegen - so z.B. bei befristeten Reexporten von Nachrichtenmedien, Geschenksendungen, humanitären Spenden und bei Gepäck.[847]

Genehmigungen werden hingegen generell verweigert für:[848]

- Gegenstände und damit in Beziehung stehende Technologie und Software, die aus nationalen Sicherheitsgründen kontrolliert werden;
- ein breites Spektrum an Ausrüstungsgütern, Technologie und Software sowie für Ausrüstungen und Nachschub zur Herstellung oder Wartung solcher Gegenstände (inkl. Erdöl- und Erdgasausrüstung);
- Waren, Software und Technologie, die für die petrochemische Verarbeitungsanlage in Ras Lanuf (Ra'ˀs Lanūf) bestimmt sind;
- für Libyen vorgesehene Flugzeuge, Flugzeugteile, Komponenten oder Zubehör und die Bereitstellung von Ingenieur- und Wartungsdienstleistungen für libysche Flugzeuge oder Flugzeugkomponenten;

840 Siehe 31 C.F.R. § 550.572 (a).
841 Siehe 31 C.F.R. § 550.572 (a) und vgl. MALLOY 2001, S.536.
842 Vgl z.B. 15 C.F.R. § 746.4.
843 Siehe 31 C.F.R. §§ 746.1 (a) (1), 746.4 (a).
844 Siehe 31 C.F.R. § 746.1 (a) (1).
845 Siehe 31 C.F.R. §§ 740.14, 746.4 (b) (1) (i).
846 Siehe 31 C.F.R. § 746.4 (b) (2) (i).
847 Für eine umfassende Aufzählung vgl. MALLOY 2001, S.537 f.
848 Siehe 31 C.F.R. § 746 (c) (2) (i)-(vi).

- Waffen und zugehörige Materialien sowie
- für den Bau, die Verbesserung oder Wartung von libyschen Zivil- oder Militärflughäfen und dazugehörigen Einrichtungen sowie die Ausrüstung, Bedienung von Maschinen oder andere Dienste oder Komponenten für deren Wartung Materialien ausersehen sind.[849]

6. Auslegungsschwierigkeiten

Sowohl vom technischen als auch vom stilistischen Standpunkt her betrachtet sind die LSR flüssig lesbar oder sogar gewählt formuliert. Bis zu einem gewissen Grade ist innerhalb der Bestimmungen auszumachen, daß sie auf zwei aufeinanderfolgenden Durchführungsverordnungen basierend entstanden sind. Einige Unstimmigkeiten lassen sich auf einige wenige unzulängliche Formulierungen in den Bestimmungen zurückführen.[850]

a. Die Reichweite der Verbote im Finanzbereich

Ein Beispiel für einen offensichtlichen Regelungsüberfluß innerhalb der mit Verboten befaßten Paragraphen sind § 550.206 (Verbot des Gewährens oder des Verlängerns von Krediten oder Darlehen an die libysche Regierung) und § 550.205 (Verbot von Handelsverträgen mit Bezug auf nicht genehmigte Erneuerungen von bereits bestehenden Krediten oder Darlehen). Macht die später ergangene Bestimmung unter § 550.206 das in § 550.205 implizierte Verbot von Krediten und Darlehen überflüssig? Warum kommen solche mehrfachen Kennzeichnungen derselben Informationen in den Bestimmungen vor?[851]
Der Grund dafür liegt wohl darin, daß die beiden für die Bestimmungen maßgeblichen Durchführungverordnungen unzureichend koordiniert sind oder der juristische Verfasser in Anbetracht der Unübersichtlichkeit der Regulierungsmaterie Regelungslücken befürchtet hat. In diesen Fällen werden von Juristen und Bürokraten erfahrungsgemäß Überschneidungen hingenommen.

b. Das unkoordinierte Inkrafttreten sich überlagernder Verbote

MALLOY stellt die Überlagerungen der Verbote anhand ihres Inkrafttretens graphisch dar.[852] Er kommt zu dem Schluß, daß die Überlagerung der Sanktionen mit dem Inkrafttreten der zugrundeliegenden Durchführungsverordnungen in Zusammenhang steht.[853]

---

[849] Hierunter fallen jedoch weder Notausrüstung sowie Ausrüstung und Leistungen mit direktem Bezug zu Kontrolle des zivilen Luftverkehrs - s. 31 C.F.R. § 746.4 (c) (2) (vi).

[850] Vgl. MALLOY 2001, S.538 f.

[851] Vgl. MALLOY 2001, S.539.

[852] Vgl. dazu die Graphik in MALLOY 2001, S.541.

[853] Siehe die Durchführungsverordnung Nr. 12543, § 3, F.R. 51(1986), S.875: am 7.1.1986 trat das Verbot für das Gewähren von Anleihen, für reisebezogene Vorgänge und Umgehungen in Kraft, jedoch erst am 1.2.1986 folgten die Bestimmungen über Im- und Export, über trans-

Die unterschiedlichen Daten des Inkrafttretens - sofern eine signifikante Zeitspanne zwischen Veröffentlichung und Inkrafttreten bestand - bewirkten, daß die Umsetzung der Bestimmungen nur langsam in Gang kam. So ist z.B. ein Unterschied von einem Monat im Fall der Handelssanktionen und der meisten Transaktionsverbote festzustellen, wohingegen die finanzbezogenen Verbote bezüglich des Blockierens der Vermögenswerte der libyschen Regierung sofort nach ihrer Verkündung wirksam wurden.[854] Diese Auffassung ist jedoch mit Vorbehalt zu sehen, da finanzbezogene Verbote einfacher umzusetzen sind als Handelssanktionen und Transaktionsverbote.

c. Die Ausnutzung „dehnbarer" Bestimmungen für substantielle Vorhaben

Eine Reihe von dehnbaren Bestimmungen können - eher noch als die Genehmigungsregelungen - dazu verwendet werden, das blockierende Verbot in § 550.209 zu unterlaufen. Auf diese Weise erfolgt in der Handelspraxis eine Angleichung an den Umfang der früheren Transaktionsverbote.[855] Auch bei den LSR bestehen dehnbare Bestimmungen, die eine Umgehung substantieller Verbote ermöglichen können. Beispielsweise handelt es sich eher um eine Auslegungsfrage als um eine willkürliche Genehmigungsvergabe, wenn das blockierende Verbot des § 550.209 (das z.T. eine Nutzziehung - ein „Interesse" - durch die libysche Regierung aus dem Eigentum voraussetzt) nicht auf nach Libyen zu exportierendes Eigentum bezogen wird, wenn Libyen noch keinen Anspruch auf die Waren erheben kann. Diese Rechtslage stellt in Frage, ob sich „Interesse" ohne weiteres als eine allgemeine Erwartung auf einen Handelsnutzen auslegen läßt.

Wenn § 550.209 nicht solche gravierenden Auswirkungen auf vorangegangene blockierende Verbote hätte haben sollen, wäre mehr auf die Formulierung des Verbotes geachtet worden, und die Modifizierung des Umfangs der Blockierung hätte in einer Genehmigungsbestimmung explizit festgehalten werden müssen.

Diese Lage illustriert die Gefahr, die entsteht, wenn man eine Regelungsbestimmung (*regulatory provision*) unterschiedslos als auslegbar verwendet, obwohl es sich eigentlich um eine Genehmigung handelt, die eine Transaktion erlauben soll, die anderenfalls im Rahmen der blockierenden Verbote untersagt wäre.

Ebenfalls für Verwirrung sorgte § 550.406 der LSR, nach dem in den ersten beiden Jahren im Ausland getätigte Transaktionen nicht den Im- und Exportverboten unterlagen.[856] Nicht erwähnt wurde, daß die „dehnbaren" Formulierungen in den blockierenden Verboten diese Transaktionen erfaßten, wenn sie Eigentum in Besitz oder Kontrolle von US-Personen einschließlich deren Übersee-Zweigstellen be-

portbezogene Transaktionen, Exportkäufe und Vertragsabwicklung. Die Durchführungsverordnung Nr. 12544, F.R. 51(1986), S.1235 über das Blockieren von Vermögen trat am 8.1.1986 in Kraft. Vgl. MALLOY 2001, S.539, Fn.213.

[854] Vgl. 31 C.F.R. § 550.301 (a) und die §§ 550.210 (a), 550.301 (c).

[855] Siehe 31 C.F.R. 33 §§ 550.414-550.416.

[856] Siehe 31 C.F.R. § 550.406 (1987).

rührten.[857] Im Februar 1988 wurde § 550.406 vollständig überarbeitet[858] und bezieht sich nun auch auf Transaktionen von US-Personen außerhalb der USA in Bezug auf Eigentum, von dem angenommen werden kann, daß die libysche Regierung daran Interesse hat.[859] Somit ist die Finanzierung von Handelstransaktionen außerhalb der USA durch eine US-Bank oder durch Zweige von US-Banken im Ausland von dem blockierenden Verbot in § 550.209 (a) erfaßt.

d. Libyscher Ursprung von Waren und Dienstleistungen

Bei Sanktionsprogrammen mit Importverboten ist die Herkunft von Gütern des sanktionierten Landes ausschlaggebend für die Analyse der Durchsetzbarkeit dieser Verbote. In den LSR sind in dieser Hinsicht Definitionen, aber auch auslegungsbedürftige Bestimmungen enthalten.

Unter diesem Aspekt beinhalten z.B „Güter oder Dienstleistungen libyscher Herkunft“[860]:

- Güter, die in Libyen hergestellt, fabriziert, angebaut oder verarbeitet wurden;
- Güter, die in den libyschen Handel Eingang gefunden haben und
- Dienstleistungen, die in Libyen oder von libyschen Staatsangehörigen[861] als Agenten, Angestellte oder Vertragspartner der libyschen Regierung oder eines Unternehmens in Libyen ausgeführt werden.

Die LSR enthalten keine genaue Erläuterung bezüglich der in Libyen „fabrizierten“ oder „verarbeiteten“ Güter bzw. darüber was es bedeutet, wenn Güter „in den libyschen Handel Eingang gefunden haben“.

Immerhin gibt es Hinweise darauf, daß das Importverbot keine Anwendung auf in Drittstaaten weiterverarbeitete Produkte findet, bei denen Rohstoffe oder Bestandteile libyschen Ursprungs verwendet worden sind, oder wenn Herstellungsprozesse stattgefunden haben, durch die solche Rohstoffe oder Bestandteile wesentliche Veränderungen erfahren haben.[862]

Allein der Transit durch ein Drittland - d.h., ohne daß eine substantielle Veränderung oder Verarbeitung der Ware vorgenommen worden wäre - läßt die entsprechenden Güter den Importverboten unterliegen.[863]

---

[857] Siehe 31 C.F.R. § 550.209 (a).

[858] Siehe F.R. 53(1988), S.5571 f. - Überarbeitung von 31 C.F.R. § 550.406.

[859] Siehe 31 C.F.R. § 550.406 (a).

[860] Siehe 31 C.F.R. § 550.303 (a)-(c).

[861] In den LSR ist der Begriff „libyscher Staatsangehöriger“ nicht definiert, statt dessen jedoch der Terminus „libysche Person“. Eine solche ist jeder libysche Bürger, jede den libyschen Gesetzen unterliegende juristische Person und jede juristische Person, die direkt oder indirekt von einem libyschen Bürger oder der libyschen Regierung kontrolliert oder besessen wird. Siehe dazu 31 C.F.R. § 550.305.

[862] Siehe 31 C.F.R. § 550.408 (a).

[863] Siehe 31 C.F.R. § 550.408 (b).

e. Der Begriff „Dienstleistung"

Im März 1993 wurde eine erläuternde Bestimmung (*interpretive provision*) den LSR hinzugefügt, die sich mit dem Terminus *services* und dem Umfang der auf solche Dienstleistungen zu beziehenden Verbote befaßt.[864] Es ist fraglich, ob diese neue Bestimmung die Unklarheiten löst:

§ 550.202 untersagt unter anderem den Export von Dienstleistungen. In Anbetracht der immateriellen Natur der meisten Dienstleistungen ist zu fragen, was unter dem Export von Dienstleistungen zu verstehen ist. Gemäß der erläuternden Bestimmung sind die folgenden Kategorien von Dienstleistungen, die zum Vorteil der libyschen Regierung vorgenommen werden, oder deren Nutzen in Libyen zu erfahren ist, relevant:

- Dienstleistungen, die in den USA vorgenommen wurden;
- Dienstleistungen, die von einer in den USA ansässigen Person oder Institution vorgenommen wurden (bezieht sich auch auf in Übersee-Zweigstellen vorgenommene Dienstleistungen);
- Dienstleistungen, die außerhalb von den USA durch in den USA ansässige US-Personen vorgenommen wurden.[865]

Schwierig abzuwägen ist auch das Ausmaß der anderen Verbote in den LSR, die sich mit dem Dienstleistungsexportverbot überlappen können. Die erläuternde Bestimmung weist auf zwei Bereiche möglicher Überschneidung hin:

- das Verbot der Vertragsabschlüsse zum Nutzen industrieller oder anderer Handels- oder Regierungsprojekte in Libyen[866] und
- das Blockieren von Eigentum und Rechten, aus denen die libysche Regierung Nutzen zieht.[867]

Entsprechend der erläuternden Bestimmung beziehen sich beide Bestimmungen auf die folgenden Kategorien von Dienstleistungen, die unabhängig vom Ort von US-Personen vorgenommen werden:

- Dienstleistungen, die zugunsten der libyschen Regierung durchgeführt werden;
- Dienstleistungen, die mit Berücksichtigung von Eigentumsinteressen der libyschen Regierung ausgeführt werden und
- solche, die zur Unterstützung von industriellen, Wirtschafts- oder Regierungsprojekten in Libyen stattfinden.[868]

Außerdem scheint die erläuternde Bestimmung die Frage aufzuwerfen, ob juristische Dienstleistungen zugunsten der libyschen Regierung durch die LSR verboten sind. Veranschaulicht wird dies in der folgenden Formulierung:

---

[864] Siehe F.R. 58(1993), S.13198, 13199, kodifiziert in 31 C.F.R. § 550.422.

[865] Siehe 31 C.F.R. § 550.422 (a) (1)-(3).

[866] Siehe 31 C.F.R. § 550.205.

[867] Siehe 31 C.F.R. § 550.209.

[868] Siehe 31 C.F.R. § 550.422 (b) (1)-(3). Alle drei Kategorien decken sich mit dem Dienstlei stungsexportverbot unter 31 C.F.R. §§ 550.202, 550.422 (a). Die erläuternde Bestimmung gibt nicht an, was einen „Vertrag zur Unterstützung industrieller, Wirtschafts- oder Regierungsprojekte in Libyen" kennzeichnet.

> „US-Personen dürfen nicht ohne eine Sondergenehmigung von dem OFAC ein Individuum oder eine Institution vertreten, um Verträge auszuhandeln oder zu erfüllen, kommerzielle Vergleiche oder andere Geschäftsabsprachen mit der libyschen Regierung zu treffen.“[869]

Diese Erläuterung ist insofern problematisch, als sie geltend zu machen scheint, daß die LSR die Beratung eines US-Staatsangehörigen in Bezug auf den Geschäftsverkehr mit Libyen durch Verbote in den USA untersagt. Noch eigenartiger erscheint die Bestimmung aufgrund der mit ihr zeitgleich ergangenen Genehmigungsbestimmung.[870] Diese läßt nur spezielle Kategorien der Bereitstellung juristischer Dienstleistungen an die libysche Regierung oder eine Person in Libyen zu, nicht aber an US-Staatsbürger, die eine juristische Vertretung gegen die libysche Regierung oder eine Person in Libyen benötigen.[871]
Die erklärende Bestimmung erweist sich damit als wenig hilfreich und darf als unzureichend konzipiert angesehen werden.[872]

Zusammenfassung

Die USA verhängen häufig unilaterale Sanktionen. Die Gründe dafür sind vielfältiger, vor allem politischer Natur. Von großer Bedeutung ist, daß die USA ihre Hegemonialstellung als eine politische Aufgabe und Verantwortung verstehen. Als Instrument dient hierfür neben der Androhung und Anwendung militärischer Mittel auch die Exportkontrolle.
Die USA verkannten bisher die libysche Außenpolitik. Diese ist seit 1969 eine der stabilsten im Nahen Osten / Nordafrika und zeichnet sich nicht durch bestimmte Ziele, sondern durch eine Geisteshaltung (nämlich der von al-Qaḏḏāfī entwickelten sog. Dritten Universaltheorie) aus. Im Mittelpunkt stehen lokale und regionale Interessen: die Freiheit und das Wohlergehen der Libyer und Araber. Essentiell für ihre Verwirklichung ist das unbeirrte Bestreben, die Unabhängigkeit gegenüber dem Westen zu bewahren.
Die nicht in den Notstandsgesetzen begründeten Export- und Importverbote aus der Zeit bis 1986 hatten aufgrund des zu geringen Handelsumfanges zwischen den USA und Libyen zu keinem Resultat geführt. Die Notstands-Sanktionen von 1986

---

869 Siehe 31 C.F.R. § 550.422 (c). Das OFAC ist im übrigen auch dazu befugt, aufgrund von Vergehen gegen Bestimmungen des Finanzministeriums verhängte Geldstrafen einzuziehen. So mußte beispielsweise die GRE Insurance Group & Albany Insurance Group knapp eine Viertel Million US-Dollar Strafe zahlen, da sie zwischen 1991 und 1995 siebenmal Versicherungen für den Transport von Waren von Irak nach Libyen vorgenommen hatte (vgl. dazu NICHOLSON 2003).

870 Siehe F.R. 58(1993), S.13999 (kodifiziert in 31 C.F.R. § 550.517).

871 Siehe dafür z.B. 31 C.F.R. 3 550.517 (a).

872 Vgl. dazu MALLOY 2001, S.544-547. Für anschauliche Fallbeispiele bezüglich der erläuterten Bestimmungen s. ebd., S.547-553.

gegen Libyen kamen durch das Unverständnis der Reagan-Regierung für Libyen zustande. Sie wirkten sich zwar nur kurzfristig auf die libysche Wirtschaft negativ aus, standen jedoch fortan symbolisch für die Haltung der USA und beeinflußten die Politik der westlichen Staaten. Langfristig war es daher unerläßlich für die US-Regierung, den Beistand dieser Länder zu gewinnen, um über die symbolische Bedeutung hinaus die mit den US-Sanktionen verbundenen Ziele zu erreichen (vgl. 4. Kap.).

Den US-Präsidenten ist es gegenüber dem Kongreß nicht gelungen, die nationalen Interessen, die mehr Zurückhaltung gefordert hätten, sowie die Einhaltung internationaler Verpflichtungen über wahltaktische Belange zu stellen. Besonders deutlich wird dies an dem Iran and Libya Sanctions Act, dessen Bedeutung im Gegensatz zu den auf dem IEEPA beruhenden US-Sanktionen gegen Libyen von den europäischen Staaten überbewertet wird. Nicht nur war das Gesetz ursprünglich ausschließlich gegen den Iran gerichtet, es gewann auch eine unerwartete und unbeabsichtigte Eigendynamik und unterstrich so die Schwäche des Präsidenten gegenüber der Dominanz der Innenpolitik mit gravierenden Auswirkungen auf die Außenpolitik.

Sowohl die USA als auch Libyen sind bemüht, vor der Weltöffentlichkeit das Gesicht zu wahren, um nicht als Verlierer des Gegensatzes dazustehen. Von beiden Seiten ist der Wille zu fordern, Gespräche aufzunehmen und unvoreingenommen objektiv begründete politische Interessen und Rechte zu achten.

Die libysche Waffen- und Verteidigungspolitik wird von den USA zum Anlaß genommen und mit offizieller Skepsis verfolgt, auch nachdem sich Libyen nach den Anschlägen vom 11. September 2001 uneingeschränkt hinter die USA stellte, diese in der Folgezeit mit Informationen über Vereinigungen unterstützte, die den USA gegenüber feindlich eingestellt sind, und am 19.12.2003 internationalen Rüstungskontrollen zustimmte.

Jenseits der genannten US-internen Divergenz ist festzustellen, daß die Sanktionen gegen Libyen nicht alle ohne weiteres von den USA aufgehoben werden können, da neben den sich direkt gegen Libyen richtenden gesetzlichen Sanktionsbestimmungen auch diverse Restriktionen ohne spezifische Adressaten in Kraft sind (z.B. § 321 des Antiterrorism and Effective Death Penalty Act of 1996, P.L. 104-132, in Kraft gesetzt am 25.4.1996).

4. Kapitel: Die Sanktionen der VN, der EG/EU und Deutschlands

Die Vereinten Nationen, die EG/EU und auch die einzelnen Staaten sind berechtigt, Zwangsmaßnahmen durchzuführen bzw. verfügen über Sanktionskompetenz. Anfang der neunziger Jahre des 20. Jahrhunderts konnten die USA, Großbritannien und Frankreich erreichen, daß die VN Zwangsmaßnahmen gegen Libyen ergriffen. In den folgenden Abschnitten wird dargestellt, wie die entsprechenden Prozesse innerhalb der VN ablaufen und es im konkreten Fall Libyens zur Verhängung von Sanktionen kam (Abschn. A.), inwieweit die Sanktionskompetenz der EG/EU gegeben ist (Abschn. B.) und inwiefern in Deutschland als einem Mitgliedsland der EG/EU und auch der VN eigene Sanktionen zulässig sind bzw. „fremde" – wie die gegen Libyen - durchgesetzt werden müssen (Abschn. C.).

A. Die Sanktionen der organisierten Staatengemeinschaft

Mit der Beendigung des Kalten Krieges erfolgte eine Annäherung der Supermächte und eine Entspannung der Weltpolitik. Durch die Bereitschaft zu Abrüstung und Zusammenarbeit ergaben sich neue Möglichkeiten für die Friedenssicherung. Im Sicherheitsrat (SR) der VN bewirkte diese neue Konsensbereitschaft zwischen den westlichen Staaten und der Sowjetunion / Rußland und die mitunter entgegenkommende Haltung Chinas eine neue Funktionsfähigkeit, die seit der Gründung der VN nicht mehr gegeben gewesen war.[873] Aufgrund dieser historischen Entwicklung sprach US-Präsident Bush (sen.) von einer neuen Weltordnung, in der durch die VN und den SR die Einhaltung des Völkerrechtes und der Erhalt des Weltfriedens garantiert würden. Nun könnten die VN so funktionieren, wie dies von den Gründern vorgesehen war.

Dieser Anspruch stellt eine große Herausforderung für die VN dar. Sie sind - nunmehr - beraten, eine globale Friedensordnung für die Zukunft zu schaffen. Es obliegt daher den VN-Mitgliedstaaten, den politischen Willen aufzubringen, zu dieser Ordnung beizutragen.[874]

Durch die gewandelten Kräfteverhältnisse erfuhr insbesondere Kap. VII SVN mit seinen weitreichenden Sanktionsmöglichkeiten seit 1990 eine zunehmende Bedeu-

---

[873] Der SR besteht aus den Vertretern von 15 Staaten. Die Volksrepublik China, Frankreich, Großbritannien, Rußland und die USA sind Ständige, zehn weitere Staaten Nichtständige Mitglieder, die von der Vollversammlung jeweils für zwei Jahre gewählt werden. Jeder Mitgliedstaat hat eine Stimme. Beschlüsse des SR bedürfen in Verfahrensfragen der Zustimmung von neun Mitgliedern, in allen anderen der Zustimmung von neun Mitgliedern einschließlich aller Ständigen Mitglieder (Art. 27 SVN). Es besteht also ein Vetorecht der Ständigen Ratsmitglieder. Vgl. dazu WEBER 2000, S.1410 (S.1410 f.: Vereinte Nationen). Für eine Beschreibung der Situation vor 1989/90 s. ENGELS 1981, S.30.

[874] Vgl. SCHOLZ 1998, S.1.

tung. Da die VN als Friedensorganisation bei der Schlichtung von internationalen Krisen dazu angehalten sind, auf militärische Mittel zu verzichten, wurden mit Kap. VII SVN Mittel und Verfahren entwickelt, welche die Effektivität und Praktikabilität von gewaltlosen Maßnahmen[875] gegenüber Völkerrechtsverletzungen steigern helfen sollten, um die Eskalation von Krisen zu militärischen Auseinandersetzungen zu verhindern.[876]
Allerdings ist der Prozeß, der zu Maßnahmen und Eingriffen führt, vor allem politischer Natur, so daß bei der rechtlichen Begründung für die Wahl der Mittel besondere Aufmerksamkeit auf die tatsächlichen Hintergründe der Entwicklungen zu legen ist. Es besteht die Gefahr, daß die VN von den Großmächten im SR für ihre Politik instrumentalisiert werden, da es bislang keine Kontrollinstanz gibt, welche die rechtliche Zulässigkeit von Maßnahmen des SR überprüft und eine etwaige Rechtswidrigkeit für alle Beteiligten verbindlich feststellen könnte.[877]

I. Rechtliche Grundlagen für die Zulässigkeit von VN-Sanktionen

1. Begriff und Bedeutung der Sanktionen nach allgemeinem Völkerrecht

Recht - und damit auch Völkerrecht - ist kein historisch und gesellschaftlich zufällig entstandenes Gebilde. Zwar existiert gerade auch angesichts der zunehmenden Regelungstendenz in Gemeinschaften mit komplexen Strukturen und vielfältigen Interdependenzen ein kodifiziertes Völkerrecht, doch besitzt es keine Systematik. Es stützt sich auf Gewohnheitsrecht. Damit haben Präzedenzfälle und Analogien große Bedeutung bis hin zu einem gewissen normativen Charakter. Völkerrecht ist immer auch Ausfluß historisch-politischer Prozesse und artikuliert in verschiedenen Epochen staatliches Selbstverständnis. So setzten in neuerer Zeit der Völker-

---

875 ATAÖV stellt fest, daß weder in der SVN noch in der VBS das Wort „Sanktion“ Erwähnung findet - siehe ders. 1997, S.32.

876 Vgl. SCHOLZ 1998, S.2. Zum Grundsatz des allgemeinen Gewaltverbotes (Art. 2 Ziff. 4) siehe auch SCHAER 1954, S.194-197; GÜNTHER 1999, S.118-120. PUTTLER setzt sich ebenfalls eingehend damit auseinander: während mitunter auch wirtschaftliche Zwangsmittel unter dem Begriff der Gewalt subsumiert werden, ist sie der Auffassung, daß die VN nur den Gebrauch von Waffengewalt zentralisiert hätten und somit alle anderen Gewaltformen nicht durch Art. 2 Ziff. 4 verboten seien. Vgl. dies. 1989, S.65-69, insbes. S.68.

877 Vgl. SCHOLZ 1998, S.3; RUF 1994, S.171. SCHAER weist darauf hin, daß von Rechtsgleichheit im Sinne des Abs. 2 der Präambel *in praxi* keine Rede mehr sein könne, wenn die fünf Ständigen Mitglieder des SR durch kein Mittel veranlaßt werden könnten, sich dem Repressivverfahren des Kap. VII zu unterziehen. S. ders. 1954, S.190. In Hinblick auf die Lokkerbie-Angelegenheit äußerten HILĀL/ḪĀLID eben diesen Vorwurf der mangelnden Neutralität des SR - vgl. dies. 2000, S.109.

bund und später die VN völkerrechtliche Normen und entwickelten so das Völkerrecht weiter.[878]
Nach dem Ersten Weltkrieg und der wechselseitigen, teilweise weltweiten wachsenden politischen Abhängigkeit der Staaten untereinander wurde ein Sicherheitskonzept für notwendig erachtet. Ziel war es, Eigenmacht und Selbsthilfe durch vorgeschaltete Formen regulierter Konfliktverhinderung oder durch allgemein friedliche Konfliktlösung zu ersetzen, bei deren Nichtbeachtung oder Scheitern der kollektive Einsatz von Zwangsmaßnahmen gegen den Friedensbrecher erfolgen sollte.[879] Diese Idee einer Völkerorganisation zur Friedenssicherung ist nicht neu. Schon Immanuel Kant äußerte sie 1795 in seiner Schrift „Zum ewigen Frieden“.[880]
Weder Völkerbund noch die Vereinten Nationen wurden nach den geforderten idealtypischen Merkmalen gestaltet: beide erfüllten nicht das Prinzip der Universalität: Das Erfordernis eines Ausgleichs zwischen Souveränität und Solidarität wurde zugunsten der Souveränität vernachlässigt. Doch ist in beiden Satzungen[881] das Embargo als „nichtkriegerische“ Sanktion verankert (Art. 16/17 VBS, Art. 41/42 SVN).[882]

2. Begriff und Bedeutung der Sanktionen im Rechtssystem der Vereinten Nationen

Trotz der negativen Erfahrung mit dem Völkerbund[883] wurde das kollektive Handelsembargo in Art. 41 SVN erneut als Zwangsmittel für die Vereinten Nationen[884] institutionalisiert. Im Gegensatz zu Art.16 VBS schreibt diese Bestimmung jedoch

---

[878] Vgl. RUF 1994, S.171.

[879] Vgl. zur Vorgeschichte der Haager Konferenzen (S.147-149) und insbesondere zur Zeit des Völkerbundes (S.162-181) die umfassende Darstellung bei HACKEL 2000. Zum Gewaltanwendungsverbot im VN-Recht s. SCHAER 1954, S.150. ESCHER beschäftigt sich ausführlich mit der friedlichen Erledigung von Streitigkeiten nach dem VN-System und kommt zu dem Schluß, daß das heute angewandte Procedere wenig befriedigend sei: das Verbot der Gewaltanwendung in den zwischenstaatlichen Beziehungen werde nicht in wirksamer Weise durch ein Gebot der friedlichen Konfliktregelung ergänzt. Zu Einzelheiten und Änderungsvorschläge s. ESCHER 1985, S.184 f.

[880] Vgl. KANT 1996, S.16-20.

[881] Für die Satzung des Völkerbundes s. VBS 1926, für die Charta der VN s. SVN 1995 und SIMMA 1991.

[882] Siehe HASSE 1973, S.31-33. Für grundsätzliche Gedanken über Sanktionen im internationalen Recht s. den Aufsatz von KUNZ (ders. 1960, insbes. S.346 f.). KUNZ berücksichtigt vorrangig den rechtlichen, nicht den politischen Aspekt internationaler Sanktionen.

[883] Für eine knappe Übersicht zum Völkerbund vgl. WEBER 2000, S.1504.

[884] Für Einzelheiten s. WEBER 2000, S.1410 f. (Vereinte Nationen), S.537 (Generalsekretär der Vereinten Nationen), S.696 (Internationaler Gerichtshof). Siehe auch das ausführliche Vorwort über die Entwicklung zu VB und VN bei SCHÄTZEL 1948, S.7-18.

weder eine unmittelbare noch eine vollständige Anwendung des Embargos vor.[885] Der Verhängung eines Embargos hat eine entsprechende Entscheidung im Sicherheitsrat (SR) vorherzugehen.[886] Gegenüber dem Völkerbund bedeutet diese Verfahrensweise eine Zentralisierung der Entscheidungsbefugnis.
Aufgrund des Vetorechts und der durch den Kalten Krieg bedingten Uneinigkeit der fünf Ständigen Mitglieder im Sicherheitsrat wurden bis 1990 jedoch lediglich zweimal Sanktionen verhängt.[887] Dagegen kamen Empfehlungen der VN-Vollversammlung[888] zur Verhängung eines Embargos häufiger zustande.[889]
Gegenüber der VBS sind in der SVN sowohl Übereinstimmungen wie auch deutliche Abweichungen bei der Schaffung von Regelungen zum Schutz der kollektiven Sicherheit feststellbar:

---

885 Nach Art. 16 Abs. 1 VBS waren die Mitgliedstaaten verpflichtet, alle wirtschaftlichen und finanziellen Beziehungen zu einem Mitglied abzubrechen, das unter Verletzung der Satzungsbestimmungen zum Kriege geschritten war. Nach dem Embargo gegen Italien 1935/36 wurde Art. 16 Abs. 1 nicht mehr angewendet, da sich das kollektive Handelsembargo in der Praxis nicht bewährt hatte. Vgl. dazu LAMBERS 1956, S.19; für den Inhalt und die organisatorische Gestaltung des Art. 16 VBS s. auch HASSE 1973, S.57-60. Für Details bezüglich der Sanktionen gegen Italien s. ders. 1973, S.60-84.

886 CONLON weist auf die Mißbrauchsgefahr durch die Ständigen SR-Mitglieder hin: „Da aber Wirtschaftskriegsziele häufig in unilateralen Sanktionen und regionalen Handelsembargos vorkommen, die von den maßgebenden ständigen Mitgliedern des Sicherheitsrats in ihren anderen Einflußsphären und Foren betrieben werden, wird die implementierungstechnische Praxis von Sicherheitsrat und Sanktionsausschüssen auch schon unbewußt von Überlegungen dieser Art beeinflußt." - ders. 1996, S.14 f. LINK hingegen relativiert dies und hält die partielle Blockade des SR durch ein Großmacht-Veto für intendiert, um so den VN-Fortbestand durch die Zeit des Kalten Krieges zu gewährleisten. Vgl. ders. 2001, S.111. Über den politischen Primat hinaus kritisiert CONLON die Entscheidungsfindungsmodalitäten, die nicht rechtlicher Art sind, sowie die Beschlußfassung der Sanktionsausschüsse *in camera*. S. ders. 1996, S.28-30. Dem setzt KULESSA entgegen, daß dessenungeachtet der SR wie alle VN-Organe an die gemeinsamen Ziele und Grundsätze (Art. 24 Ziff. 2 S. 1 SVN) gebunden sei - s. Kulessa 2001, S.23. Immerhin wies 1995 der damalige VN-Generalsekretär Boutros-Ghali mit Nachdruck auf die Notwendigkeit hin, diese Strukturen der VN zu überdenken (ders. 1995, S.111).

887 Siehe VALKYSERS 1999, S.6: 1966 gegen Rhodesien aufgrund seiner einseitigen Unabhängigkeitserklärung und 1977 gegen das Apartheid-Regime in Südafrika.

888 In der Vollversammlung hat jeder Mitgliedstaat eine Stimme. Sie kann über alle in den Rahmen der VN fallende Angelegenheiten beraten und Empfehlungen an die Mitgliedstaaten und den Sicherheitsrat richten. Die Beschlüsse werden mit einfacher Mehrheit gefaßt, sofern es sich nicht um eine der in Art. 18 Ziff. 2 SVN genannten Angelegenheiten handelt, für die eine Zweidrittelmehrheit erforderlich ist. Vgl. WEBER 2000, S.1410 (Vereinte Nationen, S.1410 f.).

889 Vgl. LAMBERS 1956, S.26.

- Zum einen ist die Spannweite der politischen Ziele der VN größer als die des Völkerbundes. Frieden, territoriale Integrität und politische Unabhängigkeit sind in beiden Satzungen **garantierte** Rechtsgüter. Durch die Aufnahme von Mitteln und Wegen zur Lösung auch von wirtschaftlichen, ethnischen, kulturellen und humanitären internationalen Problemen in den Aufgabenkatalog der VN vergrößerte sich auch die Anzahl der präventiven und nichtkriegerischen Mittel zu ihrer Durchsetzung.[890]
- Der Kompromiß zwischen den widerstreitenden Prinzipien der nationalen Souveränität und der Kompetenz der VN hingegen wurde materiell nicht besser als im Völkerbund gelöst. Zwar wurde die internationale Solidarität verankert (Art. 1 Ziff. 1; Art. 2 Ziff. 5; Art. 49), doch besteht gleichrangig das Prinzip der nationalen Souveränität (Art. 2 Ziff. 1; Art. 2 Ziff. 7). Die Unterwerfung aller Mitgliedstaaten unter die Anordnungen des Sicherheitsrates (Art. 24 Ziff. 1, Art. 25) ist durch den Art. 27 Ziff. 3 (das Vetorecht des SR) eingeschränkt.[891]
- Auch in der SVN wird die Anwendung von Drohung und Gewalt abgelehnt (Art. 2 Ziff. 3-5). Als repressive Instrumente wurden wirtschaftliche (Art. 41) und militärische Sanktionen (Art. 42) zu ihrer Abwehr bereitgestellt. Die negativen Erfahrungen des Völkerbundes und die nicht ratifizierten Vorschläge der Internationalen Blockadekommission wurden dabei zumindest teilweise berücksichtigt.[892] Das Feststellungsrecht wurde dem SR übertragen. Bei einem Bruch oder bereits bei einer Bedrohung des Friedens und bei einer Angriffshandlung kann er Maßnahmen gem. Art. 41 f. SVN empfehlen oder beschließen (Art. 39 SVN), die aufgrund der Unterwerfungspflicht des Art. 25 SVN rechtsverbindlich sind.[893] Zwar fehlt die Automatik des VB, doch erlaubt Art. 39 SVN dafür bereits die Einsetzung des Embargos in Spannungszeiten. Auch bietet Art. 41 SVN mehr Dispositionsspielraum, indem sowohl ein teilweiser wie vollständiger Einsatz der sehr breit gefächerten und abstufbaren Sanktionsmöglichkeiten ermöglicht wird.[894]

Die SVN enthält darüber hinaus eine Bestimmung, die für die weitere Entwicklung des Embargos als Instrument der kollektiven Sicherheit im Rahmen der VN große

---

890 Vgl. HASSE 1973, S.204 f. LOPEZ/CORTRIGHT betonen, daß die VN seit 1994 nur noch sog. gezielte Sanktionen verhängt haben und somit eine Abkehr von allgemeinen Handelssanktionen vornahmen - vgl. dies. 2002, S.1.

891 Vgl. HASSE 1973, S.205. SCHAER führt aus: der SR besitzt eine Supersouveränität und kann seine eigene Zuständigkeit bestimmen. Er ist verpflichtet, auch z.B. bei der friedlichen Prüfung von Streitfragen, Situationen, Berichten usf. den Souveränitätsvorbehalt als eine untergeordnete Sache zu behandeln. Denn diese gerechte Friedensbewahrung oder -herstellung um jeden Preis diene selbst unter Eingriff in die sog. Souveränität dem Forschritt. Vgl. SCHAER 1954, S.197-200. Hier ist zu bemerken, daß die Wahrung von Souveränität nur den Veto-Mächten zugutekommt.

892 Aufgrund dessen kann festgestellt werden, von welchen Modellfällen und Kasualitätsszenarien die Verfasser der SVN im Jahre 1945 beim Entwurf der Sanktionsbestimmungen in Art. 41 ausgegangen sind: die ergriffenen Maßnahmen sollten schnell, massiv und universell sein und die Zielstaaten praktisch von Anfang an mit der vollendeten Tatsache einer ausweglosen Situation konfrontieren. Vgl. dazu CONLON 1996, S.13.

893 SCHOLZ weist darauf hin, daß die Zulässigkeit der Empfehlung von Zwangsmaßnahmen schon lange bestritten sei - ders. 1998, S.227. Über die Durchsetzung freiwilliger Sanktionen siehe ebd., S.145-149. Zur Teilnahmeverpflichtung der Staaten an Sicherungsmaßnahmen vgl. SCHOLZ 1998, S.151-155.

894 Siehe HASSE 1973, S.205 f. Vgl. auch AS-SANŪSĪ 2000, S.195-198.

Bedeutung gewann: Art. 41, 42 und 49 setzen rechtsgültige Entschlüsse des SR voraus - die jedoch durch das Veto eines der fünf Ständigen Mitglieder des SR verhindert werden können. In Art. 14 wurde eine Generalklausel aufgenommen, die es der Generalsversammlung ermöglicht, bei einem Scheitern aller Einigungsversuche im SR (Art. 12) Maßnahmen zur nichtkriegerischen Beilegung von Konflikten zu empfehlen, die sich aus einem Bruch der Charta ergaben und das Allgemeinwohl zwischen den Nationen schädigen könnten.[895]

3. Sanktionen nach Kapitel VII SVN

Sanktionsmaßnahmen nach Kap. VII (Art. 39-51) SVN verpflichten die VN-Mitglieder und rechtfertigen gegenüber dem Zielstaat die Durchbrechung völkerrechtlicher Verpflichtungen durch die teilnehmenden Staaten. Charakteristisch über diese für alle VN-Mitglieder entstehende Verpflichtung mit chartarechtlicher Verbindlichkeit[896] hinaus ist, daß alle internationalen Organisationen und auch Staaten, die nicht den VN angehören, an die Sanktionen gebunden sind - formal ist es sogar das Zielland selber. Der Geltung kann man daher absoluten und nicht nur relativen Charakter zusprechen. Befreit von der Sanktionsbindungswirkung ist nur das IKRK in seiner humanitärrechtlichen Tätigkeit. Diese rechtliche Unabhängigkeit wurde vom SR allerdings nur stillschweigend anerkannt.[897]
Der SR darf auch gegenüber Nichtmitgliedstaaten Sanktionsmaßnahmen ergreifen. Diese Beschlüsse haben jedoch keine Rechtswirkung, und die Ahndung des Bruchs der völkerrechtlichen Verpflichtungen muß in solchen Fällen über das Selbstverteidigungs- oder Repressalienrecht durchgesetzt werden.[898]
Art. 39 SVN beinhaltet die Hauptaufgaben und die Hauptzuständigkeit des SR. Zunächst muß der SR formal eine klare bindende Feststellung treffen und verkünden, ob einer der in Art. 39 umschriebenen Tatbestände (Bedrohung oder ein Bruch des Friedens, Angriffshandlung[899]) vorliegt. In diesem Fall spricht er eine Emp-

---

[895] Vgl. HASSE 1973, S.207. Siehe auch den Aufsatz von KELSEN über die den Sanktionen im Völkerrecht gemäß der SVN zugrundeliegenden Überlegungen - ders. 1945.

[896] Das Recht der VN als *lex specialis* ist vor den allgemeinen Normen des Völkerrechts verbindlich - vgl. SCHAER 1954, S.189.

[897] Vgl. CONLON 1996, S.12 f.; AŠ-ŠABŪKĪ 2000, S.65-72.

[898] CONLON weist darauf hin, daß Betrachtungen über Sanktionen häufig mit Maßnahmen außerhalb des VN-Systems vermischt werden, die als Sanktionen bezeichnet werden, funktional und rechtlich jedoch wenig gemeinsam haben mit den unter Kap. VII beschlossenen Maßnahmen. In diese Rubrik fallen rein handelsrechtliche Sanktionen, Waffenembargos, Technologie-Embargos, unilaterale Wirtschaftssanktionen, multilaterale Wirtschaftssanktionen innerhalb regionaler Staatenorganisationen sowie von dem VN-Generalsekretär beschlossene Sanktionen ohne Verbindlichkeit für die Mitglieder. Siehe ders. 1996, S.12.

[899] Beim Konzipieren der SVN in San Francisco wurde es vermieden, feinere Unterschiede zwischen bloßen Friedensbedrohungen und -brüchen zu machen. Der SR sollte in seinen Ent-

fehlung aus oder entscheidet, welche Maßnahmen in Übereinstimmung mit Art. 41 f. SVN ergriffen werden sollen. Die Ermächtigung verpflichtet die Mitglieder ebensowenig wie die Empfehlung zur Teilnahme, rechtfertigt jedoch für den Fall der Beteiligung die Durchbrechung völkerrechtlicher Verpflichtungen, die dem Zielstaat gegenüber bestehen.[900]

Nach **Art. 40 SVN** kann bei einer Zuspitzung der internationalen Lage eine einstweilige Anordung erlassen werden. Damit sind aus den Empfehlungen zur Durchführung friedlicher Verfahren Befehle geworden. Diese Maßnahmen haben große Bedeutung in zweierlei Hinsicht: einmal eine faktische für die konkrete Lösung und Beendigung des Streitfalles, zum anderen auch als Kriterium und Indiz für die Beurteilung der Parteien - je nach dem, ob sie diesen Anordnungen Folge leisten oder nicht.[901]

Hat der SR erfolglos Empfehlungen ausgesprochen oder hält er solche nach Lage der Dinge für aussichtslos, dann er über die zu ergreifenden Maßnahmen befinden. Dabei hat er die Wahl, mit oder ohne Waffengewalt vorzugehen. Anschließend erfolgt die Aufforderung an die VN-Mitglieder, sich an solchen Maßnahmen zu beteiligen. Die Mitglieder sind verpflichtet, solchen Aufforderungen nachzukommen - ihre Beteiligung ist also eine Rechtspflicht. Art. 103 SVN besagt ausdrücklich, daß das VN-Verfassungsrecht prävaliert und anderen internationalen Abkommen vorgeht.[902]

Die in Kap. VII SVN zusammengefaßten Maßnahmen sind nicht immer Mittel zwangsweisen Einschreitens im engeren Sinne, wie aus **Art. 41 SVN** deutlich hervorgeht. Völlige oder teilweise Unterbrechung der wirtschaftlichen Beziehungen, der Verkehrsverbindungen usf. sind keine präventiven Maßnahmen mehr, sondern repressive Aktionen.[903] Erweisen sich die nichtmilitärischen Mittel als nicht ausreichend, kann der SR nach Art. 42 SVN auch militärische Maßnahmen ergreifen. Zu

---

scheidungen nicht gebunden werden, so daß man deswegen von der Aufnahme einer irgendwie gearteten juristischen Angriffsdefinition absah. Die Beurteilung eines konkreten Einzelfalles soll sich auf die Kriterien stützen, die nach vernünftiger natürlicher Betrachtungsweise als Element eines Angriffes gesehen werden müssen. Vgl. dazu SCHAER 1954, S.192; LINK 2001, S.108-112.

900 Vgl. RESS 2000, S.473; SCHAER 1954, S.191. Hierzu gehören jedoch nicht die grundlegenden völkerrechtlichen Normen, die im gemeinsamen Interesse aller Staaten gelten (*ius cogens*), sondern ausschließlich untergeordnete (vertragliche) völkerrechtliche Normen.

901 Vgl. SCHAER 1954, S.191.

902 Vgl. SCHAER 1954, S.193 f.

903 Vgl. SCHAER 1954, S.190. SCHAER vermerkt darüber hinaus, daß nach Art. 39 SVN gemäß Art. 5 f. in Verbindung mit Art. 27 Ziff. 3 SVN eine weitere Sanktion in Form der Suspendierung eines VN-Mitgliedes oder auch sein Ausstoß aus der Organisation verhängt werden kann - vorausgesetzt es verletzt die VN-Grundsätze beharrlich. Zudem kann nach Art. 19 SVN jedem Mitglied sein Stimmrecht entzogen werden, wenn es mit der Zahlung der finanziellen Beiträge an die VN im Rückstand ist.

ihrer technischen und praktischen Durchführung ist in der SVN in den Artikeln 43-50 im einzelnen Vorsorge getroffen worden.[904]
Art. 51 SVN betont, daß die SVN im Falle eines bewaffneten Angriffs gegen ein VN-Mitglied keineswegs das naturgegebene Recht zur individuellen oder kollektiven Selbstverteidigung beeinträchtigt, bis der SR die zur Wahrung des Weltfriedens erforderlichen Maßnahmen getroffen hat.

4. Durchführung der Maßnahmen durch die Mitgliedstaaten

Bis 1990 waren Sanktionen unter Kap. VII eine Seltenheit. In spekulativen Vorstudien wurden häufig weniger relevante Fragen aufgegriffen: Fragen der nationalstaatlichen Umsetzung wurde viel Zeit gewidmet, ohne aber die Probleme der Koordination zu berücksichtigen.[905]
Es ist daher zu fragen, weshalb die Mitgliedstaaten diese universalen und absolut verpflichtenden Maßnahmen seither akzeptieren. CONLON schreibt dazu:

> „Grundsätzlich [...] wird die Akzeptanz dieser unangenehmen Verpflichtungen dadurch erhöht, daß lediglich der verpflichtende Beschluß außerhalb des Ermessensspielraums der einzelnen Mitgliedsstaaten gefaßt wird, ihre Umsetzung, Interpretation sowie Kontrolle und Ausführung vor Ort jedoch weitgehend im Ermessen der einzelnen Staaten verbleibt."[906]

Während CONLON weiterhin feststellt, daß dieser Spielraum zur Entwicklung von Verwässerungsstrategien benutzt werden konnte und auch wurde, verhält sich dies heute - nach langjähriger Sanktionsumsetzungspraxis - nicht mehr so.[907]
Art. 41 SVN liegt der Gedanke zugrunde, daß die Staaten für die Maßnahmen zu Sanktionen auf ihrem eigenen Territorium selber aufkommen müssen. Zum einen sind die exekutiven Stellen, die für die Umsetzung der Sanktionen sorgen, in der Regel ohnehin vorhanden. Zum anderen wäre ein anderer Weg nicht praktikabel, auch in Hinblick darauf, daß die Kosten nur schwer zu beziffern sind. Sollte es zu

---

[904] Für Einzelheiten s. die entsprechenden Artikel in der SVN sowie SCHAER 1954, S.194; SCHOLZ 1998, S.114-131. Die Problematik des Art. 50 SVN wurde bereits im 1. Kap., S.97, behandelt.

[905] CONLON weist ausdrücklich darauf hin, daß Vorstudien des Völkerbundes und der Generalsversammlung viel schattierungsreicher hinsichtlich der Problematik des multijurisdiktionellen Handelns waren, die späteren SR-Resolutionen jedoch in Unkenntnis dieser Vorarbeiten angenommen worden seien. Für Einzelheiten s. ders. 1996, S.9 f.

[906] CONLON 1996, S.16. Deutschland war bis zu seinem VN-Beitritt 1973 ein Sonderfall, da es nicht ausdrücklich den Verpflichtungen aus Art. 25 SVN unterlag. Meistens schloß sich Deutschland den SR-Beschlüssen an. Die Rechtmäßigkeit war jedoch nicht unumstritten - vgl. HASSE 1977, S.173 f. Für neutrale Staaten wie bis vor kurzem die Schweiz und ihre Bedeutung für die Umgehung von Sanktionen s. HASSE 1977, S.175-178 und S.77, Fn.141 und 143.

[907] CONLON widmet sich eingehend den verschiedenen effektivitätsreduzierenden Mechanismen - s. ders. 1996, S.16-18.

finanziellen Härten kommen, versucht Art. 50 SVN ausdrücklich einen Ausgleich zu bewirken. Allerdings bedeutet diese Vorgabe nicht automatisch einen Anspruch der Staaten auf Unterstützung bei der Finanzierung der Maßnahmen.[908]
Insgesamt bewerten die meisten Mitgliedstaaten das Potential von multilateralen und kollektiven Sanktionen vielversprechender als das von unilateralen Sanktionen (vgl. Kap.1, S.91 f.). Durch eine größere Anzahl von Beteiligten auf der Verhängerseite ergibt sich eine verbesserte wirtschaftliche und politische Schlagkraft, so daß sich viele Nachteile unilateraler Sanktionen durch die multilateralen Sanktionen ausgleichen oder verringern lassen. Nicht nur wird die Umgehung der Sanktionen umso schwieriger, je mehr Länder beteiligt sind, auch das Risiko negativer Folgewirkungen würde auf die Gesamtzahl der Initiatoren verteilt. Damit sind weniger individuelle Verstimmungen in den zwischenstaatlichen Beziehungen zu befürchten. Darüber hinaus kann die Notwendigkeit zwischenstaatlichen Konsenses über Zwecksetzung und Umfang der Sanktionen zusätzlich eine regulierende Wirkung in quantitativer und qualitativer Hinsicht auf die Anwendung ausüben.[909]

Zusammenfassung

Die VN errichteten bis 1990 nur zwei Sanktionsregime: 1966 gegen Rhodesien wegen dessen einseitiger Unabhängigkeitserklärung und 1977 gegen das Apartheidsregime in der Republik Südafrika. Mit der Veränderung der globalen Sicherheitslage durch den Zusammenbruch der Sowjetunion und der Zunahme der Abrüstungsbemühungen und im Gefolge einer Reihe im Rahmen der alten Weltordnung unterdrückter oder neuer Konflikte (Jugoslawien, Irak unter anderem) entstand ein erhöhter Handlungsbedarf auf dem bis dahin militärisch dominierten Gebiet der Konfliktverhütung und Kriseneindämmung. Der Einsatz von Sanktionen wurde als eine kostengünstigere und humanere Alternative im Vergleich zu der Leistungsfähigkeit eines Militäreinsatzes gesehen. Angesichts rückläufiger militärischer Ressourcen und einem gleichzeitig wachsenden Aufgabenspektrum nutzten vor allem die USA als übriggebliebene Hegemonialmacht das Sanktionsinstrument intensiv. In der postkonfrontativen Phase war die Ausgangslage dafür günstig, da die Wahrscheinlichkeit der Ablehnung von Sanktionsbeschlüssen durch Rußland und China stark abgenommen hatte.
Der SR verfügt über eine zentrale Regelungsposition und einen fast unbegrenzten Ermessensspielraum - vor allem bei Entscheidungen nach Art. 39 SVN. Obwohl es

---

908 Vgl. SCHOLZ 1998, S.158.

909 Vgl. VALKYSERS 1999, S.124. Vgl. hierzu auch die Anregungen für zukünftige Sanktionsentwürfe von DASHTI-GIBSON (dies. 1998, S.220-225) sowie die Vorschläge des Büros der Vereinten Nationen für die Koordination bei humanitären Angelegenheiten (s. BRUDERLEIN 1998).

Vorschläge zur Regelung des Handlungsspielraumes gibt (CONLON 1995, BOUTROS-GHALI 1996 u.a.), ist ihre rechtliche Fixierung umstritten.

II. Die VN-Sanktionen gegen Libyen

In den Jahren 1992 und 1993 verabschiedeten die Vereinten Nationen drei Resolutionen, die sich mit Libyen befaßten.[910] Anlaß und Grundlage hierfür waren die Forderungen von Frankreich, Großbritannien und den USA nach Zusammenarbeit mit den VN nach der Explosion eines US-amerikanischen Verkehrsflugzeuges über dem schottischen Lockerbie[911] am 21.12.1988[912] und des Absturzes einer französischen Passagiermaschine über Niger am 19.9.1989[913] dar. Als Urheber der Anschläge wurde der libysche Staat verdächtigt. Die VN-Resolution 731 (1992) fordert von der libyschen Regierung, dem in ihrer Präambel aufgeführten Ersuchen Frankreichs, Großbritanniens und der USA zu entsprechen. Frankreich verlangte von Libyen die Vorlage des gesamten Beweismaterials über den Absturz des fran-

---

910 Für einen knappen Überblick über den Konflikt und seine Hintergründe s. KERN 2002, S.102 f. Zu den jeweiligen Resolutionen s. SIMONS 2000, S.37-43.

911 Bei dem Anschlag auf die Maschine der Pan American World Airways verloren 270 Personen ihr Leben: die 259 Flugzeuginsassen (175 davon US-Amerikaner) sowie elf Bewohner Lokkerbies. Die Ursache der Flugzeugexplosion war eine Bombe mit Zeitzünder. Am 14.11.1991 wurde vor einem schottischen Gericht Anklage gegen die beiden libyschen Staatsangehörigen und Geheimdienstmitarbeiter Abdelbaset Ali Mohammed al-Megrahi (ᶜAbd al-Bāsiṭ ᶜAlī Muḥammad al-Miqrāḥī) und Lamen Khalifa Fhimah (al-Amīn Ḫalīfa Faḥīma) erhoben. Zeitgleich beschuldigte auch ein US-Gericht diese der Tat. Vgl. dazu BEVERIDGE 1992, S.907; GOTTFRIED 1994, S.131; SIMONS 2000, S.33-35. Für eine ausführliche Dokumentation der Ereignisse vgl. z.B. <http://news.bbc.co.uk/hi/english/world/newsid_1766000/1766508.stm>; GEO 2000.

912 Siehe die VN-Dokumente A/46/825: S/23306, A/46/826: S/23307 und A/46/828: S/23309 vom 31.12.1991 (BEVERIDGE 1992, S.908). Am 20.12.1991 wandten sich Frankreich, Großbritannien und die USA an den SR und die Vollversammlung mit einer gemeinsamen Erklärung (VN-Dok. A/46/828: S/23309, 20.12.1991). Für die Beschreibung der Ereignisse unter Nennung sämtlicher relevanter Dokumente vgl. BEVERIDGE 1992. Libyen nahm am 29.11.1991 (A/46/845 - S/23417) zu den o.g. Schreiben Stellung: Libyen verbat sich den rüden Tonfall, schloß eine Auslieferung der Beschuldigten aus und warb für eine konstruktive Zusammenarbeit. Für einen kritischen Standpunkt gegenüber dem Ablauf und Inhalt der VN-Resolutionen s. KOECHLER/SUBLER 2002, S.103-117: hier sind die Stellungnahmen des der IPO zugehörigen Komitees von Rechtsexperten veröffentlicht. Dieses Komitee gründete sich 1992 und verfolgt seitdem die Entwicklung der Lockerbie-Angelegenheit.

913 Bei dem Absturz des Passagierflugzeuges der Gesellschaft Union de Transports Aériens (Flugnr. UTA 772) starben alle 170 Insassen. Vgl. BEVERIDGE 1992, S.907; MARSCHANG 1993, S.63, Fn.6. Siehe auch die taz (Berlin) vom 2.11.1991, Nr.3550, S.9.

zösischen Flugzeuges, Großbritannien und die USA forderten die Auslieferung[914] der mutmaßlichen Attentäter des Anschlages.[915]
Damit machten sich die VN das Verlangen der drei genannten Staaten zu eigen. Dies stellt ein Novum in der Geschichte der VN dar und wird von dem Völkerrechtler IPSEN als Beginn einer neuen Kontinuität gewertet. Die Res. 731 (1992) könne nicht bloß als Reaktion auf lang anhaltende, teils vermutete und teils nachgewiesene Völkerrechtsverstöße Libyens gewertet werden, wenn man sie vor dem Hintergrund mit der zehn Tage später verkündeten Erklärung des SR zu seiner Verantwortlichkeit über die Aufrechterhaltung des Weltfriedens betrachte.[916] RESS formuliert dies folgendermaßen:

> „Der Libyen-Fall zeigt die neuere Tendenz des Sicherheitsrats, die Verwicklung von Staaten in den internationalen Terrorismus als eine Friedensbedrohung im Sinne des Art. 39 SVN zu betrachten."[917]

Dies entspricht der gegenwärtigen Neigung des Sicherheitsrates, im Rahmen seiner Feststellungsbefugnis nach Art. 39 SVN den Begriff der Friedensbedrohung dynamisch extensiv zu interpretieren, eine Handhabung, die Instrumentalisierung eines als Rechtsnorm gedachten Tatbestandes zu politischen Zwecken im Gefolge haben kann.[918]

---

914 In dem Schreiben vom 27.11.1991 wird der Begriff *surrender* - wörtlich „Preisgeben / Aushändigen" - und nicht der Begriff *extradition* - Auslieferung - verwendet. Siehe den Anhang III des VN-Dok. A/46/826, 20.12.1991. MOHR stellt zwar fest, daß das Wort „Auslieferung" sorgfältig vermieden und in der Diskussion betont wurde, daß hierdurch die allgemein anerkannten Auslieferungsregeln nicht verändert werden sollten, doch weist er auf die entstehenden Widersprüche hin - vgl. ders. 1992, S.306. Siehe für Einzelheiten in diesem Kap. Abschn. A.II.2., S.250 ff.

915 Vgl. BEVERIDGE 1992, S.909-912.

916 Vgl. IPSEN 1992, S.41 f.; MOHR 1992, S.307. MARSCHANG befaßt sich ausführlich mit den rechtlichen Grundlagen von Res. 731 und kommt zu dem Schluß, daß sie rechtswidrig sei - nicht zuletzt wegen der Abstimmungsbeteiligung durch die USA, Großbritannien und Frankreich, die sich gem. Art. 27 Ziff. 3 SVN als am Streit beteiligte Parteien ihrer Stimme hätten enthalten müssen (ders. 1993, S.71). DEUTSCH hingegen hält die Res. 731 für rechtsmäßig, da der SR bei nicht bindenden Empfehlungen auch eine Regelung vorschlagen könne, die dem Völkerrecht nicht entspricht, wenn es sich um einen Gegenstand handelt, über den die Parteien Vereinbarungen treffen können - vgl. dies. 1995, S.219). Für die libysche - die Resolution ablehnende - Sichtweise vgl. AŠ-ŠABŪKĪ 2000, S.73-80.

917 RESS 2000, S.104.

918 Vgl. für Einzelheiten IPSEN 1992, S.42 und RUF 1994, S.178 f.: damit wird der in Art. 39 SVN erwähnte Friedensbegriff in einer Weise gedehnt, durch die er zwangsläufig mit einer endlosen Beliebigkeit weiterentwickelt werden kann.

1. Der Lockerbie-Konflikt und die Verhängung der VN-Sanktionen

Der SR verhängte mit Res. 748 (1992) wegen des Lockerbie-Attentates[919] und der vermuteten Urheberschaft Libyens[920] ein Luftverkehrsembargo sowie ein selektives Exportembargo für Waffen, Luftfahrzeuge und Luftfahrzeugbauteile gegen Libyen.[921] Diese Wirtschaftssanktionen waren vorbereitet worden durch die Res. 731 (1992), die allerdings ohne Bindungswirkung war. Ihr war im November 1991 die von den USA und Großbritannien zeitgleich gegen zwei libysche Staatsangehörige erhobene Anklage vorausgegangen, die mit der Forderung ihrer umgehenden Auslieferung und dem Hinweis auf evtl. militärischen Druck einherging.[922]

---

919 Über den Lockerbie-Fall liegen zahlreiche Publikationen wissenschaftlicher und populärwissenschaftlicher Art sowie in Form von Berichten von Familienangehörigen der Opfer vor. Aus den verschiedenen Darstellungen ergibt sich ein facettenreiches Bild. Siehe z.B. COX, Matthew / FOSTER, Tom: "Their darkest day: the tragedy of Pan Am 103 and its legacy of hope." New York: Grove Weidenfeld, 1992 [lag mir nicht vor]; EL ENANY, Ibrahim M. et al.: »L'Affaire Lockerbie et l'avenir de l'ordre international: les dimensions polititques, stratégiques es légales.« Valletta: Centre des études islamique mondiale, 1992 [lag d. Verf. nicht vor], "Trail of the Octopus. From Beirut to Lockerbie - Inside the DIA." - dieses auch in arabischer Übersetzung vorliegende Buch ist ein Bericht eines ehemaligen US-Geheimdienstmitarbeiters (GODDARD/COLEMAN 1993; Kūdārd/Kūlmān 1993). Aufschlußreich ist auch das Buch von GERSON, einem US-Rechtsanwalt einiger „Lockerbie-Familien". Es handelt sich um eine erzählerische Darstellung mit vielen Vermutungen, so daß es zwar inhaltlich nicht immer richtig, dafür aber fesselnd geschrieben ist und den Blick vor allem auf die Perspektive der Familien lenkt (siehe GERSON/ADLER 2001). Die stark von Rache geprägte Perspektive von Opferangehörigen gibt der Bericht von S. und D. COHEN wieder (COHEN 2001). Eine umfangreiche Sammlung von Lockerbie-bezogenen Daten sind das Resultat jahrelangen Recherchierens zweier Journalisten, die den Leser dazu anhalten, ihre eigenen Rückschlüsse aus dem zusammengetragenen Material zu ziehen (ASHTON/FERGUSON 2001).

920 Verschiedene Tätervarianten wurden für die Urheberschaft des Anschlages über Lockerbie entwickelt. Vgl. dafür z.B. VANKIN/WHALEN 2000, S.283-290. Es gibt Vermutungen, daß Syrien Urheber sei, die USA jedoch nicht gegen Syrien vorgehen wollten wegen des Iraks und der schwierigen Verhandlungen zwischen Syrien und Israel. Vgl. dazu GOTTFRIED 1994, S.131. Genannt wurden auch immer wieder die PLO oder der Mossad - vgl. MARSCHANG 1993, S.63, Fn.3. Interessant ist auch das von WOLF formulierte Szenario (ders. 1996): er hält die Kenntnis des Anschlages vorab seitens der USA und Deutschlands für wahrscheinlich. Siehe auch KAMP 1995, S.226-231. Bereits 1990 fand eine Anhörung vor dem US-Repräsentantenhaus statt, die eine mögliche Verwicklung der Drug Enforcement Agency zum Gegenstand hatte (vgl. HEARING 1991, S.1-5). S. auch ASHTON/FERGUSON 2001, insbes. S.172-189; NIBLOCK 2001, S.35-38.

921 Für die Befassung des VN-Sicherheitsrates mit dem Lockerbie-Konflikt s. KERN 2002, S.103-106; für eine libysche Darstellung hinsichtlich der Res. 748 (1992) s. AŠ-ŠABŪKĪ 2000, S.80-85. Vgl. auch AṢ-ṢĀDIQ 1996, S.47-51.

922 MARSCHANG 1993, S.63. MARSCHANG untersucht in seinem in der Kritischen Justiz erschienen Artikel die Lockerbie-Affäre in Verbindung mit der Gewaltenteilung innerhalb

Tabelle 25: Die Aufforderungen in der Res. 731 (1992) (Auswahl)

VN-Res. 731 (1992) vom 21.1.1992	
einstimmig angenommen	
•	die libysche Regierung wird dazu angehalten, umgehend den an sie gestellten Forderungen nachzukommen, um zur Bekämpfung des internationalen Terrorismuses beizutragen (§ 3)
•	der VN-Generalsekretär soll sich um die Kooperation der libyschen Regierung bei der Erfüllung der an sie gestellten Forderungen bemühen (§ 4)
•	Aufruf an alle Staaten, individuell und auch gemeinsam die libysche Regierung zu ermutigen, den an sie gestellten Forderungen nachzukommen (§ 5)

Ungeachtet der auf Kap. VI SVN[923] gestützten Res. 731 lehnte Libyen eine Auslieferung der mutmaßlichen Lockerbie-Attentäter ab[924] und erhob am 3.3.1992 Klage vor dem Internationalen Gerichtshof (IGH) gem. Art. 40 des IGH-Statutes.[925] Es beantragte die Feststellung, daß es seinen Verpflichtungen nachgekommen sei, daß die USA und Großbritannien ihre Verpflichtungen verletzt hätten und beide verpflichtet seien, die Androhung von Gewalt gegen die territoriale Unabhängigkeit Libyens zu unterlassen.[926] Nach dieser Klageerhebung verabschiedete der SR am

der VN. Obwohl insgesamt sehr kritisch und differenziert geschrieben, berücksichtigt er nicht die von IPSEN zum Sachverhalt angestellten Überlegungen. GERSON weist darauf hin, daß die USA mit Verhärtung ihres Verdachtes 1991 gegenüber Libyen dieses militärisch hätten angreifen können. Daß dies nicht eintrat, sei dem damals herrschenden politischen Zeitgeist zu verdanken, der seinen Ausdruck in Bushs „Neuer Weltordnung“ gefunden habe - vgl. ders. 2001, S.99 f.

923 Diese Kapitel (Art. 33-38 SVN) befaßt sich mit der friedlichen Beilegung von Streitigkeiten. Art. 36 Ziff. 1 SVN sieht Empfehlungen zur Bereinigung einer Streitigkeit vor. Vgl. z.B. AŠ-ŠABŪKĪ 2000, 59-65.

924 Siehe z.B. S/23221 vom 16.11.1992; S/23396 vom 9.1.1992; S/23417 vom 13.1.1992 - vgl. BEVERIDGE 1992, S.908. Für eine ausgezeichnete Beschreibung der letztlich zu dem Lokkerbie-Prozeß führenden Ereignisse - unter Nennung der relevanten VN-Dokumente - s. den Artikel von AUST (ders. 2000). Vgl. auch NIBLOCK 2001, S.38-41: hier liegt der Schwerpunkt auf den VN-Vermittlungsbemühungen. Interessant erscheinen diesbezüglich auch die allerdings nicht in unmittelbarem Zusammenhang mit den hier erwähnten verschiedenen Positionen stehenden Ausführungen HÖHNENs über die Standpunkte islamischer Staaten und ihrer Völkerrechtler zur Bedeutung der Gerechtigkeit im Hinblick auf das Völkerrecht. Vgl. ders. 1986, insbes. S.61-65.

925 Bereits am 18.1.1992 - mit der sich abzeichnenden Res. 731 - ersuchte Libyen gemäß Art. 14 Ziff. 1 der Montréal-Konvention um Vermittlung in der Angelegenheit nach, die Libyen als Streit über die Auslegung der Montréal-Konvention darstellte. Siehe dazu BEVERIDGE 1992, S.908.

926 Libyen demonstrierte Kooperation und Flexibilität, indem es die Einsetzung eines unabhängigen Richter-Komitees befürwortete oder auch die Überstellung der Beschuldigten an eine Dritte Partei in Erwägung zog, um dem Vorwurf mangelnder Unabhängigkeit libyscher Ge-

31.3.1992 die Res. 748. Es seien die folgenden Bestimmungen dieser Resolution aufgeführt:

Tabelle 26: Die Verpflichtungen in der Res. 748 (1992)

VN-Res. 748 (1992) vom 31.3.1992	
angenommen durch zehn Mitglieder bei fünf Enthaltungen (China, Indien, Kap Verde, Marokko, Simbabwe)[927]	
•	Verpflichtung aller Staaten, folgende Maßnahmen ab dem 15.4.1992[928] zu ergreifen (§ 3)
•	Flugverbot für Flugzeuge von und nach Libyen (§ 4 (a))[929]
•	Verbot der Lieferung von Flugzeugersatzteilen und der Bereitstellung von Flugzeugwartung (§ 4 (b))
•	Waffenembargo (§ 5 (a)-(c): Verbot der Bereitstellung von Waffen, von technischer Beratung, Unterstützung oder Ausbildung mit Bezug zu Waffen, Abzug von Militärberatern)
•	Reduzierung der Anzahl der libyschen Diplomaten und deren Bewegungsfreiheit (§ 6 (a))
•	Verbot des Betreibens von Zweigstellen der Libyan Arab Airlines (§ 6 (b))
•	Verweigerung der Einreiseerlaubnis und Ausweisung der Libyer, denen in anderen Ländern die Einreise verwehrt wurde / die ausgewiesen wurden aufgrund ihrer nachgewiesenen oder mutmaßlichen Verwicklung in terroristische Aktivitäten (§ 6 (c))

Gestützt auf Kap. VII SVN trat am 15.4.1993 ein umfassendes Luftverkehrs- und Waffenembargo in Kraft.[930] Der SR richtete am 30.4.1992 gem. Ziff. 9 der Resolution einen Sanktionsausschuß ein, der neben den üblichen Überwachungsaufga-

richte zu begegnen und um ihren Zweifel an einem fairen Prozeß von seiten der USA oder Großbritanniens auszudrücken. Libyen wies es jedoch zurück, auf Forderungen einzugehen, die nicht mit dem libyschen Recht (Auslieferungsverbot) zu vereinbaren waren. Vgl. dazu MOHR 1992, S.306 f.; BEVERIDGE 1992, S.908 f., S.912.

927 Die Enthaltungen waren größtenteils darin begründet, daß die Resolution verabschiedet wurde, obwohl das Urteil des IGH noch ausstand. Diese Sichtweise teilten die zehn befürwortenden Staaten nicht. Vgl. für Einzelheiten BEVERIDGE 1992, S.914 f.

928 Innerhalb dieser vierzehntägigen Frist erfolgten Vermittlungsbemühungen. Gespräche am 8.4.1992 zwischen dem VN-Sondergesandten Petrovsky und al-Qaḏḏāfī sowie am 9.4.1992 zwischen libyschen und britischen Diplomaten endeten jedoch ergebnislos. Vgl. dazu BEVERIDGE 1992, S.915 f.

929 CORTRIGHT/LOPEZ/CONROY begründen die Wahl des Flug- und Waffenembargos damit, daß der Vorwurf gegen Libyen auf einen terroristischen Anschlag gegen den internationalen Flugverkehr laute und wegen des Terrorismusvorwurfes auch Waffen berühre. Somit sei der Ausschluß von dem Vorteil der Teilnahme am internationalen Flugverkehr und am Waffenhandel nur gerechtfertigt. Vgl. dies. 2001, S.188.

930 Eine Präsentation der für die Ereignisse relevanten Dokumente findet sich bei MARTÍNEZ BLANCO 1992.

ben[931] für die Genehmigung von Flügen aus humanitären Gründen zuständig war.[932]

Wie schon die Res. 731 ist auch die Res. 748 kritisch zu bewerten. Die letztgenannte wurde drei Tage nach dem Abschluß der mündlichen Verhandlungen vor dem IGH und somit inmitten der Beratungen des Gerichtes erlassen. Der Streitpunkt war aber nicht derartig zugespitzt, daß ein sofortiges Eingreifen des SR erforderlich und das Abwarten der unmittelbar bevorstehenden IGH-Entscheidung nicht hinnehmbar gewesen wäre.

> „Allzu deutlich war hier vielmehr wieder einmal das politische Interesse vor allem der USA und die lediglich vordergründige Bereitschaft, den Fall auf der Grundlage des geltenden Völkerrechts zu lösen."[933]

Nicht nur ist es fraglich, ob Libyen durch bloße Weigerung, zwei Staatsangehörige an Drittstaaten auszuliefern, den Weltfrieden bedrohen könne.[934] Selbst wenn man darin eine Friedensbedrohung sehen mag, wäre der SR nicht befugt, die anzuwendenden Gegenmaßnahmen beliebig aus Kap. VII auszuwählen. Aus Gründen der Intensität, Steigerung und der Verhältnismäßigkeit ist es geboten, daß die jeweils weitergehende Maßnahme erst ergriffen wird, wenn feststeht, daß die mildere nicht zum gewünschten Erfolg führt. So überschritt auch mit der Res. 748 der SR seine Rechte durch eine Vorgehensweise, die mit dem Wortlaut und dem Zweck der SVN kaum zu vereinbaren war. Zwar sprechen hier keine Bedenken mehr gegen die formelle Rechtmäßigkeit der Res. nach Art. 27 Ziff. 3, und anders als bei Res. 731 sind die VN-Mitglieder gem. Art. 25 sowie Art. 103 SVN rechtlich zu deren Befolgung verpflichtet. Mit der unter Umständen nicht abgestützten Verhängung der Sanktionen ist der SR seinen ihm selbst nach der Charta obliegenden Pflichten

---

931 Ziffer 9 (f) der Res. 748 (1993) fordert den Ausschuß auf, mit Blick auf Art. 50 SVN etwaigen Mitteilungen benachbarter oder anderer Staaten besondere Aufmerksamkeit zu widmen. Nach Erweiterung des Sanktionskataloges durch Res. 883 (1993) wird in Ziffer 10 dieser Res. der Sanktionsausschuß mit der Prüfung eventueller Eingaben nach Art. 50 SVN beauftragt und forderte den Ausschuß auf, dem SR Empfehlungen zu unterbreiten. Vgl. RESS 2000, S.419. DASHTI-GIBSON beschäftigt sich in ihrer Dissertation mit dem Modell für eine effektive Überwachung multilateraler Wirtschaftssanktionen und verweist insbesondere auf die Wichtigkeit der Kooperation der an den Sanktionen beteiligten Institutionen sowie auf den politischen Willen bei den Verhängerstaaten - siehe dies. 1998, S.209-228.

932 Vgl. RESS 2000, S.104; STARCK 2000, S.88 f.

933 MARSCHANG 1993, S.71.

934 Der Völkerrechtler DELBRÜCK weist darauf hin, daß der SR nicht die Weigerung Libyens, die mutmaßlichen Attentäter auszuliefern, als Bedrohung des Weltfriedens gewertet hat, sondern: „Vielmehr hat er die in der Weigerung Libyens zum Ausdruck kommende Unterstützung des Luftterrorismus als Friedensbedrohung angesehen. Diese Auffassung geht sehr weit, kann aber noch als im Einklang mit der Ächtung des Luftterrorismus [...] akzeptiert werden. Es ist vertretbar, die Vorschriften des Kapitels VII der UN-Charta als Grundlage für Zwangsmaßnahmen des Sicherheitsrates zu nehmen." - ders. 1992, S.12.

zur Eingrenzung von Konflikten und zur Verwirklichung einer politischen Lösung nicht gerecht geworden.[935]

Da Libyen die Resolutionen 731 (1992) und 748 (1992) nicht befolgt habe, beschloß der SR mit Res. 883 vom 11.11.1993 eine Ausweitung der Sanktionen:

Tabelle 27: Die Verpflichtungen in der Res. 883 (1993)

VN-Res. 883 (1993) vom 11.11.1993	
angenommen durch elf Mitglieder bei vier Enthaltungen (China, Dschibuti, Marokko, Pakistan)	
•	Einfrieren libyscher Finanzmittel im Ausland (§ 3, § 4)
•	Verbot der Bereitstellung von Erdölförderungsausrüstung (§ 5 i.V. mit den im Anhang gelisteten Gegenständen) mit Wirkung vom 1.12.1993
•	Verbot von Geschäften zur Ermöglichung eines Luftverkehrs in und von Libyen aus durch die Libyan Arab Airlines (Ersatzteile, Werkzeuge, Wartungsdienstleistungen, Ausbildung von Flugpersonal) (§ 6) mit Wirkung vom 1.12.1993

Außerdem erfolgte das Verbot von jeglicher Kompensation für Ansprüche, die Libyen im Zusammenhang mit Verträgen entstehen könnten, die durch die ergriffenen Wirtschaftssanktionen beeinträchtigt wurden.[936]

2. Libyens Klage vor dem IGH

Der IGH ist nach Art. 7 und 92 SVN das „Hauptrechtssprechungsorgan" der VN. Gem. Art. 94 SVN und Art. 59 SIGH sind seine Entscheidungen für die beteiligten Parteien verbindlich. Im Zweifel kann der SR zu deren Durchsetzung die erforderlichen Maßnahmen beschließen (Art. 94 Ziff. 2).[937]

---

[935] Vgl. MARSCHANG 1993, S.71 f. DELBRÜCK hält die Res. 748 für rechtswidrig, insoweit sie die Auslieferung fordert und Sanktionen vorsieht - vgl. ders. 1992, S.12. DEUTSCH sieht die Rechtswidrigkeit darin, daß der SR eine dem Völkerrecht widersprechende Lösung nicht verbindlich anordnen könne. Dies sei in zweierlei Hinsicht inakzeptabel: zum einen würde ein Staat mit politischen Druckmitteln gezwungen werden, seine Rechte preiszugeben, zum anderen übernähme der SR damit die Kernaufgabe des IGH, Rechtsstreitigkeiten zwischen Parteien zu entscheiden. Vgl. dies. 1995, S.220 f.

[936] Siehe SCHNEIDER 1999, S.157.

[937] Vgl. MARSCHANG 1993, S.65. Interessant ist diesbezüglich eine Untersuchung von LĂŠĪN, der für die Jahre 1992 und 1993 Artikel in der englischen und US-amerikanischen Presse hinsichtlich ihrer Berichterstattung über die Lockerbie-Angelegenheit untersuchte: er stuft 2,2 % des untersuchten Materials als pro-libysch, 14,1 % als neutral und 83,7 % als Libyen-kritisch ein. Von diesem Ergebnis ausgehend stellt er die Frage nach der Beeinflussung des Lockerbie-Prozesses vor dem IGH durch die Berichterstattung, macht auf die Problematik von "fair trial vs. free press" aufmerksam und kommt nicht umhin, die mediale Beeinflussung des IGH-Urteils feststellen zu müssen. Vgl. LĂŠĪN 1997, insbes. die S. 82-85, 101-103.

Die dem SR zugestandene Wahrnehmung sämtlicher drei Gewalten ist der Normenkontrolle entzogen: nach Art. 93 Ziff. 1 sind alle Mitglieder der VN *ipso facto* Parteien nach der Satzung des IGH. Als solche sind sie vor ihm gleich. Der SR selbst kann nicht Partei vor dem IGH sein, da er kein Einzelstaat ist. Der IGH hat nach der SVN und nach seinem Statut keinerlei Kompetenz gegenüber den Entscheidungen des Rates, welche er nicht auf ihre Übereinstimmung mit dem Völkerrecht und auf ihre Konformität mit der Charta überprüfen kann.[938]
Die völkerrechtliche Diskussion zu diesem Problem ist umfangreich und kontrovers.[939] Zentral an diesem Problem ist das Ersuchen des Sicherheitsrates an einen Mitgliedstaat, eigene Staatsangehörige an andere Mitgliedstaaten zu übergeben. Eine solche Forderung berührt mit dem Territorialiätsprinzip den Wesensgehalt der inneren Souveränität eines Staates: denn nach dem Territorialitätsprinzip obliegen der Ermittlungs-, Verfolgungs- und Strafanspruch auf seinem Hoheitsgebiet dem jeweiligen Staat. Mit den Res. 731 und 748 wurde daher erstmals in den Kernbereich der inneren Souveränität als der ausschließlichen Grundlage zur Strafverfolgung eigener Staatsangehöriger eingegriffen zugunsten der Verfolgungswirklichkeit durch andere Staaten.[940] Noch vor Verabschiedung der Res. 731 (1992) versuchte Libyen durch Schreiben an die Außenminister Großbritanniens und der USA sowie an den Präsidenten des SR die Angelegenheit zu einem nach der Montréal-Konvention[941] zu beurteilenden Rechtsfall zu erklären.[942] Am 3.3.1992 reichte

---

[938] Vgl. RUF 1994, S.172. MARSCHANG weist jedoch darauf hin, daß der IGH durchaus Gegenakzente zum SR setzen könnte, indem er eine offensichtliche Rechtslage als solche kenntlich macht und Völkerrechtsverletzungen konsequent benennt - unabhängig davon, ob für sie ein VN-Mitgliedstaat oder ein VN-Organ verantwortlich ist. Vgl. ders. 1993, S.73 f. Eine ähnliche Auffassung vertritt auch STARCK (vgl. dies. 2000, S.410.

[939] Für das Verfahren vor dem IGH und das Verhalten der VN-Vollversammlung s. KERN 2002, S.106-108. Eine umfassende Darstellung der Möglichkeiten des IGH in der Streitschlichtung am Beispiel des Lockerbie-Problems findet sich bei DARBĀŠ 1995. Für den Standpunkt des IGH bezüglich der libyschen Klage s. ebd. S.163-210, für die Ablehnung der Ergreifung vorsorglicher Maßnahmen s. ebd. S.211-265.

[940] Vgl. RUF 1994, S.179.

[941] „Übereinkommen zur Bekämpfung widerrechtlicher Handlungen gegen die Sicherheit der Zivilluftfahrt“ vom 23.9.1973.

[942] Vgl. IPSEN 1992, S.43. Am 18.1.1992 bot Libyen an, über die Angelegenheit ein Schiedsverfahren durchzuführen - vgl. MARSCHANG 1993, S.63 und CORTRIGHT/LOPEZ/CONROY 2001, S.187 über die verschiedenen Kompromißangebote Libyens. Am 8.12.1993 legte Libyen dem VN-Generalsekretär den Vorschlag vor, das Verfahren in den Niederlanden nach schottischem Recht durchzuführen - wie es dann auch knapp sechs Jahre später von den USA und Großbritannien aufgrund der zunehmenden „Durchlässigkeit“ der Sanktionen gegen Libyen aufgegriffen wurde. Vgl. AUST 2000, S.283. Den libyschen Standpunkt stellt AṢ-ṢĀDIQ dar (ders. 1996, S.52-59).

Libyen vor dem IGH Klage gegen die USA und Großbritannien ein.[943] Libyen forderte die Beurteilung der folgenden Punkte:[944]

Tabelle 28: Klagepunkte Libyens vor dem IGH vom 3.3.1992

•	Libyen habe allen sich aus der Montréal-Konvention ergebenden Verpflichtungen entsprochen[945]
•	die USA und Großbritannien verletzten ihre rechtlichen Verpflichtungen gem. Art. 5 Ziff. 2 f., Art. 7, Art. 8 Ziff. 2 und Art. 11 der Montréal-Konvention gegenüber Libyen
•	die USA und Großbritannien seien rechtlich verpflichtet, diese Rechtsverletzugen, die Androhung von Gewalt sowie die Verletzung der libyschen Souveränität, territorialen Integrität und politischen Unabhängigkeit gegen Libyen sofort zu beenden

Mit diesem Klagebegehren in der Hauptsache verband Libyen zwei gleichlautende Anträge auf Erlaß von vorsorglichen Maßnahmen gegen Großbritannien und die USA nach Art. 41 des IGH-Statuts. Die Anträge waren darauf gerichtet, einer möglichen Gewaltanwendung gegen Libyen zur Erzwingung der Auslieferung der mutmaßlichen Attentäter vorzubeugen sowie andere Schritte der Verfahrensgegner zu verhindern, die zur Erledigung der Hauptsache führen würden.[946]

Dabei handelte es sich um den ersten Fall, in dem ein Land den Versuch unternahm, VN-Sanktionen durch das Gericht in Den Haag durch Schaffung „vollendeter Tatsachen“ abzuwehren. Libyen vertrat die Auffassung, daß der Streit über die Auslieferung auf der Grundlage der Montréal-Konvention abschließend zu beurteilen sei. Der Antrag Libyens auf vorsorgliche Maßnahmen wurde am 14.4.1992 mit zehn gegen vier Stimmen bei Stimmenthaltung Chinas vom IGH zurückgewiesen.[947]

---

943 "Case Concerning Questions of Interpretation and Application of the 1971 Montreal Convention Arising From the Aerial Incident at Lockerbie." Vgl. dazu BEVERIDGE 1992, S.916, Fn.34, und das am 27.2.1998 dazu ergangene IGH-Urteil (LIBYEN ·/· USA). Siehe für eine Beschreibung von libyscher Seite AS-SANŪSĪ 2000, S.199-205.

944 Vgl. BEVERIDGE 1992, S.916.

945 So hatte Libyen am 4.12.1991 die beiden Verdächtigten verhaftet und mit Nachforschungen begonnen - vgl. SIMONS 2000, S.36.

946 Damit sollte unter anderem sichergestellt werden, daß die Rechte Libyens im Hinblick auf das Rechtsverfahren, dessen Gegenstand Libyens ist, nicht beeinträchtigt werden - vgl. dazu IPSEN 1992, S.44 und SCHMALENBACH 2000, S.28. Für eine detaillierte Darstellung siehe auch MARSCHANG 1993, S.64 f. und BEVERIDGE 1992, S.916 f. Einige Quellen geben den 6.3.1992 für den Antrag Libyens auf vorsorgliche Maßnahmen an. Im abschließenden IGH-Urteil ist jedoch der 3.3.1992 dafür genannt - siehe IGH-Urteil (LIBYEN ·/· USA), Ziff. 5.

947 Vgl. SCHNEIDER 1999, S.85 und DELBRÜCK 1992, S.12. Für eine Betrachtung der rechtlichen Konsequenzen von Lockerbie s. HANEY 1997. Die Autorin untersucht insbesondere das Verhältnis von Sicherheitsrat und IGH. IPSEN weist darauf hin, daß die VN ohnehin nicht an die Montréal-Konvention gebunden sind und aus diesem Grunde keine spezielle, der Anwendung der Charta vorgehende Regelung nach der Montréal-Konvention in Betracht

Der IGH verwies auf die Bindungswirkung des Sicherheitsratsbeschlusses (Art. 25 SVN), die *prima facie* auch die Res. 748 erfasse. Außerdem hätten nach Art. 103 SVN die Verpflichtungen aus der Satzung vor anderen völkervertraglichen Verpflichtungen - also auch der Montréal-Konvention - Vorrang.[948] Der IGH gelangte somit nicht zu einem präjudiziellen, zu einem gewohnheitsrechtlichen Verfahrensgrundsatz führenden Spruch, nach dem seine Anrufung ein Verfahren nach Kap. VII SVN hätte suspendieren können.[949] Der Gerichtshof sah sich aufgrund dessen mehrheitlich außerstande, etwaige Rechte Libyens aus der Montréal-Konvention vorläufig zu sichern und dadurch die Rechte Großbritanniens und der USA aus der Res. 748 (1992) zu beeinträchtigen.[950]

Auch nach der Entscheidung des IGH, die keine materiellrechtliche Prüfung der Sanktionen enthält, lehnte Libyen es ab, die Res. 748 zu akzeptieren.[951]

In einer Untersuchung der im IGH-Verfahren zum Ausdruck gekommenen Streitfrage zur Relativierung der inneren Souveränität bei Friedensbedrohung legt IPSEN ausführlich dar, daß das britische und amerikanische Vorgehen gerade nicht auf eine **Auslieferung** unter Anwendung der Montréal-Konvention und von ihr in Bezug genommener Auslieferungsabkommen gerichtet war. Vielmehr verband es in einer **Forderung** die **Auslieferung** der Beschuldigten und die Aufforderung zur Übernahme der Verantwortung durch die libysche Regierung. Rechtsgrundlage

kommt (vgl. ders. 1992, S.44). Auch GOWLLAND-DEBBAS befaßt sich ausführlich mit dem Verhältnis von IGH und SR bezüglich des Lockerbie-Falles und weist ausdrücklich daraufhin, daß beide sich ergänzend zusammenarbeiten müssen, um ihren Spielraum aufs beste auszuschöpfen (vgl. dies. 1994, u.a. S.676 f.). Eine Darstellung der libyschen Seite findet sich bei AṢ-ṢĀDIQ 1996, S.60-63.

948 IPSEN bemerkt, daß das einschlägige Vertragsrecht oder Gewohnheitsrecht nur relative Grenzen für Maßnahmen des SR hinsichtlich der Beseitigung einer festgestellten Friedensbedrohung darstellen: der konkrete Sachverhalt ist stets in seinem Verhältnis sowohl zur Charta als auch zu den einschlägigen Vertrags- oder Gewohnheitsrechtsregeln zu bewerten - ders. 1992, S.42 f.

949 Vgl. IPSEN 1992, S.44. Siehe ausführlicher zur Urteilsbegründung MARSCHANG 1993, S.65 f. und MOHR 1992, S.309 f.: 1. trifft der IGH mit der Entscheidung keine Feststellung hinsichtlich des zu entscheidenden späteren Hauptverfahrens, 2. sei es nicht Aufgabe des IGH, die Situation vor der Verabschiedung der Res. 748 zu bewerten, 3. sei der IGH nicht gefragt, die rechtliche Gültigkeit der Resolution selbst zu überprüfen, 4. sei, wenn in der Zwischenzeit durch den SR eine eindeutige Aufforderung an Libyen ergangen, Libyen daran gem. Art. 25 SVN gebunden und 5. habe Libyen kein Rechtsschutzbedürfnis für die Anordnung einstweiliger Maßnahmen, deren Anordnung im Gegenteil geeignet wäre, die nunmehr durch Res. 748 den USA und Großbritannien zugestandenen Rechte zu gefährden. Siehe auch DEUTSCH 1995, S.216.

950 Vgl. SCHMALENBACH 2000, S.28. Dies. weist auch darauf hin, daß an der Entscheidung in rechtlicher Hinsicht vor allem bemerkenswert sei, daß der IGH eine gewisse Bereitschaft andeutete, sich im Hauptsacheverfahren indirekt mit der Rechtmäßigkeit der Entschließung 748 des Rates auseinanderzusetzen.

951 Vgl. RESS 2000, S.104.

sind somit die Grundsätze der völkerrechtlichen Verantwortlichkeit zwecks Auslieferung der beschuldigten Libyer als Wiedergutmachung sowie angemessener Entschädigung wegen der Staatshaftung. Dabei gehen die USA und Großbritannien von dem eindeutigen völkerrechtlichen Befund aus, daß das Verhalten der beschuldigten libyschen Staatsangehörigen als Staatsbediensteten dem Staat zuzurechnen ist. Mit der Aufnahme des britisch-amerikanischen Ersuchens in der Res. 731 hat dieses seine Qualität hin zu einer Maßnahme nach Art. 41 SVN geändert, da mit einem Libyen zuzurechenbaren terroristischen Verhalten eine Friedensbedrohung vorliegt. Somit könne der SR den Adressaten seiner Resolution auffordern, Personen zu übergeben, um im Sinne des Art. 41 SVN seinen Beschlüssen Wirksamkeit zu verleihen.[952]

Die bei IPSEN dargestellte Unterscheidung zwischen *surrender* / **Übergabe** und *extradition* / **Auslieferung** ist in der deutschen Rechtssprache nicht gebräuchlich und lenkt zudem von dem Sachverhalt ab, daß es letztlich eine von den USA und Großbritannien entwickelte Wortspielerei ist, welche die im Ergebnis angestrebte Auslieferung kaum verdecken konnte. Deswegen wird hier im folgenden der Terminus Auslieferung verwendet.

Die Minderheit der an dem IGH-Urteil beteiligten Richter legte den Schwerpunkt ihrer Argumentation auf den Umstand, daß es um das absolute Recht nach dem Grundsatz *aut dedere aut iudicare* gehe, eigene Staatsangehörige im Bereich der eigenen Hoheitsgewalt zu halten und dort ggf. strafrechtlich[953] zu verfolgen, keinesfalls jedoch ausliefern zu müssen.[954] Dies ist das zentrale Problem, das die Resolutionen 731 und 748 in den Mittelpunkt der Aufmerksamkeit rücken ließen: Durchbrechen diese Resolutionen die Impermeabilität der inneren Souveränität durch die Aufforderung an einen Mitgliedstaat, zwei eigene Staatsangehörige zum Zwecke der Strafverfolgung an andere Mitgliedstaaten zu übergeben?[955] IPSEN

---

[952] IPSEN 1992, S.43 ff. MARSCHANG lehnt allerdings IPSENs Auffassung als „nicht stringent“ ab (vgl. ders. 1993, S.68, Fn.26).

[953] Vgl. hierzu AṢ-ṢĀDIQ 1996, S.70-72: von den libyschen Untersuchungsbehörden vorgenommene Maßnahmen.

[954] Zu der strafrechtlichen Situation in Libyen für im Ausland begangene Straftaten vgl. AR-RĀZIQĪ 1995, S.119 f., Randnr. 88: Art. 6 des libyschen Strafgesetzbuches (qānūn al-ᶜuqūbāt al-lībī) und Art. 493 a der libyschen Strafprozeßordnung (qānūn iǧrāʾ al-maḥākamāt al-ǧināʾīya al-lībī) verbieten die Auslieferung von Straftätern. Für ausführliche Erläuterungen s. ĀTĀWŪF 1992, S.23; ḤĀDIṮ 1992, S.47-53; QAḌĪYAT LŪKARBĪ 1992, S.452-455; DARBĀŠ 1995, S.199-207; AṢ-ṢĀDIQ 1996, S.45 f., S.66-69. Abgedruckt liegen die genannten Gesetzesstellen bei AL-MUHAḎḎABĪ 1996 im Anhang vor (S.9 f. und S.104 f.). AS-SANŪSĪ verweist diesbezüglich deutlich auf den Unterschied zwischen Völkerrecht und innerstaatlichem Recht - vgl. ders. 2000, S.23-25. Auch in einer Untersuchung über die Lokkerbie-Angelegenheit aus dem Jahr 2000 von HILĀL/ḪĀLID steht die Frage der Rechtmäßigkeit / Unrechtmäßigkeit der Auslieferung im Mittelpunkt - vgl. dies. 2000, S.108 f.

[955] Vgl. IPSEN 1992, S.44 f. MARSCHANG führt die Unsicherheit im Richtergremium des IGH bei ihrem Urteil darauf zurück, daß in dieser Vorfrage des eigentlichen Verfahrens bereits

weist ausdrücklich darauf hin (s.o.), daß von Libyen eben nicht die **Auslieferung**, sondern die **Übergabe** der Beschuldigten verlangt wurde. Diese Formulierung änderte jedoch nichts daran, daß mit den genannten Resolutionen erstmals in den Kernbereich der inneren Souveränität eingegriffen worden war. Somit stellten diese bedeutsame Marksteine auf dem Weg zu einer nicht unumstrittenen Ausweitung der friedenssichernden Funktion des SR dar.[956]
MARSCHANG unterstreicht, daß es Art. 41 SIGH dem IGH überläßt, welche vorbeugenden Maßnahmen er zur Sicherung der Rechte der Parteien zu treffen habe. Dieser Anordnungsbefugnis des IGH kann es rechtlich nicht entgegenstehen, daß der SR in der Zwischenzeit eigene Maßnahmen zur Regelung des Konfliktes ergreift. Denn beiden Organen kommt in der SVN ein eigener Kompetenzbereich zu, den sie selbständig und unabhängig voneinander auszufüllen befugt sind. Lediglich für die Parteien kann sich, wie im vorliegenden Fall, die Möglichkeit ergeben, daß sie durch einen SR-Beschluß zwischenzeitlich rechtlich gebunden werden (Art. 25 SVN), bevor der IGH entschieden hat. Der IGH wird dadurch nicht gebunden.[957]
MARSCHANG bewertet das Verhalten des IGH folgendermaßen:

> „Der IGH hätte in jedem Fall im Wege der einstweiligen Anordnung mit rechtsverbindlicher Wirkung seinen Beitrag zur Deeskalation des Konflikts leisten können. So aber hat er es vorgezogen, von seinen Kompetenzen keinen Gebrauch zu machen und sich statt dessen dem zweifelhaften Vorgehen des SR zu beugen."[958]

Am 27.2.1998 ergingen die Entscheidungen über die Zulässigkeit der Klage Libyens vom 3.3.1992 gegen Großbritannien und die Vereinigten Staaten. Der IGH bejahte seine Zuständigkeit. In der 53 Punkte umfassenden Urteilsschrift ist festgehalten, daß ein Rechtsstreit über die Anwendung und Auslegung der Montréal-Konvention vorliegt, für den der Gerichtshof nach Art. 14 Abs. 1 dieses Übereinkommens zuständig sei. Dem stehe auch nicht Art. 103 SVN entgegen, da die zum Zeitpunkt der Klageerhebung existente Resolution 731 (1992) keine rechtliche Bindungswirkung gegenüber den VN-Mitgliedern entfalte. Die nach der Klageer-

---

grundsätzliche und keinesfalls abgeschlossene Probleme des Verhältnisses von IGH und SR und der Stellung des SR im Rahmen der SVN eingeflossen seien (vgl. ders. 1993, S.66). Für die Argumentation der dissentierenden Richter s. ders. 1993, S.67 und SIMONS 2000, S.41. DEUTSCH weist darauf hin, daß es sich bei dem Verfahren um ein Eilverfahren handelte und insofern nicht als eine „falsche Entscheidung" zu bewerten sei, da sich der IGH weder zur Rechtmäßigkeit noch zur Wirksamkeit der Resolution geäußert hat, sondern sich auf die Regel beschränkt, daß der erste Anschein für die Wirksamkeit und damit auch für die Bindungswirksamkeit der SR-Resolution spreche. Vgl. dies. 1995, S.222.

956 Vgl. IPSEN 1992, S.45.

957 Vgl. MARSCHANG 1993, S.68; DELBRÜCK 1992, S.12. Diese „fehlende Kontrolle" wird insbesondere in libyschen / arabischen Publikationen angemahnt: „Wer kontrolliert die Arbeit von internationalen Organisationen - insbesondere des Sicherheitsrates - hinsichtlich der Einhaltung des internationalen Rechts?" - AŠ-ŠABŪKĪ 2000, S.89.

958 MARSCHANG 1993, S.73; MOHR teilt diese Auffassung - vgl. ders. 1992, S.311 f.

hebung beschlossene Res. 748 (1992) macht nach Ansicht des Gerichts die beiden Klagen Libyens nicht nachträglich unzulässig.[959] Die Frage der Erledigung des Rechtsstreites auf Grund der Wirkung des Art. 103 SVN indes müsse im nächsten Verhandlungsstadium geklärt werden, d.h. im Zusammenhang mit der Begründetheit der Klagen. Gerade dieser letzte Punkt war in seiner juristischen Konstruktion bei den Richtern umstritten, wie die fünf Sondervoten zeigen.[960]
Für die USA und Großbritannien war der Richterspruch eine Niederlage. Sie sollten auf die ursprünglich erhobenen Vorwürfe Libyens bis Ende 1998 Stellung nehmen und erhielten dann unter dem Hinweis auf parallel verlaufende Bemühungen um eine diplomatische Beilegung der Krise Aufschub bis zum März 1999. Für Libyens Erwiderung wurde eine Frist bis Mitte 2000 gesetzt; das Verfahren ist noch anhängig.[961]

Zusammenfassung

Der Lockerbie-Fall verdeutlicht die komplexe Beziehung zwischen grundlegenden rechtlichen Normen und politischen Bedenken oder Sicherheitserwägungen. Konkret berührt die Angelegenheit die klassische Debatte über die rechtliche und politische Dichotomie in der internationalen Gesellschaft, die Beziehung zwischen einer juristischen Lösung eines Streites und Sanktionen (also Urteil und Vollstreckung) sowie die Rolle des Gerichtes in Streitfragen oder Situationen, die der SR als friedensbedrohlich einschätzt.
SIMONS formuliert treffend:

> "The lessons for international law derive not only from consideration of Lockerbie. The same dynamics of superpower ambition and arrogance can be discerned in dealings with many different states, in many confrontations over time. Today it is obvious that international law, often lacking consistency and state commitment, can easily be ignored at superpower whim. The aim must be to render it more effective, and to remember that even when ignored international law can strengthen the hand of the victims and at least exert an enduring moral pressure on their persecutors."[962]

---

959 Vgl. dazu ausführlich das IGH-Urteil (LIBYEN ·/· USA) vom 27.2.1998 und SCHMALENBACH 2000, S.29. Das Berufungsverfahren ist noch nicht abgeschlossen - vgl. "Fixing of the Time-Limits for the Filing of Rejoinders by the United Kingdom and the United States." (LIBYEN ·/· USA); ICJ 1999, S.1 f.

960 Vgl. SCHMALENBACH 2000, S.29.

961 Vgl. KERN 2002, S.107.

962 SIMONS 2000, S.44.

B. Die Sanktionskompetenz der EG/EU

Als sanktionsfähige und -berechtigte Völkerrechtssubjekte kommen neben den Staaten auch internationale Organisationen in Betracht, insbesondere die Europäischen Gemeinschaften und die Europäische Union.[963] Der Begriff „Union" steht einerseits für das ganze Gebilde einschließlich der drei, seit 2002 nur noch zwei Gemeinschaften (EG, (EGKS), EAG), andererseits bezeichnet er im engeren Sinne das nach Titel V und VI EUV handelnde Rechtssubjekt.[964] Der Begriff „EU" soll hier terminologisch das nach Titel V oder VI EUV handelnde Rechtssubjekt bedeuten. Die drei supranationalen Gemeinschaften werden unter dem Oberbegriff „Europäische Gemeinschaften" (EG) zusammengefaßt. Auf diese Weise wird der qualitative Unterschied zwischen den supranationalen und den stärker intergouvernemental geprägten Rechtsbereichen deutlich: „Gemeinschaftsrecht" ist der supranationale Bestandteil der Rechtsordnung (das die ursprünglich drei Gemeinschaften konstitutierende und das von ihnen gesetzte Recht). Unionsrecht wird im engeren Sinne für das Recht der GASP[965] und der PJZS[966] gebraucht.[967]

Bedingt durch eine verstärkte Beteiligung des VN-Sicherheitsrates und der EG/EU zeichnet sich die Sanktionspraxis[968] zunehmend durch ein problematisches Neben-

---

963 Die EU wurde durch den am 7.2.1992 in Maastricht unterzeichneten und am 1.11.1993 in Kraft getretenen Vertrag über die EU durch die zwölf Staaten der Europäischen Gemeinschaften gegründet. Für die drei (heute: zwei) rechtlich weiterhin selbständigen Europäischen Gemeinschaften setzte sich die zusammenfassende Bezeichnung „Europäische Gemeinschaft" (EG) durch, obwohl sich diese anfangs lediglich auf die Europäische Wirtschaftsgemeinschaft (EWG) bezog. Die EWG wurde mit Inkrafttreten des Maastrichter Vertrages offiziell in „Europäische Gemeinschaft" (EG) umbenannt, der EWG-Vertrag in EG-Vertrag. Im politischen Gebrauch setzte sich die Bezeichnung „EU" für die institutionalisierte politische Zusammenarbeit der Mitgliedstaaten auf der Grundlage der EG durch, auch wenn dabei häufig inhaltlich und rechtlich nur der Teilbereich der EG gemeint ist. Vgl. WEIDENFELD/WESSELS 1995, S.151 f. (EG), 172-178 (EU); BARATTA 2002, Sp. 1042-1084; WEBER 2000, S.432 (EG), S.433 f. (EU).

964 Dabei ist umstritten, ob die EU eine neue internationale Organisation mit eigener Rechtspersönlichkeit ist. Auch das Verhältnis zwischen EG und EU, insbesondere die Beziehungen der Organe, ihre korrekten Bezeichnungen sowie die Bezeichnung der von ihnen erlassenen Rechtsakte sind nicht gänzlich geklärt. Vgl. CALLIESS/RUFFERT 2002, S.4.

965 Gemeinsame Außen- und Sicherheitspolitik - vgl. CALLIES/RUFFERT 2002, S.XVIII.

966 Polizeiliche und justitielle Zusammenarbeit in Strafsachen - vgl. HERDEGEN 2001, Rn.64, Rn.70.

967 Vgl. CALLIESS/RUFFERT 2002, S.342 f.; HERDEGN 2001, Rn.64. Die drei - heute zwei - Gemeinschaften wahren im Gefüge der Union ihre eigene Rechtspersönlichkeit. Im Gegensatz zur EU können sie Verträge mit Drittstaaten und anderen internationalen Organisationen schließen oder selbst internationalen Organisationen beitreten. Siehe dafür HERDEGEN 2001, Rn.69.

968 Abzugrenzen sind hiervon Sanktionen als Mittel zur Durchsetzung des Gemeinschaftsrechts. Diese dienen dazu, das europäische Gemeinschaftsrecht als eigene Rechtsordnung durchzu-

einander von völkerrechtlichen, gemeinschaftsrechtlichen und nationalen Normgebern aus.[969]

Eng verknüpft mit der Handhabung von Sanktionen ist der Bereich der Exportkontrolle. Eine wirksame Exportkontrolle im Alleingang ist wenig effektiv. Deswegen erfolgt die Zusammenarbeit der Staaten durch völkerrechtliche Verträge und die völkerrechtlich nicht bindenden sog. Exportkontrollregimes.[970] Das Ziel ist die Weiterentwicklung der Harmonisierung der Exportkontrollregimes der Mitgliedstaaten. Die Grundstruktur der Kontrollregimes ist identisch: einheitliche Definition und Auflistung der zu kontrollierenden Güter (a), Austausch der Mitgliedstaaten über ihre Genehmigungspolitiken (b), Benachrichtigung über bestimmte Einzelfälle (c) Austausch proliferationsrelevanter Informationen (d).[971] Bei den Kontrollregimen Nuclear Suppliers Group, Australische Gruppe, Missile Technology Control Regime und Wassenaar-Arrangement[972] handelt es sich nicht um völkerrechtlich verbindliche Verträge, sondern um sog. *gentlemen's agreements*, also informelle Absprachen, die auf die Bereitschaft der Mitgliedstaaten setzen, sich an die im Konsensprinzip getragenen Vereinbarungen über Güterlisten und Verfahrensregeln zu halten und sie adäquat in ihr jeweiliges nationales Recht umzusetzen.[973]

---

setzen, die auf dem Territorium der Mitgliedstaaten einheitlich gilt und Vorrang vor nationalem Recht hat. Vgl. GERVEN/ZULEEG 1996, S.11.

969 Vgl. SCHNEIDER 1999, S.250.

970 Vgl. BEUTEL 2001a, Rn.1. Siehe ebd. für Einzelheiten zu den verschiedenen Exportkontrollregime mit dem Ziel der nuklearen Nichtverbreitung (Vertrag über die Nichtverbreitung von Atomwaffen, Zangger-Ausschuß, Nuclear Suppliers Group: Rn.5-7), die Nichtverbreitung von chemischen und biologischen Waffen (Chemiewaffenübereinkommen, Biologiewaffenübereinkommen, Australische Gruppe: Rn.9-11), die Nichtverbreitung von Flugkörpern (Missile Technology Control Regime: Rn.13) sowie die Nichtverbreitung von strategischen Gütern (CoCom, Wassenaar Arrangement: Rn.15 f.). Vgl. auch HADDEX 1997, Rn.16-21, für das Chemiewaffenübereinkommen <http://www.opcw.org>.

971 Vgl. BEUTEL 2001a, Rn.3.

972 Für das CoCom (1950 - 30.3.1994: diente der Kontrolle von Waren, die einen wichtigen Beitrag zum militärischen Potential der damaligen Ostblock- oder anderer die nationale Sicherheit der westlichen Welt bedrohenden Staaten leisten könnten) als Vorläufer des Wassenaar-Arrangement (seit dem 19.12.1995) vgl. HUCKO/WAGNER 2001, S.15; HÖLSCHER 1998, S.11-26; HADDEX 1997, Rn.8; HADDEX 1997, Teil 12, S.3; MÜLLER 1994, S.49-51.

973 Vgl. BEUTEL 2001a, Rn.4.

I. Völkerrechtliche Zulässigkeit von EG/EU-Sanktionen gegen Drittstaaten

Neben der Organisation Amerikanischer Staaten (OAS) (vgl. 1. Kap., S.70) ist die EU eine der wenigen internationalen Organisationen[974], deren Gründungsdokument die Verhängung von Sanktionen zuläßt. WHITE schreibt:

> "It has gone further [als die OAS], as shall be seen, by imposing sanctions against non-members, not only states committing aggression against member states (Argentina in 1982), but states committing aggression against non-members (Iraq) and threats to the peace in non-member countries (South Africa and Yugoslavia)."[975]

Die Sanktionsbeschlüsse der EU trifft der Rat der EU (s. Art. 5 EUV[976] n.F., Art. 7 EGV[977] n.F.) im Rahmen der GASP (Art. 11 EUV n.F.). Der Rat hat dabei die Möglichkeit, auf der Grundlage der allgemeinen Leitlinien des Europäischen Rates (Art. 4, Art. 13 EUV n.F.) nach Art. 15 EUV n.F. einen gemeinsamen Standpunkt[978] oder nach Art. 14 EUV n.F. eine gemeinsame Aktion anzunehmen. Die GASP-Beschlüsse binden nur die Mitgliedstaaten (Art. 14 Abs. 3, Art. 15 EUV n.F.).[979] Eine direkte Wirkung gegenüber den natürlichen und juristischen Personen der Mitgliedstaaten entfalten sie nicht. Dazu bedarf es der Umsetzung durch die EG

---

974 Sanktionsaktivitäten entfalten darüber hinaus die OAU/AU und die AL - vgl. KISSLER 1984, S.146 f. Für die Sanktionspraxis der AL vgl. insbesondere ebd., S.148-150.

975 WHITE 1994, S.87 f. Für Einzelheiten s. auch die Seiten 88-90. CHUNG empfiehlt in seiner Dissertation über die europäische Sanktionspolitik, daß sich der Kooperationsrahmen der EU entsprechend dem Vorbild der OAS entwickeln solle - nur so könne die EU globale politische Verantwortung übernehmen und den internationalen Herausforderungen gerecht werden. Vgl. ders. 2002, S.227.

976 Vgl. hierzu S.257, Fn.963.

977 Bei dem EGV handelt es sich um den Vertrag zur Gründung der Europäischen Gemeinschaft in der Amsterdamer Fassung, geändert durch den Vertrag von Nizza vom 26.2.2001 m.W.v. 1.2.2003. Die grundlegenden Änderungen im Vertragswerk spiegeln sich an der geänderten Numerierung der Artikel wider.

978 Ein gemeinsamer Standpunkt stellt ein gleichsinniges, koordiniertes und damit gebündeltes Auftreten der EU-Mitgliedstaaten sicher. Die Verfolgung eines vorgegebenen Konzeptes verlangt jedoch von den Mitgliedstaaten niemals einen Bruch des Völkerrechtes. Auch müssen gemeinsame Standpunkte das Gemeinschaftsrecht respektieren. Vgl. CALLIESS/RUFFERT 2002, S.178.

979 Für die konstruktive Enthaltung eines Mitgliedstaates bei einer GASP-Beschlußfassung bezüglich EU-Sanktionen s. CHUNG 2002, S.55 f. Einzelne Mitgliedsländer können von geltendem Gemeinschaftsrecht und damit auch von einem EU-Handelsembargo abweichen, liegen eine schwerwiegende innerstaatliche Störung der öffentlichen Ordnung, ein Krieg u.ä. vor. Auch an anderer Stelle reißt CHUNG diese ungeklärte Situation an und stellt fest, daß selbst der Amsterdam-Vertrag nicht regelt, ob die Zuständigkeit für die individuelle Sanktionsmaßnahme an die Mitgliedstaaten zurückfällt, die unter Umständen durch einen VN-Sanktionsbeschluß zum Handeln verpflichtet sind.

gem. Art. 301 EGV n.F.[980] Gegebenenfalls kann der Rat auch Art. 235 [Art. 308 n.F.] EGV als zusätzliche Rechtsgrundlage heranziehen.[981]
Waffenembargos fallen gem. Art. 296 (Art. 223 a.F.) EGV in die ausschließliche Kompetenz der Mitgliedstaaten.[982]
Eine Pflicht der Gemeinschaft zur Durchsetzung von VN-Sanktionen kommt nur insoweit in Betracht, als die von den VN-Organen verhängten Sanktionen erst nach Durchführung durch die VN-Mitglieder ihre Wirksamkeit entfalten. Dafür ist ein Tätigwerden der Mitglieder erforderlich. Dies bezieht sich auf Beschlüsse, die im Rahmen des Kap. VII SVN getroffen werden. Auf der Grundlage von Art. 5, 6 SVN verhängte Sanktionen (Suspendierung der Mitgliedschaftsrechte, Ausschluß aus den VN) hingegen werden bereits mit Beschluß der Generalversammlung wirksam. Bei den nach Kap. VII SVN erfolgten Beschlüssen stellt sich die Frage, ob auch die EG zu deren Durchsetzung verpflichtet ist. Eine solche Bindung könnte aus Art. 25, 48 SVN resultieren. Da die EG kein formelles VN-Mitglied ist, könnte immerhin ihre faktische Mitgliedschaft von Bedeutung sein. Grundvoraussetzung für diese ist, daß die EG Inhaberin der entsprechenden Kompetenzen ist. Gemäß Art. 228 a [Art. 301 n.F.], 73 g [Art. 60 n.F.) EGV hat die EG die Kompetenz, Wirtschaftssanktionen gegen EG-Drittstaaten zu verhängen. Damit liegt eine Kompetenzenübertragung vor - allerdings läßt die Praxis von VN und EG bislang keinen entsprechenden Bindungswillen erkennen. Art. 48 Ziff. 2 SVN ist als Grundlage einer Bindung der EG nicht zu betrachten, da nur Mitgliedstaaten verpflichtet werden. Auch die Art. 25, 2 Ziff. 6 SVN bewirken keine EG-Bindung an die SVN.[983]
Die EG kann lediglich friedliche / nicht-militärische Sanktionen verhängen und ist dabei auf den Bereich der Wirtschaft angewiesen. Allerdings sind die Wirtschaftssanktionen nicht nur auf den Handel beschränkt, sondern umfassen auch andere der in Art. 41 SVN angesprochenen Maßnahmen.[984]
Die EG kann auch ohne VN-Beschluß Sanktionen verhängen. STEIN schreibt dazu:

> „Zwar ist im Zusammenhang mit Art. 53 der Charta die Auffassung vertreten worden, daß auch nicht-militärische Maßnahmen von Regionalorganisationen einer Ermächtigung durch den Sicherheitsrat bedürfen, weil die Charta in Kapitel VII den Begriff „Zwangsmaßnahmen“ nicht definiert, sondern im Gegenteil in den Art. 41 und 42 des VII. Kapitels

---

980 Art. 301 EGV n.F. wurde in den EGV eingefügt und dient der Umsetzung von Embargobeschlüssen aufgrund gemeinsamer GASP-Aktionen in eine verbindliche EG-Verordnung: s. Art. 189 [Art. 249 n.F.] EGV. Vgl. dazu CHUNG 2002, S.5 f., S.44-46.

981 Vgl. FINANZSANKTIONEN 2003, S.1.

982 Vgl. BEUTEL 2001, Rn.4.

983 Vgl. ausführlich OSTENECK 1998, S.105, 107; STEIN 1993, S.17-20. Die EU ist nicht Mitglied der Vereinten Nationen und hat nur Beobachterstatus. Als VN-Mitglieder müssen die EU-Staaten selber dafür Sorge tragen, einen SR-Resolutionsbeschluß in nationales und/oder gemeinschaftliches Recht umzusetzen. Vgl. CHUNG 2002, S.197.

984 Vgl. STEIN 1993, S.14 f.

den Begriff „Maßnahmen" sowohl für militärische als auch nicht-militärische Aktionen verwendet."[985]

Es setzte sich die Auffassung durch, daß wirtschaftliche Zwangsmaßnahmen nicht vom VN-SR autorisiert werden müssen. Viele Staaten - auch außerhalb der Regionalorganisationen - verhängen Sanktionen und gehen dabei von ihrer völkerrechtlichen Zulässigkeit aus. Nur wenn der EG oder ihren Mitgliedstaaten das Repressalienrecht im konkreten Fall nicht zusteht, bedarf es der Rechtfertigung eines vorherigen Sanktionsbeschlusses des SR.[986]

II. Kompetenz der Gemeinschaft zu dem Erlassen von Sanktionen

Sanktionsmaßnahmen der EG/EU sind demgemäß auch ohne zugrundeliegende Maßnahmen der Vereinten Nationen möglich. Die EG verhängt seit Anfang der achtziger Jahre Sanktionen in Form unmittelbar geltender Verordnungen.[987] Die hierzu erforderliche Kompetenz der Gemeinschaft war immer bezweifelt worden und führte in der Praxis zu der erwähnten Herausbildung eines zweistufigen Verfahrens bestehend aus Abstimmungen der Mitglieder im Rahmen der europäischen Zusammenarbeit und der Rechtsetzung des normgebenden Organs der Gemeinschaft. Doch kommt der Gemeinschaft auch ohne zuvor gefaßte politische Beschlüsse der Mitgliedstaaten die Kompetenz zu, Sanktionsmaßnahmen zu ergreifen. Der Europäische Gerichtshof (EuGH) legt die in Art. 113 [Art. 133 n.F.] EGV geregelte Handelspolitik traditionell weit aus. Denn die Außenhandelskompetenz der Gemeinschaft ist unerläßlich für ein Funktionieren des Gemeinsamen Marktes. Einseitige Maßnahmen der Mitglieder gefährden den gemeinsamen Markt und sind nur unter engen Bedingungen zugelassen.[988]

---

985 STEIN 1993, S.16.

986 Vgl. STEIN 1993, S.16 f. HERDEGEN führt aus, daß ein Mitgliedstaat nur dann eigene handelspolitische Maßnahmen erlassen darf, wenn sie ausnahmsweise von einer speziellen Ermächtigung der Kommission gedeckt sind, in einer besonderen Vorschrift, in einer EG-VO oder in einem völkerrechtlichen Vertrag der EG zugelassen sind oder sich gemäß der Sondervorschriften der Art. 296 Abs. 1 b und Art. 297 EGV n.F. rechtfertigen lassen. Vgl. ders. 2001, Rn.371.

987 Die EU kann aufgrund eigener Kompetenzen ohne Beteiligung der EG keine Wirtschaftssanktionen verhängen. Zur gemeinschaftsrechtlichen Konformität von Wirtschaftssanktionen sind nicht zu unterschätzende gemeinschaftsrechtliche Schranken wie etwa die Begründungspflicht, ein Eigentumsschutz durch Entschädigungsregelungen, der Vertrauensschutz oder der Grundsatz der Verhältnismäßigkeit zu beachten. Vgl. SCHNEIDER 1999, S.251.

988 Vgl. RESS 2000, S.473 f., und BEUTEL 2001, Rn.8.: seit Inkrafttreten des Art. 228 a [Art. 301 n.F.] EGV stellt dieser eine *lex specialis* zu Art. 113 [Art 133 n.F.] EGV dar. Bei Vorliegen von GASP-Beschlüssen ist für Maßnahmen auf der Grundlage des Art. 113 [Art 133 n.F.] EGV kein Raum mehr.

Mit Inkrafttreten des Maastrichter Vertrages steht die Sanktionskompetenz der Gemeinschaft außer Zweifel: Art. 228 a [Art. 301 n.F.] EGV eröffnet der Gemeinschaft auf der gesamten Bandbreite der zwischenstaatlichen Wirtschaftsbeziehungen die Möglichkeit, Beschränkungen zu verhängen.[989]
Diese Neuregelung war notwendig vor allem mit Hinblick auf die Umsetzung der SR-Resolutionen, um ein Nebeneinander von Gemeinschaftsregelungen und solchen der Mitglieder zu vermeiden. Allerdings bringt Art. 228 a [Art. 301 n.F.] EGV durch die hier vorgesehene zwingende Vorschaltung eines GASP-Beschlusses der Mitgliedstaaten eine einzigartige Verknüpfung von Gemeinschaftsrecht und der „intergouvernementalen Säule" - des Ministerrates und EU-Kommission - der EU mit sich - auch wenn sich aus dem GASP-Beschluß der Mitglieder keine Rechtspflicht der Gemeinschaft zur Umsetzung des Beschlusses herleiten läßt.[990] Die zwingende Vorschaltung des GASP-Beschlusses hat zur Folge, daß die Kompetenz der Gemeinschaft aus Art. 228 a [Art. 301 n.F.] EGV unter dem Vorbehalt eines vorherigen politischen Einvernehmens der Mitgliedstaaten steht.[991] Aus diesem Grund stellt Art. 228 a [301 n.F.] EGV im Vergleich zur bisherigen Embargokompetenz der Gemeinschaft aus Art. 113 [Art. 133 n.F.] EGV einen Rückschritt dar, der im Unionsvertrag nicht angelegt ist. Dies führt zu einer parallelen Weitergeltung des Art. 113 [Art. 133 n.F.] EGV als potentieller Grundlage für Embargomaßnahmen der EG.[992]
Für das Konkurrenzverhältnis der beiden Bestimmungen ist danach zu differenzieren, ob ein GASP-Beschluß der Mitgliedstaaten vorliegt. Ist dies der Fall, stellt Art. 228 a [Art. 301 n.F.] EGV als *lex specialis* die vorrangige Kompetenzgrundlage dar. Falls ein GASP-Beschluß nicht zustandekommt, bleibt der Gemeinschaft jedoch die Embargokompetenz aus Art. 113 [Art.133 n.F.] EGV.
Die Gemeinschaft setzt anstelle der Mitglieder bindende Sanktionsbeschlüsse des SR in unmittelbar geltendes Recht (EG-VO) um, ist jedoch völkerrechtlich dazu

989 Vgl. SCHNEIDER 1999, S.250.

990 Bei Vorliegen eines im Rahmen der GASP gefaßten Embargobeschlusses, der ein Tätigwerden der EG vorsieht, ist die EG-Kommission verpflichtet, die Umsetzung des Beschlusses durch eine entsprechende EG-VO vorzuschlagen. Daraufhin beschließt der Rat als Organ der EG (Art.7, Art. 202, Art. 203 EGV n.F.) mit qualifizierter Mehrheit (Art. 205 EGV n.F.) die Umsetzung der Embargomaßnahmen, die er im Rahmen der GASP zuvor als Organ der EU (Art. 5 EUV n.F.) einstimmig (Art. 23 EUV n.F.) beschlossen hat. Vgl. BEUTEL 2001, Rn.7.

991 Vgl. dazu auch FINANZSANKTIONEN 2003, S.1.

992 Auch SCHNEIDER weist darauf hin, daß die vertragliche Festschreibung des Prinzips der Einstimmigkeit das Risiko einer zunehmenden Ineffizienz von EG/EU bei der Verhängung von Wirtschaftssanktionen birgt. Die Stellung der Kommission bei der Verhängung von Wirtschaftssanktionen wird geschwächt, indem ihr nach Art. 228 a [Art. 301 n.F.] EGV erst nach der GASP-Entscheidung ein Vorschlagsrecht eingeräumt wird. Eine Vorschlagspflicht bestehe jedoch nicht. SCHNEIDER regt an, daß eine frühzeitige Einbindung der Kommission über eine Kombination des Art. 228 a [Art. 301 n.F.] EGV mit Art. J.8 Abs. 3 [Art. 18 n.F.] EUV erreicht werden könne (ders., S.251).

nicht verpflichtet, da sie weder Mitglied der VN noch im Wege der Funktionsnachfolge in die vertragliche Stellung der Mitgliedstaaten eingetreten ist.
Allerdings trifft die Gemeinschaftsorganisation aus Art. 234 [Art. 307 n.F.] in Verbindung mit Art. 5 [Art. 10 n.F.] EGV eine gmeinschaftsrechtliche Pflicht, völkerrechtliche Verpflichtungen der Mitgliedstaaten zu berücksichtigen und daher angesichts der ausschließlichen Embargokompetenz der Gemeinschaft die gemeinschaftsrechtliche Pflicht, die volle Umsetzung der VN-Sanktionen zu gewährleisten.[993]

1. Der Begriff der „Gemeinsamen Handelspolitik"

Exportkontrollen gehören zur Gemeinsamen Handelspolitik der EU (Art.113 EGV a.F.). In diesem Rahmen hat die EU verschiedene sekundärrechtliche Regelungen für die Ausfuhr nach Drittstaaten erlassen. Sie beschränken Exporte aus umwelt-, kultur-, außen- oder sicherheitspolitischen Gründen. Grundlegend für die Ausfuhr in Drittländer ist die VO (EWG) 2603/69[994] über die gemeinsame Ausfuhrregelung (AR) für die EU-Staaten. Wegen ihrer Reichweite und der in ihr verbürgten Ausfuhrfreiheit wird sie auch „magna charta" der Exportwirtschaft genannt. Gemäß Art. 1 AR sind Ausfuhren aus den Mitgliedstaaten in Drittstaaten frei und somit vorbehaltlich der in der AR und in den Gründungsverträgen selbst festgelegten Ausnahmen keinen mengenmäßigen Beschränkungen unterworfen. Art. 11 AR erlaubt Ausfuhrbeschränkungen aus Gründen der öffentlichen Sittlichkeit, Ordnung und Sicherheit, zum Schutz der Gesundheit und des Lebens von Menschen, Tieren oder Pflanzen, des nationalen Kulturgutes oder des Eigentums. Nach Art. 223 Abs. 1 b) des Vertrages zur Gründung der Europäischen Wirtschaftsgemeinschaft (EWGV) kann ferner jeder Mitgliedstaat die Maßnahmen ergreifen, die seines Erachtens für die Wahrung seiner wesentlichen Sicherheitsinteressen erforderlich sind, soweit sie die Erzeugung von Waffen, Munition und Kriegsmaterial oder den Handel betreffen. Diese Ausnahme gilt jedoch nicht für Güter mit doppeltem Verwendungszweck.[995]

2. Die Rechtslage vor und nach dem Maastrichter Vertrag

Die Frage eines Wirtschaftsembargos stellte sich erstmalig 1966 mit den VN-Sanktionen gegen Rhodesien. Dabei kam es nicht zu einer echten Aktion der EG. Die EG wandte das VN-Embargo im Handelsbereich an, um Frieden und Sicherheit

---

[993] Vgl. RESS 2000, S.474 f.

[994] ABl. (EG) 1969 Nr. L 324, S.25, geändert durch VO (EWG) 1934/82, ABl. (EG) 1982 Nr. L 211, S.1.

[995] Vgl. HÖLSCHER 1998, S.150.

zu erhalten. Art. 113 E(W)GV a.F. war nicht maßgeblich dafür.[996] Dieser Art. war jedoch später z.B. die Grundlage für spezifische Lieferungs- und Leistungsverbote gegenüber Libyen im Zusammenhang mit der Lockerbie-Angelegenheit. Immerhin setzte sich dieser Artikel nach zehn Jahren und sechs praktischen Anwendungsfällen als Rechtsgrundlage für gemeinschaftliche Sanktionsmaßnahmen durch.[997]
In der Literatur wird die Frage einer ausschließlichen Sanktionskompetenz der EG bislang nicht gestellt. Bis zur Einfügung des Art. 228 a [Art. 301 n.F.][998] war nicht geklärt, ob aus Art. 113 [Art. 133 n.F.] EGV überhaupt eine Kompetenz für Sanktionen herzuleiten sei. Selbst wenn durch Art. 228 a [Art. 301 n.F.] EGV die generelle Kompetenzfrage zugunsten der EG entschieden worden ist, folgt daraus noch keine ausschließliche Kompetenz. Der Art. 228 a [Art. 301 n.F.] EGV gilt für alle Arten von Wirtschaftssanktionen und beendet die Unsicherheit darüber, was im einzelnen noch als „handelspolitisch" in dem oben beschriebenen Sinne angesehen werden konnte. Er schreibt ein zweistufiges Verfahren vor, das der bisherigen Praxis entsprach, rechtlich jedoch nicht fixiert war. Vorausgesetzt wird die einstimmige Festlegung eines gemeinsamen Standpunktes oder der Beschluß (Art. J.2 / 12 n.F. EUV) über eine gemeinsame Aktion (Art. J.3 / 13 n.F. EUV). Dabei ist der gemeinsame Standpunkt nicht verbindlich - die Mitgliedstaaten müssen dafür Sorge tragen, daß ihre einzelstaatliche Politik hiermit in Einklang steht.[999] Danach hat eine Verordnung der Gemeinschaft die nähere Durchführung der Wirtschaftssanktionen zu regeln (Art. 228 a / 301 n.F. EGV, Art. 73 g / 60 n.F. EGV). Während der GASP-Beschluß die inhaltlichen Determinanten der Wirtschaftssanktionen vorgibt, muß die Gemeinschaft die technische Durchführung übernehmen. Nach Art. 228 a (301 n.F.) EGV ist sie an den GASP-Beschluß gebunden. Nach Art. 73 g (60 n.F.) EGV liegt es im Ermessen der Gemeinschaft, ob der Beschluß umgesetzt wird. Die beiden Artikel sind *leges speciales* für die Verhängung von Wirtschaftssanktionen, so daß andere Kompetenznormen hierfür nicht mehr in Frage kommen. Sollten jedoch diese beiden Artikel nicht angwendet werden aufgrund eines fehlenden GASP-Beschlusses oder der Beschluß im Falle des Art. 73 g [Art. 60 n.F.] EGV nicht umgesetzt werden, dann kann eine Koordinierung der mitgliedstaatlichen Maßnahmen über Art. 224 [Art. 297 n.F.] EGV und über Art. 73 g Abs. 2 [Art. 60 Abs. 2 n.F.] EGV stattfinden.[1000] Bei der Bewertung dieser Rechtsentwicklung

---

[996] Im Gegensatz zu Art. 228 a [Art. 301 n.F.] EGV stellt Art. 113 [Art. 133 n.F.] EGV nicht auf Wirtschaftssanktionen aus außenpolitischen Gründen, sondern nur auf handelspolitische Maßnahmen ab. Vgl. ZELENY 1997, S.201.

[997] Vgl. STEIN 1993, S.21, 29, 31.

[998] Durch die Einführung der Art. J.2, J.3 EUV a.F. und der Art. 228 a [Art. 301 n.F.], 73 g [Art. 60 n.F.] EGV wurde für die Gemeinschaft die Möglichkeit geschaffen, Wirtschaftssanktionen aus außenpolitischen Interessen gegenüber dritten Staaten zu verhängen - vgl. dazu ZELENY 1997, S.230.

[999] Vgl. STEIN 1993, S.38-40.

[1000] Vgl. ZELENY 1997, S.231.

kommt STEIN zu dem Schluß, daß die Maastrichter Verträge die meisten der bisherigen Fragen zu außenpolitisch motivierten Wirtschaftssanktionen der EG nicht regeln. Denn die EG lehne eine gemeinsame Außenpolitik ab, die nicht ihrem Willen und ihren Interessen entspreche. Dieser Zustand werde sich solange nicht ändern, wie die EG aus souveränen Staaten bestehe.[1001]

Diese Verknüpfung von GASP-Maßnahmen und Rechtsakten der EG fand sich bis 2000 auch bei der Exportkontrolle von zivil und militärisch verwendbaren Gütern. Der Rat der EU nahm hier nach Art. 13 EUV n.F. eine gemeinsame Aktion zur Ausfuhrkontrolle von Gütern mit doppeltem Verwendungszweck an.[1002] Gleichzeitig erließ der Rat eine EG-VO[1003] über eine Gemeinschaftsregelung der Ausfuhrkontrolle von Gütern mit doppeltem Verwendungszweck. Beide Maßnahmen bildeten ein „integriertes System", an dem Rat, Kommission und Mitgliedstaaten im Rahmen ihrer Kompetenzbereiche mitwirkten. Diese Verflechtung von EG-VO und GASP-Beschluß hat der Rat mit der neuen Dual-Use-Verordnung (DUV) vom 22.6.2000[1004] aufgehoben. Sie gründet sich nunmehr alleine auf Art. 133 [Art. 113 a.F.] EGV.[1005]

III. Die Umsetzung von nichtmilitärischen VN-Sanktionen durch die EG/EU

Die Rechtslage im Beziehungsgefüge von VN und EG/EU hat STURMA untersucht, dessen Beurteilung nachstehend wiedergegeben wird. STURMA weist in seinem Artikel über die Partizipation der europäischen Staaten an internationalen Sanktionen darauf hin, daß es vom juristischen Standpunkt her einen großen Unterschied bedeute, ob die Sanktionen direkt von der EG oder EU beschlossen wurden, oder ob diese von den VN beschlossene Sanktionen umsetzen - wobei er Sanktionen gegen die EG-/EU-Mitgliedstaaten von seiner Untersuchung ausnimmt.[1006] Die völkerrechtliche Verpflichtung zur Umsetzung von Sanktionen nach Kap. VII SVN wurde bereits behandelt.[1007] Im folgenden wird die damit in Bezug stehende mitgliedstaatliche Sanktionsgesetzgebung dargestellt.

[1001] Vgl. STEIN 1993, S.43 f. LAUBEREAU nimmt für den Bereich der Embargomaßnahmen eine konkurrierende Gesetzgebung im Rahmen des Art. 113 [Art. 133 n.F.] EGV und auch des Art. 228 a [301 n.F.] EGV an. S. ders. 1996, S.176.

[1002] Beschl. 94/942/GASP vom 19.12.1994, ABl. (EG) 1994 Nr. L 367, S.8.

[1003] VO (EG) Nr. 3381/94 vom 19.12.1994, s. ABl. (EG) 1994 Nr. L 367, S.1.

[1004] VO (EG) Nr.1334/2000 vom 30.6.2000, s. ABl. (EG) 2000 Nr. L 159, S.1-15. Mit der neugefaßten DUV wurde ein wesentlicher Teil des außenwirtschaftlichen Regelungsbereiches an die EG/EU übertragen. Die deutsche Außenwirtschaftsverordnung z.B. enthält nun nur noch die Bußgeldandrohungen und Strafvorschriften für Verstöße gegen das EG-Recht. Vgl. HUCKO/WAGNER 2001, S.11; s. auch in diesem Kap. Abschn. C.I.4., S.276 f.

[1005] Vgl. HERDEGEN 2001, Rn.71.

[1006] Vgl. ausführlich dazu STURMA 1993, insbesondere S.253, 256.

[1007] Siehe hierzu in diesem Kapitel Abschn. A.I.4., S.242 f.

1. Zulässigkeit einer wiederholenden mitgliedstaatlichen Sanktionsgesetzgebung

Eine völkerrechtliche Verpflichtung, die vom VN-Sicherheitsrat beschlossenen Wirtschaftssanktionen durchzuführen, besteht zwar grundsätzlich nicht für internationale Organisationen, wohl aber für die EG aufgrund ihrer Rechtsnachfolge in der mitgliedstaatlichen Pflichtenstellung bei den VN. Sobald die völkerrechtlichen Sanktionspflichten gegenüber den VN durch die Gemeinschaft besser erfüllt werden können, besteht für die EG-Mitgliedstaaten eine völkerrechtliche Unterlassungspflicht hinsichtlich abweichender, einzelstaatlicher Wirtschaftssanktionen.[1008]
VN-Beschlüsse und gemeinsame Standpunkte[1009] des EU-Rates entfalten keine unmittelbar bindende Regelungswirkung für die im jeweiligen Staat niedergelassenen Unternehmen. Die jeweiligen nationalen Regierungen haben sich jedoch verpflichtet, den durch einen gemeinsamen Standpunkt zum Ausdruck gebrachten politischen Willen zu berücksichtigen. Dieser wird auf zwei unterschiedliche Arten umgesetzt:

- Betrifft ein gemeinsamer Standpunkt Güterexporte oder Handlungen, für welche bereits auf der Basis der nationalen Kontrollnormen eine Genehmigungspflicht besteht, wird der im gemeinsamen Standpunkt zum Ausdruck gebrachte Wille durch Nichterteilung der entsprechenden, notwendigen Genehmigungen umgesetzt. Dies ist beispielsweise bei Waffenembargos der Fall. Hier findet z.B. in Deutschland eine Abwägung der Frage der Genehmigungsfähigkeit auf Basis des § 7 AWG Berücksichtigung durch Nichterteilung der nach § 5 AWV und ggf. nach § 45 b AWV notwendigen Genehmigungen statt.[1010]
- Liegt für einen betroffenen Bereich keine nationale Regelung vor oder wird sie nicht geschaffen, erfolgt die Umsetzung des gemeinsamen Standpunktes in einer entsprechenden EG-VO, vorausgesetzt es besteht eine Regelungskompetenz auf EU-Ebene.

Die überwiegende Mehrheit aller gemeinsamen Standpunkte wird durch solche EG-VOen transformiert.[1011]
Problematisch erscheint die Umsetzung von Sanktionsbeschlüssen im nationalen Recht in den Fällen, in denen bereits eine gleichlautende EG-VO ergangen und mit der Veröffentlichung im Amtsblatt unmittelbar geltendes Recht (Art. 249 Abs. 2 EGV n.F.) ist. Zum Teil besteht daher die Auffassung, daß die nationalen Verbote infolge absoluter Funktionslosigkeit nicht von der Ermächtigung zum Erlaß von VOen im AWG abgedeckt sind. Auch verstießen sie gegen das Verbot der Wiederholung von EG-Recht. Diese Auffassung verkennt jedoch, daß den EG-VOen lediglich verwaltungsrechtliche - und keine strafrechtliche - Bedeutung zukommt.

[1008] Vgl. SCHNEIDER 1999, S.252. Der europarechtlichen Verpflichtung zur Durchführung der vom VN-Sicherheitsrat angeordneten Wirtschaftssanktionen unterliegen sowohl die Gemeinschaften als solche als auch die EG-Mitgliedstaaten. S. ebd.

[1009] Vgl. hierzu S.259, Fn.978.

[1010] Zu Einzelheiten zum Außenwirtschaftsgesetz (AWG) und der Außenwirtschaftsverordnung (AWV) s. in diesem Kapitel Abschn. C., S.271 f.

[1011] Vgl. PIETSCH 1999, S.441.

Der EGV begründet keine Befugnis zum Erlaß strafrechtlicher Sanktionen. Die Strafbarkeit von Verstößen ist jedoch notwendige Voraussetzung für die effektive Durchsetzung eines Embargos. Daher enhalten die Embargo-Verordnungen der EG stets die Verpflichtung der Mitgliedstaaten zur Strafbewehrung der EG-VOen. In Deutschland beispielsweise kann EG-VOen nach § 34 Abs. 4 AWG eine nationale Strafandrohung durch bloße Bekanntmachung im Bundesgesetzblatt oder Bundesanzeiger oder aber im Verordnungswege beigelegt werden. Aus Gründen der Rechtssicherheit und -klarheit hat Deutschland überwiegend den Weg der Rechtsverordnung gewählt.[1012]

IV. Die Sanktionen der EG/EU gegen Libyen vor und nach dem Maastrichter Vertrag

Nach Inkrafttreten der Sicherheitsratsresolution 748 (1992)[1013] forderten die Außenminister im Rahmen der Europäischen Politischen Zusammenarbeit (EPZ) Libyen zunächst zur Einhaltung der Resolution auf (Erklärung vom 6.4.1992). Am 14.4.1992 erließ der Rat unter Bezugnahme auf diese Resolution nach den üblichen Konsultationen unter den Mitgliedstaaten im Rahmen der EPZ die VO (EG) 945/92. Hierin wird das Luftverkehrsembargo der VN in bindendes Gemeinschaftsrecht umgesetzt.[1014] Die VO wird gestützt auf Art. 113 [Art. 133 n.F.] EGV und nimmt ausdrücklich Bezug auf die Resolution 748 (1992). Allerdings fehlt die sonst gebräuchliche Erwähnung des vorangegangenen EPZ-Beschlusses. Trotz Kürzung des Wortlautes stellt diese EG-VO inhaltlich eine Wiederholung der VN-Resolution dar. Eine über die VN-Resolution hinausgehende Einführung eines Genehmigungssystems für alle Exporte nach Libyen, die noch im Vorschlag für die VO vorgesehen war, wurde nicht beschlossen. Das Waffenembargo der Res. fand in dem Gemeinschaftsakt keine Erwähnung, da es im Rahmen der EPZ aufgrund entsprechender Vereinbarung allein durch nationale Rechtsakte der Mitgliedstaaten durchgeführt wird.[1015]

Die Verschärfung der gegen Libyen verhängten Sanktionen durch die VN wurden zum ersten Anwendungsfall der durch den Maastrichter Unionsvertrag in den EGV eingefügten Bestimmungen des Art. 228 a [Art. 301 n.F.] EGV. Auf der Basis eines Vorschlages der Präsidentschaft des Rates vom 12.11.1993 legte der Rat zunächst im Rahmen der GASP einen gemeinsamen Standpunkt fest, der die gesamte Band-

---

1012 Vgl. BEUTEL 2001, Rn.9.

1013 Vgl. zur Verhängung der VN-Sanktionen gegen Libyen Abschn. A.II.1. in diesem Kapitel, S.246 ff.

1014 Vgl. RESS 2000, S.209.

1015 Vgl. SCHNEIDER 1999, S.85 f.

breite des VN-Embargos abdeckte.[1016] Die Kommission unterbreitete am gleichen Tag einen entsprechenden Entwurf zweier Verordnungen. Diese wurden am 29.11.1993 verabschiedet.[1017] Erstmals basierten beide Verordnungen auf Art. 228 a [Art. 301 n.F.] EGV und dem vorausgegangenen GASP-Beschluß anstelle der bisher zugrundegelegten Art. 113 [Art. 133 n.F.] EGV oder Art. 235 [Art. 308 n.F.] EGV. Die in beiden Verordnungen verwendete Formulierung „gestützt insbesondere auf Art. 228 a [Art. 301 n.F.] EGV“ läßt vermeidbar Unklarheit aufkommen in Bezug auf die Rechtsqualität des Art. 228 a [Art. 301 n.F.] EGV als der nunmehr alleinigen Rechtsgrundlage für gemeinschaftliche Wirtschaftssanktionen.[1018]

- Die Verordnungen verschärften das bereits bestehende Luftverkehrsembargo und verboten sog. Kompensationsgeschäfte. Die erweiternden Maßnahmen wurden mit den seit 1992 bestehenden Wirtschaftssanktionen aus Gründen der Transparenz in einem umfassenden gemeinschaftlichen Rechtsakt zusammengefaßt. Dementsprechend folgte zugleich die Aufhebung der bisher geltenden Verordnung (EWG) Nr. 945/92. Im Zusammenhang mit dem Verbot von Kompensationen für Libyen[1019] wurde eine zweite eigenständige Verordnung erlassen. Diese blieb auch nach Beendigung der Wirtschaftssanktionen am 12.9.2003 durch den SR in Kraft, während die umfassendere erste Verordnung aufgehoben wurde.[1020]
- Auf dem Gebiete des Zahlungs- und Kapitalverkehrs beruht die Kompetenzbefugnis zu Maßnahmen auf Art. 73 g [Art. 60 n.F.] EGV in Verbindung mit Art. 228 a [Art. 301 n.F.] EGV. Allerdings traten diese erst am 1.1.1994 in Kraft. Aufgrund dessen wurde das in Ziff. 3 der Res. 883 (1993) vorgeschriebene Einfrieren von Vermögenswerten bestimmter libyscher natürlicher und juristischer Personen nicht von der Embargo-Verordnung der Gemeinschaft erfaßt - die Mitgliedstaaten erließen selber die hierzu erforderlichen Rechtsvorschriften.[1021]

Ein Beispielsfall für einen erfolglosen Versuch der Kommission, einen Fehler in der VN-Resolution über das Gemeinschaftsrechts zu korrigieren, findet sich bei SCHNEIDER: Anders als in den Fällen Irak sowie Serbien und Montenegro erfaßte das Kompensationsverbot in der VN-Resolution alle Staatsbürger des sanktionierten Landes, während der Kommissionsvorschlag vernünftigerweise die schon länger im Gebiet der EG lebenden libyschen Staatsbürger ausnehmen wollte. Im Interesse der in London ansässigen Versicherungswirtschaft wurde auf Betreiben der

---

1016 Ratsbeschluß 93/614 GASP und 93/615 GASP vom 22.11.1993, ABl. (EG) 1993 Nr. L 295, S.7: der GASP-Beschluß enthält einen pauschalen Hinweis auf die Resolution und nennt keine einzelnen Teile des Embargos

1017 VO (EG) Nr. 3274/93 vom 30.11.1993, s. ABl. (EG) 1993 Nr. L 295, S.1; VO (EG) Nr. 3275/93 vom 30.11.1993, s. ABl. (EG) 1993 Nr. L 295, S.4.

1018 Vgl. SCHNEIDER 1999, S.157. SCHNEIDER begrüßt dagegen die ersatzlose Streichung des noch in dem Verordnungsvorschlag erfolgten Zusatzes „gestützt auf den gemeinsamen Standpunkt“, da so der falsche Eindruck vermieden werde, die Art. J.2 bzw. J.3 EUV a.F. stünden parallel neben Art. 228 a [Art. 301 n.F.] EGV als Rechtsgrundlage für eine Gemeinschaftsgesetzgebung zur Verfügung - siehe ebd.

1019 Vgl. hierzu 6. Kap., Abschn. B.III., S.363.

1020 Vgl. SCHNEIDER 1999, S.156-158.

1021 Vgl. RESS 2000, S.212 f.; SCHNEIDER 1999, S.158.

britischen Delegation dennoch diese, auch von Großbritannien als falsch anerkannte, Formulierung der VN-Resolution durch Verweisung von der EG-VO übernommen.[1022]

V. Zulässigkeit von eigenständigen Wirtschaftssanktionen der Mitgliedstaaten

Für das Verhältnis EG-VO zu nationaler Verordnung gilt der grundsätzliche Vorrang der EG-VO.[1023] Allerdings handelt es sich bei der Sanktionskompetenz der EU nicht um eine ausschließliche Kompetenz, so daß die Mitgliedstaaten wirksame Sanktionsmaßnahmen bis zum Eingreifen der EU erlassen können.[1024]
Nationale Sanktionsbestimmungen können in zweierlei Hinsicht neben dem Gemeinschaftsrecht stehen:

- Zum einen sind im EGV bestimmte Ausnahmevorschriften enthalten, die die Mitgliedstaaten zu Sanktionsmaßnahmen gegeneinander nutzen können. Für den Handel mit Mitgliedstaaten können nach Art. 36 EGV a.F. [Art. 30 n.F.] zum Schutz bestimmter Rechtsgüter oder aus Gründen der öffentlichen Sicherheit und Ordnung nationale Ein-, Aus- und Durchfuhrverbote erlassen werden.[1025]
- Zum anderen bleiben Gegenstände des Außenwirtschaftsverkehrs, die nicht unter Art. 113 [Art. 133 n.F.] EGV oder unter die Art. 228 a [Art. 301 n.F.] EGV, 73 g [60 n.F.] EGV fallen, im Regelungsbereich der Mitgliedstaaten.[1026]

Andere eigenständige, d.h. nicht „wiederholende" Wirtschaftssanktionen, die neben gemeinschaftlichen Wirtschaftssanktionen verhängt werden, sind gemeinschaftswidrig. Dies gilt auch für den Fall, daß die Gemeinschaften oder Union bewußt von der Verhängung von Wirtschaftssanktionen abgesehen haben.[1027]
Da die übliche ausführende („wiederholende") nationale Sanktionsgesetzgebung gegen das gemeinschaftsrechtliche Transformationsverbot verstößt, ist eine legislative Wiederholung zur Kompensierung der fehlenden Strafgewalt der Gemeinschaft nicht erforderlich. Ausreichend und daher gemeinschaftsrechtlich geboten ist ein nationaler Verweis auf die Gemeinschaftsverordnung im Sinne einer strafrechtlichen Blankettgesetzgebung.[1028] In dem sich an das Zwischenergebnis anschließenden Abschnitt C. wird die Zulässigkeit von Sanktionen in Deutschland sowie die strafrechtliche Bewehrung der VN-/EU-Sanktionen gegen Libyen behandelt.

1022 Vgl. SCHNEIDER 1999, S.158.
1023 Vgl. ausführlicher den vorstehenden Abschn. B.III.1., S.266 f.
1024 Vgl. LAUBEREAU 1996, S.179.
1025 Vgl. LAUBEREAU 1996, S.176 f.
1026 Vgl. LAUBEREAU 1996, S.177.
1027 Vgl. SCHNEIDER 1999, S.252.
1028 Vgl. SCHNEIDER 1999, S.251.

Zusammenfassung

Sanktionen, die von der EG/EU verhängt werden, sind völkerrechtlich formal zulässig. Die Sanktionspolitik von EG/EU veränderte sich durch den Maastrichter Vertrag insofern, als bislang rechtlich nicht fixierte Abläufe normiert wurden. Über ihre eigene Sanktionspolitik hinaus sind die EG/EU verpflichtet, VN-Sanktionsbeschlüsse umzusetzen. Der Grundgedanke und die Zielsetzungen, die mit der dargestellten Rechtslage verbunden sind, kommen in acht Empfehlungen des Österreichischen Studienzentrums für Frieden und Konfliktforschung an die europäische Sanktionspolitik beispielhaft zum Ausdruck. Sie werden stichwortartig nachstehend wiedergegeben.[1029]

Tabelle 29: Empfehlungen an die europäische Sanktionspolitik

•	kein eigenes Sanktionssystem einrichten, sondern für ein VN-Gewaltmonopol eintreten
•	seine Erfahrung mit der Durchführung von VN-Sanktionen in die internationale Diskussion einbringen
•	sich weiterhin aktiv an der Diskussion um sog. intelligente Sanktionen beteiligen
•	die Reform des Sanktionswesens in den VN unterstützen
•	wachsam dagegen eintreten, daß einzelne Mächte den SR für eigene Zwecke instrumentalisieren
•	prinzipiell eine zeitliche Begrenzung von Sanktionen befürworten
•	für ein gerechte Entschädigung von Drittstaaten eintreten
•	wissenschaftliche Arbeiten zum Thema Sanktionen fördern

[1029] Vgl. KULESSA 2001, S.26.

C. Nationales Recht: Zulässigkeit von Sanktionen in Deutschland

Das Außenwirtschaftsrecht (AWR) ist ein Teil des Wirtschaftsverwaltungsrechts und regelt den Außenwirtschaftsverkehr. Das AWR gehört zu den klassischen Regelungsmaterien aller Staaten: es regelt den Gegensatz zwischen dem Interesse an der Freiheit des Außenwirtschaftsverkehrs und gegenläufigen Gemeinwohlzielen, zu denen auch wirtschafts- und allgemeine politische Ziele gehören.[1030] Da das AWR die wirtschaftlichen und außenpolitischen Interessen der Staaten ausdrückt, unterliegt es wie diese einem schnellen Wandel. Dabei neigen Staaten am stärksten in Krisen und Notlagen zu Eingriffen in den Wirtschaftsverkehr. Dies spiegelt sich im deutschen AWR wider.[1031] Das unabhängig werdende Deutschland erhielt erst durch den Deutschlandvertrag vom 5.5.1955 die Hoheit über seinen Außenwirtschaftsverkehr. Das Außenwirtschaftsgesetz (AWG) wurde nach langen Verhandlungen 1961 als umfassende Kodifikation erlassen. Solche umfassenden Kodifikationen sind im internationalen Vergleich ungewöhnlich - die außenwirtschaftlichen Vorgaben der meisten Staaten und auch des internationalen Rechts liegen nur stark zersplittert vor.[1032] Das AWG wurde seit seinem Erlaß vielfach geändert.[1033] Es können Eingriffe von erheblichem Umfang in laufende Vertragsbeziehungen angeordnet werden.[1034]

I. Rechtsgrundlage zur Verhängung von Sanktionen in Deutschland

In Deutschland stellen das Außenwirtschaftsgesetz (AWG)[1035] und die hierzu ergangene Außenwirtschaftsverordnung (AWV)[1036] die bedeutendsten Regelungsin-

1030 Vgl. REUTER 1995, S.1.

1031 Zur Geschichte des deutschen AWR vgl. HUCKO/WAGNER 2001, S.7-11; STENGER 1988, S.1.

1032 SCHNEIDER weist darauf hin, daß im nationalen Recht nicht nur außenwirtschaftliche Normen, sondern auch Vorschriften und Rechtsinstitute des Privatrechts einen nicht zu unterschätzenden Rechtszwang zur Beachtung z.B. von internationalen Wirtschaftssanktionen begründen - vgl. ders. 1999, S.252.

1033 Vgl. REUTER 1995, S.2 f.

1034 Vgl. RESS 2000, S.269 f. Dazu gehören auch nichtzollbedingte Handelsschranken in Form von Gesetzen, Verordnungen, Verwaltungsanweisungen und Praktiken öffentlicher Behörden, die einen einschränkenden Einfluß auf die Einfuhr ausüben - vorausgesetzt sie betreffen nicht lediglich die Erhebung von reinen Einfuhrzöllen, wie sie in Tarifen vorgesehen sind. Vgl. für Details BUSCHLINGER 1966, S.185-195.

1035 AWG vom 28.4.1961, BGBl. I, Nr.29, 5.5.1961, S.481 - in der jeweils geltenden Fassung. Siehe auch HADDEX 1997, Rn.14.

1036 Bis 1986 war die zeitgleich mit dem AWG in Kraft getretene AWV durch 59 Änderungsverordnungen erheblich umgestaltet worden. Der Bundesregierung erschien es deswegen zweckmäßig, die AWV neu zu fassen. Die neue AWV vom 18.12.1986 (BGBl. I, Nr.70, 31.12.1986, S.2671) trat am 1.1.1987 in Kraft und unterliegt der jeweils geltenden Fassung.

strumentarien zur Lenkung des Außenwirtschaftsverkehrs dar. Daneben kommt dem Kriegswaffenkontrollgesetz (KWKG) im Bereich der Herstellung und des Vertriebs von Kriegswaffen eine zentrale Bedeutung zu.[1037] Gemäß § 1 Abs. 1 AWG ist der gesamte Wirtschaftsverkehr mit dem Ausland - anders als in den USA - frei. Er kann jedoch nach §§ 5 bis 21 AWG eingeschränkt werden. Diese Exportbeschränkungen ergeben sich gemäß § 7 AWG aus einer sog. Ausfuhrliste (AL) als Anlage zur AWV. Sie führt diejenigen Waren auf, deren Ausfuhr unter bestimmten Voraussetzungen genehmigungsbedürftig oder aber verboten ist.[1038] Ist für eine Transaktion eine Genehmigung nach § 7 AWG i.V.m. § 5 AWV erforderlich, entscheidet im Normalfall die Verwaltung über deren Erteilung. Das Rechtsgeschäft ist bis zur Entscheidung nach § 31 AWG schwebend rechtsunwirksam. Verstöße während des Schwebezustands können trotz nachträglich erteilter Genehmigung als Straftat oder Ordnungswidrigkeit geahndet werden.[1039]

1. Regelungsgegenstand und Ziel des deutschen Außenwirtschaftsrechts

Formelle Voraussetzungen

Soweit der Außenwirtschaftsverkehr aufgrund der Bestimmungen des ersten Teils des AWG eingeschränkt werden darf, kann dies durch eine Rechtsverordnung vorgenommen werden, die vorschreibt, daß Rechtsgeschäfte und Handlungen allgemein oder unter bestimmten Voraussetzungen einer Genehmigung bedürfen oder verboten sind (§ 2 Abs. 1 AWG). Genehmigungserfordernis und Verbot stehen nebeneinander, können aber auch miteinander verbunden werden. Die Rechtsverordnung kann nur von der Bundesregierung erlassen werden, die der Zustimmung des Bundesrates nicht bedarf (§ 27 Abs. 1 AWG). Diese Zustimmung des Bundesrates ist nur dann erforderlich, wenn seine Zuständigkeit für die Erteilung von Genehmigungen aufgrund des Gesetzes oder die Zuständigkeit aufgrund „nachgeschalteter" Rechtsverordnungen zu regeln ist (vgl. § 28 Abs. 3 AWG).[1040]

Vgl. HUCKO/WAGNER 2001, S.14. Die AWV enthält Verbote und Genehmigungspflichten, zu deren Erlaß die Bundesregierung nach § 7 AWG und Art. 5, 19 und 20 DUV ermächtigt ist. Der Anwendungsbereich der AWV ist gegenüber der DUV klar abgegrenzt. Sie regelt Bereiche, die in der DUV nicht geregelt sind oder für die eine Ermächtigung besteht. Vgl. HADDEX 1997, Rn.15.

[1037] Für eine anschauliche Darstellung des Aufbaus des deutschen AWR s. HAHN/LANGFELDT 1992, S.10.

[1038] Neben der Ausfuhrliste als Anlage zur AWV stellen rechtstechnisch auch die Länderlisten K, L und D Anlagen zur AWV dar. Die Genehmigungspflichten der AWV beziehen sich auf sie. Länderliste K umfaßt den besonders sensitiven Länderkreis bestehend aus u.a. Libyen, Syrien, Libanon. Die Länderliste L hingegen ist eine Zusammenstellung von unbedenklichen Ländern, mit denen ohne Genehmigung Handel betrieben werden kann. Länder der Liste D stellen Einfuhrbescheinigungen und Wareneingangsbescheinigungen aus. Vgl. zu Einzelheiten HADDEX 1997, Rn.32-35.

[1039] Vgl. ZIEGENHAIN 1993, S.902; HOHMANN/JOHN 2002, S.676.

[1040] Vgl. LINDEMEYER 1981, S.17.

Materiell-rechtliche Voraussetzungen

Das Außenwirtschaftsgesetz (AWG) geht in § 1 vom Grundsatz der Freiheit des Außenwirtschaftsverkehrs aus. Das AWG enthält weitgefaßte Ermächtigungstatbestände zur Beschränkung des Außenhandels aus außen- und sicherheitspolitischen Gründen und zur Erfüllung völkerrechtlicher Verpflichtungen (§§ 5 und 7 AWG). Auf dieser Grundlage sind in der AWV konkrete Verbote und Genehmigungspflichten geregelt. Die AWV ist laufenden Veränderungen unterworfen. Die Bestimmungen ermöglichen insbesondere eine Kontrolle des Exports von Waffen und Rüstungsgütern. Zur Genehmigungsfähigkeit für den Export solcher Güter enthalten die Politischen Grundsätze der Bundesregierung für den Export von Kriegswaffen und sonstigen Rüstungsgütern vom 19.1.2000 einzelne Kriterien und Prinzipien für die Genehmigungsfähigkeit.[1041] Ferner sind im Rahmen des deutschen Rechts die Exportkontrollvorschriften der EU für solche Güter zu beachten, die sowohl zivilen als auch militärischen Zwecken zugeführt werden können. Die VO (EG) Nr. 1334/2000 legt für alle Mitgliedstaaten eine einheitliche Güterliste (Anhang I zur VO) und Genehmigungspflichten und -verfahren für die Ausfuhr und Verbringung von Gütern mit doppeltem Verwendungszweck verbindlich fest. Auch die EG-VO und vor allem ihre Anhänge können Änderungen unterliegen.[1042] Trotz ihrer Reichweite sind diese Bestimmungen mit den Bestimmtheitsanforderungen des Art. 80 Abs. 1 GG vereinbar, die in dem ermächtigenden Gesetz, dem AWG, enthalten sein müssen. Auf Bedenken stößt die Praxis des deutschen Parallelembargos. Embargo-Verordnungen der Gemeinschaft bedürfen keiner Umsetzung in nationalen Rechtsvorschriften. Soweit zur deutschen Strafbewehrung ergangene deutsche Parallelverordnungen keinen Hinweis auf die vorrangig geltenden und die eigentlichen materiellen Verbote anordnenden EG-Embargoverordnungen enthalten, verstoßen sie gegen Gemeinschaftsrecht. Das AWG ermächtigt in der Regel die Beschrän-

[1041] Die Bundesregierung hat ihre „Grundsätze zur Prüfung der Zuverlässigkeit von Exporteuren von Kriegswaffen und rüstungsrelevanten Gütern" 2001 grundlegend überarbeitet. Das Resultat - eine Verschärfung der rechtlichen Bestimmungen insbesondere beim Export rüstungsrelevanter Güter - wurde durch Bekanntmachung vom 25.7.2001 im BAnz. Nr. 148, 10.8.2001, S.17177, veröffentlicht. Vgl. auch POTTMEYER 2001, S.4.

[1042] Vgl. BAFA 2002a, S.1 f. Siehe ausführlich BACHMANN 2003, S.115-119; ders. 2003a, S.154-159: Dual-use-Güter sind nach Art. 2 Abs. 1-a DUV Güter, die sowohl für militärische als auch zivile Zwecke verwendet werden können. Der Komplementärbegriff hierzu ist Rüstungsgüter oder militärische Güter, weil die Ausfuhrbeschrändungen im Dual-use-Bereich die Ausfuhrkontrolle für Waffen und andere Rüstungsgüter ergänzen. Was Rüstungsgüter sind, ist nach der jeweiligen nationalen Militärgüterliste zu bestimmen. In Deutschland ist Teil I Abschnitt A AL maßgebend. Allerdings ist es nicht unproblematisch, einen EG-rechtlichen Begriff von einer oder der jeweiligen nationalen Militärliste abhängig zu machen. Aber solange noch keine für alle Zwecke verbindliche gemeinschaftliche Liste von Rüstungsgütern existiert, läßt sich diese Abhängigkeit nicht vermeiden, wie auch der Bezug in Art. 4 DUV auf die Militärlisten der einzelnen Mitgliedstaaten zeigt. Vgl. ders. 2003, S.115 f.

kung des Außenhandels ausdrücklich zur Einbeziehung laufender Verträge (§ 2 Abs. 3 S. 3 AWG).[1043]

Neben dem nationalstaatlichen Eingriffsrecht ist auf eine in Eilfällen allen EU-Staaten durch Art. 73 g [Art. 60 n.F.] EGV eröffnete Möglichkeit hinzuweisen. In Deutschland hat das dafür zuständige Bundesministerium für Wirtschaft und Technologie von dieser Möglichkeit mehrfach im Einvernehmen mit dem Auswärtigen Amt, dem Bundesministerium der Finanzen und der Deutschen Bundesbank[1044] auf der Grundlage von § 2 Abs. 2 und § 7 Abs. 1 AWG Gebrauch gemacht. Auf diese Weise zu ergreifenden (Eil-)Maßnahmen dienen in der Regel der zeitnahen Umsetzung von Sanktionsmaßnahmen und ergehen im Vorgriff auf Maßnahmen der EU oder der EG, die nach dem o.a. Verfahren erlassen werden. Nach Inkrafttreten entsprechender europarechtlicher Maßnahmen werden diese nationalen Beschränkungen auf der Grundlage des AWG wieder aufgehoben.[1045]

2. Die Beschränkungstatbestände des AWG

Bei der Entscheidung über die Erteilung einer Genehmigung für Güter mit doppeltem Verwendungszweck haben die EU-Staaten verschiedene Gesichtspunkte zu berücksichtigungen. Diese sind in das AWG und die AWV eingeflossen und sind bei deren Novellierung zu beachten.

Tabelle 30: Verpflichtungen/Überlegungen bei der Erteilung von Exportgenehmigungen

•	ihre Verpflichtungen im Rahmen internationaler Vereinbarungen (sog. *gentlemen's agreements*) über die Nichtverbreitung und Kontrolle sicherheitsempfindlicher Güter
•	ihre Verpflichtungen im Rahmen von Sanktionen, die der VN-SR verhängt hat oder die in anderen internationalen Gremien vereinbart wurden
•	Überlegungen der nationalen Außen- und Sicherheitspolitik
•	Überlegungen über den beabsichtigten Endverbleib und die Gefahr einer Umgehung

Des weiteren können Sanktionsregelungen die allgemeinen außenwirtschaftlichen Vorschriften überlagern. Sanktionen basieren in der Regel auf Beschlüssen der VN oder gemeinsamen Standpunkten der EU und werden durch bestehende oder neuzuschaffende Exportkontrollvorschriften umgesetzt. Darüber hinaus sind Sanktions-Verordnungen der EG zu beachten, die für Unternehmen unmittelbar gelten.[1046]

Es ist zwischen Verboten und Genehmigungspflichten zu unterscheiden. Bestimmte Exporte und sonstige Tätigkeiten im Bereich des Außenwirtschaftsverkehrs sind verboten. Untersagt sind vor allem verschiedene Handlungen im Zusammenhang

[1043] Vgl. RESS 2000, S.475 f.

[1044] Für Finanzsanktionen ist in Deutschland die Bundesbank in ihrer Eigenschaft als Zentralbank zuständig. Vgl. dazu die Informationen unter <http://www.bundesbank.de>.

[1045] Vgl. dazu FINANZSANKTIONEN 2003, S.2 f.

[1046] Vgl. BAFA 2002a, S.2.

mit Massenvernichtungswaffen nach den §§ 17 und 18 Kriegswaffenkontrollgesetz, die u.a. auch den Außenwirtschaftsverkehr betreffen. Für den Bereich des KWKG ist das Bundesministerium für Wirtschaft und Technologie zuständig. Weitere Beschränkungen ergeben sich zudem aus den Bestimmungen über die Anwendung restriktiver Maßnahmen zur Bekämpfung des Terrorismus. Unabhängig von der Erfassung durch ein Embargo muß geprüft werden, ob die zum Export bestimmten Güter[1047] von Teil I der AL erfaßt werden. Aufgrund der AL ergeben sich zahlreiche Beschränkungen in der Praxis.[1048]

3. Beschränkungen des Außenwirtschaftsverkehrs durch Rechtsverordnungen

Für die Umsetzung nationaler Embargos sind administrative Einrichtungen von erheblicher Bedeutung. In Deutschland wird diese Aufgabe durch das Bundesamt für Wirtschaft und Ausfuhrkontrolle (BAFA)[1049] wahrgenommen, das als zentrale Genehmigungsbehörde die Exportkontrollpolitik der Bundesregierung administrativ umsetzt. Es wirkt zusammen mit den Überwachungs- und Ermittlungsbehörden - insbesondere den verschiedenen Zolldienststellen[1050] - in einem komplexen Exportkontrollsystem mit. Die Ausfuhrkontrolle konzentriert sich insbesondere auf strategisch wichtige Güter (Waffen, Rüstungsgüter, Güter mit doppeltem Verwendungszweck) und orientiert sich im Rahmen gesetzlicher und internationaler Verpflichtungen am Sicherheitsbedürfnis und an den außenpolitischen Interessen Deutschlands. Zum einen soll die Sicherheit Deutschlands nicht durch konventionelle Waffen oder Massenvernichtungswaffen gefährdet werden, zum anderen sollen deutsche Exporte in Krisengebiete nicht konfliktverstärkend wirken oder zu Menschenrechtsverletzungen beitragen. Auch sollen die auswärtigen Beziehungen Deutsch-

---

[1047] Teil I der AL besteht aus drei Abschnitten. Abschn. A umfasst die Liste für Waffen, Munition und Rüstungsmaterial, Abschn. B. die Liste sonstiger Güter und Abschn. C die Liste der Güter mit doppeltem Verwendungszweck. Abschn. C. ist identisch mit Anhang I der VO (EG) 1334/2000 und lediglich um nationale Sonderpositionen ergänzt.

[1048] Vgl. BAFA 2002a, S.2 und zur Genehmigungspflicht insbesondere S.5-9. Vgl. für Einzelheiten HADDEX 1997, Rn.22-28.

[1049] Das BAFA ist die Nachfolgebehörde des Bundesamtes für Wirtschaft (BAW) und des Bundesausfuhramtes (BAFA). Durch Gesetz vom 21.12.2000 wurden das BAW und das BAFA zum Bundesamt für Wirtschaft und Ausfuhrkontrolle (BAFA) zusammengeschlossen. Insbesondere bei internen Verwaltungsaufgaben können so Synergieeffekte genutzt werden. Das Amt besteht aus vier Abteilungen: relevant sind neben der Zentralabt. (Abt. 1) und die Abt. für Wirtschaftsförderung (Abt.4). Abt. 2 ist mit konventioneller Rüstung und Ausfuhr-Verfahren befaßt ist, Abt. 3 mit internationalen Kontrollregimen und Gütern mit doppeltem Verwendungszweck. Vgl. BAFA 2000b; BAFA 2002c; HADDEX 1997, Rn.314-317. Für eine zehnjährige Bilanz der deutschen Exportkontrolle vgl. GERTH 2004, S.95-97.

[1050] Vgl. dazu HAHN/LANGFELDT 1992, S.36: Zollbehörden, Zoll-Betriebsprüfstellen und Zollkriminalinstitut.

lands nicht durch kritische Exporte belastet werden.[1051] Im Rahmen der zunehmenden weltweiten wirtschaftlichen Verflechtung ermöglicht nur eine verstärkte internationale und europäische Zusammenarbeit effiziente Exportkontrollen. Zahlreiche internationale Verträge und Exportkontrollgremien erstreben die Harmonisierung der Exportkontrollvorschriften und Genehmigungspolitiken. Insbesondere sind regelmäßig auf den neuesten technischen Stand gebrachte Güterlisten von Bedeutung. Das BAFA ist bei der Verbringung nach der DUV, bei der AWV und bei allen Ausfuhrgenehmigungspflichten nach der AWV für die Erteilung von Genehmigungen zuständig, wenn Güter aus dem deutschen Wirtschaftsgebiet ausgeführt oder verbracht werden.[1052]

Zu den Aufgaben des BAFA gehört es auch, Embargo-Beschlüsse internationaler Gremien (VN, EU) administrativ umzusetzen. Bei umfassenden Embargos kann das BAFA für die Lieferungen medizinischer Erzeugnisse oder von Gütern des grundlegenden humanitären Bedarfs Genehmigungen erteilen.[1053]

4. Straf- und Bußgeldbewehrung im Außenwirtschaftsrecht, §§ 33, 34 AWG

Die Durchsetzung von Verbotsnormen ist ohne den Einsatz kriminalrechtlicher Strafen und Bußgeld kaum denkbar. Bei der Verfolgung von Verstößen arbeiten außerhalb des Gerichtsverfahrens die Staatsanwaltschaft, die Polizeibehörden, die Hauptzollämter, die Zollfahndungsämter und das BKA zusammen.[1054] Die Ermittlungen dieser Behörden orientieren sich am geltenden einschlägigen Straf- und Strafverfahrensrecht.

Die Strafvorschriften in § 34 AWG a.F. sowie § 16 KWKG a.F. stellten ungenehmigte Exporte und ungenehmigte Herstellung, das Inverkehrbringen sowie das Befördern von Kriegswaffen nur dann unter Strafe, sofern die Tat nach § 3 StGB im Inland begangen wurde. Auslandsstraftaten Deutscher oder die Beihilfe hierzu konnten nach deutschem Recht nicht geahndet werden. Durch die Novellierung der Gesetze wurde dieser als Mangel empfundene rechtliche Zustand grundlegend geändert.[1055]

Im Bereich des AWG wurde der Straftatbestand der §§ 33 und 34 AWG völlig neu gefaßt.[1056] So sind nach § 34 Abs. 1 AWG ungenehmigte Ausfuhren in den hoch-

---

[1051] Vgl. BAFA 2002, S.1.

[1052] Vgl. BAFA 2002, S.1; BAFA 2002a, S.11.

[1053] Vgl. BAFA 2002, S.2.

[1054] Für weitere Ausführungen vgl. HAHN/LANGFELDT 1992, S.37.

[1055] Vgl. ZIEGENHAIN 1993, S.902 f.; POTTMEYER 1996, S.102 f.

[1056] Die Einhaltung der außenwirtschaftlichen Beschränkungen, Verbote und Verwaltungsvorschriften sollen durch die in AWG und AWV enthaltenen Ordnungswidrigkeits- und Strafvorschriften durchgesetzt und sichergestellt werden. Grundsatz des AWG ist es, daß Verstöße gegen Beschränkungen, Handlungspflichten und Verbote als Ordnungswidrigkeiten verfolgt und geahndet werden (§ 33 AWG i.V.m. § 70 AWV). Liegen den Verstößen gegen Be-

sensitiven Bereichen der Waffen und Nukleargüter sowie der Chemie- und Biologieanlagen zur Herstellung chemischer oder biologischer Kampfstoffe *per se* Straftat. D.h., eine potentielle oder tatsächliche Gefährdung deutscher Staatsschutzinteressen ist unerheblich.[1057]
Die § 33 und § 34 AWG sehen vor, daß Verstöße gegen Finanzsanktionsrechtsakte je nach der Art des Embargos als Ordnungswidrigkeit oder Straftat geahndet werden können.[1058] Im Zivilrecht findet, wenn ein Außenhandelsgeschäft gegen deutsche Embargobestimmungen verstößt, § 134 BGB (Verstoß gegen ein gesetzliches Verbot; Rechtsfolge: Nichtigkeit) Anwendung.[1059] Danach ist ein Rechtsgeschäft, welches gegen ein gesetzliches Verbot verstößt, nichtig. Ausländische Verbotsgesetze fallen nicht unter § 134 BGB und vermögen in der Regel keine extraterritoriale Wirkung zu entfalten. Nach der Rechtsprechung des Bundesgerichtshofes kann jedoch die Verletzung oder Umgehung eines ausländischen Embargos eine Anwendung des § 134 BGB rechtfertigen, wenn das Rechtsgeschäft unmittelbar auch deutschen Interessen dient.[1060]
Von den strafrechtlichen Sanktionen sind Sanktionen mit rechtlichen Wirkungen außerhalb des Strafrechts abzugrenzen. Dazu gehören die Aussetzung, Ablehnung oder der Widerruf von Genehmigungen bei Zuverlässigkeitsbedenken in Bezug auf die Antragssteller und der für den exportsensiblen Bereich zuständigen Person (a), der Entzug von Privilegierungen (b), die Konsequenzen für den Ausfuhrverantwortlichen (c) sowie das Führen von sog. Schwarzen Listen (d). Nach deutschem Recht ist jedoch - im Unterschied z.B. zum US-Recht - der Entzug von Privilegierungen in Form von sog. Schwarzen Listen lediglich als Widerruf von sog. Erleichterten Verfahren bekannt.[1061]

---

schränkungen, Handlungspflichten und Verboten zusätzlich qualifizierende Tatbestände zugrunde, wird eine Zuwiderhandlung als Straftat verfolgt (§ 34 AWG). Ergänzend zu diesen außenwirtschaftsrechtlichen Ordnungswidrigkeits- und Strafvorschriften sind die Vorschriften des StGB, des OWiG und der StPO in der jeweils geltenden Fassung anzuwenden. Vgl. HOHMANN/JOHN 2002, S.687 - ausführlich: S.685-801. Vgl. auch POTTMEYER 1996, S.103 f.

1057 Vgl. ZIEGENHAIN 1993, S.903; POTTMEYER 1996, S.103.

1058 Vgl. FINANZSANKTIONEN 2003, S.3.

1059 Interessant sind diesbezüglich auch Erfahrungen der Strafjustiz mit dem Außenwirtschaftsrecht. So weist Oberstaatsanwalt BIENECK darauf hin, inwieweit die Strafverfolgungsbehörden vom BAFA abhängig sind und beklagt das Hin- und Herschieben von Verantwortlichkeiten innerhalb dieser Behörde, die schnelle Abfolge von Änderungen der umfangreichen Listen und sonstigen Ausfüllungsnormen, Unklarheiten der Listentexte, Umgehungsmöglichkeiten sowie die Gemengelage von nationalen, europäischen und völkerrechtlichen Ausfüllungsnormen (AWG, AWV, AL, Länderliste K, DUV, Anhänge, EG-Embargos, VN-Resolutionen). Vgl. ders. 1999, S.79 f., S.83 f.

1060 Vgl. LINDEMEYER 1981, S.22.

1061 Vgl. POTTMEYER 1996, S.106-109.

5. Die Zielsetzung der Reformen des AWR in den Jahren 1990 und 1992

Bis zur Novellierung des AWG und KWKG knüpfte das gesamte AWR bei der Adressierung seiner Regelungen nicht an die Staatsangehörigkeit von natürlichen Personen bzw. Staatszugehörigkeit von Unternehmen an, sondern stellte in erster Linie auf territoriale Anknüpfungspunkte ab. Durch die Differenzierung zwischen Gebietsansässigen und Gebietsfremden traf man unter dem Gesichtspunkt der extraterritorialen Regelungsreichweite keine konfliktträchtigen Regelungen an. Dieser strikt territoriale Ansatz im deutschen Exportkontrollrecht erfuhr durch die Novellierungen in den vorstehenden Gesetzen eine grundlegende Änderung.[1062]
Diese Reform[1063] des deutschen Exportkontrollrechts wurde in einer Reaktion auf die illegale Lieferung einer Giftgasanlage nach Libyen und Zulieferungen deutscher Unternehmen für Rüstungsprogramme auf dem Gebiete von ABC-Waffen-Produktion in den Irak erreicht.[1064]
Mit der Reform des AWR sollte ferner eine Auffangnorm für Güter mit doppeltem Verwendungszweck geschaffen werden: alle Waren und Leistungen werden unter Kontrolle gestellt, die einerseits selbst nicht von der AL erfaßt sind, andererseits aber in einem rüstungstechnischen Zusammenhang mit einem der sog. sensitiven Länder stehen.[1065]
Schließlich kam es auf der Grundlage des Gesetzes zur Intensivierung administrativer und organisatorischer Maßnahmen. Die folgende Maßnahmen sollten dem Ziel der Verbesserung des bestehenden Systems dienen:

- Maßnahmen für eine verbesserte Informationsbasis der Überwachungs- und Ermittlungsbehörden;
- Ausbau der Genehmigungs-, Überwachungs- und Ermittlungsbehörden;
- Neufassung der Ausfuhrliste und Schaffung zusätzlicher Genehmigungspflichten und Ausfuhrverbote und
- Erweiterung der Straf- und Bußgeldvorschriften in AWG und KWKG.[1066]

Die Novellierung des deutschen Exportkontrollrechts bewirkte eine erhebliche

---

[1062] Vgl. ZIEGENHAIN 1993, S.902 f.

[1063] Vgl. LÜBBIG 1995, S.101-107. Für eine Einschätzung von 1994 über die bis dahin abgeschlossenen Reformen siehe auch MÜLLER 1994, S.56-61.

[1064] Vgl. ZIEGENHAIN 1993, S.903; CHURBA 1989, S.200-204, insbes. S.201; BALAJ 1997. Barbara S. BALAJ wirft in ihrer Untersuchung der sog. Rabta-Affäre Deutschland eine lokkere Exportkontrollpolitik vor. Für eine kritische - und bereits 1989 erfolgte - Darstellung der Verbindung zwischen Deutschland und ar-Rabta s. RABTA 1989, insbes. S.9-13. S. auch HUCKO/WAGNER 2001, S.18; MÜLLER 1994, S.I. S. auch 3. Kap., S.199, Fn.713: DEEB äußerte Zweifel an den Vorwürfen gegen Libyen.

[1065] Vgl. HAHN/LANGFELDT 1992, S.8.

[1066] Vgl. ZIEGENHAIN 1993, S.903.

Ausweitung der extraterritorialen Befugnisse der deutschen Behörden.[1067] Eine besondere gesetzgeberische Aufmerksamkeit haben die Güter mit doppeltem Verwendungszweck erfahren: Bei dieser Prozedur kommt seit dem 1.7.1995 die Dual-use-Verordnung (DUV) als EG-VO zur Geltung.[1068] Mit der im Jahre 2000 neugefaßten DUV wurde ein wesentlicher Teil des außenwirtschaftlichen Regelungsbereiches an die entsprechenden EG/EU-Gremien übertragen. Die deutsche AWV enthält nun nur noch die Bußgeldandrohungen und Strafvorschriften für Verstöße gegen das EG-Recht.[1069]

II. Ausfuhr von Kriegswaffen: das Kriegswaffenkontrollgesetz

Von großer Bedeutung sind naturgemäß Einschränkungen beim Export von Kriegswaffen. Art. 27 GG erklärt Handlungen, die das friedliche Zusammenleben von Völkern stören, für verfassungswidrig und strafbar. Zur Kriegsführung bestimmte Waffen dürfen nur mit der Genehmigung der Bundesregierung hergestellt, befördert und in Verkehr gebracht werden. Das nähere regelt ein Bundesgesetz. Bei diesem handelt es sich um das KWKG. Das KWKG zählt nicht zum AWR, da es in enger Anlehnung an die Wortwahl des Art. 26 GG Kriegswaffen reglementiert.[1070] Da jedoch Art. 26 Abs. 2 GG auch die grenzüberschreitende Beförderung und Inverkehrbringung erfaßt, stellt das KWKG auch die Ausfuhr unter Genehmigungspflicht. Die Ausfuhrgenehmigungspflichten nach dem KWKG und dem AWG finden daher nebeneinander Anwendung.[1071]

Deutschland verfolgt eine restriktive Rüstungsexportpolitik und legt zum Teil strengere Kriterien an, als dies vom EU-Verhaltenskodex für Waffenausfuhren gefordert wird.[1072] Herstellung, Handel oder Vermittlung und Ausfuhr von Kriegswaf-

---

[1067] Vgl. ZIEGENHAIN 1993, S.907 - hier spricht ZIEGENHAIN auch die Frage der Bestimmung der völkerrechtlichen Zulässigkeit zur Durchsetzung des nationalen Exportrechtes an. Vgl. LÜBBIG 1995, S.103-106.

[1068] Vgl. HUCKO/WAGNER 2001, S.20 f.: mit der Verwirklichung des EG-Binnenmarktes zum 1.1.1993 und der Harmonisierung des Exportkontrollrechts für Güter mit doppeltem Verwendungszweck durch EG-Recht 1995 hat sich das deutsche AWR grundsätzlich geändert. Für Einzelheiten s. ders. 2001, S.20-23. Für die DUV als VO (EG) Nr. 1334/2000 vom 22.6.2000 s. ABl. (EG) 2000 Nr. L 159, S.1; HUCKO/WAGNER 2001, S.27-50.

[1069] Vgl. HUCKO/WAGNER 2001, S.11.

[1070] Ein weiterer entscheidender Unterschied ist, daß das AWG in § 1 Abs. 1 den Grundsatz des freien Außenwirtschaftsverkehrs statuiert - das KWKG hingegen sieht ein grundsätzliches Verbot des Außenwirtschaftsverkehrs mit Erlaubnisvorbehalt vor. Vgl. HADDEX 1997, Rn.5.

[1071] Vgl. ausführlich dazu HUCKO/WAGNER 2001, S.16.

[1072] Vgl. hierfür WAFFENREGISTER 2001, S.421 f.: Ziel bleibt dabei, die deutsche wehrtechnische Industrie in ihren Kernkompetenzen zu erhalten, damit Bundeswehr und NATO ihrem Friedensauftrag gerecht werden können. Aufgrund dessen wird der maßvolle und „der Sache angemessene“ Export wehrtechnischer Güter zugelassen. Vgl. auch HUCKO/WAGNER 2001, S.15 f., S.337-340, für den Wortlaut der politischen Grundsätze der Bundesregierung

fen unterliegen den Bestimmungen des KWKG. Verstöße gegen das KWKG werden mit hohen Freiheitsstrafen geahndet. Anträge zur Genehmigung der Ausfuhr von Rüstungsgütern / Kriegswaffen werden auf Grundlage der Politischen Grundsätze der Bundesregierung für den Export von Kriegswaffen und sonstigen Rüstungsgütern vom 19.1.2000 entschieden. Im Unterschied zu vielen anderen Staaten setzt Deutschland die Rüstungsexportpolitik nicht als ein Instrument der Außenpolitik ein. Entscheidungen über Rüstungsexporte werden nach einer umfassenden Abwägung der jeweiligen außen-, sicherheits- und menschenrechtspolitischen Argumente getroffen. Der Bundessicherheitsrat[1073] hat die Befugnis, abschließend über die Erteilung / Versagung von Ausfuhrgenehmigungen zu befinden, wenn die am Entscheidungsfindungsprozeß beteiligten Ressorts unterschiedlicher Auffassungen sind.[1074]
Seit 1990 erfolgte eine Verschärfung des KWKGs.[1075] Das reformierte KWKG nimmt in § 1 Abs. 3 KWKG ABC-Waffen von den allgemeinen Regelungen in §§ 1 bis 15 KWKG aus und unterscheidet in seinen besonderen Bestimmungen zwischen Atomwaffen sowie biologischen oder chemischen Waffen.

III. Sanktionen der Bundesrepublik Deutschland gegen Libyen

Die VN-Res. 748 (1992) und 883 (1993) gegen Libyen setzte die Bundesregierung *in puncto* Rüstungsembargo und Beschränkungen der Dienstleistungs-, Kapital- und Zahlungsverkehrs durch rein nationale Maßnahmen um.[1076] Da für diese Bereiche keine EG-Kompetenz besteht, war die Vorgehensweise Deutschlands zulässig und in Hinblick auf die Verpflichtungen aus der Satzung geboten.[1077] Neben den VN-Entschließungen bilden die 21. ÄVO der AWV vom 15.4.1992[1078], der Rund-

für den Export von Kriegswaffen und sonstigen Rüstungsgütern. Für den Verhaltenskodex der EU für Waffenausfuhren siehe ebd., S.341-345.

[1073] Der Bundessicherheitsrat berät die Bundesregierung in Fragen der Sicherheitspolitik (insbes. Verteidigung und Abrüstung). Den Vorsitz hat der Bundeskanzler inne.

[1074] Vgl. BMWI 2002, S.7. Dessenungeachtet kam es z.B. 1976 zu einer Lieferung von fünf deutschen Leopard-Panzern nach Libyen - obwohl Westdeutschland eine strikte Waffenverkaufspolitik einhielt und den Leopard nur an NATO-Mitglieder, Japan, Neuseeland und Australien lieferte. Siehe ME 1977, S.15.

[1075] Für eine Liste der gesetzlichen Verschärfungen des KWKG seit 1990 vgl. HUCKO/ WAGNER 2001, S.18. Siehe für die jüngste Entwicklung BIENECK 2003, S.309 f. Für die Novellen vom 17.10.2002 und 1.4.2003, die das Verhältnis zwischen dem Waffengesetz und dem KWKG neu ordneten und das KWKG als *lex specialis* dem Waffenrecht vorschalteten, s. POTTMEYER 2003, S.21-24.

[1076] Dies erfolgte mit der 21. Verordnung zur Änderung der AWV vom 15.7.1992.

[1077] Siehe Abschnitt B. dieses Kapitels, S.257 ff.

[1078] BAnz. Nr.75, 16.4.1992, S.3277.

erlaß Außenwirtschaft Nr. 28/93 vom 14.12.1993[1079] sowie die EG-Verordnungen 3274/93 und 3275/93 die Rechtsgrundlagen für die Sanktionen gegen Libyen.[1080] Die VN-Res. 883 (1993) und die EG-VO[1081] wurden trotz der langen Frist von drei Wochen von einigen Mitgliedstaaten nicht fristgerecht umgesetzt. Auch in Deutschland erfolgte eine verspätete nationale legislative Umsetzung. Mittels der 31. VO zur Änderung der AWV vom 14.12.1993 wurden der AWV der § 69 l AWV (Rüstungsmaterial, Dienstleistungen) und der § 69 m AWV (Luftfahrzeuge) hinzugefügt. Als Rechtsgrundlage hierfür dienten die §§ 5 und 27 Abs. 1, S. 1, 2 und 3 AWG, wobei die Umsetzung nach den VN-Res. 748 (1992) und 883 (1993) sowie Art. 7 der VO (EG) Nr. 3274/93 erfolgen sollte. Es wurde folgende Kritik laut: SCHNEIDER weist darauf hin, daß die Bezugnahme auf Art. 7 der genannten VO unzutreffend ist, da dieser die Mitgliedstaaten nur dazu ermächtige, Sanktionen für den Fall eines Verstoßes gegen das Gemeinschaftsrecht zu bestimmen, nicht aber dazu, das Gemeinschaftsrecht ohne jegliche nationale Sanktionsregelung zu wiederholen.[1082]
Die gesetzlichen Sanktionen, die in der AWV enthalten sind, sind nachstehend zusammengefaßt dargestellt:

§ 5 AWV sieht ein Ausfuhrverbot vor. Von dieser Bestimmung sind Waren und Unterlagen zur Fertigung von Waren betroffen, die im Zusammenhang mit einem Projekt der Luftbetankung von Flugzeugen in Libyen stehen. Dasselbe gilt für solche Waren und Fertigungsunterlagen, die mit der Errichtung oder dem Betrieb einer Anlage zur Herstellung von chemischen Waffen in Libyen zusammenhängen.[1083]

§ 5 d AWV wurde durch die 20. Änderungs-VO zur AWV vom 6.4.1992[1084] eingefügt und ist § 5 c AWV nachgebildet. Er besagt, daß die Genehmigungspflicht für nichtgelistete Waren und die dazugehörigen Fertigungsunterlagen besteht, wenn sie für die Errichtung, den Betrieb oder zum Einbau in eine Anlage für kerntechnische Zwecke bestimmt ist. Unter den Käufer- oder Bestimmungsländern ist Libyen aufgelistet.[1085]

§ 38 Abs. 5 AWV stellt die Durchfuhr von Waren oder Fertigungsunterlagen unter Genehmigungsvorbehalt, die für einen Rüstungsbetrieb in Libyen bestimmt sind. Die Voraussetzungen hierfür sind an diejenigen des § 5 c AWV angelehnt.[1086]

1079 BAnz. Nr.239, 21.12.1993 S.10939.
1080 Vgl. HADDEX 1997, Rn.98 f.
1081 Die VO (EG) Nr. 3275/93 wurde im Bundesanzeiger veröffentlicht: BAnz. Nr. 239, 21.12.1993. Vgl. auch RESS 2000, S.258.
1082 Vgl. SCHNEIDER 1999, S.159.
1083 Vgl. POTTMEYER 1994, Rn.172.
1084 Vgl. BAnz. Nr. 69, 8.4.1992, S.2997.
1085 Vgl. POTTMEYER 1994, Rn.172 b.
1086 Vgl. POTTMEYER 1994, Rn.175.

§ 45 a AWV untersagt den Abschluß oder die Erfüllung von Verträgen oder die Geschäftsbesorgung für Gebietsfremde, wenn diese im Zusammenhang mit einem Projekt der Luftbetankung von Flugzeugen in Libyen steht. Dasselbe gilt, wenn ein Zusammenhang mit der Errichtung oder dem Betrieb einer Anlage zur Herstellung chemischer Waffen in Libyen besteht.[1087]

§ 45 c AWV ist das Pendant zu § 45 b AWV für kerntechnische Anlagen. Nach dieser Vorschrift bedürfen der Abschluß und die Erfüllung von Dienstleistungsverträgen der Genehmigung, wenn die Gegenstände der Verträge im Zusammenhang mit der Errichtung oder dem Betrieb einer solchen Anlage stehen. Die Anlage muß sich in Libyen befinden, und der Dienstleistende oder Geschäftsbesorger muß Kenntnis haben, daß seine Leistung für den genannten Zweck erbracht wird. Dies bezieht sich auch auf Verträge, die Deutsche in fremden Wirtschaftsgebieten abschließen.[1088]

§ 69 g AWV verbietet bestimmte Lieferungen, Dienstleistungen, Rechtsgeschäfte und andere Handlungen, die sich auf Luftfahrzeuge oder Rüstungsmaterial beziehen und einen Zusammenhang mit Libyen aufwiesen.[1089] In diesem neugeschaffenen § 69 g AVW spiegelten sich weitgehend deckungsgleich die mit der VN-Res. 748 (1992) beschlossenen Verbote wider.[1090] Über die ansonsten inhaltsgleiche EG-VO ging § 69 g AWV jedoch hinaus, indem er auch ein Verbot für Waffenexport begründete. Als Rechtsgrundlage wurden die § 27 Abs. 1 S.1 und 2 in Verbindung mit § 2 Abs. 1 und die §§ 5 und 7 Abs. 1 und 3 AWG genannt. Da es sich nicht um ein umfassendes Embargo handelte, war das übliche Genehmigungsverfahren nicht erforderlich. Der Ausführer hatte lediglich in der Ausfuhrerklärung die Versicherung abzugeben, daß die Lieferung nicht einem Verbot nach § 69 g AWV unterliegt. Sollte in Ausnahmefällen die Zollstelle einen weitergehenden Nachweis verlangen, konnte der Ausführer beim BAFA eine Bestätigung darüber erlangen, daß die Ausfuhr nicht von dem Verbot des § 69 g AWV erfaßt werde.[1091]

[1087] Vgl. POTTMEYER 1994, Rn.181.

[1088] Vgl. POTTMEYER 1994, Rn.183 a.

[1089] Vgl. POTTMEYER 1994, Rn.184 a.

[1090] SCHNEIDER vermerkt, daß es durch unpräzise Übersetzung zu einer gewissen Ungenauigkeit bei den erfaßten Gütern kam: so wurde der Begriff „Rüstungsmaterial" statt „Waffen" für *arms* aus dem Original der VN verwendet. Siehe SCHNEIDER 1999, S.86.

[1091] Vgl. SCHNEIDER 1999, S.86. Siehe für Einzelheiten HADDEX 1997, Rn.625-638: Negativbescheinigung, Nullbescheid und Voranfrage. § 69 g AWV wurde am 14.12.1993 aufgehoben und inhaltlich durch §§ 69 l und 69 m AWV ersetzt. Am 20.1.1998 wurde § 69 g allerdings wieder mit neuen Beschränkungen der Vereinten Nationen gegenüber Sierra Leone belegt, was rechtssystematisch als wenig günstig zu bewerten ist. Vgl. HOHMANN/JOHN 2002, S.1606, Fn.7.

§ 69 l-n AWV wurde durch die 31. Änderungs-VO zur AWV vom 14.12.1993[1092] eingeführt und normiert besondere Beschränkungen gegen Libyen.

§ 69 l AWV beschränkt aufgrund der VN-Res. 748 (1992) den Luftfahrtsbereich und Lieferungen von Rüstungsmaterialien sowie bestimmte hiermit im Zusammenhang stehende Dienstleistungen.[1093] Die VN-Mitgliedstaaten hatten die gem. Res. 748 (1992) vorgesehenen Zwangsmaßnahmen bis zum 15.4.1992 durchzuführen. Der Rat der EG erließ insofern die Beschränkungen im Luftfahrtbereich durch die auf der Grundlage des Art. 113 EGV [Art. 133 n.F.] erlassene VO (EWG)[1094]. Im Rüstungsbereich erfolgten auf der Ebene der Gemeinschaft keine Umsetzungsmaßnahmen, da nicht von der entsprechenden Rechtsetzungskompetenz ausgegangen wird. Die Bundesregierung setzte die VN-Res. 748 (1992) mit der 21. VO zur Änderung der AWV vom 15.4.1992[1095] durch Einführung des § 69 g AWV in nationales Recht um. Eine Umsetzung des Embargos im Rüstungsbereich allein über den bei einem reinen Waffenembargo üblichen Verwaltungsvollzug war nicht durchführbar, da das Embargo über die in der Kriegswaffenliste und Ausfuhrliste Teil I Abschn. A genannten Güter hinausgeht. Nur eine wörtliche Wiedergabe konnte die vollständige Erfassung des Embargos gewährleisten. Als problematisch erwies sich jedoch die bereits durch die VO (EWG) Nr. 945/92 umgesetzten Beschränkungen im Luftfahrtbereich in § 69 g AWV, da das Gemeinschaftsrecht nach Art. 249 Abs. 2 [Art. 189 a.F.] EGV unmittelbar in allen Mitgliedstaaten gilt und eine „parallele“ nationale Rechtsetzung ausschließt. Das in Nr. 4 a des VN-Resolutionsbeschlusses genannte Start- und Landeverbot für libysche Luftfahrzeuge wurde im Verwaltungsweg vom Bundesminister für Verkehr umgesetzt (Runderlaß Außenwirtschaft Nr. 20/92 bezüglich der 21. ÄVO der AWV vom 15.4.1992[1096].

Mit VN-Res. 883 (1993) erfolgte eine Verschärfung der Sanktionen gegen Libyen (Erdöl-/ Erdgastechnik, Kapital- und Zahlungsverkehr, Erweiterung des Teilembargos für den Luftverkehr). Die EG entschied gestützt auf Art. 228 a EGV (Art. 301 n.F.), diese Maßnahmen durch Erlaß der VO (EG) Nr. 3274/93 vom 19.11.1993 zu übernehmen. Die VO (EWG) Nr. 945/92 wurde aufgehoben. Das Bundesministerium für Wirtschaft setzte die Sanktionsbeschlüsse mit der 31. ÄVO der AWV vom 14.12.1993 in nationales Recht um durch die Einfügung der §§ 69 l, 69 m und 69 n AWV.[1097] Mit der Festschreibung des Procederes für die Aussetzung der entspre-

[1092] Vgl. Banz. Nr. 239 vom 21.12.1993, S.10937 f. Für Einzelheiten s. HADDEX 1997, Rn.99 und insbesondere die sehr umfassenden Erläuterungen in HOHMANN/JOHN 2002, Kapitel VIId, S.1605-1619.

[1093] Siehe für Einzelheiten HUCKO/WAGNER 2001, S.247 f.; HADDEX 1997, Rn.100; HOHMANN/JOHN 2002, S.1605-1610.

[1094] VO (EWG) Nr. 945/92 vom 14.4.1992, s. ABl. (EG) 1992 Nr. L 101, S.53.

[1095] BAnz. Nr. 75, 16.4.1992, S.3277.

[1096] BAnz. Nr. 75, 16.4.1992, S.3278.

[1097] Vgl. HOHMANN/JOHN 2002, S.1606-1608.

chenden VN-Resolutionen durch die VN-Res. 1192 vom 27.8.1998 beschloß die EU durch einen auf Art. J.2 a.F. EGV gestützten gemeinsamen Standpunkt vom 16.4.1999 (1999/261/GASP)[1098] die vorläufige Aussetzung der restriktiven Maßnahmen gegen Libyen. Während die bereits 1986 beschlossenen Antiterrorismus-Maßnahmen ausdrücklich bestätigt wurden, erfolgte durch VO (EG) Nr. 836/1999 vom 20.4.1999[1099] die Aussetzung der Anwendung von VO (EG) 3274/93. Die 46. ÄVO zur AWV vom 7.5.1999 gab den inhaltlich dieser Entwicklung Rechnung tragenden Abs. 3 des § 69 f AWV bekannt.[1100]

§ 69 m AWV ordnet Beschränkungen für bestimmte Handlungen und Rechtsgeschäfte an, die mit dem libyschen Luftverkehr (§ 69 m Abs. 1-3 Nr. 8 AWV)[1101] und der Erdölindustrie (§ 69 m Abs. 3 Nr. 9-13 AWV)[1102] zusammenhängen. Damit wurde das bereits durch die einschlägige EG-VO erfaßte Luftverkehrsembargo zur Strafbewehrung im Zuge der 31. ÄVO zur AWV wörtlich in § 69 m übernommen.[1103] Nach der Auslieferung der mutmaßlichen Lockerbie-Attentäter durch die libysche Regierung setzten die VN mir VN-Res. 1192/1998 die VN-Resolutionen 748 (1992) und 883 (1993) mit Wirkung vom 6.4.1999 aus. Daran anknüpfend wurden die Beschränkungen in den Bereichen Luftfahrt und Erdgas-/ Erdölausrüstung von der EG durch die VO (EG) 836/1999 vom 20.4.1999 mit Wirkung zum 6.4.1999 ausgesetzt. Mit der 47. ÄVO zur AWV vom 28.5.1999 setzte die Bundesregierung diese europarechtlichen Vorgaben um und fügte dem § 69 m AWV den Abs. 6 an.[1104]

§ 69 n AWV verbietet aufgrund von VN-Res. 883 (1993), Ziff. 3 Verfügungen über Konten und Depots bei einem deutschen Kreditinstitut und über vermögenswerte Ansprüche Libyens, seiner staatlichen Stellen, von Libyen kontrollierter Unternehmen oder Personen, die als Beauftragte hiervon tätig werden.[1105] Diese Bestimmung dient der Strafbewehrung für Zuwiderhandlungen gegen die in VN-Res. 883 (1993) erlassenen Sanktionen auf dem Gebiet des Kapital- und Zahlungsverkehrs. Ein Verstoß gegen diese Vorschriften ist gemäß § 34 Abs. 4 AWG straf-

---

[1098] Vgl. ABl. (EG) 1999 Nr. L 103, S.1.

[1099] ABl. (EG) 1999 Nr. L 106, S.1.

[1100] Vgl. HOHMANN/JOHN 2002, S.1609 f.; ebd. wird auf die mangelnde rechtsstaatliche Bestimmtheit von Abs. 3 des § 60 l AWV verwiesen, aus dem sich nicht selber ergebe, für welche Maßnahmen die Aussetzung gelte.

[1101] Vgl. ausführlich HOHMANN/JOHN 2002, S.1613 f., Rn.4-10.

[1102] Vgl. ausführlich HOHMANN/JOHN 2002, S.1614, Rn.11 f.

[1103] Vgl. SCHNEIDER 1999, S.86; HUCKO/WAGNER 2001, S.248 f.; HADDEX 1997, Rn.101-103; HOHMANN/JOHN 2002, S.1611-1616.

[1104] HOHMANN/JOHN zeigen sich befremdet über die nicht zeitgleich erfolgte Änderung von § 69 m AWV und den §§ 69 l und n AWV. Siehe dies. 2002, S.1615, Rn.15.

[1105] Vgl. POTTMEYER 1994, Rn.184 b, ausführlich HUCKO/WAGNER 2001, S.250 und insbesondere HOHMANN/JOHN 2002, S.1616-1619.

bar.[1106] Durch die 46. ÄVO zur AWV vom 7.5.1999 wurde dem § 69 n AWV Abs. 4 angefügt. Damit ist der § 69 n Abs. 1-3 zumindest vorläufig aufgehoben.[1107]

Zusammenfassung

Sanktionen finden im Rahmen zulässiger internationaler Konfliktlösung Anwendung, da die Ausübung von bewaffneter Gewalt zur Konfliktlösung grundsätzlich verboten ist (Art. 2 Ziff. 4 SVN). Ein Staat oder eine Staatengruppe kann durch Sanktionen als einzigem Mittel mißbilligtes Verhalten eines Staates mit der Ausübung von nennenswertem Druck beantworten.
Wegen der Liberalisierung des Welthandels sind Staaten nicht mehr zwingend auf einen oder mehrere Handelspartner angewiesen. Aufgrund dessen sind Kollektivembargos mehrerer solidarischer Staaten oder internationaler Organisationen von besonderer Bedeutung.
Vor allem bei den VN kam es zu einer starken Zunahme bei der Sanktionsverhängung. Die VN-Praxis zeigt, daß gut überwachte Sanktionen durchaus geeignet sind, politische Ziele der Staatengemeinschaft zu erreichen - wenn eine realistische Einschätzung des Erreichbaren vorangegangen ist und genügend Zeit zur Verfügung steht.
Im AWR der EG sind Sanktionen nicht vorgesehen - weder als strafrechtliche, noch als eigenständige verwaltungsrechtliche Sanktionen. Dies findet seine Rechtfertigung darin, daß die Mitgliedstaaten durch den EGV keine Souveränität an die EG abgegeben haben. Die EG hat deshalb keine Kompetenz, um strafrechtliche Ahndung zu normieren. Die Mitgliedstaaten und somit auch Deutschland sind nach Art. 5 EUV n.F. rechtlich verpflichtet, wirksame, verhältnismäßige und abschreckende Sanktionen durch nationales Recht anzuordnen. Dieser Artikel bewirkt, daß die Verordnungen, durch die Sanktionen der EG angeordnet werden, eine eigene Sanktionsklausel enthalten: Jedes Mitglied muß bei einem Verstoß gegen die Bestimmungen solcher Verordnungen die zu verhängenden Sanktionen selber bestimmen.
Gegenüber dem EG-Sanktionssystem ist das der Bundesrepublik Deutschland weit gefächert, da aufgrund nationaler Bestimmungen sowohl straf- als auch verwaltungsrechtlich Verstößen gegen das AWR in wirksamer Weise begegnet werden kann.

[1106] Vgl. HEITER 1997, S.368 f. § 69 n wurde durch die 31. Verordnung zur Änderung der AWV dieser eingefügt. Mitunter wurde die Verfassungsmäßigkeit von § 34 Abs. 4 AWG und § 69 g AWV angezweifelt. Die gebotenen Argumente können laut HERDER jedoch nicht überzeugen. Für Einzelheiten dieser durchaus interessanten Debatte vgl. DIEDERICH 1997, S.315-318 und HERDER 1998, S.163-166. HOHMANN/JOHN bewerten jedoch die Kritik von DIEDERICH an der Verfassungsmäßigkeit von § 34 Abs. 4 AWG als unbegründet - vgl. ebd., S.1608, Rn.11.

[1107] Vgl. HOHMANN/JOHN 2002, S.1619, Rn.10 f.

Die Umsetzung der von den USA, Großbritannien und Frankreich gegen Libyen initiierten VN-Sanktionen erfolgte auf dem dargestellten Wege. Für Deutschland bedeutete dies, die auf der Grundlage der SR-Resolutionen erlassenen EG-Verordnungen umzusetzen und strafrechtlich zu bewehren.

Die Implikationen dieser Sanktionspolitik gegen Libyen für eine Auswahl an beteiligten Staaten sowie für Libyen ist Gegenstand des dritten Teils (5./6. Kap.).

Dritter Teil: Die Bedeutung der VN-Sanktionen für Libyen

5. Kapitel: Die Auswirkungen der VN-Sanktionen auf Libyen

Sanktionen müssen auf zweierlei Weise effektiv sein: zum einen müssen sie dem Adressaten einen gewissen Schaden verursachen oder einen gewissen Nachteil darstellen, und zum anderen müssen sie außerdem den gewünschten Effekt erzielen - nämlich den Adressaten zur geforderten Handlung zu zwingen. Nicht vernachlässigt werden dürfen dabei die Nebenwirkungen für die Zivilbevölkerung und Drittstaaten sowie unbeabsichtigte Folgewirkungen.[1108] Im folgenden 5. Kapitel geht es um die Auswirkungen der VN-Sanktionen auf Libyen.

A. Negative sanktionsverursachte Folgen in Libyen

Die VN-Sanktionen gegen Libyen betrafen nicht nur den libyschen Staat auf der Zielebene, sondern auch die Wirtschaft und Bevölkerung auf der Transformationsebene. Die Verbindung beider Ebenen bestand in der Absicht, die Bevölkerung gemäß einer eigenen Kosten-Nutzen-Analyse zu beeinträchtigen und dadurch zur Ausübung von Druck auf die Zielebene zu veranlassen (vgl. im 1. Kap. D.I.2., S.77 ff.).

Die Sanktionen gegen Libyen wirkten sich infolgedessen auf verschiedene Bereiche aus.[1109] Nicht nur die Wirtschaft war betroffen, sondern auch humanitäre und soziale Folgen stellten sich ein.[1110]

I. Das wirtschaftliche System als Transformationsebene

Die wirtschaftlichen Auswirkungen der Sanktionen auf Libyen sind kaum vollständig abzugrenzen, da diese zusätzlich auch sozialen und politischen Einflüssen unterlagen.[1111] Als ein schwieriges Unterfangen stellt sich insbesondere heraus, die

---

[1108] Vgl. CONLON 1996, S.28.

[1109] Dabei hatte al-Qaḏḏāfī vor der Verhängung der Sanktionen 1992 sich für die Eventualität von Zwangsmaßnahmen gewappnet. GSTEIGER schreibt: „Als erstes ließ er die vermuteten hundert Tonnen Chemiewaffen über das ganze Land verteilen, um sie feindlichen Schlägen zu entziehen. Seit Wochen werden die Lager für Lebensmittel, Medikamente und Ersatzteile prall gefüllt; die Zentrale hortet Devisen, und die Regierung zieht Geld von ihren Konten in westlichen Banken ab." - ders. 1992, S.12. Von besonderem Interesse ist auch ein Artikel in der IHT vom 26.10.2001 mit der Überschrift "Gadhafi's Money Manager Tells How to Skirt Sanctions."

[1110] Hier ist zu bemerken, daß Libyen lange vor Verhängung der Sanktionen gegen das eigene Land vor dem Hintergrund der SR-Res. 661 (1990) für den Irak eintrat und eben aus humanitären Gründen eine Aufhebung der Sanktionen forderte. Vgl. S/21785, Ziff. 2.

[1111] Dennoch unternahm EYLER den Versuch und stellt in bezug auf Libyen fest, daß der durch die Sanktionen entstandene wirtschaftliche Schaden durchaus signifikant sei - nur hätten es

Sanktionswirkungen von denjenigen Entwicklungen zu trennen, die auch ohne die Sanktionen eingetreten wären.[1112]
Aufgrund der Schädigungsmöglichkeit[1113] einer Volkswirtschaft wurde das Potential genutzt, über das wirtschaftliche System Libyens als Transformationsebene auf die politischen Strukturen des Landes indirekt Einfluß zu nehmen. Hierbei sind die folgenden Fragen von Interesse:

- Welches sind die gesamtwirtschaftlichen Auswirkungen der Wirtschaftssanktionen?
- Wie wirkten sich die unterschiedlichen Wirtschaftssanktionen auf die Sektoren der libyschen Wirtschaft aus?
- Inwieweit erfolgten durch Verwaltung und Wirtschaft gesteuerte Anpassungsvorgänge im Bereich der Wirtschaft?

Im folgenden soll zur Beantwortung dieser Fragen ein allgemeiner Überblick mit mehr qualitativen Aussagen - trotz numerischer Werte - als eine quantitative Wirkungsanalyse gegeben werden. Denn eine genaue Untersuchung der mit der Verhängung der VN-Sanktionen seit 1992 erfolgten Veränderungen[1114] hätte einen wirtschaftswissenschaftlichen Ansatz zu beachten. Hier aber soll es nur um Tendenzen einer Entwicklung gehen, und ob die Verhängung der VN-Sanktionen die beabsichtigte Wirkung zeitigte.

1. Charakteristika der libyschen Wirtschaft vor 1992

Eine Betrachtung der Auswirkungen der Sanktionen gegen Libyen ist in den Rahmen der Charakteristika der libyschen Wirtschaft vor 1992 zu setzen. Seit den fünfziger Jahren beeinflußte das Erdöl maßgeblich die wirtschaftliche Entwicklung Libyens. 1970 war der Höhepunkt der Förderung mit 3,3 Mio. b/d erreicht. Diese Fördermenge fiel im Anschluß daran kontinuierlich, da mit dem Anstieg des Erdölpreises in den siebziger Jahren Libyen eine seine Erdölressourcen schonende Politik begann. 1980 erreichten die Erdöleinnahmen Libyens mit ca. 21 Mrd. US-$ ih-

die USA nicht verstanden, eine weltweite Zusammenarbeit gegen al-Qaḏḏāfī zu veranlassen, so daß die US-Sanktionen vergleichsweise ineffektiv waren. Vgl. ders. 1998, S.114 f.

1112 Vgl. NIBLOCK 2001, S.60. Exemplarisch kann hier die Aussage von YOUSEF angeführt werden, daß die Auswirkungen der US-Sanktionen - insbesondere ILSAs - auf Libyen schwerlich abzuschätzen seien: "How can we disentangle the effect of ILSA from that of other forces in the internal and external environment?" - SHAMBAUGH/YOUSEF/SAGAFINEJAD 2001, S.3.

1113 Zum theoretischen Hintergrund hierfür vgl. z.B. Hasse 1977, S.134-143.

1114 Z.B.: Anzahl ausländischer Unternehmer in Libyen; Subventionen und Transferzahlungen der libyschen Regierung; Entwicklung der libyschen Schulden; Ankünfte ausländischer Besucher in Libyen; Anzahl der vermuteten und vom Sanktionsausschuß des SR untersuchten Sanktionsverletzungen.

ren absoluten Höhepunkt. In den Folgejahren fiel der Erdölpreis, und auch die OPEC-Quoten wurden verringert.[1115]
Mit der Vervielfachung der Staatseinnahmen Libyens in den siebziger Jahren des 20. Jahrhunderts begann zeitgleich der Aufbau eines Systems von finanziellen Investitionen im Ausland, das BLUNDY/LYCETT folgendermaßen charakterisieren:

> "While expenditure on development at home has often been haphazard and wasteful, Libya's foreign investments, indeed its whole handling of financial transactions overseas, have been canny and successful."[1116]

Von entscheidender Bedeutung bei der Verwendung der Mittel wurde die 1981 gegründete Libyan Arab Foreign Investment Company (LAFICO). Sie ist mit der Verwaltung von Libyens Investitionen im Ausland betraut, die nicht dem Bankensektor zuzurechnen sind.[1117] Mit den Investitionen bei Banken und anderen finanziellen Einrichtungen ist die 1972 geschaffene Libyan Arab Foreign Bank (LAFB) befaßt.[1118] Im Zuge der Finanzsanktionen gegen Libyen kam das libysche Netzwerk für seine Auslandsinvestitionen zunehmend unter die Beobachtung von den Sanktionsstaaten, da sie für Libyen von eminenter Bedeutung sind:

> "Libyan companies have been active in the market-place in Europe securing vital supplies for Qaddafi's economy, particularly the oil sector. The geographical diversity and overall sophistication of Libya's financial and business network have been vital in ensuring the continued viability of Qaddafi's regime."[1119]

Auch in diesem Kontext sind die wirtschaftlichen Auswirkungen der VN-Sanktionen zu sehen.

[1115] Vgl. NIBLOCK 2001, S.60-62.

[1116] BLUNDY/LYCETT 1987, S.199. Siehe auch ausführlich unter Nennung maßgeblicher Entscheidungsträger SOBH 1994, S.331-335. MOHAMED verweist auf die Unabhängigkeit von Profitdenken u.ä. hin, was ein langfristiges Denken und Berücksichtigen der sozialen Bedürfnisse der Bevölkerung ermögliche (vgl. ders. 1999, S.49). Daß die libysche Bevölkerung diesen ihr häufig nicht zugutekommenden Umgang mit den aus dem Erdölerlös stammenden Geldern nicht billigt (Geldverschwendung insbesondere im Rahmen des verstärkten Afrika-Engagements), macht GERLACH deutlich (vgl. dies. 2003, S.3). Auf diese insgesamt auf den Rentier-Staat zurückführbaren Entwicklungen weist auch VANDEWALLE hin - vgl. ders. 1996a, S.203-225.

[1117] Vgl. BLUNDY/LYCETT 1987, S.199, 209. Siehe für Einzelheiten MATTES 2001a, S.25-27; MARTINEZ 2000a, S.317; SOBH 1994, S.332.

[1118] Vgl. BLUNCY/LYCETT 1987, S.208. Für Details s. auch MATTES 2001a, S.25 f. Ders. bietet einen ausführlichen Überblick über das System der libyschen Finanzhilfe und Auslandsinvestitionen - vgl. ders. 1987, S.90-110, KHADER 1987, S.195-212; NAAOUSH 1998, S.1908 f.; SOBH 1994, S.333.

[1119] BLUNDY/LYCETT 1987, S.209. Die libyschen Auslandsinvestitionen gingen weitgehend nach Ägypten, wo Libyen der drittgrößte arabische Investor ist - vgl. MATTES 1998, S.118.

2. Ökonomische Auswirkungen der VN-Sanktionen

Die Wirtschaftssanktionen gegen Libyen machten sich negativ bemerkbar, doch fielen die Auswirkungen vergleichsweise gering aus.[1120] Dies ist darauf zurückzuführen, daß die VN kein Erdölembargo gegen Libyen verhängt hatten, so daß die Haupteinnahmequelle Libyens unberührt blieb.[1121] Hinzu kam, daß Libyen durch seine Holding Oilinvest[1122] in Europa zahlreiche Investitionen vornehmen konnte, darüber hinaus seine wirtschaftlichen Aktivitäten insbesondere in Deutschland, Italien[1123] und Spanien ausweitete und die Auslandsschulden des Landes sich zwischen 1990 und 1994 von 5 Mrd. auf 3 Mrd. US-$ reduziert hatten.[1124] Dessenungeachtet war der Gesamtzustand der libyschen Wirtschaft nicht gut, wobei dies nicht ausschließlich auf die VN-Sanktionen zurückzuführen ist.
Bis zum Inkrafttreten der VN-Res. 883 (1993) waren die ökonomischen Auswirkungen der Sanktionen vor allem im Agrarsektor zu spüren. Allein bis Ende 1994 entstanden ca. drei Mrd. US-$ an Einnahmenverlusten. Ursachen hierfür waren neben dem verringerten Handel mit landwirtschaftlichen Produkten insbesondere der Mangel an Düngemitteln, Insektiziden, Saatgut, veterinärpharmazeutischen Produkten und Wasserpumpen. Die dadurch verursachten Ernteausfälle und der Rückgang der landwirtschaftlichen Gütererzeugung[1125] führten vor allem bei Rindfleisch, Getreide, Milchprodukten, Hülsenfrüchten und Babynahrung zu erheblichen Preissteigerungen, die auch durch die kurzfristig eingeführten staatlichen Preiskontrollen nicht gestoppt werden konnten.[1126]

[1120] Die libysche Wirtschaftspolitik in den achtziger und neunziger Jahren des 20. Jahrhunderts konzentrierte sich auf die Minderung der Sanktionswirkungen. Während die US-Sanktionen aus den siebziger Jahren nicht relevant waren, machten sich die VN-Sanktionen weitaus stärker als diese bemerkbar. Ein Vergleich mit der sanktionsverursachten Lage im Irak ist jedoch unangemessen - vgl. dazu IĠTIYĀL 1993, S.339 ff.; BUNŪK 1994, S.35; MAṢĀRIF 1997, S.79 f.; MAṢĀRIF 1998, S.133-138; EIU 2001, S.15 f.

[1121] Im OeKB-Bericht z.B. ist vermerkt, daß aufgrund dessen die libysche Wirtschaft weniger als erwartet angeschlagen worden sei (vgl. OEKB 2001, S.19). Dies ist so nicht haltbar. Es war *a priori* absehbar, daß nur ein Erdölembargo Libyen rasch zum Nachgeben würde. Von einem solchen Embargo wurde jedoch bewußt abgesehen, um u.a. die Erdölversorgung Europas nicht unnötigen Änderungen zu unterwerfen.

[1122] Die Oil Investments International Company wurde 1988 ins Leben gerufen und hat ihren Sitz auf den Niederländischen Antillen - siehe MARTINEZ 2000a, S.317.

[1123] Vgl. hierzu z.B. die verschiedenen Symposien über die Entwicklung der libysch-italienischen Beziehungen und die Beiträge von AL-MUHAḎḎABĪ 1999, S.133-139; ḌAWWĪ 1999, S.187-194; SAYYĀLA 1999, S.195-197; AZ-ZAḤḤĀF 1999, S.178-186.

[1124] Vgl. dazu DEEB 1999, S.83.

[1125] Für den geschätzten finanziellen Verlust im Lebendviehsektor als Ergebnis der Durchsetzung der VN-Resolutionen 748 (1992) und 883 (1993) s. STRUNZ/DORSCH 2000, Tabelle 4-24, S.174.

[1126] Vgl. KAMP 1995, S.232. Ähnlich sah es mit dem für Zeitschriften und Zeitungen benötigten Papier aus; die Auflagen mußten gesenkt werden. Der Grund dafür waren die allgemeinen

Das heute noch bestehende Lieferverbot für Güter mit doppeltem Verwendungszweck wirkt sich auch auf zivile Bereiche aus. Denn in der hochtechnisierten Industrieproduktion kann häufig nicht eindeutig unterschieden werden zwischen Rohstoffen und Ausrüstungsgegenständen, die ausschließlich für zivile Produktion bestimmt sind, und solchen, die zur Herstellung von Waffen verwendet werden können.[1127]

Da das Embargo auch Ausrüstungsgegenstände für den Erdöl- und Erdgassektor umfaßte, war der libysche Staat darauf angewiesen, die benötigten Ersatzteile illegal zu überhöhten Preisen zu erwerben.[1128] Die von den USA geforderte Ausweitung der Sanktionen auf ein Erdölembargo kam wegen der europäischen Abhängigkeit vom libyschen Erdöl nicht zustande.[1129]

wirtschaftlichen Schwierigkeiten bedingt durch den Preisverfall des Erdöls und die Sanktionen. Vgl. hierzu ausführlicher die 2003 am Orientalischen Institut der Universität Leipzig eingereichte Magisterarbeit zum libyschen Mediensystem von Carola Richter.

1127 Vgl. KAMP 1995, S.232.

1128 Der Erdölverarbeitungsbereich wurde durch die VN-Sanktionen stark getroffen - vgl. EIA 2001, S.6; A/52/343/Add.1, Ziff. 6; SANAWĀT 2002, S.38. GURNEY verweist jedoch auch auf den Stolz insbesondere der National Oil Corporation (NOC), daß diese es vermochte, die Produktion in den von den USA übernommenen Ölfeldern aufrechtzuerhalten. Insofern sei die libysche Erdölindustrie durch die Sanktionen „robuster" geworden. Vgl. dies. 1996, S.224. Für die Kosten des aus der Durchsetzung der VN-Resolutionen 748 (1992) und 883 (1993) resultierenden Schadens bei Erdölaktivitäten s. STRUNZ/DORSCH 2000, Tabelle 4-23, S.173. Für eine ausführliche Kommentierung der Auswirkungen von den US- und VN-Sanktionen auf die libysche Erdölindustrie s. ABI-AAD 1997, S.45-49. Der Artikel von ROSS von 1994 verdeutlicht, daß damals keinesfalls absehbar war, inwieweit es Libyen gelingen würde, seine Erdöleinnahmen auf gleichbleibendem Niveau zu halten - s. ROSS 1994, S.14 f.

1129 Vgl. KAMP 1995, S.232, S.239: ein Erdölembargo hätte wirtschaftliche Einbußen vor allem für die europäischen Staaten, insbesondere Italien, Deutschland und Frankreich nach sich gezogen. Im SR zeichnete sich keine Mehrheit für eine derartige Verschärfung ab. Dessenungeachtet wurde wiederholt mit der Verhängung eines solchen Embargos von seiten der USA und Großbritanniens gedroht, so daß Libyen durchaus damit rechnen mußte (vgl. z.B. HINDLEY 1993, S.2 f.). GURNEY schreibt, daß die Tatsache, daß die großen US-Ölfirmen nicht des libyschen Marktes habhaft werden konnten, habe dessen Anziehungskraft für europäische und andere nicht-amerikanische Firmen erhöht - vgl. dies. 1996, S.225; für die Tätigkeit der deutschen Veba in Libyen vgl. z.B. VEBA 2001, S.22. Im Gespräch mit d.Verf. wurde dies jedoch von anderer Seite bezweifelt: die Investitionen nicht-amerikanischer Firmen fielen genau aus dem Grunde niedriger aus, weil diese nicht den Unmut der US-Firmen auf sich ziehen wollten. Insbesondere bei Geschäften geringeren Umfanges scheinen Investoren aus „unabhängigen Ländern" ihre vergleichsweise guten Geschäftsmöglichkeiten angesichts der ausfallenden US-Konkurrenz jedoch durchaus wahrzunehmen - vgl. z.B. ASCHWANDEN 2002, S.14. Die in Kassel ansässige BASF-Tochter Wintershall z.B. erregte - unerwartet - den Zorn von US-Politikern, als sie sich um den Kauf des libyschen 60%-Anteils an einem Ölfeld in Libyen bemühte, dessen übrige 40 % US-Erdölfirmen gehören, die seit 1986

Eine weitere Folge der Sanktionen und damit der angespannten Situation war der Weggang westeuropäischer Spezialisten. Arbeiteten bis 1992 etwa 10.000 Europäer und 500 bis 1000 US-Amerikaner in Libyen, verließ die überwiegende Mehrheit schon vor Inkrafttreten der VN-Res. 748 (1992) das Land. Arbeitskräfte aus Osteuropa und insbesondere aus den ärmeren Nachbarstaaten Libyens hingegen blieben aufgrund fehlender Alternativen und werden heute auf ca. 1-1,5 Millionen Menschen geschätzt.[1130]
Insbesondere der Finanzsektor war von den Sanktionen betroffen. Es wird angenommen, daß Libyen Ende 1992 / 1993 über ca. 17 Mrd. US-$ variabler Vermögenswerte sowie 4 Mrd. US-$ an gebundenen Vermögenswerten im Ausland verfügte. Trotz der seit 1986 bestehenden US-Finanzsanktionen (ca. 900 Mio. US-$ an libyschen Vermögenswerten sind in den USA seitdem eingefroren) verstand es Libyen jedoch, die Folgen zusätzlicher Finanzsanktionen zu minimieren:

> "[...] Tripoli has become adept at transferring its assets across borders to safe havens at the slightest sign of danger. During the latest crisis, persistent rumours have circulated among Western bankers of movement of assets to the Gulf, Egypt, Switzerland and South Korea, or into banks where Tripoli holds substantial stakes. There have even been reports of state assets being siffoned off into the personal accounts of leading officials in the regime for safe keeping."[1131]

Libyen reagierte auf die Sanktionen, indem es attraktivere Investitionsbedingungen für ausländische Firmen anbot und nach Aufhebung der VN-Sanktionen noch anbietet.[1132] Diese Maßnahme hat sich bewährt - insbesondere bezüglich des Erdöl-/

---

treuhänderisch von Libyen verwaltet werden. Vgl. ausführlich NOTZ/BAULIG/ESTERHAZY 2001, S.1.

1130 Vgl. KAMP 1995, S.232. ST JOHN vermerkt, daß Libyen seine zahlreichen Fremdarbeiter als Druckmittel dafür einsetzte, die VN zur Lockerung der Sanktionen zu bewegen. Beispielsweise verlangte Ende 1995 Libyen von den VN die Erlaubnis dafür, mehr als eine Million afrikanischer Arbeiter auf dem Luftwege repatriieren zu dürfen, da die schlechte wirtschaftliche Lage in Libyen ihren Aufenthalt nicht mehr ermögliche. DEEB weist jedoch darauf hin, daß die Ausweisung der Fremdarbeiter nicht nur aus wirtschaftlichen oder politischen Gründen angestrebt wurde, sondern daß auch sicherheitspolitische Überlegungen maßgeblich waren. Von einigen sudanesischen, ägyptischen und palästinensischen Gastarbeitern wurde angenommen, daß sie die islamistische Opposition in Libyen stärkten. Vgl. dies. 1999, S.87.

1131 HINDLEY 1993, S.3.

1132 Damit erfolgte eine Abkehr von den im Zuge der industriellen Entwicklung Libyens erlassenen Importverboten für Produkte zur Absicherung der nationalen Produktion - vgl. MATTES 1986a, S.151. Für heute noch bestehende Importverbote vgl. den Beschluß des AVK Nr. 230 vom 2.5.2000 „Importverbote für den Privatsektor" - s. AVK-BESCHLUSS 230 (2000). Der Bedarf Libyens an ausländischen Investitionen bewirkte somit eine ökonomische Liberalisierung - vgl. BANK 2000, S.30 f.; BANK 2000a, S.30; EIA 2001, S.1. Andererseits herrschen durchaus Vorbehalte gegenüber ausländischen Firmen, da ihnen Profitgier unterstellt wird und der Abfluß lokaler Ressourcen, das Entstehen einer Korruptionskultur und die Zerstö-

Erdgassektors.[1133] Dessenungeachtet fielen die ausländischen Investitionen vergleichsweise niedrig aus, da die ausländischen Firmen bisher zum einen die mittelfristigen Auswirkungen der verschiedenen Sanktionsregime fürchteten und zum anderen Risiken in der libyschen Wirtschaftspolitik[1134] sahen:

---

rung der gesellschaftlichen Moral befürchtet wird. Vgl. FAATH/MATTES 2000, S.18, S.21. Für eine Darstellung benötigter Investitionen s. SAᶜŪD 2000, S.255-267. So wurde z.B. auch das Libyan Foreign Investment Board (LFIB) gegründet, um ausländische Kapitalinvestitionen in Libyen zu fördern und um Investitionsprojekte publik zu machen: der LFIB hilft ausländischen Unternehmen dabei, die in Libyen zu erfüllenden Formalitäten zu erledigen. Siehe LFIB 2002. Für den Zeitraum 2000-2005 gibt die libysche Regierung ein Investitionsvolumen von 35 Mrd. US-$ an. Siehe für Einzelheiten MARTINEZ 2000a, S.310 f.; CRITCHLOW 2001, S.21-29. Für Anstrengungen Libyens insbesondere im Erdöl- und Erdgasbereich s. EIA 2001, S.3. Für konkrete Informationen und Orientierungen zum „Hoffnungsmarkt Libyen" liegt z.B. von der Oesterreichischen Kontrollbank AG eine Multi-Sektor-Studie vor, die auf zu erwartende Großprojekte von Interesse für ausländische Investoren aufmerksam macht - s. OEKB 2001, S.15. Auch libysche Publikationen machen auf den libyschen Markt aufmerksam - vgl. z.B. BILĀL 2001, S.18 f.

[1133] So wurde das Gesetz Nr. 5 (1997) zur Förderung ausländischer Investitionen durch Steuer- und Zollvergünstigungen erlassen und eine Behörde für Auslandskapital als Anlaufstelle für ausländische Unternehmen geschaffen (auf Englisch abgedruckt in OEKB 2001, S.183-212). 2001 wurden Bestimmungen für Handlungsbevollmächtigte festgelegt (s. BESCHLUSS 178/2001), und 2002 wurde die Organisation des Im- und Exportes geregelt sowie die Durchführungsbestimmungen zum Gesetz Nr. 21/2002 mit den Bestimmungen über die Ausübung wirtschaftlicher Aktivitäten erlassen (s. BESCHLUSS Nr.7/2002; BESCHLUSS 8/2002; BESCHLUSS 49/2002) Vgl. DAIH 2002; MONASTIRI 1999, S.185. Mit der Zollsenkungsrunde für eine Vielzahl von Einfuhrwaren wie Lebensmittel, Bekleidung, Kfz-Teile und Haushaltswaren soll der Fall des LD bekämpft werden - vgl. LIBYEN 2002, S.170; LIBYE 2002, S.44. Im Rahmen der wirtschaftlichen Integration der SinSad-Staaten kamen auch über den reinen Sin-Sad-Bezug hinausgehende Maßnahmen zustande wie die auf libysches Betreiben gegründete Union of Investors for Africa - *ittiḥād al-mustaṯmirīn fī Ifrīqiyā*, die durch ihre Aktivitäten Investitionen in Afrika erleichtern soll. Vgl. MATTES 2001a, S.28; BAGOGLU 2001, S.29 f.

[1134] Al-Qaḏḏāfī ging es von Anbeginn darum, einen langfristig orientierten Aufbau von physischem Kapital im produktiven Bereich und in der sozialen Infrastruktur zu schaffen. Angesichts des Kapitalüberflusses spielten in Libyen die Fiskal- und Geldpolitik in der Steuerung des Entwicklungsprozesses zunächst eine vergleichsweise untergeordnete Rolle. Trotz massiver Investitionen entwickelte sich jedoch keine diversifizierte Wirtschaft. BERG kommt zu dem Schluß, daß auch fünfzig Jahre nach der libyschen Unabhängigkeit das Land prinzipiell die gleichen Entwicklungsprobleme aufweise: unzureichende Nicht-Erdölsektoren, unzureichendes Humankapital, unzureichend qualifiziertes indigenes Unternehmertum und unzureichende Anreizstrukturen sowie wirtschafts- und außenpolitisch bedingte hohe Wohlfahrtsverluste und Fehlallokationen. Vgl. BERG 1999, S.194, 199. Siehe zu den Diversifizierungsbestrebungen auch EIU 2001, S.18.

"Despite the attractive terms on offer, the overall business climate in Libya is risky for investors as the basic institutional and regulatory ingredients to attract foreign capital are not in place."[1135]

Eine offizielle Einschätzung der Sanktionsschäden des libyschen Außenministeriums von Anfang 1998 geht von eine Summe von 24 Mrd. US-$ aus, ein Bericht der AL von Mitte 1998 gibt als Schadenssumme bis Ende 1996 23,5 Mrd. US-$ an.[1136] Unabhängig von der Richtigkeit der Zahlen ist es an dieser Stelle nicht erheblich, sie zum Messen der ökonomischen Auswirkungen der Sanktionen einzusetzen. Die Auswirkungen sind wesentlich komplexer und nuancenreicher, als es ein Geldbetrag ausdrücken kann.[1137]

Die libysche Wirtschaft erwies sich als äußerst erfolgreich mit dem zentralen Element ihrer Wirtschaftsstrategie: die Produktion der Erdölindustrie unter Ausschöpfung der OPEC-Quote uneingeschränkt aufrechtzuerhalten und das kostenintensive Wasserprojekt des „Großen Künstlichen Flusses" fertigzustellen. Der Kern der libyschen Wirtschaft funktionierte somit wie vor 1992.[1138] Wer jedoch unter den

---

[1135] SHAMBAUGH/YOUSEF/SAGAFINEJAD 2001, S.4, und bfai-Info Nahost, Köln, 6(2001)2, S.5.

[1136] In einem detaillierten Bericht über die sanktionsverursachten Schäden in Libyen werden diese für die verschiedenen Bereiche untergliedert in Zahlen angegeben - vgl. SANAWĀT 2002, S.32-38; s. auch SAᶜĀDA 1995, S.51.

[1137] Vgl. NIBLOCK 2001, S.63. Eine Übersicht über die finanziellen Verluste ist abgedruckt bei STRUNZ/DORSCH 2000, Tabelle 4-21, S.172. In einem Bericht an die VN im Jahr 2000 gab Libyen eine Summe von 33,604 Mrd. US-$ an - vgl. FAATH/MATTES 2000, S.8. Libyen übergab den VN regelmäßig einen Bericht über die Auswirkungen der Sanktionen. Siehe z.B. den Sechsten Bericht für den Zeitraum vom 15.4.1992-31.12.1995 unter "Impact of UN Sanctions", in dem die humanitären und wirtschaftlichen Konsequenzen detailliert aufgelistet sind. 1997 übersandte der Ständige Vertreter Libyens bei den Vereinten Nationen dem VN-Generalsekretär ein 19seitiges Schreiben, in dem auf die humanitären Konsequenzen und auf die wirtschaftlichen Folgen hingewiesen wurde - vgl. S/1997/404. Siehe z.B. auch die Einschätzung über den sanktionsverursachten Schaden bei MANṢŪR 1999a, insbes. S.26.

[1138] Vgl. dazu NIBLOCK 2001, S.65: Libyen war finanzpolitisch insofern erfolgreich, als daß es weiterhin über seine Konten mit den Erdöleinnahmen verfügen konnte und darüber hinaus nur ein unbedeutender Anteil seines Auslandsguthabens eingefroren war. Den VN-Resolutionen zuvorkommend hatte es Libyen verstanden, sein flüssiges Vermögen von ca. 3 Mrd. US-$ an Institutionen zu transferieren, die außerhalb des Wirkungsbereiches der VN-Sanktionen lagen. (MATTES spricht allerdings von ca. 21 Mrd. US-$, von denen ein Großteil aus Europa zugunsten einer Anlage in arabischen und asiatischen Staaten abgezogen worden sei - vgl. ders. 1994, S.116). Vgl. dazu auch CALIES DE SALIES 2000, S.18. Außerdem war es Libyen gelungen, durch Veränderung der Eigentumsstrukturen libyscher Firmen in Europa weiterhin über diese verfügen zu können. Mit einer solchen gesellschaftsrechtlichen Umgestaltung befaßt sich z.B. BIENECK in seinem Kommentar zu einem Urteil der Wirtschaftsstrafkammer des Landgerichts Stuttgart vom 26.3.2002 und kommt zu dem Ergebnis, daß der Embargotatbestand des § 34 Abs. 4 AWG „Verbrecherqualität" aufweise aufgrund seiner engen Reaktionsgrenzen. Diese verhinderten nämlich ein diesem Falle an-

Sanktionsfolgen zu leiden hatte, war die libysche Bevölkerung. Deren Lebensverhältnisse verschlechterten sich stark, wie im folgenden erläutert wird.

II. Das gesellschaftliche System als Transformationsebene

Die Sanktionen dienten der libyschen Regierung als Entschuldigung für ihre unzureichende Wirtschaftspolitik.[1139] Zwar hatten die Sanktionen Anteil an einer Verschlechterung, jedoch nicht ausschließlich - wie es die Regierung die Bevölkerung glauben machen wollte.[1140]

Es soll an dieser Stelle nicht darum gehen, ob sich die sanktionsinduzierten Wirkungen im Rahmen der gesellschaftlichen Subsysteme quantifizieren lassen. Es ist ausreichend festzustellen, daß Sanktionen die Kosten für die Aufrechterhaltung des Status quo in die Höhe treiben und dadurch dazu beitragen, daß ein Einlenken wahrscheinlicher wird.[1141]

Für die Befürworter eines Sanktionen-Regimes äußert sich WALLER:

> "The pain of sanctions has produced more than passive anger - it has unleashed profound challenges to the regime's security. Discontented Libyans are concluding that their problems stem not from the Security Council but from Qadhafi himself. The October 1993 army mutiny was the severest uprising in over a decade and took several days to supress."[1142]

gemesseneres Urteil von der Art eines Strafbefehles bis hin zu einer Verfahrenseinstellung gegen Geldauflage nach § 153a StPO. Vgl. ausführlich ders. 2002, S.429-431 und ENGLERT 1999, S.205 f.

1139 Zu den verschiedenen Strategien seitens der Führung eines sanktionierten Landes vgl. z.B. Hasse 1977, S.183-188: die Abwehr von Sanktionsschäden als ein sozialökonomisches Problem; Ausnutzung der durch Sanktionen geförderten Widerstandskraft und Bereitschaft der Bevölkerung, die wirtschaftlichen Nachteile zu akzeptieren und behördlichen Anordnungen Folge zu leisten; die einheitliche Leitung und Zensur der Medien; die Auskundschaftung und Institutionalisierung von Möglichkeiten für einen Umweghandel; die Bemühungen, eine Lobby für Libyen aufzubauen; die staatliche Organisation des Außenhandels, die Fixierung der Preise, das Verändern der Zahlen zugunsten der libyschen Regierung im Sinne eines *statistical sanctioneering*; das Schmieden von Gegenallianzen.

1140 Vgl. NIBLOCK 2001, S.71. DEEB bemerkt darüber hinaus, daß die schlechtere finanzielle Lage zur Verzögerung einiger Projekte und einer sinkenden Zahlungsmoral gegenüber ausländischen Firmen führte - vgl. dies. 2000, S.149. Einen guten Überblick über die sanktionsbedingten sozio-ökonomischen Transformationen und politischen Veränderungen bietet MARTINEZ - s. ders. 2000, S.205-229. Im Rahmen einer Debatte im VN-SR wiesen die USA Vorwürfe zurück, daß die Sanktionen negative Folgen für die libysche Bevölkerung bewirkten. Die Sanktionen seien mit Absicht zielgerichtet verhängt worden und sollten eben nicht die libysche Wirtschaft schädigen. Liege diese darnieder, sei dieser Zustand selbstverschuldet. Vgl. IIE-LIBYA 2002, S.13.

1141 Vgl. CRAWFORD 1996, S.49.

1142 WALLER 1996, S.86.

1. Humanitäre Folgen

Die Sanktionen der VN wirkten sich nicht nur im Wirtschaftssektor aus, sondern schlugen sich auch im humanitären Bereich nieder.[1143] Problematisch war mitunter die Versorgung mit Medikamenten.[1144] Betroffen war hier besonders die Intensivmedizin, da Medikamente mit begrenzter Lagerfähigkeit (vornehmlich Seren und Blutplasma) fehlten.[1145] Auch die Diagnostik war stark eingeschränkt, da aufgrund des Luftembargos Blut- und Gewebeproben nicht mehr wie zuvor an französische Laboratorien geschickt werden konnten. Betroffen war weiterhin die medizinische Behandlung von Patienten, für die die intensivmedizinischen Einrichtungen in Libyen nicht ausgerichtet waren, und die daher auf Malta oder in anderen europäischen Staaten vorgenommen wurden. Die medizinische Betreuung im Ausland war wegen des Luftembargos kaum noch möglich, da ein längerer Krankentransport auf dem Landweg meist nicht ratsam war.[1146] Bis Ende 1994 starben ca. 500 Menschen in Ermangelung von Medikamenten, oder weil sie nicht im Ausland behandelt werden konnten.[1147]

2. Verschlechterung der Lebensumstände der Bevölkerung

Die Verschlechterung der Lebensverhältnisse der Bevölkerung wurde durch drei Umständen verursacht. **Erstens** waren nicht nur die Erdöleinnahmen gesunken, sondern zusätzlich dazu erhöhte der Staat sein Auslandsvermögen aus Furcht vor

---

[1143] Vgl. zur Verletzung von Menschenrechten durch Sanktionen z.B. AL-ḤAYĀLĪ 1997, S.77-80.

[1144] Die Schuld dafür wies Libyen explizit den USA zu: "One of the objectives of the United States blockade policy is to undermine the health situation of the Libyan people. United States pharmaceutical and medical supply companies [...] have totally cut off shipments of their products to the Libyan Arab Jamahiriya. This is being done expressly to reverse our country's extraordinary accomplishments in the field of health [...]." A/52/343/Add.1. Vgl. auch JAMAHIR SOCIETY 1995, S.34: die Neue Weltordnung führe zu Menschenrechtsverletzungen durch Embargos und die Vorenthaltung von Medikamenten und wichtigen Gütern, die wie bei Libyen auf Strafsanktionen gegründet seien.

[1145] Daß Operationen jedoch zunehmend ohne Narkosemittel durchgeführt würden, kann jedoch nicht auf die Sanktionsbestimmungen zurückgeführt werden - vgl. dazu MATTES 1999, S.118.

[1146] Infolgedessen fürchteten sich viele Menschen davor, krank zu werden. Vgl. die Reuters-Meldung vom 23.10.2003 ("Libyans Hope for New Start After Sanctions Lifted.").

[1147] Vgl. KAMP 1995, S.231. Für die im Transport- und Telekommunikationssektor entstandenen Verluste s. STRUNZ/DORSCH 2000, Tabelle 4-22, S.172. Ein Bericht über die sanktionsverursachten Schäden in Libyen nennt die Zahl von 8774 Menschen, die aufgrund der Sanktionen nicht angemessen behandelt werden konnten und infolgedessen starben - s. SANAWĀT 2002, S.32. Vgl. für Einzelheiten ders. 2002, S.32-34.

einer Intensivierung der Sanktionen.[1148] **Zweitens** war die Inflationsrate aufgrund indirekter Auswirkungen der Sanktionen in Verbindung mit der größeren Abhängigkeit der Privatsektors von Importen hoch.[1149] Höhere Preise für Importwaren und damit ein allgemeiner Preisanstieg ergaben sich nicht nur für die durch die Sanktionen verbotenen Importgüter, sondern auch durch die fehlende Luftanbindung und die Reserviertheit vieler internationaler Unternehmen gegenüber Geschäften mit Libyen. Das Unvermögen libyscher Behörden, auf Verbraucherbedürfnisse einzugehen und diese sicherzustellen, verursachte Warenverknappungen und bedeutete, daß die Güternachfrage die Preise bestimmte, obwohl diese offiziell vom Staat festgelegt wurden. Das Absinken der Produktion von Schlüsselgütern für den Binnenmarkt aufgrund der Unmöglichkeit, Ersatzteile auf dem Luftwege zu erhalten, bewirkte einen weiteren Druck auf die Preise. Hinzu kam, daß die behördliche Preisüberwachung durch die seit Ende der achtziger Jahre einsetzende Liberalisierung der Wirtschaft geschwächt war.[1150] **Drittens** bewirkte die Priorität des Erdölsektors und des GKF Einschränkungen in den anderen Bereichen. Die infolge des Weltmarktpreises gesunkenen Erdöleinnahmen und die gestiegenen Kosten für die Erdölindustrie-Ausrüstung und den GKF gingen zu Lasten der Ausgaben für die Bereiche Landwirtschaft, Industrie, Gesundheit, Bildung und andere Teile der sozialen und wirtschaftlichen Infrastruktur.[1151]

Da die Wirtschaft - ausgenommen der Erdölsektor - bereits vor der Verhängung der Sanktionen unter der schlechten Verwaltung und dem schwachen gesetzlichen Rahmenwerk mit unklaren Regeln litt, ist die beschriebene Mangellage durch die Tatsache zu erklären, daß die Wirtschaft nicht effektiver auf die Sanktionsherausforderungen zugeschnitten wurde.[1152]

[1148] Genaue Angaben über die Vermögensanhäufung existieren nicht, da Libyen diese nicht offenlegte. Vgl. für Einzelheiten NIBLOCK 2001, S.66.

[1149] So betrug die Inflationsrate beispielsweise 1993 42 % und 1994 50 % - vgl. NIBLOCK 2001, S.68. Laut BARATTA 1995, Sp.437, betrug die durchschnittliche Inflationsrate von 1985-1992 -2,7 %. 1993 schoß sie auf 45 %. Im Jahr 2000 lag sie bei 20 % (s. ders. 2002, Sp.508 und bfai-Info Nahost, Köln, 6(2001)2, S.4).

[1150] Vgl. NIBLOCK 2001, S.67.

[1151] Vgl. NIBLOCK 2001, S.68 f. Für die Wirtschaftlichkeit im Erdölbereich s. EIU 2001, S.16 f. Darüber hinaus taten die mitunter starken Schwankungen des Dollarkurses ihr übriges - vgl. z.B. OEKB 2001, S.25.

[1152] Für Beispiele für dieses z.T. strukturelle, vom libyschen politischen System herrührende Problem s. NIBLOCK 2001, S.69 f. MATTES zieht die Verbindung von der informellen Politik in Libyen und den politischen Fehlentwicklungen und schreibt: „Informelle Politik in Libyen ist damit sowohl Resultat traditioneller Herrschaft als auch Resultat von Legitimitätsdefiziten; der Umfang informeller Politik, wie er seit den 80er Jahren in Libyen zu beobachten ist, generierte darüber hinaus selbst politische Fehlentwicklungen und Legitimitätsdefizite [...].“ - MATTES 1999a, S.273.

3. Die sozialen Auswirkungen der Sanktionen

Der größte Einfluß auf die sozialen Lebensbedingungen der Menschen ging von der Inflation aus. Seit 1982 sind die Löhne und Gehälter in dem Gesetz Nr. 15 / 1982 festgeschrieben. Während in den achtziger Jahren der Lebensstandard wenig von einer Negativinflation profitierte, änderte sich dies mit den Sanktionen. Allein im Zeitraum 1993-1997 kam es zu einer jährlichen Inflation von 35 %. Diese Entwicklung widerspiegelte sich auch im Fall des Wechselkurses des Libyschen Dinar (LD) - zum Teil bewirkte sie diesen sogar.[1153]
Aufgrund dieser Entwicklung wurde die Bevölkerung abhängiger von direkten staatlichen Zuwendungen durch rationierte und subventionierte Güter. Durch dieses Rationssystem bekam die Regierung allerdings auch ein Mittel in die Hand, die Bevölkerung zu kontrollieren.[1154] Da das staatlich gewährleistete Gehalt sich als unzureichend für das Bestreiten des Lebensunterhaltes erwies, geriet ein Großteil der Bevölkerung in die Zwangslage, eine weitere Arbeit aufzunehmen. Damit wurde jedoch die Hauptenergie in die Nebenberufe abgeleitet, was sich auf den öffentlichen Sektor und dort besonders qualitativ negativ auf die Bildungs- und Gesundheitseinrichtungen auswirkte.[1155]
Der wirtschaftliche Druck und die wachsenden Unterschiede zwischen arm und reich[1156] ließen zusätzlich die Korruption in die Höhe schnellen. Bestechungen bestimmen seitdem die Beziehungen zwischen öffentlichen Einrichtungen und Individuen. War über lange Jahre die Arbeit zum allgemeinen Wohle ein Schlüsselwert im libyschen System gewesen, spiegelte nunmehr die Korruption die Kommerzialisierung der Gesellschaft wider. Allerdings ist dieser Wandel nicht ausschließlich den Sanktionen zuzuschreiben - vielmehr handelt es sich um eine auch in anderen arabischen Ländern wahrnehmbare Tendenz. Dessenungeachtet fanden der rasche Wandel der Werte sowie die Art und Weise, wie Korruption und Kommerzialisie-

---

1153 Der offizielle Dollarkurs betrug Ende 1990 1US-$ 0,27 LD, Ende 1998 kostete 1 US-$ 0,45 LD. Auf dem Schwarzmarkt war der US-Dollar als siebenter Teil eines LD bewertet. Da ca. 80 % der Libyer im Staatssektor beschäftigt sind, hat das Realgehalt um ca. 35 % pro Jahr abgenommen. Vgl. hierzu NIBLOCK 2001, S.74 f. DEEB schreibt, daß sich die Lebenshaltungskosten 1995 verdoppelten und seit der Verhängung der Sanktionen 1992 sich bis 1995 verdreifacht hätten. Siehe dies. 1999, S.85, und MARTINEZ 2000, S.4 f. Für die Veränderungen des Wechselkurses im Zeitraum von 1996-2000 s. EIU 2001, S.38.

1154 Vgl. NIBLOCK 2001, S.75 f.

1155 Vgl. NIBLOCK 2001, S.76.

1156 Bis Anfang der neunziger Jahre des 20. Jahrhunderts wies Libyen eine der egalitärsten Gesellschaften im Nahen Osten / Nordafrika auf. Mit Verhängung der Sanktionen änderte sich dies: diejenigen mit internationalen Kontakten und Fremdwährung profitierten von den veränderten Umständen. Viele jedoch gerieten in eine verstärkte Abhängigkeit vom Staat. Vgl. NIBLOCK 2001, S.77 f. Auch OUANNES weist auf den wachsenden Unterschied zwischen den Einkommensschichten hin und sieht als ursächlich dafür die wirtschaftliche Öffnung (*infitāḥ*). Vgl. ders. 1999, S.174.

rung sich in der Lebenswirklichkeit ausbreiteten, geringeren Widerstand und somit Verbreitungsmöglichkeit in einer durch den gesunkenen Lebensstandard geschwächten Bevölkerung.[1157] Die Mehrheit der Menschen war zur Gewährleistung des Lebensbedarfs auf Regierungssubventionen angewiesen und geriet somit in eine Art Abhängigkeit.[1158]

4. Bildung und Gesundheit

Die sozialen Umstände wurden auch durch die zurückgehenden Ausgaben für den Bildungs- und Gesundheitsbereich beeinflußt. Durch das hohe Bevölkerungswachstum[1159] nahm z.B. die Anzahl der Universitätsstudenten stark zu; dies wirkte sich auf die Lehrbedingungen negativ aus. Insbesondere anhand der Handhabung von Internet und neuer Technologie durch Studenten sei feststellbar, wie negativ sich die Sanktionen auf eben diese Bereiche ausgewirkt hätten.[1160] Im Bereich der Gesundheit wurden die vorhandenen Mittel nicht nur durch die wachsende Bevölkerung überbeansprucht, sondern darüber hinaus auch durch die Nachfrage der vor den Sanktionen im Ausland behandelten Patienten.[1161] Wenngleich einige Verschlechterungen durchaus auf eine ineffiziente Verwaltungspraxis zurückgeführt werden können, so sind doch die gesunkenen Budgets der Hauptgrund für die Schwierigkeiten in den genannten Bereichen.[1162]

[1157] Vgl. NIBLOCK 2001, S.76 f. S. ausführlich zur Korruption als einer der kriminellen Varianten informeller Politik MATTES 1999a, S.270-273, zur libyschen Korruptionsbekämpfung die NZZ vom 12.2.1999, S.3 („Enger geschnallte Gürtel in Libyen."); NZZ vom 11.9.2001, Nr.210, S.3 („Korruption als Hauptproblem Libyens?"); EIU 2001, S.16.

[1158] Vgl. NIBLOCK 2001, S.68. Für eine Liste der subventionierten Waren und dafür aufgewendeten Gelder im Zeitraum von 1991-1998 s. TAQRĪR 1999, S.66.

[1159] 1980-2000: 2,8 % pro Jahr - vgl. BARATTA 2002, Sp.507.

[1160] Vgl. die Reuters-Meldung vom 23.10.2003 ("Libyans Hope for New Start After Sanctions Lifted.").

[1161] Angenommen wird, daß sich ca. 17.000 Libyer zwischen 1993 und 1997 im Ausland hätten behandeln lassen. Hinzukommt, daß es allein zwischen 1992 und 1995 zu 10.200 Unfällen auf der Straße nach Ägypten und Tunesien kam, in denen 2560 Menschen ihr Leben verloren. Zwar ist zu berücksichtigen, daß auch ohne die Sanktionen Unfälle zustandegekommen wären, doch spricht vieles dafür, daß es weniger gewesen wären ohne die Sanktionen. Vgl. NIBLOCK 2001, S.79 f. MATTES nennt 21.000 Verkehrstote auf den entsprechenden Straßen für den Zeitraum von 1992-1998 - allerdings sei diese Zahl nach oben überhöht. Vgl. MATTES 1999, S.118. Interessant ist in diesem Zusammenhang, daß die Zahl der Verkehrstoten mit der Suspendierung der Sanktionen nicht ab-, sondern signifikant zunahm - vgl. IḤṢĀʾ 2002 , S.52. Eine andere Quelle hingegen weist auf die sinkende Anzahl von Verkehrstoten im Zeitraum 1992-1999 hin: vgl. TAQRĪR 1999, S.102.

[1162] Vgl. NIBLOCK 2001, S.79 f.

III. Das politische System Libyens als Zielebene

Nach westlicher Auffassung handelt es sich in Libyen um eine personengebundene Diktatur: al-Qaḏḏāfī manipuliere und kontrolliere sämtliche Aspekte der libyschen Politik und Gesellschaft. Hierbei wird jedoch nicht berücksichtigt, daß auch al-Qaḏḏāfī Sachzwängen unterliegt. Zumindest formal liegt die politische Autorität seit der Erklärung der Autorität des Volkes am 2.3.1977 in einem System der Volkskongresse. Diese formalen Strukturen spiegeln jedoch nicht die Realitäten von Macht und Einfluß wieder. Ein wirklichkeitsgetreueres Bild der Verhältnisse läßt sich aus dem Studium der im sog. Nationalen Register (*as-siǧill al-qaumī*) gesammelten Reden al-Qaḏḏāfīs erkennen. Dieser formt als Revolutionsführer die politische Debatte in den Kongressen und Komitees durch seine politischen Reden (*al-ḫuṭab as-sīyāsīya*).[1163] Darüber hinaus wird al-Qaḏḏāfī ein nicht zu unterschätzendes Charisma zuerkannt:

> "His relationship with the masses can be used to prevent challenges to his authority from others in the leadership and to suggest that without him at the helm Libya would fall into antagonistic regional, tribal, and political conflict."[1164]

Andere wichtige Personen stellen die dem inneren Zirkel von einflußreichen ihn umgebenden Personen angehörenden *riǧāl al-ḫaima* dar, mit denen er seine Ideen und Politikpositionen austauscht. Waren diese Personen ursprünglich vornehmlich Mitglieder der Organisation der freien Offiziere, wurden sie seit der Mitte der siebziger Jahre durch damals revolutionär auftretende Jugendliche ersetzt. Von zunehmender Bedeutung sind Mitglieder von al-Qaḏḏāfīs Familie: sie nehmen hohe Posten in den Sicherheitsdiensten ein. Weiterhin ist von großer Bedeutung der zentrale Wert der Loyalität. Dieser bindet al-Qaḏḏāfī an andere und diese wiederum an ihn. Dadurch entsteht naturgemäß ein Gefühl für wechselseitige Rücksichtnahme.[1165]

1. Politische Effektivität: Der Einfluß der Sanktionen auf die Politik

Am 10.5.1992 begann die Sitzungsperiode der Basisvolkskonferenzen (BVK) in Vorbereitung der Allgemeinen Volkskonferenz (AV) (13.-24.6.1992). Auf dieser Tagung sollte über die Überstellung der beiden Lockerbie-Verdächtigten entschieden werden. Die Positionen der Diskutierenden fielen sehr unterschiedlich aus, als im Zusammenhang mit der Überstellung die Forsetzung der panarabischen Politik sowie die Haltung Libyens zu Befreiungsbewegungen zur Sprache kamen. Beschlossen wurde schließlich, die Verdächtigten an einen internationalen Gerichtshof unter der Schirmherrschaft der AL oder der VN zu übergeben, die Hilfe für Be-

[1163] Vgl. NIBLOCK 2001, S.82 f.
[1164] Ebd., S.84.
[1165] Vgl. ebd., S.85.

freiungsbewegungen einzustellen und zwei dafür zuständige Institutionen zu schließen.[1166]
Als Folge der Überstellung der Verdächtigten hätte es dazu kommen können, daß al-Qaḏḏāfī als unmittelbar in die Angelegenheiten verwickelt erscheinen könnte. Dies hätte ihn in den Augen von Militär- und Sicherheitskräften - den wichtigsten Stützen seines Regimes - diskreditiert.[1167] Darüber hinaus hätte die Beziehung zum größten Stamm Libyens, den Maqārḥa, beeinträchtigt werden können, da einer der Verdächtigen Angehöriger dieses Stammes ist.[1168]

[1166] Vgl. KAMP 1993, S.37 f.

[1167] "For Libyan leader Muammar Qaddafi, full compliance with the UN resolutions would pose a far greater threat to his own survival than any international sanctions could ever hope to achieve. In his view, handing over the Lockerbie two [...] is a fraught with danger." HINDLEY 1993, S.2.

[1168] Al-Megrahi ist Angehöriger des Maqārḥa-Stammes, einem der größten Stämme in Libyen. Der sinkende Einfluß dieses Stammes kulminierte mit dem Zerwürfnis zwischen al-Qaḏḏāfī und dem Maqārḥa-Mitglied ᶜAbd as-Salām Ǧallūd 1993, der bis dahin der wichtigste Mann nach al-Qaḏḏāfī gewesen war. Zusammen mit anderen Entwicklungen bedeutet die Verurteilung des dem Sicherheitsapparat angehörenden al-Megrahis eine starke Schwächung ihres Anspruches auf Teilhabe am Regime. Eine Verurteilung des Zivilisten Fhimah hätte weniger Auswirkungen auf das Stammes-Gleichgewicht gehabt und wäre wohl von al-Qaḏḏāfī bevorzugt worden. Auch wäre die Verurteilung eines Zivilisten nicht auf die Sicherheitsapparate zurückgefallen, und man hätte den Anschlag als Tat eines einzelnen einordnen können. Vgl. für Einzelheiten KIRCHNER, S.1 f.; HINDLEY 1993, S.2; DOYLE 1998, S.11. NIBLOCK kommentiert dies folgendermaßen: "The possibility of his handing over members of the inner circle for trial by foreign governments for alleged crimes, for example, has never been practicable: it would destroy the foundation upon which the system rests." - ders. 2001, S.85. Vgl. zu der Bedeutung der Stämme in Libyen auch KOHL 2001, S.107: „Wie schon der Senussikönig Idris rekrutierte auch Muᶜammar al-Qaḏḏāfi seinen politischen Stab aus seinem Stamm der Qaḏḏāfa , einem Subsegment der Saff Awlād Sulayman. Zwecks politischer Stabilität war und ist Qaḏḏāfi auf Unterstützung anderer Stämme angewiesen, daher knüpfte er enge Bande zum Stamm der Warfalla, dem größten und militärisch bedeutendsten Glied der Saff Awlād Sulayman. Zusätzlich verschaffte die schon seit Jahrhunderten praktizierte Heiratsverbindung der Qaḏḏāfa mit dem Stamm der Sayf an-Nasr, ebenfalls derselben Konföderation angehörig, Vorteile für Qaḏḏāfis politische Legitimation. Viele seiner Befürworter und Mitstreiter kamen aus ökonomisch benachteiligten Stämmen, glaubten an Qaḏḏāfis Reform und hofften auf Besserstellung." - KOHL 2001, S.107. Vgl. zu den Störungen des tribalen Gleichgewichtes z.B. 1993 und die *waṯīqat aš-šaraf* (Dokument der Ehre), die für kollektive Verbrechen von Gruppen die Kollektivstrafe für Großfamilien und Stämme vorsieht, MATTES 1998, S.115. DEEB bemerkt dazu, daß dieses die Kollektivhaftung erlaubende Gesetz die Übergabe der Angeklagten erst ermöglichte, da nun Stammesproteste ausgeschlossen werden konnten - vgl. DEEB 2000, S.148; MARTINEZ 2000, S.7. Ausführlich zu den Handlungsformen der Großfamilien und Stämme im informellen Staat Libyen siehe MATTES 1999a, S.266-268. Für die Machtpositionen des Qaḏāḏifa-Stammes und seiner Verbündeten s. EL-KIKHIA 1997, S.151-161; MATTES 2001, S.23 f.

Die Hauptstrukturen der politischen Macht änderten sich zwar nicht durch die Sanktionen. Änderungen gab es dennoch bezüglich der politischen und ideologischen Balance des Regimes. Einfluß mit kritischer Auswirkung hatten die Sanktionen zudem auf den Egalitarismus in der libyschen Gesellschaft: die durch die Sanktionen gestärkte Ungleichheit entfernte sie sehr von der ursprünglichen Konzeption. Selbst wenn man im Rahmen der wirtschaftlichen Liberalisierung eine ähnliche Entwicklung antizipieren kann, sind für das dargestellte Ausmaß die Sanktionen verantwortlich zu machen. Insgesamt läßt sich kaum unterscheiden, wo es sich eher um zufällige Sanktionswirkungen handelt, und wann die Entwicklung auf politischen Strategien des Regimes zur Wahrung ihrer Position beruhte. Unbestritten stärkte die Konfrontation über die Sanktionen die Führungsposition al-Qaḏḏāfīs. Außerdem verringerten die Sanktionen die Attraktivität einer freien Demokratie, wie sie insbesondere exilierte Oppositionsbewegungen zu erreichen bemüht sind. Die sozialen und wirtschaftlichen Umstände, welche die Ausbreitung des Islamismus in anderen islamischen Ländern ansteigen ließen, wurden durch die Sanktionen relativiert. Der Anstieg der Armut und die Nichtbeachtung egalitärer Werte, auf die eigentlich das Regime moralisch gründete, schufen ein natürliches Vakuum für einen neuen ideologischen Rahmen.[1169]

Zusammenfassung

Die Sanktionen hinterließen spürbare Auswirkungen auf die wirtschaftlichen, gesellschaftlichen und politischen Strukturen in Libyen. Ob diese Entwicklung letztlich die Überstellung der mutmaßlichen Täter des Lockerbie-Anschlages bewirkte (vgl. für Einzelheiten das 6. Kap., S.355 ff.), ist umstritten. Eng damit verbunden ist die Frage, ob die VN-Sanktionen gegen Libyen letztlich erfolgreich waren oder nicht. In Abhängigkeit der zugrundegelegten Kriterien für den Erfolg von Sanktionen kann dieser eingeräumt oder aber auch verneint werden. Wird allein die Erfüllung der in den VN-Resolutionen geforderten Leistungen betrachtet, so leistete Libyen ihnen genüge - was schließlich zur Aufhebung der VN-Sanktionen führte (vgl. 6. Kap., S.367 ff.). Findet darüber hinaus Berücksichtigung, unter welchen Umständen Libyen zum Einlenken bereit war, so muß festgestellt werden, daß Libyen verstanden hatte, mit Verhandlungsgeschick seine Position zu verbessern. Im folgenden Abschnitt geht es zunächst um den offiziellen libyschen Standpunkt gegenüber den von den VN vorgebrachten Vorwürfen sowie um die auch während der Sanktionen fortbestehende Zusammenarbeit zwischen den europäischen Ländern und Libyen. In dem sich anschließenden 6. Kapitel wird die Entwicklung hin zur Aufhebung der VN-Sanktionen behandelt, wobei insbesondere die libysche Strategie zur Verbesserung der Verhandlungsposition Libyens untersucht wird.

[1169] Vgl. NIBLOCK 2001, S.87-90.

B. Die Sanktionen und das Verhältnis zwischen Libyen, den USA und Europa

In Anbetracht der Tatsache, daß die Frage nach der Legitimität von Sanktionen, die bis in den existentiellen Bereich eines Landes reichen, von dem betroffenen Land und seinen Menschen nicht ausgeklammert, sondern vielmehr als fundamentales Kriterium für die Einschätzung des Handelns seiner „Gegner" betrachtet wird, ist eine Darstellung der libyschen Sichtweise der zu den Sanktionen führenden Ereignisse unumgänglich. Darüber hinaus gilt es, das Verhältnis zwischen den von den Sanktionen betroffenen Staaten zu untersuchen. Inwieweit unterschieden sich die Positionen der europäischen Staaten von dem Standpunkt der USA? Welche Auswirkungen hatten diese unterschiedlichen Ansichten für die beteiligten Staaten und Libyen?

I. Libysche Darstellungen der zu den VN-Sanktionen führenden Ereignisse

Bereits 1992 nahm das libysche Justizministerium zu den Vorwürfen gegenüber Libyen wegen der Flugzeugabstürze über Lockerbie und dem Niger ablehnend Stellung.[1170] Libysche und arabische Publikationen machten von Anbeginn der öffentlichen Anschuldigungen gegen Libyen deutlich, daß sie Libyen in die Opferrolle gedrängt sahen.[1171] International verbreitet wird die libysche Perspektive insbesondere von dem österreichischen Völkerrechtler KÖCHLER.[1172] Dieselbe Grundhaltung kennzeichnet die Publikationen ATAÖVS. Es wird festgehalten, daß durchaus unterschiedliche Tathergänge für den Flugzeugabsturz über Lockerbie denkbar sind, warum die beschuldigten Libyer nicht in Frage kommen können und aus welchen Gründen die Resolutionen 731 (1992) und 748 (1992) für rechtswidrig einzustufen sind.[1173] Letzten Endes wird die Schuld der Machtkonzentration der USA (*niẓām al-quṭb al-wāḥid*) innerhalb der VN gegeben sowie der Anwendung

---

1170 Vgl. QAḌĪYAT LŪKARBĪ 1992, S.446-458; AL-MUHAḎḎABĪ/AL-ĠUWAIL 1994, S.67-84. Auch die Allgemeine Volkskonferenz und die Basisvolkskonferenzen verurteilten die Beschuldigungen gegen Libyen - vgl. ṢABBĀĠ 1992, S.187 f. Die Stellungnahme der libyschen Anwaltsvereinigung sowie der arabischen Anwaltsvereinigung zielen in dieselbe Richtung - s. QAḌĪYAT LŪKARBĪ 1992, S.459-471; S.472-478.

1171 Vgl. z.B. ṢABBĀĠ 1992, S.115-137 (5. Abschnitt: Die Wirtschaftssanktionen); AN-NAĞĞĀR 1992, S.191-208 (wie kann dem zu erwartenden Ausmaß der Sanktionen kurz- und langfristig am besten begegnet werden?); TAFĞĪR 1992 (allgemein über die Umstände des Flugzeug-Absturzes über Lockerbie); ĠĀNIM 1998 (hier steht die Entkräftigung der kritischen Beurteilung des Lockerbie-Unglücks durch die USA im Mittelpunkt); s. auch AŠ-ŠARĪF 1998, S.24-27; MANṢŪR 1998, S.28-30. Auch die Berichterstattung über die Lockerbie-Angelegenheit in internationalen Zeitungen wurde als Grundlage zur Verteidigung der libyschen Position verwendet - vgl. LŪKARBĪ 1998, inbes. die S.13-23 (arabische Presse) und 68-81 (das Embargo gegen Libyen).

1172 Siehe S.244, Fn.912.

1173 Vgl. ĀTĀWŪF 1992, S.12-17 (Tätervarianten), S.17-22 (Libyens Bedeutung), S.28-31 (Res. 731), S.40-49 (Res. 748).

doppelter Standards (*izdiwāğīyat al-maᶜāyīr*) - so z.B. im Falle Israels, Libyens und des Iraks.[1174] Nur die Anwendung von Sanktionen auf der Grundlage einer Auslegung der VN-Charta im Sinne ihrer Begründer - wofür eine verantwortliche und neutrale Rechts- und Exekutivinstanz vorauszusetzen ist - könne Abhilfe schaffen und für Gerechtigkeit sorgen.[1175]

> "[...] it is very easy to understand the vicious attack of America against the Jamahiriya. Libya has a distinguished strategic status unrivaled by any country in the Mediterranean basin or in Africa. [...]. If America dominates Libya, it will on the one hand strengthen its strategic hegemony over Europe and Africa, and on the other hand it will complete its control over Arab oil, on which Europe and Japan depend."[1176]

Al-Qaḏḏāfī ist sich dessen bewußt, daß er den USA nichts bieten kann - ausgenommen ein an den US-Vorstellungen orientiertes Verhalten. WALLER führt dazu aus

> "In the final analysis, Libya's relations with the United States have not improved because Qadhafi is not prepared to dampen, much less sacrifice, his core values. Whether by siding with pariah states such as Iraq, Iran and North Korea, or by playing host to Louis Farrakhan, Libya goads the US at every opportunity. Needless to say, this is counterproductive to tempering American resolve on Lockerbie."[1177]

Hinzu kommt, daß die Lockerbie-Angelegenheit[1178] nicht der einzige Sachverhalt war, der das Verhältnis zwischen den USA und Libyen trübte. WALLER kommentiert:

> "From Washington's point of view, containing a government which has time and again proven itself to be a sponsor of terrorism, an unrepentant source of regional instability and a self-declared enemy of America (and Middle East peace) is an end unto itself. Continued attempts to broker a deal are thus unlikely to go anywhere [...]."[1179]

Die Sanktionen gegen Libyen werden als Folge unbewiesener Beschuldigungen für die Verwicklung in den Flugzeugabsturz über Lockerbie 1988 gesehen.[1180]
Über Einrichtungen wie der in Wien ansässigen Jamahir-Gesellschaft für Kultur und Philosophie, die damit befaßt ist, Konferenzen, Runde Tische und Jugend-Camps über die Entwicklung von direktdemokratischen Alternativen zu organisieren, war Libyen darum bemüht, seine Sicht der Dinge insbesondere in solchen

---

[1174] Vgl. ĀTĀWŪF 1992, S.49-57. Für Libyen ist somit die Lockerbie-Angelegenheit ein vornehmlich politisches Problem - vgl. MAᶜRAKA 2001, S.23 f.

[1175] Vgl. ĀTĀWŪF 1992, S.58-61.

[1176] AL-KABSI 1995, S.35.

[1177] WALLER 1996, S.79.

[1178] Für ein libysche Darstellung der Ereignisse, die zwischen libyscher und amerikanischer Täterschaft abwägt, s. BĀN AMĪRIKĀN 1991.

[1179] WALLER 1996, S.79.

[1180] Vgl. JAMAHIR SOCIETY 1995, S.42.

Staaten zu verbreiten, in denen ihm Unterstützung und Verständnis wahrscheinlich erschien.[1181]

Für gefährlich befunden wird auch die über das Fernsehen verbreitete US-Kultur, die die Menschen im Analphabetentum belasse und der Fähigkeit beraube, Dinge in Frage zu stellen. Auf diese Weise werde die Manipulation von Menschen vereinfacht und z.B. die Unterstützung für Kriege gegen Libyen und Irak erreicht.[1182]

> "The participants understand that free trade also has to be comprehensive and that attempts to isolate countries such as Libya, Iraq and Cuba through economic embargoes is not only self defeating but also against the principle of free trade."[1183]

Libyen machte sich keine Illusionen und rechnete nicht mit einem Einlenken der westlichen Alliierten trotz der dünnen Beweislage, da dazu das internationale Recht zu sehr gebogen[1184], die Propaganda gegen al-Qaḏḏāfī zu stark entfacht worden sei und der VN-SR sich als zu willfährig erwiesen habe, als daß diese Anschuldigungen ohne weiteres hätten negiert werden können. Somit wurde die Angelegenheit in Libyen als ein Vorwand der westlichen Länder gesehen, die arabischen Nationen ihrer Kontrolle zu unterwerfen.[1185]

Bezeichnend für die libysche Sicht der Dinge ist folgende Aussage:

> "Libya is another country, critical of the policies of some leading Western governments and targeted by successive Security Council decisions, whose legality is debatable. The charges against Libya and the way they are conducted in connection with the blowing up of an American plane over Lockerbie (Scotland) commenced the controversy as to the legitimacy of decisions made on behalf of the United Nations. The controversy became unique in the way the Security Council [...] was involved in a "new world order" in which unipolarity more and more seemed dominant."[1186]

1181 So fanden solche Veranstaltungen neben Libyen beispielsweise in Rumänien, Malaysia, Indien, Venezuela, aber auch in Deutschland und der Schweiz statt. Vgl. JAMAHIR SOCIETY 1995; JAMAHIR SOCIETY 2000; <http://www.jamahir.org>.

1182 Vgl. JAMAHIR SOCIETY 1995, S.46.

1183 JAMAHIR SOCIETY 1995, S.62.

1184 Vgl. dazu QĀNŪN 1992, S.4-12, insbes. S.8. Siehe auch LŪKARBĪ 1998: es handelt sich um eine Darstellung der Berichterstattung über den Lockerbie-Konflikt in arabischen (S.11-310), afrikanischen (S.311-320), europäischen (S.321-360), amerikanischen (S.361-382) und asiatischen (S.383-406) Zeitungen. Bei den arabischen Zeitungen fallen insbesondere die Fragen nach der „Rechtmäßigkeit des Gesetzes" vs. „Rechtmäßigkeit des Westens" (S.31 ff.), nach den Gründen für die Sanktionen gegen Libyen (S.35 ff., S.58 ff., S.234 ff.) und die „Opferrolle" Libyens (S.312 ff.) ins Gewicht.

1185 Vgl. GROSBUSCH 1997, S.41 f. Viele arabische Publikationen thematisieren die zwischen den arabischen und den westlichen Staaten herrschenden Spannungen. So z.B. ŠŪMĀN 1992, insbes. S.68-72.

1186 ATAÖV 1995, S.69 f.

Darüber hinaus ließ Libyen verlautbaren, daß die Sanktionen weniger Libyen als seinen Nachbarländern schadeten. Insbesondere das US-Ölembargo sei auf den zwischen den USA und Europa herrschenden Wirtschaftskrieg zurückzuführen.[1187]

1. Stellungnahmen in Reden al-Qaḏḏāfīs

Das seit dem 1.9.1969 erscheinende Nationale Register (*as-siǧill al-qaumī*) ist das wichtigste Referenzwerk zur Analyse des politischen Denkens al-Qaḏḏāfīs und der Libyen prägenden Ideologie. Al-Qaḏḏāfīs Reden sind ein gezielt eingesetztes politisches Steuerungselement, so daß aus ihnen die außenpolitischen Zielsetzungen und Ambitionen zu erfahren sind.[1188]

Für die Beurteilung der gegen Libyen verhängten Sanktionen sind al-Qaḏḏāfīs Äußerungen über die USA, Europa, die Zielsetzung und Wirkung der Sanktionen und seine Vorschläge für eine Änderung der Situation von Interesse:

- das Unverständnis al-Qaḏḏāfīs für die US-Politik gegenüber Libyen und anderen Ländern;[1189]
- dabei betont er die Bedeutung dafür, gegenseitiges Verständnis aufzubringen;[1190]
- Unterscheidung zwischen der US-amerikanischen Regierung und dem Volk;[1191]
- „internationaler Terrorismus" gegen Libyen durch die USA;[1192]
- das Embargo / Restriktionen gegen Libyen;[1193]

[1187] Vgl. AS-SIǦILL AL-QAUMĪ, Bd. 24 „1992/93", S.1113 f.

[1188] Vgl. FAATH/MATTES 2000, S.15.

[1189] Vgl. AS-SIǦILL AL-QAUMĪ, Bd.10 „1978/79", S.105 f. (die US-Politik läuft den Interessen der Völker zuwider).

[1190] Vgl. AS-SIǦILL AL-QAUMĪ, Bd.10 „1978/79", S.104 f. (Verständnis zwischen der „arabischen Umma" und der „amerikanischen Umma"); Bd.11 „1979/80", S.350 (Anstreben einer natürlichen Beziehung zu den USA); Bd.14 „1982/83", S.597 (über Wirtschaftsembargos ist eine Verständigung nicht möglich); Bd.17 „1985/86", S.402 f., 412 (al-Qaḏḏāfī strebe verbesserte Beziehungen zu den USA an); Bd.23 „1991/92", S.55-57 (Empfehlungen, wie die Beziehungen zwischen Libyen und den USA rasch verbessert werden könnten).

[1191] Vgl. Vgl. AS-SIǦILL AL-QAUMĪ, Bd.13 „1981/82", S.809 f. und Bd.16 „1984/85", S.250 (die in Libyen arbeitenden US-Amerikaner seien libysche Gäste); Bd.14 „1982/83", S.601 (die US-Amerikaner unterliegen der Politik des „Schwarzen Hauses").

[1192] Vgl. AS-SIǦILL AL-QAUMĪ, Bd.8 „1976/77", S.781 f. (US-Terrorismus gegenüber Libyen); Bd.10 „1978/79", S.108 f. (was ist der internationale Terrorismus); Bd.11 „1979/80", S.160 (US möchten Libyen unter ihre Herrschaft bringen); Bd.16 „1984/85", S.449 f. (Libyen ist verletzt durch den US-Fanatismus ihm gegenüber).

[1193] Vgl. AS-SIǦILL AL-QAUMĪ, Bd.10 „1978/79", S.116 (Embargomaßnahmen gegen Libyen); Bd.12 „1980/81", S.262, 807 (verschiedene US-Embargomaßnahmen gegen Libyen); Bd.13 „1981/82", S.327 und Bd.16 „1984/85", S.42 f. (Gründe für die US-Embargomaßnahmen); Bd.18 „1986/87", S.279 (Embargo-Auswirkungen); Bd.20 „1988/89", S.115 (Libyen fürchtet sich nicht vor den Embargo-Auswirkungen); Bd.22 „1990/91", S.34 (Fortdauer des Embargos); Bd.23 „1991/92", S.261 f. (Embargo seit 1972); Bd.25 „1993/94",

- Lockerbie;[1194]
- was hat Libyen verbrochen, und welche Maßnahmen werden von Libyen erwartet?[1195]
- fehlende Umsetzung von christlichen Werten, wie sie vom Westen verkündet werden;[1196]
- Aufruf zu einem Bündnis aller Völker gegen die USA / gegen den US-Imperialismus;[1197]
- USA provozieren / Libyens Friedensverständnis den USA vermitteln;[1198]
- Handel als Ausdruck für friedliche Beziehungen - der Unterschied zwischen Europa und den USA.[1199]

Die Beziehung zu den USA wird entweder als unveränderbar dargestellt, oder aber al-Qaḏḏāfī macht konkrete Vorschläge, wie einfach das schlechte Verhältnis verbessert werden könne. Deutlich wird insbesondere im Hinblick auf die Sanktionen und ihre Auswirkungen, daß al-Qaḏḏāfī sie in Abhängigkeit von dem Adressaten als schädigend oder unwirksam charakterisiert.[1200] Dienlich hierfür ist, daß in Liby-

S.197 (das Embargo verursache in Libyen keine Angst); Bd.25 „1993/94“, S.445 ff. (Klage über die Härte des Embargos und seiner unmenschlichen Folgen); Bd.26 „1994/95“, S.804 (VN seien das Werkzeug der USA); ebd. S.949 (die USA werden nicht am Embargo festhalten - und wenn: Libyen sei nicht auf Flugzeuge etc. angewiesen).

1194 Vgl. AS-SIǦILL AL-QAUMĪ, Bd.25 „1993/94“, S.369 (Lockerbie sei eine erfundene Lüge); ebd. S.409 f. (nicht der Lockerbie-Konflikt, sondern die kolonialistischen US-Interessen seien das Problem); ebd. S.445 ff. (keine Verbindung Libyens zu Lockerbie); Bd.26 „1994/95“, S.97 f. (Lockerbie); Bd.28 „1996/97“, S.725 (der Flugzeugabsturz über Lockerbie sei ein normaler Unfall und werde von den USA für ihre kolonialistischen Interessen instrumentalisiert).

1195 Vgl. AS-SIǦILL AL-QAUMĪ, Bd.10 „1978/79“, S.116 f. (was wird von Libyen zu tun erwartet); Bd.15 „1983/84“, S.353 (was hat Libyen getan?).

1196 Vgl. Vgl. AS-SIǦILL AL-QAUMĪ, Bd.12 „1980/81“, S.504 (westliche Wertverbundenheit).

1197 Vgl. Vgl. AS-SIǦILL AL-QAUMĪ, Bd.12 „1980/81“, S.147 (den Kopf nicht vor den USA beugen); Bd.13 „1981/82“, S.33 (Völker gegen die USA einigen); Bd.14 „1982/83“, S.503 (Sirte-Golf-Problematik).

1198 Vgl. Vgl. AS-SIǦILL AL-QAUMĪ, Bd.12 „1980/81“, S.259-265 (Umgangston al-Qaḏḏāfīs mit den USA: provokant); Bd.15 „1983/84“, S.259-264 (Schreiben al-Qaḏḏāfīs an den US-Kongreß).

1199 Vgl. Vgl. AS-SIǦILL AL-QAUMĪ, Bd.16 „1984/85“, S.250 (Kooperation mit Europa - nur die USA möchten ihre Interessen in Libyen vernichten); Bd.17 „1985/86“, S.368, 643 (europäische Staaten profitieren von der Entwicklung in Libyen); Bd.28 „1996/97“, S.719-726 (Einfluß der USA auf Europa).

1200 Deutlich wurde dies z.B. auch an dem sog. Reiseverbot, bei dem es sich strenggenommen um eine Beschränkung der Reisepässe handelte. Das Gesetz schrieb vor, aus Sicherheitsgründen (Krieg mit dem jeweiligen Land, Bedrohung oder Gefahr für US-Bürger) die Reisefreiheit von US-Amerikanern zu beschränken. Deswegen galt: “Because of the nature of the statute, we did not consider it as part of the sanctions regime. It is not. We do not consider it as a political signal to Libya. The Libyans are happy to make whatever they can out of it.” -

en kaum Informationen über die Sanktionen erhältlich sind (vgl. hierzu den unten folgenden Abschn. 2).[1201]
Al-Qaḏḏāfī stellte fest, daß die USA kein Interesse an der Aufhebung der Sanktionen hätten. Im Gegenteil, sie seien versucht, diese zu verschärfen, um ihr Ziel - die Kontrolle über Nordafrika und die dortigen Erdölvorkommen - zu erreichen.[1202]
In einer Rede 1992 sprach al-Qaḏḏāfī von der Neuen Weltordnung als Willkürherrschaft:

> "There is an embargo and boycott against Libya, hence, there is an international prison zone in North Africa issued by the World Order which prohibits people from contacting each other by air."[1203]

In diesem Kontext einer weltweit rücksichtslos durchgesetzten bestimmten Ideologie wird auch die Politik gegenüber Libyen betrachtet:

> "This is the context of *power politics* in which the United Nations Security Council has been mobilized to act against the Libyan Jamahiriya. It is the abuse of international law for the political aims of certain permanent members of the Security Council that cannot be tolerated by the world community, especially when one propagates equal justice for all. The U.S. and the U.K. have in fact usurped the powers of the International Court of Justice in this matter."[1204]

Die Berichterstattung in libyschen Publikationen oder in solchen anderer arabischer Autoren unterscheidet sich nicht wesentlich von der Grundhaltung al-Qaḏḏāfīs (s. den folgenden Abschn.).

HEARING 2000, S.12. Am 26.2.2004 wurde das Reiseverbot für US-Bürger nach Libyen aufgehoben (s. NZZ vom 27.2.2004, Nr. 48, S.2) - s. auch S.211 f., Fn.761.

1201 "In Libya the government asserted that UN travel sanctions caused serious hardships, but there was no evidence or independent verification of these claims." - CORTRIGHT/LOPEZ 2001, S.22.

1202 Vgl. RONEN 2000, S.552.

1203 KOECHLER 1995a, S.9. Vgl. auch ebd., S.15; JAMAHIR SOCIETY 1995, S.36. AL-MUḤAḎḎABĪ beschäftigt sich ausführlich mit dem Begriff der Neuen Weltordnung aus libyscher Sicht und kommt zu dem Schluß, daß es sich keinesfalls um ein neues System handele, sondern lediglich um „internationale Veränderungen". Vgl. ders. 1996, S.35-49, insbes. S.48 f.

1204 KOECHLER 1995a, S.14.

2. Die Darstellung in Publikationen und Zeitschriften

Literatur über die Sanktionen gegen Libyen ist - mit Suchen verbunden - in Libyen erhältlich.[1205] Das Bild, das sie zeichnet, dient der Stärkung des libyschen Standpunktes. Die wenigsten Publikationen stammen von libyschen Autoren. Die Mehrzahl der Veröffentlichungen erfolgte in Malta, Ägypten oder Libanon, so daß die Herkunft der Autoren und ihr Standpunkt häufig für nicht mit der Thematik Befaßte nicht unmittelbar einzuordnen sind.
In den in Libyen zugänglichen Zeitschriften sind Berichte über die Sanktionen insbesondere in Zeitschriften mit wirtschaftlichem Bezug zu finden:

- Al-maṣārif al-ᶜarabīya. Bairūt. [Die arabischen Banken.];
- Al-bunūk. Paris. [Die Banken.];
- Al-bank wa-'l-mustaṯmir. Bairūt. [Bank und Investor.] sowie
- Al-mustaqbal al-ᶜarabī. Bairūt. [Die arabische Zukunft.].

Bei Zeitschriften libyscher Herkunft dominiert die in Zypern herausgegebene *Aš-šāhid* [Der Zeuge]: hier wurden zahlreiche Artikel den Sanktionen - und auch dem Verhältnis Libyen - USA - gewidmet.
Literatur über die USA in Form von Monographien oder Aufsätzen ist in Libyen durchaus erhältlich - mit einer kritischen bis polemischen Tendenz, und häufig in Verbindung mit Israel. Publikationen nichtarabischer Herkunft, die jedoch den libyschen Standpunkt vertreten, liegen häufig in arabischer Übersetzung vor, so z.B. das Buch von BAUL/BAUL über das enge Verhältnis zwischen den USA und Israel.[1206]
In der Literatur und der Berichterstattung über Libyen lassen sich Unterschiede feststellen: während in westlichen Publikationen meist die Sichtweise dominiert, daß Libyen schuldig sei, wird in Berichten aus der arabisch-islamischen Welt in der Regel Partei für Libyen ergriffen.[1207]
Im folgenden Abschnitt soll die Haltung der europäischen Staaten - insbesondere auch Deutschlands - gegenüber Libyen untersucht werden.

1205 Im Arabischen finden die folgenden Termini Verwendung: synonym für Embargo *ḥiṣār* (Blockade) und *ḥaẓr* (Verbot, Bann), *muqāṭaᶜa* für Boykott und *ᶜuqūba* (Strafe) für Sanktion. Dem Verb *verhängen ... gegen* entspricht *faraḍa ... ᶜalā*. Vgl. FARUQI 1995, S.139, 141, 238, 329 sowie ders. 1991, S.92, 244, 624.

1206 Vgl. BAUL/BAUL 1994.

1207 Besonders deutlich wird dies bei TAKEYH - für eine im Westen vertretene Ansicht - (z.B. TAKEYH 2001: "Despite Pan Am Verdict, Libya Is Still a Threat.") sowie in dem Buch von AL-MUHAḎḎABĪ (AL-MUHAḎḎABĪ 1992: „Die fehlende rechtliche Dimension beim Sicherheitsrat in der Behandlung des Lockerbie-Problems.") als Ausdruck für die libysche Sichtweise.

II. Die Bedeutung der Sanktionen für Deutschland

Deutsche Unternehmen handeln zwar nur in geringem Umfang mit Libyen, doch waren die Auswirkungen der Sanktionen deswegen nicht zu vernachlässigen. Als problematisch erwies sich insbesondere die Unübersichtlichkeit der deutschen Außenwirtschaftsgesetze sowie die daraus resultierende vorschnelle Kriminalisierung. Diesen Aspekten soll nach der Nennung einiger wirtschaftlicher Rahmendaten im folgenden besondere Aufmerksamkeit geschenkt werden.
1997 nahm Deutschland mit 12,8 % den zweiten Rang nach Italien mit 15,8 % bei den Importen Libyens ein. Die starke deutsche Lieferstellung bezieht sich auf Baustoffe, Transportfahrzeuge, Fahrzeuge und -ersatzteile, Landwirtschaftsgeräte, Pharmazeutika, Maschinenbau und Telekommunikation. Wiederum nach Italien ist Deutschland der zweitgrößte Abnehmer von libyschem Erdöl. Deutsche Direktinvestitionen in Libyen sind schwierig zu erfassen aufgrund der Sanktionssituation oder mit dieser zusammenhängenden Änderungen sowie mit den möglichen negativen Auswirkungen des Iran and Libya Sanctions Act (ILSA). Ende 1996 wies die Deutsche Bundesbank einen Bestand von 395 Mio. DM aus. Schätzungen reichen jedoch bis hin zu 670 Mio. DM. Der Großteil der deutschen Direktinvestitionen liegt dabei im Erdölbereich. Eine Belastung der wirtschaftspolitischen Beziehungen zwischen den beiden Ländern stellen die ungedeckten Altschulden Libyens dar (Hermes-Bürgschaften und Firmengelder in Höhe von ca. 400 Mio. DM[1208]). Am 4.11.1997 wurde in Frankfurt/M. das Deutsch-Libysche Wirtschaftsforum gegründet. Während vor der Sanktionsaussetzung die Lage für in Libyen tätige ausländische Firmen wenig günstig war, änderte sich dies seit 1999 kontinuierlich.[1209] Der Libyenkenner ENGLERT kommentiert die Lage folgendermaßen:

> „Mit Aussetzung und der voraussichtlichen Aufhebung des Embargos hat sich die politische Situation für Libyen tiefgreifend gewandelt. Wirtschaftlich fällt damit die Bürde der Sanktionen, doch wird sich damit allein die zum Teil schwierige Lage der Volkswirtschaft zunächst nicht gravierend verbessern. [...]. Die [...] Schwächen der landwirtschaftlichen und industriellen Produktion sowie die aus einer sich zwar abschwächenden, aber immer noch dominierenden staatswirtschaftlichen Aktivität resultierenden Reibungsverluste lassen noch zu viele Potentiale wirtschaftlicher Dynamik brachliegen bzw. verkümmern [...].“[1210]

Der Wirtschaftswissenschaftler STRUNZ hält in seiner Einschätzung der künftigen außenwirtschaftlichen Situation Libyens fest, daß Libyen einen attraktiven Markt darstelle. Er sieht die Marktchancen vornehmlich bei den Ersatzinvestitionen und weniger bei den Neuinvestitionen. Denn der libysche Markt unterliege den mitunter starken Schwankungen des US-Dollars und des Erdölpreises. Investitionspotentiale

---

[1208] HOFFMANN nennt die Summe von ca. 300 Mio. DM - vgl. ders. 1999, S.35.

[1209] Vgl. ENGLERT 1999, S.206-208. Vgl. zur Bedeutung der bilateralen Wirtschaftskooperationsveranstaltungen z.B. MATTES 2002, S.127.

[1210] ENGLERT 1999, S.209.

böten vornehmlich die Bereiche Raffinerieausrüstung, Luftfahrt, Bauindustrie, Stahl- und Grundstoffindustrie, Eisenbahnbau, Telekommunikation und Nahrungsmittel. Das Marktrisiko sei dabei nicht so hoch, wie es der nach wie vor - insbesondere politisch bedingte - schlechte Ruf Libyens glauben mache.[1211]

1. Die Bedeutung von Exportverboten für die deutsche Wirtschaft

Wie oben erläutert, bedeuten Embargobestimmungen in Form von Exportverboten zum einen erhöhte Kosten und zum anderen ein erhöhtes Risiko für die betroffenen Unternehmen. Hinsichtlich der die Exportkontrolle betreffenden Rechtsfragen ist eine aufwendige Zusammenarbeit von Behörden und Unternehmen notwendig.[1212] Die Unübersichtlichkeit des Außenwirtschaftsrechts (AWR) stellt deutsche Unternehmer vor erhebliche Probleme.[1213] Wenngleich z.B. bei den im Zentralverband Elektrotechnik- und Elektroindustrie (ZVEI) zusammengeschlossenen Betrieben nur ein geringer Anteil als sensitiv einzustufen ist, müssen dennoch sämtliche Verbringungen auf etwaige Genehmigungspflichten geprüft werden. Dies stellt den nichtjuristischen Rechtsanwender vor Schwierigkeiten. Vor diesem Hintergrund droht durch die Straftatbestände des AWR den Ausfuhrverantwortlichen eine vorschnelle Kriminalisierung[1214]; die Rechtslage führt daher zu einer Belastung der verantwortlichen Exporteure. Insgesamt wird die Wirksamkeit der im internationalen Vergleich sehr strengen Verbote bezweifelt, da sie nicht zeitgemäß seien. Euro-

---

[1211] Vgl. STRUNZ/DORSCH 2000, S.181-183.

[1212] Für eine weiterführende Darstellung vgl. MERKELBACH 1999, S.49-59.

[1213] Viele Firmen betreiben wegen ihrer juristischen Exponiertheit präventiv ein sog. *legal risk management*, also einen effizienten Sicherungsapparat, der in Form eines Kodexes für korrektes Geschäftsverhalten nachvollziehbar ist. Ziel dieser Strategie ist es, durch eine mildere Strafandrohung die Haftungslast zu enfernen und die Wahrscheinlichkeit für einen derartigen Vorfall zu verringern. Siehe dazu die NZZ vom 1.2.03, Nr.26, S.12: „Fallstricke in den USA. Legal Risk Management als Schutz." In Gesprächen mit der Verf. wurde wiederholt betont, wie ungünstig sich Sanktionsregelungen auf Unternehmen auswirken und diese häufig ungewollt kriminalisieren: deutlich werde dieser Umstand insbesondere anhand von EU-VOen, die gekennzeichnet seien von der Praxisunerfahrenheit ihrer Verfasser, dem breiten Spektrum hinsichtlich des Bildungshintergrundes in der Europäischen Kommission sowie der Schwierigkeit, politische Regelungen in Gesetzestexte zu fassen.

[1214] Für die Institution des Ausfuhrverantwortlichen vgl. POTTMEYER 2001, S.4: Nach der derzeitigen Rechtslage benötigt fast jedes Unternehmen, das genehmigungspflichtige Ware exportieren möchte, einen Ausfuhrverantwortlichen. Damit sind weitaus mehr Unternehmen betroffen als es noch bei Einführung dieser Institution 1990 war. Zu den betriebsinternen Exportkontrollen vgl. auch HADDEX 1997, Rn.71. Hinzu kommt die Auskunftspflicht der Teilnehmer am Außenwirtschaftsverkehr, die der Verwirklichung des Auskunftsrechts der zuständigen Behörden dient und die *allgemein* ist, so daß sie nicht ausschließlich der Ermittlung von Straftaten oder Ordnungswidrigkeiten dient. Das BAFA kann eine Auskunft auch dann verlangen, wenn kein Verdacht einer Straftat oder Ordnungswidrigkeit besteht. Vgl. HADDEX 1997, Rn.647.

paweit getätigte Exporte könnten nur schwer kontrolliert werden. Großunternehmen würden ihre Standorte nach den einzelnen Rechten der Mitgliedstaaten aussuchen und von dort legal liefern. Die strenge Strafbewehrung im AWR findet eine gewisse Rechtfertigung darin, daß einer den Ruf der deutschen Industrie schädigenden Verallgemeinerungen von Einzelfällen vorgebeugt wird.[1215] Es wird beobachtet: die deutsche Industrie verhalte sich rechtstreu und befürworte ein solches Verhalten.[1216] Zur Abmilderung wird jedoch gefordert, Bagatellfälle nur nach dem OWiG (Ordnungswidrigkeitengesetz) verfolgen zu lassen. Der Gesetzgeber müsse die in den Jahren 1978, 1990 und 1992 durch Novellen vorgenommene Kriminalisierung wieder auf ein angemessenes Maß zurückschrauben.[1217] Vor allem mittelständische Betriebe rutschten leicht in den Bereich der Kriminalität, da sie sich keine innerbetriebliche Exportkontrolle leisten könnten.[1218]

Die allgemein herrschende Auffassung, daß die Wirtschaftssanktionen gegen Libyen als weitgehend wirksam bewertet werden könnten,[1219] mag bezüglich der Einhaltung der Vorschriften von deutscher Seite her zutreffen. Gespräche mit Experten

---

1215 Aufgrund der historischen Dimension wolle zudem in Deutschland niemand verantworten, daß Güter an Staaten geliefert werden, die Israel bedrohen. Verstöße deutscher Unternehmer gegen internationale Exportkontrollvereinbarungen würden in den ausländischen Presse immer kritischer gesehen als vergleichbare Vorfälle in anderen Staaten. Vgl. dazu EHLERS/WOLFFGANG 1999, S.74; POTTMEYER 1995, S.402.

1216 Vgl. POTTMEYER 1995, S.402. BIENECK verweist auf die Bedeutung der Sensibilisierung der deutschen Unternehmen sowie auf die Gefahren, die von den Bestrebungen mancher Länder oder Machthaber ausgehen, eine ABC-Waffenproduktion aufzubauen. Vgl. ders. 1995, S.365.

1217 Vgl. EHLERS/WOLFFGANG 1999, S.123. Der Mindeststrafrahmen von zwei Jahren führt nach § 12 Abs. 1 StGB zur Verbrechenseigenschaft mit der Folge, daß das Strafbefehlsverfahren für leichtere Verstöße oder die Verfahrenseinstellung wegen geringerer Schuld nach §§ 153, 153 a StPO nicht möglich sind. Darüber hinaus sind außer in minderschweren Fällen - die nach § 12 Abs. 3 StGB ihre Verbrechenseigenschaft behalten - keine Geldstrafen zulässig. Vgl. BIENECK 1997a, S.99. Auch RÖMISCH verweist auf die Unverhältnismäßigkeit der Strafen im AWR und wertet es als politisches Recht, das in Richtung „Rechtsstaatswidrigkeit gehe“. Viele kleinere Firmen würden vor enorme Schwierigkeiten gestellt, wenn ein Land, zu dem gute Geschäftsbeziehungen gepflegt werden, plötzlich sanktioniert werde. Als Alternativen bieten sich das Weitermachen unter Bruch des Embargos oder der Verlust eines Geschäftszweiges, was mitunter zum Ruin der Firma führen könne. Zu Einzelheiten s. ders. 2003, S. 5 f. Vgl. jedoch auch das Urteil bezüglich ungenehmigter Lieferungen in den Iran: hier wurde ausdrücklich berücksichtigt, daß die Firma finanziell angeschlagen war und mit den Geldern durch den Verkauf nichtgenehmigter Waren die Firma weiterbetreiben konnte. S. KREUZER 2002a, S.470.

1218 Vgl. EHLERS/WOLFFGANG 1999, S.124.

1219 Siehe SCHNEIDER 1999, S.159 f.

ergaben sogar, daß die deutschen Unternehmer weit über die Verbote hinaus aus Unkenntnis und / oder Vorsichtigkeit jeglichen Handel mit Libyen einstellten.[1220]

2. Umgehung der Sanktionen durch deutsche Firmen

Im Rahmen der Sanktionen gegen Libyen kam es zu wiederholten Verstößen gegen die in Deutschland geltenden Bestimmungen. Im folgenden sei eine Auswahl von Fällen vorgenommen:

- So wurde z.B. die illegale Lieferung einer Drückwalzmaschine zur Artillerieraketenproduktion in Libyen aufgedeckt, die offiziell für Polen bestimmt war; die Anlage wurde dann von dem polnischen Hafen Gdingen nach Tunesien verschifft und gelangte von dort in die Nähe von Tripolis.[1221]
- In einem Urteil über die ungenehmigte Erbringung einer Dienstleistung im Rahmen eines VN-Embargoverstosses wurden Firmenmitarbeiter nach § 34 Abs. 4 AWG für schuldig befunden: in Erwartung der beim BAFA beantragten Ausfuhrgenehmigung war ein Trainingsprogramm zur Einweisung von Mitarbeitern in die zu liefernde CNC-Dreh- und Fräsmaschine bereits durchgeführt und die Dienstleistung fortgesetzt worden, obwohl im Juni 1998 die Genehmigung für das Vorhaben nicht erteilt worden war.[1222]
- Am 19.6.2001 wurde ein deutscher Ingenieur für schuldig befunden, wegen der illegalen Lieferung einer Gaswaschanlage nach Libyen gegen das Libyenembargo (§ 34 Abs. 4 AWG i.V.m. § 69 g AWV a.F.) und gegen die Vorschriften des KWKG verstoßen zu haben.[1223]
- Anfang Januar 2002 wurde in Florida ein deutscher Pilot verhaftet, der geplant haben soll, Militärgüter nach Libyen zu verkaufen.[1224]
- Viele Urteile im AWR sorgen für Verblüffung - so auch ein auf der Grundlage des Libyen-Embargos ergangenes Urteil des LG Berlin. KREUZER, ein auf das AWR spezialisierter Rechtsanwalt, kommentiert das Urteil wie folgt: Den Angeklagten wird vorgeworfen, sich um die Vermittlung von Raketentreibstoff und die Beschaffung von Ersatzteilen für LKWs nach Libyen bemüht zu haben. Das Gericht sieht einen Verstoß gegen § 69 g AWV a.F. i.V.m. § 34 Abs. 4 AWG als erwiesen an. Es handelt sich hierbei um ein fragwürdiges und vermutlich rechtswidriges Urteil, da das Gericht unterlassen hat zu fragen, ob die angeblich zu liefernden Gegenstände überhaupt unter das Libyen-Embargo fallen. § 69 g AWV a.F. verbot nur die Lieferung von Waffen und dazugehörigen Materials. Somit unterfällt nicht alles Militärische automatisch dem Verbot. Die überwie-

[1220] Diese Gespräche wurden von der Verf. vornehmlich 2002 geführt. Vgl. hierzu die Bemerkungen in der Einleitung, S.36 f.

[1221] Vgl. für Details POTTMEYER 1995, S.400-402.

[1222] Vgl. LIBYEN 2002, S.164.

[1223] Vgl. KREUZER 2001, S.244.

[1224] Vgl. KREUZER 2002, S.83.

gende Ansicht legt das Libyen-Embargo als Waffenembargo aus. Damit müssen die zu liefernden Güter besonders konstruiert für militärische Zwecke sein. Dies ist hier (Raketentreibstoff, LKW-Ersatzteile) jedoch zu bezweifeln. Zudem wollten die Angeklagten nicht selber liefern, sondern waren bloße Vermittler. § 69 g AWV verbot jedoch nur „Dienstleistungen, die sich auf technische Beratung, Unterstützung oder Ausbildung" im Hinblick auf die Waffen mit dazugehörigem Gerät bezogen. Dieser Paragraph ist somit mit dem Schreiben einer „Proforma" nicht erfüllt. Andere Tätigkeiten haben die Angeklagten unwidersprochen gar nicht ausgeübt. Da sich das Libyen-Embargo wie auch die anderen Waffenembargos maximal auf die Ausfuhrliste Teil I A in der jeweils geltenden Fassung beziehen, sind bloße Vermittlungsleistungen nicht erfaßt, und das Libyen-Embargo ist daher lückenhaft gewesen.[1225]

III. Libyen und die euro-mediterrane Partnerschaft

Die weltpolitischen Veränderungen seit Ende der achtziger Jahre hatten insofern Auswirkungen auf die Politik der EG/EU, daß sie sich seitdem verstärkt um eine Zusammenarbeit mit den nicht EG-/EU-Mittelmeeranrainerstaaten bemüht. Als erste Maßnahme zur Einleitung des Prozesses einer euro-mediterranen Partnerschaft fand eine euro-mediterrane Konferenz als zentrale Veranstaltung zur Klärung der Grundpositionen der beteiligten Staaten statt.[1226] Die Hauptinteressen der europäischen Anrainerländer sind vornehmlich sicherheitspolitischer Art. Die Förderung von Stabilität, Sicherheit und Frieden soll durch den Spannungsabbau in der Region sowie durch die Förderung der Regionalkooperation erreicht werden.[1227]

1225 Vgl. ausführlich dazu KREUZER 2003, S.71 f. Anzumerken ist zu der dargestellten Argumentation, daß Raketentreibstoff - entgegen der Auffassung KREUZERs? - durchaus als Teil einer Rakete angesehen werden kann.

1226 Komplementär zur EU-Mittelmeerpartnerschaft lancierten die USA die sog. Eizenstat-Initiative. 1998 fomulierte der damalige US-Wirtschaftsminister Eizenstat die grundlegende Strategie, mit Handel und freiem Austausch die politischen Beziehungen innerhalb des Maghrebs zu verbessern. Libyen sollte ausgeklammert bleiben wegen der auf den tripolitanisch-amerikanischen Krieg zurückgehenden Konfrontation und wegen des Vorwurfs an Libyen, den internationalen Terrorismus zu unterstützen. Allerdings sind die Konturen dieses US-Projektes zu unscharf, zumal sich die Maghrebländer nicht als Erfüllungsgehilfen für US-amerikanische Interessen sehen wollen. Für Details s. FAATH 2000a, S.213-218. Unter Bezugnahme auf das angeblich historisch bedingte schlechte Verhältnis wird der US-tripolitanische Krieg (1801-05) häufig mit dem US-Bombardement auf Tripolis und Benghasi verglichen - die Kriegsgründe seien dieselben mit Erpressung und Entführungen (s. LINDE 1986, S.24). Es handelt sich dabei um eine grobe Vereinfachung, die irreführend ist und deswegen nicht ohne eine ausführliche Begründung vorgenommen werden sollte. Für Einzelheiten zum US-tripolitanischen Krieg s. 2. Kap, S.129 ff. sowie die umfangreichen Literaturhinweise ebd.

1227 Vgl. MATTES 1996a, S.209, S.211.

Al-Qaḏḏāfī machte gute Beziehungen von dem europäischen Standpunkt gegenüber der Palästinafrage abhängig. Dementsprechend variierten also Charakter und Ausmaß der Beziehungen von Staat zu Staat. Dessenungeachtet war der allgemeine Zielpunkt die Wirtschaft. Die westeuropäischen Staaten waren größtenteils abhängig vom libyschen Erdöl, und Libyen brauchte seinerseits die europäischen Waren und Technologie.

> "As investment and commercial ties expanded, the European allies of the United States became less and less interested in supporting a policy of isolating Libya because they had their own growing economic interests to protect."[1228]

Die meisten europäischen Staaten hielten die US-Politik gegenüber Libyen für verfehlt und unterstützten die Entwicklung hin zu der Aufhebung der VN-Sanktionen gegen Libyen.
Deswegen veröffentlichte die EU am 5.4.1999 eine Erklärung, in der sie die Überstellung der Lockerbie-Verdächtigten begrüßte und Libyen die Teilnahme am Barcelona-Prozeß in Aussicht stellte.[1229] Aufgrund der VN-Sanktionen hatte es die EU 1995 Libyen verweigert, an der Euro-Mediterranen Konferenz[1230] in Barcelona teilzunehmen. Frankreich war entscheidend daran beteiligt gewesen, Libyen von der Teilnahme an der Konferenz auszuschließen.[1231] Andererseits wohnte Libyen bereits am 15./16.4.1999 - also unmittelbar nach der Suspendierung der VN-Sanktionen - als besonderer Gast der Ministerialkonferenz in Stuttgart bei und erhielt Beobachterstatus.[1232] An der 4. ministeriellen EU-Mittelmeerkonferenz in Marseille

---

1228 ST JOHN 1987, S.85.

1229 Für die sich festigende institutionelle Einbindung der nordafrikanischen Staaten in den euromediterranen Raum vgl. FAATH 2001, S.242 f. Für das libysche Interesse an einer Teilnahme an den euro-mediterranen Integrationsbestrebungen s. auch MENSCHENRECHTE 2000, S.151; NADWA 1998.

1230 Vgl. EU 2003, S.1: die euro-mediterrane Partnerschaft - der sog. Barcelona-Prozeß - fand ihren Anfang 1995 durch die Konferenz von Barcelona der EU-Staaten und ihrer zwölf mediterranen Partner. Siehe dazu auch SCHÄFER 2002, S.583 f. Für den libyschen Standpunkt s. z.B. ṢAWWĀN 1999, S.126-132, insbes. S.127-130. Für die deutsche Sichtweise vgl. z.B. BĪRḪS 1998, S.7-17.

1231 Vgl. WALLER 1996, S.78.

1232 Vgl. EU 2003a, S.2. Eine Voraussetzung für die Aufnahme in die euro-mediterrane Partnerschaft ist die Akzeptanz eines freien marktwirtschaftlichen Systems sowie zur parlamentarischen Demokratie - vgl. HENDERSON 2000, S.11. Libyen hingegen ist prinzipiell bereit, einen Platz in der euro-mediterranen Kooperationsgemeinschaft einzunehmen - wenn die Revolutionsführung die Bedingungen dafür erfüllt sieht. Die Verpflichtung des Barcelona-Prozesses auf die Unterstützung des Nahost-Friedensprozesses und die den nördlichen Mittelmeeranrainerstaaten unterstellten Hegemonie-Bestrebungen werden von Libyen kritisch gesehen. Vgl. FAATH/MATTES 2000, S.19 f.; CROCKER/NELSON 2003, S.8. Für libysche Vorbehalte s. z.B. die Rede al-Qaḏḏāfīs vom 4.1.2001 - vgl. AL-QADHAFI 2001, S.1. Allerdings ist eine Ausrichtung auf Europa wahrscheinlicher als eine erneute Annäherung an

(15./16.11.2000) nahm dann überraschend der libysche Außenminister Shalqam (Muḥammad ᶜAbd ar-Raḥmān Šalqam) teil, nachdem zuvor u.a. wegen der israelischen Beteiligung eine Teilnahme abgelehnt und der Barcelona-Prozeß als eine neue Form des Kolonialismus diffamiert worden war. Statt dessen nun warb Shalqam für eine umfassende euro-afrikanische Beziehung.[1233] Allerdings muß die Idee, durch eine gemeinsame mediterrane kulturelle Übereinstimmung Integration zu erreichen, nicht darauf abzielen, daß es dadurch automatisch zu einer politischen Übereinstimmung über Demokratie und Frieden kommt.[1234] Mit Kommentaren al-Qaḏḏāfīs, daß die euro-mediterrane Partnerschaft und der Barcelona-Prozeß verkappte kolonialistische Projekte seien, ist auch weiterhin zu rechnen. Im Rahmen seines Besuches bei EU-Kommissionspräsident Prodi in Brüssel am 27.4.2004 bekräftigte al-Qaḏḏāfī immerhin das Interesse Libyens für die Teilnahme am Barcelona-Prozeß.[1235]

IV. Auswirkungen der Sanktionen auf das Verhältnis zwischen den USA und Europa

Die VN-Sanktionen sowie die US-Sanktionen gegen Libyen wirkten sich auf die Handelsbeziehungen der europäischen Staaten mit Libyen aus. Auch US-Unternehmen waren bis September 2004 von diesem Maßnahmen betroffen. Ihre Argumente[1236] (vgl. S.326 f., im 5. Kap.) gegen solche politischen Maßnahmen konnten die einflußreiche Position der Hinterbliebenen-Familien der Lockerbie-Opfer kaum herabsetzen.

Zwar wurden die VN-Sanktionen am 12.9.2003 aufgehoben, doch nahm es ein weiteres Jahr in Anspruch, bis auch die US-Sanktionen aufgehoben wurden. Diese hatten von Beginn ihrer Verhängung an für Spannungen zwischen den USA und insbesondere den europäischen Staaten gesorgt (vgl. 5. Kap., Abschn. B.IV.3., S.327 ff.).

---

die arabischen Länder - vgl. die NZZ vom 16.6.2003, Nr.136, S.3 („Ghadhafi bekennt sich zur Marktwirtschaft."); die ZEIT vom 16.10.2003, Nr.43, S.2 („Araber-Feind.").

1233 Vgl. MATTES 2001c, S.118. Insgesamt kann festgestellt werden, daß die israelische Frage nicht mehr *den* entscheidenden Faktor in der libyschen Politik darstellt - vgl. CROCKER/ NELSON 2003, S.18. Von besonderer Bedeutung ist die Frage der Zusammenarbeit im Kampf gegen illegale Einwanderung und Schlepperbanden - vgl. die NZZ online vom 25.8.2004 („Berlusconi drängt Ghadhafi zu Zusammenarbeit gegen Schlepper.").

1234 Vgl. dazu SCHÄFER 2002, S.592 f.

1235 Vgl. MATTES 2001a, S.36, Fn.161 und die NZZ online vom 28.4.2004 („Oberst Ghadhafi bei seinem «Bruder» Prodi.").

1236 Ein Beispiel hierfür in den USA ist der Zusammenschluß von ca. 674 Wirtschafts- und Landwirtschaftsunternehmen namens USA*engage. Ziel dieser Initiative ist, die US-Wirtschaft durch "sustainable involvement" zu stärken. Damit einhergehend nehmen sie Sanktionen gegenüber eine kritische Haltung ein. Vgl. USA*ENGAGE 2002 und im 3. Kap. die Fn.653, S.183.

Mit den sich seitens der USA verschlechternden Beziehungen zu Libyen hatten einzelne europäische Regierungen unterschiedliche Umgangsweisen in Hinblick auf die US-Vorschriften, die Libyen bestrafen, entwickelt.

> "At the same time, several European governments adopted a policy towards Libya which largely depended on their interpretation of the impact of specific American or European actions on their individual interests."[1237]

Die europäischen Staaten befanden sich insofern in einer schwierigen Situation, als sie die engen Handelsbeziehungen zu den USA nicht gefährden wollten, andererseits jedoch auch für ihre zahlreichen in Libyen lebenden Staatsbürger Sorge zu tragen hatten. Allen voran stellten sich Frankreich und Italien den USA entgegen, befanden sie doch die Umsetzung der US-Sanktionen für wenig effektiv und waren sie nicht gewillt, ihre Investitionen für eine im großen und ganzen symbolische amerikanische Demonstration der Mißbilligung gegenüber Libyen zu riskieren.[1238] Diese Argumentation verlor zwar ihre Basis mit dem Abbruch der US-Wirtschaftsbeziehungen zu Libyen. Die meisten europäischen Staaten blieben aber dennoch fest in ihrer Auffassung, daß Wirtschaftssanktionen nur selten von Erfolg gekrönt seien. Die USA unterstellten diesen europäischen Staaten, daß ihre Politik ausschließlich von wirtschaftlichem Denken geleitet sei.[1239] Dies war zwar weitgehend der Fall, doch war die Aufrechterhaltung der Wirtschaftsbeziehungen nie der entscheidende Faktor, wie die USA meinten.

> "European governments also argued that the American approach to terrorism in general and to Libya in particular was only treating the symptoms of the disease and not the cause, which they believed to be deeper issues such as the Palestine question, the Iran-Iraq war and the Lebanese civil war."[1240]

Dabei ist nicht zu vernachlässigen, daß die US-Regierung und der Kongreß verschiedenen Sachzwängen unterlagen. Als zwei einflußreiche Gruppen seien zum einen die Familien der Lockerbie-Opfer genannt, die verschiedene Ziele verfolgten (Rache, Gerechtigkeit, Kompensation). Und zum anderen sei auf die mit Libyen

---

[1237] ST JOHN 1987, S.88.

[1238] Vgl. auch ST JOHN 2002, S.7: "The imposition of the American embargo resulted in the lost sale to European allies and others of an enormous quantity of goods and services, from capital equipment to consumer goods to consulting contracts. Politically, it strained American relations with key partners in Europe, like France, Germany, and Italy, as well as with allies in Africa and the Arab world. Academically, it stifled research by Americans in Libya and choked the flow of Libyan students to the United States."

[1239] Für eine Einschätzung der Beziehung zwischen Libyen und Westeuropa aus dem Jahr 1984 s. PASHA 1984, S.51-54. Ders. schreibt: "This meant that these countries had to follow a much more pragmatic policy towards Libya than the United States would want its NATO allies to do. Gaddafi was aware of the vulnerability of the Europeans to Libyan economic pressure. His main strategy was therefore to wean the West Europeans away from the US led boycott, sanctions and threats." - ebd., S.51.

[1240] ST JOHN 1987, S.90.

befaßten Exportunternehmen und Erdölfirmen verwiesen, die darum bemüht waren, ihren wirtschaftlichen Schaden möglichst gering zu halten, und die sich bereits durch die zeitlich den VN-Sanktionen vorangegangenen US-Sanktionen in einer sehr ungünstigen Situation befunden hatten.[1241]

1. Der Einfluß der Familien der Lockerbie-Opfer

Die Sanktionspolitik der Staaten und Gemeinschaften ist begleitet worden von Erscheinungen, die wissenschaftlich systematisch schwer einzuordnen und zu bewerten sind.
Einsetzend mit der Suche nach den Verantwortlichen für den Absturz über Lockerbie führten Angehörige der Opfer des Lockerbie-Anschlages vor US-amerikanischen Gerichten zivilrechtliche Klagen unter anderem gegen US-Regierung, PanAm und auch al-Qaḏḏāfī.[1242] Ohne den Opfern zu nahezutreten, darf hervorgehoben werden, daß es ihren US-amerikanischen Anwälten zusammen mit den Medien gelungen ist, das menschliche Schicksal der Opfer dauerhaft in der Öffentlichkeit der USA präsent zu machen. Im Gefolge dieser Präsenz haben US-amerikanische Verfassungsinstitutionen Anhörungen vorgenommen, die eine Rückwirkung auf die Versuche zur Lösung des Sanktionenstreites entfaltet haben. Hier wird diese Erscheinung zu einem Untersuchungspunkt dieser Arbeit.
In der Lockerbie-Angelegenheit übten die Angehörigen der Opfer großen Druck aus und vermochten, ihren Einfluß in der Regierung und in dem Kongreß geltend zu machen. Ihr Ziel war es, die Angelegenheit einem ihrer Meinung nach gerechten Ende zuzuführen, al-Qaḏḏāfī in die Pflicht zu nehmen und materielle Genugtuung zu erlangen. Aufgrund dieser Tatsache kam es dazu, daß weitere Untersuchungen trotz Beendigung des Lockerbie-Prozesses (für Einzelheiten vgl. 6. Kap., S.367 ff.) gefordert wurden und zum Teil noch werden.[1243]

1241 Nicht von der Hand zu weisen ist die folgende Aussage: "The families of the victims have strong support in Congress and the concerns of oil companies worried at being excluded from Libya are not likely to gain precedence." - SALEH 2001, S.18.

1242 So wurden z.B. Klagen der Hinterbliebenen-Familien gegen die US-Regierung eingereicht mit der Begründung, daß diese die in Helsinki erfolgte Warnung bezüglich eines bevorstehenden Flugzeugattentates nicht publik gemacht hätten - vgl. GERSON 2001, S.47. Siehe auch WALLIS 2001 S.17-25.

1243 "Many families of victims are not satisfied with the court's accepted explanation of the events that led to the bombing of PanAm flight 103, and are pressing for further investigations." - KOECHLER/SUBLER 2002, S.10. Diese Tatsache wurde auch auf einer internationalen Konferenz der Arabischen Liga über die Lockerbie-Angelegenheit am 9.4.2001 in Kairo deutlich, auf der Hinterbliebene der Lockerbie-Opfer sich zufrieden darüber zeigten, daß die IPO (s. S.244, Fn.912) am Ergebnis des Lockerbie-Prozesses in Den Haag Kritik übte. Vgl. KOECHLER/SUBLER 2002, S.156 f. Siehe dafür auch den Bericht und die Bewertung des Lockerbie-Prozesses durch Köchler vom 3.2.2001 unter dies. 2002, S.15-23. Für die Er-

Der US-Anwalt GERSON arbeitete in seinem allerdings wenig wissenschaftlich angelegten Buch eindrucksvoll heraus, wieviel Einfluß eine kleine, aber lautstarke Gruppe auf die US-Außenpolitik zu gewinnen vermag, wenn sie ihre Interessen bündelt und professionell einsetzen läßt: die Familien nutzten ihre Medienmacht gekonnt aus.

Ausschlaggebend für das Engagement der sich zusammenfindenden Familien[1244] der Lockerbie-Opfer war zunächst ein Bericht mit wesentlichen Empfehlungen über die Gefahren des Terrorismus im Flugverkehr.[1245] Der Schwerpunkt lag hierbei auf der Durchsuchung des Gepäcks hinsichtlich Bomben sowie auf der Kontaktierung und Betreuung der Hinterbliebenen von Opfern bei Flugzeugkatastrophen.[1246] Um das entsprechende Gesetz über Sicherheit bei den US-amerikanischen Fluglinien zu verschärfen, engagierten sich insbesondere die Hinterbliebenen der Lockerbie-Opfer durch professionelles Lobbying mit dem Ziel, dadurch ihre verlorenen Angehörigen im nachhinein zu ehren sowie sich für das öffentliche Wohl einzusetzen.[1247]

Deutlich wurde dies nicht zuletzt an dem Iran and Libya Sanctions Act (ILSA) - sowohl bei der Verabschiedung dieses Gesetzes 1996 als auch bei seiner Verlängerung im Jahre 2001. Hatte Präsident Bush 2001 eine Verlängerung für nur zwei Jahre angestrebt, beugte sich der Kongreß dem Druck der Lockerbie-Opfer-Familien und setzte eine Verlängerung um fünf Jahre durch.[1248] Ähnlich verhielt es

gebnisse des sich innerhalb der IPO mit den Sanktionen gegen Libyen befassenden Komitees von Rechtsexperten s. dies., S.103-117.

1244 So schlossen sich Angehörige der Opfer z.B. zusammen zu den *Victims of Pan Am Flight 103* und *Families of Pan Am Flight 103 / Lockerbie* - vgl. zu den bekanntesten Vertretern der Opferfamilie die Auflistung bei GERSON (ders. 2001, S.303 f.).

1245 Für den Standpunkt der Hinterbliebenen s. auch DEPPA 1994, S.12-68, mit dem Schluß, daß so traurig und schlimm Katastrophen sind, sie auch das Menschliche durch das Füreinandersorgen und Helfen deutlich machen: "The real impetus for addressing the tough issues of aviation security came neither from institutions nor the media, but from those who might have seemed the least able to act: the grieving families and friends of those who perished. They learned to use the media - and many media, to their credit, cooperated - to focus public attention on security lapses that might permit would-be bombers to repeat the tragic attack on civilian aircraft." - DEPPA 1994, S.316.

1246 Hierfür wurde ein Leitfaden erarbeitet, da es im Zusammenhang mit dem Absturz über Lokkerbie zu großer Unzufriedenheit aufgrund der schlechten Informationspolitik seitens der Pan Am gekommen war. Vgl. dazu GERSON 2001, S.94. Die Opfer-Familien reichten darüber hinaus Klage gegen Pan Am ein - vgl. WALLIS 2001, S.81-147.

1247 Die Opfer-Angehörige schlossen sich zusammen, um zu verhindern, daß noch einmal ein solches Unglück so vielen Angehörigen Leid bringen würde - aber auch, um Gerechtigkeit zu finden. Vgl. HORTON 1991, S.50.

1248 Bei einer Anhörung am 22.5.1996 im Repräsentantenhaus über ILSA wurde dem Protokoll auch eine Stellungnahme der Präsidentin der Interessengemeinschaft *Justice for Pan Am 103* Rosemary Wolfe, beigefügt. Sie betont die Bedeutung des Kampfes gegen Terrorismus von Seiten der USA, und daß ohne den Druck der Lockerbie-Familien und damit der USA selbst

sich bezüglich des offiziellen US-Besuches in Libyen 2000, der die Gewähr der Sicherheit für US-Bürger in Libyen eruieren sollte.[1249] Im Widerspruch zu dem positiven Bericht konnten die Lockerbie-Familien durchsetzen, daß die Reiserestriktionen für US-Bürger auch weiterhin galten und erst am 26.2.2004 aufgehoben wurden (s. S.211 f., Fn.761). Ihre Begründung dabei lautete, daß die US-Regierung mit diesem Unternehmen nur ihrem Ziel näherkommen wollte, die Lockerbie-Angelegenheit zu beenden. Eine solche Entwicklung aber wüßten die betroffenen Familien durchaus zu verhindern, wie in einer Anhörung vor dem Subkomitee für Nahost- und Südostasien-Angelegenheiten des Senats am 4.5.2000 offen dargelegt wurde. Hier mußte die Regierung Stellung beziehen gegen die Vorwürfe von Vertretern der Lockerbie-Familien und verschiedener Senatoren, die eine Verbesserung des Verhältnisses zu Libyen ablehnten. Die Stellungnahmen der drei Seiten sind von Einseitigkeit gekennzeichnet, was auf den Umstand zurückzuführen ist, daß bei einer solchen Anhörung die Einflußnahme auf die künftige Handhabung der Konfliktes mit Libyen im Vordergrund stand, die von jeder Seite als „Mittel zum Zweck“ betrachtet wurde.

- Der Regierungsvertreter stellte die Verschlechterung der Beziehungen zu Libyen seit al-Qaḏḏāfī sehr einseitig dar - die USA hätten al-Qaḏḏāfī schließlich dazu gebracht, die Verdächtigten auszuliefern.[1250] Er ließ außer acht, daß über Jahre hinweg Libyen bezüglich der Unterstützung von Terrorismus keine Aktivitäten mehr nachgewiesen werden können. Statt dessen war die Rede von der Reduzierung der Unterstützung für Terrorismus seit Beginn der US-Sanktionen.[1251] Anerkannt wurden zwar die positiven Schritte, die Libyen vorgenommen hatte, doch bleibe noch viel zu tun. Die USA beobachteten deswegen aufmerksam die Gespräche Libyens mit der EU, mit Israel und der palästinensischen Autonomieverwaltung. Zentral seien die Sorgen über das libysche Streben nach Massenvernichtungswaffen.[1252] Die USA wünschten sich, daß Libyen der Chemie-

die VN-Sanktionen wohl nicht verhängt worden wären. Wichtig sei es jedoch, den Terroristen zu verdeutlichen, daß ihr Tun verurteilt wird und daß ggf. durchaus wirkungsvolle Maßnahmen im Kampf gegen sie ergriffen werden. Vgl. HEARING 1997, S.53 f. Siehe auch GERSON 2001, S.94 f. Der Einfluß der Lockerbie-Opferfamilien ist nicht zu unterschätzen. So hatte z.B. Präs. Clinton 1993 den Angehörigen versprochen, strengere Sanktionen gegen Libyen anzustrengen. Der Versuch der USA, ein weltweites Ölembargo gegen Libyen durchzusetzen, war jedoch nicht erfolgreich. Vgl. ZOUBIR 2002, S.35.

1249 Vgl. z.B. die NZZ vom 27.3.2000, Nr.73, S.3 („Annäherung zwischen Libyen und den USA.“).

1250 “Libya finally turned over the suspects under the terms we had laid out.” - HEARING 2000, S.5.

1251 Vgl. HEARING 2000, S.5. Gleichzeitig heißt es auf S.11: “It [Libya] is still a state sponsor of terrorism [...], although it has not participated, so far as we know, in any active act of terrorism in the last couple of years.”

1252 Daran wird das fortgesetzte Streben Libyens nach Massenvernichtungswaffen deutlich. Im August 2000 erwarb Libyen vermutlich 36 nordkoreanische No-Dong-Raketen, im selben

waffen-Konvention beitrete als ein Zeichen für die Ernsthaftigkeit seines Bemühens. Auch bestünden Sorgen über das libysche Engagement in einigen afrikanischen Staaten wie dem Kongo und Sudan. Konfliktlösung solle den länderübergreifenden Organisationen überlassen werden.[1253] Der Regierungsvertreter verteidigte die Regierungspolitik[1254], zählte die positiven Veränderungen Libyens auf und hob hervor:

> "[...] that we have given very little to Libya in return, and that we are continuing to be very methodical, very hard-headed, very clear-sighted in looking at what goes on. And the story is not over, and we do not have the assurances we want in a whole series of things, cooperation with the trial, payment of compensation."[1255]

Jahr intensivierte sich die chinesisch-libysche Zusammenarbeit hinsichtlich der Bereitstellung von Raketentechnologie für das libysche Langstreckenprogramm, im November 1999 bereits waren in London militärische Ausrüstungsgegenstände entdeckt worden, und im April 2000 wurden im Zürcher Flughafen für Libyen bestimmte Scud-Raketenteile sichergestellt. Vgl. FAATH/MATTES 2000, S.20. DEEB weist darauf hin, daß Libyen und Rußland bereits im Oktober 1999 die militärisch-technische Zusammenarbeit wiederaufnahmen und den Export von militärischen Ausrüstungsgegenständen im Wert von bis zu 500 Mio. US-$ absprachen. Dies wäre unter den VN-Sanktionen nicht durchführbar gewesen. Vgl. dies. 2000, S.150. Pläne über die zukünftige militärische Zusammenarbeit zwischen Rußland und Libyen wurden bereits am 24.4.1999 bekanntgegeben - s. ANDERSON 1999, S.2; TAKEYH 2001, S.1; ST JOHN 2003, S.5.

1253 Vgl. hierzu auch ausführlich HEARING 2000, S.6.

1254 Insbesondere TAKEYH, ein Wissenschaftler am Washington Institute for Near East Policy, grenzt sich in seinen Beiträgen über Libyen von ausgewiesenen Libyen-Kennern wie DEEB, ST JOHN und NIBLOCK ab. TAKEYHs Einschätzung der Lage entspricht der offiziellen Sichtweise der US-Regierung. Es gelte, die Vor- und Nachteile der Alternativen bezüglich des Umganges mit Libyen abzuwägen und zu berücksichtigen: "The experience of past encounters with Qaddafi suggests that confronted with a determined U.S. policy, he may prove more amendable to the demands of the international community." - ders. 2001a, S.3. Die USA könnten mit den Sanktionen gegen Libyen leben - es müsse im Interesse Libyens liegen, sich um deren Aufhebung zu bemühen (s. TAKEYH/PELLETREAU 2001, S.3). Dabei sei sich die US-Regierung durchaus darüber bewußt, daß der ausschließliche „Strafgedanke" gegen Libyen für das Land keinen Anreiz biete, sein Verhalten zu ändern - zumal Libyen erfolgreich demonstrieren konnte, daß es einem weltpolitisch unbedeutenden Land gelingen könne, der Isolation entgegenzuwirken und wirtschaftliche Zusammenarbeit auch ohne Billigung der USA zu erreichen. Die USA sollten deswegen nicht zwangsläufig mit konstruktiver Zusammenarbeit zur Lösung der Streitfragen seitens Libyens rechnen. Siehe dazu TAKEYH 2000, S.3 f. Aufgrund dessen sei die bewährte „Hinhaltetaktik" der USA aufrechtzuerhalten und darüber hinaus die bezüglich der Lockerbie-Angelegenheit erfolgreich angewandte Umgangsweise mit Libyen auch für die nach wie vor aktuelle Frage nach Massenvernichtungswaffen anzustreben. Problematisch sei hier jedoch Europas Gewinnstreben. Den europäischen Staaten müsse vor Augen geführt werden, daß eine Isolierung Libyens den besten Umgang mit ihm gewährleiste, da es kein „neues" Libyen geben könne. Vgl. dazu TAKEYH 2002, S.2 f.; TAKEYH/ROSE 1998, S.2, 4; TAKEYH 2001, S.2; TAKEYH 2001a, S.1.

1255 HEARING 2000, S.15.

An den Ausführungen des Regierungsvertreters wird die schwierige Situation der Regierung deutlich: einerseits darf sie die Belange der Hinterbliebenen-Familien und die sich für diese Familien einsetzenden Kongreßabgeordneten nicht vernachlässigen, andererseits erfordern die außenpolitischen Gegebenheiten einen von konkreten Maßnahmen gekennzeichneten Umgang mit Libyen.

- Die an der Anhörung beteiligten Senatoren stellten sich auf die Seite der Lokkerbie-Familien und forderten, daß der Staat sich in die Lage der Familien zu versetzen habe. Als beispielhaft für die allgemeine Haltung kann die folgende Aussage Sen. Torricellis gewertet werden:

> "Mr. Chairman, there are few qualities I admire more about the American people than our eternal optimism, but the belief that the United States is ever going to witness a reformation of the policies, the personalities of the Governments of North Korea or Cuba or Libya or Iraq is a triumph of hope over reality. The reality is that we are not going to witness changes. Month by month, we may witness different levels of activities, but Muammar Qadhafi is a defined individual with a set agenda that is never going to change."[1256]

Generell favorisiere die Regierung eine freundliche Beziehung zu Staaten, zu denen schwierige Beziehungen bestehen. Dies geschehe unter Vernachlässigung der Gründe für diese schlechten Beziehungen und werde großen Schaden anrichten, da die Regierung damit grundlegenden Problemen aus dem Weg gehe.[1257] Aufgrund dessen sehe sich der Senat in die Pflicht genommen zu verhindern, daß die USA diese Richtung weiterhin verfolgt.[1258] Senator Torricelli wies daraufhin, daß von Beginn an offensichtlich gewesen sei, daß Libyen für den Lockerbie-Anschlag verantwortlich war - und dementsprechend hätte auch gehandelt werden müssen:

> "It was not necessary to know who or how or under exactly what circumstances to know that this was an act of war against the United States and its Government. That is how it should have been dealt with. Indeed, as you pointed out, Mr. Bolton, that is how Ronald Reagan dealt with it."[1259]

- Stephanie Bernstein legte als Vertreterin der Lockerbie-Familien auf sehr persönliche Weise dar, wie die Regierung sich gegenüber den Hinterbliebenen-Familien verhalten und ohne Einbeziehung der Familien darauf hingewirkt habe, daß es zum Lockerbie-Prozeß kommen konnte. Insbesondere seien die Familien dagegen, daß wirtschaftliche Gründe ausschlaggebend sein könnten für eine verbesserte Beziehung zu Libyen.[1260] Aufgrund dessen bezögen sie Position

[1256] HEARING 2000, S.15 f.
[1257] Vgl. HEARING 2000, S.14.
[1258] Vgl. HEARING 2000, S.36 f.
[1259] HEARING 2000, S.38.
[1260] Interessant ist diebezüglich der folgende Fall: 1988 erhoben für Libyen arbeitende Erdölspezialisten Klage gegen die USA, da die Beendigung ihrer Verträge und der daraus resultierende Lohnverlust ihnen die Bestimmungen im 5. Verfassungszusatz vorenhalte (ohne angemes-

gegen die Ölfirmen und waren gegen einen Prozeßausgang in der Lockerbie-Angelegenheit, durch den lediglich das Schweigen der Familien gekauft werde.[1261] Einen Einblick in die Denkweise einiger Angehöriger der Lockerbie-Opfer vermittelt auch der persönliche Bericht von Susan und Dan Cohen, der dem Vergessen des Anschlages entgegenwirken soll und ihren Wunsch nach Rache deutlich zum Ausdruck bringt:

> "We aren't crusading for improved airline security, the better treatment of crash victims' families, or the victims of crime. Our objective hasn't been world peace, personal peace, reconciliation, closure, or any of the other objectives that have been attributed to us from time to time. And justice? After more than a decade, and a million lies, I don't even know what justice means to me in this case. It certainly wasn't a bunch of old Scotsmen in robes and wigs sitting around in the Netherlands, handing out a twenty-year sentence for mass murder.What drives me is something much less abstract, more personal, basic, primitive. My daughter was murdered, and I want to get the bastards who killed her, and the bastards who planned her murder, and the bastards who let it happen, and the bastards who are helping all the other bastards get away with it. Revenge is a word I do understand."[1262]

Es kann nicht Aufgabe dieser Arbeit sein, zu untersuchen, ob - westliche - Medien auf diesem Wege Einfluß auf Verhandlungen und Verhandlungspositionen der Staaten ausüben. Der Einfluß des geschilderten Begleitphänomens sollte dem aussenstehenden Betrachter aufgezeigt werden.

---

sene Kompensation darf kein Privateigentum für den öffentlichen Nutzen verwendet werden). Allerdings hielt der *Federal Circuit* die Vertragssperre für rechtens, da die Sanktionen die Kläger nicht darin hinderten, ihre Dienste auf dem Markt anzubieten und irgendwo anders zu arbeiten. Zudem wögen Sicherheitsüberlegungen des Staates weitaus mehr als der Lohnverlust einzelner Arbeiter. Auch müßten sich US-Personen, die in einem anderen Land für dieses tätig seien, sich dessen bewußt sein, daß die guten Beziehungen zwischen den beiden Ländern Schwankungen unterliegen können. Vgl. COOKE 1990, S.209.

1261 Vgl. HEARING 2000, S.24. WALLER weist darauf hin, daß Libyen wenig erfolgreich war bezüglich der Verbesserung der Beziehungen zu den USA - u.a. weil der Versuch, einflußreiche Juristen und Lobbyisten für sich zu gewinnen, große öffentliche Empörung in den USA hervorrief. Die Höhe der von Libyen dafür bereitgestellten Zahlungen zeigen, welche Dringlichkeit Libyen der Hebung der Sanktionen einräumte. Vgl. dazu WALLER 1996, S.79.

1262 COHEN 2001, S.309.

2. Gegen die Sanktionen gerichtete Unternehmer-Initiativen

Neben durchaus auch in staatlichen Gremien[1263] geäußerter Kritik an der Handhabung von US-Sanktionen wird Kritik darüber hinaus insbesondere in privatwirtschaftlichen Kreisen formuliert. Als Sprachrohr versteht sich dabei die bereits erwähnte Unternehmerintiative USA*engage (vgl. S.183, Fn.653; S.318, Fn.1236).
Von großer Bedeutung waren darüber hinaus in bezug auf Libyen die Bemühungen der Erdölfirmen, auf die US-Regierung Druck auszüben. Allerdings stellte sich der Erfolg dieser Bemühungen mit der Aufhebung der entsprechenden US-Sanktionen 2004 erst spät ein. Der Grund dafür mag mit an den im folgenden erläuterten Umständen liegen:
Die Neokonservativen in der Bush-Regierung befürworten das Absinken des Ölpreises durch billiges Öl, da sie sich davon Wirtschaftswachstum in den USA und im Westen erhoffen sowie die Zerstörung der OPEC und der Wirtschaft der „Schurkenstaaten“ (Iran, Syrien, Libyen). Scheint dieser Plan auch auf den ersten Blick plausibel zu sein, so gibt es von verschiedenen Seiten erheblichen Widerstand dagegen. Denn mit der Schädigung der Wirtschaft der sog. Schurkenstaaten würden auch viele befreundete Länder (Mexiko, Kanada, Saudi-Arabien, Kuwait etc.) Schaden nehmen.
Auch viele Präsident Bush jun. unterstützende kleine unabhängige US-Ölfirmen haben Einwände gegen einen billigen Erdölpreis, da ihr wirtschaftliche Lage von stabil hohen Ölpreisen abhängt aufgrund der hohen Gestehungskosten von ca. 13 US-$ pro Barrel. Das Verschwinden dieser kleinen Firmen würde die USA zu sehr vom Import ausländischen Öls abhängig machen.
Die multinationalen Ölfirmen (Exxon Mobil, British Petroleum, TotalFinaElf, Shell usf.) haben verschiedene Öl-Bezugsquellen, so daß sie bei einem Sturz der Ölpreise weniger stark betroffen sind. Ihre Argumente nimmt die Bush-Regierung jedoch weniger ernst, da es meist keine US-amerikanischen Unternehmen sind. So konnten

[1263] Besonders eindrücklich ist dies im Abschlußbericht der Juristischen Revisionskommission über die Kontrolle ausländischer Vermögenswerte zu bemerken. Hier fiel die Kritik an dem Office of Foreign Assets Control - OFAC - unerwartet deutlich aus, wie in diesem Bereich tätige US-Rechtsanwälte bemerkten. (Diese Informationen erhielt d.Verf. im Rahmen der in Washington, D.C., geführten Gespräche.). Im Bericht der Kommission wird ausgehend vom Kingpin Act eine bessere Zusammenarbeit seitens des OFAC angeregt, so daß es heißt: “Balancing the needs of law enforcement in combating these forces with the due process protections of U.S. businesses and citizens who may unwittingly do business with them is a delicate and never-ending challenge. By allowing judicial review [...] in the manner the Commission recommends, Congress would strengthen the domestic and international business communities' faith in the integrity and fairness of the process. That enhanced faith in the system will be critical to OFAC as it faces the daunting challenge of administering this programm on a global scale with the limited resources it has been allotted. The Commission trusts that Congress will vigilantly monitor this program and strongly support OFAC's needs in the years to come.” FINAL REPORT 2001, S.148.

die multinationalen Ölfirmen trotz starken Lobbyings[1264] lange keine Aufhebung der Sanktionen gegen Libyen erreichen.
Statt dessen enthielt der von Vizepräsident Cheney am 17.5.2001 vorgelegte Bericht zur US-Energiepolitik die Forderung, neue Gebiete in den USA zur Exploration freizugeben. Dieser Forderung wurde jedoch basierend auf den Erkenntnissen einer eigens dafür vom Pentagon gegründeten Planungsgruppe nicht entsprochen.
Die Entscheidung sorgte für Mißmut bei den unabhängigen kleinen Ölfirmen. Die multinationalen Konzerne hingegen waren erleichtert. Dieser Plan hätte letztlich dem Ruf der Ölbranche geschadet, da es vornehmlich um die Lizenzen für Ölbohrungen in einem Nationalpark in Alaska gegangen war.[1265]

3. Die Bedeutung der US-Sanktionen für Europa

Die europäischen Staaten folgten den Aufforderungen der USA nicht, sich an den Sanktionen gegen Libyen zu beteiligen. Denn:

> "In their view, the punitive policies employed by Washington often exacted serious costs in human lives and credibility, yet failed to change regime behavior. Meanwhile, European companies, before and after the period of UN sanctions, remained well positioned to enjoy lucrative contracts that Washington's hardline approach denied their American counterparts."[1266]

Die Rechnung der USA, durch die Brandmarkung verschiedener Staaten als sog. Schurkenstaaten internationale Unterstützung gegen diese aufbauen zu können, ging nicht auf. Statt dessen trat der gegenteilige Effekt ein - gekennzeichnet durch eine sinkende internationale Unterstützung für multilaterale Sanktionen.[1267]
Die ersten vier Monate des „Konfrontationsjahres" 1986 teilt MATTES bezüglich des Verhältnisses EG/Libyen in drei Phasen ein, die in einer modifizierten und verhärteten politischen Auffassung im Auftreten gegenüber Libyen resultierte:

1264 Betroffene Erdölfirmen wie Amerada Hess, Conoco Inc. und Marathon z.B. stellen in regelmäßigen Abständen die Hintergründe für ihre Interessen in Libyen in kleinen Broschüren zusammen, um ihren Standpunkt zu untermauern und entsprechende Anregungen an die relevanten Kreise im Kongreß weiterzugeben. Vgl. auch die Reuters-Meldung vom 4.11.2003 ("UPDATE 2-Libya full steam ahead on oil deals without U.S.").

1265 Siehe dazu SADOWSKI 2003, S.6 f.

1266 ST JOHN 2002, S.6.

1267 Vgl. ST JOHN 2002, S.7.

Tabelle 31: Die Haltung der EG gegenüber Libyen im ersten Halbjahr 1986

	Zeitraum	Haltung Europas	Maßnahmen
1)	7./8.1.-24.3.1986	Vorbehalt	trotz intensiver US-Bemühungen beteiligte sich Europa nicht an den US-Sanktionen gegen Libyen (Beschluß der EG-Außenminister vom 27.1.1986)
2)	24.3.-5.4.1986	Überdenken	erste schwache Sanktionen der EG gegen Libyen nach dem La-Belle-Anschlag in Berlin
3)	5.4.-15.4.1986	Sanktionen	verschärfte Sanktionen der EG gegen Libyen nach dem US-Angriff auf Tripolis / Benghasi

Ein kausaler Zusammenhang zwischen dem 24.3.1986 und der verschärften Haltung der EG ist nicht festzustellen, da die EG militärische Maßnahmen ablehnte. Statt dessen versuchte sie durch ihre Sanktionsbeschlüsse vom 14.4.1986, eine politische Lösung der US-libyschen Krise zu begünstigen, indem sie Libyen zum ersten Mal im Zusammenhang mit der Verurteilung terroristischer Anschläge erwähnten und mit den Sanktionsbeschlüssen den Forderungen der USA Rechnung tragen und einen erneuten US-Militärschlag gegen Libyen verhindern wollten - die allerdings für die USA zu mild ausfielen und zu spät kamen.[1268]
Immerhin wurde auf einem Treffen der Außenminister der EG am 21.4.1986 beschlossen, die Anzahl libyschen Personals in offiziellen libyschen Einrichtungen (Volksbüros, Presseagenturen, Fluglinien etc.) zu beschränken. Außerdem wurde die Reduktion von Exportkrediten beschlossen und der Verkauf subventionierter EG-Güter an Libyen aufgegeben.[1269]
Im September 1986 besuchte der US-Gesandte Vernon Walters europäische Politiker, um ihnen die US-Sanktionspolitik näherzubringen. Erfolglos, denn in europäischer Sicht übertrieb Reagan die von Libyen ausgehende Gefahr, zumal er nur die Symptome und nicht die Ursache (nämlich Palästina) bekämpfe. Hinzu kamen die europäischen Bedenken, daß die US-Politik die Bedrohung der NATO durch die Sowjetunion erhöhe, sollte Libyen der Sowjetunion den Hafen von Tobruk zugänglich machen.[1270]
Langfristige Effektivität von US-Sanktionen gegen Libyen verlangte die Beteiligung weiterer Staaten. Am 27.1.1986 intensivierte die EG ihre Bemühungen, den

[1268] Vgl. MATTES 1986a, S.74 f., 77; FAATH/MAATES 2000, S.7. Für eine ausführliche Darlegung des Verhaltens der EG-Staaten vgl. CLAM/HUBEL 1987, S.131-134: Die EG schloß sich aus verschiedenen Gründen nicht den US-Maßnahmen gegen Libyen an, u.a. auch aus grundsätzlichen Erwägungen nicht. Z.B. lassen die Bestimmungen des deutschen AWG Exportkontrollen und damit Eingriffe in bestehende Verträge nur in besonderen Fällen zu (ebd., S.131). Siehe im Vergleich dazu auch die US-Überlegungen dies. 1987, S.125 f.
[1269] Vgl. NIBLOCK 2001, S.31 f.; ST JOHN 1986, S.114; MATTES 1986a, S.76 f.; FAATH/MATTES 2000, S.7.
[1270] Vgl. ST JOHN 2002, S.143.

internationalen Terrorismus zu bekämpfen. Statt umfangreicher multilateraler Sanktionen gegen Libyen einigten sich die EG-Staaten und G7-Staaten jedoch lediglich auf ein Waffenembargo gegen Libyen.[1271] Somit blieb es den USA überlassen, Libyens Haupthandelspartner davon zu überzeugen, sich gegen Libyen zu wenden.[1272] Aufgrund der Abhängigkeit vom libyschen Erdöl erwies sich dies als unmöglich, gleichwohl die USA damit argumentierten, daß sie ihr vormals aus Libyen bezogenes Erdöl ohne Schwierigkeiten durch Importe aus anderen ölexportierenden Ländern hatten ersetzen können. Eine Rolle mag auch die geographische Nähe zu Libyen und damit die Angst vor Terroranschlägen gespielt haben, daß die EG ungern Position bezog.[1273]

Zusammenfassung

Anhand des Umfangs der gegen Libyen verhängten VN-Sanktionen (s. 4. Kap.) sollten die Auswirkungen derselben auf Libyen aufgezeigt werden. Dabei standen sowohl der in der libyschen Wirtschaft entstandene Schaden sowie die Beeinträchtigung des kulturellen Lebens, des Wohlergehens und der Entwicklung der Bevölkerung im Mittelpunkt als auch der Adressat dieser Maßnahmen - der libysche Staat und seine Führung. Durch die sanktionsverursachte Beeinflussung der wirtschaftlichen Beziehungen zu anderen Staaten rückten auch diese in das Blickfeld der Betrachtung. Betroffen waren hierbei insbesondere die europäischen Staaten. Das Verhältnis zwischen diesen und den USA sowie die Bedeutung der US-Sanktionen gegen Libyen wurden bereits im 3. Kap. ausführlich behandelt (s. ebd.). Die gesamtwirtschaftlichen Auswirkungen der Wirtschaftssanktionen gegen Libyen sind nicht zu unterschätzen, auch wenn sie einem Vergleich zur sanktionsverursachten Situation beispielsweise im Irak nicht standhalten. Charakteristisch für Libyen ist, daß es der Staat außer im Erdölsektor nicht vermochte – oder auch nicht wollte -, die Sanktionswirkungen abzufedern.
Das folgenden 6. und letzte Kapitel ist mit den Bemühungen Libyens befaßt, seine Strategie zur Aufhebung der VN- und auch der US-Sanktionen durchzusetzen bzw. diese in Abhängigkeit der sich bietenden Gelegenheiten anzupassen.

[1271] Vgl. COOKE 1990, S.225, Fn.188, S.224-226.

[1272] Ob in diesem Zusammenhang die mit dem Lockerbie-Anschlag in Verbindung stehenden VN-Sanktionen Entsprechendes bewirken sollten, kann nur gemutmaßt werden. Unabhängig von dieser Überlegung erfüllten die VN-Sanktionen jedenfalls ihren Zweck im Sinne der USA.

[1273] Vgl. COOKE 1990, S.229 f.

6. Kapitel: Der Weg zur Aufhebung der VN-Sanktionen gegen Libyen

Die 1992/93 gegen Libyen verhängten VN-Sanktionen wurden 1999 infolge der Überstellung der beiden des Lockerbie-Anschlages verdächtigten Libyer zunächst suspendiert. Die endgültige Aufhebung erfolgte im Zuge der offiziellen libyschen Übernahme der Verantwortung für den Flugzeugabsturz und aufgrund der Vereinbarung einer Entschädigung für die Opferfamilien über insgesamt 2,7 Mrd. US-$. Die folgenden drei Hauptabschnitte geben Aufschluß über die Entwicklung, die schließlich zu der Aufhebung der VN-Sanktionen am 12.9.2003 geführt hat.

A. Die Konzeption Libyens zur Aufhebung der Sanktionen

Staaten, die mit Sanktionen konfrontiert sind, entwickeln in der Regel eine Strategie, die die Aufhebung der jeweiligen Sanktionen zum Ergebnis haben soll. Die Politikwissenschaftlerin RONEN faßt die libysche Strategie wie folgt zusammen:

> "How did Qadhdhafi do it? By proposing a chain of compromises, by busting the sanctions, and by exploiting the greed of others."[1274]

Daß al-Qaḏḏāfī vornehmlich deswegen Erfolg mit seiner Strategie gehabt habe, weil er den Westen davon habe überzeugen können, auch terroristische Anschläge seien vor Gericht zu verhandeln, ist somit zu kurzgegriffen und ungenau. Nach Auffassung der Wissenschaftlerin habe dieses Vorgehen jedoch die Chance dafür erhöht, daß der libysche Staat vergleichsweise günstig die Angelegenheit einem Ende habe zuführen können.[1275] RONEN befürchtet, daß sich dieser Ablauf als Beispiel für alle zukünftigen von Staaten unterstützten Terrorhandlungen erweisen könnte. Ihre Bewertung ist jedoch einseitig und führt mit Aussagen wie der folgenden nicht weiter:

> "His success in restoring Libya's diplomatic standing in Europe stood as testament that even a permanent denizen of the U.S. State Department's terrorism list could find a place under the sun - and a respectable place, too."[1276]

Wenn RONEN al-Qaḏḏāfīs Worte zitiert, daß er und damit Libyen Schotten nicht als Engländer ansehe, da sie von den Engländern kolonialisiert worden seien, und er auf diese Weise einen Vergleich zwischen Schotten und Libyern zieht, die beide unter dem Kolonialismus gelitten hätten,[1277] dient diese Parallelisierung in keiner Weise einem besseren Verständnis des Politikwechsels. Derartige Äußerungen al-Qaḏḏāfīs werden sowohl von Libyern als auch von anderen Arabern größtenteils

---

[1274] RONEN 2002, S.1. Ähnlich formuliert es auch TAKEYH - vgl. ders. 1999, S.3.

[1275] Eine nicht zu unterschätzende Bedeutung kommt auch dem Durchhaltevermögen Libyens zu - vgl. dazu z.B.: ᶜABD AT-TAWWĀB 1995, S.24-27; ǦAᶜFAR 1998, S.21-24, insbes. S.23.

[1276] RONEN 2002, S.4. Für den wirtschaftlichen Aspekt vgl. insbes. S.294 f., Fn.1132 f.

[1277] Vgl. RONEN 2002, S.2.

mit Spott aufgenommen - und es spricht nicht für die westliche Berichterstattung und Sachkenntnis, wenn solche Zitate aus dem Kontext gerissen wörtlich genommen werden.[1278]
Man hat versucht, die Kampagnen der libyschen Regierung unter folgenden Gesichtspunkten zu gliedern: Zum einen habe es gegolten, die westlichen Mächte direkt dazu zu bewegen, ihre Position zu ändern (vgl. 4. Kap., S.247 f., Fn.926).[1279] Zum anderen seien die Sanktionen nach internationalem Recht angefochten worden (vgl. ebd.).[1280] Drittens sei Libyen darum bemüht gewesen, die Unterstützung der afrikanischen und arabischen Länder zu mobilisieren (vgl. 6. Kap., Abschn. A.II.1, S.339 ff.).[1281] Nachdem der rechtliche Aspekt bereits im 4. Kap. (Abschn. A.II.2, S.349 f.) ausreichend Berücksichtigung gefunden hat, stehen in den folgenden Abschnitten im Vordergrund die durch Vermittlungsbemühungen gekennzeichneten Initiativen Libyens (Abschn. I.) sowie das zielgerichtete Vorgehen in Form politisch-diplomatischer Ersuchen um Unterstützung der afrikanischen Staaten für die libysche Position (Abschn. II.).

I. Initiativen Libyens zur Lösung des Lockerbie-Konfliktes

Was letztlich dafür ausschlaggebend gewesen ist, daß al-Qaḏḏāfī den anglo-amerikanischen Vorschlag für einen Prozeß in den Niederlanden annahm und damit einer Überstellung der Verdächtigten zustimmte, ist nicht vollständig geklärt.[1282] Zum einen hatte al-Qaḏḏāfī 1998 die innenpolitische Lage unter Kontrolle. Er war zwar mit der sich rapide verschlechternden wirtschaftlichen Situation in Libyen konfrontiert. Indessen brauchte er nicht akuten innenpolitischen Druck bei einer Überstellung der Tatverdächtigen zu fürchten und konnte andererseits auf die Möglichkeit rechnen, durch externes Kapital die Wirtschaft anzukurbeln. Zweitens war er darum bemüht, strategische Allianzen zu afrikanischen Staaten wiederaufzunehmen, um einem künftigen Konfikt mit den USA nicht mehr isoliert begegnen zu müssen.[1283]

[1278] Vgl. hierzu auch den Artikel von J. JOFFE in der ZEIT vom 16.10.2003, Nr.43, S.2 („Araber-Feind"): besondere Aufmerksamkeit sei den arabischen Äußerungen al-Qaḏḏāfīs zu zollen, nützliche Übersetzungen lägen durch Memri vor. Zu den unterschiedlichen Auffassungen über diesen Übersetzungsdienst s. S.37, Fn. 25: die dort hervorgehobene Bedeutung von Unparteilichkeit ist an dieser Stelle noch einmal zu unterstreichen.

[1279] Vgl. für entsprechende Ansätze z.B. AṢ-ṢĀDIQ 1996, S.79.

[1280] Vgl. dazu die bei AṢ-ṢĀDIQ beschriebenen Initiativen, die Libyen zu diesem Zwecke ergriffen hat (ders. 1996, S.73 f.).

[1281] Vgl. NIBLOCK 2001, S.45. Siehe auch AL-MUHAḎḎABĪ/AL-ĠUWAIL 1994, S.85-97.

[1282] Immerhin stimmte die AV auf ihrer Außerordentlichen Sitzung am 19.3.1999 der Überstellung der beiden Verdächtigten zu und machte somit die bereits durch die BVKs erfolgte Einwilligung amtlich. Vgl. MATTES 2000b, S.114.

[1283] Vgl. ST JOHN 2000, S.27; DEEB 2000, S.146.

1. Anfängliche libysche Vermittlungsbestrebungen

Gegenüber VN-Res. 731 (1992) verfolgte die libysche Politik zwei Strategien: zum einen sollte auf einem förmlichen Verfahrensweg durch IGH-Urteil erreicht werden, daß die Überstellung der Lockerbie-Verdächtigten mit Bezug auf die Montréal-Konvention als unrechtmäßig angesehen wurde. Wegen der geringen Erfolgsaussicht dieser Strategie wurde eine geradezu entgegengesetzte Konzeption verfolgt: nämlich die Rechtmäßigkeit eines zustandekommenden Prozesses *a priori* in Frage zu stellen. WALLER kommentiert die beiden Vorgehensweisen folgendermaßen:

> "These proposals share two common denominators: they each shift the onus for resolving the conflict onto the West, and they each make Libya appear amenable to a fair trial. But their true political genius lies in the fact that they are expressly engineered to elicit the Security Council's disapprobation."[1284]

Unabhängig von der Richtigkeit der Argumente Libyens ist zu untersuchen, inwieweit sie sich als wirkungsvoll erwiesen haben. Da die genannten Strategien in der Vergangenheit die Verhängung von Sanktionen nicht hatten verhindern können, verfolgte Libyen diesmal alternative Taktiken.[1285]

Während des laufenden Rechtsstreites vor dem IGH[1286] verstärkten sich die diplomatischen Bemühungen, den Konflikt um die Überstellung der tatverdächtigen Libyer durch eine gütliche Einigung zu entschärfen. Von libyscher Seite kam es zu einer schrittweisen Annäherung an die VN-Res. 731 (1992). In einem offenen Brief des Sekretärs für auswärtige Beziehungen, Ibrahim Bishari, an den VN-Generalsekretär vom 9.8.1992 wurde die Annahme der Resolution offiziell bestätigt. Der Inhalt des Schreibens besagte, daß sich Libyen nicht nur vom internationalen Terrorismus losgesagt, sondern dieses Bekenntnis auch durch konkrete Handlungen bewiesen habe. Bereits im Juni 1992 hatte Libyen Großbritannien Informationen über die frühere Unterstützung der Irisch-Republikanischen Armee (IRA) übergeben. Auch wurde auf die Bemühungen Libyens zur Beilegung der Lockerbie-Angelegenheit verwiesen: die Allgemeine Volkskonferenz (AV) und die Arabische Liga hatten zwischen dem 15.11.1991 und Anfang August 1992 Vorschläge unterbreitet, die Verdächtigten an die AL zu überstellen und eine Gerichtsverhandlung in einem neutralen Land abhalten zulassen. Daneben erklärte sich Li-

---

[1284] WALLER 1996, S.75.

[1285] Vgl. WALLER 1996, S.75 f. So veröffentlichte die VN-Vertretung Libyens in New York regelmäßig Positionspapiere, in denen sie ihre Variante des Tathergangs darstellte und ihre Position rechtfertigte. Siehe z.B. "Lockerbie Question". Für eine Darstellung des rechtlichen Standpunktes Libyens s. AL-MUHAḎḎABĪ 1992, S.163-165.

[1286] Siehe für Einzelheiten Abschn. A.II.2, S.250 ff. im 4. Kap.

byen zur Zusammenarbeit mit Frankreich bereit, um den Absturz der UTA-Maschine zu klären.[1287]

Die libysche Suche nach einem Kompromiß zur Lösung des Konfliktes fand im Westen indessen kaum Beachtung oder wurde als Verzögerungsstrategie al-Qaddāfis ausgelegt.[1288] Als im August 1992 über die halbjährlich zu entscheidende Verlängerung der Sanktionen befunden wurde, stellte der SR trotz der libyschen Kooperationsbereitschaft bei der Bekämpfung des internationalen Terrorismus keine Veränderung fest und bestätigte die Sanktionen.[1289]

Am 17.11.1992 ernannte das AVK Umar al-Muntassir (ᶜUmar al-Muntaṣir) zum Sekretär (Minister) für auswärtige Beziehungen. Die Ernennung des über gute Kontakte zum Westen verfügenden Muntassir bestätigte den Kompromißkurs der libyschen Führung in der Lockerbie-Angelegenheit und sollte offenbar verdeutlichen, daß Libyen an einer Beilegung des Konfliktes gelegen sei. Die AV-Delegierten sprachen sich auf der Sitzung dafür aus, die beiden verdächtigten Libyer an die AL für ein Gerichtsverfahren in einem unparteiischen Staat zu überstellen und die Zusammenarbeit mit den französischen Ermittlungsbehörden wieder aufzunehmen. An die Regierungen der USA und Großbritanniens richteten sie den Appell, gemeinsam mit Libyen einen Weg des Dialogs einzuschlagen.[1290]

Unter dem Eindruck der Diskussion um eine Verschärfung der Sanktionen, wie sie von den USA im Sommer 1993 verstärkt gefordert wurde, waren Teile der libyschen Führung bereit, weitere Zugeständnisse zu machen. Im September 1993 gab Libyen seine Bereitschaft bekannt, die Tatverdächtigen an einen neutralen Staat zu überstellen. Auch wurde ein Prozeß in Schottland für möglich befunden, wenn dort ein faires Verfahren garantiert sei. In geheimen Verhandlungen waren die konkreten Auslieferungsbestimmungen bereits ausgehandelt worden, als beide Seiten einen Rückzieher machten. Die Einigung der Konfliktparteien scheiterte unter anderem an Vorbehalten der britischen Regierung, die Verhandlungen über die Verfahrensmodalitäten ablehnte und nun gemeinsam mit Frankreich und den USA eine

---

[1287] Vgl. KAMP 1995, S.233. Siehe für die Unterstützung seitens der AL auch WANNĀS 1993, S.101 f.

[1288] Die Bemühungen der libyschen Regierung, das internationale Ansehen Libyens zu verbessern und eine Aufhebung der US- und EG-Sanktionen zu erreichen, stießen bei den USA und GB auf eine unflexible Politik der Maximalforderungen (*de facto* Rücktritt al-Qaddāfis, die Einführung eines Mehrparteiensystems), die mit den zunehmend vorgebrachten Anschuldigungen über die Urheberschaft des Lockerbie-Unglücks untermauert wurden. Vgl. MATTES 1992, S.112 f., S.115. Siehe auch KAMP 1993, S.39. Für die libysche Seite siehe z.B. AL-ḤAYĀLĪ 1997, S.70-72.

[1289] Vgl. KAMP 1995, S.233 f.; HINDLEY 1993, S.2.

[1290] Vgl. KAMP 1995, S.234. SOBH bemerkte schon vor diesem Zeitpunkt: »[...] le dialogue demeure le seul moyen d'approcher ce régime énigmatique dont la solidité repose sur la complexité de ses structures et la traditionelle méfiance bédouine.« - ders. 1994, S.336.

bedingungslose Auslieferung forderte. In Libyen lehnten Abd as-Salam Jallud und die tribalen Führungsautoritäten eine Auslieferung unmißverständlich ab.[1291]

2. Das Engagement der Arabischen Liga und anderer Organisationen

Während die westlichen Staaten den Weg über den SR einschlugen, nutzte Libyen seine Mitgliedschaft in verschiedenen anderen intergouvernementalen Organisationen, um seine Position zu festigen. Neben der OAU nahmen auch die AL, die Organisation der Islamischen Konferenz (OIC) und die Bewegung der Blockfreien Staaten (NAM) für Libyen Stellung.[1292]

Die AL befaßte sich bereits mit der Angelegenheit, bevor sie beim SR anhängig war.[1293] Ende 1991 hatte der Ministerrat der Organisation vorgeschlagen, ein gemeinsames Komitee mit den VN zu schaffen, das sich um die Lösung des Konfliktes bemühen sollte. Außerdem sollte der VN-Generalsekretär um Vermittlung zwischen den Parteien gebeten werden. Wenige Monate später richtete die AL am 22.3.1992[1294] ein Siebenerkomitee ein, das sich aus den Außenministern der Staaten der Arabischen Maghreb-Union (AMU)[1295] sowie Ägyptens[1296] und Syriens zusammensetzte, und die mit den Generalsekretären der VN und AL eine Regelung der Streitigkeiten finden sollte. Dieses Komitee brachte verschiedene Vorschläge zur Lösung des Konfiktes vor, die jedoch von den USA und Großbritannien abgelehnt wurden mit der Begründung, daß über VN-Resolutionen nicht verhandelt werde. Nach der Zuspitzung der Lage sowie der Verhängung der VN-Sanktionen nahm die AL eine eindeutige Haltung ein und verwies auf die Souveränität Libyens, die Pflicht der VN-Mitglieder zur friedlichen Streitbeilegung und die ökono-

---

[1291] Vgl. SCHMALENBACH 2000, S.28; KAMP 1995, S.234 f. WALLER weist auf den auf einem Trugschluß beruhenden Versuch Libyens hin, sich durch hohe Zahlungen an die Opferfamilien aus der Angelegenheit freikaufen zu wollen. Vgl. ders. 1996, S.81 f. Vgl. hierzu auch S.194, Fn.695, S.371, Fn.1472.

[1292] Vgl. MUṮAQQAFŪN 1995, S.7 f.; AL-ḤAYĀLĪ 1997, S.80 f.; KERN 2002, S.109. Siehe für die Unterstützung seitens der OAU z.B. WANNĀS 1993, S.107 f.; HILĀL/ḪĀLID 2000, S.62 ff.

[1293] Vgl. hierzu die AL-Beschlüsse aus den Jahren 1991-1996 bei AL-MUHAḎḎABĪ 1996, S.343-360.

[1294] Noch an diesem Tage verabschiedete die AL Res. 5161, in der sie den SR dazu aufruft, keine wirtschaftlichen, militärischen oder diplomatischen Maßnahmen zu ergreifen, da dies schlechte Auswirkungen auf die gesamte Region nach sich ziehen könnte. Vgl. dazu NIBLOCK 2001, S.40; MATTES 1993, S.114.

[1295] Vgl. zur AMU DEEB 1991, S.180 f.

[1296] Ägypten erwies sich in den Folgejahren als Hauptvermittler im Lockerbie-Konflikt und erreichte dadurch eine Aussöhnung mit Libyen - vgl. MATTES 1997, S.116; ders. 2001b, S.4. Das Verhältnis zwischen den beiden Ländern hatte sich jedoch auch davor schon gebessert. DEEB schreibt: “Libya had found a way to resume and maintain good relations with Egypt and decrease the danger of aggression against itself.” - DEEB 1991, S.39.

mischen und militärischen Auswirkungen der Sanktionen auf die gesamte Region.[1297]

Robert Black, ein die libysche Regierung beratender schottischer Rechtsprofessor, schlug dann einen Kompromiß vor, nach dem die Verdächtigten vor schottischen Richtern und nach schottischem Recht im Friedenspalast des IGH in Den Haag angeklagt werden sollten. Der Rat der AL nahm diesen Vorschlag im März 1994 auf (AL-Res. 5357 vom 27.3.1994) und unterbreitete ihn dem SR.[1298] Die USA und Großbritannien bestanden jedoch nach wie vor auf die Überstellung der Verdächtigten in eines ihrer Länder. Die AL kritisierte diese kompromißlose Haltung der Westmächte und beschuldigte sie, sie wollten mit den von ihnen initiierten VN-Resolutionen Libyen lediglich bestrafen, seien jedoch nicht an einer ernsthaften Lösung des Konfliktes interessiert. Die Resolutionen erschütterten das Vertrauen der arabischen Staaten in die VN stark.[1299]

In der Folgezeit blieb die Angelegenheit auf der Agenda der AL. Das Bedauern über das Fortdauern der Sanktionen wurde regelmäßig zum Ausdruck gebracht. Da der Kompromißvorschlag für die Beendigung der Krise mehrfach geändert wurde, lastete die AL die Verantwortung für den Stillstand der Verhandlungen den drei westlichen ständigen SR-Mitgliedern an. 1997 ersuchte die AL den SR, in Einzelfällen Ausnahmen von den Sanktionen zu gewähren, stieß aber auf US-Ablehnung. Gleichzeitig versuchte der damalige Generalsekretär der AL, Esmat Abdel Meguid, durch seine intensive Reisediplomatie im Westen für den arabischen Vorschlag zu werben.[1300]

Die letztlich erfolglosen Vermittlungsbemühungen der AL im Lockerbie-Konflikt wurden von libyscher Seite scharf kritisiert.[1301] Zeitweilig überlegte Libyen, aus der

---

[1297] Vgl. KAMP 1995, S.233; KERN 2002, S.109; HILĀL/ḪĀLID 2000, S.70 ff.

[1298] Vgl. SCHMALENBACH 2000, S.28. Siehe auch KAMP 1995, S.234: dieser Vorschlag stammte ursprünglich von al-Qaḏḏāfī, der ihn im Januar 1994 der AVK unterbreitete. Siehe auch KERN 2002, S.109. Eine weitere Res. vom 14.9.1994 (AL-Res. 1082) hatte zum Inhalt, daß ein arabisches Siebener-Komitee die beteiligten Parteien kontaktieren und bearbeiten sollte, daß sie den Vorschlag annehmen. Vgl. dazu NIBLOCK 2001, S.40 f.

[1299] Vgl. KAMP 1995, S.235.

[1300] Vgl. KERN 2002, S.109; IIE-LIBYA 2002, S.12.

[1301] Vgl. DOYLE 1998, S.12. Bereits 1986 hatte sich die AL als wenig den libyschen Zwecken dienlich erwiesen, da sie dem Wunsch Libyens für ein Gipfeltreffen der AL zur Verurteilung des US-Angriffs auf Libyen nicht entsprochen hatte. Vgl. dazu ST JOHN 1986, S.114. Auch die Initiativen der Maghreb-Staaten reichten al-Qaḏḏāfī nicht weit genug, so daß sich Libyen ab 1992 kontinierlich aus der AMU zurückzog. Vgl. KISTENFEGER 1994, S.67 f. Dabei hatte sich die AMU bereits 1989/1990 für Libyen eingesetzt, um eine Aufhebung zumindest der europäischen Sanktionen zu erreichen. Vgl. MATTES 1991b, S.112. 1995 hatten sich die arabischen Staaten nicht für Libyen eingesetzt, als es turnusgemäß in den VN-SR als Vertreter des afrikanischen Kontinentes gewählt werden sollte. Libyen zog daraufhin am 17.10.1995 freiwillig seine Kandidatur zurück und machte den Weg frei für die Wahl Ägyptens. Vgl. MATTES 1996b, S.117; STRUNZ/DORSCH 2000, S.49. Erst 1996 erfolgte wie-

AL auszutreten, entschied sich jedoch dagegen, als sich die AL immer wieder eindeutig auf die Seite Libyens stellte und ein verstärktes Lobbying unter den Mitgliedstaaten des SR gegen die Resolutionen zusicherte.[1302]
Die AL wurde in ihrer Haltung von anderen Regionalorganisationen unterstützt, die auf Libyens Initiative hin ähnliche Beschlüsse gefaßt hatten. Vor allem die NAM stellte sich hinter Libyen. Schon zu Beginn des Konfliktes hatten einige der 114 Staaten der NAM die Abstimmung des SR über Res. 731 (1992) verzögert, da ihnen die vorgebrachten Gründe nicht schlüssig genug erschienen. Im Sommer 1994 bat die Außenministerkonferenz der NAM den SR, den Kompromißvorschlag der AL anzunehmen. Im weiteren Verlauf forderte die NAM auch auf der Ebene ihrer Staatschefs zusehends deutlicher die Aufhebung der Sanktionen und unterstützte die modifizierten Kompromißvorschläge.[1303]
Auch die OIC bekundete wiederholt ihre Unterstützung für Libyens Standpunkt und forderte eine friedliche Lösung der Auseinandersetzungen sowie die Aufhebung der Sanktionen. Da sie sich auf die Beschlußlage der anderen Regionalorganisationen berief, entstanden bis 1997 mehrere sich aufeinander beziehende Resolutionen, die sich inhaltlich weitgehend deckten und sich in normativer Unterstützung aufeinander beriefen.[1304]
Der teilweise abgestimmte Widerstand der verschiedenen Organisationen machte die deutliche und einheitliche Ablehnung vor allem der sog. Dritteweltländer gegen die Entscheidungen des SR in der Lockerbie-Frage deutlich.

3. Ergebnislosigkeit der Bemühungen

Aus Sicht der libyschen Regierung war die vom VN-SR verabschiedete Res. 883 (1993) nicht durch Zusammenarbeit der Völkergemeinschaft, sondern nur auf Druck der USA, Frankreichs und Großbritanniens zustandegekommen. Diese zwingen in ihren Augen dem SR ihre neokoloniale Politik auf. Die regelmäßige Verlängerung der Resolutionen im SR mit der Begründung, Libyen habe die Bedingungen für deren Aufhebung noch nicht erfüllt, wurde in Libyen angesichts der

der eine Annäherung an die Maghreb-Union von seiten Libyens - vgl. AL-ᶜALĪ 1996, S.16-19.

[1302] Vgl. KAMP 1995, S.235. Die Stimmenthaltung Marokkos bei der Abstimmung über VN-Res. 748 stellte einen gravierenden Verstoß gegen die Beschlüsse der AL dar und mag neben der traditionell prowestlichen Außenpolitik Marokkos darin begründet sein, daß die marokkanischen Verstöße gegen die VN-Resolutionen mit einem Friedensplan für die Westsahara bis heute folgenlos geblieben sind. Vgl. dies., S.237. Libyen trat am 24.10.2002 aus der AL aus, da diese sich als unfähig erwiesen habe, die Palästinenser und die Regierung Iraks wirksam zu unterstützen - vgl. NZZ vom 25.10.2002, Nr.248, S.7; NZZ vom 28.10.2002, Nr.250, S.2; NZZ vom 5.3.2002, Nr.53, S.5; BARATTA 2003, Sp.542.

[1303] Vgl. KERN 2002, S.109 f.

[1304] Vgl. KERN 2002, S.110.

immer neuen Kompromißangebote, der unklaren Beweislage und der in Frage zu stellenden Täterschaft als gezieltes Vorgehen gegen Libyen durch den Westen betrachtet.[1305]

II. Die grundsätzlichen Strategien

Ausgangsfrage ist: kann ein kleines und isoliertes Land überhaupt eine Konzeption von Gegenmaßnahmen entwickeln, die zielgerichtet auf die Bedrohung durch eine Großmacht eingehen und die den Namen einer „Gegenstrategie" verdienen.[1306] In einer Studie von 1984 werden aus nichtwestlicher Warte Charakteristika der Politik Libyens hinsichtlich der von den USA unter Präs. Reagan ausgehenden Herausforderung Libyens genannt:

> "The Libyan leader, and his regime have survived the most formidable challenge, because of his many shrewd diplomatic and astute military moves which have enabled him to deflect the Reagan Administration. In the end, Gaddafi's pragmatic and timely counter moves took the United State's steam out of its campaign to topple him. Although the threat from the United States has abated, it is hardly likely that the Reagan Administration has given up its attempts to bring down the Libyan regime. In fact, if re-elected, President Reagan is more likely to make much more determined attempts to topple Qaddafi."[1307]

Diese Einschätzung erwies sich als richtig - im Gegensatz zur der Annahme desselben Verfassers, daß al-Qaḏḏāfī durch die Auseinandersetzung mit den USA weiser und ruhiger geworden sei. Denn insbesondere den Ratschlag, er solle sich nicht provozieren lassen und damit den USA / dem Westen keinen Anlaß zum Angriff zu bieten, beherzigte al-Qaḏḏāfī in den Folgejahren nicht.[1308]

Anders verhielt es sich, nachdem die VN-Sanktionen gegen Libyen verhängt worden waren. Von den in Betracht kommenden Gegenstrategien[1309] zur Minimierung

---

[1305] Vgl. KAMP 1995, S.235 f. MULIKITA sieht dies ähnlich und schreibt: „In der Tat sehen die meisten OAU-Mitgliedstaaten seit dem Ende des Kalten Krieges den Rat als ein willfähriges Instrument der US-amerikanischen Außenpolitik an. Aus der Sicht der OAU benutzen die Vereinigten Staaten den Rat im Rahmen ihrer hegemonialen Strategie als ein Mittel zur Ausschaltung von Ländern wie Irak oder Libyen, die ihrerseits eine militante Variante der Blockfreiheit verfolgen, die in scharfem Gegensatz zu den Paradigmen einer Weltordnungspolitik, wie sie von den USA betrieben wird, steht." - ders. 2002, S.50.

[1306] Vgl. hierzu auch EXENBERGER, der Charakteristika im Verhalten von „Außenseitern im Weltsystem" sowie Gemeinsamkeiten im Ausüben von Widerstand herausarbeitete. Siehe ders. 2002, S.132 f.

[1307] PASHA 1984, S.70.

[1308] Vgl. PASHA 1984, S.71 f. Ders. weist jedoch auch zurecht auf den Erfolg al-Qaḏḏāfīs hin: die USA unternahmen große Anstrengungen, um al-Qaḏḏāfī zu stürzen. Dessenungeachtet waren diese Bemühungen nicht von Erfolg gekrönt. Vgl. ders. 1984, S.11.

[1309] Die Anpassungs- bzw. Gegenstrategien können in antizipatorische und reaktive Strategien, in aktive Sanktionsumgehungsstrategien und Gegensanktionen klassifiziert werden. Die antizipatorischen Strategien zielen darauf ab, noch vor der Implementierung der Sanktionen Gegenmaßnahmen zu treffen. Reaktive Strategien kommen während der Umsetzungsphase der

der Sanktionswirkungen kamen für Libyen nur die aktive Sanktionsumgehungsstrategie in Frage, um die Sanktionen halblegal oder auch illegal (*sanctions busting*) zu umgehen.[1310]
Relevant waren dabei zum einen ähnliche Umgehungsstrategien, wie sie bei der Importprotektion und bei den Devisenbewirtschaftungsmaßnahmen zum Einsatz kommen: Verlängerung der Handelswege über neutrale Staaten, Produktionsverlagerung ins Ausland oder Gründung von Scheinfirmen in benachbarten Staaten.[1311]
Zum anderen setzte sich Libyen das Ziel, im Zuge seiner Afrika-Politik die afrikanischen Länder für seinen Standpunkt zu gewinnen und dazu zu bewegen, die VN-Sanktionen zu brechen. Auf diese Entwicklung nehmen die folgenden Abschnitte Bezug.

1. Hinwendung von der panarabischen zur panafrikanischen Politik

Zum exponierten Akteur innerhalb des Geflechts der verschiedenen Libyen unterstützenden Regionalorganisationen entwickelte sich im Laufe der Auseinandersetzung die OAU.[1312] Unmittelbar nach dem Bekanntwerden der britischen und US-Forderungen gegenüber Libyen 1991 hatte sie damit begonnen, sich mit dem Streitfall zu befassen. Frühe pro-libysche Stellungnahmen des OAU-Generalsekretärs bildeten die Basis für die späteren OAU-Resolutionen zugunsten Libyens. Im Rahmen des ersten Beschlusses[1313] ergriff der OAU-Ministerrat Partei für Libyen und verwies auf die in der SVN und der OAU-Charta niedergelegte Pflicht zur Respektierung der Souveränität von Staaten und zur friedlichen Streitbeilegung.[1314]
Anfang Dezember 1993 reagierte das Zentralorgan des gerade erst eingerichteten Konfliktregelungsmechanismus auf die Verschärfung der Sanktionen mit einer weiteren Unterstützungsbekundung.[1315] Der Ministerrat bedauerte auf seiner Sit-

Sanktionen zum Tragen in Form von z.B. verstärkten Autarkiebestrebungen. Aktive Sanktionsumgehungsstrategien stellen begleitende Maßnahmen zu den beiden vorgenannten Strategien dar - oder aber sind in Form von halbillegalen und illegalen Umgehungen der Sanktionen die einzig verbleibende Maßnahme zur Reduzierung der sanktionsbedingten Wirkungen. Durch Gegensanktionen vermag das sanktionierte Land seinerseits bestimmte sanktionierende Länder zu sanktionieren, um Druck zur Abschaffung der Sanktionen zu erzielen. Vgl. ausführlich WELLNER 1991, S.195-197.

1310 Vgl. WELLNER 1991, S.195-197.

1311 Vgl. DONGES 1982, S.8. In bezug auf Deutschland finden sich alle relevanten Fälle in der Zeitschrift AW-Prax. Vgl. z.B. POTTMEYER 1995; BIENECK 1997a; BIENECK 1999; KREUZER 2001; KREUZER 2003, RÖMISCH 2003. Siehe auch den Spiegel vom 4.11.2002, Nr.45, S.17 („Deutsche Technik für Libyen.").

1312 Vgl. hierzu ausführlich ST JOHN 2003, S.2 f.

1313 Siehe für Einzelheiten die OAU-Res. 1457 (LVIII).

1314 Vgl. KERN 2002, S.110.

1315 Siehe OAU-Res. 1525 (LX) oder auch die OAU-Res. 1527 vom 11.6.1994.

zung im Juni 1994 die harte Position der drei westlichen Staaten angesichts der libyschen Flexibilität und rief zur friedlichen Streitbeilegung auf.[1316]
Enttäuscht darüber, daß die Beschlüsse der OAU und anderer Regionalorganisationen bei den drei westlichen Konfliktparteien keine Reaktion hervorriefen, wiederholte der Ministerrat der OAU Anfang 1995 zum einen seine Forderung zur Aufhebung der Sanktionen und beschloß zum anderen, sich durch ein einzurichtendes Ad-hoc-Komitee in die Mediation des Konfliktes einzuschalten.[1317] Im Februar 1996 beschloß der OAU-Ministerrat, mit der AL zusammenzuarbeiten, die ebenfalls ein Gremium zur Behandlung des Konfliktes eingerichtet hatte. Über die jeweiligen Generalsekretäre sollte ein Treffen der beiden Komitees angesetzt werden, um eine gemeinsame Strategie für die friedliche Beilegung des Konflikts zu entwickeln. Dieses Treffen erfolgte zwei Monate später, im April 1996, und hatte den Entschluß für ein konzertiertes Vorgehen zum Ergebnis.[1318] In der Folgezeit unterstützte die OAU den von Libyen akzeptierten Kompromißvorschlag der AL. Die ausbleibende Reaktion auf die verschiedenen OAU-Initiativen wirkten konfliktverschärfend und ließen den Ton der OAU-Stellungnahmen härter werden. Noch in demselben Jahr erfolgte die Warnung, daß die Sanktionen gegen Libyen ggf. durchbrochen werden könnten, sollte der SR sie unverändert beibehalten.[1319] Veranlaßt durch die unnachgiebige Haltung der USA und Großbritanniens fand die Konferenz des OAU-Ministerrates im Februar 1997 in Tripolis statt. In einer feierlichen Deklaration wurde erneut betont, daß Libyen die Bedingungen der VN-Res. 731 (1992) erfüllt habe, und daß auch unbeteiligte afrikanische Staaten unter dem Embargo zu leiden hätten. Die Minister forderten den VN-SR auf, eine der drei gemeinsam mit der AL erarbeiteten Empfehlungen umzusetzen:

- die Verdächtigten könnten vor schottischen Richtern nach schottischem Recht am IGH-Sitz angeklagt werden;
- es könnte ein spezieller Strafgerichtshof am IGH-Sitz eingerichtet werden;
- es könnte ein Prozeß in einem neutralen, vom VN-SR bestimmten Drittland abgehalten werden.

Für den Fall des Andauerns der Sanktionen wurde der Generalsekretär der OAU aufgefordert, einen Plan zur Verringerung des Leidens der libyschen Bevölkerung zu entwickeln.[1320]
Der Ratsbeschluß wurde im Sommer 1997 von der Versammlung der Staatsoberhäupter der OAU bestätigt. Darüber hinaus wurde dort bedauert, daß Großbritannien und die USA ihre Vorwürfe gegen Libyen nicht substantiiert hätten. Außerdem

1316 Siehe KERN 2002, S.111.
1317 Siehe OAU-Res. 1566 (LXI) des Ministerrates vom 27.1.1995; für die Reaktion der OAU auf die Verlängerung der US-Sanktionen gegen Libyen s. AT-TAṢᶜĪD 1995, S.7.
1318 Vgl. KERN 2002, S.111.
1319 Siehe den Annex von S/1996/569 vom 22.7.1996.
1320 Für den Entschluß s. den Annex in S/1997/176 vom 3.3.1997.

wurde der SR aufgefordert, Flüge libyscher Maschinen zu humanitären, religiösen oder diplomatischen Zwecken zu erleichtern.[1321] Die unilateralen Schritte der USA, Staaten, die Handelsbeziehungen zu Libyen pflegten, ebenfalls mit Sanktionen zu belegen, verurteilte der OAU-Ministerrat scharf.[1322]
Libyen war interessiert daran, diese Positionen zu seinen Gunsten zu verbreiten, und sandte die OAU-Beschlüsse an den VN-Generalsekretär, um sie als Dokumente des SR in Umlauf bringen zu lassen.[1323]

> "[...] Qaddafi was feted by fellow African heads of state, during the sanctions era and even more so once the UN sanctions on Libya were suspended, out of respect for a revolutionary leader whose support for liberation movements helped end colonialism on the continent."[1324]

a. Aufruf zur offiziellen Verletzung der VN-Sanktionsbeschlüsse

In den Jahren 1994 und 1995 mehrten sich Spekulationen über eine Verstrickung Syriens und Irans[1325] in das Attentat von Lockerbie. Die Bemühungen al-Qaḏḏāfīs konzentrierten sich 1995/96 zunächst auf die Anrainerstaaten Sudan, Tschad, Niger und Mali. Infolge einer geschickten Diplomatie und überzeugenden Darstellung der libyschen Position im Lockerbie-Konflikt gelang es Libyen, die meisten afrikanischen Staaten für seinen Standpunkt zu gewinnen.[1326] Im August 1996 tagte die

---

[1321] Vgl. Dekl. 2 (XXXIII) der Versammlung der OAU-Staatsoberhäupter vom 4.6.1997 und Dekl. 2041 (LXVII) des OAU-Ministerrates. Festgestellt wurde darüber hinaus, daß die Sanktionen nicht nur das libysche Volk träfen, sondern auch die angrenzenden Staaten sowie die in Libyen und den Anrainerländern tätigen Arbeiter aus anderen afrikanischen Ländern. Insofern müsse damit gerechnet werden, daß die afrikanischen Staaten ihrerseits Maßnahmen zur Linderung des Leidens der libyschen Bevölkerung ergriffen. Auf der anderen Seite profitierten die Anrainerstaaten jedoch auch (so z.B. Tschad, Niger, Mali), da sie die Importausfälle im Nahrungsmittelbereich aus Europa, Neuseeland, Australien (Tiefkühlprodukte) ausgleichen sollten. Vgl. STRUNZ/DORSCH 2000, S.63; OEKB 2001, S.19.

[1322] Vgl. Dekl. 362 (LXVI) des OAU-Ministerrates.

[1323] Vgl. KERN 2002, S.113. Die Intransigenz der USA verstärkte bei den arabischen und afrikanischen Staaten den Eindruck, daß nicht die Aufklärung des Attentats, sondern politische Motive (Sturz al-Qaḏḏāfīs, Strafe für die erzwungene Räumung der US-Stützpunkte in Libyen 1970) eigentliches Motiv für die Sanktionspolitik war - vgl. KAMP 1993, S.39; MATTES 1998, S.117.

[1324] ST JOHN 2002, S.4 f.

[1325] Vgl. dazu S.246, Fn.920; S.305, Fn.1173. LUYKEN 2000, S.17-20; GEO 2000.

[1326] Lobbying bei Regierungen zu betreiben, um bei der Revision der VN-Sanktionen Stimmen für Libyen zu erhalten, wurde bereits 1993 vorgeschlagen. Vgl. JAMAHIR SOCIETY 1995, S.37. Von Bedeutung war dabei sicherlich auch die durch die Sanktionen verursachte Schadensbilanz der libyschen Nachbarstaaten: so z.B. bei Tunesien - vgl. KISTENFEGER 1994, S.68. Auch BANTLE schreibt, daß der Austausch zwischen Tunesien und Libyen vor der Verhängung der VN-Sanktionen symmetrischer gewesen sei. Interessant bezüglich seiner Darstellung des Schattenhandels in Form der sog. liberalen Märkte als sozialpolitischer Kompromiß wären die konkreten Folgen für eben diesen gewesen. Zumal sich der Autor auf

Union afrikanischer Parlamente erstmalig in Tripolis und unterstützte Libyens Position gegenüber den VN.[1327] Zeitgleich mit den Solidaritätsbekundungen der afrikanischen Staaten verstärkten sich auch die der arabischen Staaten gegenüber Libyen.[1328] Ende 1995 bat Libyen um die Flugerlaubnis, Gastarbeiter auszufliegen. Als Grund wurde die schlechte Wirtschaftslage angegeben. Angenommen werden kann jedoch, daß dieser Schritt als Protest gegen die VN-Sanktionen gesehen werden sollte.[1329]

Libyen selbst kündigte 1997 die Wiederaufnahme des internationalen Flugverkehrs an.[1330]

Es demonstrierte seinen Willen durch einige sporadische Flüge nach Saudi-Arabien, Niger und Ghana.[1331] Nachdem am 1.6.1998 ein Treffen des zuständigen

---

die Achse Ben Guerdane - Sfax beschränkt, die für Libyen relevant ist. Vgl. BANTLE 1994, S.31, S.72. Siehe hierzu jedoch auch den Artikel von BOUBAKRI, der sich ebenfalls dem Grenzhandel zwischen Tunesien und Libyen widmet. Anhand seiner Schilderung des Schmuggels von landwirtschaftlichem Gerät und Maschinen wird deutlich, wie schwierig Grenzen zu kontrollieren sind und insbesondere auch zu Embargozeiten waren. Vgl. ders. 2000, insbes. S.47 f.

[1327] Vgl. MATTES 2001a, S.5, Fn.11. Diese Ereignisse ließen erkennen, daß es 1998 zu dem OAU-Beschluß kommen würde, die VN-Sanktionen gegenüber Libyen zu ignorieren.

[1328] Vgl. ausführlich bei KERN 2002, S.113: am 20.3.1997 kam es auf Druck der OAU-Staaten nur zwei Wochen nach der turnusgemäßen Verlängerung der VN-Sanktionen gegen Libyen zur Beratung der Angelegenheit. Zahlreiche Staaten plädierten für eine Aufhebung der Sanktionen und begründeten dies mit dem Entgegenkommen Libyens, den humanitären Folgen der Sanktionen sowie der kurz zuvor gefällten IGH-Entscheidung, seine Zuständigkeit für den Fall zu erklären. Zu einem Widerruf der Sanktionen konnte die Sitzung angesichts der Haltung der USA nicht führen. Sie zeigte jedoch deutlich, daß bei einer großen Anzahl von VN-Mitgliedern keine Unterstützung mehr für die Beschlußlage des SR zu finden war.

[1329] Vgl. ST JOHN 2002, S.15. Ausländische Arbeitskräfte spielen seit 1970 - mit der ansteigenden Nachfrage nach Arbeitskräften - eine wichtige Rolle. Vgl. ausführlich dazu MATTES 1987, S.113-115.

[1330] Vgl. S/PRST/1997/2: hier nimmt der SR das Schreiben entsprechenden Inhaltes vom 17.1.1997 (S/1997/52) mit Besorgnis zur Kenntnis. Siehe auch KERN 2002, S.112. LOPEZ/CORTRIGHT schreiben, daß Libyen aufgrund eines terroristischen Angriffes auf den internationalen Flugverkehr der Vorteil der Teilnahme an eben diesem durch sog. Reisesanktionen genommen wurde. Diese Sanktionen hatten somit nicht nur einen starken symbolischen Aspekt, sondern waren auch der bislang einzige Fall, wo Reisesanktionen die Hauptzwangsmaßnahmen bildeten und sich zumindest als teilweise erfolgreich erwiesen. Zwar sind die wirtschaftlichen Auswirkungen von Reisesanktionen begrenzt, doch dafür intensiv. So führen sie z.B. zu sinkenden Einkünften bei regierungseigenen Fluglinien und hindern die privilegierte Elite an internationalen Reisen. Vgl. dies. 2001, S.187 f.; dies. 2002, S.1.

[1331] Aufforderungen des SR an Libyen, Verstöße wie den Flug nach Dschidda / Saudi-Arabien vom 16.4.1996 (S/PRST/1996/18), nach Accra / Ghana vom 21.1.1997 (S/PRST/1997/2), nach Dschidda / Saudi-Arabien vom 29.3.1997 (S/PRST/1997/18) und nach Niger sowie Nigeria zwischen dem 8. und 10.5.1997 (S/PRST/1997/27) zu unterlassen. Zu Vergeltungsmaßnahmen oder einer Verschärfung der Sanktionen kam es trotz starker Kritik nie. Vgl.

OAU-Komitees mit dem britischen Außenminister keine Veränderung gebracht hatte, gipfelten die Auseinandersetzungen mit den VN am 10. Juni 1998 in der Ankündigung der Staats- und Regierungschefs der OAU auf ihrem Gipfeltreffen in Burkina Faso, das Flugzeugverkehrsembargo ab September 1998 zu ignorieren.[1332] Soweit die Sanktionen die Ausübung religiöser Pflichten, humanitäre Unterstützung oder die Erfüllung von OAU-Verpflichtungen betrafen, waren sie sogar mit unmittelbarer Wirkung nicht mehr zu befolgen. Die Vermittlungstätigkeit der OAU sollte dennoch weitergeführt werden. Der offene Bruch mit dem VN-SR wurde letztlich damit begründet, daß die VN-Resolutionen unter Mißachtung des Völkerrechtes[1333] zustandegekommen und daher nichtig seien. Das IGH-Urteil wurde begrüßt und als Stärkung der eigenen Position gesehen.[1334] In einem gesonderten Beschluß verurteilte der OAU-Ministerrat erneut die unilateralen Maßnahmen der USA und empfahl den OAU-Mitgliedern, eine im Herbst von Libyen in die VN-Vollversammlung einzubringende Resolution zu unterstützen. Im Gegensatz zu

auch ST JOHN 2000, S.27. Arabische Publikationen kommentieren diese Flüge aus Libyen mit Stolz - vgl. z.B. AL-MUSĀLIM 1997, S.15 f.

1332 Siehe Res.127 (XXXIV) der OAU-Staats- und Regierungschefs „OAU-Resolution" vom 10.6.1998: In Ziff. 2 der Res. wird die Nichtbeachtung der VN-Res. 748 (1992) und 883 (1993) daran geknüpft, ob die USA und Großbritannien dem Prozeß gegen die beiden Angeklagten in einem neutralen Land zustimmen oder nicht. Die OAU begründet diesen Schritt damit, daß die besagten VN-Resolutionen nicht in Einklang mit Art. 27 Ziff. 3, Art. 33 und Art. 36 Ziff. 3 stehen. Siehe auch HENDERSON 1999, S.8. Allein in dem Zeitraum vom 23.6.1998 bis Jahresende erfolgten über vierzig Direktflüge schwarzafrikanischer Regierungschefs und hochrangiger Politiker nach Libyen - vgl. FAATH/MATTES 2000, S.11. Vgl. auch OUANNES 1999, S.172.

1333 SCHÜLE weist darauf hin, daß das Völkerrecht theoretisch und begriffrechtlich keine fraglose Größe und das methodische Denken im Völkerrecht durch den politischen Charakter dieser Rechtsordnung gefährdet sei: „Wer immer nämlich als Jurist Völkerrecht treibt, ist a priori beeinflußt von der Rechtstradition, in der er steht [...]." Aufgrund dessen müsse in das völkerrechtlich-juristische Räsonnement außerhalb des eigentlich Normativen Liegendes wie geographische, ethnische oder technische Daten einbezogen werden. „Daß daraus erhebliche Gefahren für die völkerrechtliche Erkenntnis und die Sauberkeit einer Normwissenschaft erwachsen, ist nicht zu bestreiten." - s. ders. 1962, S.776 f., für die Zitate S.776 und S.788. Diese Überlegungen sind insbesondere im Hinblick auf die islamische Rechtsauffassung von Interesse. Auch wenn das Völkerrecht nach herkömmlicher Ansicht aus der Entwicklung der christlich-abendländischen Völkergemeinschaft hervorgegangen ist (vgl. hierzu MÖSSNER 1968, S.55), sind sowohl KRUSE als auch POHL der Auffassung, daß trotz der dogmatischen Inkongruenz von modernem Friedensvölkerrecht und klassischem islamischem Recht das funktionale Völkerrecht eine Komponente des islamischen Rechtssystems sein kann. Es können also auch Staaten am Völkerecht teilnehmen, ohne sich von einem außereuropäischen, Völkerrechts-fremden Rechtshintergrund lossagen zu müssen (vgl. KRUSE 1953, S.9; POHL 1988, S.1, 151 f., 155 f.).

1334 Vgl. KERN 2002, S.114. Vgl. für die Entwicklungen auch NIBLOCK 2001, S. 47.

früheren Jahren stimmten fast alle OAU-Staaten und mit ihnen eine Mehrheit aller VN-Mitglieder für den libyschen Entwurf.[1335]

Mit dem Aufruf zur Durchbrechung der Sanktionen schlug die OAU einen härteren Kurs ein als die übrigen mit dem Fall befaßten Regionalorganisationen. Die Arabische Liga und die NAM sprachen sich noch im September 1998 gegen den offenen Bruch der VN-Sanktionen aus.[1336] Die USA, die den Angriff auf den SR und seine nach Kap. VII gefaßten verbindlichen Resolutionen aufs schärfste verurteilten, begannen mit Frankreich und Großbritannien zusammen eine Strategie gegen die angekündigten Übertretungen der Sanktionen. Unter anderem drohten die USA mit der Kürzung von Auslandshilfe.[1337] Einige afrikanische Staatsoberhäupter (Eritrea, Sudan, Tschad, Uganda u.a.), reisten dennoch demonstrativ auf dem Luftwege ohne Sondererlaubnis der VN zu ihren Staatsbesuchen in Libyen an.[1338] Damit wuchs die Sorge, daß auch die AL und die NAM auf ihren Gipfeltreffen im Herbst beschließen könnten, die Sanktionen zu übergehen.[1339]

[1335] Vgl. KERN 2002, S.114, Fn.88: Neben 80 Ja-Stimmen und 67 Enthaltungen stimmten nur Israel und die USA dagegen.

[1336] Vgl. SCHMALENBACH 2000, S.29. NIBLOCK hingegen spricht von einer Bestärkung der AL durch den dezidierten OAU-Standpunkt. Vgl. ders. 2001, S.47. Erst am 12.3.2001 verabschiedeten die arabischen Außenminister in Kairo eine Resolution, welche die VN-Sanktionen für obsolet erklärte - vgl. MENAREPORT 2001. Al-Qaḏḏāfī bekundete seinen Dank über die Unterstützung für Libyen folgendermaßen: "The siege against Libya ended thanks to a rebellion by African nations; by peoples everywhere; by the rebellion of Arab peoples." Vgl. AL-QADHAFI 2001, S.3.

[1337] NIBLOCK verweist in diesem Zusammenhang auf die Haltlosigkeit westlicher Annahmen, daß der OAU-Rückhalt von Libyen erkauft worden sei. Dies sei nicht realistisch, da alle afrikanische Staaten von den Beziehungen zu den USA, Großbritannien und Frankreich profitierten. Er sieht als entscheidend die bereits lange währende Unterstützung Libyens für Befreiungsbewegungen in der Auseinandersetzung mit der weißen Minderheit in Afrika. Deren Führer unterstützten Libyen am meisten - so z.B. Robert Mugabe (Simbabwe) und Nelson Mandela (Südafrika). Vgl. NIBLOCK 2001, S.47 f.

[1338] Vgl. z.B. in der NZZ vom 7.7.1998 („Bruch des gegen Libyen verhängten Flugverbots."), vom 10.7.1998 („Flugverbot über Libyen von Mubarak missachtet."); vom 13.7.1998 („Arafat zu Besuch bei Ghadhafi.").

[1339] Vgl. KERN 2002, S.115. KERN weist darauf hin, daß manche OAU-Staaten die OAU-Entscheidung lediglich als Geste der Solidarität verstanden und nicht beabsichtigten, die Sanktionen zu brechen. Einen Anreiz für die Solidarität mit Libyen können darüber hinaus finanzielle Zuwendungen durch Libyen dargestellt haben. Vgl. ebd., Fn.93.

b. Gründung der Sahel- und Saharastaatengemeinschaft SinSad

Die Entstehung von SinSad - die Sahel- und Sahara-Staatengemeinschaft[1340] - ist eng verbunden mit den sicherheitspolitisch geprägten saharischen Ambitionen der libyschen Revolutionsführung. Auch wenn sie in den umfassenderen Rahmen der libyschen Schwarzafrikapolitik einzubetten ist, wird SinSad jedoch ebenso von den anderen Mitgliedstaaten als ein nützliches Organ zur Durchsetzung von eigenen Interessen sowie zur Lösung von regionalen Problemen gesehen.[1341] Ausgangspunkt für das zunächst „saharische Wirtschaftszone" genannte Projekt war der 1. Sahara-Gipfel am 14.8.1997 in Tripolis, an dem Burkina Faso, Libyen, Mali, Niger und Tschad teilnahmen. Am 16.8.1997 wurde die Bildung einer Wirtschaftsunion innerhalb der OAU angekündigt. Anläßlich des 2. Sahara-Gipfels in Tripolis (4.-6.2.1998)[1342] erfolgte die offizielle Konstituierung von SinSad: am 3.2.1998 hatten die o.a. Staaten ohne Mali es als ein Wirtschaftskooperationsabkommen unterzeichnet. Trotz anfänglicher Vorbehalte entwickelte sich die Gemeinschaft zu einem wirtschaftlichen und politischen Faktor. Nach dem 3. Sahara-Gipfel in N'Djamena (4.-5.2.2000)[1343] begann sich SinSad zu einem Verhandlungspartner gegenüber der EU zu entwickeln und die AMU damit abzulösen.[1344] Mit dem 3. SinSad-Gipfel (12./13.2.2001, Khartoum) umfaßte die Regionalkooperation 16 Mitgliedstaaten. Neben Beschlüssen über die Umsetzung integrativer sozialer und wirtschaftlicher Maßnahmen erfolgte die Verabschiedung politischer Dokumente wie die an alle afrikanischen Staaten gerichtete Aufforderung zur raschen Ratifizierung des Gründungspaktes der AU und die Unterstützung der libyschen Forderung nach endgültiger Aufhebung der VN-Sanktionen. Drittens wurde beschlossen, in bestehenden Konflikten zwischen den SinSad-Staaten konfliktlösend einzuschreiten.[1345]

1340 Sin und Sad sind die Anfangsbuchstaben der arabischen Wörter Sahel (sāḥil) und Sahara (ṣaḥrāʾ); im französischen Sprachgebrauch dominiert die Bezeichnung COMESSA für Communauté des Etats Sahélo-Sahariens.

1341 Vgl. MATTES 2001a, S.2. Vgl. zur Schaffung von SinSad auch HADDAD 2000, S.35; AS-SIĞILL Al-QAUMĪ, Bd.29 „1997/98", S.499 ff. AL-ᶜARĪḌ beschreibt die arabisch-afrikanische Integration als „Sicherheitsventil" für die Herausforderungen der Zeit (ders. 2000, S.19-21).

1342 Für Einzelheiten dazu s. MATTES 2001a, S.13 f. Zum SinSad-Gipfel vom 14.-15.4.1999 in Tripolis s. ebd., S.14-16.

1343 Für diesen gleichzeitig 2. SinSad-Gipfel nach dem Gründungsgipfel 1998 s. MATTES 2001a, S.16-18.

1344 Vgl. MARK 2001, S.55; MATTES 2000, S.377; ders. 2001b, S.40.

1345 Vgl. MATTES 2001a, S.18 f. Das 4. Gipfeltreffen fand im Februar 2002 in Tripolis statt (vgl. ebd., S.21 f.), die Folgekonferenz in Niamey (März 2003) - s. <http://www.uneca.org>. Seit der 6. Gipfelkonferenz im Mai 2004 umfaßt SinSad 22 Mitgliedstaaten (vgl. <http://www.cen-sad.org>).

Aus dem Verlauf der Bearbeitung des Lockerbie-Konfliktes resultierte auch eine Verlagerung der regionalen Bezugspunkte der libyschen Außenpolitik. Über Jahre hinweg hatte diese die Idee der arabischen Einheit verfolgt. Die Beziehungen zu den AL-Staaten hatten sich jedoch in den Jahren des Lockerbie-Konfliktes deutlich verschlechtert, da sich die AL zwar für Libyen eingesetzt hatte, sich aber zu einer Mißachtung der Sanktionen trotz libyschen Drängens im Gegensatz zur OAU nicht hatte durchringen können. Die Enttäuschung darüber beschleunigte Libyens Hinwendung zu Schwarzafrika, die al-Qaḏḏāfī mit Libyens eigentlicher Zugehörigkeit zu Afrika begründete.[1346] Mit Hilfe der libyschen Finanzkraft versuchte al-Qaḏḏāfī zunehmend, sich als diplomatischer Vermittler für das subsaharische Afrika einzubringen.[1347]

c. Die Afrikanische Union

In den siebziger Jahren engagierte sich Libyen stark in den Sahel-Staaten und dem subsaharischen Afrika. In den achtziger Jahren beschränkte sich Libyen auf einige wenige ausgewählte Ziele in dieser Region. Diese Tendenz nahm im Zeitraum der VN-Sanktionen gegen Libyen zu.[1348] Aufgrund der großen Bedeutung der OAU für die Suspendierung der VN-Sanktionen verstärkte Libyen seine diplomatischen Bemühungen in Afrika sichtlich und knüpfte damit an seine Afrika-Politik aus den siebziger Jahren an.[1349] Eine zusammenfassende Bestätigung dieser Entwicklung findet sich bei ST JOHN.[1350]

[1346] Vgl. ausführlicher über die „afrikanische Arena als bedeutende Quelle für Unterstützung" RONEN 2000, S.556-558. FAATH/MATTES setzen die Umorientierung auf die schwarzafrikanischen Staaten auf die Mitte der neunziger Jahre an - Ausgangspunkt dafür war die Anerkennung des IGH-Schiedsspruches über den Aouzou-Streifen 1994. Vgl. dies. 2000, S.9. Dabei läßt sich hinsichtlich al-Qaḏḏāfīs Schwarzafrikapolitik durchaus mitunter eine große Diskrepanz zwischen Theorie (Grünes Buch, DUT) und Praxis feststellen. Für Einzelheiten s. MATTES 1987, S.116; ders. 1994, S.316-321. Interessant ist auch die Eigendarstellung der offiziellen Schwarzafrikapolitik von 1976 - vgl. dafür LIBYEN 1976, S.70 f.

[1347] S. KERN 2002, S.119: al-Qaḏḏāfī betätigte sich als Vermittler im äthiopisch-eritreischen Grenzkonflikt, im sudanesischen Bürgerkrieg (vgl. AS-SŪDĀN 2000, S.74-77) und im Konflikt an den Großen Seen (vgl. BŪDABBŪS 1998, S.101-112).

[1348] Vgl. MATTES 2000, S.375-377. An anderer Stelle schreibt MATTES, daß sich das Engagement Libyens im gesamten südsaharischen Afrika in dem Maße reduzierte, wie eine Annäherung innerhalb Nordafrikas im Rahmen der AMU erfolgte (ders. 2001b, S.4). Insgesamt gelang es den schwarzafrikanischen Staaten, die insbesondere von Libyen gewünschte engere Kooperation an Bedingungen zu knüpfen: weniger die libyschen Interessen als die Berücksichtigung der Belange der Kooperationsstaaten sollten im Vordergrund zu stehen. Vgl. dazu MATTES 2001a, S.9, Fn.26.

[1349] Vgl. ST JOHN 2000, S.18; ders. 2003, S.3; MATTES 2000, S.377.

[1350] "The new initiatives in Africa were part of a major shift in Libyan foreign policy from the Arab world to Africa, a shift rooted in part, according to Libyan diplomats, in the reluctance of Arab leaders to support Libya in its conflict with the US and the UK over the Lockerbie issue." - ST JOHN 2000, S.28. Siehe auch ebd., S.30: ob es sich bei der Hinwendung zu

Damit ist SinSad ein Beispiel dafür, wie aufgrund eines einzelstaatlichen Interesses - Libyens Bestreben, über eine neue Afrikapolitik die VN-Sanktionen zu beseitigen[1351] - sich die Regionalkooperation nach erreichter Zielsetzung in eine neue Interessenkonstellation integrierte. Während das panafrikanische Engagement Libyens zum Ziel hat, den Einfluß insbesondere der USA und Frankreichs in Afrika zu vermindern, sind die schwarzafrikanischen Staaten insbesondere an der Union der afrikanischen Staaten (UAS) interessiert. Denn die aus dem Erfolg der Antisanktionspolitik resultierende Initiative al-Qaḏḏāfīs zur Stärkung der sahel-saharischen Regionalkooperation hatte zunächst eine eindeutig wirtschafts- und sicherheitspolitische Dimension.[1352] Schließlich hatte sich die 1963 gegründete OAU als den Problemen der neunziger Jahre nicht gewachsen erwiesen.[1353] MATTES schreibt:

> „Die (erfolgreiche) Politik der Mobilisierung schwarzafrikanischer Unterstützung gegen die UNO-Sanktionen wurde dabei schnell von der Tendenz zur regionalen Blockbildung in Form der *Gemeinschaft der Sahel- und Saharastaaten* [...] überlagert, die nach erreichter Suspendierung der Sanktionen im April 1999 eine panafrikanische Dimension (Initiative zur Gründung der Union der afrikanischen Staaten) erfuhr."[1354]

Al-Qaḏḏāfī nahm am 35. OAU-Gipfeltreffen in Algier im Juli 1999 teil und rief dort zur Bildung eines panafrikanischen Kongresses auf. Er lud zur Teilnahme an einem OAU-Sondergipfel Anfang September desselben Jahres in Tripolis ein, um eine Restrukturierung der OAU-Charta zu diskutieren. Auf dem Sondergipfel sprach al-Qaḏḏāfī die Schaffung der Vereinigten Staaten von Afrika an.[1355] Es gelang ihm, Zusagen für die Einrichtung eines panafrikanischen Parlamentes noch für das Jahr 2000 zu erhalten sowie für eine im darauffolgenden Jahr zu gründende

---

Afrika um einen taktischen Zug handelt, ist noch nicht abzusehen. Aber es scheint so, als ob al-Qaḏḏāfī realistischer bezüglich seiner politischen Ziele geworden ist und sich auch weiterhin auf Afrika konzentrieren wird. Dies bestätigt auch HENDERSON - vgl. ders. 1999, S.7. ST JOHN weist jedoch auch darauf hin, daß: "Contrary to popular belief, the current emphasis of the Qaddafi regime on the African continent, most especially the states of the Sahel and sub-Saharan Africa, represents not a new policy but rather the resurrection and redirection of a policy pursued from the outset of the One September Revolution." - ST JOHN 2000, S.29. An anderer Stelle schreibt ST JOHN, daß ein weiterer Grund für den Aufbau von Allianzen mit afrikanischen Staaten sei, nicht noch einmal in eine solche Isolation getrieben zu werden - vgl. ders. 2002, S.177.

1351 Vgl. MATTES 2001a, S.3: die Schwarzafrikapolitik als funktionale Komponente zur Erreichung des außenpolitischen Hauptzieles in Anlehnung an die Drei-Kreise-Konzeption Nassers (s. hierfür insbesondere S.3, Fn.7).

1352 Vgl. MATTES 2001a, S.13. Vgl. zur UAS auch MARTINEZ 2000a, S.313-317.

1353 Vgl. MATTES 2001a, S.2 f.

1354 MATTES 2000, S.377.

1355 Vgl. ausführlich hierzu AZ-ZAIN 1999, S.28-33; NZZ vom 11./12.9.1999, Nr.211, S.2 („Positives Ende des OAU-Sondergipfels in Libyen."); TSHIYEMBÉ 2002, S.8 f.

Afrikanische Union.[1356] Diese Union sollte auf Grundlage der OAU-Charta und des Vertrages von Abuja von 1991 entstehen.[1357] Auf dem 36. OAU-Gipfel in Lomé (10.-11.7.2000) wurden die zuvor auf vorbereitenden Treffen (unter anderem in Tripolis, 27.5.-3.6.2000) gefundenen Kompromisse zur Gründung einer UAS ohne zeitliche Fixierung verabschiedet.[1358]

Auf dem Eröffnungsgipfel der AU in Durban/Südafrika (1.-11.7.2002) wurde die OAU in eine neue Organisation mit neuem Institutionengefüge übergeleitet - der AU.[1359] Skeptische Stimmen kritisieren die fehlenden gesellschaftlichen, politischen und ökonomischen Voraussetzungen für eine funktionsfähige supranationale Union sowie den Mangel an klaren Bestimmungen, Instrumenten, Mechanismen zur praktisch-politischen Umsetzung der AU-Gründungsakte, die im Juli 2000 auf dem OAU-Gipfel von Lomé angenommen wurde. Wohlwollende Betrachter hingegen rücken die historische Chance für die Stärkung der Einheit Afrikas, die ökonomischen Integrationsgewinne und politischen Stabilierungseffekte in den Vordergrund.[1360]

1356 Allerdings ist al-Qaḏḏāfī nach wie vor ebenso an einem regionalen Zusammenschluß gelegen - um unter anderem die Eizenstat-Initiative zum Scheitern zu bringen, die eine Wiederbelebung der AMU unter Ausschluß Libyens anstrebt. Vgl. dazu HENDERSON 1999, S.8. Für die libysche Ablehnung des US-Maghreb-Partnerschaft s. FAATH/MATTES 2000, S.20.

1357 Vgl. ST JOHN 2000, S.28. HENDERSON betont, daß dieses von al-Qaḏḏāfī anberaumte Treffen von den meisten afrikanischen Staaten nicht gewünscht worden war und als Versuch al-Qaḏḏāfīs wahrgenommen wurde, internationale Anerkennung und Unterstützung zu erhalten - vgl. ders. 1999, S.7. Siehe auch MATTES 2000, S.378.

1358 Während die westliche Presse der UAS eher mit Vorbehalten entgegenblickt (vgl. z.B. die NZZ vom 5.3.2001, Nr.53, S.3, FAZ vom 16.7.2002, Nr.162, S.3), wird das libysche Engagement zugunsten einer Regionalkooperation von vielen afrikanischen Staaten für ernsthaft befunden. Gründe für Libyens Bestrebungen sind die libysche Unzufriedenheit mit der als zu vorsichtig wahrgenommenen Haltung der AL hinsichtlich eines Bruches der VN-Sanktionen nach OAU-Vorbild und die damit in Zusammenhang stehende Umbenennung des libyschen Auslandrundfunkes von *Stimme der großen arabischen Heimat* in *Stimme Afrikas*, die finanzielle Unterstützung der afrikanischen Staaten durch die Libyan Arab African Investment Company (LAAICO) u.a. Der am 1.3.2000 zum Sekretär für Afrikanische Einheit ernannte ᶜAlī ᶜAbd as-Salām Tarīkī verstand es bislang, Ängste vor libyschen Hegemonialbestrebungen zu zerstreuen. Laut MATTES besteht seine eigentliche Verantwortung darin, mit zunehmenden libyschen Einkünften wachsende Beeinflussungen Libyens zu verhindern - s. MATTES 2000, S.378, S.380. Für Einzelheiten zu den Aktivitäten der LAAICO s. MATTES 2001a, S.25 f.: LAAICO ist um Technologietransfer (a) bemüht, um die Stärkung der Wirtschaft der Partnerländer durch entsprechende Stützungsmaßnahmen (b), die Schaffung von Arbeitsplätzen ebd. (c), die Förderung der wirtschaftlichen Komplementarität (d) und die Gewährleistung von Hilfe zum Aufbau einer neuen Generation von Unternehmen (e).

1359 Vgl. MATTHIES 2002, S.51; HADDAD 2000, S.35 f. Synonym für die AU wird auch UAS - Union Afrikanischer Staaten - verwendet. Für eine libysche Beschreibung der Entwicklung der OAU hin zur AU s. IFRĪQIYĀ 2001, S.22-27.

1360 Vgl. MATTHIES 2002, S.51. Für eine kritische Stellungnahme s. HADDAD 2000, S.36-39.

2. Libyens Auftreten als Vermittler in internationalen Konfliktsituationen

Das libysche Vermittlungsengagement in bestehenden schwarzafrikanischen inner- und zwischenstaatlichen Konflikten in den 1990er Jahren diente vornehmlich der Durchsetzung nationaler Interessen - der Aufhebung der VN-Sanktionen gegen Libyen sowie der Sicherung strategischer Interessen. Die Wiederherstellung und Ausdehnung des nationalen Einflusses in Afrika sollte über den positiven lokalen Effekt hinaus das Ansehen Libyens in der internationalen Staatengemeinschaft - insbesondere gegenüber der EU und den USA - heben.[1361]
Die hier als Konfliktvermittlung charakterisierte Phase der libyschen Politik begann Anfang der neunziger Jahre bei Konflikten wie dem zwischen den Tuareg und den Regierungen in Mali und Niger. 1998 vermittelte Libyen - noch vor der SinSad-Gründung - im Große-Seen-Konflikt zwischen Kongo und den Ostanrainern.[1362]
Am 18.4.1999 erreichte al-Qaḏḏāfī einen Waffenstillstand zwischen dem kongolesischen Präsidenten Kabila und dem ugandischen Präsidenten Museveni, um den Krieg zwischen den von Uganda / Sambia unterstützten kongolesischen Rebelllen und der Regierung Kabila zu beenden. Libyen entsandte am 27.5.1999 eine Friedenstruppe an die kongolesische Ostgrenze. Auch setzte er sich mit den Präsidenten von Sambia, Eritrea, der Zentralafrikanischen Republik und Tschad in Verbindung, um den Streit zu einem Ende zu bringen.[1363]

> "Once the UN had suspended its sanctions on Libya, Qaddafi moved quickly to end Libya's diplomatic and economic isolation. As a procession of African heads of state travelled to Libya to pay their respects, he unveiled a series of diplomatic initiatives designed to resolve disputes in the Congo, Horn of Africa, Sierra Leone, and the Sudan."[1364]

Vermittelnd tätig zeigte sich Libyen über die Internationale al-Qaḏḏāfī-Stiftung für Wohlfahrtsvereine[1365] auch bei der Geiselaffäre um 14 europäische Sahara-

---

[1361] Vgl. MATTES 2001a, S.28 f. Siehe als ein Bsp. das Schreiben der Ständigen Vertretung Libyens bei den VN an den Präsidenten des SR, das Libyens Vermittlungsbemühungen bezüglich Sierra Leone zum Inhalt hat - vgl. S/2000/771.

[1362] Vgl. MATTES 2001a, S.29. Für eine detaillierte Auflistung nach Jahren s. ders. 2001b, S.30-33; s. speziell zum Große-Seen-Konflikt MĀḌĪ 2000, S.34 ff. Vermittlung erfolgte auch in nichtafrikanischen Konflikten wie dem Kaschmir-Konflikt (Juni 1999) und dem Kosovo-Konflikt (Mai 1999). Vgl. dazu FAATH/MATTES 2000, S.10.

[1363] Vgl. MARK 2001, S.60. Insbesondere bezüglich der Stationierung von libyschen Truppen in der Zentralafrikanischen Republik kam es jedoch auch zu Vorwürfen gegen Libyen - vgl. z.B. die NZZ vom 17.12.2002, Nr.293, S.3.

[1364] ST JOHN 2000, S.28. Für Einzelheiten s. ebd.; s. z.B. auch die Reuters-Meldung vom 29.7.2002 ("Sudan Minister Says Peace Talks Need Widening.").

[1365] Der Präsident dieser Gaddafi International Foundation for Charity Associations (Muʾassasat al-Qaḏḏāfī al-ʿālamīya li-'l-ǧamʿīyāt al-ḫairīya) ist al-Qaḏḏāfīs Sohn Saif al-Islām. Vgl. FAATH/MATTES 2000, S.14, MATTES 2001c, S.119; <http://www.gaddaficharity.org>. Die Stiftung fungiert als „Kasse" des libyschen Staates - ohne als solche zu erscheinen - in den

Touristen, die am 18.8.2003 ihr Ende fand. Der Stiftung war es dabei um die friedliche Beendigung des Geiseldramas gegangen sowie darum, weiteren Schaden für den Tourismus in der betroffenen Region abzuwenden.[1366] Die Regierungen der entführten Touristen konnten sich aufgrund dieser Zusammenarbeit mit Libyen als „nicht erpressbar"[1367] darstellen, und Libyen gelang es dadurch, seine Bemühungen zu untermauern, sich vom Terrorismus abgewendet zu haben.[1368]

3. Die Geiselnahme auf Jolo

Ein aufsehenerregender Vorfall, bei dem Libyen seine guten Dienste vor der Weltöffentlichkeit unter Beweis stellen konnte, hatte bereits im Jahr 2000 stattgefunden. Am 23. April 2000 war es auf der philippinischen Insel Jolo zu einer Geiselentführung von vornehmlich aus Deutschland, Frankreich, dem Libanon und Südafrika stammenden Touristen[1369] durch die Abu-Sayyaf-Gruppe gekommen.[1370] In dieser Angelegenheit tat sich die Internationale al-Qaḏḏāfī-Stiftung für Wohlfahrtsvereine ab Mai 2000 in der Vermittlung hervor.[1371] In der internationalen Presse fand dieses

Angelegenheiten Lockerbie, UTA-Absturz und La Belle. Vgl. die NZZ vom 6.9.2003 („Ghadhafis neues Werben um den Westen.").

1366 Vgl. den Artikel „Ghadhafi-Stiftung offenbar an Verhandlungen beteiligt.") in der NZZ online vom 18.8.2003; GEBAUER 2003a.

1367 Über die Bedeutung hiervon vgl. z.B JOFFE 2000, S.1: „Jede Zahlung zeugt neuen Anreiz - und neuen Terror."

1368 Vgl. z.B. NZZ am Sonntag vom 24.8.2003 („Gestritten wird um die Rechnung.").

1369 Die Herkunftsländer der Geiseln erwiesen sich für Libyen insofern als besonders günstig, da durch Libyens Engagement die Beziehungen zu diesen positiv beeinflußt werden konnten: Aufgrund Mandelas intensiven Vermittlungsbemühungen zugunsten Libyens wegen des Lockerbie-Konfliktes schuldete Libyen *Südafrika* Dank. Das Verhältnis zum *Libanon* ist seit 1978 durch den anhaltenden Streit über das Verschwinden des schiitischen Geistlichen Musa al-Sadr belastet und bis heute nicht geklärt (vgl. die Reuters-Meldung vom 3.9.2003: "Libya Severs Ties with Lebanon Over Missing Cleric."). Bezüglich *Frankreich* sollte Libyens Vermittlungsengagement verdeutlichen, daß die neue libysche Außenpolitik dem Terrorismus kritisch gegenübersteht und damit sich von Handlungen wie dem UTA-Absturz 1989 distanziert. Aufgrund des in *Deutschland* anhängigen La-Belle-Prozesses erhoffte sich al-Qaḏḏāfī die positive Aufnahme der libyschen Vermittlung und somit eine Stärkung der politischen Kooperation. Vgl. FAATH/MATTES 2000, S.13 f.; MATTES 2000a, S.15.

1370 Vgl. hierzu z.B. die taz vom 10.5.2000, Nr.6138, S.3 („Die Insel der Rebellen."); vom 11.5.2000, Nr.6139, S.9 („Mehr kriminell als politisch."); vom 11.5.2000, Nr.6139, S.11 („Gaddafis Vermittler."); FAZ vom 11.8.2000, Nr.192/193, S.3 („Die Rückkehr Gaddafis in die internationale Gemeinschaft führt nun über Jolo.").

1371 Positiv zum Tragen kam hierbei, daß Libyen seit Anfang der 70er Jahre enge Kontakte zur südphilippinischen Befreiungsbewegung MNFL und lose Kontakte ohne finanzielle Förderung zur Abu-Sayyaf-Gruppe unterhielt. Auch die Person des libyschen Vermittlers - Muḥammad az-Zarrūq Rağab - vermochte es, politisches Gewicht in die Handlungen zu bringen. Vgl. FAATH/MATTES 2000, S.13 f.

Auftreten große Aufmerksamkeit und führte zu Vermutungen, daß es sich dabei um eine Strategie Libyens handele, den bis zur Suspendierung der Sanktionen geächteten Staat Libyen stärker an die internationale Staatengemeinschaft und insbesondere die EU heranzuführen. Angesichts des Danks der betroffenen europäischen Staaten bei der Freilassung am 17.7. und 9.9.2000 scheint dies plausibel.[1372] Dabei war die Vermittlungsaktion nicht das Ziel des Handelns, sondern vielmehr Mittel zum Zweck zur Wiederherstellung des vollen außenpolitischen Handlungsspielraumes. Diese Aktion läßt sich daher durchaus einordnen in die langfristigen Ziele der libyschen Außenpolitik: ideologische und religiöse Mission, Streben nach regionaler Vorherrschaft und nach einer internationalen Frontbildung gegen die vom Westen dominierte und als ungerecht empfundene Weltordnung.[1373] Vor diesem Hintergrund in Libyen konnten die folgenden Fragen aufkommen:

> "Wasn't the reason Libya had influence with the hostage takers, the Abu Sayyaf Muslim separatist group, that it had trained and financed them? Wasn't the ransom paid for their release (vigorously denied) a means of continuing to do so?"[1374]

4. Weitere Maßnahmen zur Überwindung der außenpolitischen Isolation

Weitere Aktivitäten zur Wiedererlangung des außenpolitischen Handlungsspielraumes entfaltete Libyen in den Bereichen Diplomatie, Militär, Wirtschaft, Untergrundarbeit / Subversion, Kultur und Information. Die Instrumentarien aus diesen Bereichen kamen passend bei Vorliegen entsprechender Anlässe und Gelegenheiten zum Einsatz. Dabei wurden besonders Aktivitäten mit religiösen und ideologischen Zielsetzungen durch bestimmte eigens dafür geschaffene oder ausgestaltete Einrichtungen umgesetzt: durch das Grüne-Buch-Zentrum, die Islamische Missionsgesellschaft[1375], die Revolutionskomiteebewegung, das Weltzentrum zum Kampf gegen Imperialismus, Zionismus, Rassismus, Reaktion und Faschismus

---

1372 Vgl. MATTES 2001c, S.119; MARTINEZ 2000a, S.307.

1373 Vgl. FAATH/MATTES 2000, S.2, FAATH 2001, S.238; JAGUSCH 2001, S.1489. EXENBERGER verdeutlicht, daß alle drei von ihm untersuchten Staaten (Libyen, Iran, Kuba) trotz ihrer Versuche, diese strukturelle Gewalt aufzubrechen, sich stets dieser Gewalt gegenüber sahen: „Auch doppelte Standards, Stigmatisierung und Isolationspolitik sind an den Fallbeispielen gut zu sehen. [...]. Öffentliche Diffamierungskampagnen gegen Kuba, Libyen und Iran erreichten ein derartiges Ausmaß, dass man in Europa und den USA über diese Länder primär in Stereotypen und Feindbildern denkt." - EXENBERGER 2002, S.143. Vgl. dazu den ähnlichen arabischen Standpunkt bei SUWAID 1997, S.48-52; AḤMAD 1998, insbes. S.137-139. Interessant ist in diesem Kontext die Äußerung von al-Qaḏḏāfī am 33. Jahrestag der libyschen Revolution (1.9.2002), daß das internationale Recht von Libyen anerkannt werden müsse, auch wenn es von den USA aufgezwungen wurde, da Libyen sonst „zermalmt" würde. Vgl. dazu die ZEIT vom 5.9.2002, Nr.37, S.2 („Ausgeschurkt.").

1374 Vgl. LIBYA 2000, S.16.

1375 *Ǧamʿīyat ad-daʿwa al-islāmīya* - siehe ausführlicher dazu FAATH/MATTES 2000, S.17; MARTINEZ 2000, S.9.

(Mathaba[1376]) sowie die Libyan Arab Foreign Bank und LAFICO. Aufgrund der engen Verknüpfung zwischen dem instrumentalen Mitteleinsatz und der Verfügbarkeit finanzieller Ressourcen sowie den Bedingungen des internationalen Umfeldes wurden die Aktivitäten im Kontext mit der Isolationspolitik[1377] der USA und der EU und den VN-Sanktionen weiter reduziert. Der erweiterte Handlungsspielraum Libyens insbesondere in Schwarzafrika und der Anstieg der Erdöleinnahmen 1995/96 und 1999 führten zu einer deutlichen Reaktivierung des instrumentalen Mitteleinsatzes.[1378]

Im September 1998 verlieh al-Qaḏḏāfī dem simbabwischen Staatspräsidenten Mugabe - neben zehn anderen afrikanischen Staatsoberhäuptern - eine Auszeichnung dafür, daß er sich gegenüber Libyen während der Zeit der VN-Sanktionen solidarisch verhalten und die Suspendierung der Sanktionen durch seinen Entschluß, das VN-Flugembargo nicht weiter einzuhalten, mitbewirkt habe.[1379] Die Stellung Simbabwes gegenüber Libyen wird als Ergebnis einer kalkulierten wirtschaftlichen Unterstützung angesehen.[1380] Libyen unterstützt das isolierte Simbabwe mit politischer Solidarität, wirtschaftlicher und militärischer Hilfe[1381] und profitiert von diesem Zustand der simbabwischen Abhängigkeit. Nicht nur gewann die libysche auf Afrika ausgerichtete Außenpolitik auf diese Weise an Substanz, sondern die liby-

---

[1376] Vgl. die Internetseite <http://www.mathaba.net>; für Details s. auch FAATH/MATTES 2000, S.17 f.

[1377] Die Isolationspolitik sollte dem „Außenseiter“ vor Augen führen, wie abhängig er ist und was das Abbrechen der Beziehungen bewirkt - noch größere Nachteile nämlich als der ungleiche Austausch bedeutet hatte. Damit stellt EXENBERGER fest, daß es Libyen insgesamt gelungen sei, seinen Handlungsspielraum zu vergrößern. Vgl. ders. 2002, S.148 f.

[1378] Vgl. FAATH/MATTES 2000, S.16. Für den starken Verfall der Erdölpreise 1999 und das Austeritätsbudget der AVK für 1999 s. MATTES 1999, S.117. Laut Zentralbank sanken die Devisenreserven 1998 um 600-700 Mio. US-$ - dennoch blieb die von al-Qaḏḏāfī 1995 angeordnete strategische Reserve mit einer 1997 erreichten Höhe von 4,67 Mrd. US-$ und die libyschen Auslandsinvestitionen (Mujannab-Fund, Mahfadha-Portfolio u.a.) der LAFB und LAFICO unangetastet. Vgl. MATTES 1999, S.118.

[1379] Vgl. BOUCEK 2002, S.23.

[1380] BOUCEK schreibt über die Gründe der libysch-simbabwischen Annäherung: “While the nature of this most intriguing - and baffling - cooperation can be detailed and understood at a tactical level, the strategic implications of Libya’s budding ties with Zimbabwe are much more elusive. The [...] relationship can be attributed [...] to several factors: Qaddafi’s ‘new’ agenda of pan-African solidarity, realpolitik necessity of two internationally isolated nations, likeminded anti-colonialist ideologues, or possibly even more nefarious reasons.” BOUCEK 2002, S.22.

[1381] Vgl. hierzu z.B. MENAREPORT 2001; NZZ vom 27.8.2001, Nr.197, S.2 („Libyen versorgt Simbabwe mit Treibstoff.“); NZZ vom 3.9.2001, Nr.203, S.3 („Ghadhafi ermahnt sein Volk zur Sparsamkeit.“).

sche Präsenz im südlichen Afrika nahm auch im politischen, finanziellen und militärischen Bereich zu.[1382]

Ein Beispiel für den Erfolg der libyschen Bemühungen stellte die Nominierung Libyens durch die afrikanischen Staaten als ihren Kandidaten für den Vorsitz der VN-Menschenrechtskommission im Juli 2002 dar. Außenstehende Beobachter aus Medien und Menschenrechtsgruppen empfanden zwar die Ernennung der Libyerin Najat al-Hajaji[1383] am 20.1.2003 aufgrund Libyens nach westlichen Maßstäben mangelhafter Menschenrechtsbilanz[1384] als unangemessen. Ein Dokument der Organisation Human Rights Watch vom 20.8.2002 wirft Libyen außergerichtliche und Schnell-Hinrichtungen, eine hohe Rate von willkürlichen Verhaftungen, lange Gefängnisaufenthalte ohne eine Gerichtsverhandlung, systematischen Einsatz von Folter, die Verhängung der Todesstrafe, eine fehlende Unabhängigkeit der Jurisdiktion, die Ungleichbehandlung von Mann und Frau unter anderem bezüglich Erbschaft, Scheidung, Bewegungsfreiheit sowie eine Vielzahl von Restriktionen hinsichtlich des Rechts auf freie Meinungsäußerung vor.[1385] Für viele solcher Kritiker ist die „Rückkehr in die Staatengemeinschaft" somit nicht unbedingt positiv zu bewerten, da die Besetzung als Auszeichnung eines Staates verstanden werden kann, der selbst Sinn und Ausdruck von Menschenrechten trotz hehrer Äußerungen nicht einhält.[1386]

Eine andere Strategie verfolgt der Plan Libyens, mittels Stärkung des Tourismus den internationalen Ruf Libyens zu verbessern. Dieser Plan wird in der Fachliteratur positiv bewertet.[1387]

[1382] Vgl. BOUCEK 2002, S.29. Für die Außenpolitik vgl. auch MIṢBĀḤ 1994. Vgl. hierzu auch den Abschnitt über die persönliche Präsenz al-Qaḏḏāfīs in Schwarzafrika ab 1997: hatte dabei bis 1999 das Lockerbie-Lobbying im Mittelpunkt gestanden, überwog ab diesem Zeitpunkt das Engagement zugunsten der Afrikanischen Union und der in diesem Zusammenhang betriebenen Konfliktvermittlungsstrategie. Vgl. FAATH/MATTES 2000, S.9 f.

[1383] Vgl. hierzu z.B. NZZ vom 21.1.2003, Nr.16, S.2; ZEIT vom 21.1.2003, Nr.5, S.2. Für Libyens Position s. z.B. die Reuters-Meldung vom 13.8.2002 ("Libya Defends Right to Chair U.N. Human Rights Body."); die Reuters-Meldung vom 23.8.2002 ("Libya Rejects U.S. Fears About UN Body Leadership."). Am 20.1.2003 kam es zu der im vorhinein bereits viel kritisierten Wahl Libyens an die Spitze der VN-Menschenrechtskommision - vgl. NZZ vom 21.1.2003, Nr.16, S.2 („Libyerin Vorsitzende der Menschenrechtskommission.").

[1384] Vgl. hierzu EXENBERGER 2002, S.139-141; MENSCHENRECHTE 2000, S.150 f.; die taz vom 31.8.1999, Nr.5926, S.10 („ai prangert Folter in Libyen an.").

[1385] Vgl. SIMONS 2002, S.18 f. Für die libysche Sichtweise von Menschenrechten s. z.B. BŪDABBŪS 2000, S.201-230. Mit der nicht erfolgenden innenpolitischen Öffnung befaßt sich ein Artikel in der NZZ vom 29.10.1999, Nr.252, S.5 („Ghadhafi schont seine Gegner nicht."). Am 18.4.2004 kündigte al-Qaḏḏāfī an, die Folter in Libyen verbieten zu wollen - vgl. die Reuters-Meldung vom 18.4.2004: "Gaddafi Says Libya to Ban Torture".

[1386] Vgl. SIMONS 2002, S.19. Zum Bestreben Libyens sich international zu rehabilitieren vgl. EIU 2002, S.15 f.

[1387] Vgl. KOHL 2002, S.66.

Darüber hinaus soll das Land durch die Schaffung einer touristischen Infrastruktur und den damit verbundenen Arbeitsplätzen profitieren. Allerdings wird Massentourismus ausdrücklich nicht angestrebt, um der Verbreitung von Krankheiten wie AIDS keinen Vorschub zu leisten, und um islamische Werte nicht durch z.B. eine dann unausweichliche Aufhebung des Alkoholverbotes und Akzeptanz von Drogenkonsum zu unterminieren.[1388]

Zusammenfassung

Libyen verfolgte gezielt Strategien hinsichtlich der Aufhebung der VN-Sanktionen. Die libyschen Bemühungen als Vermittler bei Konflikten und Notsituationen als Dritter aufzutreten führten zwar zu keiner meßbaren, aber doch zu einer atmosphärischen Veränderung der Umstände. Auch die Unterstützung von seiten der AL und anderer erwies sich als wenig wirkungsvoll. Mit der Gründung der SinSad-Staatengemeinschaft, der Umwandlung der OAU in die Afrikanische Union und dem Engagement bei spezifischen afrikanischen Konflikten vermochte es Libyen jedoch, viele afrikanische Staaten dazu zu bewegen, sich nicht nur gegen die Sanktionen auszusprechen, sondern sie auch bewußt zu brechen. Die Auswirkungen dieser Taktik werden im folgenden Abschnitt B. dargestellt.

[1388] Vgl. dazu die NZZ vom 22.10.1999, Nr.246, S.48 („Libyens Traum vom elitären Tourismusgeschäft."); KOHL 2002, S.57, S.63; DEEB 2000, S.151; SAʿŪD 2000, S.302 f.

B. Die Folge der politischen Strategie: Der Weg zur Suspendierung der VN-Sanktionen

Die ausdrückliche Bekundung der OAU-Staaten, die VN-Sanktionen gegen Libyen zukünftig nicht mehr einzuhalten, erzeugte Druck auf die VN. Insbesondere die Regierungen der USA und Großbritanniens sahen sich dazu gezwungen, sich mit Libyen zu arrangieren. Nach langwierigen Verhandlungen über die Prozeßmodalitäten kam es zu der Überstellung der beiden libyschen Verdächtigten am 5.4.1999. Während die Aussetzung der VN-Sanktionen umgehend erfolgte, kam ihre Aufhebung erst am 12.9.2003 nach der Erfüllung weiterer Bedingungen durch Libyen zustande.

I. Verhandlungen wegen der Überstellung der Verdächtigten: August 1998 - April 1999

Mit der Res. 1192 (1998) machte sich der SR den Vorschlag Libyens über einen Prozeß in den Niederlanden auf extraterritorialem Gebiet zu eigen und kündigte an, die noch in Kraft befindlichen Sanktionen gegen Libyen auszusetzen, sobald die mutmaßlichen Attentäter überstellt und Libyens Kooperation mit Frankreich gesichert war bei der Aufklärung des anderen Luftfahrtanschlages über Niger 1989.[1389] Die Verhandlungen im Vorfeld der Überstellung der Verdächtigten zwischen den beteiligten Parteien zogen sich hin und führten im April 1999 zur Suspendierung der VN-Sanktionen gegen Libyen.

1. Die britische / US-Initiative im Juli 1998

Der schwindende Rückhalt in der Staatengemeinschaft als Folge der geschickten Diplomatie Libyens veranlaßte Großbritannien und die Vereinigten Staaten, am 24.8.1998 ihr Einverständnis zu einem Prozeß in den Niederlanden unter Beobachtung der VN zu geben.[1390] AUST beschreibt die politischen Folgen für das Aufgreifen dieses ursprünglich libyschen Vorschlages (s. 4. Kap. S.251, Fn.942) folgendermaßen:

[1389] Vgl. hierzu ausführlicher die Fn.913, S.244. Frankreich gelang es, sich für die Untersuchung dieser Angelegenheit die weitgehende Unterstützung al-Qaḏḏāfīs einzuhandeln, indem es in ein Abwesenheitsverfahren vor einem französischen Gerichtshof einwilligte und auf die Auslieferung der Angeklagten verzichtete. Vgl. dazu z.B. die NZZ vom 23.7.1998 („Mutmassliche Lockerbie-Attentäter vor Gericht?").

[1390] Vgl. SCHMALENBACH 2000, S.29. Vgl. auch IIE-LIBYA 2002, S.13: die USA drohten damit, ein Ölembargo gegen Libyen bei den VN durchzusetzen, sollte Libyen nicht die von Großbritannien und den USA nunmehr akzeptierten Prozeßbedingungen annehmen.

> "Politically, acceptance of the proposal might appear to some to give to those accused of terrorism a choice as to where and how they should be tried. It might also be seen as acknowledgement that the accused would not get a fair trial *in* Scotland."[1391]

Der Vorschlag basierte auf einem Übereinkommen zwischen Großbritannien und den USA von Anfang Juli 1998.[1392] Im Januar 1994 war Großbritannien noch ausdrücklich gegen diesen Vorschlag Libyens und der AL von 1992 gewesen, so daß dessen später dennoch erfolgende Annahme das Ausmaß des Zugeständnisses an Libyen verdeutlicht.[1393]
Im Gegensatz zu der in den Beschlußorganen von VN und Regionalorganisationen gepflegten Konfrontationsrhetorik Libyens[1394] hatten Libyen zeitgleich auf diplomatischem und juristischen Wege eine Annäherung angestrebt. Schon 1992 war dies geschehen, als VN-Generalsekretär Boutros-Ghali mit der Benennung des russischen Unter-Generalsekretärs Safronchuk als VN-Emissär eine Gelegenheit dazu geschaffen hatte.[1395] Ende 1997 entsandte der VN-Generalsekretär zwei Rechtsexperten nach Schottland, um das schottische Rechtssystem bezüglich einer möglichen Verhandlung zu untersuchen. Ebenso erlaubte er die Entsendung einer *fact-finding commission* nach Libyen, welche in ihrem Abschlußbericht die negativen ökonomischen und humanitären Folgen der Sanktionen herausarbeitete.[1396]
Darüber hinaus war es der OAU-Generalsekretär, der mäßigend auf die Parteien einwirkte. Mit seinem Amtskollegen von der AL versuchte er beim SR zu erreichen, daß Flüge aus Libyen für bestimmte Zwecke grundsätzlich von den Sanktionen ausgenommen sein sollten.[1397] Andererseits führte er auch Gespräche mit Vertretern der Familien der Lockerbie-Opfer. Sie zeigten sich bereit, eine Kompromißregelung in Gestalt eines Verfahrens in einem neutralen Drittland zu akzeptieren. Eine Reihe von Gesprächen zwischen den Generalsekretären der verschiedenen Zwischenregierungsorganisationen hatten den Lockerbie-Konflikt zum Gegenstand

---

1391 AUST 2000, S.283.

1392 Vgl. z.B. in der NZZ vom 23.7.1998 („Mutmassliche Lockerbie-Attentäter vor Gericht?").

1393 Vgl. NIBLOCK 2001, S.50.

1394 Die Auswirkungen dieser Rhetorik spiegeln sich auch in den verschiedenen Publikationen zum Thema wieder. Vgl. z.B. AṢ-ṢĀDIQ, wo in der Widmung und bei der Kurzbeschreibung des Buches von dem „westlichen Kreuzzug gegen Libyen" die Rede ist und al-Qaḏḏāfī als derjenige gepriesen wird, der den Mut habe, sich gegen den Westen zu wehren - s. ders. 1996 und auch WANNĀS 1993, S.138-140. Häufig wird Libyen auch in einem Zug mit dem Irak genannt: nach dem Irak sei Libyen in das Schußfeld der USA und der VN geraten. Vgl. ders., S.131-138.

1395 Vgl. KERN 2002, S.116: Safronchuk hatte in mehreren Reisen nach Tripolis versucht, eine gütliche Einigung herbeizuführen.

1396 Vgl. S/1998/201 vom 3.3.1998; AUST 2000, S.284.

1397 Vgl. S/1997/497 vom 27.6.1997.

und sollten Schritte hin zur Findung eines Ausweges aus den gegensätzlichen Positionen sein.[1398]
Dabei erwiesen sich verschiedene Gründe als ausschlaggebend für die sog. Drittstaatenlösung, die schon lange von Libyen angestrebt worden war. Vom Standpunkt der Betreiber der Sanktionspolitik war neben der befürchteten drohenden Untergrabung der Sanktionen (a)[1399] das Sanktionsregime auch weniger effektiv als ursprünglich erhofft (b). Zwar hatte Libyen erhebliche Einschränkungen wegen der Sanktionen erfahren, doch hatte es keine Anzeichen dafür gegeben, daß sich Libyen aufgrund der Sanktionen dem Verlangen der USA und Großbritanniens unterordnen würde. Darüber hinaus war Libyen infolge seiner geschickten gegenläufigen Strategien international nicht völlig isoliert worden und vermochte es sogar, zunehmend Unterstützung zu gewinnen. Zusätzlich stieg der Druck auf die britische und die US-Regierung durch die betroffenen Lockerbie-Familien (c). Insbesondere die britischen Familien[1400] verlangten nach einer Verhandlung, um Gewißheit über die Umstände des Absturzes zu erhalten und zu erfahren, wer die Verantwortung dafür trage.[1401]

2. Weitere Gründe für die Annäherung der Positionen

Anfang Juli 1998 hatte der SR die Sanktionen gegen Libyen für weitere 120 Tage verlängert. Diese Verlängerung hatte zustande kommen können, da die USA Berichte nicht verifizierten Inhaltes verbreitetet hatten, wonach Libyen von Irak Massenvernichtungswaffen erhalten habe. Nach dem US-Luftangriff auf Khartoum[1402] in Kritik geraten, lenkten die USA und Großbritannien am 24.8.1998 ein und in-

---

[1398] Vgl. KERN 2002, S.117; vgl. auch die NZZ vom 4.3.1999, Nr.32 („Feilschen um eine Lösung in der Lockerbie-Krise.“).

[1399] NIBLOCK verweist darauf, daß das möglicherweise zugunsten Libyens ausfallende IGH-Urteil die USA und Großbritannien ihrer Basis berauben würde. Vgl. ders. 2001, S.51.

[1400] Die britischen Lockerbie-Familien koordinierten ihre Aktivitäten mit einer parlamentarischen Gruppe - im Sommer 1998 wurde die Lockerbie Justice Group geschaffen - und übten über diese nicht unerheblichen Druck auf die Regierung im Sinne der Drittstaatenregelung aus. Nicht zu unterschätzen ist auch der Regierungswechsel vom Mai 1997 zu Labour. Die neue Regierung fühlte sich weniger verpflichtet, die alten Positionen aufrechtzuerhalten. Die US-Lockerbie-Familien waren allerdings gegen eine Drittstaatenlösung und übten ihrerseits Druck auf die US-Regierung aus. Vgl. NIBLOCK 2001, S.51 f. Für die Aktivitäten der US-Opferfamilien s. z.B. S.354 ff.

[1401] Vgl. NIBLOCK 2001, S.51.

[1402] Die USA begründeten das Bombardement damit, daß es sich um eine Produktionsstätte für chemische Kampfstoffe gehandelt habe. Diese Annahme konnte nach dem Angriff nicht stimmig belegt werden. Gemutmaßt wird, daß die Vernichtung der Fabrik zum Ziel gehabt haben könnte, dem gewinnträchtigen Geschäft mit Pharma-Produkten in Afrika zu schaden, aus dessen Erlösen möglicherweise terroristische Aktivitäten mitfinanziert wurden. Vgl. KERN 2002, S.120, Fn.128.

formierten den VN-Generalsekretär in einem Schreiben[1403] über ihr Einverständnis, den Prozeß gegen die mutmaßlichen Täter nach schottischem Recht in Den Haag abzuhalten.[1404] Mit dieser Zielsetzung brachten die USA und Großbritannien einen Resolutionsentwurf im SR ein, der einstimmig verabschiedet wurde:[1405]

Tabelle 32: Der Inhalt der Res. 1192 (1998)

VN-Res. 1192 (1998) vom 27.8.1998	
einstimmig angenommen	
•	Libyen solle den Resolutionen 731 (1992), 748 (1992) und 883 (1993) entsprechen
•	Hinweisung auf die Anregungen für die VN durch die OAU, die AL, die NAM und die OIC zur Lösung der Angelegenheit
•	positive Bewertung der Initiative für den Prozeß gegen die mutmaßlichen Lockerbie-Täter vor einem schottischen Gericht in den Niederlanden (§ 2) sowie die Nennung konkreter Bestimmungen für das Zustandekommen des Prozesses (§ 3-7)
•	Bestätigung der in den VN-Resolutionen 748 (1992) und 883 (1993) genannten Maßnahmen unter Verweis auf die Aussetzung dieser Maßnahmen mit Eintreffen der beiden Verdächtigten in den Niederlanden (§ 8)

In der Resolution kommt der wachsende Druck von Zwischenregierungsorganisationen gegen die Aufrechterhaltung der Sanktionen zum Ausdruck. In den Erwägungsgründen werden hier zum ersten Mal die OAU-Demarchen sowie die der AL, der NAM und der OIC ausdrücklich genannt und zur Kenntnis genommen. Zwar wurde das Drohpotential beibehalten (bei Nichteintreffen der Verdächtigten in Den Haag drohten weitere Maßnahmen), doch rückte der SR in dieser Resolution deutlich von seiner vormals kompromißlosen Haltung ab. Damit stellt diese Resolution einen Teilerfolg im Sinne der OAU dar.[1406]

Beendet war der Streit mit dem Einlenken des SR noch nicht. Einzelheiten zu den Folgen der Auslieferung waren zu klären. Libyen verlangte juristische Zusicherungen für ein faires Verfahren und wurde darin von der AL unterstützt. Von den USA wurde dies als hinhaltendes Taktieren abgelehnt.[1407] Unter anderem war zu ent-

---

[1403] Siehe S/1998/795 vom 24.8.1998. Für Einzelheiten des Schreibens s. AUST 2000, S.289-291.

[1404] Vgl. KERN 2002, S.115.

[1405] Diese Resolution war notwendig, da es unter Ziff. 16 der Res. 883 (1993) lediglich heißt, daß die beiden Verdächtigten vor einem britischen oder US-Gericht mit der Maßgabe, daß sich dieses in einem der beiden genannten Länder befinde, zu erscheinen hätten. Zwischen 1994 und 1997 hatten Großbritannien und die USA jeden Vorschlag zurückgewiesen, der nicht mit den SR-Resolutionen in Einklang stand - vgl. AUST 2000, S.283.

[1406] Vgl. KERN 2002, S.116. Für die Regionalisierung der Konfliktbearbeitung in Afrika und die Zusammenarbeit der OAU mit den VN vgl. den Aufsatz von MATTHIES 2002, S.51-56.

[1407] Vgl. z.B. die NZZ vom 28.8.1998 („Washington und London nicht zufrieden mit Libyens Antwort.“).

scheiden, wo die Verdächtigten im Falle einer Verurteilung ihre Haftstrafe verbüßen sollten. Lösungen mußten durch eine weitere diplomatische und juristische Zusammenarbeit gefunden werden.[1408]
Die OAU hielt sich dabei im Hintergrund, nachdem die USA und Großbritannien in die Drittstaaten-Lösung eingewilligt hatten und es nur noch um die Klärung juristischer Detailfragen ging. Grund dafür dürfte gewesen sein, daß die OAU nicht nur von den USA nicht als Vermittler akzeptiert worden wären, sondern es ihrem Sekretariat auch an juristischer Kapazität für eine solche Aufgabe gefehlt hätte. Diese Aufgabe übernahm das VN-Sekretariat. Im Herbst 1998 kamen intensive Beratungen zwischen der libyschen Juristengruppe zustande, die die Verdächtigen beriet, und dem VN-Rechtsberater Hans Correll.[1409] Im Dezember 1998 reiste Generalsekretär Kofi Annan nach Libyen, um sich dort persönlich für den Kompromiß einzusetzen, scheiterte aber an der noch offenen Streitfrage des Vollzugs im Falle einer Verurteilung. Libyen lehnte Schottland als Vollzugsort ab.[1410] Annan berief Vertreter regionaler Mächte aus der AL und der OAU ein. Unter Vermittlung des saudischen Königs Fahd und des damaligen südafrikanischen Präsidenten Nelson Mandela[1411] lenkte Libyen schließlich Ende März 1999 ein.[1412] Mandela hatte in der Frage des Vollzuges den Kompromiß ausgehandelt, daß im Falle einer Verurteilung die Strafe in Schottland unter VN-Aufsicht vollstreckt würde. Der Prozeß selber erfolgte ebenfalls unter Aufsicht der VN. VN-Generalsekretär Annan ernannte fünf internationale Beobachter, die befugt waren, dem Prozeß beizuwohnen.[1413]
Die Entscheidung zugunsten der später gefundenen Prozeßmodalitäten machte es erforderlich, sämtliche Einzelheiten vorab festzulegen:

[1408] Vgl. KERN 2002, S.116. Für den Stand der Dinge Ende Februar 1999 siehe z.B. den Bericht über die Sicherheitsratsitzung vom 26.2.1999 (vgl. SICHERHEITSRAT 1999).

[1409] Vgl. S/1999/726 vom 30.6.1999, Ziff. 20; VN-Res. 1192 (1998).

[1410] Vgl. SCHMALENBACH 2000, S.29.

[1411] Mandela war schon 1997 aktiv geworden und hatte zum Ärger der USA Stellung gegen einen mutmaßlich unfairen Prozeß in Großbritannien genommen. Für Mandela war seine Vermittlungstätigkeit eine Möglichkeit, die ideologische Unterstützung Libyens im Kampf gegen die Apartheid zu vergelten. Vgl. KERN 2002, S.117, Fn.114 und S.117 f.

[1412] Vgl. hierzu ausführlich die Darstellung der Ereignisse aus libyscher Sicht - MANṢŪR 1999, S.8-15. Vgl. auch S/1999/311, 23.3.1999; S/PRST/1999/10, 8.4.1999; S/PRST/1999/22, 9.7.1999.

[1413] Die Beobachter entstammten verschiedenen Institutionen: der OAU, der Blockfreien-Bewegung, der Europäischen Kommission, der AL und der International Progress Organization (IPO). Die IPO wurde vor dreißig Jahren als Nichtregierungs-Organisation mit Berater-Status bei den VN gegründet. 1992 bildete die IPO ein Komitee von Rechtsexperten, die sich mit der Lockerbie-Angelegenheit befaßten und in den vergangenen Jahren Empfehlungen abgaben, wie die Streitigkeiten gelöst werden könnten. Vgl. dazu KOECHLER/SUBLER 2002, S.9 f.; S/2000/349, 26.4.2000.

> "Discussion between the UK and US Governments, and later with the Dutch Government, covered some three dozen topics, all of which needed detailed consideration and eventual translation into treaty and legislative texts."[1414]

Neben dem Schreiben der USA und Großbritanniens an den VN-Generalsekretär zum Zwecke der Umsetzung dieser Initiative sowie der entsprechenden Resolution mußten die notwendigen Zusätze für die schottische Gesetzgebung sowie ein völkerrechtlicher Vertrag zwischen den Niederlanden und Großbritannien entworfen werden.[1415]

Bei den Änderungen der schottischen Prozeßordnung handelte es sich insofern um Neuland, als nie zuvor ein nichtmilitärisches schottisches Strafgericht im Ausland einen Prozeß durchgeführt hatte. Auch mußte berücksichtigt werden, daß die Ausübung von Rechtsprechung in Strafsachen eine hoheitsstaatliche Aufgabe ist und insofern der Gesamtstaat, das Vereinigte Königreich, dieses Recht nicht an ein schottisches Gericht delegiert hatte. Da das Gericht zudem in einem anderen Staat tagen sollte, hatte sich seine Rechtsprechung daran zu orientieren, was auch in dem anderen Staate als rechtlich und verfahrensmäßig zustimmungsbedürftig war.[1416]

Der Vertrag zwischen den Niederlanden und Großbritannien umfaßte demgemäß drei Themenkreise:

- das Procedere der Überstellung der Verdächtigten von der niederländischen zur schottischen Gerichtsbarkeit;
- die rechtliche Grundlage für die schottischen Behörden, die Angeklagten bis zu dem Prozeß in Gewahrsam zu halten und
- die Grenzen der jurisdiktionellen Macht des schottischen Gerichtes und der schottischen Behörden während ihres Aufenthalts in den Niederlanden wegen des Prozesses.[1417]

Das Abkommen sollte ein Jahr in Kraft bleiben und beinhaltete die Möglichkeit der Verlängerung. Diese Bestimmung war notwendig, da zu diesem Zeitpunkt der genaue Termin der Überstellung der Verdächtigten noch nicht bekannt war und es darüber hinaus nicht absehbar war, welche Verzögerungen eintreten könnten.[1418] Der Vertrag wurde am 18.9.1998 von der britischen Königin unterzeichnet und trat am 8.1.1999 in Kraft.[1419]

[1414] AUST 2000, S.285. Ders. verweist darauf, daß die USA einen großen Anteil der zusätzlich entstehenden Kosten dafür übernahmen, damit der Prozeß in den Niederlanden abgehalten werden konnte. Denn die Prozeßmodalitäten entstammten dem US- / britischen Vorschlag (vgl. ebd.). Zum Verhandeln des Procederes vgl. auch NIBLOCK 2001, S.54-58.

[1415] Vgl. AUST 2000, S.285. Detailliert zur Umsetzung von Res. 883 (1993) siehe ebd., S.292-295.

[1416] Vgl. AUST 2000, S.286.

[1417] Vgl. AUST 2000, S.286-289.

[1418] Vgl. AUST 2000, S.289.

[1419] Vgl. AUST 2000, S.292.

Die Überstellung der beiden Libyer an die Niederlande erfolgte am 5.4.1999. Auf einem Militärflughafen wurden sie von der niederländischen Militärpolizei in Empfang genommen und einen Tag später einem schottischen Richter vorgeführt.[1420]

II. Suspendierung der VN-Sanktionen

Der Sicherheitsrat setzte die Sanktionen gemäß VN-Res. 748 (992) und VN-Res. 883 (1993) gegen Libyen am 5.4.1999 mit sofortiger Wirkung aus, wie der Präsident des VN-Sicherheitsrates in einer Erklärung am 8.4.1999 bekanntgab.[1421] Es waren nämlich auch die zusätzlich gestellten Bedingungen des VN-SR wegen des UTA-Falles erfüllt worden,[1422] wie von der französischen Regierung bestätigt wurde.[1423] Eine endgültige Aufhebung der Sanktionen erfolgte jedoch damals noch

[1420] Die beiden Tatverdächtigen wurden in Begleitung von Correll in einem von Italien zur Verfügung gestellten Flugzeug mit VN-Markierung nach Den Haag gebracht. Die Überstellung fand im Beisein von Repräsentanten der AL, der OAU und der OIC statt - vgl. KERN 2002, S.118. Siehe auch SCHMALENBACH 2000, S.29 und S/1999/378 vom 5.4.1999. Die Rede al-Qaḏḏāfīs anläßlich der Überstellung beinhaltete antiamerikanische Rhetorik und verwies auf die Opferrolle Libyens - vgl. ANDERSON 1999, S.2. Auch MANṢŪR stellt fest, daß diese Entwicklung für die libysche Seite als ein „Sieg des Rechts des Stärkeren" und nicht als rechtmäßiger Sieg angesehen werde. Vgl. dies. 1999, S.8-15.

[1421] Vgl. S/PRST/1999/10 vom 8.4.1999.

[1422] Zusätzlich zur Überstellung der Verdächtigen leistete Libyen entsprechend dem Urteil eines französischen Gerichtes, das mehrere Libyer als Verantwortliche für das Attentat auf die UTA-Maschine verurteilt hatte, finanzielle Wiedergutmachung an die Familien der Opfer. Vgl für eine libysche Darstellung des UTA-Absturzes und der daraus resultierenden Folgen für Libyen z.B. 2001, S.28-30.

[1423] Vgl. KERN 2002, S.118; AUST 2000, S.294; LIBYENEMBARGO 1999, S.154. Am 10.3.1999 waren die sechs für den UTA-Absturz verantwortlich gemachten Libyer - unter ihnen ein Schwager al-Qaḏḏāfīs - *in absentia* zu lebenslangen Freiheitsstrafen verurteilt worden. Darüber hinaus kam es zur Diskussion darüber, ob al-Qaḏḏāfī als Revolutionsführer ein verfassungsgemäßes Staatsoberhaupt sei und dem Immunitätsschutz unterliege. Ein französisches Gericht entschied am 20. Oktober 2000, daß die UTA-Opferfamilien gegen al-Qaḏḏāfī klagen könnten. Vgl. MATTES 2001c, S.118; IIE-LIBYA 2002, S.17. Diese Klage gegen al-Qaḏḏāfī wurde eingereicht (vgl. MARTINEZ 2000a, S.308). Im März 2001 jedoch urteilte das höchste französische Gericht, daß al-Qaḏḏāfī dem Immunitätsschutz unterliege und in Frankreich nicht strafrechtlich verfolgt werden könne (vgl. EIU 2001, S.4; SZ vom 14.3.2001, Nr.61, S.6: „Kein Prozess gegen Gaddafi in Frankreich."). Libyen erklärte sich bereit, den 65 französischen Opfern eine Entschädigung von insgesamt 36 Mio. US-$ zu bezahlen (vgl. STRUNZ/DORSCH 2000, S.77). Bereits im Oktober 2002 hatte al-Qaḏḏāfī eine zusätzliche Finanzkompensation angeboten (vgl. NZZ vom 23.10.2002, Nr.246, S.4). Im Rahmen der Abschlußverhandlungen bezüglich des Lockerbie-Konfliktes nutzte dann Frankreich sein Vetorecht im SR als Druckmittel, um nachträglich höhere Schadensersatzzahlungen von Libyen für die französischen UTA-Opfer zu erhalten (s. z.B. die Reuters-Meldung vom 18.8.2003: "Eyes on France as UN Nears Vote on Libya Sanctions."; NZZ vom 18.8.2003, Nr.189, S.3: „Paris sperrt sich gegen Lockerbie-Handel.").

nicht, da sie vor allem von seiten der USA an die Bedingung einer Entschädigung für die Hinterbliebenen der Opfer des Lockerbie-Attentates geknüpft wurde.[1424] An dem Tag, an dem die Verdächtigten an die niederländischen Behörden übergeben wurden, benachrichtigte der VN-Generalsekretär den SR und bestätigte, daß Ziff. 8 der Res. 883 (1993) erfüllt sei. Die VN-Sanktionen wurden unmittelbar darauf suspendiert, ohne daß der SR eine weitere Maßnahme zu ergreifen hatte. Ziff. 8 der Res. 883 (1993) bekräftigte jedoch auch Ziff. 16 derselben Res., nach der die vollständige Aufhebung der VN-Sanktionen erst erfolgen konnte, wenn Libyen den Forderungen der Res. 748 (1992) und 883 (1993) entsprochen haben würde. Diese Forderung bedeutete, daß zusätzlich zur Überstellung der Verdächtigten die Verantwortung für die Taten der Verdächtigten übernommen werden mußte sowie eine angemessene Entschädigung zu bezahlen war.[1425] AL, NAM und auch die African Group der VN als Sprachrohr der OAU forderten zur Beendigung des Schwebezustandes, daß die Sanktionen mit einer SR-Res. formalrechtlich korrekt aufgehoben werden müssen.[1426] Trotz eines positiven Berichtes des VN-Generalsekretärs wurde eine solche Resolution wegen der fehlenden Zustimmung der USA nicht beschlossen. Auch behielten die USA ihre nationalen Sanktionen gegen Libyen bei, da sie zunächst die Bereitschaft Libyens zur Kooperation während des Gerichtsverfahrens und die Leistung von Schadensersatz für die Opfer abzuwarten gedachten. Die OAU hielt gleichwohl an ihrer Forderung nach einer Aufhebung der Sanktionen fest und unterstützte die libysche Forderung nach einer Kompensation für die durch die Sanktionen entstandenen Schäden.[1427] Faktisch war das Fehlen der formalen Aufhebung der Sanktionen wenig erheblich. Libyens Haupthandelspartner Europa betrachtete die Sanktionspolitik seit 1999 als beendet und nahm die Wirtschaftsbeziehungen wieder auf.[1428] Um die Sanktionen wieder in Kraft zu setzen, hätte es

---

[1424] Vgl. SCHMALENBACH 2000, S.29.

[1425] Vgl. AUST 2000, S.295. Diesbezüglich erregte die sog. Protokoll-Affäre vom Mai 2001 Aufsehen: unter Bezugnahme auf ein Gespräch des Kanzlerberaters M. Steiner mit al-Qaḏḏāfī in Tripolis am 17.3.2001 kam bei einem Treffen von Präsident Bush und Bundeskanzler Schröder am 29.3.2001 in Washington Libyen zur Sprache. Dabei wurde die inhaltlich falsche Aussage Steiners protokolliert, al-Qaḏḏāfī habe sich zur Beteiligung an terroristischen Aktivitäten in den achtziger Jahren bekannt. Vgl. MATTES 2002, S.126; FAZ vom 15.5.2001, Nr.112, S.1; FAZ vom 16.5.2001, Nr.113, S.1 f.; ZEIT, 17.5.2001, Nr.21, S.2.

[1426] Vgl. S/1999/726, Ziff. 9 ff. vom 30.6.1999.

[1427] Vgl. KERN 2002, S.118.

[1428] Vgl. S/1999/726, Ziff. 8 vom 30.6.1999. Für eine Übersicht der Haupthandelspartner Libyens s. EIU 2001, S.27. Auch Libyen ließ wenig Zeit verstreichen und warb bereits am 19./20.4.1999 in Genf im Rahmen einer Erdöl- und Erdgas-Konferenz für verstärktes Engagement ausländischer Firmen in Libyen - vgl. GAVIN 1999, S.31 f. Darüber hinaus wurden Symposien mit europäischen Ländern durchgeführt, um die Möglichkeiten der Zusammenarbeit abzuschätzen - vgl. z.B. NADWA 2000, S.175-179.

einer neuen SR-Resolution bedurft, deren Zustandekommen allerdings aufgrund inzwischen eingetretenen weltpolitischen Lage ausgeschlossen werden konnte.[1429]

III. Suspendierung der EG/EU-Sanktionen

Am 20.4.1999 nahm der EU-Rat die VO 836/1999 an, welche die Suspendierung der VO 3274/93 bewirkte und damit die Sanktionen gegen Libyen aussetzte. Am 13.9.1999 wurden die seit 1986 gegen Libyen bestehenden bilateralen Sanktionen (Beschränkungen für diplomatische und konsularische Angestellte sowie Visarestriktionen) - mit Ausnahme des Waffenembargos - aufgehoben.[1430]
Bis heute in Kraft ist hingegen die sog. Erfüllungsverbotsverordnung (EG) Nr. 3275/93 (ABl. EG Nr. L 295, S.4 vom 30.11.1993). Diese Verordnung soll Libyen auf Dauer daran hindern, einen Ausgleich für negative Folgen des Embargos zu erhalten. Ausgenommen hiervon ist folgender Tatbestand: Werden lediglich aufgrund vertraglicher Vereinbarung vor Einführung der Sanktionen Waren nach Libyen geliefert, ist diese Verfahrensweise nach der durch EG/EU erfolgten Aussetzung zulässig.[1431]
Ungeachtet der bis September 2004 in Kraft gewesenen US-Sanktionen gegen Libyen normalisierten sich die wirtschaftlichen und diplomatischen Beziehungen zu Libyen. Seit April 1999 fliegen die westlichen Fluggesellschaften Libyen wieder an. Ende Januar 2000 landete zum ersten Mal seit 14 Jahren ein libysches Verkehrsflugzeug in London.[1432] Libyen erhielt Beobachterstatus auf der Mittelmeerkonferenz[1433] der EU, und auch die diplomatischen Beziehungen zu Großbritannien wurden wieder vollständig aufgenommen.[1434]

1429 Vgl. AUST 2000, S.295 f.

1430 Vgl. EU 2003a, S.2. Das Waffenembargo auf EU-Ebene wurde durch den gemeinsamen Standpunkt des Rates vom 16.4.1999 (1999/261/GASP) bestätigt. Das BAFA erteilt dementsprechend keine Ausfuhrgenehmigungen für Waffen und andere militärische Ausrüstungsgegenstände im Sinne von Teil I Abschn. A der Ausfuhrliste i.V.m. § 5 AWV. Vgl. BAFA 2001, S.2.

1431 Vgl. LIBYENEMBARGO 1999, S.154.; BAFA 2001, S.; BEUTEL 2001, Rn.10.

1432 Vgl. SCHMALENBACH 2000, S.29. Die Aufnahme der internationalen Flugverbindungen der Libyan Arab Airways (LAA) war bereits am 14.4.1999 erfolgt -vgl. dazu MATTES 2000b, S.119.

1433 Vgl. hierzu S.316 ff.

1434 Vgl. KERN 2002, S.118 f. Am 7.8.2002 kam mit dem Staatssekretär im britischen Außenministerium, Mike O'Brien, der erste offizielle Vertreter Großbritanniens nach 19 Jahren wieder nach Libyen. Vgl. ausführlich dazu die NZZ vom 8.8.2002, Nr.181, S.2 („London will Libyens Isolation beenden.").

IV. Der Weg zur Suspendierung der deutschen Sanktionen

Die Aussetzung der VN-Sanktionen gegen Libyen war die Voraussetzung für den Runderlaß Außenwirtschaft Nr. 7/99, der in der VO zur Änderung der AWV vom 7.5.1999 berücksichtigt wurde. Art. 1 Ziff. 1 des Runderlasses bewirkt die Aussetzung von § 69 l AWV, soweit diese ursprünglich in § 69 g AWV, später § 69 l AWV, umgesetzten Beschränkungen durch den SR ausgesetzt sind.[1435] In der Sache gilt das Waffenembargo auf EU-Ebene aus dem Jahr 1986 (EPZ-Erklärungen vom 27.1.1986 und 14.4.1986) unverändert weiter. Dies bestätigte die EU durch den gemeinsamen Standpunkt[1436] vom 16.4.1999 (ABl. EG Nr. L 103, S.1). Die Durchführung des Waffenembargos bedarf jedoch keiner besonderen gesetzlichen Regelung, sondern wird über die Vorgaben des nationalen Exportkontrollrechts, AWG i.V.m. AWV, EG-DUV und anderen gegenüber Libyen umgesetzt.[1437]
Art. 1 Ziff. 3 bezieht sich auf die Aussetzung der gem. VN-Res. 883 (1993) Ziff. 3 und 4 erlassenen Finanzsanktionen, deren Umsetzung im AWR mittels § 69 n AWV erfolgte. Aufgrund dessen wird auch § 69 n AWV ausgesetzt. Von der Aussetzung nicht berührt werden Verfahrensbeschränkungen aus anderen Gründen - insbesondere aufgrund gerichtlicher Entscheidung, vertraglicher Vereinbarung oder Eröffnung von Insolvenzverfahren.[1438]
Art. 2 regelt das Inkrafttreten der Vorschrift: die Aussetzung der Sanktionen in der EU galt aufgrund der Zeitverschiebung ab 00 Uhr des 6.4.1999.[1439]
Die Beschränkungen im Bereich Luftfahrt und Erdöl-/ Erdgasförderung, die in der VO (EG) Nr. 3274/1993 festgelegt waren, wurden durch die VO (EG) Nr. 836/1999 rückwirkend zum 6.4.1999 entsprechend den Vorgaben des SR ausgesetzt. In Abstimmung mit der Europäischen Kommission wandten die deutschen Behörden die erwähnten Beschränkungen - insbesondere § 69 m AWV - rückwirkend ab dem 6.4.1999 nicht mehr an.[1440]
Eine außenwirtschaftsrechtliche Veränderung des Libyen-Embargos trat bis Oktober 2004 über die Aussetzung der VN-Sanktionen hinaus nicht ein. Der gemeinsame Standpunkt 1999/611/GASP vom 13.9.1999 zu Libyen beinhaltete nur die Aufhebung der Einschränkungen bezüglich der diplomatischen / konsularischen Bereiche und im Zusammenhang mit Sichtvermerken.

[1435] Vgl. hierzu z.B. die taz vom 9.6.1999, Nr.5855, S.6 („Bonn hebt Sanktionen gegen Libyen auf.").

[1436] Siehe PIETSCH 1999, S.443: 1999/261/GASP vom 16.4.1999. Dementsprechend werden Ausfuhrgenehmigungen für Güter des Teil I Abschn. A der AL i.V.m. § 5 AWV nicht erteilt.

[1437] Vgl. LIBYENEMBARGO 1999, S.154.

[1438] Vgl. LIBYENEMBARGO 1999, S.154.

[1439] Vgl. LIBYENEMBARGO 1999, S.154.

[1440] Vgl. AWV 1999, S.231 f.

Exkurs: Das La-Belle-Urteil in Deutschland

US-Präsident Reagan hatte den Angriff 1986 auf Libyen mit dessen Urheberschaft für den La-Belle-Anschlag in Berlin begründet.[1441] Bei dem Anschlag auf den insbesondere von US-Soldaten frequentierten Nachtklub kamen am 5.4.1986 drei Menschen ums Leben und mehr als zweihundert wurden verletzt.[1442] Die gerichtliche Verhandlung gegen Beteiligte des Anschlages begann erst am 13. November 1997 vor der 39. Großen Strafkammer des Berliner Landgerichtes. Angeklagt wurden ein Libyer, ein Libanese[1443] deutscher Staatsangehörigkeit sowie zwei deutsche Frauen. Die Urteilsverkündung erfolgte am 13.11.2001. In den Urteilsgründen sind Ausführungen enthalten über:

- die Urheberschaft des Anschlages wird auf den libyschen Geheimdienst zurückgeführt;[1444]
- eine Mitschuld al-Qaḏḏāfīs bleibt offen;
- das Gericht appelliert an die libysche Regierung, sich zu ihrer Schuld zu bekennen und den Opfern Entschädigung zu zahlen.[1445]

In schriftlicher Ausfertigung lag das Urteil erst mehr als ein Jahr später - am 2.1.2003 - vor.[1446]
In der Öffentlichkeit fand der Prozeß einen Nachhall in einer 2002 erschienenen ausführliche Beschreibung des La-Belle-Prozesses unter dem Titel „La Belle. Anatomie eines Terroranschlages“, die von den Journalisten J. ANKER und F. MANGELSDORF stammt. Die Autoren versuchen, den Prozeß in seiner Länge und Komplexität darzustellen und bezeichnen das Urteil als Niederlage für die

[1441] Ein Mitglied der Gruppe um Abu Nidal behauptete im Zusammenhang mit Abu Nidals Selbstmord im August 2002, daß dieser für den Anschlag auf den Nachtklub La Belle in Berlin von 1986 verantwortlich zeichne. Vgl. die Reuters-Meldung vom 20.8.2002 (“Iraq Says Abu Nidal Committed Suicide in Baghdad.”). Auch im Zusammenhang mit dem Anschlag über Lockerbie wurde Abu Nidal genannt - vgl. die Reuters-Meldung vom 23.8.2002 (“Lockerbie Families Seek Inquiry over Abu Nidal Claim.”); NZZ am Sonntag vom 3.11.2002, Nr.34, S.2 („Abu Nidal bekennt sich zu «Lockerbie».“).

[1442] Vgl. MASCOLO 2003, S.34.

[1443] Ali Chanaas Aussage zufolge sei das Attentat ein Vergeltungsschlag Libyens für die Versenkung libyscher Schiffe durch US-Kampfflugzeuge im Streit um die Ausdehnung der libyschen Hoheitszone im Sirte-Golf - vgl. z.B. die taz vom 22.4.2000, Nr.6125, S.5 („Geschenk vom Revolutionsführer.“).

[1444] Vgl. u.a. ST JOHN 2003, S.5.

[1445] Vgl. z.B. NZZ vom 14.11.2001, Nr.265, S.3 („Lange Haftstrafen im «LaBelle»-Prozess in Berlin.“).

[1446] Vgl. MARK 2001, S.55; JAGUSCH 2001, S.1487, Fn.14; ANKER/MANGELSDORF 2002, S.131, 134; zum Wortlaut des La-Belle-Urteils: <http://www.labelletrial.de/mainmid/La-Belle-Urteil.htm>.

Staatsanwaltschaft. Neben vielen sachlichen Fehlern sprechen auch unangemessene Formulierungen nicht für einen ausgewogenen, objektiven und gut recherchierten Journalismus.[1447]

Ende August 2003 erklärte sich die Internationale al-Qaḏḏāfī-Stiftung für Wohlfahrtsvereine bereit, die Opfer des La-Belle-Anschlages zu entschädigen, wobei die Entschädigungszahlungen keine Übernahme der Verantwortung für die Tat bedeute.[1448] Nach Verhandlungen zwischen dem deutschen Außenministerium zusammen mit den Anwälten der Opfer und libyschen Vertretern wurde die Höhe der Entschädigungssumme am 10.8.2004 auf 35 Mio. US-$ (anvisiert worden war der doppelte Betrag) im Rahmen eines Vorvertrages festgelegt; die Vertragsunterzeichnung wurde auf Herbst 2004 festgelegt. Von Bedeutung ist hierbei, daß in den USA Klagen von La-Belle-Geschädigten gegen al-Qaḏḏāfī anhängig sind. Die dabei geforderten Beträge übersteigen die für die deutschen Opfer bei weitem, so daß eine endgültige Lösung noch nicht bevorstehen zu sein scheint.[1449] Im Revisionsverfahren gegen die Täter des La-Belle-Anschlages strebte die Bundesanwaltschaft darüber hinaus härtere Strafen an. Allerdings wurden die Revisionsanträge von Staatsanwaltschaft und Nebenklägern gegen das Urteil des Berliner Landgerichts am 24.6.2004 zurückgewiesen. Damit sind die Urteile rechtskräftig.[1450]

Zusammenfassung

Ohne den Ansatz Libyens, sich mittels verschiedener Strategien die Unterstützung der OAU-Staaten zu versichern, wäre eine Suspendierung bzw. Aufhebung der Sanktionen wohl bis heute nicht erfolgt. Libyen gelang es, die VN und insbesondere Großbritannien und die Vereinigten Staaten in Zugzwang zu bringen. Indem Libyen einer gerichtlichen Untersuchung und gegebenenfalls Aburteilung der beschuldigten Libyer zustimmt und durch Aushandelung von Prozeßmodalitäten letztlich die Überstellung der beiden Hauptverdächtigen erlaubte, konnte die daran geknüpfte Suspendierung der VN-Sanktionen bewirkt werden.

Die Suspendierung der Sanktionen brachte die angestrebten Folgen mit sich - z.B., daß sich die Importgüter verbilligten und einfacher zu erhalten waren. Insgesamt erwies sich die Aussetzung der Sanktionen als Stärkung für das Regime unter al-Qaḏḏāfī und verminderte die Unzufriedenheit[1451] der Bevölkerung. Damit war Zeit gewonnen, die Aufhebung der Sanktionen zu erreichen.

1447 Vgl. hierzu auch Fn.937, S.250.

1448 Vgl. Spiegel online vom 1.9.2003 („Frankreich gibt grünes Licht für Ende der Sanktionen.").

1449 Vgl. für Einzelheiten MASCOLO 2003, S.35, NZZ vom 11.8.2004, Nr.185, S.1, NZZ vom 12.8.2004, Nr.186, S.3.

1450 Vgl. „Urteile gegen «La Belle»-Attentäter sind rechtskräftig." - <http://www.netzeitung.de/deutschland/292633.html>, abgerufen am 30.9.2004.

1451 Vgl. hierzu z.B. die NZZ vom 30.9.1999, Nr.227, S.6 („Libyens Jugend schielt nach dem Westen.").

C. Die Aufhebung der VN-Sanktionen (12.9.2003)

Zwischen der Aussetzung der VN-Sanktionen im April 1999 bis zu ihrer Aufhebung am 12.9.2003 vergingen mehr als vier Jahre. In diesem Zeitraum wurden die Modalitäten für die Erfüllung der Bedingungen verhandelt, die letztlich mit der förmlichen Aufhebung der Sanktionen deren rechtliche Beseitigung erlaubte. Die Verhandlungspartner in dieser zeitlichen Phase waren nicht die Regierungen der beteiligten Länder Libyen, USA und Großbritannien, sondern juristische Vertreter der Hinterbliebenen-Familien sowie auf libyscher Seite neben einer Reihe von Juristen die Internationale al-Qaḏḏāfī-Stiftung für Wohlfahrtsvereine.[1452]

I. Die zur Aufhebung der VN-Sanktionen führende Entwicklung

Nach der Suspendierung der VN-Sanktionen im April 1999 verstärkten sich die allseits intendierten Bemühungen um Bereinigung des völkerrechtlichen Status quo durch die Intensivierung der Verhandlungen zwischen den USA, Großbritannien, den Angehörigen der Lockerbie-Opfer und Libyen. Mehr als ein Jahr später kam es zur Eröffnung des sog. Lockerbie-Prozesses.

1. Der Lockerbie-Prozeß und das Urteil

Der sog. Lockerbie-Prozeß begann am 3.5.2000[1453] und endete am 31. Januar 2001. Noch bevor die Anklage ihre Beweisaufnahme abschließen konnte, waren sich an der Vorbereitung des Verfahrens Beteiligte bereits sicher, daß es nicht bei beiden Angeklagten zur Verurteilung kommen werde, da die Beweislage nicht ausreichend sei.[1454] LUYKEN formulierte dies wenige Wochen vor der Urteilsverkündung mit den Worten:

> „[...] immer weniger Menschen glauben, dass diese Entscheidung, wie auch immer sie ausfällt, die ganze Wahrheit zutage fördern wird."[1455]

In dem Bewußtsein, daß der Prozeß nicht mit eindeutigen Feststellungen im Sinne der Anschuldigung - so der Verfasser - enden konnte, hätten die britischen und US-

---

1452 Insbesondere der in London niedergelassene Rechtsanwalt Saad Djebbar beriet Libyen in den Kompensations-Verhandlungen mit den Hinterbliebenen der Lockerbie-Opfer. Vgl. die Reuters-Meldung vom 2.9.2003 ("Libya's Gaddafi Claws Way Back from Isolation.").

1453 Der Beginn des Prozesses war wiederholt verschoben worden - vgl. z.B. die NZZ vom 9.12.1999, Nr.287, S.2 („Der Lockerbie-Prozess auf den 3. Mai 2000 verschoben.").

1454 Dessenungeachtet war das Zustandekommen des Prozesses von hoher Bedeutung. So schreibt BEN ARYEAH: "For many Lockerbie watchers the trial is just a step, albeit a vital one, in the search for truth and justice. But many feel it will produce more questions than answers, and that the truth is still a long way off." - ders. 2000, S.7. Für Details zur durchaus nicht eindeutigen Beweislage siehe ders. 2000a, S.17 f.; ders. 2001, S.17.

1455 LUYKEN 2000, S.20.

Behörden sein Zustandekommen bewußt über Jahre verhindert.[1456] Letztlich sei die Drohung der OAU ausschlaggebend gewesen für das Zustandekommen des Prozesses.[1457] In dem nach mehr als eineinhalb Jahren Prozeßdauer ergangenen Urteil wurde Fhimah freigesprochen. Der andere Angeklagte, al-Megrahi, erhielt eine Freiheitsstrafe von 20 Jahren. Das Urteil für Fhimah lautete dabei nicht „unschuldig", sondern „nicht schuldig" - mangels Beweises.[1458] Da es unwahrscheinlich erscheint, daß al-Megrahi ohne einen Auftrag der politischen Führung Libyens das Flugzeug über Lockerbie zum Absturz brachte, haben Angehörige amerikanischer Absturzopfer angekündigt, ihre Bemühungen um eine Zivilklage gegen al-Qaḏḏāfī wieder aufzunehmen.[1459] Von seiten der Vereinten Nationen ist der Fall Lockerbie mit der endgültigen Aufhebung der Sanktionen durch den SR am 12.9.2003 geschlossen worden.[1460]

Al-Qaḏḏāfī kommentierte das Gerichtsurteil mit den Worten, daß der US-Druck auf das Gericht dazu geführt habe, al-Megrahi auf der Grundlage seiner „christlichen

1456 Diese Annahme wird in einem Artikel in der Süddeutschen Zeitung vom 1.2.2001, Nr.26, S.4 („Die Welt bekommt Recht.") untermauert: „Umso erleichterter reagiert Washington auf das Urteil aus Camp Zeist. Es entkräftet den Verdacht, die USA seien aus schnödem Kalkül einer falschen Fährte gefolgt und hätten Sündenböcke auf die Anklagebank gesetzt."

1457 Vgl. KERN 2002, S.119.

1458 Für das Urteil s. die Internetseite der schottischen Gerichte: <http://www.scotscourt.gov.uk/html/lockerbie.asp>. Für die libysche Einschätzung des Urteils - al-Megrahi sei als Opfer des Prozesses zu sehen - s. z.B. MA^{c}RAKA 2001, S.24. Eine Beschreibung des Prozesses findet sich bei LUYKEN 2000, S.17-20; NZZ vom 31.1.2001, Nr.25, S.3 („Der Lockerbie-Prozess vor seinem Abschluss."); FAZ vom 1.2.2001, Nr.27, S.1 („Ein Freispruch und eine Verurteilung im Lockerbie-Prozeß."). Am 20.6.2002 überzeugte sich N. Mandela von der Haftsituation al-Megrahis in Schottland und verwandte sich im Anschluß dafür, al-Megrahi aufgrund von „psychologischer Verfolgung" durch die Mithäftlinge in einem islamischen Staat, der das Vertrauen des Westens genieße, zu inhaftieren. Vgl. dazu die NZZ vom 12.6.2002, Nr.133, S.2 („Einsatz Nelson Mandelas für den Lockerbie-Attentäter."). Dieser Appell Mandelas wurde zurückgewiesen - vgl. die NZZ vom 3.8.2002, Nr.177, S.3 („Lockerbie-Attentäter soll Haft in Schottland absitzen.").

1459 Vgl. hierzu die NZZ vom 1.2.2001, Nr.26, S.3 („Noch nicht das letzte Wort über Lockerbie."). Bereits im Mai 1996 hatten Angehörige der Lockerbie-Opfer einen Zivilprozeß gegen die libysche Regierung, die mutmaßlichen Attentäter, die LAA und die Libyan External Security Organisation angestrengt und forderten 1000 Mio. US-$ Schadensersatz. Sie beriefen sich dabei auf eine neue Regulierung, die den Opfern von im Ausland ausgeübten Terroranschlägen gestattet, ausländische Regierungen vor US-Gerichten zu verklagen. Nachdem in einer Gerichtsentscheidung in New York der Antrag der libyschen Regierung - Libyen als souveränes Land könne nicht von US-Bürgern verklagt werden - abgelehnt worden war, erklärte ein Anwalt der Lockerbie-Familien, daß der libysche Staat nun auf Schadensersatz verklagt werde. Vgl. STRUNZ/DORSCH 2000, S.55, S.71.

1460 Vgl. die VN-Res. 1506 (2003).

Justiz“[1461] schuldig zu sprechen, und daß er Beweise vorlegen wolle, die al-Megrahis Unschuld hinreichend verdeutlichten.
Dies ist allerdings bislang noch nicht geschehen.[1462] Und so kann angenommen werden, daß:

> "The Colonel's fiery speech was undoubtedly aimed primarily at a domestic audience dismayed by the conviction after many years of official assurances of innocence, but it also indicated that Libya plans to fight the verdict."[1463]

In Libyen kam die Unzufriedenheit der Bevölkerung in den Tagen nach der Urteilsverkündung durch Großdemonstrationen zum Ausdruck.[1464]
Eine ablehnende Haltung gegenüber dem Prozeßverlauf nimmt insbesondere die IPO unter der Leitung des österreichischen Rechtsphilosophen Prof. Dr. Hans Köchler ein.[1465] In einem Sammelband mit IPO-Unterlagen zum Lockerbie-Prozeß finden sich viele kritische Anmerkungen über den Prozeßverlauf, welche auch in den folgenden Zitaten zum Ausdruck kommen:

> "In closing arguments, the prosecution had stressed the point that Megrahi could not have planted the bomb without the assistance of Fhimah; both defendents were equally guilty, and they stood or fell together. Nevertheless, the judges elected to find one of the two conspirators guilty and the other one innocent [...]. The most likely explanation of the judges' decision to convict Megrahi despite evidence, or lack of it, must be that either (a) they panicked at the thought of the uproar that would ensue on the American end if they

---

1461 In diesen Kontext paßt auch eine Aussage des Politikwissenschaftlers LINK ohne direkte Bezugnahme auf den Lockerbie-Prozeß: „Internationale Tribunale gegen Kriegs- und Menschenrechtsverbrecher unterliegen in hohem Maße dem politischen Opportunitätsprinzip; sie sind (um Clausewitz zu paraphrasieren) die Fortsetzung der Politik unter Beimischung juristischer Mittel. Sie sind wirkungslos, solange sie nicht von dem Staat unterstützt werden, dessen Bürger sie begangen haben.“ - ders. 2001, S.171.

1462 Vgl. SALEH 2001, S.16. Am 2.2.2001 verkündete al-Qaḏḏāfī im Rahmen von Begrüßungsfeierlichkeiten für Fhimah in Libyen, daß Libyen den Opferfamilien des Lockerbie-Anschlages keine Kompensation bezahlen werde; überhaupt sei das Urteil politisch beeinflußt - vgl. die NZZ vom 2.2.2001, Nr.27, S.2 („Lockerbie-Angeklagter in Tripolis triumphal empfangen.“); IIE-LIBYA 2002, S.17.

1463 SALEH 2001, S.16.

1464 Vgl. z.B. die NZZ vom 5.2.2001, Nr.29, S.1 („Frustration in Libyen über Lockerbie-Urteil.“); FAZ vom 5.2.2001, Nr.30, S.8 („In Libyen wächst der Widerspruch gegen das Urteil im Lockerbie-Prozeß.“); NZZ vom 6.2.2001, Nr.31, S.2 („Erstürmung der britischen Botschaft in Libyen verhindert.“).

1465 KÖCHLER ist dabei nicht unumstritten - siehe z.B. KOECHLER/SUBLER 2002, S.45 f., S.51-56. BEN ARYEAH hebt hervor, daß Köchlers Kritik am Prozeßverlauf durchaus gerechtfertigt sei. Doch kritisiert er, daß ein IPO-Kollege Köchlers enge Beziehungen zur libyschen Regierung unterhielt. Siehe ders. 2001a, S.21.

> let both of the Libyans off, or (b) they were simply given their marching orders by high authority in London."[1466]

Das Berufungsverfahren, das am 23.1.2002 begonnen hatte und in dem am 14.3.2002 in zweiter Instanz das Urteil bestätigt wurde, bewirkte Protestkundgebungen in Tripolis.[1467]

> "The termination of the proceedings of the High Court of Justiciary in the Netherlands by the Decision of the Appeal Court announced on 14 March 2002 at Kamp van Zeist is by no means the end of the matter. An appeal may still be brought forth under the principles set out in the *European Convention for the Protection of Human Rights and Fundamental Freedoms.*" [...]. And regardless of the outcome of these initiatives, history will judge the performance of the High Court of Justiciary in the Netherlands in the end - if and when the truth finally emerges."[1468]

Insgesamt verdeutlicht das Zustandekommen des Prozesses, daß die Anwendung internationalen Rechts in Kombination mit ausdauernder und kreativer Diplomatie ausschlaggebend dafür war, daß ein zuvor scheinbar unlösbares Problem immerhin in Angriff genommen wurde - auch wenn das Ergebnis aus rechtlicher Sicht nicht wenig umstritten ist. AUST, der die juristisch-politische Entwicklung am eingehendsten untersucht hat, unterstreicht von einem dem politischen Ausgleich verpflichteten Standpunkt, daß Beharrlichkeit, Vorstellungsvermögen und politischer Wille sich auszahlen und Diplomatie insofern durchaus bedeutet, daß alles möglich

---

1466 KOECHLER/SUBLER 2002, S.92., s. auch Ziff. 8 und 14 im Bericht von Köchler über die Bewertung des Lockerbie-Prozesses - dies. 2002, S.19, 21. Siehe auch den Verweis auf Köchler bei ZOUBIR 2002, S.52, En.104. Andere Experten schließen sich der Auffassung Köchlers an - vgl. z.B. BLOCH/DRIESCHNER 2000, S.9.

1467 Al-Megrahi hatte am 7.2.2001 Berufung gegen das Urteil eingelegt (vgl. IIE-LIBYA 2002, S.17). Am 23.8.2001 war seinem Antrag stattgegeben worden. Siehe für den genauen Wortlaut zum Urteil im Berufungsverfahren unter: <http://www.scotscourt.gov.uk/html/lockerbie.asp>. Am 23.1.2002 wurde der Berufungsprozeß eröffnet - vgl. NZZ vom 24.1.2002, Nr.19, S.2. Am 14.3.2002 wurde das Urteil vom 31.1.2001 jedoch bestätigt - vgl. z.B. Financial Times vom 15.3.2002, S.6, S.8. Vgl. auch BEN ARYEAH 2001b, S.20. Ders. weist im übrigen daraufhin, daß Libyen eine Londoner PR-Firma damit beauftragte, die Pressearbeit für Libyen bezüglich des Berufungsverfahrens zu übernehmen. Daß sich dies negativ auf al-Megrahis Berufungsverfahren auswirken könnte, wurde in Kauf genommen, um in diesen Zeiten der hohen Medienaufmerksamkeit die Position Libyens gegen die Millionenklage gegen Libyen durch US-Opferangehörige zu stärken - vgl. ders. 2001c, S.23. Auch al-Qaḏḏāfīs Sohn Saif al-Islām bedient sich einer PR-Firma - vgl. EIU 2002, S.14. Im Zusammenhang damit ist vermutlich der in der Frühjahrs-Ausgabe 2003 der Middle East Policy erschienene Artikel Saif al-Islāms über die libysch-amerikanischen Beziehungen aus der libyschen Perspektive zu sehen (vgl. AL-QAḎḎĀFĪ 2003, S.35-44); die Miss-Wahl per Internet im November 2002 (vgl. die TAZ vom 2./3.11.2002, S.32: „Gaddafi und die schönen Königinnen.") und Fußballspiele wie das gegen Argentinien im Frühjahr 2003 (vgl. GROSSE-KATHÖFER 2003, S.153). Dessen ungeachtet wird jedoch auch hier gelten: *semper aliquid haeret.*

1468 KOECHLER/SUBLER 2002, S.10.

ist.[1469] Dem läßt sich allerdings hinzufügen, daß dies nicht erst jetzt hätte der Fall zu sein brauchen. Angebracht gewesen wäre ein solches Aufgebot an Vermittlung bereits beim Entstehen des für die Eskalation ursächlichen Konfliktes, wofür bei politischen Konflikt-Konstellationen zugegebenermaßen in der Regel die Voraussetzungen fehlen.
Mit dem Urteil im Lockerbie-Prozeß waren die Bedingungen für die Aufhebung der VN-Sanktionen jedoch noch nicht abschließend erfüllt.

2. Die endgültige Aufhebung der VN-Sanktionen

Die VN, die über den SR mit seiner Sanktionskompetenz sozusagen die Oberhoheit ausübten, verbanden mit einer endgültigen Aufhebung der Sanktionen vier Forderungen:

- die Übernahme der Verantwortung durch Libyen für den Lockerbie-Anschlag;
- die Weitergabe aller Informationen, über die Libyen in der Angelegenheit verfügt;
- Kompensation für die Hinterbliebenen der Opfer des Anschlages;
- die Abwendung vom Terrorismus.[1470]

Im Mai 2002[1471] verkündeten die mit der rechtlichen Seite befaßten Juristen, daß Libyen jeder Familie der Hinterbliebenen 10 Mio. US-$ zu zahlen bereit sei.[1472]
Die Auszahlung der Summe wurde von libyscher Seite an konkrete Bedingungen geknüpft:

- 40 % des Geldes soll gezahlt werden, wenn die VN-Sanktionen gegen Libyen aufgehoben werden;
- weitere 40 %, wenn die USA ihre Handelsbeschränkungen einstellen;

[1469] Vgl. AUST 2000, S.296.
[1470] Vgl. z.B. die Reuters-Meldung vom 29.5.2002 ("U.S. Says Libya Must Do More to Lose Sanctions.").
[1471] Vgl. z.B. die Reuters-Meldung vom 28.5.2002 ("Libya Offers $2.7 Billion Lockerbie Settlement."); JANA-Meldung vom 29.5.2002 ("Foreign Liaison Spokesman / Statement"): die Verhandlungen erfolgten zwischen libyschen Geschäftsleuten, einigen Anwälten und den Anwälten der Angehörigen der Flugzeugopfer - der libysche Staat war daran nicht beteiligt und sah seiner Pflicht genüge getan mit der Einwilligung über das Zustandekommen des Lockerbie-Prozesses.
[1472] Einige der Hinterbliebenen-Familien lehnten den Kompensationsvorschlag Libyens ab, da er bedingungslos an die Aufhebung der VN-Sanktionen geknüpft ist - vgl. die Reuters-Meldung vom 7.6.2002 ("Some Lockerbie families reject Libya payment offer."). Auch viele Libyer äußerten Kritik angesichts der Höhe der Entschädigungssumme. Von offizieller Seite hieß es jedoch in Libyen, daß die Normalisierung der Beziehung zu den USA die Kosten kompensieren würde. Vgl. hierzu die Reuters-Meldung vom 16.8.2003 ("Libya Hopes for Normal Ties with U.S. on Lockerbie Deal.").

- die restlichen 20 % der Summe werde gezahlt, wenn die USA Libyen von der Liste der Staaten streichen, die den internationalen Terrorismus unterstützen.[1473]

Durch den von der libyschen Regierung geschaffenen Friedensfonds[1474], in den Libyen 2,7 Mrd. US-$ einzahlte, damit mit diesem Geld die Lockerbie-Opfer-Hinterbliebenen die verlangte Kompensation erhalten können, sollen darüber hinaus auch die Familien entschädigt werden, die durch die US-Angriffe 1986 auf Libyen zu Schaden kamen. Da auch die La-Belle-Opfer durch den Fonds kompensiert werden sollen, sei es nur angemessen, wenn sich weitere Regierungen an diesem Fonds beteiligen würden - einige große US-Firmen hätten sich z.B. dazu bereit erklärt.[1475]

In einem Abkommen vom 13.8.2003[1476] wurde den USA vom Zeitpunkt der Einrichtung des Fonds[1477] an acht Monate Zeit eingeräumt, um die an sie im Zusammenhang mit den libyschen Zahlungen gestellten Verpflichtungen zu erfüllen. Sollten von seiten der USA keine entsprechenden Maßnahmen erfolgen, erhielten die Hinterbliebenen-Familien statt je 6 Mio. US-$ lediglich 1 Mio. US-$ mehr, und die verbleibende Summe von 1,35 Mrd. US-$ fiele an Libyen zurück.[1478]

Für Libyen standen dabei die folgenden Aspekte im Vordergrund:

> "While agreeing to pay compensation to rid itself of the matter, Tripoli has consistently rejected punitive compensation and has sought assurance that any final settlement not lead to additional monetary claims or legal claims against Libyan officials."[1479]

[1473] Vgl. z.B. FAZ vom 29.5.2002 („Libyen stellt Entschädigung in Aussicht."). Allerdings dementierte Libyen das Angebot einen Tag später - vgl. NZZ vom 30.5.2002, Nr.122, S.2 („Entschädigung für die Opfer von Lockerbie?"). Die Anwälte der Hinterbliebenen-Familien ermutigten diese dazu, das Angebot anzunehmen, da selbst sämtliche in den USA eingefrorenen libyschen Vermögenswerte kaum 5 Mio. US-$ pro Familie ergeben würden. Vgl. die Reuters-Meldungen vom 23.8.2002 ("Libyan Lawyers Improve Offer to Lockerbie Families.") und vom 29.10.2002 ("Lawyers for Libya Sign Plane Compensation Offer.").

[1474] S. z.B. die Reuters-Meldung vom 29.10.2002 ("Lawyers for Libya Sign Plane Compensation Offer.").

[1475] Vgl. AL-QAḎḎĀFĪ 2003, S.41 f. Libyen argumentierte, daß es Kompensation nur geben könne, wenn die USA die Überlebenden eines von ihnen 1988 abgeschossenen iranischen Flugzeuges und die Angehörigen der durch die Kollision eines US-Flugzeuges mit einer Seilbahn in den italienischen Alpen 1999 Umgekommenen entschädige - s. ebd.

[1476] Dieses sog. London Agreement wurde zwischen Anwälten der Hinterbliebenen-Familien und Vertretern Libyens ausgehandelt - vgl. z.B. die IHT vom 15.8.2003 ("Lockerbie deal in doubt as France seeks redress.").

[1477] Am 20.8.2003 begann Libyen mit den Transferzahlungen an die in Basel ansässige Bank for International Settlements - vgl. die Reuters-Meldung vom 20.8.2003 ("Libya Begins $2.7 Billion Lockerbie Transfer."). Am 22.8.2003 war der Transfer abgeschlossen - vgl. die Reuters-Meldung vom 22.8.2003 ("Libya Completes §2.7 Billion Lockerbie Transfer.").

[1478] Vgl. die Reuters-Meldung vom 14.8.2003 ("Libya, Lockerbie Families Sign Compensation Deal.").

[1479] ST JOHN 2003, S.6.

Diese Überlegungen waren gerechtfertigt, denn mit Abschluß des o.g. Abkommens und der Übernahme der Verantwortung[1480] durch Libyen war die Aufhebung der Sanktionen durch die VN absehbar.
Frankreich begann Mitte 2003 im Hinblick auf die Höhe der Lockerbie-Entschädigung nachträglich auf Libyen Druck auszuüben und forderte im Namen der bereits durch Libyen entschädigten Hinterbliebenen des UTA-Absturzes 1989 über Niger einen der Lockerbie-Entschädigungssumme angepaßten Betrag und drohte, anderenfalls die Aufhebung der Sanktionen im SR durch sein Veto zu blokkieren.[1481] Libyen lenkte gezwungenermaßen ein - unter Aufgabe seines ursprünglichen Standpunktes, daß mit dem Vergleich von 1999 die Angelegenheit abgeschlossen sei. Statt dessen erklärte al-Qaḏḏāfī zur Rechtfertigung, daß die französische Regierung nach der Lockerbie-Entscheidung unter starkem Druck der Hinterbliebenen des UTA-Absturzes gestanden habe. Dadurch sei Libyen unter Druck geraten, der französischen Regierung Kritik zu ersparen.[1482]

[1480] Libyen zeigte sich vergleichsweise früh dazu bereit, die Verantwortung für seine Staatsangestellten zu übernehmen (*to accept responsiblity*), wies es jedoch zurück, für ihre Taten verantwortlich zu sein. Dies jedoch verlangten die USA und Großbritannien (*to admit responsibility*). Vgl. BBC-News vom 24.6.2002 ("Libya 'not to blame' for Lockerbie"); CNN-Nachricht vom 8.8.2002 ("Libya 'ready to pay' for Lockerbie."); NZZ vom 18.8.2003, Nr.189, S.3 („Ghadhafi drängt es nach Salonfähigkeit."). Die Übernahme der staatlichen - nicht aber der strafrechtlichen - Verantwortung erfolgte schließlich in Form eines Briefes, der am 15.8.2003 dem VN-SR vorlag. Vgl. dazu die Reuters-Meldung vom 16.8.2003 ("Libya Hopes for Normal Ties with U.S. on Lockerbie Deal."); GERLACH 2003, S.4.

[1481] Libyen (wie schon in der Lockerbie-Angelegenheit ist auch hier die Internationale al-Qaḏḏāfī-Stiftung für Wohlfahrtsvereine der Verhandlungspartner) hat zwar nicht seine Urheberschaft für den Anschlag zugegeben, sich jedoch dazu bereit erklärt, an die Hinterbliebenen des UTA-Absturzes Beträge zwischen 3300,- und 34000,- US-$ zu bezahlen. Vgl. z.B. die IHT vom 15.8.2003 ("Lockerbie deal in doubt as French seek redress."); die Reuters-Meldung vom 14.8.2003 ("French Stand Could Hold Up Deal Over Lockerbie."); die Reuters-Meldung vom 24.8.2003 ("France Demands Extra Libyan Cash for Airliner Blast."). Die Höhe der Summe, auf die sich geeinigt wurde, ist nicht bekannt, wird jedoch auf ca. 300.000,- US-$ pro Familie geschätzt - vgl. die Reuters-Meldung vom 31.8.2003 ("Libya Increases Payout for French Airliner Bombing."). Die endgültige Einigung erfolgte zwar am 11.9.2003 - vgl. die NZZ vom 12.9.2003 („Französische Einigung mit Ghadhafi."), doch gelang es den beteiligten Parteien nicht, sich in der auf einen Monat veranschlagten Frist zu einigen - vgl. NZZ vom 14.10.2003 („Paris im «Blutgeld»-Ringen mit Ghadhafi."). Denn Libyen fordert im Gegenzug Kompensationszahlungen für drei von französischen Soldaten im Tschad getötete libysche Piloten. Vgl. z.B. die Meldung bei Reuters vom 16.10.2003: "Libya: no UTA deal withoug countercompensation."; ST JOHN 2003, S.6. Am 9.1.2004 unterzeichneten die beteiligten Parteien schließlich einen Vertrag, der für die Hinterbliebenen der Opfer des UTA-Anschlages 170 Mio. US-$ Entschädigung vorsieht (vgl. die Reuters-Meldung vom 9.1.2004: "France, Libya Sign UTA Bomb Compensation Pact.").

[1482] Vgl. in der NZZ vom 1.9.2003 („Frankreich und Libyen einigen sich über Entschädigung.").

Eine vergleichende Betrachtung der unterschiedlichen Handhabung der Anschläge durch die US- und die französische Regierung ergibt den folgenden interessanten Aspekt: die „nachgeschobene" französische „Intransigenz" hatte nicht den Zweck, die Verbesserung des durch den Irak-Krieg belasteten Verhältnisses zwischen den USA und Frankreich zu fördern.[1483] Es hatte sich aber erwiesen, daß die fehlende Beharrlichkeit Frankreichs keine Gelegenheit geschaffen hatte, daß anders als in den USA die Regierungsstellen, verschiedene Lobbyorganisationen und Medien aus dem Absturz der UTA einen Fall von nationalem Interesse machten. Infolge einer anderen Prioritätensetzung war die französische Diplomatie gegenüber Libyen primär auf die Förderung der geschäftlichen Beziehungen ausgerichtet und brachte sich aufgrund der Blockademöglichkeit, die das Veto-Recht Frankreichs bot, erst kurz vor der Aufhebung der VN-Sanktionen wirkungsvoll zur Geltung, um höhere Entschädigungszahlungen durchzusetzen.[1484] Am 12.9.2003 erfolgte im VN-SR mit der VN-Res. 1506 (2003) die Aufhebung der Sanktionen gegen Libyen.[1485]

Tabelle 33: Der Inhalt der Res. 1506 (2003) (Auswahl)

VN-Res. 1506 (2003) vom 12.9.2003	
angenommen durch dreizehn Mitglieder bei zwei Enthaltungen (Frankreich, USA)	
•	Aufhebung der Maßnahmen gemäß VN-Res. 748 (1992) (§§ 4, 5, 6) und VN-Res. 883 (1993) (§§ 3-7)
•	Auflösung des nach § 9 der VN-Res. 748 (1992) eingerichteten Komittees
•	Streichen des in dem "Letter dated 20 and 23 December 1991 from France, the United Kingdom of Great Britain and Northern Ireland and the United States of America" formulierten Ersuchens von der Liste der Angelegenheiten, mit denen der SR befaßt ist

Libyen begrüßte die Aufhebung der Sanktionen und feierte seinen „Sieg" mit folkloristischen Darbietungen in Tripolis.[1486] Für die Libyer bedeutet der endgültige Wegfall der Sanktionen eine Verbesserung in fünferlei Hinsicht: ein positives Gefühl gegenüber der Gegenwart, weniger Unsicherheit für die Zukunft, mehr Geld, eine größere Kaufkraft und die erweiterten Möglichkeiten, ins Ausland zu reisen.[1487]

[1483] Vgl. die NZZ vom 26.8.2003, Nr.196, S.7; die Reuters-Meldung vom 9.9.2003 ("U.S., France in New Spat Over Lockerbie Sanctions.").
[1484] Vgl. die NZZ vom 3.9.2003 („Terror und Geschäfte.").
[1485] Vgl. die Reuters-Meldung vom 12.9.2003 ("UN Lifts Sanctions Imposed on Libya over Lokkerbie."). Die Kommission der EG schlug am 3.10.2003 einen Entwurf vor zur Aufhebung der VO (EG) Nr. 3274/93, die die VN-Resolutionen 748 (1992) und 883 (1993) umsetzte bzw. suspendierte (VO (EG) Nr. 836(1999)). Vgl. COUNCIL 2003.
[1486] Vgl. die Reuters-Meldung vom 12.9.2003 ("Libya Hails UN Sanctions Vote as Victory.").
[1487] Vgl. die Reuters-Meldung vom 23.10.2003 ("Libyans Hope for New Start After Sanctions Lifted.").

Viele Hinterbliebene der Lockerbie-Opfer hingegen zeigten sich enttäuscht, da es ihnen weniger um den finanziellen Aspekt als um die Gerechtigkeit geht - und diesbezüglich erfolgte keine endgültige Klärung der Umstände des Anschlages.[1488]

II. Die schrittweise Aufhebung der US-Sanktionen gegen Libyen

Mit der Beendigung des Lockerbie-Konfliktes und der damit verbundenen Aufhebung der VN-Sanktionen stand eine allmähliche Veränderung des Verhältnisses zwischen den USA und Libyen zu erwarten.[1489] Auch wenn die USA bereits 1998 feststellten, daß Libyen seit einigen Jahren nicht mehr in terroristische Aktivitäten verwickelt gewesen sei, wird Libyen nur unter Vorbehalt für einen verläßlichen Partner gehalten.[1490] Aufgrund der mehr als zwei Jahrzehnte andauernden Isolation Libyens existiert keine Basis für ein gegenseitiges Verständnis selbst auf niedriger Ebene.[1491] Die USA waren bislang auf andere Länder angewiesen, die Erfahrungen aus erster Hand vorweisen können.[1492] Auf der libyschen Seite sinkt die Anzahl der in den USA ausgebildeten Libyer und auch derjenigen Libyer, die in US-Firmen oder für die US-Armee in Libyen gearbeitet hatten. Diese „Lücke“ gilt es aktiv zu

1488 Vgl. die Reuters-Meldung vom 12.9.2003 (“For Lockerbie Families, It’s Over But Not Closed.”).

1489 Daß das Verhältnis zwischen den europäischen Staaten und Libyen ein gänzlich anderes ist, zeigte sich z.B. an dem ersten Besuch eines westlichen Staatschefs nach Aufhebung der Sanktionen gegen Libyen durch Spaniens Regierungschef Aznar am 16.9.2003. Vgl. die Reuters-Meldung vom 17.9.2003 (“Spanish MP Makes Historic Libya Visit.”).

1490 Vgl. CROCKER/NELSON 2003, S.13. Die Autoren kritisieren an dieser Stelle das Verhalten des US-Außenministeriums und mahnen eine raschere Anerkennung solcher positiven Entwicklungen an. Sie verweisen auf den Vorbildcharakter, den ein solches Vorgehen für andere Staaten haben könnte (vgl. ebd.). Daß sich die US-Regierung nicht leicht tut in dem Umgang mit Libyen, wird in einem Artikel der Washington Post vom 11.3.2002, S.A14, deutlich (“Bush White House Reconsidering Reagan’s ‘Evil Man’.”).

1491 Libyen wurde zusammen mit Iran, Irak, Sudan und Syrien in das am 11.9.2002 von den USA eingeführte Besucher-Registrierungssystem aufgenommen. Diese Entwicklung ist wohl kaum förderlich, um die gegenwärtigen Beziehungen zu Libyen zu verbessern. Vgl. die Reuters-Meldungen vom 1.10.2002 (“U.S. Implements Controversial Visitor Registration.”), vom 4.11.2002 (“Canada in New Dispute with U.S. Over Travel Rules.”) und vom 7.11.2002 (”U.S. Nabs 179 at Borders Under Post-Sept 11 Rules.”).

1492 Dies wurde übrigens schon 1984 z.B. von HALEY herausgearbeitet: HALEY wies auf eine übersteigerte Furcht vor al-Qaḏḏāfī hin und führt diese auf die unzureichende kulturelle und politische Kenntnis im Westen zurück: “There is [...] an unwillingness to treat Qaddafi and [...] the developing world, as really possessed of a valid history and religious tradition. Qaddafi and other leaders like him thus appear to be mutants, ahistorical outlaws, rather than genuine, representative figures thrown up by forces and aspirations long present in their societies, however foolish or malign they might be as individuals.” - ders. 1984, S.12. Auch VIORST macht in seiner Vorbemerkung zu einem Artikel von Saif al-Islām al-Qaḏḏāfī über die libysch-amerikanischen Beziehungen darauf aufmerksam, daß dieser selbstverschuldete Informationsmangel über Libyen nicht länger zu vertreten sei - s. AL-QAḎḎĀFĪ 2003, S.35.

schließen oder zumindest zu verkleinern.[1493] Eine Isolations-Strategie wird jedenfalls als nicht mehr vertretbar angesehen. Statt dessen wird durch vorsichtiges Engagement geprüft, ob Libyen ein verläßlicher Partner werden könne. Angesichts des Umstandes, daß die in Libyen vorgegebene Sicht politischer Strukturen nicht im Einklang mit dem weltweit favorisierten Freiheits- und Gerechtigkeitsbegriff stehe und eine Re-Integration Libyens in die Weltgemeinschaft ohnehin Änderungen in Libyen bewirken werde, habe Libyen keine Wahl als Partner zu werden.[1494] Um die US-Isolationspolitik gegenüber Libyen aufzubrechen, empfahl eine Expertengruppe im April 2003, die folgenden Schritte zu unternehmen:[1495]

- Entwicklung einer neuen Strategie für die US-libyschen Beziehungen nach Lösung der Lokkerbie-Angelegenheit, die anstelle von Sanktionen angemessene Initiativen beinhaltet, um einen positiven Wandel des libyschen Verhaltens zu bewirken;
- Aufhebung der US-Reisebeschränkungen nach Libyen sowie die Anregung von kulturellem und Bildungs-Austausch;
- Entwicklung eines Stufenplans, um Libyen die Möglichkeit zu geben, auf diese Weise seinen Willen zur Nichtverbreitung von biologischen und chemischen Waffen unter Beweis zu stellen - eine Nichteinhaltung könne z.B. VN-Sanktionen derselben Art bewirken, wie sie bis zum 12.9.2003 gegen Libyen bestanden;[1496]
- die Unterstützung von regionalen Initiativen Libyens, die im Einklang mit den US-Zielen stehen sowie die Ablehnung solcher, die ihnen entgegenstehen;[1497]

[1493] Vgl. CROCKER/NELSON 2003, S.3.

[1494] Vgl. CROCKER/NELSON 2003, S.21.

[1495] S. hierzu die Zusammenstellung und Analyse aller relevanten offiziellen Dokumente mit Bezug auf das Verhältnis zwischen den USA und Libyen, die von einer 34 ausgewiesene Libyen-Kenner umfassenden Arbeitsgruppe unter der Leitung des in Washington, D.C., ansässigen Politik-Beratungsinstituts The Atlantic Council vorgenommen wurde. Für die Empfehlungen an die US-Politik s. insbesondere S.22 f.

[1496] Saif al-Islām al-Qaḏḏāfī wies darauf hin, daß die USA die VN-Resolutionen gegen Libyen sehr weit interpretiert habe und auch Massenvernichtungswaffen einbeziehe, über die Libyen im übrigen gar nicht verfüge. S. ders. 2003, S.43. Zu den US-amerikanischen Befürchtungen über ein libysches B-Waffen-Programm s. z.B. die FTD vom 13.7.2002 („Biowaffen sind die gefährlichste Bedrohung."), über die Anstrengungen Libyens hinsichtlich nuklearer Waffen s. die Ha'aretz vom 6.9.2002 ("U.S. agrees with Israeli assessments on Libya's efforts to get nuclear weapons."), die Reuters-Meldung vom 14.10.2003 ("Sharon Says Libya Trying to Develop Nuclear Arms."), und über raketentechnologische libysche Bestrebungen s. die Reuters-Meldung vom 31.10.2002 ("Update 1-U.S. needs missile defense fast, general says."). Insbesondere der US-Gesetzesentwurf "ILSA Enhancement and Compliance Act" vom 20.10.2003 verweist darauf, daß "Libya [...] is among the list of nuclear wannabees." - H.R. 3347, § 2 (13). Vgl. auch ebd. § 2 (13)-(17).

[1497] Hiermit ist insbesondere die Unterstützung für Regimes in Afrika wie Liberia gemeint - vgl. die Washington Post vom 31.5.2002 ("Turn down Gadhafi's deal.").

- der schrittweise erfolgende Aufbau eines direkten und regelmäßigen diplomatischen Dialoges[1498] zu Libyen mit dem Ziel der vollständigen Aufnahme diplomatischer Beziehungen, um das Wissen der USA über die libysche Führungselite und die Aussichten für eine kooperative Partnerschaft einschätzen zu können.

Bislang haben die USA noch nicht alle Sanktionen gegen Libyen aufgehoben, da die dafür von den USA gesetzten Vorbedingungen von Libyen noch nicht erfüllt worden seien:[1499] So befindet sich Libyen weiterhin auf der Liste jener Staaten, die nach Ansicht der USA den Terrorismus stützen. Untersagt bleiben aufgrund dessen Ausfuhren von Rüstungsgütern, und es gelten Restriktionen für militärisch nutzbare Waren. Seit dem 20. September 2004 sind jedoch im Zuge der Aufhebung von vier Durchführungsverordnungen die in den USA eingefrorenen libyschen Gelder nicht mehr blockiert, auch ist das Verbot von direkten Flugverbindungen zwischen den beiden Ländern nicht mehr in Kraft.[1500]

Die Mehrzahl der US-Sanktionen - die Handelssanktionen - sind jedoch im Rahmen des Zeitplanes, der bei den Kompensationszahlungen an die Lockerbie-Hinterbliebenen aufgestellt wurde, aufgehoben worden.[1501]

Dieser Zeitplan stellte quasi lediglich eine Formalität dar, damit keiner der Beteiligten das Gesicht verliert. Diese Tatsache stört viele Gegner des libyschen Regimes, zumal Libyens Schreiben an die VN kein Schuldbekenntnis enthält und auch die undemokratischen Zustände im Lande sowie die Verstöße gegen die Menschenrechte bewußt hingenommen würden.[1502] Nicht zu vernachlässigen ist dabei, daß Präsident Bush die verschiedenen Sichtweisen innerhalb der Regierung und des Kongresses sowie wirtschaftliche Interessen zu berücksichtigen hat.[1503]

[1498] Das erste offizielle Treffen zwischen den USA und Libyen hatte nach 18 Jahren am 11.5.1999 stattgefunden - vgl. IIE-LIBYA 2002, S.16. Am 23.9.2004 kam es zu der ersten vergleichbar hochrangigen Begegnung nach 25 Jahren, als sich US-Außenminister Powell und der libysche Außenminister Shalgam trafen - vgl. die Reuters-Meldung vom 24.9.2004 ("Libya Didn't Ease U.S. Concern on Alleged Saudi Plot.").

[1499] Vgl. "Continuation of Libya Emergency." F.R. 67(2002), S.637. Ein Fall wurde am 29.9.2003 bekannt, der verdeutlicht, daß die USA ihre Restriktionen gegen Libyen nach wie vor durchzusetzen gewillt sind - vgl. die Reuters-Meldung vom 19.9.2003 ("U.S. Arrests Man Linked to American Muslim Groups.").

[1500] Vgl. die NZZ online vom 26.4.2004 („Rasante Annäherung der USA und Libyens.") und die Reuters-Meldung vom 20.9.2004 ("Bush scraps trade embargo on Libya in WMD reward.").

[1501] Ein erster Schritt in diese Richtung erfolgte am 24.11.2003: die US-Regierung verlängerte zwar die Reiserestriktionen mit Libyen-Bezug für US-Bürger, doch sollten diese künftig alle drei Monate überprüft werden. Am 26.2.2004 wurden sie schließlich aufgehoben - vgl. die Reuters-Meldung vom 26.2.2004 ("U.S. eases sanctions on Libya, cites WMD progress.").

[1502] Vgl. die NZZ am Sonntag vom 31.8.2003 („Terrorist will wieder Ehrenmann sein.").

[1503] Eine Umfrage in den USA im Jahr 2000 ergab hinsichtlich des Einsatzes von Sanktionen, daß sie durchaus als Mittel der Außenpolitik begrüßt werden, jedoch Kommunikationskanäle bestehen bleiben sollten. Isolation alleine bringe keine Verhaltensänderung. Konstruktiven Veränderungen sollten im Sinne der Reziprozität ebenfalls Veränderungen folgen. Eine Aufhe-

Die US-Regierung scheint sich an den oben genannten Empfehlungen orientiert zu haben, wie der Ablauf der Ereignisse insbesondere 2004 zeigt:

- 19.12.2003: Libyen stimmt internationalen Rüstungskontrollen zu;
- 5.2.2004: die CWÜ tritt für Libyen in Kraft;
- am 10.2.2004 wiedereröffneten die USA ihre diplomatische Vertretung in Libyen; 26.2.2004: die USA erlauben Libyen die Wiedereröffnung ihrer diplomatischen Vertretung in Washington;
- am 26.2.2004 erfolgte die Aufhebung der Reisebeschränkungen nach Libyen;
- am 23.3.2004 besuchte Unterstaatssekretär William Burns Libyen als erster hoher US-Beamter nach dreißig Jahren;
- 23.4.2004: die USA heben den Großteil ihrer Sanktionen gegen Libyen auf (Libyen kann der WTO beitreten; fast alle wirtschaftlichen Aktivitäten, finanziellen Transaktionen und Investitionen sind wieder erlaubt; US-Firmen dürfen in Libyen investieren; US-Banken können Geschäfte mit Libyen tätigen; libysche Studenten können in den USA studieren; der ILSA wird nicht mehr auf Libyen angewendet);
- 20.9.2004: die USA heben die verbliebenen Handelssanktionen gegen Libyen auf; allerdings bleibt Libyen auf der Liste der den Terrorismus unterstützenden Staaten verzeichnet und ist insofern nach wie vor von Waffenimporten aus den USA ausgeschlossen.[1504]

Als Begründung dafür kann genannt werden, daß auch in den USA sich die Stimmen derjenigen gemehrt hatten, die sich von einer fortgesetzten Isolierung Libyens nicht mehr viel versprachen.[1505] Erdölkonzessionen könnten die Abhängigkeit der US-amerikanischen Erdölversorgung[1506] von den Ländern des Persischen Golfes

---

bung von Sanktionen aus rein wirtschaftlichen Gründen wird abgelehnt, da die moralischen Gründe für ihre Verhängung noch bestehen. Vgl. EBEL 2000, S.38 f.

1504 Vgl. NZZ online vom 20.12.2003 („Libyen verzichtet auf Massenvernichtungswaffen.") und vom 28.2.2004 („Plan zur Zerstörung von C-Waffen in Libyen."), die Reuters-Meldungen vom 10.2.2004 ("U.S. Re-Establishes Diplomatic Presence in Libya."), vom 26.2.2004 ("U.S. eases sanctions on Libya, cites WMD progress."), vom 23.3.2004 ("Highest-Level U.S. Visitor in Libya in 30 Years.") sowie die NZZ online vom 23.4.2004 („USA heben Sanktionen gegen Libyen auf."); vom 26.4.2004 („Rasante Annäherung der USA und Libyens.") und die Reuters-Meldung vom 20.9.2004 ("Bush scraps trade embargo on Libya in WMD reward.").

1505 Darüber hinaus übte auch Libyen Druck auf die USA aus und forderte die Freigabe seines in den USA eingefrorenen Vermögens von über 1,25 Mrd. US-$ - vgl. die Reuters-Meldung vom 24.9.2003 ("Update 1 - Libya calls for U.S. to unfreeze remaining assets.") und vom 24.4.2004 ("U.S., Libyan Bankers Discuss Frozen Assets - Libya."). Um die Forderungen US-amerikanischer La-Belle-Opfer zu minimieren, fordert Libyen im Gegenzug eine Entschädigung für die Opfer der US-Luftangriffe auf Tripolis und Benghasi von 1986 (vgl. die NZZ vom 12.8.2004, Nr.186, S.3: „Zügige deutsch-libysche Annäherung.").

1506 In einem Energie-Bericht aus dem Jahr 2001 wurde empfohlen, die unilateralen US-Sanktionen gegen Libyen hinsichtlich ihrer Auswirkungen auf die US-Energie-Politik zu überprüfen. Vgl. ST JOHN 2003, S.6.

verringern, und beide Seiten streben ohnehin eine Verbesserung der Beziehungen an.[1507]

Zusammenfassung

Mit der Aufhebung der Sanktionen gelang es Libyen, der wirtschaftlichen und diplomatischen Isolation ein Ende zu bereiten. Nicht ausschlaggebend war dabei der Gedanke, daß die libysche Erdölindustrie auf die USA angewiesen sei. Die Entwicklung wäre nicht möglich gewesen, wenn nicht der Streit um den Lockerbie-Fall beendet worden wäre.
Weder den USA und Großbritannien noch Libyen gelang es im Rahmen der Beilegung des Lockerbie-Konfliktes, die jeweils eigene favorisierte Strategie umzusetzen. So fand der Prozeß nicht der US-Maßgabe entsprechend in Den Haag statt, auch verfügt al-Qaḏḏāfī nach wie vor in Libyen über großen Einfluß.
Libyen übergab dafür die Verdächtigten für einen Prozeß über Aburteilung trotz entgegenstehender nationaler Gesetze und verletzte damit ihre Bürgerrechte.
Der Streit umfaßte die Spannweite von internationalem und nationalen Recht und wurde überlagert von der libyschen und der westlichen politischen Zielsetzung einschließlich Propaganda. Immerhin gelang es, der Angelegenheit die innewohnende Gefahr der Eskalation zu nehmen. Daß der rein rechtliche Aspekt, insbesondere die Feststellung von Tatsachen und Verantwortlichkeiten, wie man sie in justizförmigen Verfahren erwartet, zu kurz kam, ist aus der politischen Dimension des Zwistes zu erklären.
Libyen vermochte es mit seiner Strategie, die Suspendierung der VN-Sanktionen am 5.4.1999 zu erreichen. Aufgrund der Situation im SR war gesichert, daß eine Wiedereinsetzung der Sanktionen nicht erfolgen würde. Somit war mit der Suspendierung die Möglichkeit gegeben, die innenpolitische Lage in Libyen zu verbessern und darüber hinaus Zeit zu gewinnen, auf eine endgültige Aufhebung der Sanktionen hinzuarbeiten. Diese galt es zu möglichst günstigen Bedingungen für Libyen zu erreichen. Ohne strafrechtliche Verantwortung zu übernehmen sagte Libyen Kompensationen in Höhe von bis zu 2,7 Mrd. US-$ zu, die in Verbindung mit der Aufhebung der verschiedenen gegen Libyen verhängten Restriktionen seitens der VN und der USA auszuzahlen sind. Libyen ist trotz der nicht vollständig geklärten - und zu klärenden - Lockerbie-Angelegenheit bereit, sich die Integration in den Weltmarkt und die Weltgemeinschaft diese Summe kosten zu lassen, da sie die

[1507] Vgl. die NZZ vom 3.9.2003 („Ghadhafis neues Werben um den Westen."). Am 24.10.2003 äußerte Saif al-Islām, daß er mit einer baldigen Aufhebung der US-Sanktionen rechne. Die US-Regierung habe eine entsprechende Entwicklung signalisiert. Vgl. die Reuters-Meldung vom 24.10.2003 ("Libya optimistic on U.S. sanctions."). Die Ereignisse im Jahre 2004 bestätigten die Annahmen.

Verluste unterschreitet bzw. ausgleicht. Aufgrund dessen erfolgte am 12.9.2003 die Aufhebung der VN-Sanktionen durch die Res. 1506 (2003).
Die Sanktionen können nicht als alleinige Ursache für die Änderung von al-Qaḏḏāfīs Politik gegenüber Afrika (Schaffung der Vereinigten Staaten von Afrika), Europa (Euromediterraner Dialog, verstärkte wirtschaftliche Beziehungen) und den USA gesehen werden. Internen Faktoren wie gesunkene Erdöleinnahmen sowie Opposition durch Teile der Armee, Stammesgruppierungen und militante Islamisten kommt eine nicht zu unterschätzende Bedeutung zu. Durch den Fortfall der Sanktionen können durch die ausländischen Investitionen und die Zunahme der Privatwirtschaft positive dem Volk zugutekommende Veränderungen erwartet werden.
Die äußeren Faktoren für die veränderte libysche Haltung sind nicht nur in den Sanktionen zu sehen. Diese Faktoren gründen auch in veränderten Bedingungen, die durch das Ende der Sowjetunion und die daraus resultierende Vorherrschaft der USA beeinflußt sind. Die Energie-Politik der USA sowie die Terrorismus-Bekämpfung stellen für Libyen Möglichkeiten dar, seinen als schlecht angesehenen Ruf hinter sich zu lassen. Insbesondere im Kampf gegen den Terrorismus sind die USA auf internationale Zusammenarbeit angewiesen. Diesbezüglich kann Libyen als Prüfstein betrachtet werden, wenn man einen westlich-amerikanischen Standpunkt einnimmt: ist Libyen tatsächlich bereit, sich als verantwortliches Mitglied der internationlen Gemeinschaft zu verhalten? Wenn diese Haltung bejaht wird, wobei Libyen allerdings nicht konstante Bewertungskriterien der US-Administration einkalkulieren wird, werden Libyen und die USA von der libyschen Kooperationsbereitschaft in der Außenpolitik profitieren.

Schlußbetrachtung

Entsprechend dem Thema wurde in dieser Arbeit zum einen die theoretische Begründung der Sanktionen im modernen Völkerrecht und in der Staatenpraxis, zum anderen ihre Anwendung gegenüber Libyen untersucht.
Durch die Darstellung der rechtlichen Grundlagen, der Anwendungstechniken und der judikativen Überwachungsmöglichkeiten von Sanktionen (1. Kap.) gilt es, ihre rechtstheoretische Konzeption verstehbar werden zu lassen für Leser, die in den Bereichen von Politik, Wirtschaft und Kultur mit einem Staat in Berührung kommen, der sich Sanktionen ausgesetzt sieht.
Der ausführliche historische Teil (2. Kap.) dient der Betonung der staatlichen Entwicklung seit der Beendigung der Kolonialzeit, die sich durch die bis weit in die vorchristliche Zeit zurückreichende Geschichte Libyens erklären läßt.
Der Bereich der Anwendung von Sanktionen umfaßt ihre Durchsetzung in den sog. Anwenderstaaten (3./4. Kap.) sowie die Auswirkungen auf Libyen (5./6. Kap.) unter folgenden Fragestellungen: wie gelang es Libyen - veranlaßt durch die 1992/93 verhängten VN-Sanktionen -, die Suspendierung und schließlich am 12.9.2003 erfolgte Aufhebung der VN-Sanktionen und schließlich auch der meisten US-Sanktionen zu bewirken (die Aufhebung der Sanktionen der EG/EU steht für Oktober 2004 zu erwarten)?
Ausgehend von den hier berücksichtigten veschiedenen beteiligten Parteien Libyen, USA, Vereinte Nationen (VN) und EG/EU (und den praktischen Konsequenzen für einen EU-Staat am Beispiel Deutschlands) stellt sich die Situation in der zusammenfassenden Schlußbetrachtung wie folgt dar:

- 1951 wurde Libyen erstmalig in seiner Geschichte unabhängig. Die nationale Unabhängigkeit war mit ausdrücklicher Befürwortung durch die USA von den Vereinten Nationen zuerkannt worden. Mit Beginn der Erdölförderung 1959 stieg das Staatseinkommen sehr stark an. Da die Bevölkerung keinen Anteil an dem wachsenden Reichtum hatte, wuchs die Unzufriedenheit. 1969 stürzte ein junger Offizier - al-Qaḏḏāfī - den libyschen König. In den folgenden Jahren verschlechterte sich das Verhältnis zu den USA zunächst aufgrund unterschiedlicher politischer Grundeinstellungen.
- Die unverhohlene Förderung von Freiheitsbewegungen verschiedenster Zielrichtungen durch Libyen wurde von den USA als Unterstützung von Terrorismus eingestuft. Nach ersten Sanktionen und fortdauernder libyscher „Intransigenz" kam es Mitte der achtziger Jahre zu Zusammenstößen (1986: unter anderem La-Belle-Anschlag in Berlin, Bombardements von Tripolis und Benghasi).
- 1991 ersuchten die USA, Großbritannien und Frankreich den Sicherheitsrat der VN um Einschaltung wegen zwei 1988 und 1989 erfolgten Flugzeugattentaten (PanAm-Absturz über Lockerbie, UTA-Absturz über Niger), deren Urheberschaft Libyen unterstellt wurde.

- Libyen begegnete diesen Vorwürfen durch eine Klage vor dem Internationalen Gerichtshof. Dieser Schritt konnte die Verhängung von VN-Sanktionen (Res. 748/1992, Res. 883/1993) nicht verhindern. Gleichzeitig bemühte sich Libyen darum, internationale Unterstützung zu erhalten. Mit den Jahren erfolgte eine Abwendung von den arabischen Staaten und eine Zuwendung zu den afrikanischen Staaten, deren Unterstützung größeren Erfolg versprach. Die Drohung der Organisation für Afrikanische Einheit im Jahre 1998, die Sanktionen - insbesondere das Flugverbot - nicht mehr zu beachten, erzeugte Druck auf die VN und damit auch auf die USA und Großbritannien (Frankreich hatte einen Sonderweg durch Verhandlungen über eine Entschädigung seiner Flugopfer beschritten).
- Der Durchbruch wurde erreicht, als es noch in demselben Jahr zu einer Einigung über die Prozeßmodalitäten für die mutmaßlichen libyschen Verursacher des Absturzes über Lockerbie kam. Mit ihrer Überstellung im April 1999 wurden die VN-Sanktionen ausgesetzt. Ihre endgültige Aufhebung erfolgte nach der Erfüllung der weiteren in den VN-Resolutionen niedergelegten Forderungen an Libyen (Übernahme der Verantwortung, Kompensationszahlungen an die Opfer-Hinterbliebenen) am 12.9.2003.
- Im Zuge der durch die Aufhebung der VN-Sanktionen begonnene Annäherung Libyens an die USA und die EU kam es im April und September 2004 zur Aufhebung der US-Handelssanktionen gegen Libyen.
- Libyen bleibt allerdings vorerst auf der von den USA zusammengestellten Liste der den Terrorismus unterstützenden Staaten stehen und unterliegt somit weiterhin Beschränkungen (u.a. keine Waffenimporte aus den USA).
- Es steht zu erwarten, daß die EG/EU ihre Sanktionen gegen Libyen wie angekündigt am 11.10.2004 aufheben wird.

Letztlich ist für die Frage, ob die Sanktionen gegen Libyen wirksam waren, der Blickwinkel ausschlaggebend.

Legt man der Effektivität von Sanktionen zugrunde, daß ihr Ziel erreicht worden ist, so kann dieser Gesichtspunkt hinsichtlich Libyens bejaht werden: die Sanktionen waren verhängt worden, um die Auslieferung der mutmaßlichen Täter zu bewirken. Sie wurden nach mehrjährigen Verhandlungen ausgeliefert. Die Sanktionen waren also erfolgreich.

Libyen hatte es jedoch verstanden, maßgeblich Einfluß zu nehmen auf die Auslieferungs- und Prozeßbedingungen. Dieser Umstand war nicht im Sinne der Sanktionsinitiatoren gewesen, da er die Position Libyens erheblich verbesserte.

Sind die Sanktionen damit als weniger wirksam zu bewerten? Und hat sich Libyen letztlich nicht doch von seiner Schuld - die im übrigen als nicht hinreichend erwiesen gelten kann - freigekauft, wie viele der Hinterbliebenen-Familien der Lockerbie-Opfer meinen?

Mit diesen Familien kam ein weiterer, nicht zu vernachlässigender Faktor ins Spiel. Das Vermögen der aus den USA stammenden Familien, sich zusammenzuschließen und auf diese Weise großen Druck auf die US-Administration und den Kongreß auszuüben, bewirkte, daß die US-Gesetzgebung gegen Libyen verschärft wurde (Iran and Libya Sanctions Act). Darüber hinaus waren die Familien ein starker Gegenspieler der US-Erdölfirmen, die ihre Fördermöglichkeiten in Libyen seit 1986 nicht mehr wahrnehmen dürfen.
Diese US-Erdölfirmen übten ihrerseits Druck auf die beteiligten politischen Stellen in den USA aus. Wie auch die Unternehmerinitiativen in den USA (z.B. USA*engage) sahen sie nicht Isolation, sondern das Pflegen wirtschaftlicher Beziehungen als Lösung sowohl für einen verantwortlichen politischen Umgang von Staaten miteinander als auch für die Verbesserung von staatlichen Beziehungen.
Von Anbeginn des sich verschlechternden Verhältnisses zwischen Libyen und den USA waren die europäischen Staaten darum bemüht, sich - nicht nur aus wirtschaftlichen Gründen - aus dem Konflikt herauszuhalten. Die USA versuchten, ein internationales Erdölembargo gegen Libyen durchzusetzen. Die meisten europäischen Staaten sprachen sich aus politischen und wirtschaftlichen Gründen dagegen aus. Die Erdöleinnahmen Libyens erlaubten es dem Land, die US- und später die VN-Sanktionen finanziell ausgleichen und damit ihr politisches Konzept durchhalten zu können.
Es kann vermutet werden, daß dieser Umstand den USA nicht ungelegen kam. Libyen war in seiner finanziellen Bewegungsfreiheit stark eingeschränkt und förderte seit mehreren Jahren nachweislich keinen Terrorismus mehr. Gleichzeitig wurde al-Qaḏḏāfī an der Macht belassen, um die mit seinem Wegfall zu befürchtende politische Instabilität herauszuzögern. Im Rahmen der Anschläge vom 11. September 2001 erwies sich Libyen darüber hinaus als hilfreich hinsichtlich der Zusammenarbeit in der Verfolgung der Attentäterkreise.
Diese Entwicklung zeigt deutlich, wie sehr Libyen darum bemüht ist, seinen bis heute schlechten Ruf in den europäischen Ländern und insbesondere in den USA zu verbessern. Die langjährigen Sorgen der USA über die libyschen Bestrebungen im Bereich der Massenvernichtungswaffen wurden im Dezember 2003 überraschend entkräftet. Der Umgang mit den Menschenrechten in Libyen wird von den USA - und darüber hinaus internationalen Beobachtern - nach wie vor als unangemessen angesehen.

Beginnend mit der libyschen Zustimmung zu internationalen Rüstungskontrollen am 19.12.2003 erfolgte eine überraschend zügige Annäherung zwischen den USA und Libyen, die sich in der Wiederaufnahme der diplomatischen Beziehungen, hochrangigen Staatsbesuchen und der Aufhebung der US-Handelssanktionen gegen Libyen äußerte. Dennoch bewahren sich die USA ihre Vorbehalte und strichen z.B. Libyen bislang nicht von der Liste des US-Außenministeriums der Terrorismus unterstützenden Staaten.

Insgesamt war nicht vorherzusagen, wie sich die Lage gestalten würde, da es genügend Kreise gibt, die an den Sanktionen gegenüber Libyen insbesondere aus moralischen Gründen festhalten wollten. Der Einfluß der Erdölfirmen und der Wirtschaftsunternehmen in den USA bewirkte wenig - die US-Regierung war aus politischen Gründen gewillt, die Aufhebung der US-Sanktionen gegenüber Libyen durchzusetzen. Sie würdigte damit den Verzicht Libyens auf die Herstellung von Massenvernichtungswaffen und hofft, daß Libyen auf diese Weise ein Beispiel darstellt, das andere Länder (Iran, Nordkorea, Syrien) nachahmen werden. Eine zentrale Rolle wird in den Beziehungen der USA zu Libyen das Ende jeglicher Unterstützung für Terrorgruppen spielen.
Eine allmählich erfolgende, wohldurchdachte Annäherung insbesondere auf der Bildungsebene könnte helfen, das durch Diffamierungskampagnen in den achtziger Jahren in den USA äußerst negative Libyen-Bild zu verändern. Darüber hinaus bleibt es Libyen überlassen, seine mit Hilfe von PR-Agenturen betriebene Strategie fortzusetzen, um sein zu einem Großteil zu Unrecht schlechten Ruf zu verbessern. Dienlich könnte dabei ein Machtwechsel sein - vorausgesetzt der Nachfolger des derzeitigen de-facto-Staatschefs versteht es, die Oberhand im eigenen Lande zu behalten und sich gegen die verschiedenen Stammesinteressen durchzusetzen.

Ob Sanktionen als ein angemessenes Mittel zur Durchsetzung von politischen Vorstellungen gewertet werden können, ist anknüpfend an die Einleitung dem Betrachter überlassen. Unbestritten besteht über Sanktionen die Möglichkeit, anstelle von militärischen Maßnahmen einen Konflikt zu lösen. Es sind dabei jedoch viele komplexe Faktoren zu berücksichtigen, so daß der Einsatz von Sanktionen selten das gewünschte Ergebnis hervorbringt. Maßvoll eingesetzt mögen sie die Basis für Verhandlungen bilden können - im Sinne eines *quid pro quo*. Als Strafe gedacht hingegen bewirken sie nur Widerstand - ein Vergleich zu erzieherischen Methoden muß hier als nicht unangemessen erscheinen. Ein verständnisvoller, auf Ausgleich bedachter und gerechter Umgang miteinander könnte manche politische Schwierigkeiten einfacher und menschlicher lösen, erfordert aber den dazugehörigen Mut.

Literaturverzeichnis

Benutzerhinweise:
Der Zitiertitel setzt sich aus dem Nachnamen des Autors resp. dem Kurztitel und dem Erscheinungsjahr der Publikation zusammen.
Das arabische „al-" wird aufgelöst: „al-Sowayel" findet sich demnach unter dem Buchstaben „S".
Eine Reihe von englischsprachigen Dissertationen lagen mir lediglich als Zusammenfassungen vor. Der Vollständigkeit halber wurden sie in das Literaturverzeichnis aufgenommen, da im Textkorpus auf sie verwiesen wird.
Zu Bereich A gehörendes Material in arabischer Sprache wird aus Gründen der Übersichtlichkeit unter Bereich B gesondert aufgeführt. Bei den weniger umfangreichen Bereichen C-F hingegen wird nicht differenziert.
Das verwendete Schrifttum ist entsprechend den nachfolgenden Rubriken geordnet:

A. Monographien, Sammelwerke, Zeitschriftenaufsätze und Zeitungsartikel
B. Monographien, Sammelwerke, Zeitschriftenaufsätze und Zeitungsartikel (Arabisch)
C. Nachschlagewerke, Wörterbücher
D. Gesetzestexte und offizielle Dokumente
E. Zeitungen, Zeitschriften und Gesetzesblätter
F. Internetverweise

A. Monographien, Sammelwerke, Zeitschriftenaufsätze und Zeitungsartikel

AAL 1976: „Jahrbuch Asien - Afrika - Lateinamerika. 1974." Berlin: Deutscher Verlag der Wissenschaften, 1976.
AAL 1978: „Jahrbuch Asien - Afrika - Lateinamerika. 1977." Berlin: Deutscher Verlag der Wissenschaften, 1978.
AAL 1979: „Jahrbuch Asien - Afrika - Lateinamerika. 1979." Berlin: Deutscher Verlag der Wissenschaften, 1980.
AAL 1984: „Jahrbuch Asien - Afrika - Lateinamerika. 1983." Berlin: Deutscher Verlag der Wissenschaften, 1984.
AAL 1988: „Jahrbuch Asien - Afrika - Lateinamerika. 1988." Berlin: Deutscher Verlag der Wissenschaften, 1989.
AAN 1983: »Annuaire de l'Afrique du Nord. 1981« Paris: Ed. CNRS, 1983.
AAN 1990: »Annuaire de l'Afrique du Nord. 1988« Paris: Ed. CNRS, 1990.
AAN 1999: »Annuaire de l'Afrique du Nord. 1997« Paris: Ed. CNRS, 1999.
AAN 2000: »Annuaire de l'Afrique du Nord. 1998« Paris: Ed. CNRS, 2000.
ABDUSSALAM/ABUSEDRA 1985: ABDUSSALAM, A.A. / ABUSEDRA, F.S.: "Part II: Libya, Egypt and the Sudan." in: BOAHEN 1985: ed. cit., S.440-447.
ABI-AAD 1997: ABI-AAD, Naji E.: "Impacts of the UN/US Sanctions on Libya's Petroleum Industry." Arab Oil and Gas. Paris. 26(1997)618, S.44-49.
ABULFEDAE 1831: ABULFEDAE: „Historia Anteislamica, Arabice. E Duobus Codicibus Bibliothecae Regiae Parisiensis, 101 ET 615, editit, Versione Latina, Notis et Indicibus auxit Henricus Orthobius Fleischer." Lipsiae: Typis et Impensis Fr. Chr. Guil. Vogel, 1831.

ABUN-NASR 1987: ABUN-NASR, Jamil M.: "A History of the Maghrib in the Islamic Period." Cambridge u.a.: Cambridge University Press, 1987.

ADAMS 1942: ADAMS, James Truslow (Hg.): "Dictionary of American History." 6 Bde. New York: Charles Scribener's Sons, 1942.

AHMIDA 1990: AHMIDA, Ali Abdullatif: "For God, Homeland, and Clan: Regional and Social Origins, Collaboration and Anticolonial Resistance, Libya, 1830-1932." Seattle / Washington: University of Washington, Diss., 1990.

AJAYI/CROWDER 1985: AJAYI, J.F. Ade / CROWDER, Michael (Hg.): "Historical Atlas of Africa." Cambridge u.a.: Cambridge UP, 1985.

ALBERGONI 1975: ALBERGONI, G.: »La Libye Nouvelle: Rupture et Continuité.« Paris: CNRS, 1975.

ALLAN 1981: ALLAN, J.A.: "Libya. The Experience of Oil." London u.a.: Croom Helm u.a., 1981.

ALLAN 1982: ALLAN, J.A. (Hg.): "Libya since independence. Economical and political development." London u.a.: Croom Helm / New York: St. Martin's Press, 1982.

ALMASRI 2001: ALMASRI, Khaled: "The Political Economy of Sanctions against Iraq. Denver / Colorado: University of Denver, Diss., 2001.

ALSUDAIRY 2000: ALSUDAIRY, Waleed Bin Nayef: "Regime Types and Development Performance: An Empirical Study of the Effect of Military Controlled Regimes on Economic Development." Tucson / Arizona: The University of Arizona, Diss., 2000.

ANDERSON 1982: ANDERSON, Lisa: "Libya and American Foreign Policy." Middle East Journal. Washington, D.C. 36(1982)4, S.516-534.

ANDERSON 1993: ANDERSON, James Herbert: "National Decisionmaking and Quick-Strike Intervention During the 1980s: A Comparative Analysis of Operations Urgent Fury, El Dorado Canyon, and Just Cause (Grenada, Libya, Panama)." Medford / Massachusetts: Tufts University, Diss., 1993.

ANDERSON 1999: ANDERSON, Frank: "Qadhafi's Libya: The Limits of Optimism." Middle East Policy. Washington, D.C. 6(1999)4, o.S. <http://www.mepc.org/journal/9906_anderson.html>, 30.5.2002.

ANDERSON 2000: ANDERSON, Lisa: »La Libye de Kadhafi.« Monde Arabe. Maghreb-Machrek. Paris. (2000)170, S.12-15.

ANKER/MANGELSDORF 2002: ANKER, Jens / MANGELSDORF, Frank: „La Belle. Anatomie eines Terroranschlages." Berlin: Das Neue Berlin Verlagsanstalt mbH, 2002.

ANSELL/AL-ARIF 1972: ANSELL, Meredith O. / AL-ARIF, Ibrahim Massaud: "The Libyan Revolution. A Sourcebook of Legal and Historical Documents. Vol. 1: 1 September 1969 - 30 August 1970." Stoughton / Wisconsin: The Oleander Press, 1972.

ARAB 1988: ARAB, Mohamed Khalifa: "The Effect of the Leader's Belief System on Foreign Policy: The Case of Libya." Tallahassee / Florida: The Florida State University, Diss., 1988.

ASCHWANDEN 2002: ASCHWANDEN, Erich: „USA stoppen Schweizer Exportgeschäft." Neue Zürcher Zeitung. Zürich. Nr.11, 26.5.2002, S.14.

ASHTON/FERGUSON 2001: ASHTON, John / FERGUSON, Ian: "Cover-Up of Convenience. The Hidden Scandal of Lockerbie." Edinburgh / London: Mainstream Publishing, 2001.

ATAÖV 1995: ATAÖV, Türkkaya: "United Nations Reform: Some Structural Changes Related to International Democracy." in: *Koechler* 1995: ed. cit., S.49-73.

ATAÖV 1997: ATAÖV, Türkkaya: "Embargoes and Non-Targeted Countries: The Case of Turkey." in: KÖCHLER 1997: ed. cit., S.23-50.

AUST 2000: AUST, Anthony: "Lockerbie: The Other Case." International and Comparative Law Quarterly. London. 49(2000)2, S.278-296.

AWV 1999: „47. Änderungsverordnung zur AWV." Außenwirtschaftliche Praxis. Köln. 5(1999)7, S.231 f.

BACHMANN 2003: BACHMANN, Ernst-Udo: „Ausfuhrbeschränkungen für Dual-use-Güter. Teil I - unter besonderer Berücksichtigung der verwendungsbezogenen Tatbestände -." Außenwirtschaftliche Praxis. Köln. 9(2003)3, S.115-119.

BACHMANN 2003a: BACHMANN, Ernst-Udo: „Ausfuhrbeschränkungen für Dual-use-Güter. Teil II - unter besonderer Berücksichtigung der verwendungsbezogenen Tatbestände -." Außenwirtschaftliche Praxis. Köln. 9(2003)4, S.154-159.

BADRY 1986: BADRY, Roswitha: „Die Entwicklung der dritten Universaltheorie (DUT) Mu'ammar al-Qaddāfīs in Theorie und Praxis: aus ideengeschichtlicher und historischer Sicht." Frankfurt u.a.: Lang, 1986.

BADRY 1987: BADRY, Roswitha: „Die Dritte Universaltheorie (DUT) Mu'ammar al-Qaddafis. Eine umstrittene Staatsideologie." in: OPPERSCHALL/TEUBER 1987: ed. cit., S.48-86.

BAEDEKER 1929: „Unteritalien, Sizilien, Sardinien, Malta, Tripolis, Korfu. Handbuch für Reisende von Karl Baedeker." Leipzig: Karl Baedeker, 1929.

BAFA 2001: „Merkblatt für den Außenwirtschaftsverkehr mit Libyen." Eschborn: Bundesamt für Wirtschaft und Ausfuhrkontrolle, 20.11.2001.

BAFA 2002: „Aufgaben: Ausfuhrkontrolle." <http://www.bafa.de/>, 18.4.2002.

BAFA 2002a: „Exportkontrolle - Kurzdarstellung." Eschborn: Bundesamt für Wirtschaft und Ausfuhrkontrolle, 1.9.2002.

BAFA 2002b: „Historie des Bundesamts für Wirtschaft und Ausfuhrkontrolle." <http://www.bafa.de/allg/historie.htm>, 18.4.2002.

BAFA 2002c: „Organisationsplan des Bundesamtes für Wirtschaft und Ausfuhrkontrolle." <http://www.bafa.de/allg/organisa/pdf/organigr.pdf>, 18.4.2002.

BAGOGLU 2001: BAGOGLU, Necip C.: „Wirtschaftstrends Libyen zum Jahreswechsel 2000/01." Köln: Bundesstelle für Außenhandelsinformationen, [2001].

AL-BAKRĪ 1913: AL-BAKRĪ, Abū ᶜUbayd ᶜAbd Allāh Ibn ᶜAbd al-ᶜAzīz: »Description de l'Afrique Septentrionale Par el-Bekri. Traduite Par Mac Guckin de Slane.« Alger: Typographie Adolphe Jourdan, 1913.

BALAJ 1997: BALAJ, Barbara Sue: "The Federal Republik of Germany and the Middle East." Washington, D.C.: The George Washington University, Diss., 1997.

BALDWIN 1971: BALDWIN, David A.: "The Power of Positive Sanctions." World Politics. Baltimore. 24(1971)1, S.19-38.

BALDWIN 1985: BALDWIN, David: "Economic Statecraft." Princeton / New Jersey: Princeton University Press, 1985.

BALTAJI 2000: BALTAJI, Ali: „Untersuchung der Dritten Universaltheorie in Libyen im Hinblick auf die ihr inhärente Menschenrechtstheorie." Oldenburg: Carl-von-Ossietzki-Universität, Diss., 2000.

BAMBERGER 1999: BAMBERGER, Marianne: „Sanktionen und Embargos der Vereinigten Staaten. Der aktuelle Stand (Teil 1)." Außenwirtschaftliche Praxis. Köln. 5(1999)12, S.445-447.

BAMBERGER 2000: BAMBERGER, Marianne: „Sanktionen und Embargos der Vereinigten Staaten. Der aktuelle Stand (Teil 2)." Außenwirtschaftliche Praxis. Köln. 6(2000)1, S.23-25.

BANSE 1913: BANSE, Ewald: „Land und Leute in Tripolitanien." Stuttgart: Benzinger, [1913].

BANTLE 1994: BANTLE, Stefan: „Schattenhandel als sozialpolitischer Kompromiß: die "liberalen Märkte" in Tunesien. Informelle Kleinimporte, Wirtschaftsliberalisierung und Transformation." Münster: Lit, 1994.

BARAKAT 1985:BARAKAT, Halim (Hg.): "Contemporary North Africa. Issues of Development & Integration." Washington, D.C.: Center for Contemporary Arab Studies, 1985.

BASSET 1927:BASSET, René: „Ḳaramanlı." in EI[1]: ed. cit., Bd.II, S.799 f.

BASSET 1986: BASSET, René: "Berbers." in EI[2]: ed. cit., Bd.I, S.1173-1187.

BAUMANN 1970: BAUMANN, Herbert: „Die libysche Verfassung. Ihre Grundlagen und Prinzipien." Staat und Recht. Berlin. 19(1970)6, S.1000-1016.

BAUMANN/EBERT 1995: BAUMANN, H. / EBERT, M. (Hg.): „Die Verfassungen der Mitgliedsländer der Liga der Arabischen Staaten." Berlin: Berlin Verlag Arno Spitz GmbH, 1995, S.435-451.

BEARMAN 1991: BEARMAN, Jonathan: "Libya: Come Back America, We Need You." The Middle East. London. (Juni 1991)200, S.25-28.

BEN ARYEAH 2000: BEN ARYEAH, David: "Lockerbie - The Trial Begins." Middle East International. London. Nr. 624, 5.5.2000, S.7.

BEN ARYEAH 2000a: BEN ARYEAH, David: "Libya: Lockerbie Trial So Far." Middle East International. London. Nr. 639, 8.12.2000, S.17 f.

BEN ARYEAH 2001: BEN ARYEAH, David: "After The Trial." Middle East International. London. Nr. 643, 9.2.2001, S.17.

BEN ARYEAH 2001a: BEN ARYEAH, David: "Lockerbie: Further Delay." Middle East International. London. Nr. 650, 18.5.2001, S.21 f.

BEN ARYEAH 2001b: BEN ARYEAH, David: "Lockerbie: Appeal Moves." Middle East International. London. Nr. 654, 13.7.2001, S.20.

BEN ARYEAH 2001c: BEN ARYEAH, David: "Lockerbie: Appeal by Media." Middle East International. London. Nr. 658, 14.9.2001, S.23.

BEN MASSAUD FUSHAIKA 1962: BEN MASSAUD FUSHAIKA, Mohamed: "A Short History of Libya From the Remotest Times Up to Date. Translated from Italian into English by Maria B. Sherkasi." Tripoli: Government Printing Press, 1962.

BENNETT 1975: BENNETT, Valerie Plave: "Libyan Socialism and Qaddafi's Policies." in: DESFOSQUES/ LEVESQUE 1975: ed. cit., S.99-120.

BERBER 1975: BERBER, Friedrich: „Lehrbuch des Völkerrechts." 3 Bde. München: Beck, [2]1975.

BERGS 1999: BERGS, Rolf: „Wirtschaftspolitik und Stagnation in Libyen am Ende der 90er Jahre." in: SCHLIEPHAKE 1999: ed. cit., S.193-200.

BERI 1986: BERI, H.M.L.: "Sanctions Against Libya." Strategic Analysis. New Delhi. 9(1986)12, S.1253-1264.

BERLACK/HUNT 2001: BERLACK, Evan R. / HUNT, Cecil: "Coping with U.S. Exports Controls 2001." New York: Pracising Law Institute, 2001.

BEUTEL 2001: BEUTEL, Holger: „Embargos." in: WOLFFGANG/SIMONSEN 2001: ed. cit., Ordnungsnr. 52.

BEUTEL 2001a: BEUTEL, Holger: „Internationale Regime und Verträge." in: WOLFFGANG/SIMONSEN 2001: ed. cit., Ordnungsnr. 51.

BEVERIDGE 1992: BEVERIDGE, Fiona: "I. The Lockerbie Affair." International and Comparative Law Quarterly. London. 41(1992)4, S.907-920.

BFAI 1981: „Libyen. Wirtschaftliche Entwicklung. 1980." bfai Marktinformation. Köln: Bundesstelle für Außenhandelsinformation, 1981.

BGB 2003: JAUERNIG, Othmar (Hg.): „Bürgerliches Gesetzbuch." München: Beck, [10]2003.

BIALOS/JUSTER 1986: BIALOS, Jeffrey P. / JUSTER, Kenneth I.: "The Libyan Sanctions: A Rational Response to State-Sponsored Terrorism." Virginia Journal of International Law. Charlottesville. 26(1986)4, S.799-855.

BIBEL 1985: „Die Bibel. Nach der Übersetzung Martin Luthers." Stuttgart: Deutsche Bibelgesellschaft, 1985.

BIENECK 1995: BIENECK, Klaus: „Verurteilung wegen Vertragsschlüssen mit libyschen Stellen bezüglich einer Chemiewaffenanlage. Strafverfahren vor dem LG Stuttgart gegen mutmaßliche Ersatzlieferanten der Imhausen-Unternehmungen." Außenwirtschaftliche Praxis. Köln. 1(1995)10, S.364 f.

BIENECK 1997: BIENECK, Klaus: „Erneute Verurteilung wegen der Lieferung von Anlageteilen für eine Chemiewaffenfabrik in Libyen." Außenwirtschaftliche Praxis. Köln. 3(1997)2, S.62-64.

BIENECK 1997a: BIENECK, Klaus: „Keine Bagatellgrenze für Embargoverstöße. Revisionsentscheidung des OLG Stuttgart zu § 34 Abs. 4 AWG." Außenwirtschaftliche Praxis. Köln. 3(1997)3, S.99-101.

BIENECK 1999: BIENECK, Klaus: „Erfahrungen der Strafjustiz mit dem Außenwirtschaftsrecht." in: EHLERS/WOLFFGANG 1999: ed. cit., S.77-120.

BIENECK 2002: BIENECK, Klaus: „Kontensperre gegen Libyen: Ein Urteil der Wirtschaftskammer des Landgerichts Stuttgart." Außenwirtschaftliche Praxis. Köln. 8(2002)11, S.429-431.

BIENECK 2003: BIENECK, Klaus: „Kriegswaffenliste und Grundrechte." Außenwirtschaftliche Praxis. Köln. 9(2003)8, S.309 f.

BLACK 2000: BLACK, Craig R.: "Deterring Libya. The Strategic Culture of Muammar Qaddafi." The Counterproliferation Papers. Future Warfare Series No. 8. USAF Counterproliferation Center. Air War College. Air University. Maxwell Air Force Base, Alabama, 2000.

BLÄSER 1882: BLÄSER, C.F.: „Deutschlands Interesse an der Eroberung und Colonisation der nordafrikanischen Küsten Tunis und Tripolis in seiner großen Bedeutung zumal hinsichtlich der handelspolitischen und gewerblichen Beziehungen." Berlin: Verl.v.Julius Bohne, 1882.

BLAKE/ABU-OSBA 1982: BLAKE, Cecil / ABU-OSBA, Saleh K. (Hg.): "Libya. Terrorist or Terrorized. An Inquiry into Politics, Ideology and Communication." Ottawa: Jerusalem Inst. Publishing House, Inc., 1982.

BLAS DE ROBLES: BLAS DE ROBLES, Jean-Marie: »Libye grecque, romaine et byzantine.« Aix-en-Provençe: Edisud, 1999.

BLEUCHOT 1973: BLEUCHOT, Hervé: »Du "socialisme islamique" à la "révolution culturelle" en Libye.« Maghreb-Machrèk. Paris. 58(1973)4, S.22 f.

BLEUCHOT 1974: BLEUCHOT, Hervé: »Les fondements de l'idéologie du colonel Mouammar El Kadhafi.« Maghreb-Machrèk. Paris. 62(1974)2, S.1-27.

BLEUCHOT 1983: BLEUCHOT, Hervé: »Chroniques et documents libyens. 1969-1980.« in: AAN 1983: ed. cit., S.166-170.

BLOCH/DRIESCHNER 2000: BLOCH, Werner / DRIESCHNER, Frank: „Wo ging die Bombe hoch? Ein Gutachten für die ZEIT legt nahe: Die Angeklagten im Lockerbie-Prozess sind unschuldig." Die ZEIT. Hamburg. Nr. 24, 8.6.2000, S.9.

BLUNDY/LYCETT 1987: BLUNDY, David / LYCETT, Andrew: "Qaddafi and the Revolution." Boston u.a.: Little, Brown and Company, 1987.

BMWI 2002: „Bundesministerium für Wirtschaft und Technologie: Rüstungsexportpolitik." <http://www.bmwi.de/Homepage/ Politikfelder/Au%dfenwirtsch.../Exportkontrolle.js>, 21.8.2002.

BOAHEN 1985: BOAHEN, A. Adu: "General History of Africa. VII: Africa under Colonial Domination 1880-1935." London u.a.: Heinemann, 1985.

BOLTON 2002: BOLTON, John: "Beyond the Axis of Evil: Additional Threats from Weapons of Mass Destruction." Heritage Foundation Lecture, held on May 6, 2002. <http://www.heritage.org/library/lecture/hl743.html>, 7.6.2002.

BONDI 2001: BONDI, Loretta: "Arms Embargoes." in: BRZOSKA 2001a: ed. cit., S.63-85.

BOUBAKRI 2000: BOUBAKRI, Hassen: »Echanges transfrontaliers et commerce parallèle aux frontières tuniso-libyennes.« Monde Arabe. Maghreb-Machrek. Paris. (2000)170, S.39-51.

BOUCEK 2002: BOUCEK, Christopher: "Libya's curious relationship with Mugabe's Zimbabwe." The Journal of Libyan Studies. Oxford. 3(2002)2, S.22-31.

BOUTROS-GHALI 1995: BOUTROS-GHALI, Boutros: „Globale Perspektiven für die Vereinten Nationen." Außenpolitik. Hamburg. 46(1995)2, S.107-114.

BOUTROS-GHALI 1996: BOUTROS-GHALI, Boutros: „Sanktionen: die Sicht des Generalsekretärs." Vereinte Nationen. Kehl am Rhein. 44(1996)3, S.90.

BRAUDEL 1972: BRAUDEL, Fernand: "The Mediterranean and the Mediterranean World in the Age of Philip II. Translated by Siân Reynolds. Abridged by Richard Ollard." New York: Harper Collins Publ., 1972.

BRENSCHEIDT 1979: BRENSCHEIDT, Michael: „Neue Entwicklungen im US-amerikanischen Wirtschaftsrecht mit extraterritorialem Anwendungsbereich." Recht der internationalen Wirtschaft. Heidelberg. 25(1979)2, S.88-97.

BRENTJES 1982: BRENTJES, Burchard: „Libyens Weg durch die Jahrtausende." Leipzig u.a.: Urania, 1982.

BROWN 1985: BROWN, Carl L.: "U.S.-Maghrebi Relations: Model or Muddle?" in: *Barakat* 1985: ed. cit., S.37-44.

BROWN 1985a: BROWN, Michael Lawrence: "Economic Sanctions: A Cost-Benefit Approach." Cambridge / Massachusetts: Harvard University, Diss., 1985.

BROWN 1986: BROWN, K.L.: "Lībiyā." in: EI^2: ed. cit., Bd. V, S.753-761.

BRUCE-LOCKHART 2000: BRUCE-LOCKHART, Jamie: "Impressions of Fezzan in 1822: the Borno Mission Diaries of Lieutenant Hugh Clapperton, R.N." The Journal of Libyan Studies. Oxford. 1(2000)1, S.61-78.

BRUDERLEIN 1998: BRUDERLEIN, Claude: "Coping with the Humanitarian Impact of Sanctions: An OCHA Perspective." New York: United Nations Office for the Coordination of Humanitarian Affairs, 1998. <http://www.reliefweb.int/ocha_ol/pub/sanctions.html>;
<http://www.reliefweb.int/ocha_ol/pub/misc/chap1.html>;
<http://www.reliefweb.int/ocha_ol/pub/misc/chap2.html>;
<http://www.reliefweb.int/ocha_ol/pub/misc/chap3.html>, 14.11.2001.

BRUNSCHVIG 1940: BRUNSCHVIG, Robert: »La Berbérie orientale sous les Ḥafṣides des origines a la fin du XVe siècle.« Paris: Librairie d'Amerique et d'Orient, 1940.

BRYCE 2001: BRYCE, Susan: "Libya, Lockerbie & Lies. The struggle by one country against the forces of international oppression." New Dawn. Melbourne. (2001)60.
<http://www.newdawnmagazine.com/Articles/Libya_Lockerbie_&_Lies.html>, 30.5.2002.

BRYDE 1970: BRYDE, Brun-Otto: „Die libysche Verfassungsproklamation vom 11. Dezember 1969." Verfassung und Recht in Übersee. Hamburg. 3(1970), S.383-389.

BRZOSKA 2001: BRZOSKA, Michael: "A Brief Background on the 'Bonn-Berlin Process'." in: BRZOSKA 2001a: ed. cit., S.9-17.

BRZOSKA 2001a: BRZOSKA, Michael (Hg.): "Smart Sanctions: The Next Steps; The Debate on Arms Embargoes and Travel Sanctions within the "Bonn Berlin Process".". Baden-Baden: Nomos, 2001.

BURCI 1996: BURCI, Gian Luca: "Do Economic Sanctions Work? A View from the United Nations." ILSA Journal of International & Comparative Law. Fort Lauderdale. 2(1996)3, S.577-594.

BUSCHLINGER 1966: BUSCHLINGER, Gerold: „Nichtzollbedingte Schranken gegen einen freien Warenaustausch." Außenwirtschaftsdienst des Betriebs-Beraters. Heidelberg. 12(1966)10, S.185-195.

BUTANI 1975: BUTANI, D.H.: "The Political Economy of Libya." Mondes en Developpement. Paris. (1975)9, S.107-124.

CALIC 1996: CALIC, Marie-Janine: „Ökonomisch darnieder, politisch obenauf. Der Fall Jugoslawien zeigt die begrenzte Wirkung von Sanktionen." Der Überblick. Hamburg. 32(1996)2, S.33-35.

CALLIES DE SALIES 2002: CALLIES DE SALIES, Bruno: „Gaddafi - Wandel als Überlebenskunst." Le monde diplomatique. Monatliche Beilage der tageszeitung. Berlin. 15.12.2000, S.18.

CALLIES DE SALIES 2002: CALLIES DE SALIES, Bruno: »Libye: évolution favorable.« Défense nationale. Paris. 54(1998)4, S.130-145.

CALLIESS/RUFFERT 2002: CALLIESS, Christian / RUFFERT, Matthias (Hg.): „Kommentar des Vertrages über die Europäische Union und des Vertrages zur Gründung der Europäischen Gemeinschaft: EUV / EGV." Neuwied, Kriftel: Luchterhand, ^{2}2002.

CANDOLE 1990: CANDOLE, Eric Armar Vully de: "The Life and Times of King Idris of Libya." Published privately by Mohamed Ben Ghalboun, 1990.

CARMODY 1990: CARMODY, Thomas J.: "The Rhetorical Visions of Qathafi of Libya: A Fantasy Theme Analysis." Fullerton / California: California State University, Fullerton, M.A., 1990.

CASPAR 1963: CASPAR, Erich: „Roger II. (1101-1154) und die Gründung der normannisch-sicilischen Monarchie." Darmstadt: Wissenschaftliche Buchgesellschaft, 1963.

CASTORIUS 1892: "Map of the World by Castorius. Generally known as Peutinger's Tabula. Printed in Colours After the Original in the Imperial Library, Vienna." London: Williams & Norgate, 1892.

CATHCART 1901: CATHCART, James Leander: "Tripoli. First War with the United States. Inner History. Letter Book by James Leander Cathcart, First Consul to Tripoli and Last Letters from Tunis, Compiled by his Daughter J.B. Cathcart Newkirk." La Porte / Indiana: Herald Print, 1901.

CHARTE 1998: »Charte des Nations Unies et Statut de la Cour internationale de Justice.« New York: Nations Unies, 1998.

CHEDLI 2001: CHEDLI, Nadim: »Les jeunes en Libye.« Monde arabe. Maghreb-Machrèk. Paris. 171/172(2001)1-2, S.90-99.

CHEVENEMENT 1996: CHEVENEMENT, Jean-Pierre: „Unmenschliche Embargos." Vereinte Nationen. Kehl am Rhein. 44(1996)3, S.93 f.

CHILDS 1990: CHILDS, Timothy W.: "Italo-Turkish Diplomacy and the War over Libya 1911-1912." Leiden u.a.: Brill, 1990.

CHOMSKY 2000:CHOMSKY, Noam: „Washington stellt sich über internationales Recht: Das Besorgnis erregende Konzept vom Schurkenstaat." Le monde diplomatique. Monatliche Beilage der tageszeitung. Berlin. 11.8.2000, S.12 f.

CHOMSKY 2001: CHOMSKY, Noam: „War against people - Menschenrechte und Schurkenstaaten." Hamburg u.a.: Europa Verlag, 2001.

CHOMSKY 2001a: CHOMSKY, Noam: „Wirtschaft und Gewalt. Vom Kolonialismus zur neuen Weltordnung." Lüneburg: zu Klampen, ^{2}2001.

CHRONOLOGY 1974: United States Senate. Library of Congress. Foreign Affairs Division: "Chronology of the Libyan Oil Negotiations, 1970-1971. Prepared for the Use of Subcommittee on Multinational Corporations of the Committee on Foreign Relations United States Senate." Washington D.C.: US.Government Printing Office, 1974.

CHUNG 2002: CHUNG, Chih-Ming: „Die europäische Sanktionspolitiik gegenüber Drittstaaten aus historisch-empirischer Sicht. Der Einsatz von Sanktionen als Steuerelement der Gemeinsamen Außen- und Sicherheitspolitik der Europäischen Union." München: Amalien Copy & Service Center, 2002.

CHURBA 1989: CHURBA, Joseph: "Focus on Libya. February 1984 to June 1989. A Resource Compendium." Washington, D.C.: Pemcon, Ltd., 1989.

CIA REPORT 2002: "New CIA Report Documents Global Weapons Proliferation Trends." <http://usinfo.state.gov/tropical/pol/terror/02013105.htm>, 22.5.2002.

CLAM/HUBEL 1987: CLAM, Jean-Joseph / HUBEL, Helmut: „Die Krise um Libyen." Bonn: Europa-Verlag, 1987.

CLAWSON 1993: CLAWSON, Patrick: "Sanctions as Punishment, Enforcement, and Prelude to Further Action." Ethics & International Affairs. New York. 7(1993), S.17-37.

COHEN 2001: COHEN, Susan and Daniel: "Pan Am 103. The Bombing, the Betrayals, and a Bereaved Family's Search for Justice." New York: Signet, 2001.

CONLON 1995: CONLON, Paul: „Die fragwürdige Sanktionspraxis der UNO." Außenpolitik. Hamburg. 11(1995)4, S.327-338.

CONLON 1996: CONLON, Paul: „Die rechtliche Problematik von UN-Sanktionen als Mittel zur Durchsetzung des Völkerrechts." Bonn: Europa Union Verlag, 1996.

CONOCO 2002: Amerada Hess Corp./Conoco Inc./Marathon Oil Comp.: "Update on Libyan Interests." [Interne Broschüre der genannten Erdölfirmen], 2002.

CONROY 2001: CONROY, Richard W.: "Implementations Problems of Travel Bans: Practical and Legal Aspects." in: BRZOSKA 2001a: ed. cit., S.204-221.

COOKE 1990: COOKE, John Frederick: "The United States' 1986 Emergency Economic Sanctions Against Libya - Have They Worked?" Maryland Journal of International Law and Trade. Baltimore. 14(1990)2, S.195-232.

CORTRIGHT 1996: CORTRIGHT, David: „Besser als ihr Ruf: Warum es kurzsichtig ist, Sanktionen als unwirksam abzulehnen." Der Überblick. Hamburg. 2(1996)2, S.4-7.

CORTRIGHT/LOPEZ 1995: CORTRIGHT, David / LOPEZ, George A.: "Economic Sanctions. Panacea or Peacebuilding in a Post-Cold War World?" Boulder u.a.: Westview Press, 1995.

CORTRIGHT/LOPEZ 2000: CORTRIGHT, David / LOPEZ, George A.: "The Sanctions Decade. Assessing UN Strategies in the 1990s." Boulder: Lynne Rienner, 2000.

CORTRIGHT/LOPEZ 2001: CORTRIGHT, David / LOPEZ, George A.: "Assessing Smart Sanctions. Targeted Sanctions: Lessons from the 1990s." in: BRZOSKA 2001a: ed. cit., S.19-37.

CORTRIGHT/LOPEZ /CONROY 2001: CORTRIGHT, David / LOPEZ, George A. / CONROY, Richard W.: "Are Travel Sanctions Smart? A Review of Theory and Practice." in: BRZOSKA 2001a: ed. cit., S.179-193.

CRAWFORD 1996: CRAWFORD, Neta C.: „Nicht tödlich, aber teuer. Bilanz von fast fünf Jahrzehnten Sanktionen gegen Südafrika." Der Überblick. Hamburg. 32(1996)2, S.49-52.

CREMER 1998: CREMER, Uli: „Neue NATO - neue Kriege? Zivile Alternativen zur Bundeswehr." Hamburg: VSA-Verlag, 1998.

CREMER 2000: CREMER, Ulrich: „Besser als Krieg. Pro Sanktionen: Ein internationaler Hilfsfonds, der wie eine Streikkasse funktioniert, könnte ein Embargo effektiv und erträglich machen." Freitag. Berlin. 7.4.2000, Nr. 15, S.12.

CREYDT 1995: CREYDT, Matthias: „US-Exportkontrollrecht und Satellitenindustrie." Außenwirtschaftliche Praxis. Köln. 8(2002)12, S.453-457.

CRICCO 2001: CRICCO, Massimiliano: „L'ora dei giovani ufficiali. La crisi del regime monarchico in Libia e il colpo di stato del colonnello Gheddafi nelle interpretazioni britanniche." Studi Urbinati. Urbino. 68(2000/01)52,3, S.295-319.

CRICCO 2002: CRICCO, Massimiliano: "The Image of Colonel Qaddafi in American and British Documents (1969-1971)." The Journal of Libyan Studies. Oxford. 3(2002)2, S.32-40.

CRISPUS 1958: CRISPUS, Gaius Sallustius: „Krieg und Revolution. Übersetzt und erläutert von Georg Dorminger." München: Goldmann, 1958.

CRISPUS 1984: CRISPUS, C. Sallustius: „De Coniuratione Catilinae Liber (vollst.). De Bello Iugurthino Liber (in Auswahl). Epistulae ad Caesarem Senem de Re Publica (vollst.). Historiae (Fragm.). Text und Kommentar. Bearbeitet von Otto Leggewie." Paderborn u.a.: Schöningh, 1984.

CRITCHLOW 2001: CRITCHLOW, Andy: "Special Report Libya: Healing the Wounds." Middle East Economic Digest. London. 33(2001)45, S.21-29.

CROCKER/NELSON 2003: CROCKER, Chester A. / NELSON, C. Richard: "U.S.-Libyan Relations: Toward Cautious Reengagement." Washington, D.C.: The Atlantic Council of the United States, Apr. 2003. <http://www.acus.org/Publications/policypapers/internationalsecurity /Libya %20Roadmap.pdf>, 6.9.2003.

DAASE 2002: DAASE, Christopher: „Terrorismus und Krieg. Zukunftsszenarien politischer Gewalt nach dem 11. September 2001." in: VOIGT 2002: ed. cit., S.365-389.

DAIH 2002: „Deutsch-Libysche Handelsbeziehungen."
<http://www.ahkmena.com/Our_network/Libya_German.asp>, 21.8.2002.

DAOUDI 1981: DAOUDI, Mohammed S.: "Political Dynamics of Economic Sanctions: A Case Study of Arab Oil Embargoes." Columbia / South Carolina: University of South Carolina, Diss., 1981.

DAPPER 1670: „Auss unterschiedlichen neuen Land- und Reise-Beschreibungen mit fleiss zusammen gebracht Durch O. Dapper." Amsterdam : Meurs, 1670 [erschienen] 1671.

DARGEL/PLAMBÖCK 1994: DARGEL, Claudia / PLAMBÖCK, Imke: „"Sie behält das Haus." Frauenpolitik in Libyen." Hamburg: Theorie und Praxis Verlag, 1994.

DASHTI-GIBSON 1998: DASHTI-GIBSON, Jaleh Michelle: "Enhancing Enforcement: a Framework of Monitoring Multilateral Economic Sanctions." Notre Dame / Indiana: University of Notre Dame, Diss., 1998.

DAVIES 1981: DAVIES, Rob J.: "Trade Sanctions and Regional Impact in Southern Africa." London: The Stanhope Press, 1981.

DAVIS 1981: DAVIS, John: »Théorie et pratique du gouvernement non représentatif.« Maghreb-Machrèk. Paris. 93(1981)3, S.39-55.

DAVIS 1987: DAVIS, John: "Libyan Politics: Tribe and Revolution. An Account of the Zuwaya and Their Government." Los Angeles u.a.: University of California Press, 1987.

DAVIS 1990: DAVIS, Brian L.: "Qaddafi, Terrorism, and the Origins of the U.S. Attack on Libya." New York u.a.: Praeger, 1990.

DAVIS 2001: DAVIS, Ian: "Report by Working Group III: Common Understanding and Implementation of UN Arms Embargoes." in: BRZOSKA 2001a: ed. cit., S.263-267.

DEARDEN 1976: DEARDEN, Seton (Hg.): "A Nest of Corsairs: The Fighting Karamanlis of Tripoli." London: John Murray, 1976.

DEEB 1989: DEEB, Mary-Jane: "Libya." in: MEWS 1989: ed. cit., S.168-171.

DEEB 1991: DEEB, Mary-Jane: "Libya's Foreign Policy in North Africa." Boulder: Westview Pr., 1991.

DEEB 1999: DEEB, Mary-Jane: "Political and Economic Developments in Libya in the 1990s." in: ZOUBIR 1999: ed. cit., S.77-89.

DEEB 2000: DEEB, Mary-Jane: "Qadhafi's Changed Policy: Causes and Consequences." Middle East Policy. Washington, D.C. 7(2000)2, S.146-153.

DELBRÜCK 1992: DELBRÜCK, Jost: „Luftterrorismus: Muß Libyen ausliefern? Die UN dürfen keine Gewalt anwenden." Die ZEIT. Hamburg. Nr. 16, 10.4.1992, S.12.

DELLA CELLA 1822: DELLA CELLA, Paolo: "Narrative of an Expedition from Tripoli in Barbary to the Western Frontier of Egypt, in 1817, by the Bey of Tripoli; in Letters to Dr. Viviani of Genoa." London: Printed for John and Arthur Arch, Cornhill, 1822.

DEPPA 1994: DEPPA, Joan: "The Media and Disasters: Pan Am 103." New York: New York UP, 1994.

DERRIDA 2003: DERRIDA, Jacques: „Todgeweihte Begriffe: Schurkenstaaten, Sorgenstaaten." Le monde diplomatique. Monatliche Beilage der tageszeitung. Berlin. 17.1.2003, S.3.

DESFOSQUES/LEVESQUE 1975: DESFOSQUES, Helen / LEVESQUE, Jacques: "Socialism in the Third World." New York u.a.: Praeger, 1975.

DEUTSCH 1995: DEUTSCH, Roberta: „Die Beurteilung von »Lockerbie« aus der Perspektive des Völkerrechts." in: FRANK/KAMP 1995: ed. cit., S.213-224.

D'HOLLANDER 1995: D'HOLLANDER, Juliette: "Economic Sanctions as a Means to Enforce Human Rights." Montréal, Kanada: McGill University, LL.M., 1995.

DIAS 1996: DIAS, Clarence J.: „Die Peitsche des Nordens. Heuchelei und eine unbarmherzige Interessenpolitik gegen den Süden bestimmen die Sanktionspraxis." Der Überblick. Hamburg. 32(1996)2, S.18 f.

DICK 1999: DICK, Howard Evan: "Economic Sanctions, Domestic Audiences, and International Conflict." Los Angeles: University of Southern California, Diss., 1999.

DICKE 1978: DICKE, Detlev Christian: „Die Intervention mit wirtschaftlichen Mitteln im Völkerrecht." Baden-Baden: Nomos Verlagsgesellschaft, 1978.

DIEDRICH 1997: DIEDRICH, Heide: „Zur Verfassungsmäßigkeit von § 34 Abs. 4 AWG. Zum Beschluß des OLG Düsseldorf vom 13. März 1997 in einer Haftprüfungssache zum Libyen-Embargo." Außenwirtschaftliche Praxis. Köln. 3(1997)9, S.315-318.

DIENST IN ÜBERSEE 1987: DIENST IN ÜBERSEE (Hg.): „Sanktionen gegen Südafrika." Stuttgart: Verlag Dienst in Übersee, 1987.

DJAZIRI 1988: DJAZIRI, Moncef: »Chronique libyenne.« in: AAN 1990: ed. cit., S.629-655.

DONGES 1982: DONGES, Juergen B.: „Erfahrungen mit internationalen Sanktionen. Eine Geschichte der Mißerfolge." Kieler Diskussionsbeiträge. Oktober 1982. Kiel: Institut für Weltwirtschaft, 1982.

DOXEY 1971: DOXEY, Margaret P.: "Economic Sanctions and International Enforcement." London u.a.: Oxford University Press, 1971.

DOXEY 1996: DOXEY, Margaret P.: "International Sanctions in Contemporary Perspective." New York: St. Martin's Press, ^{2}1996.

DOXEY 1996a: DOXEY, Margaret: „Selten zogen alle an einem Strang. Zur wechselhaften Geschichte von Sanktionen seit dem Zweiten Weltkrieg." Der Überblick. Hamburg. 32(1996)2, S.15-17.

DOYLE 1998: DOYLE, Chris: "Libya: Constraints on Qadhafi." Middle East International. London. Nr. 586, 30.10.1998, S.11 f.

DRURY 1993: DRURY, Alfred Cooper: "Reconsidering Economic Sanctions: When Do They Work? A Quantitative Analysis." East Lansing / Michigan: Michigan State University, Diss., 1993.

DUNNING 1998: DUNNING, Timothy S.: "D'Amato in a China Shop: Problems of Extraterritoriality with the Iran and Libya Sanctions Act of 1996." University of Pennsylvania Journal of International Economic Law. Philadelphia. 19(1998)1, S.169-199.

DUPREE 1958: DUPREE, Louis: "The non-Arab ethnic groups of Libya." The Middle East Journal. Washington, D.C. 12(1958)1, S.33-44.

DUVEYRIER 1884: DUVEYRIER, Henri: »La confrérie musulmane de Sîdi Mohammed Ben Alî es-Senûsî et son domaine géographique en l'année 1300 de l'hégire = 1883 de notre ère.« Paris: Société de Géorgraphie, 1884.

EBEL 2000: EBEL, Robert E.: "The U.S. Sanctions Policy Towards Iran, Iraq and Libya." Arab Oil and Gas. Paris. 29(2000)692, S.38-41.

EBERT 1986: EBERT, Hans-Georg: „Staatstheorie und -praxis in Libyen." Verfassung und Recht in Übersee. Hamburg. 14(1986)6, S.1021-1033.

EBERT 1995: EBERT, Hans-Georg: „Libyen." in: BAUMANN/EBERT 1995: ed. cit., S.435-451.

EBERT 1996: EBERT, Hans-Georg: „Das Personalstatut arabischer Länder: Problemfelder, Methoden, Perspektiven; ein Beitrag zum Diskurs über Theorie und Praxis des islamischen Rechts." Frankfurt u.a.: Lang, 1996.

EFA 1996: Europäisches Forum für Außenwirtschaft, Verbrauchssteuern und Zoll (EFA) (Hg.): „Hemmnisse und Sanktionen in der EU. Tagungsband der 8. Jahrestagung des EFA am 27. und 28. Juni 1996 in Wien." Köln: Bundesanzeiger Verlag, 1996.

EHLERS/WOLFFGANG 1999: EHLERS, Dirk / WOLFFGANG, Hans-Michael (Hg.): „Rechtsfragen der Exportkontrolle." Münster: Aschendorff Rechtsverl. / Köln: Verlag Dr. Otto Schmidt, 1999.

EHRENBERG 1818: EHRENBERG, C.G. (Hg.): „Naturgeschichtliche Reisen durch Nord-Afrika und West-Asien in den Jahren 1820 bis 1825." 1.Bd.: „Reisen in Aegypten, Libyen, Nubien und Dongala." Berlin u.a.: Mittler, 1828.

EIA 2001: "Libya." <http://www.eia.doe.gov/emeu/cabs/libya2.htm>, 30.5.2002.

EISEL 1993: EISEL, Renate: „Chronik der Geschichte Libyens. Von den Anfängen bis zum Jahr 1990." Bochum: Eigendruck im Selbstverlag, 1993.

EISEL 1999: EISEL, Renate: „Das Leben ist teuer und langweilig." Der Überblick. Hamburg. 35(1999)4, S.48-50.

EIU 2001: "Country Profile Libya."<http://db.eiu.com/report_full.asp?valname=CPBLYC& title=Country+Profile+Libya>, 4.6.2002.

EIU 2002: "Libya." Economist Intelligence Unit. Country Report. London. October 2002, S.3-32.

EL FATHLY/PALMER/CHACKERIAN 1977: EL FATHALY, Omar / PALMER, Monte / CHACKERIAN, Richard: "Political Development and Bureaucracy in Libya." Lexington / Massachusetts: Lexington Books, 1977.

EL-KIKHIA 1997: EL-KIKHIA, Mansour O.: "Libya's Qaddafi: The Politics of Contradiction." Gainesville: University of Florida Press, 1997.

EL WARFALLY 1988: EL WARFALLY, Mahmoud G.: "Imagery and Ideology in U.S. Policy Toward Libya 1969-1982." Pittsburgh: Univ. of Pittsburgh Pr., 1988.

ELLINGS 1985: ELLINGS, Richard: "Embargoes and World Power. Lessons from American Foreign Policy." Boulder u.a.: Westview Press, 1985.

ELLIOT 1981: ELLIOT, Charles: "The International Impact and Adjustment to Economic Sanctions on South Africa." London: The Stanhope Press, 1981.

EMBERESH 1991: EMBERESH, Elhagi Abdulgader: "The Legal Status of the Gulf of Sirte in International Law." Liverpool, UK: University of Liverpool, Diss., 1991.

ENDE/STEINBACH 1996: ENDE, Werner / STEINBACH, Udo (Hg.): „Der Islam in der Gegenwart." München: Beck, 1996.

ENGELS 1981: ENGELS, Benno: „Die Zukunft des Embargos in den internationalen Beziehungen." Reihe: Weltwirtschaft und internationale Beziehungen. Diskussionsbeiträge - Neue Folge. Hamburg: Deutsches Übersee-Institut, 1981.

ENGLERT 1999: ENGLERT, Walter: „Der aktuelle Stand der libyschen Wirtschaftsentwicklung und die Perspektiven für die Zeit nach dem Embargo." in: SCHLIEPHAKE 1999: ed. cit., S.201-211.

ESCHER 1985: ESCHER, Regina: „Friedliche Erledigung von Streitigkeiten nach dem System der Vereinten Nationen." Zürich: Schulthess Polygraphischer Verl., 1985.

EU 2003: "The EU's Mediterranean & Middle East Policy." <http://europa.eu.int/comm/external_relations/med_mideast/intro/index.htm>, 8.1.2003.

EU 2003a: "The EU's Relations with Libya." <http://europa.eu.int/comm/external_relations/lybia.intro>, 8.1.2003.

EU/USA 1997: „Anti-Boykott-Auseinandersetzung der EU mit den USA." Außenwirtschaftliche Praxis. Köln. 3(1997)4, S.113 f.

EVANS-PRITCHARD 1954: EVANS-PRITCHARD, Edward Evan: "The Sanusi of Cyrenaica." Oxford: Clarendon Press, 1949.

EXENBERGER 2002: EXENBERGER, Andreas: „Außenseiter im Weltsystem. Die Sonderwege von Kuba, Libyen und Iran." Frankfurt: Brandes & Apsel, 2002.

EYLER 1998: EYLER, Robert Craig: "Consumption Effects of Economic Sanctions." Davis / California: University of California, Diss., 1998.

FAATH 1986: FAATH, Sigrid: „Interne Bestimmungsfaktoren und Akteure der amerikanischen Libyen-Politik unter Präsident Reagan." in: MATTES 1986a: ed. cit., S.265-320.

FAATH 2000: FAATH, Sigrid: „Hintergründe und Ziele des Partnerschaftsprojektes USA-Mahgreb." in: **Nahost-Jahrbuch** 2000: ed. cit., S.213-218.

FAATH 2001: FAATH, Sigrid: „Nordafrika: Sicherheit und Stabilität als Ziele der Innen- und Außenpolitik." in: JIP 2001: ed. cit., S.236-244.

FAATH/MATTES 1992: FAATH, Sigrid / MATTES, Hanspeter: „Demokratie und Menschenrechte in Nordafrika." Hamburg: Ed. wuqûf, 1992.

FAATH/MATTES 1995: FAATH, Sigrid / MATTES, Hanspeter: „Europa-Maghreb: Statt Krisenszenarios ordnungspolitische Konvergenzen." wuqûf-Kurzanalysen Nr. 2. Hamburg: Ed. wuqûf,1998.

FAATH/MATTES 2000: FAATH, Sigrid / MATTES, Hanspeter: „Libyens Streben nach Wiederlangung des vollen außenpolitischen Handlungsspielraumes." wuqûf-Kurzanalysen Nr. 15. Hamburg: Ed. wuqûf, Nov. 2000.

FAATH/KOSZINOWSKI/MATTES 1998: FAATH, Sigrid / KOSZINOWSKI, Thomas / MATTES, Hanspeter: „Gefährdungspotential der politischen Stabilität in Nordafrika / Nahost durch die »Nachfolgefrage«." wuqûf-Kurzanalysen Nr. 7. Hamburg: Ed. wuqûf,1998.

FAATH/MATTES/AL-WARFALLÎ 1984: FAATH, Sigrid / MATTES, Hanspeter / AL-WARFALLÎ: „Muḥammad az-Zwâwî. Ein libyscher Karikaturist." Scheessel: Hanspeter Mattes-Verlag, Ed. wuqûf, 1984.

FAMILLE 2000: »Kaddafi, père et fils: Affaired de famille.« Jeune Afrique L'intelligent. Paris. 40(2000)2073, S.55-62.

FARFER 1997: FARFER, Ali M. (Hg.): “A Better Future for Europe and Humanity. On Conflict Prevention and Building Democracy from Below.” Wien: Jamahir Society for Culture and Philosophy, 1997.

FENTON 1989: FENTON, Howard N.: “International Economic Sanctions: Improving The Haphazard U.S. Legal Regime. By Barry E. Carter, Cambridge University Press, 1988.” [Buchbesprechung] Law and Policy in International Business. Washington, D.C. 20(1989)4, S.795-810.

FIASCO 1992: “The C.C.C. Fiasco continues: Libyens, Iraqis, Europeans Made Whole By U.S. Taxpayers for Saddam’s Default.” <http://www.security-policy.org/papers/1992-D89.html>, 15.5.2002.

FIELD 1969: FIELD, James A.: “America and the Mediterranean World 1976-1882.” Princeton: Princeton University Press, 1969.”

FIKRY 1974: FIKRY, Mona: »La femme et les conflits de valeurs en Libye.« Revue de l’Occident Musulman. Aix-en-Provençe. 18(1974)2, S.91-110.

FINAL REPORT 2001: United States. Judicial Review Commission on Foreign Asset Control: “Final Report to Congress: Judicial Review Commission on Foreign Asset Control.” Washington, D.C.: Judicial Review Commission on Foreign Asset Control, [2001]. 3 Bde.

FINANZSANKTIONEN 2003: „Finanzsanktionen - Allgemeine Informationen.“ <http://www.bundesbank.de/finanz/finanz_regelung.php?pf=true>, 8.1.2003.

FIRST 1974: FIRST, Ruth: “Libya. The Elusive Revolution.” Harmondsworth / Middlesex: Penguin Books Ltd., 1974.

FIRST SEPTEMBER 1974: “The First of September Revolution Achievements 1969-1974.” Hrsg. v.: General Administration for Information Ministry of Information and Culture. Tripoli: o.V., [1974].

FISHER 2001: FISHER, W.B.: “Libya (The Great Socialist People’s Libyan Arab Jamahiriya).” in: MENA 2002: ed. cit., S.715-764.

FONTAINE 2000: FONTAINE, Jacques: »La Grande Rivière artificielle libyenne.« Monde Arabe. Maghreb-Machrek. Paris. (2000)170, S.60-65.

FOREIGN POLICY TOOLS o.J.: “U.S. Foreign Policy Tools. An Illustrative Matrix of Selected Options.” Sanctions Working Group, State Department Advisory Committee on International Economic Policy. O.J. <http://www.usaengage.org/resources/matrix.html>, 6.5.2002.

FORESTER 1953: FORESTER, Cecil Scott: “The Barbary States.” New York: Random House, 1953.

FORSBERG 1997: FORSBERG, Tuomas: „Zuckerbrot statt Peitsche? Zu den Wirkungsmöglichkeiten ‘positiver ökonomischer Sanktionen’.“ Die Friedens-Warte. Berlin. 72(1997)4, S.337-350.

FORWICK 1993: FORWICK, Christian: „Extraterritoriale US-amerikanische Exportkontrollen. Folgen für die Vertragsgestaltung.“ Heidelberg: Verlag Recht und Wirtschaft, 1993.

FRANK/KAMP 1995: FRANK, Sabine / KAMP, Martina (Hg.): „Libyen im 20. Jahrhundert. Zwischen Fremdherrschaft und nationaler Selbstbestimmung.“ Hamburg: Deutsches Orient-Institut, 1995.

FREEMAN 1950: FREEMAN, Kathleen: “Greek City-States.” London: Macdonald, 1950.

FROSCHAUER/LUEGER 1998: FROSCHAUER, Ulrike / LUEGER, Manfred: „Das qualitative Interview zur Analyse sozialer Systeme.“ Wien: WUV, [2]1998.

FUCHS 1991: FUCHS, Peter: „Menschen der Wüste.“ Braunschweig: Westermann, 1991.

FURLONGE 1973: FURLONGE, Geoffrey: “Libya: Putting the Oil to Work.” Middle East International. London. (1973)25, S.9-11.

GABRIEL 1987: GABRIEL, Jürg Martin: „Wirtschaftssanktionen als Mittel der internationalen Konfliktregelung." St.Gallen: Hochschule St.Gallen, Institut für Politikwissenschaft, 1987.

GABRIEL 1991: GABRIEL, Jürg Martin: „Die Stellung der Schweiz zu Wirtschaftssanktionen." St.Gallen: Hochschule St.Gallen, Institut für Politikwissenschaft, 1991.

GALTUNG 1972: GALTUNG, Johan: „Modelle zum Frieden. Methoden und Ziele der Friedensforschung." Wuppertal: Jugenddienst-Verlag, 1972.

GAVIN 1999: GAVIN, James: "MEED Libya Special Report: The lost decade." Middle East Economic Digest. London. 43(1999)24, S.29-34.

GAZZO 1981: GAZZO, Yves: »L'économie libyenne.« Maghreb-Machrèk. Paris. 93(1981)3, S.56-79.

GEBAUER 2003: GEBAUER, Matthias: „Berliner Richter belasten Gaddafis Regime." Spiegel online, 2.1.2003. <http://www.spiegel.de/politik/deutschland/0,1518,228970,00.html>, 6.1.2003.

GEBAUER 2003a: GEBAUER, Matthias: „Wie sich Gaddafi als Helfer inszeniert." Spiegel online. <http://www.spiegel.de/panorama/0,1518,261768,00.html>, 18.8.2003.

Geo 2000: „Todesflug PA 103 Chronologie: Anschlag - Spurensuche - Täter." Geo. Hamburg. (2000)2.

GEORGE 1991: GEORGE, Alan: "Don't Forget The Embargo Remains." The Middle East. London. (Juni 1991)200, S.29.

GERKE 1997: GERKE, Kinka: "Unilateral Strains on Transatlantic Relations: US Sanctions against Those Who Trade with Cuba, Iran, and Libya, and their Effects on the World Trade Regime." Frankfurt / M.: PRIF Reports No. 47, 1997.

GERLACH 2003: GERLACH, Julia: „Der Colonel trägt jetzt wieder Anzug. Warum Libyens Diktator Ghaddafi die Verantwortung für den Anschlag auf den PanAm-Flug 103 übernimmt." Die ZEIT. Hamburg. Nr. 35, 21.8.2003, S.4.

GERLINGHOFF 2001: GERLINGHOFF, Peter: „Die Frühphase der deutsch-libyschen Beziehungen im Spiegel der deutschen Publizistik seit der Mitte des 19. Jahrhunderts bis zum 2. Weltkrieg." Sangerhausen: Ed. Neue Wege, 2001.

GERSON/ADLER 2001: GERSON, Allan / ADLER, Jerry: "One Bomb. One Plane. 270 Lives. The History-Making Struggle for Justice After Pan Am 103." New York: Harper Collins Publ., 2001.

GERTH 2004: GERTH, Hans-Heinrich: „Exportkontrolle quo vadis? Versuche einer Standortbestimmung und Zielsetzung nach 10 Jahren Tätigkeit in der Exportkontrolle." Außenwirtschaftliche Praxis. Köln. 10(2004)3, S.95-97.

GERVEN/ZULEEG 1996: GERVEN, Walter van / ZULEEG, Manfred (Hg.): „Sanktionen als Mittel zur Durchsetzung des Gemeinschaftsrechts." Köln: Bundesanzeiger, 1996.

GIESSMANN 2000: GIESSMANN, Hans-Joachim: „Terrorismus - Globales Problem und Herausforderung für „Weltinnenpolitik"." in: LUTZ 2000: ed. cit., S.471-490.

GLAGOW 1972: GLAGOW, Rainer: „Bericht über eine Diskussion zur Rolle der ideologischen Systeme, zum Islam und zum Problem des Fortschritts in der arabischen Welt mit Muᶜammar al-Qadhdhāfī." Orient. Opladen. 13(1972)3, S.147-150.

GODDARD 1993: GODDARD, Donald / Coleman, Lester K.: "Trail of the Octopus. From Beirut to Lockerbie - Inside the DIA." London: Bloomsbury, 1993.

GOFFMAN 1977: GOFFMAN, Erving: „Rahmen-Analyse. Ein Versuch über die Organisation von Alltagserfahrungen." Frankfurt: Suhrkamp, 1977.

GOLINO 1970: GOLINO, Frank Ralph: "Patterns of Libyan National Identity." The Middle East Journal. Washington, D.C. 24(1970)3, S.338-352.

GOODCHILD 1959: GOODCHILD, Richard G.: "Cyrene and Apollonia. An Historical Guide by Richard Goodchild." Hrsg. v. Antiquities Department of Cyrenaica, U.K. of Libya, 1959.
GOTTFRIED 1994: GOTTFRIED, Ted: "Libya: Desert Land in Conflict." Brookfield / Connecticut: The Millbrook Pr., 1994.
GÖTTLER 1989: GÖTTLER, Gerhard: „Die Tuareg: kulturelle Einheit und regionale Vielfalt eines Hirtenvolkes." Köln: DuMont, 1989.
GOTTSCHICK 1858: GOTTSCHICK, A.F.: „Geschichte der Gründung und Blüthe des hellenischen Staates in Kyrenaika." Leipzig: Teubner, 1858.
GOWLLAND-DEBBAS 1994: GOWLLAND-DEBBAS, Vera: "The Relationship Between the International Court of Justice and the Security Council in the Light of the Lockerbie Case." American Journal of International Law. Washington, D.C. 88(1994)4, S.643-677.
GRÄF 1966: GRÄF, Erwin: „Die Übertragbarkeit abendländischer Staatsordnungen auf islamische Länder." Die Welt des Islams. Leiden. 10(1966)3-4, S.131-163.
GRIESSBACH 1999: GRIESSBACH, Lothar: „Bedeutung der US-Reexport-Kontrollen." in: EHLERS/WOLFFGANG 1999: ed. cit., S.153-172.
GROSBUSCH 1997: GROSBUSCH, Gilbert J.F.: „Die Krise der UNO oder Sind die Vereinten Nationen noch zu retten?" in: FARFER 1997: ed. cit., S.39-48.
GROTHE 1941: GROTHE, Hugo: „Libyen und die italienischen Kraftfelder in Nordafrika. eine geopolitische und landeskundliche Skizze." Leipzig, Berlin: Teubner, 1941.
GROSSEKATHÖFER 2003: GROSSEKATHÖFER, Maik: „Eine reiche Null." Der Spiegel. Hamburg. Nr. 19, 5.5.2003, S.152-154.
GROSSER ATLAS 1989: „Grosser Atlas aller Länder. Afrika." O.O.: o.V., 1989. 2 Bde. [Libyen: Bd.1, S.99-111.].
GRUNDGESETZ 2002: „Grundgesetz für die Bundesrepublik Deutschland." München: Beck, ^{55}2002.
GSTEIGER 1992: GSTEIGER, Fredy: „Libyens Revolutionsführer in Bedrängnis: „Eigentlich sind wir alle Amerikaner" - Oberst Ghaddafi fürchtet, die Macht und das Gesicht zu verlieren." Die ZEIT. Hamburg. Nr. 16, 10.4.1992, S.12.
GU 1996: GU, Xuewu: „Druck bewirkt nichts. Warum Sanktionen gegen China kaum Aussicht auf Erfolg hätten." Der Überblick. Hamburg. 32(1996)2, S.36-38.
GÜNTHER 1999: GÜNTHER, Carsten Alexander: „Die Klagebefugnis der Staaten in internationalen Streitbeilegungsverfahren." Köln u.a.: Heymanns, 1999.
GURNEY 1996: GURNEY, Judith: "Libya. The Political Economy of Engergy." Oxford: Oxford University Press, 1996.
HAARMANN 2001: HAARMANN, Ulrich (Begr.) / HALM, Heinz (Hg.): „Geschichte der arabischen Welt." München: Beck, ^{4}2001.
HACKEL 2000: HACKEL, Volker Marcus: „Kants Friedensschrift und das Völkerrecht." Berlin. Duncker & Humblot, 2000.
HADDAD 2000: HADDAD, Saïd: »La politique africaine de la Libye: de la tentation impériale à la stratégie unitaire.« Monde Arabe. Maghreb-Machrek. Paris. (2000)170, S.29-38.
HADDEX 1997: „Handbuch der deutschen Exportkontrolle. HADDEX. Nationales und internationales Exportkontrollrecht." Bd.1: Kommentierungen. Bd.2: Textsammlung. (Loseblattsammlung). Köln: Bundesanzeiger Verlag, 1997.
HADDEX 1998: „Handbuch der deutschen Exportkontrolle. HADDEX. Nationales und internationales Exportkontrollrecht." Bd.1: Kommentierungen. Bd.2: Textsammlung. (Loseblattsammlung). Köln: Bundesanzeiger Verlag, 1998. Stand: April 2003.
HAHN/LANGFELDT 1992: HAHN, Kerstin / LANGFELDT, Friedrich: „Wegweiser durch die Rechtsgrundlagen der Exportkontrolle." Frankfurt: Maschinenbau Verlag GmbH, 1992.

HAJJAJJI 1967: HAJJAJJI, Salem Ali: "The New Libya. A Geographical, Social, Economic and Politcal Study." Tripoli: Government Printing Press, 1967.

HALEY 1984: HALEY, P. Edward: "Qaddafi and the United States 1969." New York u.a.: Praeger, 1984.

HALL 2000: HALL, Stuart: „Rassismus und kulturelle Identität. Ausgewählte Schriften 2." Hamburg: Argument-Verlag, ²2000.

HANDELSPARTNER 2002: „Rangfolge der Handelspartner im Aussenhandel der Bundesrepublik Deutschland 2001." <http://www.destatis.de>, 8.10.2002.

HANEY 1997: HANEY, Caroline: "Legal implication of Pan Am Flight 103 disaster (United Nations)." Montréal, Kanada: McGill University, Diss., 1997.

HASSE 1973: HASSE, Rolf H.: „Theorie und Politik des Embargos." Köln: Institut für Wirtschaftspolitik an der Universität Köln, 1973.

HASSE 1977: HASSE, Rolf: „Wirtschaftliche Sanktionen als Mittel der Außenpolitik: das Rhodesien-Embargo." Berlin: Duncker & Humblot, 1977.

HAY 2002: HAY, Peter: „US-Amerikanisches Recht." München: Beck, ²2002.

HAYES 2002: HAYES, Christopher: „«Selective MEMRI». Eine Präzisierung." Inamo. Berlin.8(2002)32, S.50 f.

HAYNES 1847: HAYNES, Denys Eyre Lankester: "A Short Historical and Archeological Introduction to Ancient Tripolitania." [Tripolis: o.V., 1947].

HEINE 1860: HEINE, Wilhelm: „Eine Sommerreise nach Tripolis." Berlin: Bessersche Buchhandlung, 1860.

HEINZ 2001: HEINZ, Wolfgang: „Alternative Handlungsmöglichkeiten für den Umgang mit Diktaturen. Erfahrungen zum Irak aus der Sicht der internationalen Menschenrechtsarbeit." in: UN-SANKTIONEN 2001: ed. cit., S.27-34.

HEITER 1997: HEITER, Peter: „UN-Embargomaßnahmen gegen Libyen und die Wirkung des § 69 n Außenwirtschaftsverordnung auf Verfügungen über libysches Vermögen in Deutschland. Eine Untersuchung zur deutschen Umsetzung der UN-Resolution 883 (1993)." Recht der internationalen Wirtschaft. Heidelberg. 43(1997)5, S.365-369.

HENDERSON 1999: HENDERSON, George: "Libya: Embracing Africa." Middle East International. London. Nr. 609, 1.10.1999, S.7 f.

HENDERSON 2000: HENDERSON, George: "Libya: Continual Revolution." Middle East International. London. Nr. 620, 10.3.2000, S.11 f.

HENDERSON 2000a: HENDERSON, George: "Libya: Bloody Backlash." Middle East International. London. Nr. 635, 13.10.2000, S.19 f.

HENTZEN 1988: HENTZEN, Matthias K.: „US-amerikanische Exportkontrollen: die Systematik ihrer gesetzlichen Grundlagen." Heidelberg: Verlag Recht und Wissenschaft, 1988.

HERDEGEN 2001: HERDEGEN, Matthias: „Europarecht." München: Beck, ³2001.

HERDER 1998: HERDER, Marion: „Zum Teil-Embargo gegen Libyen. Die Embargo-Bestimmung der AWV und § 34 Abs. 4 AWG - ein unerschöpfliches Thema?" Außenwirtschaftliche Praxis. Köln. 4(1998)5, S.163-166.

HERKERT 2002: HERKERT, Bernhard: „Wie wird man zur U.S.-Person? Suchlauf durch US-Gesetze, die auf Ausländer zugreifen." Außenwirtschaftliche Praxis. Köln. 8(2002)6, S.213-216.

HERKOMMER 1967: HERKOMMER, Julius: „Libyen, von Italien kolonisiert. Ein Beitrag zur vorbildlichen Kolonialpolitik Italiens in Nordafrika." Freiburg / Br.: J. Bielefelde Verl., 1941.

HILL 1959: HILL, Roy W.: "A Bibliography of Libya." Durham: Durham Colleges in the University of Durham, 1959.

HINDLEY 1991: HINDLEY, Angus: "Libya searches for oil prospectors." Middle East Economic Digest. London. 35(1991)34, S.4 f.

HINDLEY 1993: HINDLEY, Angus: "The Lockerbie Conundrum." Middle East Economic Digest. London. 37(1993)36, S.2-4.

HINNEBUSCH 1982: HINNEBUSCH, Raymond A.: "Libya: Personalistic Leadership of a Populist Revolution." in: ZARTMAN 1982: ed. cit., S.177-222.

HIPPEL 2002: HIPPEL, Jochen: „Der Stellenwert des Islam im Anti-Terrorismuskrieg der USA." in: NAHOST-JAHRBUCH 2002: ed. cit., S.201-206.

HIRSCHHORN 2000: HIRSCHHORN, Eric L.: "The Export Control and Embargo Handbook." Dobbs Ferry / New York: Oceana Publications, 2000.

HOCH 1995: HOCH, Martin: „Konflikte im Nahen und Mittleren Osten." Außenpolitik. Hamburg. 46(1995)3, S.280-288.

HOFFMANN 1999: HOFFMANN, Wolfgang: „Probezeit für Libyen." Die ZEIT. Hamburg. Nr. 16, 15.4.1999, S.35.

HOHMANN/JOHN 2002: HOHMANN, Harald / JOHN, Klaus (Hg.): „Ausfuhrrecht. Kommentar mit EG-Dual-Use- Verordnung, EG-Ausfuhrverordnungen, Außenwirtschaftsgesetz, Außenwirtschaftsverordnung, Kriegswaffenkontrollgesetz." München: Beck, 2002.

HÖHNE 1986: HÖHNE, Klaus: „Die Bedeutung der Gerechtigkeit für das demokratische Völkerrecht - Eine normbildungstheoretische Untersuchung unter besonderer Berücksichtigung von Positionen islamischer Staaten und ihrer Völkerrechtler -." Leipzig: Karl-Marx-Universität, Diss., 1986.

HOLLAND 2000: HOLLAND, W.J. (Hg.): "The Navy." Washington, D.C.: Naval Historical Foundation, 2000.

HOLLERBACH 1995: HOLLERBACH, Alexander: „Norm." in: STAATSLEXIKON 1995: ed. cit., Bd.IV, Sp.67-69.

HOLLIS 1901: HOLLIS, Ira N.: "The Constitution at Tripoli." Papers of the Military Historical Society of Massachusetts. Boston. 11(1901)3.

HOLMBOE 1937: HOLMBOE, Knud: "Desert Encounter. An Adventurous Journey Through Italian Africa." New York: G.P. Putnam's Sons, 1937.

HÖLSCHER 1998: HÖLSCHER, Christoph: „Die Reform des US-Exportkontrollrechts." Frankfurt / M.: Lang, 1998.

HÖLSCHER 2002: HÖLSCHER, Christoph: „Entwicklung des US-Exportkontrollrechts 2001." Außenwirtschaftliche Praxis. Köln. 8(2002)4, S.133-135.

HORTON 1991: HORTON, Madelyn: "The Lockerbie Airline Crash." San Diego: Lucent Books, 1991.

HUART 1927: HUART, Cl.: „Fezzān." in EI[1]: ed. cit., Bd.II, S.101 f.

HUART 1927a: HUART, Cl.: „Ḳul-Og̲h̲lı." in EI[1]: ed. cit., Bd.II, S.1194.

HUCKO/WAGNER 2001: HUCKO, Elmar / WAGNER, Jörg: „Außenwirtschaftsrecht: Kriegswaffenkontrollrecht. Textsammlung mit Einführung." Köln: Bundesanzeiger Verl., [8]2001.

HUFBAUER/OEGG 2000: HUFBAUER, Gary / OEGG, Barbara: "Targeted Sanctions: A Policy Alternative?" <http://www.iie.com/papers/hufbauer_oegg.htm>, 11.5.2002.

HUFBAUER/SCHOTT/ELLIOTT 1990: HUFBAUER, Gary / SCHOTT, Jeffrey / ELLIOTT, Kimberley Ann: "Economic Sanctions Reconsidered." Washington, D.C.: Institute for International Economics, [2]1990.

HUFBAUER/SCHOTT/OEGG 2001: HUFBAUER, Gary C. / SCHOTT, Jeffery J. / OEGG, Barbara: "Using Sanctions to Fight Terrorism." International Economic Policy Briefs. Washington, D.C.: Institute for International Economics, November 2001. <http://www.iie.com/policybriefs/news01-11.htm>, 11.5.2002.

HUFBAUER 2002: HUFBAUER, Gary: "Case 78-8: US v. Libya; Case 92-12: UN v. Libya.". Hierbei handelt es sich um eine vorläufige Version für die 3. Auflage von HUFBAUER/SCHOTT/ELLIOTT 1990, die mir freundlicherweise von G. HUFBAUER zur Verfügung gestellt wurde.

IBRD 1960: INTERNATIONAL BANK FOR RECONSTRUCTION AND DEVELOPMENT: "The Economic Development of Libya. Report of a Mission Organized by the International Bank for Reconstruction and Development at the Request of the Government of Libya." Baltimore: John Hopkins Pr., 1960.

ICJ 1999: "International Court of Justice. Press Communiqué 99/36: Questions of Interpretation and Application of the 1971 Montreal Convention arising from the Aerial Incident at Lockerbie." <http://www.library.cornell.edu/colldev/mideast/icjlyb.htm>, 8.1.2003.

IIE-LIBYA 2002: "Economic Sanctions: Case 78-8 United States v. Libya, Case 92-12 United Nations v. Libya." Washington, D.C.: Institute for International Economics. <http://www.iie.com/topics/sanctions/libya.htm>, 11.5.2002.

IPSEN 1992: IPSEN, Knut: „Auf dem Weg zur Relativierung der inneren Souveränität bei Friedensbedrohung. Zu den Libyen-Resolutionen des Sicherheitsrats." Vereinte Nationen. Kehl am Rhein. 40(1992)2, S.41-43.

IRWIN 1931: IRWIN, Ray W.: "The Diplomatic Relations of the United States With the Barbary Powers 1776-1816." Chapel Hill: The University of North Carolina Pr., 1931.

JAGUSCH 2001: JAGUSCH, Birgit E.: „Mephisto auf Versöhnungskurs? Libysche Außenpolitik unter Gaddafi." Blätter für internationale Politik. Bonn. 4(2001)12, S.1428-1490.

JAMAHIR SOCIETY 1995: "Towards an Alternative World Order. A Summary of Conferences, Round Tables and Youth Camps, organized by the Jamahir Society for Culture and Philosophy." Wien: Jamahir Society for Culture and Philosophy, [1995].

JAMAHIR SOCIETY 2000: "Towards an Alternative World Order II. A Summary of Conferences, Round Tables and Youth Camps 1995-2000, organized by the Jamahir Society for Culture and Philosophy." Wien: Jamahir Society for Culture and Philosophy, [2000].

JAMAHIRIYA 1979: Libyan Arab Jamahiriya: "Documents of the Security Council. Submitted by: The Libyen Arab Jamahiriya from January, 1952 to December, 1978." New York: UN, 1979.

JANDER/BISCHOFF 1982: JANDER, Klaus / BISCHOFF, Michael: „Übersicht über gesetzliche Grundlagen und Anwendungsbereich US-amerikanischer Exportrestriktionen." Recht der internationalen Wirtschaft. Heidelberg. 28(1982)11, S.778-784.

JIP 2001: „Jahrbuch Internationale Politik 1999-2000." München: R. Oldenbourg Verl., 2001.

JOFFE 2000: JOFFÉ, George: »La Libye et l'Europe.« Monde Arabe. Maghreb-Machrek. Paris. (2000)170, S.16-28.

JOFFE 2000: JOFFE, Josef: „Ghaddafi und die Geiseln." Die ZEIT. Hamburg. Nr. 36, 31.8.2000, S.1.

JOHNSON 1973: JOHNSON, Douglas L.: "Jabal al-Akhḍar Cyrenaica. A Historical Geography of Settlement and Livelihood." Chicago: University of Chicago, 1973.

JUNG 1992: JUNG, Heike: „Sanktionensysteme und Menschenrechte." Bern u.a.: Haupt, 1992.

AL-KABSI 1995: AL-KABSI, Najah al-Din: "Comments on the New World Order." in: KOECHLER 1995a: ed. cit., S.31-37.

KALDOR/ANDERSON 1986: KALDOR, Mary / ANDERSON, Paul (Hg.): "Mad Dogs." London: Pluto Pr., 1986.

KAMP 1993: KAMP, Martina: „Lockerbie und die Folgen - Die Auswirkungen der Resolution 748 (1992) des Sicherheitsrats der Vereinten Nationen auf Libyen -." Humanitäres Völkerrecht: Informationsschriften. Bonn. 6(1993)1, S.35-39.

KAMP 1995: KAMP, Martina: „Der Fall »Lockerbie«: ein Beispiel für die Neue Weltordnung?" in: FRANK/KAMP 1995: ed. cit., S.225-244.

KAMP 1999: KAMP, Martina: „Vom Geächteten zum Partner?" Der Überblick. Hamburg. 35(1999)4, S.44-47.

KANT 1996: KANT, Immanuel: „Zum ewigen Frieden. Ein philosophischer Entwurf." Stuttgart: Philipp Reclam jun. GmbH & Co., 1996.

KATZMAN 2001: KATZMAN, Kenneth: "Iran: Policy and Options." in: KURA 2001: ed. cit., S.93-115.

KAUFMANN 1999: KAUFMANN, Jean-Claude: „Das verstehende Interview." Konstanz: UVK, 1999.

KELSEN 1945: KELSEN, Hans: "Sanctions in International Law under the Charter of the United Nations." Iowa Law Review. Iowa City. 31(1945-1946), S.499-543.

KERN 2002: KERN, Reiner: „Global Governance durch UN und Regionalorganisationen. OAU und OSZE als Partner der Weltorganisation beim Konfliktmanagement." Baden-Baden: Nomos Verlagsgesellschaft, 2002.

KHADDURI 1963: KHADDURI, Majid: "Modern Libya: A Study in Political Development." Baltimore: The Johns Hopkins Press, 1963.

KHADER 1987: KHADER, Bichara: "Libyan Oil and Money." in: KHADER/EL-WIFATI 1987: ed. cit., S.195-212.

KHADER/EL-WIFATI 1987: KHADER, Bichara / El-Wifati, Bashir (Hg.): "The Economic Development of Libya." London u.a.: Croom Helm, 1987.

KHELLA 1986: KHELLA, Karam: „Libyen - Soziale Revolution und imperialistische Aggression." Hamburg: Theorie und Praxis Verlag, 1986.

KIENZLER 2001: KIENZLER, Klaus: „Der religiöse Fundamentalismus." Frankfurt u.a.: Büchergilde Gutenberg, 2001.

KINDHÄUSER 1995: KINDHÄUSER, Urs: „Sanktion." in: STAATSLEXIKON 1995: ed. cit., Bd.4, Sp. 998-1001.

KIRCHNER 2001: KIRCHNER, Henner: „Lockerbie - Die innenpolitische Dimension." <http://www.henner-kirchner.de/pub/2001/2001loip.htm>, 30.8.2003.

KIRCHNER 2002: KIRCHNER, Henner: „Yigal Carmon. Ein Leben für die Besatzung." Inamo. Berlin 8(2002)32, S.46-48.

KISSLER 1984: KISSLER, Klaus-Peter: „Die Zulässigkeit von Wirtschaftssanktionen der Europäischen Gemeinschaft gegenüber Drittstaaten." Frankfurt u.a.: Lang, 1984.

KISTENFEGER 1994: KISTENFEGER, Helmut: „Maghreb-Union und Golfrat: regionale Kooperation in der arabischen Welt." Bonn: Europa Union Verlag, 1994.

KNOCH 1988: KNOCH, Otto B.: „Simon von Zyrene." in: POPP 1988: ed. cit., S.282-285.

KÖCHLER 1994: KÖCHLER, Hans: „Ethische Aspekte der Sanktionen im Völkerrecht: die Praxis der Sanktionspolitik und die Menschenrechte." Wien: International Progress Organization, 1994.

KÖCHLER 1997: KÖCHLER, Hans (Hg.): "Economic Sanctions and Development." Wien: IPO, 1997.

KOECHLER 1995: KOECHLER, Hans (Hg.): "Green Dialogue for an Alternative World Order." Wien: Jamahir Society for Culture and Philosophy, 1995.

KOECHLER 1995a: KOECHLER, Hans (Hg.): "The United Nations and International Democracy." Wien: Jamahir Society for Culture and Philosophy, 1995.

KOECHLER/SUBLER 2002: KOECHLER, Hans / SUBLER, Jason: "The Lockerbie Trial. Documents Related to the I.P.O Observer Mission." Vienna: International Progress Organization, 2002.

KOHL 2001: KOHL, Engelbert / KOHL, Ines: „aṣ-Ṣaḥarā Libīya . Sehnsucht nach dem Sand.“ Gnas: Weishaupt Verlag, 2001.

KOHL 2002: KOHL, Ines: “The Lure of the Sahara: Implications of Libya’s Desert Tourism.” The Journal of Libyan Studies. Oxford. 3(2002)2, S.56-69.

KÖHLER 2001: KÖHLER, Wolfgang: „Von den Hallen Montezumas bis zu den Stränden von Tripolis.“ Frankfurter Allgemeine Zeitung. Frankfurt. 27.8.2001, o.S.

KOHOUT 2002: KOHOUT, Franz: „Krieg und Terrorismus. Zur Veränderung politischer Konflikte im 21. Jahrhundert.“ in: VOIGT 2002: ed. cit., S.343-364.

KOUSA 1983: KOUSA, Musa M.: “The Political Leader and His Social Background: Muammar Qadafi, the Libyen Leader.” Ann Arbor / Michigan: UMI, 1983.

KREUZER 1998: KREUZER, Olaf: „Tschechische Hotels und Libyen-Embargo.“ Außenwirtschaftliche Praxis. Köln. 4(1998)5, S.150.

KREUZER 2001: KREUZER, Olaf: „Neues Urteil wegen Bruch des Libyen-Embargos.“ Außenwirtschaftliche Praxis. Köln. 7(2001)7, S.244.

KREUZER 2002: KREUZER, Olaf: „Deutsche in den Fängen des US-Exportkontrollrechts.“ Außenwirtschaftliche Praxis. Köln. 8(2002)3, S.83.

KREUZER 2002a: KREUZER, Olaf: „Ungenehmigte Lieferungen in den Iran.“ Außenwirtschaftliche Praxis. Köln. 8(2002)12, S.470.

KREUZER 2003: KREUZER, Olaf: „Falsches Urteil zum Libyen-Embargo.“ Außenwirtschaftliche Praxis. Köln. 9(2003)2, S.71 f.

KRONENBERG 1958: KRONENBERG, Andreas: „Die Teda von Tibesti.“ Horn / Wien: Berger, 1958.

KRUSE 1953: KRUSE, Hans: „Islamische Völkerrechtslehre. Der Staatsvertrag bei den Hanefiten des 5./6. Jahrhunderts s.H. (11./12. Jahrh. n. Chr.).“ Göttingen: Georg-August-Univ., Dissertation, 1953.

KRUSE 1991: KRUSE, Hans: „Die Begründung der islamischen Völkerrechtslehre. Muḥammad aš-Šaibānī – „Hugo Grotius der Moslimen“.“ Saeculum. Jahrbuch für Universalgeschichte. Bd.5, Jg. 1954. Freiburg, München: Verl. Karl Alber, 1954. Nachdruck: Bad Feilnbach: Schmidt Periodicals GmbH, 1991. S.221-241.

KUBBAH 1964: KUBBAH, Abdul Amir Q.: “Libya. Its Oil Industry and Economic System.” Beirut: Rihani Pr., 1964.

KULESSA 1996: KULESSA, Manfred: „Bittere Medizin, heilsame Wirkung? Warum Wirtschaftssanktionen ohne polititschen Dialog zu kurz greifen.“ Der Überblick. Hamburg. 32(1996)2, S.7-9.

KULESSA 2001: KULESSA, Manfred: „Erfahrungen mit der Sanktionspolitik von UN, EU und USA.“ in: UN-SANKTIONEN 2001: ed. cit., S.23-26.

KULESSA 1996a: KULESSA, Manfred: „Von Märchen und Mechanismen. Gefahren und Chancen der Sanktionen des Sicherheitsrats.“ Vereinte Nationen. Kehl am Rhein. 44(1996)3, S.89-96.

KUNZ 1960: KUNZ, Josef L.: “Sanctions in International Law.” The American Journal of International Law. Washington, D.C. 54(1960), S.324-347.

KURA 2001: KURA, Alexandra (Hg.): “Rogue Countries. Background and Current Issues.” Huntington: Nova Science Publishers, Inc., 2001.

KYLE 1987: KYLE, Benjamin: “Qaddafi.” New York u.a.: Chelsea House Publishers, 1987.

LAERTIUS 1967: LAERTIUS, Diogenes: „Leben und Meinungen berühmter Philosophen.“ Übersetzt von Otto Apelt. Hamburg: Meiner, ^{2}1967.

LAMBERS 1956: LAMBERS, Hans Jürgen: „Das kollektive Handelsembargo als Institut des Völkerrechts.“ Göttingen: Georg-August-Universität, 1956.

LAROUI 1985: LAROUI, A.: “African Initiatives and Resistance in North Africa and the Sahara.” in: BOAHEN 1985: ed. cit., S.94-102.

LASWAD 1993: LASWAD, Said Ali: “Political Consciousness and Regime Longevity in the Middle East: A Comparative Analysis of the Monarchies of Libya [and] Saudi Arabia.” Moscow / Idaho: University of Idaho, Diss., 1993.

LAUBEREAU 1996: LAUBEREAU, Stephan: „Zur Rechtmäßigkeit von Embargoverordnungen.“ Frankfurt u.a.: Lang, 1996.

LEGAL SYSTEMS 1990: “Modern Legal Systems.” Vol.5. Buffalo / New York: Hein & Co., 1990, S.5.200.5-5.200.21.

LEHMANN 2001: LEHMANN, Günter: „Das Interview. Erheben von Fakten und Meinungen im Unternehmen.“ Renningen: expert verlag, 2001.

LEIP 2002: LEIP, Hans: „Die Geschichte der Piraterie. 3000 Jahre Freibeutertum.“ Düsseldorf: Albatros, 2002.

LENZ 2000: LENZ, Siegfried: „Duell mit dem Schatten.“ München: dtv, 2000.

LFIB 2002: “Libyan Foreign Investment Board.” <http://www.investinlibya.org/en_about.htm>, 21.8.2002.

LIBYA 1990: “The Socialist People’s Libyan Arab Jamahiriya (Libya).” in: LEGAL SYSTEMS 1990: ed. cit., S.5.200.5-5.200.21.

LIBYA 1991: “Libya: Law on the “Consolidation of Freedom”.” SWB. London. 3.9.1991. ME/1167, A/6-8.

LIBYA 1996: “Libya in Pictures.” Hrsg. vom Geography Department, Lerner Publications Company. Minneapolis: Lerner Publications Company, 19996.

LIBYA 2000: “Libya: Wooing the West.” Middle East International. London. Nr. 633, 15.9.2000, S.14, 16.

LIBYA 2001: “Libya: What You Need To Know About The U.S. Embargo.” <http://www.treas.gov/ofac/t11libya.pdf>, 20.4.2002.

LIBYA SHEET 2002: “Libya - Consular Information Sheet.”<http://travel.state.gov/libya.html>, 18.5.2002.

LIBYEN 1950: „Libyen. Staatenbildung.“ Übersee-Rundschau. Hamburg. (1950)6, S.182 f.

LIBYEN 1976: „Der Marsch des Menschen in der Libyschen Arabischen Republik.“ Rom: Emmekappa Typolito, 1976.

LIBYEN 2000: „Dienstleistungen für Libyen.“ Außenwirtschaftliche Praxis. Köln. 7(2002)5, S.164.

LIBYEN 2002: „Libyen.“ Außenwirtschaftliche Praxis. Köln. 8(2002)5, S.170.

LIBYENEMBARGO 1999: „Libyenembargo - UN-Sicherheitsrat setzt Sanktionen aus.“ Aussenwirtschaftliche Praxis. Köln. 5(1999)5, S.154.

LINDE 1986: LINDE, Gerd: „Libyen - Terroristenbasis und sowjetischer Klient.“ Köln: Bundesinstitut für Ostwissenschaft und Internationale Studien, 1986.

LINDEMEYER 1975: LINDEMEYER, Bernd: „Schiffsembargo und Handelsembargo: völkerrechtliche Praxis und Zulässigkeit.“ Baden-Baden: Nomos, 1975.

LINDEMEYER 1981: LINDEMEYER, Bernd: „Das Handelsembargo als wirtschaftliches Zwangsmittel der staatlichen Außenpolitik.“ Recht der internationalen Wirtschaft. Heidelberg. 27(1981)1, S.10-23.

LINDEMEYER 2002: LINDEMEYER, Jeff: “Iraqi Sanctions: Myth and Fact.” New Politics. Brooklyn. 8(2002)4 (N.S.), S.79-88.

LINK 2001: LINK, Werner: „Die Neuordnung der Weltpolitik. Grundprobleme globaler Politik an der Schwelle zum 21. Jahrhundert.“ München: Beck, ^{3}2001.

LINK/SCHÜTT-WETSCHKY/SCHWAN 1991: LINK, Werner / SCHÜTT-WETSCHKY, Eberhard / SCHWAN, Gesine: „Jahrbuch für internationale Politik." 2. Halbband. Baden-Baden: Nomos, 1991.

LLOYD 1981: LLOYD, Christopher: "English Corsairs in the Barbary Coast." London: Collins, 1981.

LOPEZ/CORTRIGHT 1997: LOPEZ, George A. / CORTRIGHT, David: "Financial Sanctions: The Key to a 'Smart' Sanctions Strategy." <http://www.fourthfreedom.org/php/print.php?hinc=smart.hinc>, 5.11.2002. Und: Die Friedens-Warte. Blätter für internationale Verständigung und zwischenstaatliche Organisation. Berlin. 72(1997)4, S.327-336.

LOPEZ/CORTRIGHT 2000: LOPEZ, George A. / CORTRIGHT, David: "Learning from the Sanctions Decade." <http://www.fourthfreedom.org/php/print.php?hinc=isa.hinc>, 5.11.2002.

LOPEZ/CORTRIGHT 2000a: LOPEZ, George A. / CORTRIGHT, David: "Toward Ethical Economic Sanctions." <http://www.fourthfreedom.org/php/print/php?hinc=ethical.hinc>, 5.11.2002.

LOPEZ/CORTRIGHT 2001: LOPEZ, David / CORTRIGHT, George A.: "Smart Sanctions: The Next Steps. The Debate on Arms Embargoes and Travel Sanctions within the 'Bonn-Berlin Process'." in: BRZOSKA 2001a: ed. cit., S.179-193.

LOPEZ/CORTRIGHT 2002: LOPEZ, George A. / CORTRIGHT, David: "Smarting under Sanctions." <http://www.fourthfreedom.org/php/t-si-index.php?hinc=worldtoday.hinc>, 1.9.2003.

LOSMAN 1979: LOSMAN, Donald: "International Economic Sanctions. The Cases of Cuba, Israel and Rhodesia." Albuquerque: University of New Mexico Press, 1979.

LOSMAN 1998: LOSMAN, Donald L.: "Economic Sanctions: An Emerging Business Menace." Business Economics. Washington, D.C. 33(1998)2, S.37-42.

LOY 2001: LOY, Maria: "Proper and Prompt National Implementation of Arms Embargoes: The German Case." in: BRZOSKA 2001a: ed. cit., S.135-138.

LÜBBIG 1995: LÜBBIG, Thomas: „Die Verfolgung illegaler Exporte. Eine Untersuchung des repressiven Instrumentariums im US-amerikanischen Export Administration Act und im deutschen Außenwirtschaftsgesetz." Berlin: Freie Universität, Dissertation, 1995.

LÜDERITZ 1983: LÜDERITZ, Gerd: „Corpus jüdischer Zeugnisse aus der Cyrenaika." Wiesbaden: Dr. Ludwig Reichert, 1983.

LUKAS 1953: LUKAS, Johannes: „Die Sprache der Tubu in der zentralen Sahara." Berlin: Akademie-Verlag, 1953.

LUKAS/VÁSQUEZ 2002: LUKAS, Aaron / VÁSQUEZ, Ian: "Rethinking the Export-Import Bank." Trade Briefing Paper No. 15, March 12, 2002. <http://www.freetrade.org/pubs/briefs/tbp-015es.html>, 14.5.2002.

LUTZ 2000: LUTZ, Dieter S. (Hg.): „Globalisierung und nationale Souveränität." Baden-Baden: Nomos, 2000.

LUYKEN 2000: LUYKEN, Reiner: „Die vielen Wahrheiten über Lockerbie." Die ZEIT. Hamburg. Nr. 16, 10.4.1992, S.17-20.

MACAN 1973: MACAN, Reginald Walter: "Herodotus. The Fourth, Fifth, and Sixth Books. With Introductions, Notes, Appendices, Indices, Maps." New York: Arno Press, 1973. (Reprint von 1895). 2 Bde.

MAC GUCKIN 1841: MAC GUCKIN (Baron de Slane), William: »Histoire de la province d'Afrique et du Maghrib, traduite de l'arabe d'En-Noweïri, par le baron Mac Guckin de Slane.« Journal Asiatique. Paris. 9(1841)2, S.97-135 und 9(1841)5, S.557-583.

MACK 2001: MACK, David L.: "US Policy Towards Libya: Concerns, Interests, and Options." Policy Briefs. Washington, D.C.: The Middle East Institute, 16.3.2001. <http://www.mideasti.org/html/b-mack021601.html>, 7.6.2002.

MACK/KHAN 2000: MACK, Andrew / KHAN, Asif: "The Efficacy of UN Sanctions." Security Dialogue. Oslo. 31(2000)3, S.279-292.

MAIER 2002: MAIER, Andreas: „Politische Strömungen im modernen Islam. Quellen und Kommentare." Wuppertal: Peter Hammer Verlag GmbH, 2002.

MAJOROS/RILL 1999: MAJOROS, Ferenc / RILL, Bernd: „Das Osmanische Reich: 1300-1922. Die Geschichte einer Großmacht." [Augsburg]: Bechtermünz, 1999.

MALCOM 1993: MALCOM, Peter: "Libya." New York u.a.: Marshall Cavendish, 1993.

MALLOY 2001: MALLOY, Michael P.: "U.S. Economic Sanctions: Theory and Practice." The Hague: Kluwer, 2001.

MALTZAN 1870: MALTZAN, Heinrich von: „Reisen in den Regentschaften Tunis und Tripolis." Leipzig: Dürr'sche Buchhandlung, 1870.

MAMMERI 1975: MAMMERI, Hasseine: »La Libye, six ans après la révolution de 1969.« Maghreb-Machrèk. Paris. 70(1975)4, S.12 f.

MAMMERI 1976: MAMMERI, Hasseine: »Le septième anniversaire du renversement de la monarchie: Discours du président Kadhafi.« Maghreb-Machrèk. Paris. 74(1976)4, S.15 f.

MAMMERI 1979: MAMMERI, Hasseine: »En Libye, un dixième anniversaire sous le signe de l'unité arabe.« Maghreb-Machrèk. Paris. 86(1979)4, S.9 f.

MARG 1973: MARG, Walter: „Herodot: Geschichten und Geschichte. Buch 1-4." Zürich, München: Artemis Verlag, 1973.

MARK 2001: MARK, Clyde R.: "Libya." in: KURA 2001: ed. cit., S.47-64.

MARSCHANG 1993: MARSCHANG, Bernd: „»UN-Gewaltenteilung« und die Lockerbie-Affäre." Kritische Justiz. Baden-Baden. 26(1993)1, S.62-74.

MARTEL 1991: MARTEL, André: »La Libye. 1835-1990. Essai de géopolitique historique.« Paris: Presses Universitaires de France, 1991.

MARTÍNEC BLANCO 1992: MARTÍNEC BLANCO, Gerardo: „El atentado contra el vuelo 103 de Pan Am y sus implicaciones jurídicas y políticas: el caso de Libia." Tegucigalpa / Honduras: o.V., 1992.

MARTINEZ 2000: MARTINEZ, Luis: »L'après-embargo en Libye.« Monde Arabe. Maghreb-Machrek. Paris. (2000)170, S.3-11.

MARTINEZ 2000a: MARTINEZ, Luis: »Libye: La Fin du Purgatoire.« Politique Internationale. Paris. (2000)89, S.307-320.

MARTINEZ 2000b: MARTINEZ, Luis: »Libye: Transformations socio-économiques et mutations politiques sous l'embargo.« in: AAN 2000: ed. cit., S.205-229.

MARTHELOT 1975: MARTHELOT, Pierre: »La Libye: aperçu géographique.« in: ALBERGONI 1975: ed. cit., S.33-50.

MARTIN 1990: MARTIN, Lisa Lynn: "Coercive Cooperation: Explaining Multilateral Economic Sanctions." Cambridge / Massachusetts: Harvard University, Diss., 1990.

MASCOLO 2003: MASCOLO, Georg: „Reuiger Schurke." Der Spiegel. Hamburg. Nr. 34 vom 18.8.2003, S.34 f.

MASON 1977: MASON, John P.: "Island of the Blest: Islam in a Libyan Oasis Community." Athens / Ohio: Ohio University, Center for International Studies, 1977.

MATTES 1982: MATTES, Hanspeter: „Islam und Staatsaufbau. Das theoretische Konzept und das Beispiel der Sozialistischen Libyschen Arabischen Volksǧamāhīriyya (SLVAǦ)." Heidelberg: Forschungsstätte der Evangelischen Studiengemeinschaft, 1982.

MATTES 1986: MATTES, Hanspeter: „Die Entwicklung des libyschen Pressewesens 1969-1986." Communications. Frankfurt. 12(1986)3, S.41-60.

MATTES 1986a: MATTES, Hanspeter: „Die militärische Konfrontation zwischen Libyen und den USA 1986. Zur Genese des Konflikts und seinen internationalen Auswirkungen. Mit einem Beitrag von Sigrid Faath zu den Internen Bestimmungsfaktoren und Akteuren der amerikanischen Libyen-Politik unter Präsident Reagan." Hamburg: DOI, 1986.

MATTES 1987: MATTES, Hanspeter: "Libya's Economic Relations as an Instrument of Foreign Policy." in: KHADER/EL-WAFATI 1987: ed. cit., S.81-123.

MATTES 1989: MATTES, Hanspeter: „Die Entwicklung des tschadisch-libyschen Konflikts." in: NAHOST- JAHRBUCH 1989: ed. cit., S.200-206.

MATTES 1989a: MATTES, Hanspeter: „Libyen." in: NAHOST-JAHRBUCH 1989: ed. cit., S.107-112.

MATTES 1990: MATTES, Hanspeter: „Die Arabische Maghrebunion - vom Gründungsakt zur sektoriellen Dynamik." in: NAHOST-JAHRBUCH 1990: ed. cit., S.208-213.

MATTES 1990a: MATTES, Hanspeter: „Libyen." in: NAHOST-JAHRBUCH 1990: ed. cit., S.110-115.

MATTES 1991: MATTES, Hanspeter: „Aspekte der Proliferation von Massenvernichtungswaffen in Nordafrika und Nahost." in: NAHOST-JAHRBUCH 1991:ed. cit., S.195-200.

MATTES 1991a: MATTES, Hanspeter: „Libyen." in: NAHOST-JAHRBUCH 1991: ed. cit., S.111-116.

MATTES 1992: MATTES, Hanspeter: „Libyen." in: NAHOST-JAHRBUCH 1992: ed. cit., S.111-116.

MATTES 1993: MATTES, Hanspeter: „Libyen 1992." in: NAHOST-JAHRBUCH 1992: ed. cit., S.112-117.

MATTES 1994: MATTES, Hanspeter: „Die geopolitische Lage Libyens in Nordafrika: Determinanten für das außenpolitische Handeln?" Wuqûf Nr.9, 1994. Hamburg: Edition wuqûf, 1995, S.277-338.

MATTES 1994a: MATTES, Hanspeter: „Libyen 1993." in: NAHOST-JAHRBUCH 1993: ed. cit., S.112-117.

MATTES 1995: MATTES, Hanspeter: „Außen-, innenpolitisches und sozioökonomisches Konfliktpotential eines nordafrikanischen Staates: das Beispiel Libyen." in: FRANK/KAMP 1995: ed. cit., S.181-212.

MATTES 1995a: MATTES, Hanspeter: „25 Jahre libysche Revolution (1969-1994). Die innenpolitische Entwicklung zwischen ideologischem Anspruch und pragmatischem Realismus." in: FRANK/KAMP 1995: ed. cit., S.109-123.

MATTES 1995b: MATTES, Hanspeter: „Libyen 1994." in: NAHOST-JAHRBUCH 1995: ed. cit., S.114-119.

MATTES 1996: MATTES, Hanspeter: „Die Stellung des Islams und des islamischen Rechts in ausgewählten Staaten: Libyen." in: ENDE/STEINBACH 1996: ed. cit., S.466-474.

MATTES 1996a: MATTES, Hanspeter: „Die Europa-Mittelmeer-Konferenz in Barcelona (27.-28.11.1995)." in: NAHOST-JAHRBUCH 1996: ed. cit., S.209-214.

MATTES 1996b: MATTES, Hanspeter: „Libyen 1995." in: NAHOST-JAHRBUCH 1996: ed. cit., S.114-119.

MATTES 1997: MATTES, Hanspeter: „Libyen 1996." in: NAHOST-JAHRBUCH 1996: ed. cit., S.114-119.

MATTES 1998: MATTES, Hanspeter: „Libyen 1997." in: NAHOST-JAHRBUCH 1998: ed. cit., S.114-119.

MATTES 1999: MATTES, Hanspeter: „Libyen 1998." in: NAHOST-JAHRBUCH 1999: ed. cit., S.114-119.

MATTES 1999a: MATTES, Hanspeter: „Der informelle Staat Libyen. Handlungsformen der Großfamilien, Stämme und Revolutionskomitees und gesellschaftliche Entwicklung." Nord-Süd aktuell. Hamburg. 13(1999)2, S.263-274.

MATTES 2000: MATTES, Hanspeter: „Ali Abd al-Salam Triki (Ali Tarīkī)." Orient. Opladen. 41(2000)3, S.374-380.

MATTES 2000a: MATTES, Hanspeter: „Die Gnade der Herkunft." Deutsches Allgemeines Sonntagsblatt. Hamburg. Nr.36, 8.9.2000, S.15.

MATTES 2000b: MATTES, Hanspeter: „Libyen 1999." in: NAHOST-JAHRBUCH 2000: ed. cit., S.114-119.

MATTES 2001: MATTES, Hanspeter: „Bilanz der libyschen Revolution. Drei Dekaden politischer Herrschaft Mu'ammar al-Qaddafis." Hamburg: Ed. wuqûf, 2001.

MATTES 2001a: MATTES, Hanspeter: „Die Sahel- und Sahara-Staatengemeinschaft (SinSad): Instrument der wirtschaftlichen Entwicklung, Konfliktvermittlung und regionalen Interessensicherung." Arbeitspapier. Hamburg: Deutsches Übersee-Institut, 2001.

MATTES 2001b: MATTES, Hanspeter: „Die Sahel- und Saharastaatengemeinschaft (SinSad): Regionalpolitik im Dienste libyscher Interessenpolitik." in: NAHOST-JAHRBUCH 2001: ed. cit., S.199-204.

MATTES 2001c: MATTES, Hanspeter: „Libyen 2000." in: NAHOST-JAHRBUCH 2001: ed. cit., S.115-120.

MATTES 2002: MATTES, Hanspeter: „Libyen 2001." in: NAHOST-JAHRBUCH 2002: ed. cit., S.123-128.

MATTES 2002a: MATTES, Hanspeter: "Revolutionary Libya in Western Research." The Journal of Libyan Studies. Oxford. 3(2002)2, S.70-78.

MATTHIES 2002: MATTHIES, Volker: „Regionalisierung der Konfliktbearbeitung in Afrika. Der Mechanismus der »OAU« und die Zusammenarbeit mit der UN." Vereinte Nationen. Baden-Baden. 50(2002)2, S.51-56.

MATTIOLI 2003: MATTIOLI, Aram: „Libyen, verheißenes Land." Die ZEIT. Hamburg. Nr. 21, 15.5.2003, S.94.

MAULL 1991: MAULL, Hanns W.: „Wirtschaftssanktionen als Instrument der Außenpolitik." in: LINK/SCHÜTT- WETSCHKY/SCHWAN 1991: ed. cit., S.341-367.

MAYER 1995: MAYER, Ann Elizabeth: "In Search of Sacred Law: The Meandering Course of Qadhafi's Legal Policy." in: VANDEWALLE 1995: ed. cit., S.113-137.

MCGLONE/TRENKLE 1999: MCGLONE, William M. / TRENKLE, Timothy P.: "Economic Sanctions and Export Controls." The International Lawyer. Chicago. 33(1999)2, S.257-275.

ME 1977: "German Leopard Tanks in Libya." The Middle East. London. (1977)34, S.15.

MEAD/GEORGE 1973: MEAD, Richard / GEORGE, Alan: "The Women of Libya." Middle East International. London. (1973)25, S.18-20.

MECS 2000: "Middle East Contemporary Survey 1997." Boulder / Co.: Westview, 2000.

MEED 1987: "US sanctions slash Libyan trade." Middle East Economic Digest. London. 31(1987)38, S.23.

MEI 1971: "Slanted News from Libya and the UAR." Middle East International. London. (1971)5, S.18 f.

MEI 1971a: "The Federation of Arab Republics." Middle East International. London. (1971)9, S.24 f.

MELTZ 2000: MELTZ, Renaud: »Libye - Pourquoi pas?« Marché Tropicaux et Méditerranéens. Paris. 55(2000)2847, S.986-1003.

MENA 2001: "The Middle East and North Africa 2002." London: Europa Publications, 2001.
MENAREPORT 2000: "Arabs "cancel" UN sanctions on Libya." <http://www.menareport.com/story/printArticle.php3?sid=151028&lang=e>, 13.3.2001.
MENAREPORT 2001: "Libya signs $360 million fuel deal with Zimbabwe." <http://www.menareport.com/story/printArticle.php3?sid=172318&lang=e>, 23.7.2001.
MENG 1997: MENG, Werner: „Extraterritoriale Jurisdiktion in der US-amerikanischen Sanktionsgesetzgebung." Europäische Zeitschrift für Wirtschaftsrecht. München. 8(1997)14, S.423-428.
MENG 1997a: MENG, Werner: „Wirtschaftssanktionen und staatliche Jurisdiktion - Grauzonen im Völkerrecht." Zeitschrift für ausländisches öffentliches Recht und Völkerrecht. Stuttgart. 57(1997)2-3, S.269-327.
MENSCHENRECHTE 2000: „Fünfter Bericht der Bundesregierung über ihre Menschenrechtspolitik in den auswärtigen Beziehungen." Hrsg. vom Auswärtigen Amt / Berlin. Remscheid: rga.-Druck, [2000].
MENSCHENRECHTSDEKLARATION 1988: „Die große grüne Friedens- und Menschenrechtsdeklaration in der Volksmassen-Ära." Orient. Opladen. 29(1988)3, S.476-479.
MEWS 1989: MEWS, Stuart (Hg.): "Religion in Politics: A World Guide." Harlow / Essex: Longman Group UK Ltd., 1989.
MERIP 2001: "Shaky Foundations: The US in the Middle East." Middle East Report. Washington, D.C. (2001)220. <http://www.merip.org/mer220/220_editorial.html>, 22.4.2002.
MERKELBACH 1999: MERKELBACH, P.M.: „Rechtsfragen der Exportkontrolle: Die Sicht der Wirtschaft." in: EHLERS/WOLFFGANG 1999: ed. cit., S.49-59.
MEZRAN 2002: MEZRAN, Karim K.: "Negotiating National Identity: The Case of the Arab States of Northern Africa (Algeria, Libya, Morocco, Tunisia)." Washington, D.C.: The Johns Hopkins University, Diss., 2002.
MILLER 1962: MILLER, Konrad: „Die Peutingersche Tafel." Stuttgart: Brockhaus, 1962.
MILLER o.J.: MILLER, Hunter: "Treaties and Other International Acts of the United States of America." Washington, D.C.: US Government Printing Office, o.J.
MODIFICATION 1976: »En Libye: Modification des statuts de l'Union socialiste arabe.« Maghreb-Machrèk. Paris. 71(1976)1, S.10 f.
MOHAMED 1999: MOHAMED, Essa H.: "Modelling Investment Behaviour in Centrally Planned Developing Countries: The Case of Libya 1962-1991." Maǧallat al-buḥūṯ al-iqtiṣādīya. Banġāzī. 10(1999)1-2, S.32-62.
MOHR 1992: MOHR, Manfred: „Der Lockerbie-Fall vor UN-Sicherheitsrat und Internationalem Gerichtshof. Hintergrund und gegenwärtiger Stand." Demokratie und Recht. Köln. 20(1992)3, S.305-314.
MONASTIRI 1999: MONATSTIRI, Taoufik: »Chronique Juridique Libyenne 1996-1997.« in: AAN 1999: ed. cit., S.183-189.
MOORE 1991: MOORE, James Kennon: "Walking the Line of Death: U.S.-Libyan Relations in the Reagan Decade, 1981-1989." San José / California: San José State University, M.A., 1991.
MORGAN 1990: MORGAN, Gary Benedict: "U.S. Media and Government: A Content Analysis of Press Coverage of the U.S. Call for Sanctions against Libya." Greely / Colorado: University of Northern Colorado, Diss., 1990.
MOSER 1995: MOSER, Markus: „Internationale Wirtschaftssanktionen und ihre Auswirkungen auf das Private Banking an den Beispielen von Libyen und Südafrika." Bern u.a.: Haupt, 1995.
MÖSSNER 1968: MÖSSNER, Jörg Manfred: „Die Völkerrechtspersönlichkeit und die Völkerrechtspraxis der Barbareskenstaaten (Algier, Tripolis, Tunis 1518-1830)." Berlin: Walter de Gruyter & Co., 1968.

MOZIA 1998: MOZIA, Timothy U.: "International Economic Sanctions and Regime Policy Changes." Denver / Colorado: University of Denver, Diss., 1998.

MÜLLER 1994: MÜLLER, Harald / DEMBINSKI, Matthias / KELLE, Alexander / SCHAPER, Annette: "From Black Sheep To White Angel? The New German Export Control Policy." Frankfurt / M.: PRIF Reports No. 32, 1994.

MÜLLER-MAHN 1995: MÜLLER-MAHN, Detlef: „Nomaden im Niemandsland - Die Demarkation der ägyptisch-libyschen Grenze und ihre Auswirkungen auf die Stämme der Aulad Ali." in: FRANK/KAMP 1995: ed. cit., S.125-147.

MULIKITA 2002: MULIKITA, Njunga-Michael: „Kooperation und Differenz. Die OAU/AU und der Sicherheitsrat." Vereinte Nationen. Baden-Baden. 50(2002)2, S.44-51.

MULLER 1982: MULLER, Martine: "Frontiers: An Imported Concept. A Historical Overview of the Creation and Consequences of Libya's Frontiers." in: ALLAN 1982: ed. cit., S.165-179.

MUSCAT 1974: MUSCAT, Frederick: "My President, My Son ... Or One Day that Changed the History of Libya." La Valletta: Adam Publishers, 1974.

NAAOUSH 1998: NAAOUSH, Sabah: »Effets de l'embargo sur les finances extérieures de la Libye.« Marché Tropicaux et Méditerranéens. Paris. 53(1998)2757, S.1907-1910.

NACHTIGAL 1869: NACHTIGAL, Gustav: „Dr.Nachtigal's Reise von Tripolis nach Mursuk in Fesan." Globus. Illustrierte Zeitschrift für Länder- und Völkerkunde. Braunschweig. 16(1869)6, S.90-93.

NACHTIGAL 1879: NACHTIGAL, Gustav: „SAHĀRÂ UND SÛDÂN. Ergebnisse sechsjähriger Reisen in Afrika." 1.Bd.: Berlin: Weidmannsche Buchhandlung / Wiegandt, Hempel & Parey, 1879; 2.Bd.: Berlin: Weidmannsche Buchhandlung / Verlagshandlung Parey, 1881; 3.Bd.: Leipzig: Brockhaus, 1889 (Hg.: E.GRODDECK).

NAGEL 2001: NAGEL, Tilman: „Das islamische Recht." Westhofen: WVA-Verlag Skulima, 2001.

NAGIAH 1995: NAGIAH, Abdulhakim: „Italien und Libyen in der Kolonialzeit: Faschistische Herrschaft und nationaler Widerstand." in: FRANK/KAMP 1995: ed. cit., S.67-85.

NAHOST-JAHRBUCH 1989 [- 2002]: „Nahost-Jahrbuch 1988 [- 2001]: Politik, Wirtschaft und Gesellschaft in Nordafrika und dem Nahen und Mittleren Osten." Hrsg. vom Deutschen Orient-Institut. Opladen: Leske + Budrich, 1989 [- 2002].

AL NAMLAH 1992: AL NAMLAH, Saleh M.: "Political Legitimacy in Libya since 1969: A Weberian Perspective." Syracuse / New York: Syracuse University, Diss., 1992.

NASH 1969: NASH, Howard P.: "The Forgotten Wars. The Role of the U.S. Navy in the Quasi War with France and the Barbary Wars 1798-1805." New York u.a.: A.S. Barnes and Company, 1968.

NASS 2003: NASS, Matthias: „Zwei Schurken im Visier." Die ZEIT. Hamburg. Nr. 15, 3.4.2003, S.4.

NAVAL DOCUMENTS 1939-1944: U.S. OFFICE OF NAVAL RECORDS AND LIBRARY: "Naval Documents Related to The United States Wars With The Barbary Powers." Washington: U.S. Government Printing Office, 1939-1944. 6 Bde.

NELSON 1979: NELSON, Harold D. (Hg.): "Libya: A Country Study." American University Foreign Area Studies Series. Washington, D.C.: American University, ^{3}1979.

NEUBERGER 1982: NEUBERGER, Benyamin: "Involvement, Invasion and Withdrawal. Qadhdhafi's Libya and Chad, 1969-1981." Tel Aviv: The Shiloah Center for Middle Eastern and African Studies, Tel Aviv University, 1982.

NEUMANN 2000: NEUMANN, Ronald E.: "Libya: A U.S. Policy Perspective." Middle East Policy. Washington, D.C. 7(2000), S.142-145.

NEUSS 1989: NEUSS, Jobst Joachim: „Handelsembargos zwischen Völkerrecht und IPR." München: WF, 1989.

NFSL 1993: "NFSL Platform for the Future of Libya." Hrsg. von The National Front for the Salvation of Libya. Chicago: al-inqāḏ, 1993.

NISBET 1980: NISBET, Anne-Marie: "Maghrebian Studies Conference." Kensington: New South Wales UP Ltd., 1980.

NIBLOCK 2000: NIBLOCK, Tim: »Irak, Libye, Soudan: efficacité des sanctions?« Politique étrangère. Paris. 65(2000)1, S.95-108.

NIBLOCK 2001: NIBLOCK, Tim: ""Pariah States" & Sanctions in the Middle East. Iraq, Libya, Sudan." Boulder / London: Lynne Rienner Publ., 2001.

NICHOLSON 2003: NICHOLSON, Jonathan: "Iraq Sanction Violators Paid U.S. Treasury $ 726,000." Reuters. 15.4.2003.

NIZZA 1972: NIZZA, Ricardo: "Libya's 'Prussian' Role in the Drive for Arab Unity." New Middle East. London. (1972)45, S.4-7.

NORDBRUCH/GLÄSER 2002: NORDBRUCH, Goetz / GLÄSER, Mirjam: „Stellungnahme MEMRIs zu dem Artikel von Brian Whitaker in inamo. Nr. 31/2002." Inamo. Berlin. 8(2002)32, S.49.

NOTZ/BAULIG/ESTERHAZY 2001: NOTZ, Anton / BAULIG, Christian / ESTERHAZY, Yvonne: „Geschäfte mit dem Teufel." Financial Times Deutschland. Hamburg. 14.5.2001. <http://www.ftd.de/pw/in/1071214.html>

AL-NOURI 1980: AL-NOURI, Qais N.: "Changing Marriage Patterns in Libya: Attitudes of University Students." Journal of Comparative Family Studies. Calgary. 11(1980)2, S.219-232.

N.S. 1997: N.S.: "International Sanctions: Economic, Political and Human Aspects." Arab Oil and Gas. Paris. 26(1997)619, S.3 f.

NYROP 1969: NYROP, Richard F. et al.: "Area Handbook for Libya." Washington, D.C.: Government Printing Office, [1]1969.

NYROP 1973: NYROP, Richard F. et al.: "Area Handbook for Libya." Washington, D.C.: Government Printing Office, [2]1973.

NZZ 7.1.2000: „Ruf nach Lockerung des Embargos gegen Bagdad." NZZ. Zürich. Nr.5, 7.1.2000, S.3.

OEKB 2001: „Libyen. Chancen für österreichische Exporteure in den Sektoren Industrie, Verkehrswesen, Wasserwirtschaft und Tourismus. Multi-Sektor-Studie." Hrsg. von der Oesterreichischen Kontrollbank AG. Wien: Hausdruckerei der OeKB AG, 2001.

OEVERMANN 1979: OEVERMANN, Ulrich et al.: „Die Methodologie einer „objektiven Hermeneutik" und ihre allgemeine forschungslogische Bedeutung in den Sozialwissenschaften." in: SOEFFNER 1979: ed. cit., S.352-435.

ÖLCHRONOLOGIE 1974: United States Senate. Library of Congress. Foreign Affairs Division: "Chronology of the Libyan Oil Negotiations, 1970-1971. Prepared for the Use of Subcommittee on Multinational Corporations of the Committee on Foreign Relations United States Senate." Washington D.C.: U.S.Government Printing Office, 1974.

OPEC 1988: "Libya's new oil era." OPEC Bulletin. Wien. 19(1988)8, S.18-24.

OPPERSCHALL/TEUBER 1987: OPPERSCHALL, Christian / TEUBER, Charlotte: „Libyen: die verkannte Revolution." Wien: Promedia, 1987.

OSTENECK 1998: OSTENECK, Kathrin: „Die völkerrechtliche Verpflichtung der EG zur Umsetzung der UN-Sanktionen." Zeitschrift für europarechtliche Studien. Saarbrücken. 1(1998)1, S.103-132.

OSTERHAMMEL 1995: OSTERHAMMEL, Jürgen: „Kolonialismus. Geschichte, Formen, Folgen." München: Beck'sche Reihe, 1995.

O'SULLIVAN 2000: O'SULLIVAN, Megan: "Sanctioning 'Rogue States'." Harvard International Review. Cambridge / Massachusetts. 22(2000)2, S.56 ff.

OUANNES 1999: OUANNES, Moncef: »Libye: Chronique Intérieure.« in: AAN 1999: ed. cit., S.169-182.

PARET 1979: PARET, Rudi: „Der Koran." Stuttgart u.a.: Kohlhammer, 1979.

PARKER 2000: PARKER, Richard P.: "The Cost Effectiveness of Economic Sanctions." Law and Policy in International Business. Washington, D.C. 32(2000)1, S.21-35.

PASHA 1984: PASHA, Aftab Kamal: "Libya and the United States. Qadhafi's Response to Reagan's Challenge." New Delhi: Detente Publications, 1984.

PATTERNS 1999: "Patterns of Global Terrorism: 1999." <http://www.state.gov/www/global/terrorism/1999report/intro.html>, 30.5.2002.

PELHAM 2001: PELHAM, Nick: "Libya: Sea-Change." Middle East International. London. Nr. 660, 12.10.2001, S.19 f.

PIETSCH 1999: PIETSCH, Georg: „Embargos en vogue. Überblick über aktuelle Entwicklungen." Außenwirtschaftliche Praxis. Köln. 5(1999)12, S.441-444.

PIPES 1993: PIPES, Daniel: "Sandstorm: Middle East Conflicts & America." New York u.a.: University Press of America, 1993.

PLAYFAIR 1971: PLAYFAIR, Sir Robert Lambert: "The Bibliography of the Barbary States." Westmead / GB: Gregg Int.Publishers Ltd., 1971. 2 Bde.

POHL 1988: POHL, Dietrich F.R.: „Islam und Friedensvölkerrecht." Wien u.a.: Springer-Verlag, 1988.

POLIDORI/DI VITA-ESSARD/BACCIALLI 1999: POLIDORI, R. / DI VITA-ESSARD, G. / BACCIALLI, L.: „Das antike Libyen: vergessene Stätten des römischen Imperiums." Köln: Könemann, 1999.

POPP 1988: POPP, Georg: „Die Großen der Bibel." Stuttgart: Quell Verlag, ²1988.

POTTMEYER 1994: POTTMEYER, Klaus: „Kriegswaffenkontrollgesetz (KWKG). Kommentar." Köln u.a.: Carl Heymanns Verlag KG, ²1994.

POTTMEYER 1995: POTTMEYER, Klaus: „Freiheitsstrafen für mittelständische Unternehmer. LG Münster zu illegalen Rüstungsexporten in den Irak und Libyen." Außenwirtschaftliche Praxis. Köln. 1(1995)11, S.400-4002.

POTTMEYER 1996: POTTMEYER, Klaus: „Hemmnisse und Sanktionen im Außenwirtschaftsrecht - Darstellung unter Beschränkung auf die Sanktionen im Recht der Exportkontrolle." in: EFA 1996: ed. cit., S.100-113.

POTTMEYER 2001: POTTMEYER, Klaus: „Der Ausfuhrverantwortliche. Aufgaben und Risiken." Köln: Bundesanzeiger Verlag, ²2001.

POTTMEYER 2003: POTTMEYER, Klaus: „Neues Waffenrecht und Kriegswaffenkontrolle. Verhältnis beider Rechtsmaterien nach dem Gesetz zur Neuregelung des Waffenrechts (WaffRNeuRegG)." Außenwirtschaftliche Praxis. Köln. 9(2003)1, S.21-24.

PRADOS 2001: PRADOS, Alfred B.: "Syria: Relations and Bilateral Issues." in: KURA 2001: ed. cit., S.65-83.

PRASSE 1998: PRASSE, K.-G.: "Ṭawārik̩." in: EI²: ed. cit., Bd.X, S.379-381.

PREEG 1999: PREEG, Ernest H.: "Feeling Good or Doing Good with Sanctions. Unilateral Economic Sanctions and the U.S. National Interest." Washington, D.C.: CSIS Press, 1999.

PREGELJ 2001: PREGELJ, Vladimir N.: "Normalizing U.S. Commercial Relations with North Korea." in: KURA 2001: ed. cit., S.171-187.

PRESIDENTIAL STUDY GROUP 2001: "Navigating through Turbulence: America and the Middle East in a New Century. Report of the Presidential Study Group." Washington, D.C.: The Washington Institute for Near East Policy, 2001.

PRITCHETT 1992: PRITCHETT, Diane Tueller: "The Language of Arab Nationalism and Arab Foreign Policy: The Relations of Egypt, Libya and Syria, 1969-1981." Boston / Massachusetts: Boston University, Diss., 1992.

PROCOPIUS 1653: PROCOPIUS OF CÆSAREA: "The history of the warres of the Emperour Justinian in Eight Books. Written in Greek by Procopius of Cæsarea. And Englished by Henry Holcroft, knight." London: Humphrey Moseley, 1653.

PROKOP 1971: PROKOP, Gert: „Bye-bye Wheelus." Berlin: Verlag der Nation, 1971.

PRUNCKUN 1995: PRUNCKUN Jr., Henry Walter: "Operation El Dorado Canyon: A Military Solution to the Law Enforcement Problem of Terrorism. A Quantitative Analysis." Adelaide: University of South Australia, MSOCSC, 1995.

PUTTLER 1989: PUTTLER, Adelheid: „Völkerrechtliche Grenzen von Export- und Reexportverboten. Eine Darstellung am Beispiel des Rechts der Vereinigten Staaten von Amerika und der Bundesrepublik Deutschland." Baden-Baden: Nomos, 1989.

AL-QADHAFI 2001: Al-QADHAFI, Muammar: "Muammar Al-Qadhafi Speaks Out." Im libyschen Fernsehen ausgestrahlte Ansprache vom 4.1.2001.
<http://www.qadhafi.org/Muammar_Al_Qadhafi_Speaks_Out.html>, 12.9.2003.

AL-QADHAFI 2003: AL-QADHAFI, Saif Aleslam: "Libyan-American Relations." Middle East Policy. Washington, D.C. 10(2003)1, S.35-44.

RABTA 1997: „Mehrjährige Haftstrafen für Manager wegen Lieferungen für Giftgasfabrik." Außenwirtschaftliche Praxis. Köln. 3(1997)11, S.363.

RABTA 1989: „Händler des Todes. Bundesdeutsche Rüstungs- und Giftgasexporte im Golfkrieg und nach Libyen." Frankfurt / M.: isp-Verlag, 1989.

RABTA 2002: „Deutsche Lieferungen für Giftgasfabrik in Libyen." Außenwirtschaftliche Praxis. Köln. 8(2002)12, S.447 f.

REINMUTH 2001: REINMUTH, Jens: „Das US-Embargo gegen Kuba und Internationales Recht." Münster: Lit, 2001.

REISEN 1881: „Reisen in Cyrenaica. Im Auftrag der Handels-Erforschungsgesellschaft von Mailand ausgeführt von Capitän Camperio und Dr.Mamoli, Commendatore Haimann und Herrn Pastore." Dr. A. Petermann's Mittheilungen aus Justus Perthes' Geographischer Anstalt. Gotha. 27(1881)9, S.323-329.

REISMAN 1996: REISMAN, W. Michael: "When Are Economic Sanctions Effective? Selected Theorems and Corollaries." ILSA Journal of International and Comparative Law. Fort Lauderdale. 2(1996)3, S.587-594.

RENWICK 1981: RENWICK, Robin: "Economic Sanctions." Cambridge / Massachusetts: Center for Internationals Affairs Harvard University, 1981.

RESS 2000: RESS, Hans-Konrad: „Das Handelsembargo." Berlin u.a.: Springer, 2000.

REUTER 1995: REUTER, Alexander: „Außenwirtschafts- und Exportkontrollrecht Deutschland / Europäische Union. Systematische Darstellung mit Praxisschwerpunkten." München: Beck, 1995.

RICKMAN 1997: RICKMAN, Gregg: "Subsidizing Terrorism: Europe and the Iran-Libya Sanctions Act." Arab Oil and Gas. Paris. 26(1997)619, S.40-44.

RODD 1932: RODD, Francis Lord Rennell of: "General William Eaton. The Failure of an Idea." New York: Minton, Balch and Company, 1932.

RODD 1948: RODD, Francis Lord Rennell of: "British Military Administration of Occupied Territories in Africa During the Years 1941-1947." London: His Majesty's Stationery Office, 1948.

ROGALSKI 2000: ROGALSKI, Steffen A.: „UNO-Sanktionen. Anwendungsbedingungen und Effektivität von nicht-militärischen Zwangsmaßnahmen im Rahmen der internationalen Friedenssicherung der Vereinten Nationen in den Fällen Rhodesien, Südafrika und Irak." Berlin: Freie Universität, Diss., 2000.

ROGERS 1992: ROGERS, Elizabeth Sara: "The Influence of Domestic Politics on United States Foreign Policy: Towards a Theory of Societal Interests and Economic Sanctions Use." Durham / North Carolina: Duke University, Diss., 1992.

ROHLFS 1871: ROHLFS, Gerhard: „Von Tripolis nach Alexandrien. Beschreibung der im Auftrage Sr. Majestät des Königs von Preussen in den Jahren 1868 und 1869 ausgeführten Reisen." Bremen: Verl.v.J.Kühtmann's Buchhandlung, 1871. 2 Bde. in einem.

RÖMISCH 2003: RÖMISCH, Wolf: „Falsche Urteile?" Außenwirtschaftliche Praxis. Köln. 9(2003)1, S.5 f.

RONDOT 1979: RONDOT, Philippe: „Libyen unter Oberst Khadafi: ein Experiment mit ungewissem Ausgang." Europa Archiv. Bonn. 34(1979)13, S.401-410.

RONEN 2000: RONEN, Yehudit: "Libya (Al-Jamahiriyya al-'Arabiyya al-Libiyya al-Sha'biyya al-Ishtirakiyya al-'Uzma)." in: MECS 2000: ed. cit., S.543-559.

RONEN 2002: RONEN, Yehudit: "The Lockerbie Endgame: Qadhdhafi Slips the Noose." Middle East Quarterly. Philadelphia. 4(2002)1.
<http://www.meforum.org/pf.php?id=138&location=>, 13.5.2002.

ROOT/LIEBMAN 2001: ROOT, William A. / LIEBMAN, John R.: "United States Export Controls." New York: Aspen Law & Business, [4]2001.

ROSS 1994: ROSS, Colin: "Libya: Foreign E&P companies fail to take the plunge." Petroleum Economist. London. 61(1994)11, S.14 f.

ROSSI 1934: ROSSI, Ettore: „Tripolis." in: EI[1]: ed. cit., Bd.IV, S.881-886.

ROSSI 1968: ROSSI, Ettore: "Storia di Tripoli e della Tripolitania dalla conquista araba al 1911." Roma: Istituto per l'Oriente, 1968.

ROUMANI 1987: ROUMANI, Jacques: "The Emergence of Modern Libya: Political Traditions and Colonial Change." Princeton / New Jersey: Princeton University, Diss., 1987.

RUBIN 1999: RUBIN, Barry: „ „Schurkenstaaten": Amerikas Selbstverständnis und seine Beziehungen zur Welt." Internationale Politik. Berlin. 54(1999)6, S.15-22.

RUDOLF 1997: RUDOLF, Peter: „Macht ohne Moral? Zur ethischen Problematik internationaler Wirtschaftssanktionen." Die Friedens-Warte. Berlin 72(1997)4, S.313-326.

RUF 1994: RUF, Werner: „Die neue Welt-UN-Ordnung. Vom Umgang des Sicherheitsrates mit der Souveränität der „Dritten Welt"." Münster: agenda Verl., 1994.

RYDELL 2001: RYDELL, Randy: "Monitoring United Nations Arms Embargoes." in: BRZOSKA 2001a: ed. cit., S.143-161.

SABKI 1970: SABKI, Hisham M.: "The United Nations and the Pacific Settlement of Disputes: A Case Study of Libya." Beirut: Dar el-Mashreq, 1970.

SADOWSKI 2003: SADOWSKI, Yahya: „Grosse Pläne und wirtschaftliche Fakten: Die Sache mit dem Öl." Le monde diplomatique. Monatliche Beilage der tageszeitung. Berlin. 11.4.2003, S.6 f.

SAGER 1990: SAGER, Ibrahim: „Geographische und geoökologische Aspekte der Landschaftsstruktur und Landnutzung sowie ihrer Veränderungen in der Großen Sozialistischen Libyschen Arabischen Volksjamahiriya - ein geographischer Beitrag zur Umweltgestaltung." Berlin: Humboldt-Univ., Diss., 1990.

SAID 1994: SAID, Edward: „Kultur und Imperialismus. Einbildungskraft und Politik im Zeitalter der Macht." Frankfurt: Fischer, 1994.

SAID 2003: SAID, Edward W.: „Bush ist nicht Amerika: eine radikale Minderheit." Le monde diplomatique. Monatliche Beilage der tageszeitung. Berlin. 14.3.2003, S.1, 12 f.

SALEH 2001: SALEH, Heba: "Libya: After the Trial." Middle East International. London. Nr. 643, 9.2.2001, S.16-18.

SANCHEZ 1998: SANCHEZ, James Joseph: "The Middle East. Abstracts and Index." Seattle: Reference Corporation Aristarchus Knowledge-Industries, 1998. Bd. 21D: Maghreb-Sahel-Horn. [Libyen, S.95-142].

SANDERS 1999: SANDERS, Renfield: "Libya." Philadelphia: Chelsea House Publishers, 1999.

SCHAER 1954: SCHAER, Karl-Heinz: „Sanktionen gegen Friedensstörung." Mainz: Universität Mainz, Dissertation, 1954.

SCHÄFER 2002: SCHÄFER, Isabel: "The Third Chapter of the Barcelona Process: A European Cultural Approach to the Mediterranean." Orient. Opladen. 43(2000)4, S.583-594.

SCHANZ 1905: SCHANZ, Moritz: „Algerien, Tunesien, Tripolitanien." Angewandte Geographie. Halle. 2. Serie. (1905)8, S.194-245.

SCHÄTZEL 1948: SCHÄTZEL, Walter (Hg.): „Die Charta der Vereinten Nationen und die Satzung des Völkerbundes nebst dem Statut des Haager Internationalen Gerichtshofes." Wiesbaden: Metopen-Verlag, 1948.

SCHIFFERS 1962: SCHIFFERS, Heinrich: „Libyen und die Sahara." Bonn: Schroeder, 1962.

SCHLIEPHAKE 1976: SCHLIEPHAKE, Konrad: „Libyen. Wirtschaftliche und soziale Strukturen und Entwicklung." Hamburg: Institut für Afrika-Kunde, 1976.

SCHLIEPHAKE 1995: SCHLIEPHAKE, Konrad: „Libyens Großer Künstlicher Fluß - Lösung der agrarischen Versorgungsprobleme?" in: FRANK/KAMP 1995: ed. cit., S.165-180.

SCHLIEPHAKE 1999: SCHLIEPHAKE, Konrad: „Libyen und nordwestliches Ägypten." Würzburg: Geographisches Institut der Universität Würzburg, 1999.

SCHLOCHAUER 1946: SCHLOCHAUER, Hans-Jürgen: „Das Problem der Friedenssicherung in seiner ideengeschichtlichen und völkerrechtlichen Entwicklung." Köln: K.E. Hoffmann-Verlag, 1946.

SCHLOCHAUER 1962: SCHLOCHAUER, Hans-Jürgen (Hg.): „Wörterbuch des Völkerrechts." Berlin: de Gruyter, 1962. 4 Bde.

SCHMALENBACH 2000: SCHMALENBACH, Kirsten: „Späte Gerechtigkeit für Lockerbie." Vereinte Nationen. Kehl am Rhein. 48(2000)1, S.28 f.

SCHNAUBELT 2000: SCHNAUBELT, Christopher Michael: "Deterring International Terrorism: The Effectiveness of United States Policy, 1970-1990." Santa Barbara / California: University of California, Santa Barbara, Diss., 2000.

SCHNECKENER 2002: SCHNECKENER, Ulrich: „Trends des internationalen Terrorismus." in: SWP-Aktuell. Berlin. 21.6.2002, S.1-8.

SCHNEIDER 1999: SCHNEIDER, Henning: „Wirtschaftssanktionen: Die VN, EG und Bundesrepublik Deutschland als konkurrierender Normengeber beim Erlaß paralleler Wirtschaftssanktionen." Berlin: Duncker & Humblot, 1999.

SCHOLZ 1998: SCHOLZ, Oliver: „Die Durchsetzung von Zwangsmaßnahmen nach Art. 41 der Satzung der Vereinten Nationen, insbesondere mit militärischen Mitteln." Frankfurt u.a.: Lang, 1998.

SCHÜLE 1962: SCHÜLE, Adolf: „Methoden der Völkerrechtswissenschaft." in: SCHLOCHAUER 1962: ed. cit., Bd.3, S.775-781.

SCHULER 1996: SCHULER, Thomas: „Zweiter Golfkrieg: Fünf Jahre nach dem Waffenstillstand." Vereinte Nationen. Kehl am Rhein. 44(1996)3, S.112-114.

SCHUMACHER 1986: SCHUMACHER, Edward: "The United States and Libya." Foreign Affairs. New York. 65(1986)2, S.329-348.

SEGAL 1999: SEGAL, Anna: “Economic Sanctions: Legal and Policy Constraints.” Revue Internationale de la Croix Rouge. Genf. 81(1999)836, S.763-783.
SEGRÈ 1974: SEGRÈ, Claudio G.: “Fourth Shore: The Italian Colonization of Libya.” Chicago: The University of Chicago Press, 1974.
SELDEN 1995: SELDEN, Zachary Alan: “Economic Coercion in Theory and Practice: The Utility of Economic Sanctions in American Foreign Policy.” Los Angeles: University of California, Los Angeles, Diss., 1995.
SELLER 1675: SELLER, John: “Atlas maritimus; or, The sea-atlas; being a Book of Maritime Charts. Describing the Sea-Coasts, Capes, Headlands, Sands, Shoals, Rocks and Dangers. The Bays, Roads, Harbors, Rivers and Ports, in most of the known Parts of the World. Collecta from the latest and best discoveries that have been made: by diversable and experienced Navigators of our English nation.” London: Printed by John Darby, 1675.
SELLIER 1966: SELLIER, Philippe: »L’Orient Barbare Vu Par Un Voyageur Grec: Hérodote.« Paris: Calmann-Lévy, 1966.
SHAMBAUGH/YOUSEF/SAGAFINEJAD 2001: SHAMBAUGH, George / YOUSEF, Tarik M. / SAGAFINEJAD, Tagi: “US Sanctions on Iran and Libya: What Have We Learned?” Policy Briefs. Washington, D.C.: The Middle East Institute, 29.5.2001. <http://www.mideasti.org/html/b-shambaugh052901.html>, 7.6.2002.
SHBOUL 1980: SHBOUL, Ahmad M.H.: “The Place of the Maghrib in the History of Arab Islamic Culture.” in: NISBET 1980: ed. cit., S.1-14.
SIEBER 1996: SIEBER, Ulrich: „Das strafrechtliche Sanktionensystem zum Schutz der europäischen Gemeinschaftsinteressen.” in: GERVN/ZULEEG 1996: ed. cit., S.71-80.
SIETZ 2001: SIETZ, Henning: „Die Piraten von Tripolis. 200 Jahre “Krieg gegen den Terror” oder Wie Amerikas Soldaten 1801 erstmals in der islamischen Welt auftauchten.” Die ZEIT. Hamburg. Nr. 49, 29.11.2001, S.104.
SIMMA 1991: SIMMA, Bruno (Hg.): „Charta der Vereinten Nationen. Kommentar.” München: C.H. Beck’sche Verlagsbuchhandlung, 1991.
SIMON 1985: SIMON, Rachel: “Libya between Ottomanism and Nationalism. The Ottoman Involvement in Libya during the War with Italy (1911-1919).” Berlin: Schwarz, 1985.
SIMONS 1996: SIMONS, Geoff: “Libya: The Struggle for Survival.” London u.a.: Macmillan, ^{2}1996.
SIMONS 2000: SIMONS, Geoff: “Lockerbie: Lessons for International Law.” The Journal of Libyan Studies. Oxford. 1(2000)1, S.33-47.
SIMONS 2002: SIMONS, Geoff: “Libya and Human Rights: The UDHR versus The International Green Charter.” The Journal of Libyan Studies. Oxford. 3(2002)2, S.4-21.
SIMONS 2003: SIMONS, Geoff: “Libya and the West. From Independence to Lockerbie.” Oxford: Centre for Libyan Studies, 2003.
SIMONSEN/BEUTEL 2001: SIMONSEN, Olaf / BEUTEL, Holger: „Artikel 3 Dual-use-VO. Anwendungsbereich der Dual-use-VO.” in: WOLFFGANG/SIMONSEN 2001: ed. cit., Ordnungsnr. 122.
SIVERS 2001: SIVERS, Peter von: „Nordafrika in der Neuzeit.” in: HAARMANN 2001: ed. cit., S.502-604.
SMITH 2000: SMITH, Adam: “A High Price to Pay: The Costs of the U.S. Economic Sanctions Policy and the Need for Process Oriented Reform.” UCLA Journal of International Law & Foreign Affairs. Los Angeles. 4(1999/2000)2, S.325-376.
SMITH 2001/2002: SMITH, Julian: “The Rants, Raves & Thoughts of Moammer Khadafy. The Dictator in his own words + those of others.” (Brooklyn: On your own publications, LLC., 2001/2002.

SOBH 1994: SOBH, Samir: »Libya: L'Embargo Inefficace.« Politique Internationale. Paris. (1994)64, S.329-338.

SOBH 1995: SOBH, Samir: »Kadhafi toujours o.k. jamais k.-o.« Arabies. Paris. (1995)102, S.28-37.

SOBH 2002: SOBH, Samir: »Libye: Une libéralisation calculée.« Arabies. Paris. (2002)182, S.44 f.

SOEFFNER 1979: SOEFFNER, Hans-Georg (Hg.): „Interpretative Verfahren in den Sozial- und Textwissenschaften." Stuttgart: Metzler, 1979.

AL-SOWAYEL 1999: AL-SOWAYEL, Dina: "Target Types and the Efficacy of Economic Sanctions." Houston / Texas: Rice University, Diss., 1999.

SPIEGEL 1981: „Dem Libyer das Leben ungemütlich machen." Der Spiegel. Hamburg.35(1981)35, S.90-100.

SPITTLER 1989: SPITTLER, Gerd: „Dürren, Krieg und Hungerkrisen bei den Kel Ewey (1900-1985)." Stuttgart: Franz Steiner Verlag Wiesbaden GmbH, 1989.

STARCK 2000: STARCK, Dorothee: „Die Rechtmäßigkeit von UNO-Wirtschaftssanktionen in Anbetracht ihrer Auswirkungen auf die Zivilbevölkerung; Grenzen der Kompetenzen des Sicherheitsrates am Beispiel der Maßnahmen gegen den Irak und die Bundesrepublik Jugoslawien." Berlin: Duncker und Humblot, 2000.

STEIN 1993: STEIN, Torsten: „Die Gemeinsame Außen- und Sicherheitspolitik der Union unter besonderer Berücksichtigung der Sanktionsproblematik." Graz: Karl-Franzens-Universität, 1993.

STEINBACH 1996: STEINBACH, Udo: „Ist der Iran ein Reich des Bösen? Die Vereinigten Staaten und Europa streiten über die Politik gegenüber Teheran." Der Überblick. Hamburg. 32(1996)2, S.30-32.

STENGER 1988: STENGER, Gernot: „Das Handelsembargo im Außenwirtschaftsrecht. Praxis und Zulässigkeit." Gießen: Brühlscher Verlag, 1988.

STEWART 2000: STEWART, Adrian: "Desert Battleground: The Libyan Campaigns in the Second World War." The Journal of Libyan Studies. Oxford. 1(2000)1, S.48-60.

STEWART 1998: STEWART, Terence P. (Hg.): "1998 Supplement. Export Practice. Customs and International Trade Law." New York: Practising Law Institute, 1998.

ST JOHN 1986: ST JOHN, Ronald Bruce: "Terrorism and Libyan Foreign Policy, 1981-1986." The World Today. London. 42(1986)7, S.111-115.

ST JOHN 1987: ST JOHN, Ronald Bruce: "Qaddafi's World Design. Libyan Foreign Policy 1969-1987." London: Saqi Books, 1987.

ST JOHN 2000: ST JOHN, Ronald Bruce: "Looking Back, Moving Forward." The Journal of Libyan Studies. Oxford. 1(2000)1, S.18-32.

ST JOHN 2001: ST JOHN, Ronald Bruce: "Libya and the US: Two Centuries of Strife." Philadelphia: University of Pennsylvania Pr., 2002.

ST JOHN 2002: ST JOHN, Ronald Bruce: "The Terrorism Problem in Libyan-American Relations: Past and Future." Policy Briefs. Washington, D.C.: The Middle East Institute, 30.4.2002. <http://www.mideasti.org/html/b-belrhiti043002.htm>, 7.6.2002.

ST JOHN 2003: ST JOHN, Ronald Bruce: "Libyan Foreign Policy: Newfound Flexibility." Orbis. Philadelphia. 47(2003)3, S.463-477. Unter: <http://www.sciencedirect.com/science/journal/00304387>, 17.9.2003.

STRABONIS 1807: „Strabonis Rerum Geographicarum, Libri XVII. Graece et Latinae cum Variorum, Praecipue Casauboni, Animadversionibus, Juxta Editionem Amstelodamensem. Codicum Mss. Collationem, Annotationes, et Tabulas Geographicas Adjecit Thomas Falconer, Olim e Collegio Aenei Nasi, Oxon. Subjiciuntur Chrestomathiae, Graece et Latine." 2 Bde. Oxonii: E Typographeo Clarendoniano, 1807.

STRUNZ/DORSCH 2000: STRUNZ, Herbert / DORSCH, Monique: „Libyen: Zurück auf der Weltbühne." Frankfurt u.a.: Lang, 2000.

STURMA 1993: STURMA, Pavel: »La participation de la Communauté Européenne à des «sanctions» internationales.« Revue du Marché Commun et du l'Union Européenne. Paris. 24(1993)366, Nr.1, S.250-264.

SUTTER 2001: SUTTER, Robert G.: "What is the Current Status of U.S.-North Korean Political Relations?" in: KURA 2001: ed. cit., S.163-166.

SVN 1995: „Die Charta der Vereinten Nationen und das Statut des Internationalen Gerichtshofs." Stuttgart: Philipp Reclam jun., 1995.

TABULA IMPERII 1968: Society of Antiquaries of London (Hg.): "Tabula Imperii Romani: Cyrene. H.I.-33." Society of Antiquaries of London (Hg.): "Tabula Imperii Romani: Lepcis Magna. H.I.-33." K. weit. Angaben. [1968].

TABULA PEUTINGERIANA 1984: Sonderforschungsbereich 19, 'Tübinger Atlas des Vorderen Orients (TAVO)' der Universität Tübingen (Hg.): „Tabula Peutingeriana (Segmente VIII-XII nach der Bearbeitung von Konrad Miller)." Wiesbaden: Reichert, 1984.

TAKEYH 1999: TAKEYH, Ray: "Qadhafi's Calculated Diplomacy: Circumventing Lockerbie." PolicyWatch. Washington, D.C. 16.8.1999, Nr.405, o.S. <http://www.washingtoninstitute.org/watch/Policywatch/policywatch1999/405.htm>, 30.5.2002.

TAKEYH 2000: TAKEYH, Ray: "Libya: Opting for Europe and Africa, Not Ties With Washington." PolicyWatch. Washington, D.C. 21.9.2000, Nr.486, o.S. <http://www.washingtoninstitute.org/watch/Policywatch/policywatch2000/486.htm>, 30.5.2002.

TAKEYH 2001: TAKEYH, Ray: "Despite Pan Am Verdict, Libya Is Still a Threat." Christian Science Monitor. Boston / Massachusetts. 7.2.2001, o.S.

TAKEYH 2001a: TAKEYH, Ray: "Libya's Confident Defiance and ILSA." PolicyWatch. Washington, D.C. 27.8.2001, Nr.553, o.S. <http://www.washingtoninstitute.org/watch/Policywatch/policywatch2001/553.htm>, 30.5.2002.

TAKEYH 2002: TAKEYH, Ray: "Post-Lockerbie Judgement, What Next for U.S.-Libya Relations." PolicyWatch. Washington, D.C. 15.3.2002, Nr.612, o.S. <http://www.washingtoninstitute.org/watch/Policywatch/policywatch2002/612.htm>, 30.5.2002.

TAKEYH/PELLETREAU 2001: TAKEYH, Ray / PELLETREAU, Robert: "Special Policy Forum Report: Libya After Lockerbie: Internal Dynamics and U.S. Policy." PolicyWatch. Washington, D.C. 16.3.2001, Nr.526, o.S. <http://www.washingtoninstitute.org/watch/Policywatch/policywatch2001/526.htm>, 30.5.2002.

TAKEYH/ROSE 1998: TAKEYH, Ray / ROSE, Gideon: "Special Policy Forum Report: Qaddafi, Lockerbie, and Prospects for Libya." PolicyWatch. Washington, D.C. 1.10.1998, Nr.342, o.S. <http://www.washingtoninstitute.org/watch/Policywatch/policywatch1998/342.htm>, 30.5.2002.

TAKEYH/VIORST/MACK 2002: "US-Libya Relations: A Way Forward?" Policy Briefs. Washington, D.C.: The Middle East Institute, 12.4.2002. <http://www.mideasti.org/html/b-mack041202.htm>, 7.6.2002.

TAZ 2.11.1991: „Pariser Richter stört Diplomatie." taz. Berlin. 2.11.1991, Nr.3550, S.9.

THUKYDIDES 2002: THUKYDIDES: „Der Peloponnesische Krieg. Herausgegeben und übersetzt von Georg Peter Landmann." Düsseldorf / Zürich: Artemis & Winkler, 2002.

TIBI 1972: TIBI, Bassam: „Die Verfassung der Föderation Arabischer Republiken: Ein Exempel supranationaler Notstandsgesetzgebung." Kritische Justiz. Frankfurt. 5(1972)1, S.106-111.

TOSTENSEN/BULL 2002: TOSTENSEN, Arne / BULL, Beate: "Are Smart Sanctions Feasible?" World Politics. Baltimore. 54(2002)3, S.373-403.

TRANSLITERATION 1935: „Die Transliteration der arabischen Schrift und ihrer Anwendung auf die Hauptliteratursprachen der islamischen Welt. Denkschrift dem 19. Orientalistenkongreß in Rom." Leipzig: Brockhaus, 1935.

TSHIYEMBÉ 2002: TSHIYEMBÉ, Mwayila: „Der Weg von der OAU zur Afrikanischen Union: Startschuss für ein Hindernisrennen." Le monde diplomatique. Monatliche Beilage der tageszeitung. Berlin. 12.7.2002, S.8 f.

TUAREG 1983: SOLDINI, Giovanna / BOFFA, Manuela / CHRISTOPH, Susi / ZUMSTEG, Kilian: „Tuareg: Leben in der Sahara." Zürich: Völkerkundemuseum der Univ. Zürich, 1983.

TULLY 1957: TULLY, Miss: "Letters written during a ten years' Residence at the Court of Tripoli. Published from Originals in the Possession of the Family of the Late Richard Tully, Esq., the British Consul. Comprising Authentic Memoirs and Anecdotes of The Reigning Bashaw, His Family and Other Persons of Distinction. Also an Account of the Domestic Manners of the Moors, Arabs, and Turks." London: Arthur Barker Ltd., 1957.

AL-TUNISIK 1995: AL-TUNISIK, Meliha Benli: "External vs Internal Debate Revisited: The Political Economy of Economic Reform Policies in Libya (1987-1993)." Boston / Massachusetts: Boston University, Diss., 1995.

ULE 1975: ULE, Wolfgang: "The Libyan Arab Republic between Tradition and Modernity." Orient. Opladen. 16(1975)3, S.18-26.

UN SANCTIONS SECRETARIATE 2001: UN SANCTIONS SECRETARIATE: "The Experience of the United Nations in Administering Arms Embargoes and Travel Sanctions." in: BRZOSKA 2001a: ed. cit., S.45-62.

UN-SANKTIONEN 2001: „UN-Sanktionen ohne Ende? Chancen zivilgesellschaftlicher Interventionen am Beispiel Irak." epd-Dokumentation. Frankfurt. Nr. 18/01, 30.4.2001.

UNITED NATIONS 1965: "United Nations Technical Assistance Activities in Libya. 1950-1964." New York: United Nations, Bureau of Technical Assistance Operations. Department of Economic and Social Affairs, 1965.

USA*ENGAGE 2002: "USA*Engage: About us." <http://www.usaengage.org/background/about.html>, 6.5.2002.

USA*ENGAGE 2002a: "USA*Engage: Coalition Principles." <http://www.usaengage.org/background/principles.html>, 6.5.2002.

USA*ENGAGE 2002b: "USA*Engage: State and Local Sanctions Undermine Engagement." <http://www.usaengage.org/studies/statelocal.html>, 6.5.2002.

USA*ENGAGE 2002c: "USA*Engage: - Statement of Position." <http://www.usaengage.org/studies/statement.html>, 6.5.2002.

USA*ENGAGE 2002d: "USA*Engage: The High Costs of Unilateral Sanctions." <http://www.usaengage.org/studies/costs.html>, 6.5.2002.

US SANCTIONS POLICY 1998: "US Sanctions Policy: Balancing Principles and Interests. 38th Strategy for Peace, US Foreign Policy Conference 1997." Muscatine / Iowa: The Stanley Foundation, [1998].
US SANCTIONS POLICY 1999: "Altering U.S. Sanctions Policy. Final Report of the CSIS Project on Unilateral Economic Sanctions." Washington, D.C.: CSIS, 1999.
VALKYSERS 1999: VALKYSERS, Martin: „Der Einsatz von Sanktionen als außen- und sicherheitspolitisches Instrument in der postkonfrontativen Periode." München: Universität der Bundeswehr, 1999.
VANDEWALLE 1988: VANDEWALLE, Dirk J.: "The Political Economy of Maghribi Oil: Change and Development in Algeria and Libya." New York City / New York: Columbia University, 1988.
VANDEWALLE 1991: VANDEWALLE, Dirk: "Qadhafi's "Perestroika": Economic and Political Liberalization in Libya." The Middle East Journal. Washington, D.C. 45(1991)2, S.216-231.
VANDEWALLE 1995: VANDEWALLE, Dirk (Hg.): "Qadhafi's Libya. 1969 to 1994." New York: St. Martin's, 1995.
VANDEWALLE 1996: VANDEWALLE, Dirk (Hg.): "North Africa. Development and Reform in a Changing Global Economy." New York: St. Martin's Press, 1996.
VANDEWALLE 1996a: VANDEWALLE, Dirk: "Qadhafi's Failed Economic Reforms: Markets, Institutions, and Developement in a Rentier State." in: VANDEWALLE 1996: ed. cit., S.203-225.
VANKIN/WHALEN 2000: VANKIN, Jonathan / WHALEN, John: „Die 50 größten Verschwörungen aller Zeiten. Komplotte & Intrigen von J.F.K. bis Lockerbie." [Augsburg]: Bechtermünz, 2000.
VATER 1849: VATER, Friedrich: „Triton und Euphemos oder Die Argonauten in Libyen. Eine mythologische Abhandlung." Kasan: Universitätsdruckerei, 1849.
VBS 1926: „Die Satzung des Völkerbundes." Genf: Nachrichtenabteilung, Sekretariat des Völkerbundes, [1926].
VEBA 2001: „Geschäftsbericht 2000. Veba Oil & Gas GmbH. Unternehmen, Jahresbericht, Jahresabschluss." Essen: Veba Oil & Gas GmbH, [2001].
VERFASSUNG 1946: „Die Verfassung der Vereinigten Staaten. 17. September 1787." Karlsruhe: Verlag Volk und Zeit, 1946.
VIKØR 2000: VIKØR, Knut S.: "Opening the Maliki School: Muhammad b. 'Ali al-Sanusi's Views on the Madhab." The Journal of Libyan Studies. Oxford. 1(2000)1, S.5-17.
VILAR 1997: VILAR, Juan B.: "Mapas, planos y fortificaciones hispánicos de Libia: 1510-1911." Madrid: Ministerio de Asuntos Exteriores u.a., 1997.
VILLARD 1956: VILLARD, Henry Serrano: "Libya. The New Arab Kingdom of North Africa." Ithaca: Cornell University Press, 1956.
VIORST 1999: VIORST, Milton: "The Colonel in His Labyrinth." Foreign Affairs. New York. 78(1999)2, S.60-75.
VOIGT 2002: VOIGT, Rüdiger (Hg.): „Krieg - Instrument der Politik?" Baden-Baden: Nomos, 2002.
VÖGELE 1999: VÖGELE, W.: „Libyen-Embargo." Außenwirtschaftliche Praxis. Köln. 5(1999)10, S.352.
WAFFENREGISTER 2001: „UN-Waffenregister 2001. Bundesrepublik so restriktiv wie noch nie." Außenwirtschaftliche Praxis. Köln. 8(2002)11, S.421 f.
WAIBEL 1998: WAIBEL, Gabi: „Seßhaftwerdung und sozialer Wandel bei den Tuareg Zinders (Niger)." Hamburg: Institut für Afrika-Kunde, 1998.

WALLACE 2000: WALLACE, Jonathan: "Libya fishing for foreign investment." Middle East Economic Digest. London. 44(2000)48, S.6 f.

WALLER 1996: WALLER, Robert: "The Lockerbie Endgame." The Journal of North African Studies. London. 1(1996)1, S.73-94.

WALLIS 2001: WALLIS, Rodney: "Lockerbie: The Story and the Lessons." Westport / Ct., London: Praeger, 2001.

WEBER 2002: WEBER, Karl: „Das schweizerische Embargogesetz - Kurzkommentar." Aussenwirtschaftliche Praxis. Köln. 8(2002)8, S.304-308.

WEIDENFELD/WESSELS 1995: WEIDENFELD, Werner / WESSELS, Wolfgang (Hg.): „Europa von A - Z. Taschenbuch der europäischen Integration." Bonn: Bundeszentrale für politische Bildung, 1995.

WELLMANN 1993: WELLMANN, Arend: „Die Verbreitung von chemischen Waffen im Nahen und Mittleren Osten. Zur politischen Relevanz einer Waffenkategorie." Berlin: Freie Universität, Diss., 1993.

WELLNER 1991: WELLNER, Karsten: „Wirtschaftssanktionen als Mittel der internationalen Politik: eine Untersuchung anhand der Wirtschaftssanktionen gegenüber der Republik Südafrika." Frankfurt u.a.: Lang, 1991.

WHEELAN 2003: WHEELAN, Joseph: "Jefferson's War. America's First War on Terror 1801-1805." New York: Carroll & Graf Publishers, 2003.

WHITAKER 2002: WHITAKER, Brian: „Selective Memri." Inamo. Berlin. 8(2002)31, S.47-49.

WHITE 1994: WHITE, Nigel D.: "Collective Sanctions: An Alternative to Military Coercion?" International Relations. London. 12(1994)3, S.75-91.

WILHELMY 1950: WILHELMY, Herbert: „Die staatliche Neugestaltung der islamischen Welt. Pakistan, Indonesien, Senussi-Staat." Saeculum. München. 1(1950)4, S.535-554.

WILLIS 1999: WILLIS, Terri: "Libya." New York u.a.: Children's Press, 1999.

WINFRIED 1970: WINFRIED, Veit: „Das libysche Militärregime." Afrika heute. Bonn. (1970)7, S.98.

WITHERELL 1990: WITHERELL, Julian W.: "Libya, 1969-1989: An American Perspective. A Guide to U.S. Official Documents and Government-Sponsored Publications." Washington, D.C.: Library of Congress, 1990.

WOLF 1996: WOLF, Winfried: „Der Mörder ist immer der Oberst." Konkret: Politik & Kultur. Hamburg. (1996)6, S.30-33.

WOLFFGANG/SIMONSEN 2001: WOLFFGANG, Hans-Michael / SIMONSEN, Olaf: „AWR-Kommentar. Kommentar für das gesamte Außenwirtschaftsrecht." Köln: Bundesanzeiger Verlag. Grundwerk: Stand November 2001.

WRIGHT 1969: WRIGHT, John: "Libya." Nations of the Modern World. New York: Praeger, 1969.

WRIGHT 2002: WRIGTH, John: "Nahum Slouschz and the Jews of Tripoli." The Journal of Libyan Studies. Oxford. 3(2002)3, S.41-55.

WTO 2003: „Welthandelsorganisation.Textausgabe mit Sachregister und einer Einführung." München: dtv / Beck, ²2003.

WÜNSCH 2001: WÜNSCH, Anja: „Innenansichten ökonomischer Restrukturierung. Wirkungen und Wirksamkeit der Strukturanpassung in Jordanien, 1989-1999." Frankfurt u.a.: Lang, 2001.

WÜSTENFELD 1903: WÜSTENFELD, F.: „Vergleichungstabellen der Muhammedanischen und Christlichen Zeitrechnung." Leipzig: Brockhaus, 1903.

YOUNGER 1973: YOUNGER, Sam: "Qaddafi: Faith and Freedom." Middle East International. London. (1973)25, S.12-14.

YVER 1934: YVER, G.: „Tūbū." in EI[1]: ed. cit., Bd.IV, S.886 f.
ZARTMAN 1982: ZARTMAN, I. William (Hg.): "Political Elite in Arab North Africa." New York: Longman, 1982.
ZARTMAN 1985: ZARTMAN, William: "Political Dynamics of the Maghrib: The Cultural Dialectic." in: BARAKAT 1985: ed. cit., S.20-36.
ZARTMAN/KLUGE 1983: ZARTMAN, I.William / KLUGE, A.G.: "The Sources and Goals of Qaddafi's Foreign Policy." American Arab Affairs. Washington, D.C. (1983)6. S.59-69.
ZELENY 1997: ZELENY, Klaus: „Zur Verhängung von Wirtschaftssanktionen durch die EU." Zeitschrift für öffentliches Recht. Wien. 52(1997), S.197-232.
ZIEGENHAIN 1993: ZIEGENHAIN, Hans-Jörg: „Extraterritoriale Reichweite des US-amerikanischen und des reformierten deutschen Exportkontrollrechts." Recht der internationalen Wirtschaft. Heidelberg. 39(1993)11, S.897-907.
ZIMMERMANN 1999: ZIMMERMANN, Klaus: „Libyen: das Land südlich des Mittelmeers im Weltbild der Griechen." München: Beck, 1999.
ZIADEH 1958: ZIADEH, Nicola A.: "Sanūsīyah. A Study of a Revivalist Movement in Islam." Leiden: Brill, 1958.
ZILIAN 1993: ZILIAN, Frederick: "The U.S. Raid on Libya - and NATO." in: PIPES 1993: ed. cit., S.345-383.
ZÖHRER 1940: ZÖHRER, Ludwig: „Studien über die Tuáreg (Ímohaǧ) der Sahara." Zeitschrift für Ethnologie. Berlin. 72(1940)1-3, S.125-152.
ZOUBIR 1999: ZOUBIR, Yahia H. (Hg.): "North Africa in transition." Gainesville / Florida: University of Florida Press, 1999.
ZOUBIR 2002: ZOUBIR, Yahia H.: "Libya in US foreign policy: from rogue state to good fellow." Third World Quarterly. Basingstoke. 23(2002)1, S.31-53.
ZUNES 1997: ZUNES, Stephen: "The Function of Rogue States in U.S. Middle East Policy." Middle East Policy. Washington, D.C. 5(1997)2, S.150-167.
ZUZIK 1966: ZUZIK, Michael: "Labor Law and Practice in the Kingdom of Libya." BLS Report No.297. United States Dept. of Labor. Bureau of Labor Statistics. Washington, D.C.: Government Printing Office, 1966.

B. Monographien, Sammelwerke, Zeitschriftenaufsätze und Zeitungsartikel (Arabisch)

ᶜABD AT-TAWWĀB 1995: ᶜABD AT-TAWWĀB, Ḥamdī: „Šahādāt mufakkirīn wa-mubdiᶜīn wa-sīyāsīyīn miṣrīyīn: ṯaurat al-fātiḥ qādira ᶜalā taǧāwuz al-ḥiṣār." Aš-šāhid. Nīqūsīyā. (1995)121, S.24-27. [„Aussagen von ägyptischen Denkern, Künstlern und Politikern: die Fatih-Revolution ist fähig, das Embargo zu überwinden."]

AḤMAD 1998: AḤMAD, Sayyid Abū Ḍaif: „An-niẓām as-sīyāsī li-'l-wilāyāt al-muttaḥida al-amrīkīya wa-'n-niẓām al-ᶜālamī al-ǧadīd." Maǧallat ad-dirāsāt ad-ᶜulyā. Ṭarābulus. 2(1428)7 [1998], S.101-146. [„Das politische System der Vereinigten Staaten von Amerika und die Neue Weltordnung."]

ᶜALĪ 1993: ᶜALĪ, Muḥammad Ismāᶜīl: „Min Lūkīrbī[1508] ilā Ṭarābulus: dirāsa qānūnīya sīyāsīya ᶜan at-tanẓīm ad-duwalī ḍidda al-ᶜudwān ᶜalā aṭ-ṭāʾirāt, wa-'n-nizāᶜ al-lībī al-amrīkī." [Al-Qāhira]: Dār al-ḥurrīya li-'ṣ-ṣiḥāfa wa-'ṭ-ṭibāᶜa wa-'n-našr, 1993. [„Von Lockerbie nach Tripolis: eine politische und rechtliche Studie über das internationale System zur Verhinderung von Flugzeuganschlägen und den amerikanisch-libyschen Konflikt."]

Al-ᶜALĪ 1996: AL-ᶜALĪ, Nūr: „Inṭilāqa ǧadīda li-'l-ittiḥād al-maǧāribī." Aš-šāhid. Nīqūsīyā. (1996)136, S.16-19. [„Ein Neubeginn für die Maghreb-Union."]

AL-ᶜARĪḌ 2000: AL-ᶜARĪḌ, Rāfiᶜ: „At-takāmul al-ᶜarabī al-ifrīqī: Ṣimām al-amān fī waǧh taḥaddiyāt al-ᶜaṣr." Aš-šāhid. Nīqūsīyā. (2000)181, S.19-21. [„Die arabisch-afrikanische Integration: Sicherheitsventil angesichts der Herausforderungen unserer Zeit."]

ĀTĀWŪF 1992: ĀTĀWŪF, Tūrkāyā: „Qaḍīyat Lūkarbī wa-'š-šarᶜīya." Übersetzt von Qais ᶜAbd alKarīm. [Ankara]: o.Verl., [1992]. [„Der Lockerbie-Konflikt und die Rechtmäßigkeit."]

ᶜAṬĪYATULLĀH 1980: ᶜAṬĪYATULLĀH, Aḥmad (Hg.): „Al-qāmūs as-sīyāsī." Al-Qāhira: Dār an-nahḍa al-ᶜarabīya, ⁴1980. [„Das politische Lexikon."]

ᶜAZMĪ 1995: ᶜAZMĪ, Muḥammad: „Al-abᶜād al-istrātīǧīya wa-'l-ᶜaskarīya li-ištibāk Ḫalīǧ Sirt." Maǧallat al-fikr al-istrātīǧī ad-duwalī. O.O. (1981)2, Uktūbar, o.S. [„Die strategischen und militärischen Dimensionen des Zusammenstoßes im Sirte-Golf."]

BĀN AMĪRIKĀN 1991: „Bān Amīrikān ittihām Lībiyā au ittihām Amrīkā." Maǧmūᶜa min al-bāḥiṯīn. Al-Qāhira: Markaz al-ḥaḍāra al-ᶜarabīya li-'n-našr, 1991. [„Pan American: Wer ist anzuklagen - Libyen oder Amerika."]

BANK 2000: „Ǧuhūd li-taḥsīn manāḫ al-istiṯmār bi-Lībiyā." Al-bank wa-'l-mustaṯmir. Bairūt. (2000)15, S.30 f. [„Anstrengungen zur Verbesserung des Investitionsklimas in Libyen."]

BANK 2000a: „Infitāḥ al-āfāq amām al-istiṯmār fī Lībiyā." Al-bank wa-'l-mustaṯmir. Bairūt. (2000)19, S.30. [„Die Eröffnung neuer Horizonte für Investitionen in Libyen."]

BASSĀM 1993: BASSĀM, Lailā: „Lībiyā wa-'l-irhāb ad-duwalī." Aš-šāhid. Nīqūsīyā. (1993)114, Yanāyir, o.S. [„Libyen und der internationale Terrorismus."]

BAUL/BAUL 1994: BAUL, Ǧūrǧ W. / BAUL, Dūǧlās B.: „Amīrkā wa-Isrāᶜīl: ᶜalāqa ḥamīma." Bairūt: Bīsān li-'n-našr wa-'t-tauzīᶜ, 1994. Übersetzt von Muḥammad Zakarīyā Ismāᶜīl. [„Amerika und Israel: eine innige Beziehung."]

BILĀL 2001: BILĀL, ᶜAbd al-Ḥafīẓ: „Qaḍāʾāt al-qarn al-ḥādī wa-'l-ᶜašrīn wa-rūḥ ad-dīmuqrāṭīya fi-ṯ-ṯaura al-ḫaḍrāʾ." Aš-šāhid. Nīqūsīyā. (2001)193, S.14-21. [„Aufgaben des 21. Jahrhunderts und der demokratische Geist in der Grünen Revolution."]

[1508] Die Schreibweise von Lockerbie variiert im Arabischen zwischen Lūkarbī und Lūkīrbī.

BIN ᶜALĪ 1960: BIN ᶜALĪ, ᶜAbd al-Malik bin ᶜAbd al-Qādir: „Al-fawā'id al-ǧalīya fī tārīḫ al-ᶜā'ila as-Sanūsīya al-ḥākima bi-Lībiyā." Dimašq: Maṭbaᶜat al-Ǧazā'ir, 1960. [„Die vielen Vorteile zur Zeit der Herrschaft der Sanūsī-Dynastie in Libyen."]
BĪRḪS 1998: BĪRḪS, Fūlkar: „Taḥaddīyāt al-amn min al-baḥr al-mutawassiṭ. »Manẓūr almānī.«." Maǧallat ad-dirāsāt al-ᶜulyā. Ṭarābulus. 2(1428)6, S.7-17 [1998]. [„Sicherheitsherausforderungen vom Mittelmeer her. Ein deutscher Blickwinkel."]
BŪDABBŪS 1993: BŪDABBŪS, Raǧab: „Mawāqif 2." Miṣurāta: Ad-dār al-ǧamāhīrīya li-'n-našr wa-'t-tauzīᶜ wa-'l-iᶜlān, 1993. [„Standpunkte 2."]
BŪDABBŪS 1998: BŪDABBŪS, Raǧab: „Mawāqif 7." Miṣurāta: Ad-dār al-ǧamāhīrīya li-'n-našr wa-'t-tauzīᶜ wa-'l-iᶜlān, 1428 m. [1998]. [„Standpunkte 7."]
BŪDABBŪS 2000: BŪDABBŪS, Raǧab: „Qaḍāyā sīyāsīya." Miṣurāta: Dār al-ǧamāhīriya li-'n-našr wa-'t-tauzīᶜ wa-'l-iᶜlān, 2000. [„Politische Probleme."]
BUNŪK 1994: „Malāmiḥ al-iqtiṣād al-lībī fī ẓill al-ḥiṣār." Al-bunūk. Paris. (1994)30, S.35. [„Charakteristika der libyschen Wirtschaft im Schatten des Embargos."]
BUNŪK 1998: „Lībiyā lam taḫḍaᶜ li-'l-ḥiṣār al-mafrūḍ ᶜalaihā. Al-Ġurfa al-fransīya - al-lībīya tatawassaᶜu at-tabādul at-tiǧārī." Al-bunūk. Paris. (1998)11, S.44 f. [„Libyen beugte sich nicht dem Embargo. Die libysch-französische Handelskammer weitet den Handelsaustausch aus."]
AD-DAǦĀNĪ 1988: AD-DAǦĀNĪ, Aḥmad Ṣidqī: „Madrasa ᶜarabīya fī ᶜilm as-sīyāsa." Bairūt: Dār al-mustaqbal al-ᶜarabī, 1988. [„Eine arabische Schule der Politikwissenschaft."]
DARBĀŠ 1999: DARBĀŠ, Miftāḥ ᶜUmar: „Walāyat maḥkamat al-ᶜadl ad-duwalīya fī taswīyat al-munāzaᶜāt. Dirāsa qānūnīya ḥaul qaḍīyat Lūkarbī." Miṣurāta: Dār al-ǧamāhīrīya li-'n-našr wa-'t-tauzīᶜ wa-'l-iᶜlān, 1999. [„Die rechtliche Gewalt des Internationalen Gerichtshofes bei der Schlichtung von Konflikten. Eine rechtliche Untersuchung über den Lockerbie-Konflikt."]
AD-DAURĪ 1992: AD-DAURĪ, ᶜAdnān Ṭaha Mahdī: „Al-ᶜalāqāt ad-duwalīya al-muᶜāṣira." Ṭarābulus: Manšurāt al-Ǧāmiᶜa al-Maftūḥa, 1992. [„Die gegenwärtigen internationalen Beziehungen."]
ḌAWWĪ 1992: ḌAWWĪ, ᶜAlī ᶜAbd ar-Raḥmān: „Al-ǧawānib al-qānūnīya li-'l-ittihāmāt al-amrīkīya al-mutaᶜalliqa bi-ḥādiṯ ṭā'ira(t) (Bān Amīrikān) fauq Lūkarbī." Maǧallat al-ᶜulūm al-qānūnīya. Baġdād. 6(1992)6, Yanāyir / Mārs, o.S. [„Die rechtlichen Seiten der amerikanischen Beschuldigungen im Zusammenhang mit dem Flugzeugabsturz (der Pan American) über Lokerbie."]
ḌAWWĪ 1999: ḌAWWĪ, ᶜAlī: „Taṣfiyat al-āṯār al-istiṯmarīya fil-ᶜalāqāt al-lībīya al-īṭālīya." Maǧallat ad-dirāsāt al-ᶜulyā. Ṭarābulus. 2(1429)10 [1999], S.187-194. [„Die Klärung der Investitionswirkungen in den libysch-italienischen Beziehungen."]
ǦAᶜFAR 1998: ǦAᶜFAR, Muḥammad: „»Lūkarbī« ᶜinda ḫaṭṭ an-nihāya: istrātīǧīyat an-nafs aṭ-ṭawīl." Aš-šāhid. Nīqūsīyā. (1998)157, S.21-24. [„»Lockerbie« an der Ziellinie: die Strategie des langen Atems."]
ǦAFFĀL 1981: ǦAFFĀL, Muṣṭafā: „Al-muwāǧaha al-lībīya al-amrīkīya fauq Ḫalīǧ Sirt. Al-mauqif al-ᶜarabī." O.O.: o.V., ²1981. [„Die libysch-amerikanische Konfrontation über dem Sirte-Golf. Der arabische Standpunkt."]
AL-ǦAHĪMĪ 1990: AL-ǦAHĪMĪ, aṭ-Ṭāhir: „Al-istiġlāl al-iqtiṣādī fī-manẓūr an-naẓarīya al-ᶜālamīya aṯ-ṯāliṯa. ᶜAn kitāb muškilāt al-ᶜālam al-muᶜāṣir." Maǧmūᶜat mu'allifīn. Ṭarābulus: Al-markaz al-ᶜālamī li-dirāsāt wa-buḥūṯ al-kitāb al-aḫḍar, 1990. [„Die wirtschaftliche Ausbeutung aus Sicht der Dritten Universaltheorie. Über das Buch der Probleme in der heutigen Welt."]
ĠĀNIM 1985: ĠĀNIM, Šukrī: „An-nafṭ wa-'l-iqtiṣād al-lībī. 1953-1970." Bairūt: Maᶜhad al-inmā' al-ᶜarabī, 1985. [„Die libysche Wirtschaft und das Erdöl."]

ĠĀNIM 1993: ĠĀNIM, ᶜImād ad-Dīn: „Taqārīr Ġūtlūb Adūlf Krāuza aṣ-ṣuḥufīya ḥawlā al-ġazw al-īṭālī li-Lībiya." Ṭarābulus: Markaz ǧihād al-lībīyīn li-'d-dirāsāt at-tarīḫīya, 1993. [„Die Presseberichte von Gottlob Adolf Krause über die italienische Besatzung Libyens."]

ĠĀNIM 1998: ĠĀNIM, Ḫālid: „Lūkīrbī wa-muḥākamat al-amrīkān." Al-Manṣūra: Dār al-wafāᵓ li-'ṭ-ṭibāᶜa wa-'n-našr wa-'t-tauzīᶜ, [1998]. [„Lockerbie und die kritische Beurteilung durch die Amerikaner."]

ḤĀDIṮ 1992: „Ḥādiṯ aṭ-ṭāᵓira al-amrīkīya fī ḍauᵓ al-qānūn ad-duwalī." Al-Qāhira: Al-markaz al-ᶜarabī ad-duwalī, 1992. [„Der Absturz des amerikanischen Flugzeuges im Lichte des Völkerrechts."]

Al-ḤAYĀLĪ 1997: AL-ḤAYĀLĪ, Midḥat: „Azmat Lūkīrbī: dirāsa fil-asbāb wa-'t-taṭawwurāt wa-'l-mawāqif al-ᶜarabīya wa-'d-duwalīya." Šuᵓūn ᶜarabīya. Al-Qāhira. 92(1997)4, S.64-81. [„Die Lockerbie-Krise: eine Untersuchung der Ursachen, Entwicklungen sowie des arabischen und internationalen Standpunktes."]

ḤARĪZ 1996: ḤARĪZ, ᶜAbd an-Nāṣir: „Al-irḥāb as-sīyāsī. Dirāsa taḥlīlīya." [Al-Qāhira]: Maktabat Madbūlī, 1996. [„Der politische Terrorismus. Eine analytische Studie."]

HILĀL/ḪĀLID 2000: HILĀL, Ismāᶜīl Aḥmad ᶜAlī / ḪĀLID, Tarwat ᶜAbd al-Hādī: „Qaḍīyat Lūkīrbī baina al-ḥaqīqa wa-'t-taḍlīl: dirāsa wa-taḥlīl li-ǧamīᶜ taṭawwurāt azmat Lūkīrbī min bidāyatihā ḥattā alān." Al-Qāhira: Dār an-nahḍa al-ᶜarabīya, 2000. [„Der Lockerbie-Konflikt zwischen Wahrheit und Täuschung: eine Untersuchung und Analyse der gesamten Entwicklungen der Lockerbie-Krise vom Beginn bis heute."]

AL-ḤUSNĪ 1980: AL-ḤUSNĪ, Zuhair: „Al-asas al-qānūnīya li-'s-siyāda ᶜalā al-ḫulǧān at-tārīḫīya wa-ḫalīǧ Sirt al-kabīr." Al-ǧarīda ar-rasmīya li-'l-qānūn ad-duwalī. O.O. (1980)42, o.S. [„Die rechtliche Grundlage der Hoheitsrechte über die historischen Buchten und den Großen Sirte-Golf."]

IFRĪQIYĀ 2001: „Min al-munaẓẓama ilā al-ittiḥād: Ifrīqiyā al-ḥurra." Aš-šāhid. Nīqūsīyā. (2001)193, S.22-27. [„Von der Organisation zur Union: das freie Afrika."]

IĠTĪYĀL 1993: „Iġtīyāl Lībiyā." Iᶜdād: farīq min al-ḫubarāᵓ. Al-Qāhira: Maktabat Madbūlī, 1993. [„Die Ermordung Libyens."]

IḤṢĀᵓ 2002: „Al-kutayyib al-iḥṣāᵓī 2001." Hrsg. v.: Al-Ǧamāhīrīya al-ᶜarabīya al-lībīya aš-šaᶜbīya al-ištirākīya al-ᶜuẓmā: Al-hayᵓa al-waṭanīya li-'l-maᶜlūmāt wa-'t-tauṯīq. [Ṭarābulus]: Al-maṭbaᶜa al-ḫaḍrāᵓ, [2002]. [„Das statistische Büchlein 2001."]

AL-ᶜINĀNĪ 1992: AL-ᶜINĀNĪ, Ibrāhīm Muḥammad et al.: „An-niẓām al-qānūnī ad-duwalī fī muftaraq aṭ-ṭuruq: maǧlis al-amn wa-qaḍīyat Lūkarbī." Valletta / Malta: Markaz dirāsāt al-ᶜālam al-islāmī, 1992. [„Das internationale Rechtssystem am Scheideweg: der Sicherheitsrat und das Lockerbie-Problem."]

KĪLŪ 1996: KĪLŪ, Mīšīl: „Ḥiṣār al-ᶜarab fil-Ǧamāhīrīya." Aš-šāhid. Nīqūsīyā. (1996)125, S.24-29. [„Das Embargo der Araber in der Jamahiriya."]

KŪDĀRD/KŪLMĀN 1996: KŪDĀRD, Dūnāld / KŪLMĀN, Līstar Nūks: „Fī qabḍa al-uḫṭubūṭ. Min Bairūt ilā Lūkarbī: ḫafāyā al-muḫabarāt al-ᶜaskarīya al-amrīkīya." Valletta: Edam Publ. House Ltd., 1996. [„In der Gewalt des Oktopus. Von Beirut nach Lockerbie: die Geheimnisse der DIA."]

AL-KURĠULĪ 1997: AL-KURĠULĪ, ᶜAlī Ramaḍān Abū Bakr: „Daur al-ᶜāmil al-īdūlūǧī fil-ᶜalāqāt al-lībīya al-amrīkīya (1970-1995)." Banġāzī: Ǧāmiᶜat Qār Yūnis, Kullīyat al-iqtiṣād wa-'l-ᶜulūm as-siyāsīya, 1997. Magisterarbeit. [„Die Rolle des ideologischen Faktors in den libysch-amerikanischen Beziehungen 1970-1995."]

LĀŠĪN 1997: LĀŠĪN, Yāsīn: „Taᵓṯīr an-našr ᶜalā ᶜadālat al-muḥākama Lūkarbī: dirāsa ḥāla." Maǧallat Qār Yūnis al-ᶜilmīya. Banġāzī. 10(1997)3-4, S.63-108. [„Der Einfluß der Veröffentlichung auf die Gerechtigkeit im Lockerbie-Prozeß. Eine Fallstudie."]

LĀTBĪH 1996: LĀTBĪH, Mārī Hīlīn: „Aṣ-ṣirāᶜ al-iqtiṣādī fil-ᶜalāqāt ad-duwalīya.“ Taᶜrīb: Ḥusain Ḥaidar. Bairūt: Manšūrāt ᶜUwaidāt, 1996. [„Der Wirtschaftskampf in den internationalen Beziehungen.“]
LĪBIYĀ o.J.: „Lībiyā fī ᶜišrīn ᶜām. At-taḥawwulāt as-siyāsīya wa-'l-iqtiṣādīya wa-'l-iğtimāᶜīya 1969-1989.“ Mağmūᶜat asātiḏa. Ṭarābulus: Al-markaz al-ᶜālamī li-dirāsāt wa-abḥāṯ al-kitāb al-aḫḍar, o.J. [„Libyen in einem Zeitraum nach zwanzig Jahren. Die politischen, wirtschaftlichen und sozialen Veränderungen 1969-1989.“]
LŪKARBĪ 1992: „Qaḍīyat Lūkarbī wa-mustaqbal an-niẓām ad-duwalī: al-abᶜād as-siyāsīya wa-'l-istrātīğīya wa-'l-qānūnīya.“ Mağmūᶜa min al-ḫubarāʾ. Mālṭā: Markaz dirāsāt al-ᶜālam al-islāmī, 1992. [„Das Lockerbie-Problem und die Zukunft der internationalen Ordnung: die politischen, strategischen und rechtlichen Aspekte.“]
LŪKARBĪ 1998: „Lūkarbī fiṣ-ṣaḥāfa al-ᶜālamīya. Šahādāt muṯīra rūwiyat bi-aqlām muḥayyida saraqat al-ḥaqīqa min warāʾ qināᶜ muzayyaf.“ Miṣurāta: Ad-dār al-ğamāhīrīya li-'n-našr wa-'t-tauzīᶜ, [1998]. [„Lockerbie in der Welt-Presse. Aufsehenerregende Zeugnisse von neutraler Hand, die die Wahrheit hinter einer gefälschten Maske verbarg.“]
MĀḌĪ 2000: MĀḌĪ, ᶜAun: „Al-qimma al-ifrīqīya wa-minṭaqat al-buḥairāt al-kubrā. As-salām wa-'l-istiqlāl.“ Aš-šāhid. Nīqūsīyā. (2000)184, S.34-37. [„Der afrikanische Gipfel und die Region der Großen Seen. Der Frieden und die Unabhängigkeit.“]
AL-MAĞḎŪB 1990: AL-MAĞḎŪB, Muḥammad: „Al-buᶜd al-qānūnī li-qarār al-ḥiṣār.“ Mağallat al-manābir. O.O. 9(1990)78, Ḥazīrān / Tammūz, o.S. [„Das rechtliche Ausmaß des Embargo-Beschlusses.“]
MAĞĪD 1973: MAĞĪD, Mubārak: „Al-iqtiṣād al-lībī. Dirāsa ᶜarabīya muqārina.“ Banġāzī: Dār maktabat al-Andalus, 1973. [„Die libysche Wirtschaft. Eine vergleichende arabische Studie.“]
MANṢŪR 1998: MANṢŪR, Amīra: „Ṣīġa ġarbīya masmūma li-muwāğaha ḥaqāʾiq Lūkarbī.“ Aš-šāhid. Nīqūsīyā. (1998)158, S.28-30. [„Eine vergiftete westliche Darstellungsform gegenüber den Lockerbie-Wahrheiten.“]
MANṢŪR 1999: MANṢŪR, Amīra: „»Lūkarbī: intiṣār quwat al-ḥaqq ᶜalā aḥādīyat al-quwa.«“ Aš-šāhid. Nīqūsīyā. (1999)165, S.8-15. [„Lockerbie: Der Sieg der Stärke des Rechts über eine vereinte Macht.“]
MANṢŪR 1999a: MANṢŪR, Amīra: „Lūkarbī: »ṣīġat ḥall« fin-nafaq aṭ-ṭawīl.“ Aš-šāhid. Nīqūsīyā. (1999)163, S.21-26. [„Lockerbie: Licht am Ende des Tunnels.“]
MAᶜRAKA 2001: „ᶜAnāṣir maʾsāt qaḍāʾīya fī akbar maẓlama fit-tārīḫ: maᶜrakat al-ᶜadāla.“ Aš-šāhid. Nīqūsīyā. (2001)187, S.18-37. [„Elemente einer rechtlichen Tragödie in der größten Ungerechtigkeit der Geschichte: der Kampf um die Gerechtigkeit.“]
MAṢĀRIF 1997: „Ẓurūf al-ḥiṣār lam taqif ᶜağalat an-namū.“ Al-maṣārif al-ᶜarabīya. Bairūt. (1997)203, S.79 f. [„Das Embargo hat die Räder des Wachstums nicht gestoppt.“]
MAṢĀRIF 1998: „Al-maṣārif al-lībīya: taṭawwur raġm al-ḥaẓr.“ Al-maṣārif al-ᶜarabīya. Bairūt. (1998)215, S.133-138. [„Die libyschen Banken: Entwicklung trotz des Embargos.“]
AL-MAZŪĠĪ o.J.: AL-MAZŪĠĪ, ᶜAbd as-Salām: „Taṭawwur mafhūm al-ᶜalāqāt ad-duwalīya wafq al-kitāb al-aḫḍar.“ [Ṭarābulus]: Al-markaz al-ᶜālamī li-dirāsāt wa-abḥāṯ al-kitāb al-aḫḍar, o.J. [„Die Entwicklung des Begriffs der internationalen Beziehungen entsprechend dem Grünen Buch.“]
MĪKĀKĀ 1961: MĪKĀKĀ, Rūdulfū: „Ṭarābulus al-ġarb taḥt ḥukm usrat al-Qaramānlī.“ Tarğamat Ṭaha Fauzī. Al-Qāhira: Maᶜhad ad-dirāsāt al-ᶜarabīya wa-'l-ᶜālāmīya, 1961. [„Das Tripolis des Westens unter der Qaramanli-Dynastie.“]
MIṢBĀḤ 1994: MIṢBĀḤ, Zāyid ᶜAbdallāh: „As-siyāsa al-ḫāriğīya.“ Fālītā / Mālṭā: Manšūrāt ELCA, 1994. [„Die Außenpolitik.“]

MĪṮĀQ 1999: „Mīṯāq al-umam al-mutaḥḥida wa-'n-niẓām al-asāsī li-maḥkamat al-ᶜadl ad-duwalī." Niyū Yūrk: al-Umam al-Mutaḥḥida, 1999. [„Die Charta der Vereinten Nationen und das Statut des Internationalen Gerichtshofes."]

AL-MUHAḎḎABĪ 1992: AL-MUHAḎḎABĪ, Mīlūd: „Al-buᶜd al-qānūnī al-ġā'ib fī muᶜālağat mağlis al-amn li-qaḍīyat Lūkarbī." in: AL-ᶜINĀNĪ 1992: ed. cit., S.151-166. [„Die fehlende rechtliche Dimension beim Sicherheitsrat in der Behandlung des Lockerbie-Problems."]

AL-MUHAḎḎABĪ 1995: AL-MUHAḎḎABĪ, Mīlūd: „Qaḍīyat Lūkarbī fī ẓill al-qānūn ad-duwalī." Mağallat qaḍāyā ᶜarabīya. O.O. (1995)83, Ailūl, o.S. [„Das Lockerbie-Problem im Schatten des Völkerrechts."]

AL-MUHAḎḎABĪ 1996: AL-MUHAḎḎABĪ, Mīlūd: „Qaḍīyat Lūkarbī wa-aḥkām al-qānūn ad-duwalī. Ğadalīyat aš-šarᶜīya wa-'l-mašrūᶜīya." Ṭarābulus: Ad-dār al-ğamāhīrīya li-'n-našr wa-'t-tauzīᶜ wa-'l-iᶜlān, ²1996. [„Das Lockerbie-Problem und die Bestimmungen im Völkerrecht. Die Dialektik von Legalität und Legitimität."]

AL-MUHAḎḎABĪ 1999: AL-MUHAḎḎABĪ, Mīlūd: „Ta'mmulāt fī iniᶜkāsāt al-wāqiᶜ al-īṭālī wa-ta'ṯīrātuhu fī ḥarakat al-ᶜamal al-ḫāriğī." Mağallat ad-dirāsāt al-ᶜulyā. Ṭarābulus. 2(1429)8 [1999], S.133-139. [„Überlegungen zu der Lage Italiens und ihren Auswirkungen auf die Arbeitsflucht ins Ausland."]

AL-MUHAḎḎABĪ/AL-ĠUWAIL 1994: AL-MUHAḎḎABĪ, Mīlūd / AL-ĠUWAIL, Ibrāhīm Bašīr: „Qaḍīyat Lūkarbī fī ẓill qawā'id al-qānūn ad-duwalī." Sirt: Ad-dār al-ğamāhīrīya li-'n-našr wa-'t-tauzīᶜ wa-'l-iᶜlān, 1424 [1994]. [„Das Lockerbie-Problem im Schatten der Richtlinien des Völkerrechts."]

AL-MURTAḌĀ 1982: AL-MURTAḌĀ, ᶜAbd ar-Razzāq: „Tašrīᶜāt an-nafṭ fī Lībiyā." O.O.: Manšurāt al-munša'at al-ᶜāmma li-'n-našr wa-'t-tauzīᶜ wa-'l-iᶜlān, 1982. [„Die Erdöl-Gesetzgebung in Libyen."]

MUSĀLIM 1997: MUSĀLIM, Fāṭima: „Tuḥākim ... wa-lā tuḥākim: »Aṭ-ṭarīq ilā aṣ-ṣalāt«" Aš-šāhid. Nīqūsīyā. (1997)142, S.13-18. [„Jemanden vor Gericht stellen ... oder nicht: »Der Weg zum Gebet«."]

MŪṮAQQAFŪN 1995: „Al-muṯaqqafūn al-miṣrīyūn wa-azmat Lūkarbī." [Al-Qāhira]: Al-qiyāda aš-šaᶜbīya al-islāmīya, [1995]. [„Die ägyptischen Intellektuellen und die Lockerbie-Krise."]

NADWA 1998: „Nadwat al-amn wa-'t-taᶜāwun fī minṭaqat al-baḥr al-mutawassiṭ. Ṭarābulus - al-Ğamāhīrīya al-ᶜUẓmā." ᶜAdad ḫāṣṣ. Mağallat ad-dirāsāt al-ᶜulyā. Ṭarābulus. 2(1428) [1998]. [„Symposium über Sicherheit und Zusammenarbeit im Mittelmeerraum. Tripolis - Große Jamahiriya."]

NADWA 1999: „Nadwat al-ḥiwār al-lībī - al-amrīkī. Māstriḫt - Hūlandā. 9.-10. Mārs 1999 f." ᶜAdad ḫāṣṣ. Mağallat ad-dirāsāt al-ᶜulyā. Ṭarābulus. [„Symposium des libysch-amerikanischen Dialogs. Maastricht, Holland, 9.-10. März 1999."]

NADWA 1999a: „Nadwat al-ḥiwār al-lībī - al-amrīkī. Mālṭā min 24 ilā 26 hānībāl 1429." ᶜAdad ḫāṣṣ [1999]. Mağallat ad-dirāsāt al-ᶜulyā. Ṭarābulus. [„Symposium des libysch-amerikanischen Dialogs. Malta, 24.-26. Hannibal 1429."]

NADWA 2000: „Nadwat ᶜilāqāt al-lībīya - al-brīṭānīya. Ḥaqā'iq al-māḍī wa-afāq al-mustaqbal. Ṭarābulus, 22.-23. kānūn aṯ-ṯānī 2000." Al-mustaqbal al-ᶜarabī. Bairūt. 259(2000)9, S.175-179. [„Symposium der libysch-britischen Beziehungen. Tatsachen der Vergangenheit und Horizonte der Zukunft."]

AN-NAĞĞĀR 1992: AN-NAĞĞĀR, Aḥmad as-Sayyid: „Al-ḥamla al-ġarbīya ḍidda al-Ğamāhīrīya: al-ᶜuqūbāt al-muḥtamala .. wa-imkānīyāt al-mūwāğaha." in: QAḌĪYAT LŪKĀRBĪ 1992: ed. cit., S.191-207. [„Die westliche Kampagne gegen die Jamahiriya: potentielle Strafen .. und Möglichkeiten der Konfrontation."]

AL-QAḎḎĀFĪ 1995: AL-QAḎḎĀFĪ, Muᶜammar: „Al-kitāb al-aḫḍar.“ Ṭarābulus: Manšūrāt al-markaz al-ᶜālamī li-dirāsāt wa-abḥāṯ al-kitāb al-aḫḍar, 1995. [„Das grüne Buch.“]
QAḌĪYAT LŪKĀRBĪ 1992: „Qāḍīyat Lūkarbī wa-mustaqbal an-niẓām ad-duwalī.“ Valletta: Manšūrāt markaz dirāsāt al-ᶜālam al-islāmī, 1992. [„Der Lockerbie-Konflikt und die Zukunft der internationalen Ordnung.“]
QĀNŪN 1992: „Qānūn al-qūwa.“ Al-ᶜAǧūza: Dār aš-šabāb al-ᶜarabī, [1992]. [„Das Gesetz der Stärke.“]
RAIT o.J.: RAIT, Lūwīs: „Al-ḥamālāt al-amrīkīya ᶜalā šamāl Ifrīqiyā.“ Ṭarābulus: Maktabat al-Farǧānī, o.J. [„Die amerikanischen Angriffe auf Nordafrika.“]
AR-RĀZIQĪ 1995: AR-RĀZIQĪ, Muḥammad: „An-naẓarīya al-ᶜāmma li-'l-ǧarīma. Muḥāḍarāt fil-qānūn al-ǧinā'ī.“ Miṣurāta: Dār al-Anīs li-'ṭ-ṭibāᶜa wa-'n-našr wa-'t-tauzīᶜ, 1995. [„Die allgemeine Theorie des Verbrechens. Vorlesungen im Strafrecht.“]
SAᶜĀDA 1995: SAᶜĀDA, ᶜUmar: „Al-ḥiṣār wa-'l-ᶜuqūbāt al-iqtiṣādīya ṣidda al-Ǧamāhīrīya: ǧidār aṣ-ṣamt ... ṣaut at-taḥaddī.“ Aš-šāhid. Nīqūsīyā. (1995)119, S.48-51. [„Das Embargo und die Wirtschaftssanktionen gegen die Jamahiriya: die Mauer des Schweigens ... die Stimme der Herausforderung.“]
SAᶜĀDA 1996: SAᶜĀDA, ᶜUmar: „Min Sirt ilā Tarhūna: al-waḥš al-amīrkī an-nahhāb wa-'l-ǧaula al-ǧadīda.“ Aš-šāhid. Nīqūsīyā. (1996)129, S.12-19. [„Von Sirt nach Tarhuna: die plündernde amerikanische Bestie und die nächste Runde.“]
ṢABBĀĠ 1992: ṢABBĀĠ, Nidā': „Muḥākamat šaᶜb Lūkarbī.“ Bairūt: Dār aṣ-ṣadāqa li-'ṭ-ṭibāᶜa wa-'n-našr, 1992. [„Die Verurteilung des Volkes: Lockerbie.“]
AŠ-ŠABŪKĪ 2000: AŠ-ŠABŪKĪ, Mahā Muḥammad: „Iškālīyāt qaḍīyat Lūkarbī amam maǧlis al-amn.“ Miṣurāṭa: Ad-dār al-ǧamāhīrīya li-'n-našr wa-'t-tauzīᶜ wa-'l-iᶜlān, 2000. [„Die Problematik des Lockerbie-Konfliktes vor dem Sicherheitsrat.“]
AṢ-ṢĀDIQ 1996: AṢ-ṢĀDIQ, Ḥusnī al-Waḥīšī: „Qaḍīyat Lūkarbī baina as-siyāsa wa-'l-qānūn.“ Az-Zāwiya: Aš-šarika al-ᶜāmma li-'l-waraq wa-'ṭ-ṭibāᶜa maṭābiᶜ al-waḥda al-ᶜarabīya, [1996]. [„Das Lockerbie-Problem zwischen Recht und Politik.“]
AS-SANŪSĪ 2000: AS-SANŪSĪ, Ṣāliḥ: „Al-waǧīz fil-qānūn ad-duwalī al-ᶜāmm.“ Ṭarābulus: Al-markaz al-qaumī li-'l-buḥūṯ wa-'d-dirāsāt al-ᶜilmīya, 2000. [„Das allgemeine Völkerrecht auf den Punkt gebracht.“]
AŠ-ŠARĪF 1997: AŠ-ŠARĪF, ᶜAbd al-Kabīr al-Mahdī: „Aṯ-ṯaura al-lībīya.“ Bairūt: Dār aš-šūrā, 1997. [„Die libysche Revolution.“]
AŠ-ŠARĪF 1998: AŠ-ŠARĪF, Muḥammad Rašād: „Al-ḥiṣār yatahāwā amām ṣumūd aš-šaᶜb al-ᶜarabī al-lībī.“ Aš-šāhid. Nīqūsīyā. (1998)158, S.24-27. [„Das Embargo läßt sich nicht aufrechterhalten durch die Standhaftigkeit des libysch-arabischen Volkes.“]
AŠ-ŠATĪWĪ 1993: AŠ-ŠATĪWĪ, Manṣūr ᶜUmar: „Ḥarb al-qarṣana baina duwal al-maġrib al-ᶜarabī wa-'l-wilāyāt al-muttaḥida.“ Ṭarābulus: Dār al-Farǧānī li-'n-našr wa-'t-tauzīᶜ, 1993. [„Der Piratenkrieg zwischen den Vereinigten Staaten und den Staaten des Maghreb.“]
SANAWĀT 2002: „Sanawāt al-ḥaẓr ᶜalā Lībiyā.“ Mu'tamar. [Ṭarābulus.] 1(2002)1, S.32-38. [„Die Jahre des Embargos gegen Libyen.“]
SAᶜŪD 2000: SAᶜŪD, ᶜAlī Muḥammad: „Al-ᶜalāqāt al-iqtiṣādīya ad-duwalīya wa-daurihā fī tanmīya al-mawārid al-bašarīya: istiᶜāb fā'id al-ᶜamāla ᶜan ṭarīq al-ᶜalāqāt al-iqtiṣādīya ad-duwalīya. Dirāsa taṭbīqīya ᶜalā al-iqtiṣād al-lībī.“ Ṭarābulus: Ǧāmiᶜat al-Fātiḥ, Diss., 2000. [„Die internationalen Wirtschaftsbeziehungen und ihre Bedeutung für die Entwicklung der menschlichen Ressourcen: weiterbringende Kritik an der Arbeiterskraft durch die internationalen Wirtschaftsbeziehungen. Eine praktische Studie über die libysche Wirtschaft.“]

ṢAWWĀN 1999: ṢAWWĀN, Yūsuf: „ʾUrubbā wa-ʾl-ʿarab. Aš-širāka: ayyat šurūṭ." Maǧallat ad-dirāsāt al-ʿulyā. Ṭarābulus. 2(1429)8 [1999], S.126-132. [„Die Araber und Europa. Partnerschaft: doch zu welchen Bedingungen."]

SAYYĀLA 1999: SAYYĀLA, Muḥammad: „Al-ʿalāqāt al-iqtiṣādīya wa-ʾt-tiǧārīya baina al-Ǧamāhīrīya al-ʿUẓmā wa-Iṭāliyā." Maǧallat ad-dirāsāt al-ʿulyā. Ṭarābulus. 2(1429)10 [1999], S.195-197. [„Die Handels- und Wirtschaftsbeziehungen zwischen der Großen Jamahiriya und Italien."]

AS-SIǦILL AL-QAUMĪ 19XX: „As-siǧill al-qaumī - bayānāt wa-ḫuṭab wa-aḥādīṯ al-ʿaqīd Muʿammar al-Qaḏḏāfī." Ṭarābulus: Al-markaz al-ʿālamī li-dirāsāt wa-abḥāṯ al-kitāb al-aḫḍar, 19XX. [„Das nationale Register - Erklärungen, Ansprachen und Gespräche des Obersten Muʿammar al-Qaḏḏāfī." Tripolis: 1970-1975 Publikation der ASU, seit 1976 Publikation des AVK, seit 1980 des Internationalen Zentrums für Studien und Untersuchungen des Grünen Buches.] Bd.1-30 / 1970-1999.

ṢIRĀʿ 1992: „Aḍ-ḍaḥīya wa-ʾl-ǧallād: dirāsa fī ḫafāyā aṣ-ṣirāʿ al-lībī al-amrīkī fī ḍauʾ azmat Lūkarbī." ʿAmmān: Markaz ad-dirāsāt wa-abḥāṯ al-ʿālam al-islāmī, [1992]. [„Das Opfer und der Henker: Eine Studie über die Geheimnisse der libysch-amerikanischen Auseinandersetzung im Lichte der Lockerbie-Krise."]

AS-SŪDĀN 2000: „As-Sūdān: mubādarāt ʿarabīya wa-munaġġiṣāt amīrkīya." Aš-šāhid. Nīqūsīyā. (2000)172/173, S.74-77. [„Der Sudan: Arabische Initiativen und amerikanische Störfaktoren."]

ŠŪMĀN 1992: ŠŪMĀN, Muḥammad: „Al-ʿarab wa-ʾl-ġarb: muqāraba ṯaqāfīya fī ḍauʾ al-azma al-lībīya - al-ġarbīya." Valletta: Markaz dirāsāt al-ʿālam al-islāmī, 1992. [„Die Araber und der Westen: eine kulturelle Annäherung im Lichte der libysch-westlichen Krise."]

SUWAID 1997: SUWAID, Yāsīn: „Al-buʿd at-tarīḫī wa-ʾl-qaumī li-ʾl-ḥiṣār al-mafrūḍ ʿalā al-umma al-ʿarabīya." Aš-šāhid. Nīqūsīyā. (1997)145, S.48-52. [„Der geschichtliche und nationale Aspekt des Embargos gegen die arabische Umma."]

AṬ-ṬAʿĀN 1992: AṬ-ṬAʿĀN, ʿAbd ar-Riḍāʾ: „Ad-dīmuqrāṭīya al-amrīkīya wa-ʾl-waṭan al-ʿarabī fī ẓill an-niẓām ad-duwalī al-ǧadīd." Al-maǧalla al-ʿarabīya li-ʾl-ʿulūm as-siyāsīya. O.O. (1992)7, Nūfimbir, o.S.[„Die amerikanische Demokratie und die arabische Nation im Schatten der neuen Weltordnung."]

TAFǦĪR 1992: „Tafǧīr aṭ-ṭāʾira al-amrīkīya: ar-riḥla raqm 103: al-ḫafāyā wa-ʾl-waṯāʾiq." [Al-Qāhira]: Al-maktab al-ʿarabī li-ʾl-maʿārif, 1992. [„Die Explosion des amerikanischen Flugzeuges: der Flug Nr. 103 - Dokumente und Geheimnisse."]

TAKAR o.J.: „Maʿārik Ṭarābulus baina al-usṭūl al-lībī wa-ʾl-usṭūl al-amrīkī fil-qarn at-tāsiʿ ʿašr." Tarǧamat ʿUmar Abū Ǧamīla. Ṭarābulus: Maktabat al-Farǧānī, o.J. [„Die Schlachten vor Tripolis zwischen der libyschen und der amerikanischen Flotte im 19. Jahrhundert."]

TAQRĪR 1999: „Lībiyā. Taqrīr at-tanmīya al-bašarīya, 1999." Hrsg. v.: Al-hayʾa al-waṭanīya li-ʾl-maʿlūmāt wa-ʾt-tauṯīq. Ṭarābulus: o.V., 1999. [„Libyen. Bericht der Humanentwicklung 1999."]

UMMA 1997: „Al-Qaḏḏāfī: al-umma ṣāqat bi-Amīrkā ʿadū aš-šuʿūb." Aš-šāhid. Nīqūsīyā. (1997)143, S.13-17. [„Al-Qaḏḏāfī: die Umma ist des Feindes der Völker Amerika überdrüssig."]

WANNĀS 1993: WANNĀS, Ǧalāl: „Aṣ-ṣirāʿ al-ʿarabī al-amrīkī min ḫilāl azmat Lūkarbī." Tūnis: Nuqūš ʿarabīya, [1993?]. [„Der amerikanisch-arabische Konflikt während der Lockerbie-Krise."]

YŪSUF 2002: YŪSUF, Aḥmad et al.: „Al-irhāb al-amrīkī." Aš-šāhid. Nīqūsīyā. 17(2002)200, Abrīl, S.49-67. [„Der amerikanische Terrorismus."]

AZ-ZAḤḤĀF 1999: AZ-ZAḤḤĀF, Ṣāliḥ Muḥammad: „Āfāq at-taᶜāwun al-lībī al-īṭālī fī iṭār aš-širāka al-mutawassiṭīya.“ Maǧallat ad-dirāsāt al-ᶜulyā. Ṭarābulus. 2(1429)10 [1999], S.178-186. [„Horizonte der libysch-italienischen Zusammenarbeit im Rahmen der mediterranen Partnerschaft.“]

AZ-ZAIN 1986: AZ-ZAIN, Ḥisān: „Kāwubūy al-irhāb.“ Aš-šāhid. Nīqūsīyā. 10(1986)2, S.30-34. [„Der Cowboy des Terrorismus.“]

AZ-ZAIN 1999: AZ-ZAIN, Ḥisān Muḥammad: „Al-qimma al-ifrīqīya fī yaum at-taḥawwul: 9.9.1999. Al-ḫurūǧ min qiṭār al-maut.“ Aš-šāhid. Nīqūsīyā. (1999)170, S.28-33. [„Der afrikanische Gipfel am Tag der Wende: 9.9.1999. Der Ausstieg aus dem Todeszug.“]

C. Nachschlagewerke, Wörterbücher

AṬLAS AL-WAṬAN 1996: „Aṭlas al-waṭan al-ᶜarabī wa-'l-ᶜālam.“ Bairūt: Ǧīyūbrūǧikts, [7]1996. [„Atlas der arabischen Länder und der Welt.“]

BARATTA 1995: BARATTA, Mario von (Hg.): „Der Fischer Weltalmanach 1996.“ Frankfurt: Fischer, 1995.

BARATTA 2000: BARATTA, Mario von (Hg.): „Der Fischer Weltalmanach 2001.“ Frankfurt: Fischer, 2000.

BARATTA 2001: BARATTA, Mario von (Hg.): „Der Fischer Weltalmanach 2002.“ Frankfurt: Fischer, 2001.

BARATTA 2002: BARATTA, Mario von (Hg.): „Der Fischer Weltalmanach 2003.“ Frankfurt: Fischer, 2002.

BARATTA 2003: BARATTA, Mario von (Hg.): „Der Fischer Weltalmanach 2004.“ Frankfurt: Fischer, 2003.

BARTHEL/STOCK 1994: BARTHEL, Günter / STOCK, Kristina (Hg.): „Lexikon arabische Welt.“ Wiesbaden: Reichert, 1994.

BIDWELL 1998: BIDWELL, Robin: “Dictionary of Modern Arab History.” London, New York: Kegan Paul International, 1998. S.336-338.

BROCKHAUS 1997: „Brockhaus - die Enzyklopädie: in 24 Bänden.“ Leipzig, Mannheim: Brockhaus, [20]1997.

BROCKHAUS WAHRIG 1982: WAHRIG, Gerhard et al. (Hg.): „Brockhaus Wahrig. Deutsches Wörterbuch.“ 6 Bde. Wiesbaden: Brockhaus / Stuttgart: Deutsche Verlagsanstalt, 1982.

DIETL/MOSS/LORENZ 1987: DIETL, Clara-Erika / MOSS, Anneliese / LORENZ, Egon: „Wörterbuch für Recht, Wirtschaft und Politik mit erläuternden und rechtsvergleichenden Kommentaren.“ München: Beck'sche Verlagsbuchhandlung, 1987.

DNP 1996: „Der neue Pauly. Enzyklopädie der Antike.“ Stuttgart, Weimar: Verag J.B. Metzler, 1996 ff.

DUDEN 1990: „Duden-Oxford Großwörterbuch Englisch: englisch-deutsch; deutsch-englisch.“ Mannheim u.a.: Dudenverlag, 1990.

DUDEN 1991: „Duden. Rechtschreibung der deutschen Sprache.“ Mannheim u.a.: Dudenverlag, [20]1991.

DUDEN 1994: „Duden. Das große Fremdwörterbuch.“ Mannheim u.a.: Dudenverlag, 1994.

DUDEN 1999: “Duden. Wörterbuch der Abkürzungen.” Mannheim u.a.: Dudenverlag, 1999

DUDEN 2000: „Duden. Die deutsche Rechtschreibung.“ [Rheda-Wiedenbrück; Gütersloh]: RM Buch und Medien Vertrieb GmbH u.a., [22]2000.

ELSÄSSER/GOLDMANN 1999: ELSÄSSER, Hans-Hermann / GOLDMANN, Ingelore: „Wortschatz Politik - Wirtschaft - Geographie: deutsch-arabisch / arabisch-deutsch." Wiesbaden: Reichert, 1999.

ENCICLOPEDIA ITALIANA 1934: „Enciclopedia Italiana di Scienze, Lettere ed Arti." Roma: Istituto della Enciclopedia Italiana, 1934-42.

EI¹: „Enzyklopaedie des Islam." hrsg. von M.Th. HOUTSMA. Leipzig: Harrassowitz / Leiden: Brill, ab 1908, 4 Bde.

EI²: "The Encyclopaedia of Islam." New Edition. Leiden: Brill, 1986-1998. 10 Bde.

ETYMOLOGISCHES WÖRTERBUCH 1993: „Etymologisches Wörterbuch des Deutschen. 2. Auflage, durchgesehen und ergänzt von Wolfgang Pfeifer." 2 Bde. Berlin: Akademie Verlag, ²1993.

FARUQI 1995: FARUQI, Harith Suleiman: "Faruqi's Law Dictionary. Arabic-English." Bairūt: Librarie du Liban, ³1995.

FARUQI 1991: "Faruqi's Law Dictionary. English-Arabic." Bairūt: Librarie du Liban, ³1991.

FISCHER WELTALMANACH 2004: „Der Fischer Weltalmanach 2005." Frankfurt: Fischer, 2004.

FRISK 1960: FRISK, Hjalmar: „Griechisches etymologisches Wörterbuch." 2 Bde. Heidelberg: Carl Winter Universitätsverlag, 1960.

GEMOLL 1954: GEMOLL, Wilhelm: „Griechisch-Deutsches Schul- und Handwörterbuch." München / Wien: G. Freytag Verlag, ²1954.

GEORGES 1992: GEORGES, Heinrich: „Ausführliches Lateinisch-Deutsches Handwörterbuch." 2 Bde. Darmstadt: Wissenschaftliche Buchgesellschaft, 1992.

GOVE 1986: GOVE, Philip Babcock (Hg.): "Webster's Third New International Dictionary of the English Language. Unabridged." Springfield / Massachusetts: Merriam-Webster Inc., Publishers, ³1986.

ILLIG 2001: ILLIG, Carlos: „Wörterbuch der spanischen und deutschen Sprache." Bd. 1: Spanisch-Deutsch. Wiesbaden: Oscar Brandstetter Verlag, 2001.

KHOURY/HAGEMANN/HEINE 1991: KHOURY, Adel Theodor / Hagemann, Ludwig / HEINE, Peter: „Islam-Lexikon." Freiburg u.a.: Herder, 1991. 3 Bde.

KREISER/WIELANDT 1992: KREISER, Klaus / WIELANDT, Rotraud (Hg.): „Lexikon der Islamischen Welt." Stuttgart u.a.: Kohlhammer, 1992.

LANGENSCHEIDT 1988: „Langenscheidts Großes Schulwörterbuch Französisch-Deutsch." Berlin u.a.: Langenscheidt, ¹⁴1988.

MAUSŪᶜA 1974: „Al-mausūᶜa as-siyāsīya." Maǧmūᶜat bāḥiṯīn. Ašrāf d. ᶜAbd al-Wahhāb al-Kailānī wa-Kāmil Zahrī. Bairūt: Al-muᵓassasa al-ᶜarabīya li-'d-dirāsāt wa-'n-našr, 1974. [„Die politische Enzyklopädie."]

MENGE 1914: MENGE, Hermann: „Langenscheidts Taschenwörterbuch der griechischen und deutschen Sprache. Erster Teil: Griechisch-Deutsch." Berlin-Schöneberg: Langenscheidtsche Verlagsbuchhandlung G.m.b.H., ¹³[1914].

MENGE 1991: MENGE, Hermann: „Langenscheidts Grosswörterbuch Griechisch-Deutsch. Unter Berücksichtigung der Etymologie." Berlin u.a.: Langenscheidt, ²⁷1991.

MENGE-GÜTHLING 1954: MENGE-GÜTHLING: „Enzyklopädisches Wörterbuch der lateinischen und deutschen Sprache. Erster Teil: Lateinisch-Deutsch." Berlin-Schöneberg: Langenscheidt KG, ⁸1954.

MEYER 1977: „Meyers Enzyklopädisches Lexikon." Mannheim u.a.: Lexikonverlag, 1977.

MUNǦID 1986: „Al-munǧid fil-luġa wa-'l-aᶜlām." Bairūt: Al-maktaba aš-šarqīya, ³⁵1986. [„Der Munǧid: Sprache und Symbole."]

NATIONAL ATLAS 1978: „Al-aṭlas al-waṭanī li-'l-Ǧamāhīrīya al-ᶜArabīya al-Lībīya aš-Šaᶜbīya al-Ištirākīya - National Atlas of The Socialist People's Libyan Arab Jamahirya." Tripoli: Secretariat of Planning, 1978. [„Nationalatlas der Sozialistischen Libysch-Arabischen Volksjamahiriya."]

NEILSON 1950: NEILSON, William Allan (Hg.): "Webster's New International Dictionary of the English Language. Unabridged." Springfield / Massachusetts: G & C Merriam Company, Publishers, ²1950.

OXFORD 2000: "The Oxford English Dictionary." Oxford: Clarendon Press, ²2000.

PAULY-WISSOWA 1894: „Paulys Real-Encyclopädie der Classischen Altertumswissenschaft. Neue Bearbeitung." Stuttgart: J.B. Metzlersche Verlagsbuchhandlung, 1894 ff.

SCHLOCHAUER 1960: SCHLOCHAUER, Hans-Jürgen (Hg.): „Wörterbuch des Völkerrechts." 4 Bde. Berlin: de Gruyter, 1960-1962.

SCHREGLE 1977: SCHREGLE, Götz: „Deutsch-Arabisches Wörterbuch." Lizenzausgabe der Librarie du Liban. Bairūt: Librairie du Liban / London: Macdonald & Evans Ltd., 1977.

SMITH 1966: SMITH, William: "A Dictionary of Greek and Roman Geography." New York: AMS Pr., Inc., 1966. 2 Bde. Reprint von 1873.

STAATSLEXIKON 1995: „Staatslexikon: Recht - Wirtschaft - Gesellschaft." Freiburg / Br.: Herder, ⁷1995.

STEIN 1968: STEIN, Werner: „Kulturfahrplan. Die wichtigsten Daten der Kulturgeschichte von Anbeginn bis 1963." München u.a.: Herbig Verlagsbuchhandlung, 1968.

STEUERWALD 1997: STEUERWALD, Karl: „Türkisch-Deutsches Wörterbuch. Türkçe-Almanca Sözlük." Wiesbaden: Harrassowitz / İstanbul: ABC Kitabevi A.Ş., 1997.

TILCH 2001: TILCH, Horst (Hg.): „Deutsches Rechts-Lexikon." 3 Bde. München: Beck, ³2001.

WEBER 2000: WEBER, Klaus: „Rechtswörterbuch. Begründet von Dr. Carl Creifelds." München: Beck, ¹⁶2000.

WERLE 1997: WERLE, Gerhard: „Menschenrechtsschutz durch Völkerstrafrecht." Zeitschrift für die gesamte Strafrechtswissenschaft. Berlin. 109(1997)4, S.808-829.

WEHR 1976: WEHR, Hans (Hg.): „Arabisches Wörterbuch für die Schriftsprache der Gegenwart und Supplement." Lizenzausgabe der Librairie du Liban. Bairūt: Librarie du Liban / London: Macdonald & Evans Ltd., 1976.

WINTER 1998: WINTER, Eggert (Hg.): „Gabler - Lexikon Recht in der Wirtschaft." Wiesbaden: Gabler, 1998.

ZEDLER 1995: ZEDLER, Johann Heinrich: „Grosses Vollständiges Universal-Lexikon." Graz: Akademische Druck- und Verlagsanstalt, ²1995.

AZ-ZUBAIR 1991: AZ-ZUBAIR, Muḥammad (Hg.): „Muᶜǧam asmā' al-ᶜarab." Mausūᶜat as-Sulṭān Qābūs li-'l-asmā' al-ᶜarab. Bairūt: Maktabat Lubnān, 1991. [„Lexikon der Namen der Araber."]

D. Gesetzestexte und offizielle Dokumente

A/52/343/Add.1	"Elimination of Coercive Economic Measures as a Means of Political and Economic Compulsion. Report of the Secretary-General. Replies Received from Governments. Libyan Arab Jamahiriya." 14.19.1997.
A/55/414	"Letter dated 22 September 2000 from the Permanent Representative of the Libyan Arab Jamahiriya to the United Nations addressed to the President of the General Assembly." United Nations, General Assembly, 25.9.2000.
Action Affecting Export Privileges[1]	"Action Effecting Export Privileges; Thane-Coat, Inc." F.R. 67(2002), S.7351-7355.
Action Affecting Export Privileges[2]	"Action Affecting Export Privileges; Infocom Corporation [...]." F.R. 67(2002), S.10890-10892.
Anti-Terrorism and Arms Export Amendments Act of 1989	"Anti-Terrorism and Arms Export Amendments Act of 1989." P.L. 101-222 vom 12.12.1989. Unter: <http://.thomas.loc.gov/cgi-bin/bdquerytr/z?d101:HR 00 091:@@@L|TOM:/bss/d101query.html|>, 11.4.2003.
Antiterrorism and Effective Death Penalty Act of 1996	"Antiterrorism and Effective Death Penalty Act of 1996." P.L. 104-132 vom 24.4.1996. Unter: <http://.thomas.loc.gov/cgi-bin/bdquerytr/z?d104:SN00735:@@@L&summ2=m&|TOM:/bss/d104query.html|>, 11.4.2002.
AVK-BESCHLUSS 230 (2000)	"Decision of the General People's Libyan Arab Jamahiriya, The General People's Committee: Decision of the General People's Committee No. 230 of 1430 (2000) concerning Regulation of Import of some Commodities and Goods." Dokument Wirtschaft. Bestell-Nr. W10403. Köln: bfai, 2000.
BESCHLUSS 178/2001	"Great Socialist People's Libyan Arab Jamahiriya, General Public Committee for Economy and Trade: Decision of the GPC Secretary for Economy and Trade no 178 of 1369 PD regarding the issue of the executive regulations for the commercial agencies work organization law." Übersetzung ins Englische, Shams Bureau, Tripolis / Libyen.
BESCHLUSS 7/2002	"Great Socialist People's Libyan Arab Jamahiriya, General People's Committee for Economy and Commerce: Decision of the Secretariat of the General People's Committee for Economy and Commerce No. (7) for year 2002, regarding the Decision of some Rules related to Import." Übersetzung ins Englische, Shams Bureau, Tripolis / Libyen.
BESCHLUSS 8/2002	"Great Socialist People's Libyan Arab Jamahiriya: General People's Committee for Economy and Commerce: Decision of the Secretariat of the General People's Committee for Economy and Commerce No. (8) for year 2002, regarding the Organization of Export." Übersetzung ins Englische, Shams Bureau, Tripolis / Libyen.

BESCHLUSS 49/2002	„Al-Ǧamāhīrīya al-ʿArabīya al-Lībīya aš-Šaʿbīya al-Ištirākīya al-ʿUẓmā, al-lağna aš-šaʿbīya al-ʿāmma: Al-lāʾiḥa at-tanfīḏīya li-'l-qānūn raqm (21) li-sana 1369 w.r. bi-taqrīr baʿḍ al-aḥkām fī šaʾn muzāwalat al-anšiṭa al-iqtiṣādīya aṣ-ṣādira bi-qarār al-lağna aš-šaʿbīya al-ʿāmma raqm (49) li-sana 1370 w.r. (2002 f.).“ [„Große Sozialistische Libysch-Arabische Volksjamahiriya, Allgemeiner Volkskongreß: Durchführungsbestimmung für das Gesetz Nr. 21/2001 mit Festlegung einiger Richtlinien zur Ausführung von Wirtschaftsaktivitäten, erlassen durch den Beschluß Nr. 49/2002 des Allgemeinen Volkskomitees.“]
Continuation of Libya Emergency	“Continuation of Libya Emergency.” F.R. 67(2002), S.637.
COUNCIL 2003	“Proposal for a Council Regulation repealing Regulation (EC) No 3274/93 preventing the supply of certain goods and services to Libya.” Unter: <http://europa.eu.int/eur-lex/pri/en/lip/latest/ doc/2003/com 2003_ 0581 en 01.doc>, 30.10.2003.
Executive Order 12543	“Executive Order 12543: Prohibiting Trade and Certain Transactions Involving Libya.” F.R. 51(1986), S.875. Unter: <http://www.treas.gov/ofac/legal/index.html>, 20.4.2002.
Executive Order 12544	“Executive Order 12544: Blocking Libyan Government Property in the United States or Held by U.S. Persons.” F.R. 51(1986), S.1235. Unter: <http://www.treas.gov/ofac/legal/index.html>, 20.4.2002.
Executive Order 12801	“Executive Order 12801: Barring Overflight, Takeoff, and Landing of Aircraft Flying to or from Libya.” F.R. 57(1992), S.14319. Unter: <http://www.treas.gov/ofac/legal/index.html>, 20.4.2002.
Export Administration Amendsment Act of 1977	50 U.S.C. 2402 (8). Unter: <http://www.access.gpo.gov/uscode/uscmain.html>.
Federal Aviation Act	“Federal Aviation Act of 1958.” 49 U.S.C. 40101-40124. Unter: <http://www.access.gpo.gov/uscode/uscmain.html>.
Foreign Assistance Act of 1961	“Prohibition on Assistance to Governments Supporting International Terrorism.” 22 U.S.C. 2371 (a). Unter: <http://www.access.gpo.gov/uscode/uscmain.html>.
HEARING 1991	“Drug Enforcement Administration’s Alleged Connection to the Pan Am Flight 103 Disaster: Hearing before the Government Information, Justice, and Agriculture Subcommittee of the Committee on Government Operations, House of Representatives, One Hundred First Congress, Second Session, December 18, 1990.” Washington, D.C.: U.S. GPO, 1991.
HEARING 1997	“Iran and Libya Sanctions. Hearing before the Subcommittee on Trade of the Committee on Ways and Means. House of Representatives. One Hundred Fourth Congress. Second Session. May 22, 1996.” Washington: U.S. Government Printing Office, 1997.
HEARING 1999	“Sanctions Revisited. Hearing before the Subcommittee on International Economic Policy and Trade of the Committee on International Relations. House of Representatives. One Hundred Fifth Congress. Second Session. Sept. 10, 1998.” Washington, D.C.: U.S. Government Printing Office, 1999.

HEARING 2000	"U.S. Foreign Policy Toward Libya. Hearing before the Subcommittee on Near Eastern and South Asian Affairs of the Committee on Foreign Relations. United States Senate. One Hundred Sitxth Congress. Second Session. May 4, 2000." (S.Hrg. 106-740). Washington, D.C.: U.S. Government Printing Office, [2000]. Unter: <http://purl.access.gpo.gov/GPO/LPS8720>, 3.6.2002.
H.R. 3347	"ILSA Enhancement and Compliance Act. 20.10.2003." Unter: <http://thomas.loc. gov/cgi-bin/query/C?c108:./temp/~c108VKVWu4>, 7.11.2003.
IEEPA	"International Emergency Economic Powers Act ("IEEPA")." 50 U.S.C. 1701-1706. Unter: <http://www.treas.gov/offices/eotffc/ofac/legal/libya.html>, 19.6.2003.
IGH-Urteil (LIBYEN ·/· USA)	"Case Concerning Questions of Interpretation and Application of the 1971 Montreal Convention Arising From The Aerial Incident at Lockerbie (Libyan Arab Jamahiriya v. United States of America)." Abgerufen im Internet am 25.6.2003. Das Urteil ist ausgehend von <http://www.icj-cij.org> zu finden. Die genaue Kennung ist aufgrund ihrer Länge nicht angegeben.
"Impact of UN Sanctions"	"The Impact of UN Sanctions Against Libya. Excerpts from the [...] sixth comprehensive report on damage caused by the implementation of Security Council resolutions 748 (1992) and 883 (1993) during the period from 15 April 1992 to 31 December 1995." Unter: <http://ourworld.compuserve.com/ homepages/dr_ibrahim_ighneiwa/ impact.htm>, 13.6.2001.
ISDCA	"International Security and Development Cooperation Act of 1985." P.L. 99-83, 8.8.1985. [22 U.S.C. 2349aa-8, 2349aa-9]. Unter: <http://thomas.loc.gov/bss/d108/d108laws.html>, 19.6.2003.
LIBYEN ·/· USA	"Fixing of the Time-Limits for the Filing of Rejoinders by the United Kingdom and the United States." Unter: <http://www.icj-cij.org/icj www/idocket/iluk/iluk2frame.htm>, 25.6.2003.
Lockerbie: Einspruch gegen das Urteil	"Lockerbie Appeal." Unter: <http://www.scotscourt.gov.uk/html/lockerbie.asp>, 5.7.2003.
"Lockerbie Question"	"The Question of Lockerbie." Position Paper. New York: Permanent Mission of the Socialist People's Libyan Arab Jamahiriya to the United Nations, December 1997. Unter: <http://www.libya-un.org/lockerbie-12-97.pdf>, 30.5.2002.
Lockerbie-Urteil	"Lockerbie Verdict." Unter: <http://www.scotscourt.gov.uk/html/lockerbie.asp>, 5.7.2003.
LSR	"Part 550 - Libyan Sanctions Regulations." 31 C.F.R. 550, § 550.101-901. [Stand einschl. Juni 2001, für aktuelle Änderungen s. im Federal Register]. Unter: <http://www.treas.gov/ofac/legal/index.html>, 20.4.2002.

LSR[1]	"Department of the Treasury, Office of Foreign Assets Control: 31 C.F.R. parts 538, 550 and 560. Sudanese Sanctions Regulations; Libyan Sanctions Regulations; Iranian Transactions Regulations: Licensing of Commercial Sales of Agricultural Commodities and Products, Medicine, and Medical Equipment." Federal Register. Washington, D.C. 64(2.8.1999)147, S.41784-41794. Unter: <http://frwebgate.access.gpo.gov/cgibin/getdoc.cgi?dbname=1999_register&docid=99-19628-filed>, 4.4.2002.
LSR[2]	"Department of the Treasury, Office of Foreign Assets Control: 31 C.F.R. parts 515, 538, 550, 560. Exports of Agricultural Products, Medicines, and Medical Devices to Cuba, Sudan, Libya, and Iran; Cuba Travel-Related Sanctions." Federal Register. Washington, D.C. 66(12.7.2001)134, S.36683-36694. Unter: <http://www.treas.gov/offices/eotffc/legal/libya.html>, 19.6.2003.
Montréal-Konvention	„Übereinkommen zur Bekämpfung widerrechtlicher Handlungen gegen die Sicherheit der Zivilluftfahrt." Bundesgesetzblatt. Teil II. Bonn. (1977)47, S.1230-1237.
MUḎAKKIRA 1996	„Muḏakkira li-'l-ʿilm: rudūd al-fiʿl ḥaul qānūn D'Amato." Ohne weitere Angaben; Quelle des libyschen Außenministeriums, [1996?]. [„Zur Kenntnisnahme: Reaktionen zum D'Amato-Gesetz."]
NEA	"National Emergencies Act." P.L. 94-412, 14.9.1976. 50 U.S.C. §§ 1601-1651. Unter: <http://www.access.gpo.gov/uscode/uscmain.html>.
"OAU-Resolution"	"Resolution adopted by the Heads of State and Government of the Organization of African Unity on 10 June 1998. AHG/Dec. 1'27 (XXXIV): The Crisis between the Great Socialist People's Libyan Arab Jamahiriya and the United States of America and the United Kingdom." Unter: <http://i-p-o.org/oau-resolution.htm>, 28.6.2003.
Proklamation der Volksherrschaft	"Declaration on the Establishment of the Authority of the People. Adopted 2 March 1977." Unter: <http://www.oefre.unibe.ch/law/id/ly/01000-.html>, 19.6.2003.
S/1994/84	"Letter Dated 15 January 1994 from the Deputy Permanent Representative of the United States of America to the United Nations Addressed to the Chairman of the Security Council Committee Established Pursuant to Resolution 748 (1992) Concerning the Libyan Arab Jamahiriya." 26.1.1994. Unter: <http://www.un.org>.
S/1997/404	„Risāla muʾarraḫa 27 ayār / māyū 1997 muwağğaha ilā al-amīn al-ʿāmm min al-mandūb ad-dāʾim li-'l-Ǧamāhīrīya al-ʿArabīya al-Lībīya." [New York]: Al-umam al-muttaḥida, mağlis al-amn, 1997. [„An den Generalsekretär gerichteter Brief vom 27. Mai 1997 von dem Ständigen Vertreter der Libysch-Arabischen Jamahiriya."] Unter: <http://www.un.org>.
S/1999/311	"Letter Dated 19 March 1999 from the Secretary-General Addressed to the President of the Security Council." 23.3.1999. Unter: <http://www.un.org>.
S/2000/349	"Nomination of international observers by the Secretary-General of the United Nations." 26.4.2000. Unter: <http://www.un.org>.

S/2000/771	„Risāla muʾarriḫa 4 āb / aġusṭus 2000 ilā raʾīs maǧlis al-amn min al-qāʾim bi-'l-ᶜamāl bi-'l-wikāla li-'l-baᶜṯa ad-dāʾima li-'l-Ǧamāhīrīya al-ᶜArabīya al-Lībīya ladā al-umam al-muttaḥida." Al-umam al-muttaḥida: maǧlis al-amn, 7.8.2000. [„An den Präsidenten des Sicherheitsrates von dem Geschäftsträger der Ständigen Vertretung der Libysch-Arabischen Jamahiriya bei den Vereinten Nationen gerichteter Brief vom 4. August 2000."] Unter <http://www.un.org>.
S/21785	"Letter Dated 17 September 1990 from the Permanent Representative of the Libyan Arab Jamahiriya to the United Nations Addressed to the Secretary-General." 17.9.1990. Unter <http://www.un.org>.
S/PRST/1996/18	„Schreiben Frankreichs, des Vereinigten Königreichs Großbritannien und Nordirland und der Vereinigten Staaten von Amerika, datiert vom 20. und 23. Dezember 1991." 18.4.1996. Unter: <http://www.un.org>.
S/PRST/1997/2	„Die Situation in Libyen (Schreiben Frankreichs, des Vereinigten Königreichs Großbritannien und Nordirland und der Vereinigten Staaten von Amerika, datiert vom 20. und 23. Dezember 1991)." 29.1.1997. Unter: <http://www.un.org>.
S/PRST/1997/18	„Schreiben Frankreichs, des Vereinigten Königreichs und Nordirland und der Vereinigten Staaten von Amerika, datiert vom 20. und 23. Dezember 1991." 4.4.1997. Unter: <http://www.un.org>.
S/PRST/1997/27	„Schreiben Frankreichs, des Vereinigten Königreichs und Nordirland und der Vereinigten Staaten von Amerika, datiert vom 20. und 23. Dezember 1991." 20.5.1997. Unter: <http://www.un.org>.
S/PRST/1999/10	„Schreiben Frankreichs, des Vereinigten Königreichs Großbritannien und Nordirland und der Vereinigten Staaten von Amerika, datiert vom 20. und 23. Dezember 1991." 8.4.1999. Unter: <http://www.un.org>.
S/PRST/1999/22	„Schreiben Frankreichs, des Vereinigten Königreichs Großbritannien und Nordirland und der Vereinigten Staaten von Amerika, datiert vom 20. und 23. Dezember 1991." 9.7.1999. Unter: <http://www.un.org>.
SICHERHEITSRAT 1999	„Āḫir mustaǧiddāt qaḍīyat Lūkarbī. Iǧtimāᶜ maǧlis al-amn ad-duwalī li-baḥṯ tamdīd al-ᶜuqūbāt ᶜalā Lībiyā yaum al-ǧumᶜa al-muwāfiq 26.2.1999 ifranǧī." O.O.: o.Verl., 1999. [„Die letzten Neuigkeiten im Lockerbie-Konflikt. Die Versammlung des internationalen Sicherheitsrates zur Untersuchung der Verlängerung der Strafmaßnahmen gegen Libyen vom Freitag, den 26.2.1999 n.Chr."] Unter: <http://www.un.org>.
"Statement of Qaddafi on September 11"	"Statement of Colonel Muammar Qaddafi Leader of the First of September Revolution on the Horrific Attacks against USA." Press Release. New York: Permanent Mission of Libya to the UN, 11.9.2001. Unter: <http://www.libya-un.org/press/ny-110901.pdf>, 30.5.2002.
AT-TAṢᶜĪD 1995	„At-taṣᶜīd al-amrīkī ... al-asbāb wa-'l-ahdāf. " Ohne weitere Angaben; Quelle des libyschen Außenministeriums, [1995?]. [„Die amerikanische Eskalation ... Gründe und Ziele. "]
TSRA	"The Trade Sanctions Reform and Export Enhancement Act of 2000." Title IX (§ 901-911) of P.L. 106-387, 28 October 2000. 114 Stat. 1549 A-67 - A-72. Unter: <http://thomas.loc.gov/bss/d108/d108laws.html>, 19.6.2003.

UNPA	“United Nations Participation Act (”UNPA”).” 22 U.S.C., § 287 c. Unter: <http://www.treas.gov/ofac/legal/index.html>, 20.4.2002.
Verfassungsproklamation Libyens vom 11.12.1969	“Libya - Constitution.” Unter: <http://www.oefre.unibe.ch/law/icl/ly00t-.html>, 19.6.2003.
VN-Resolution 731 (1992)	“Resolution 731 (1992) Adopted by the Security Council at its 3033rd Meeting, on 21 January 1992.” Unter: <http://www.treas.gov/ofac/legal/index.html>, 20.4.2002.
VN-Resolution 748 (1992)	“Resolution 748 (1992) Adopted by the Security Council at its 3063rd Meeting, on 31 March 1992.” Unter: <http://www.treas.gov/ofac/legal/index.html>, 20.4.2002.
VN-Resolution 883 (1993)	“Resolution 883 (1993) Adopted by the Security Council at its 3312th Meeting, on 11 November 1993.” Unter: <http://www.treas.gov/ofac/legal/index.html>, 20.4.2002.
VN-Resolution 1192 (1998)	“Resolution 1192 (1998) Adopted by the Security Council at its 3920th Meeting, on 27 August 1998.” Unter: <http://www.treas.gov/ofac/legal/index.html>, 20.4.2002.
VN-Resolution 1506 (2003)	“Resolution 1506 (2003) Adopted by the Security Council at its 4820th Meeting (Part II), on 12 September 2003.” Unter: <http://ods-dds-ny.un.org/doc/UNDOC/GEN/N03/498/81/PDF/ N0349881. pdf?OpenElement>, 30.10.2003.
3 U.S.C. § 301	“General Authorization to Delegate Functions; Publication of Delegations.” Unter: <http://www.access.gpo.gov/uscode/uscmain.html>, 19.6.2003.

E. Zeitungen, Zeitschriften und Gesetzesblätter

Afrika heute. Bonn.
Al-quds al-ᶜarabī. London. [Das arabische Jerusalem.]
American Arab Affairs. Washington, D.C.
American Journal of International Law. Washington, D.C.
Amtsblatt der Europäischen Gemeinschaften L, Rechtsvorschriften. Luxemburg.
Amtsblatt der Europäischen Union C, Mitteilungen und Bekanntmachungen. Luxemburg.
Angewandte Geographie. Halle.
Arab Oil and Gas. Paris.
Arabies. Paris.
Außenpolitik. Hamburg.
Außenwirtschaftliche Praxis. Köln.
Außenwirtschaftsdienst des Betriebs-Beraters. Heidelberg.
Al-bank wa-'l-mustaṯmir. Bairūt. [Bank und Investor.]
bfai-Info Nahost. Köln.
Blätter für internationale Politik. Bonn.
Bundesanzeiger. Köln.
Bundesgesetzblatt. Bonn / München.
Al-bunūk. Paris. [Die Banken.]
Business Economics. Washington, D.C.
Christian Science Monitor. Boston / Massachusetts.
Communications. Frankfurt.
Deutsches Allgemeines Sonntagsblatt. Hamburg.
Défense nationale. Paris.
Demokratie und Recht. Köln.
Der Spiegel. Hamburg.
Der Überblick. Hamburg.
Die Friedens-Warte. Blätter für internationale Verständigung und zwischenstaatliche Organisation. Berlin.
die tageszeitung [taz]. Berlin.
Die Welt des Islams. Leiden / Berlin.
Die ZEIT. Hamburg.
Dr. A. Petermann's Mittheilungen aus Justus Perthes' Geographischer Anstalt. Gotha.
Economist Intelligence Unit. London.
Ethics & International Affairs. New York.
Europa Archiv. Bonn.
Europäische Zeitschrift für Wirtschaftsrecht. München.
Federal Register. Washington, D.C.
Financial Times. London.
Financial Times Deutschland. Hamburg.
Foreign Affairs. New York.
Frankfurter Allgemeine Zeitung. Frankfurt
Freitag. Berlin.
Al-ğarīda ar-rasmīya. Ṭarābulus. [Das libysche Amts- und Gesetzblatt.]
Al-ğarīda ar-rasmīya li-'l-qānūn ad-duwalī. [Ṭarābulus]. [Das libysche Amts- und Gesetzblatt für internationales Recht.]
Geo. Hamburg.

Globus. Illustrierte Zeitschrift für Länder- und Völkerkunde. Braunschweig.
Ha'aretz. Tel Aviv.
Harvard International Review. Cambridge / Massachusetts.
Humanitäres Völkerrecht: Informationsschriften. Bonn.
ILSA Journal of International & Comparative Law. Fort Lauderdale.
INAMO [Informationsprojekt Naher und Mittlerer Orient]: Berichte & Analysen zu Politik und Gesellschaft im Nahen und Mittleren Osten. Berlin.
International and Comparative Law Quarterly. London.
International Economic Policy Briefs. Washington, D.C.
Internationale Politik. Berlin.
International Relations. London.
Iowa Law Review. Iowa City.
Jeune Afrique L'intelligent. Paris
Journal Asiatique. Paris.
Journal of Comparative Family Studies. Calgary.
Konkret: Politik & Kultur. Hamburg.
Kritische Justiz. Frankfurt / Main.
Law and Policy in International Business. Washington, D.C.
Le monde diplomatique. Monatliche Beilage der tageszeitung. Berlin.
Al-maǧalla al-ᶜarabīya li-'l-ᶜulūm as-siyāsīya. O.O.[Arabische Zeitschrift für Politikwissenschaften.]
Maǧallat al-buḥūṯ al-iqtiṣādīya. Banġāzī. [Zeitschrift für Wirtschaftswissenschaften.]
Maǧallat ad-dirāsāt al-ᶜulyā. Ṭarābulus. [Zeitschrift für Höhere Studien.]
Maǧallat al-fikr al-istrātīǧī ad-duwalī. O.O. [Zeitschrift für internationales strategisches Denken.]
Maǧallat al-manābir. O.O. [Die Tribüne.]
Maǧallat qaḍāyā ᶜarabīya. O.O. [Zeitschrift für arabische Angelegenheiten.].
Maǧallat Qār Yūnis al-ᶜilmīya. Banġāzī. [Die wissenschaftliche Qar-Yunis-Zeitschrift]
Maǧallat al-ᶜulūm al-qānūnīya. [Baġdād]. [Zeitschrift für Rechtswissenschaften.]
Maghreb-Machrèk. Paris.
Marché Tropicaux et Méditerranéens. Paris.
Maryland Journal of International Law and Trade. Baltimore.
Al-maṣārif al-ᶜarabīya. Bairūt. [Die arabischen Banken.]
Middle East Economic Digest. London.
Middle East International. London.
Middle East Journal. Washington, D.C.
Middle East Policy. Washington, D.C.
Middle East Quarterly. Philadelphia.
Middle East Report. Washington, D.C.
Monde Arabe. Maghreb-Machrèk. Paris.
Mondes en Developpement. Paris.
Al-mustaqbal al-ᶜarabī. Bairūt. [Die arabische Zukunft.]
Muᵓtamar. [Ṭarābulus]. [Konferenz.]
Neue Zürcher Zeitung. Zürich.
New Dawn. Melbourne.
New Middle East. London.
New Politics. Brooklyn.
Nord-Süd aktuell. Hamburg.
OPEC-Bulletin. Wien.

Orbis. Philadelphia.
Orient. Opladen.
Papers of the Military Historical Society of Massachusetts. Boston.
Petroleum Economist. London.
PolicyWatch. Washington, D.C.
Politique étrangère. Paris.
Politique internationale. Paris.
Recht der internationalen Wirtschaft. Heidelberg.
Revue de l'Occident Musulman. Aix-en-Provençe.
Revue du Marché Commun et de l'Union Européenne. Paris.
Revue Internationale de la Croix Rouge. Genf.
Saeculum. München.
Aš-šāhid. Nīqūsīyā. [Der Zeuge.]
Security Dialogue. Oslo.
Staat und Recht. Berlin
Strategic Analysis. New Delhi.
Studi Urbinati. Urbino.
Süddeutsche Zeitung. München.
Šuʾūn ʿarabīya. Al-Qāhira. [Arabische Angelegenheiten.]
SWP-Aktuell. Berlin.
The American Journal of International Law. Washington, D.C.
The International Lawyer. Chicago.
The Journal of Libyan Studies. Oxford.
The Journal of North African Studies. London.
The Middle East. London.
The Middle East Journal. Washington, D.C.
The World Today. London.
Third World Quarterly. Basingstoke.
Übersee-Rundschau. Hamburg.
UCLA Journal of International Law & Foreign Affairs. Los Angeles.
University of Pennsylvania Journal of International Economic Law. Philadelphia.
Vereinte Nationen. Kehl am Rhein.
Verfassung und Recht in Übersee. Hamburg.
Virginia Journal of International Law. Charlottesville.
Washington Post. Washington, D.C.
World Politics. Baltimore.
Zeitschrift für ausländisches öffentliches Recht und Völkerrecht. Stuttgart.
Zeitschrift für Ethnologie. Berlin.
Zeitschrift für die gesamte Strafrechtswissenschaft. Berlin.
Zeitschrift für europarechtliche Studien. Saarbrücken.
Zeitschrift für öffentliches Recht. Wien.

F. Internetverweise

Informationen und Materialien im Internet unterliegen unter Umständen der Kurzlebigkeit im „Weltweiten Netz“ und mögen nicht dauerhaft abrufbar sein. Unter Nennung des Datums zitierte Internetmaterialien liegen mir vor - die im Textkorpus angegebenen Seitenzahlen beziehen sich darauf - und sind ggf. einsehbar. Allgemeingehaltene Internetangaben vestehen sich als Hinweise.

AU (Afrikanische Union)	<http://www.africa-union.org> <http://www.au2002.gov.za>
BBC (British Broadcasting Corporation)	<http://news.bbc.co.uk/hi/english/world/newsid_1766000/1766508.stm> [Lockerbie-Berichterstattung]
BIS (Bureau of Industry and Security)	<http://www.bxa.doc.gov>; <http://www.bis.doc.gov>
BAFA (Bundesamt für Wirtschaft und Ausfuhrkontrolle)	<http://www.bafa.de> [hier sind zahlreiche Informationen über von der Bundesregierung umgesetzte Sanktionsmaßnahmen abrufbar sowie aktuelle Informationen, wichtige Gesetzestexte und Darstellungen zu Aufbau und Aufgaben des BAFA].
BAFA (Ausfuhrkontrolle)	<http://www.ausfuhrkontrolle.info> [hier wird ausschließlich dieser Themenkreis behandelt]
Bio-Waffen-Konvention	<http://www.state.gov/www/global/arms/treaties/bwc1.html> [Text]; <http://www.icrc.org/web/eng/siteeng0.nsf/iwplList515/B277A3E395114C38C1256D1D004C9F49> [Vertragsstaaten und Beitrittsdatum]
Bundesbank	<http://www.bundesbank.de>
CWÜ (Chemiewaffenübereinkommen)	<http://www.opcw.org> [Organisation für die Nonproliferation von Chemiewaffen]
C.F.R. (Code of Federal Regulations)	<http://www.gpoaccess.gov/cfr/retrieve.html> [hier sind die von der Exekutive unmittelbar erlassenen Bestimmungen zugänglich; ergänzt wird der C.F.R. durch im Federal Register veröffentlichte Bestimmungen]
Conversion of Islamic and Christian Dates	<http://www.ori.unizh.ch/hegira.html>
Embargos	<http://www.embargos.de/about.htm> [Hintergrundmaterial und Diskussionsforum]
F.R. (Federal Register)	<http://www.gpoaccess.gov/fr/index.html>
EGV (Vertrag zur Gründung der EG)	<http://dejure.org/gesetze/EG>
U (Europäische Union)	<http://europa.eu.int> [Internetseite der Europäischen Union; u.a. ist hier eine chronologische Liste der im Internet verfügbaren Ausgaben des Amtsblattes der EG zugänglich]

GPO (Government Printing Office)	<http://www.gpo.gov>
IGH (Internationaler Gerichtshof)	<http://www.icj-cij.org>
IPO (International Progress Organization)	<http://www.i-p-o.org>
Jamahir Society for Culture and Philosophy	<http://ourworld.compuserve.com/homepages/ jamahir>
Libyen - Das Grüne Buch	<http://www.geocities.com/Athens/8744/readgb. htm>
Libyen - Finanzwirtschaft	<http://www.libyen-news.de/finanzwirtschaft_ (banken).htm>
Libyen - Investitionen in Libyen	<http://www.investinlibya.org>; <http://www.libyaninvestment.com>
Libyen - Juden	<http://sunsite.berkeley.edu/JewsofLibya/>
Libyen - Justizministerium	<http://www.libjust.com>
Libyen - La-Belle-Prozeß	<http://www.labelletrial.de>
Libyen - Mathaba	<http://www.mathaba.net>
Libyen - Nachrichten	<http://www.libyen-news.de>
Libyen - Presse	<http://www.libyanpress.com>
Libyen - al-Qaḏḏāfī	<http://www.qadhafi.org>
Libyen - Recht	< http://www.islamcatalogue.uni-leipzig.de/islaw index.html>
Libyen - Wheelus Air Base	<http://www.globalsecurity.org/wmd/facility/ wheelus.htm>
Libyen - Wohlfahrtsorganisation	<http://www.gaddaficharity.org>
NFSL (National Front for the Salvation of Libya)	<http://www.nfsl-libya.com>
OFAC (Office of Foreign Assets Control)	<http://www.treas.gov/ofac> Die zu Libyen relevanten Gesetze und Durchführungsverordnungen können abgerufen werden unter: <http://www.treas.gov/offices/enforcement/ofac/legal /libya.html>.
Oilinvest Gruppe	<http://www.tamoil.ch/De/groupe_oilinvest.htm>
Reuters: Agenturmeldungen	<http://www.reuters.com> [unter dieser Internetadresse abgerufene Informationen werden aufgrund der Länge der Kennung ohne diese zitiert]
SinSad	<http://www.globaldefence.net/index.htm?>
U.S.C. (United States Code)	<http://www.access.gpo.gov/uscode/uscmain.html> [hier sind die vom Office of the Law Revision Counsel veröffentlichten in den USA erlassenen und gültigen Gesetze abzurufen]
USA*Engage	<http://www.usaengage.org> [Zusammenschluß von ca. 670 Mitgliedern aus Wirtschaft und Landwirtschaft in den USA zur Stärkung der US-Wirtschaftskraft]

US-Gesetzgebung	<http://thomas.loc.gov/> [hier sind die Ergebnisse der US-Gesetzgebungs-tätigkeit mit Hilfe differenzierter Suchmasken abrufbar]
VN (Vereinte Nationen)	<http://www.un.org> [für Dokumente des SR und der Berichte des VN-Generalsekretärs s. unter <http://www.un.org/Docs/sc/unsc_search.html>]
Wassenaar-Arrangement	<http://www.wassenaar.org>

Summary

This thesis attempts to obtain a theoretical concept of sanctions in international law and state laws as well as the implementation of sanctions on Libya.
The following points are being analysed:
Firstly: What is the theoretical foundation of sanctions in the sender states, and how does the implementation of sanctions work in these countries (illustrated here by the examples of the U.S. and Germany as a EC/EU-member).
Secondly: What were the consequences of the sanctions in Libya? Which strategies did the Libyan regime undertake to reach the lifting of the sanctions?
Pursuing the above question, the author demonstrated the relativity of effectiveness of sanctions.
During the research for this study, the author collected UN documents and government documents, conducted detailed interviews with people who work in areas concerned with sanctions, and went through relevant sources and secondary literature.
The author's research is divided into six chapters. Chapter one is a study of the nature of sanctions. Chapter two deals with the Libyan history and the importance of Libya's anti-colonial resistance and post-World War II international politics, which produced various politically active groups that persistently challenged the legitimacy of the oil-based corrupt Libyan monarchy and finally brought al-Qaḏḏāfī into power. Chapter three outlines the U.S. export policies in general and the relation between the U.S. and Libya in special. It focuses on the Reagan Administration's concern that Libya was a center of Soviet-backed and state sponsored international terrorism. The Reagan Administration attempted to isolate Libya politically and economically via the implementation of sanctions. Chapter four investigates the possibilities of sanctions within the UN system and examines the legal base of the UN sanctions against Libya (UN res. 748/1992, 883/1993). Chapter five evaluates the effectiveness of the UN sanctions against Libya, and chapter six outlines the strategies of Libya to reach the suspension of the sanctions in 1999, which finally resulted in the lifting of the sanctions on September 12, 2003.
This thesis comes to the conclusion that there exist ample critical viewpoints concerning the effectiveness of the sanctions against Libya. Considering the extradition of the two accused Libyans the sanctions might be regarded as successful. But in view of the conditions under which the extradition took place it becomes evident that Libya succeeded in pursuing a consistent policy in order to reach tolerable conditions.

Indices und Appendices

Glossar arabischer Termini

amīn	Sekretär (mit dem Aufgabenbereich eines Ministers auf dem Gebiet des Allgemeinen Volkskomittees)
al-Barqa	seit dem Altertum Name für das Gebiet um das antike Cyrene; im Osten an Tripolitanien und den Fazzān angrenzender Landesteil
Fazzān	der vollaride, sich nach Süden an den Ǧabal Nafūsa anschließende Landesteil
ǧamāhīr	Volksmassen
ǧamāhīrīya	sprachliche Neuschöpfung zur Bezeichnung des libyschen Staatswesens, gebildet aus ǧumhūrīya (Republik) und ǧamāhīr (Volksmassen): etwa „Volksmassenstaat“
al-ǧamāhīrīya al-ᶜarabīya al-lībīya aš-šaᶜbīya al-ištirākīya al-ᶜuẓmā	Große Sozialistische Libysch-Arabische Volksǧamāhīrīya: offizielle Staatsbezeichnung Libyens seit 1977 resp. seit 1986 mit dem Zusatz „Große“ (al-ᶜuẓma)
ǧihād	„zielgerichtetes Mühen“ - Kampf der Muslime gegen die Nichtmuslime / Ungläubigen zur Verbreitung des Islam und zur Verteidigung oder Vergrößerung des islamischen Herrschaftsgebietes
ḥanafī / ḥanafītisch	die ḥanafītische Rechtsschule ist eine der vier orthodoxen sunnitischen Rechtsschulen und wurde von Abū Ḥanīfa (st. 767 n.Chr.) begründet
ḥanbalī / ḥanbalītisch	die ḥanbalītische Rechtsschule ist eine der vier orthodoxen sunnitischen Rechtsschulen und wurde von Aḥmad b. Ḥanbal (st. 855 n.Chr.) begründet
ḥizb al-baᶜṯ	vollständiger Name: ḥizb al-baᶜṯ al-ᶜarabī al-ištirākī / Partei der Sozialistischen Arabischen Wiedergeburt; überregionale arabische Partei mit sozialistischer und panarabischer Orientierung
ḥurrīya	Freiheit
al-ḫuṭab as-sīyāsīya	die politischen Reden al-Qaḏḏāfīs
Ifrīqiyā	arabische Bezeichnung für Afrika
iḫtiyār	Auswahl (statt „Wahl“ verwendeter Terminus)
iᶜlān sulṭat aš-šaᶜb	Proklamation der Volksherrschaft
intiḫāb	Wahl
ištirākīya	Sozialismus
al-ittiḥād al-ᶜarabī al-maġribī	Arabische Maghreb-Union (AMU)

al-ittiḥād al-ištirākī al-ʿarabī	Arabische Sozialistische Union (ASU)
izdiwāǧīyat al-maʿāyīr	die Anwendung doppelter Standards, wie sie insbesondere den USA vorgeworfen wird
al-kitāb al-aḫḍar	„Das Grüne Buch", verfaßt von M. al-Qaḏḏāfī
laǧna šaʿbīya	Volkskomitee
laǧnat aṯ-ṯaura	Revolutionskomitee
al-laǧna aš-šaʿbīya al-ʿāmma	Allgemeines Volkskomitee (AVK): Exekutivorgan der AV, das von dieser gewählt wird; entspricht einer Regierung; setzt sich aus den Sekretären (Ministern) der Fachressorts zusammen; der Sekretär des Allgemeinen Volkskomitees ist quasi Regierungschef
maǧlis qiyādat aṯ-ṯaura	der Revolutionäre Kommandorat (RKR); das ursprünglich aus zwölf Personen bestehende Führungsgremium
maḥsūbīya	Günstlingswirtschaft
al-maktab aš-šaʿbī	Volksbüro (mit dem Aufgabenbereich einer Botschaft)
mālikī / mālikītisch	die mālikītische Rechtsschule ist eine der vier orthodoxen sunnitischen Rechtsschulen und wurde von Mālik bin Anas (st. 795 n.Chr.) begründet
muʾassasat al-Qaḏḏāfī al-ʿālamīya li-'l-ǧamʿīyāt al-ḫairīya	der Präsident dieser *Gaddafi International Foundation for Charity Associations* ist al-Qaḏḏāfīs Sohn Saif al-Islām; die Stiftung fungiert als „Kasse" des libyschen Staates - ohne als solche zu erscheinen
muḥāfaẓa	Provinz
muqāṭaʿa ʿuṯmānīya	eine osmanische Verwaltungseinheit
al-muʾtamar aš-šaʿbī al-asāsī	Basisvolkskonferenz (BVK); das politische Grundorgan, in dem alle mündigen Libyerinnen und Libyer stimmberechtigte Mitglieder sind und die politischen Fragen des Landes beraten und entscheiden; exekutive Organe der Berufsvolkskonferenzen sind die alle drei Jahre zu wählenden Volkskomitees
al-muʾtamar aš-šaʿbī al-ʿāmm	Allgemeine Volkskonferenz (AV): Legislativorgan in Libyen; tagt regelmäßig einmal im Jahr; setzt sich aus Vertretern der Berufsvolkskonferenzen, Volkskomitees, Unionen und Berufsverbänden zusammen, die mit imperativem Mandat beauftragt sind
an-nahr aṣ-ṣināʿī al-ʿaẓīm	Großer Künstlicher Fluß (GFK)
an-naẓarīya al-ʿālamīya	Dritte Universaltheorie (DUT), entwickelt von al-Qaḏḏāfī
niẓām al-quṭb al-wāḥid	Machtkonzentration der USA nach dem Wegfall der Bipolarität in der internationalen Politik
qāʾid aṯ-ṯaura	Revolutionsführer; al-Qaḏḏāfī vorbehaltener Titel

qānūn iğrā᾽ al-maḥākamāt al-ğinā᾽īya al-lībī	die libysche Strafprozeßordnung
qānūn al-ᶜuqūbāt al-lībī	das libysche Strafgesetzbuch
qiyādat aṯ-ṯaura	Revolutionsführung
quruġlīya	diese sog. Quloglis stammen von türkischen Janitscharen unterschiedlicher ethnischer Herkunft mit einheimischen Frauen ab; der Name leitet sich ab von dem türkischen *kuloğulları* „Söhne der Diener / Sklaven“
rābiṭat aḍ-ḍubbāṭ al-aḥrār al-waḥdāwīyīn	Bund der Freien Unionistischen Offiziere
riğāl al-ḫaima	wichtige Personen, die dem inneren Zirkel von einflußreichen al-Qaḏḏāfī umgebenden Personen angehörenden, mit denen er seine Ideen und Politikpositionen austauscht
šaᶜb	Volk
as-sanūsī al-kabīr	der sog. Großsenussi ist das Oberhaupt der Sanūsīya
Sanūsīya	religiöse Bruderschaft, 1833 (nach anderen Quellen 1837) begründet von Muḥammad Ibn ᶜAlī as-Sanūsī al-Ḫaṭṭābī in Mekka; ließ sich später in Barqa nieder; propagiert die Rückwendung zum reinen, ursprünglichen Islam, um den Verfall der islamischen Gesellschaft aufzuhalten
šaiḫ aṭ-ṭarīqa	Oberhaupt der Sanūsīya
šarīᶜa	kanonisches Recht des Islam, Summe der Rechtsvorschriften
as-siğill al-qaumī	das „Nationale Register“ erscheint seit dem 1.9.1969: in ihm werden sämtliche Reden al-Qaḏḏāfīs veröffentlicht und in Jahrbänden herausgegeben
tābiᶜ li-'l-ᶜuṯmānīya dāfiᶜ ḍarībahu	tributzahlender Vasall des Osmanischen Reiches
tasᶜīd	Aufsteigen (statt „Wahl“ verwendeter Terminus)
Ṭarābulus	Hauptstadt von Libyen (Tripolis) sowie der nordwestlich an der Mittelmeerküste gelegene Landesteil
ṯaurat al-fātiḥ	*al-fātiḥ* ist die Bezeichnung für den ersten Tag eines Monats und bezeichnete ursprünglich nur den Zeitpunkt des Umsturzes in Libyen, wurde dann jedoch Synonym für die libysche Revolution am 1.9.1969
aṯ-ṯaura aš-šaᶜbīya	Volksrevolution
aṯ-ṯaura aṯ-ṯaqāfīya	Kulturrevolution
ṭawāriq	Tuareg
umma	islamische Gemeinde in ihrer Gesamtheit
waḥda	Einheit
wālī	indet.: wālin; Gouverneur einer *wilāya*

al-waṯīqa al-ḫaḍrāᵓ al-kubrā li-ḥuqūq al-insān fī-ᶜaṣr al-ǧamāhīr	Große Grüne Menschenrechtscharta im Zeitalter der Volksmassen
wilāya	Landesteil als Bestandteil einer Föderation (z.B. der Fessan)
zāwiya	wörtlich Ecke, Winkel, kleine Moschee; bezeichnet die Niederlassung einer religiösen Bruderschaft, die auch Lehr- und Beherbergungsräume umfaßt

Namen- und Stichwortverzeichnis

Abū Bakr Yūnis Ǧābir *Siehe* Jaber
Abdel Meguid, Esmat 336
Abu Nidal 365
Afrikanische Union 346
AL *Siehe* Arabische Liga
al-Ḫarūbī, Muṣṭafā 148
al-Hajaji, Najat 353
Allgemeine Volkskonferenz 153, 333
Allgemeines Volkskomitee 153
al-Megrahi 244, 368, 369
al-Muḫtār, ᶜUmar 135
al-Muntaṣir, ᶜUmar 334
al-Qaḏḏāfī 148
  Reden 308
AMU *Siehe* Arabische Maghreb-Union
Annan, Kofi 359
Anwenderebene, Synonyme 77
Aouzou-Streifen 158
Araber 111, 120
Arabische Liga 333, 335, 344
Arabische Maghreb-Union 158, 335
Arabische Sozialistische Union 150, 152
ar-Rabta *Siehe* Rabta
ar-Rābiṭa *Siehe* Rabta
Art. 11 EUV n.F. 259
Art. 12 n.F. EUV 264
Art. 13 EUV n.F. 259
Art. 13 n.F. EUV 264
Art. 133 n.F. EGV 261, 264
Art. 14 EUV n.F. 259
Art. 15 EUV n.F. 259
Art. 301 EGV n.F. 260
Art. 301 n.F. EGV 262
Art. 39 SVN 243
Art. 40 SVN 241
Art. 41 SVN 237, 242
Art. 5 EUV n.F. 259
Art. 50 SVN 97
Art. 60 n.F. EGV 264
Auslieferung 253
AWG 271
  Beschränkungstatbestände 274
AWR 271
  Reform 278
  Regelungsgegenstand 272
BAFA 275
Barbareskenstaaten 122, 126
Barcelona 317
Berber 110
Bush jun. 194
Bush sen. 194, 202
Camp Zeist 368
Carter 191
Clinton 194
CoCom 179
Cyrenaika 107
Deutschland
  Sanktionen 235, 271
  Sanktionen gegen Libyen 280
  Sanktionsnachteile 312
  Suspendierung der Sanktionen 363
Dual-Use-Verordnung 265
Dumas 49
EAA 179
EG-/EU-Sanktionen 235, 257, 267
EG-/EU-Sanktionen, Suspendierung 363
Embargo
  Begriff 58
  Erscheinungsformen 58
  Handelsembargo 60, 63

Embargo (Fortsetzung)
moralisches 66
Sachmerkmale 71
Schiffsembargo 60
euro-mediterrane Partnerschaft 316
Europa
US-Sanktionen 327
Europäische Gemeinschaften 257
Europäische Union 257
Exportkontrollrecht, USA 167
Fessan 108
Fhimah 368
Ford 195
Foreign Assistance Act 173
Freie Unionistische Offiziere 148
gentlemen's agreements 258
Golf von Sirte 209
Grünes Buch 151
Handelsembargo, Formen des 69
Handelspolitik, Gemeinsame 263
Idrīs 134, 143, 145, 148
IEEPA 175
IGH 333
ILSA 217, 219
IPO 369
Jaber 148
Jallud 148
Jefferson 129, 209
Jolo-Geiselaffäre 350
Juden 112
Kap. VII SVN 235, 240, 260
Korsaren 122, 126
KWKG 278, 279
Kyrene 116
La Belle 208, 365
Libyen
B-Waffen 198
C-Waffen 199
CWÜ 378
Entkolonialisierung 141
Erdöl 144
Libyen (Fortsetzung)
Erster Weltkrieg 135
europäische Interessen 126
Geographie 103
griechische Besiedlung 115
IGH-Klage 250
Innen-/ Außenpolitik 158
internationale Rüstungskontrollen 378
italienische Interessen 134
Königreich 143
Massenvernichtungswaffen 197
osmanische Herrschaft 122
Phönizier 115
Putsch 148
Römer 118
Sanktionsfolgen für die Wirtschaft 292
Septemberrevolution 148
Stämme 114
Unabhängigkeit 142
Wirtschaft 290
Zweiter Weltkrieg 139
Lockerbie 244
Lockerbie, Opfer 320
Lockerbie-Konflikt 158, 246
Beendigung 332
Lockerbie-Prozeß 367
LSR 211, 213
Mandela 359
Maqāṛha 303
MontrÄal-Konvention 253
Neutralitätsembargo 72
ᶜAbd as-Salām Ǧallūd *Siehe* Jallud
OAU 339, 359
OIC 337
Ölembargo 73
Paragraph 38 Abs.5 AWV 281
Paragraph 45 a AWV 281, 282
Paragraph 45 c AWV 282
Paragraph 5 AWV 281

Paragraph 69 g AWV 282
Paragraph 69 l AWV 283
Paragraph m AWV 284
Paragraph n AWV 284
Pelt, Adrian 141
Piraten *Siehe* Korsaren
Qaḏḏāfī-Stiftung 350
Qaḏāḍifa 148
Qulogḻis 111
Rabta 199, 200, 278
Reagan 202, 208
Reagen 191
Rechtsanwendung, extraterritoriale 185
Res. 1506 (2003) 374
Res. 731 (1992) 247
Res. 748 (1992) 248
Res. 883 (1993) 250
Sanūsīya 132
Sanktion
- Abgrenzung von Embargo 45
- allgemeine Erscheinungsform 44
- Begriff 45
- Effektivität 89
- Erfolgsbedingungen 83
- Formen und Grade 50
- Funktionsweise 74
- Hauptmängel 85
- humanitärer Aspekt 93
- juristischer Begriff 54
- nach allgemeinem VR 48, 236
- positive 54
- primäre Ziele 79
- Richtlinien 184
- sekundäre Ziele 80
- tertiäre Ziele 80
- Typologie 52
- Umgehung 315
- Verbindlichkeit 85
- Wirkungsebenen 77
- wirtschaftliche Kosten 92

Sanktionsdebatte 97
Sanktionsdreieck 74
Sanktionsebenen 78
Sanktionsforschung 56
Sanktionsgesetzgebung, mitgliedstaatliche 266
Sanktionspolitik, Empfehlungen 270
Schurkenstaat, Kriterien 204
Schurkenstaaten-Doktrin 203
Shalqam 318
SinSad 345
Tēda 110
Tarhuna 194
Transliteration 8, 29
Tripolitanien 105
Tuareg 110
Tubu 109
TWEA 174
USA
- Sanktionen gegen Libyen 167, 190
- Tripolitanischer Krieg 130

USA*engage 183, 326
US-Reisebeschränkung 376
US-Sanktionen
- Aufhebung 375

US-Sanktionspolitik, Mängel 182
UTA-Anschlag 334, 373
VN-Sanktionen 235
- Aufhebung 331, 367
- Umgehung 341
- Umsetzung 265

VN-Sanktionen, Suspendierung 361
Waffenembargo 73
Wandalen 119

Legende

	Großer Künstlicher Fluß
	Küste / Staatsgrenze
	Straßen / Pisten
	Brunnengebiet
• Sirt	wichtige Städte
• TRIPOLIS	Hauptstadt
F E S S A N	eines der drei Großgebiete in Libyen
Tibesti-Gebirge	Gebirge / Bergland

Maßstab: 1: 8,5 Mio.

0 100 200 300 400 500 km

Kartengrundlage: AṬLAS AL-WAṬAN 1996, S.160 f.; ENCICLOPEDIA ITALIANA 1934, Bd.XII, S.58; SCHLIEPHAKE 1995, S.188.
Entwurf: A. Hinz
Kartographie: D. Lechert

Anhang 1: Karte der Großen Sozialistischen Libysch-Arabischen Volksǧamāhīrīya

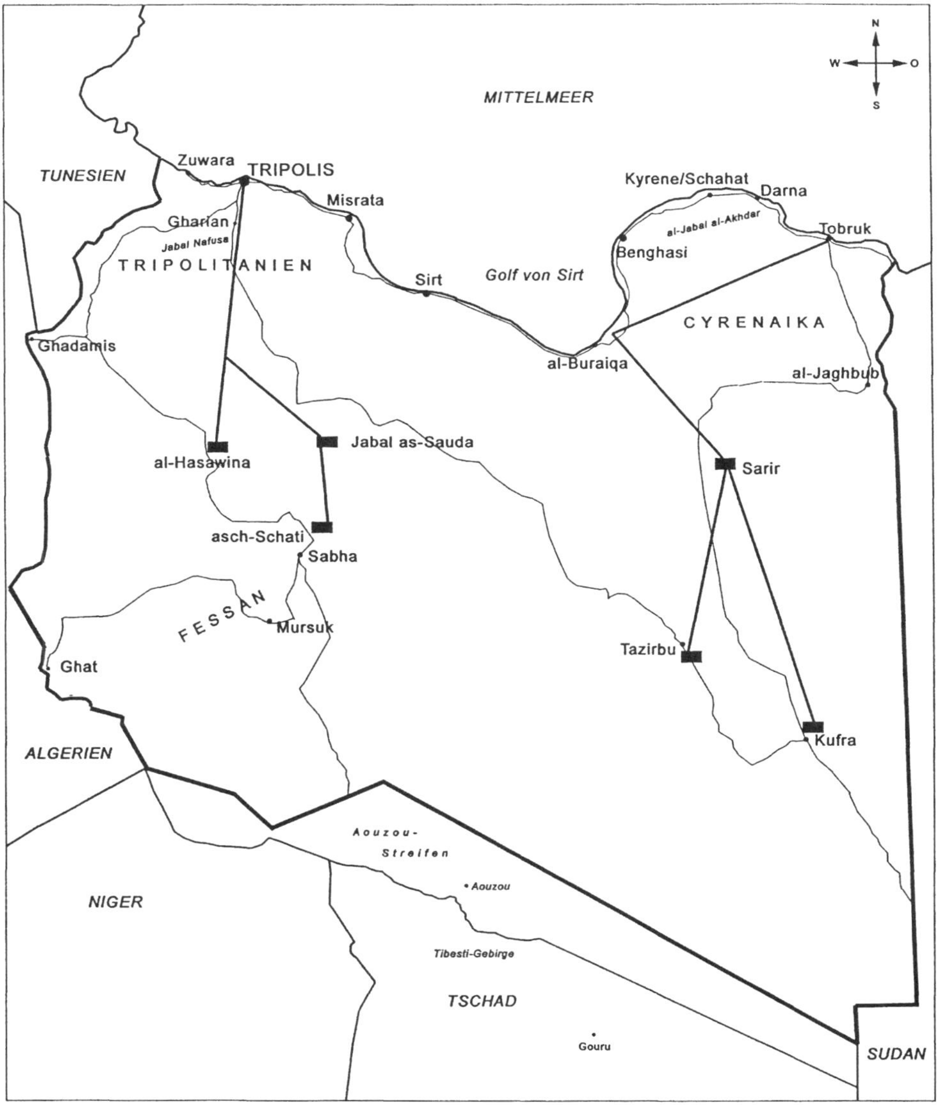

Anhang 2:
Abgrenzung und Überschneidungen von Sanktionen und Embargos (Auswahl)

Sanktion → andere Sanktionen; Wirtschaftssanktionen

Embargo → repressiver Handel; präventiver Handel

Wirtschafts-sanktionen = repressiver Handel

andere Sanktionen	Wirtschaftssanktionen = repressiver Handel	präventiver Handel
Elektronische Sanktionen	Importembargo	
Diplomatische Sanktionen	Exportembargo	
Finanzsanktionen	Kapitalembargo	
Militärische Sanktionen	Neutralitätsembargo	
Politische Sanktionen	Ölembargo	
Rechtliche Sanktionen	Transportmittelembargo	Landerechte
Reisesanktionen	Waffenembargo	
	Boykott	
	Schwarze Listen	
	Quoten	
	diskriminierende Zölle	Meistbegünstigung
	Zollerhöhung	Zollsenkung
	Dumping	Subvention
	Suspendierung von Entwicklungshilfe	Entwicklungshilfe
	Entzug von Investitionsgarantien	Investitionsgarantien
	Entzug von Exportkredit-Bürgschaft	Exportkredit-Bürgschaft
		Förderung des Kapitalverkaufs
		Steuerliche Begünstigung
	Entzug von Lizenzen	Gewährung von Lizenzen
	Einschränkung von technischer Hilfe	Technische Hilfe
	Einschränkung des Technologie-Transfers	Technologie-Transfer

Für Einzelheiten vgl. Abschn. A. im 1. Kapitel, S.44 f.

Anhang 3: Maßnahmen der USA gegen Libyen seit 1972 (Auswahl)[1]

Datum	Maßnahmen
4.8.1972	die USA lehnen diplomatische Beziehungen auf Botschafterebene ab[2]
01/1974	Liefersperre für acht bereits von Libyen bezahlte C-130 Flugzeuge[3]
11/1974	Abzug des US-Botschafters aus Libyen[4]
01/1975	die USA üben Druck auf Libyen aus, indem sie den Verkauf eines 200 Mio. US-$ teuren Luftabwehrsystems herauszögern, im August stornieren und am 12.9. Libyern die Einreise in die USA zum Zweck einer Flugzeugwartungsausbildung verweigern[5]
19.7.1976	US-Präsident Ford bezichtigt Libyen erstmals der Unterstützung des internationalen Terrorismus[6]
4.2.1977	das US-Verteidigungsministerium setzt Libyen auf die Liste der „politischen Feinde"[7]
05/1978	Präsident Carter verhängt auf Grundlage der AECA die ersten Wirtschaftssanktionen (Waffen, elektronische Ausrüstungsgegenstände, landwirtschaftliche Geräte) gegen Libyen - begründet mit dem Vorwurf des Terrorismus[8]
1979	Verbot des Verkaufs von Flugzeugen des Typs Boeing 747 und 727;[9] Aufnahme in die Liste der den Terrorismus unterstützenden Staaten[10]
16.5.1980	Abzug des verbliebenen US-Botschaftspersonals aus Libyen[11]
26.3.1981	eine Durchführungsverordnung des Präsidenten verbietet den Export von zur Förderung von Erdöl benötigter Technologie, Ausrüstung, Materialien, Maschinen und Ersatzteilen[12]
6.5.1981	Schließung des Volksbüros (der libyschen Botschaft) in Washington, D.C.; Ausweisung libyscher Diplomaten[13]
28.10.1981	US-Exportkontrolle für kleine Flugzeuge, Hubschrauber und Flugzeugteile, um Libyens militärisches Engagement in Nachbarländern zu erschweren[14]
11.12.1981	nach der Ermordung eines US-Verteidigungsattachés in Paris (6.12.) fordert US-Präsident Reagan alle US-Amerikaner auf, Libyen zu verlassen; die USA schließen die Gültigkeit von US-Pässen für Libyen aus[15]
12.12.1981	US-Ölfirmen stimmen dem Abzug von US-Angestellten aus Libyen zu und ersetzen diese durch ausländisches Fachpersonal[16]
02/1982	zunächst Verbot von neuen Erdöl- und Erdgasabkommen;[17] Verhinderung des Verkaufs von Flugzeugen im Wert von 600 Mio. US-$[18]

16.3.1982	eine Durchführungsverordnung des Präsidenten gemäß der Trade Expansion Act of 1962 verbietet Importe libyschen Rohöls und unterstellt sämtliche Exporte nach Libyen der Lizenzpflicht[19]
10.12.1982	die US-Regierung verhängt ein umfassendes Exportembargo gegen Libyen, das auch Bewässerungstechnik beinhaltet[20]
15.11.1983	eine Verordnung des US-Justizministeriums macht die Verlängerung von Studentenvisa libyscher Studenten unmöglich bzw. macht diese ungültig; auch dürfen libysche Studenten sich nicht mehr in den Bereichen Flugtechnik, Energie sowie Physik und Chemie einschreiben[21]
1983	die USA fordern andere Nationen auf, Exporte nach Libyen einzuschränken[22]
1984	Einschränkung der Bewegungsfreiheit libyscher UN-Diplomaten[23]
03/1984	Ausweitung der Exportkontrollen[24]
01/1985	Ausweitung der Exportkontrollen[25]
12.7.1985	der US-Kongreß votiert für eine vollständige Unterbrechung jeglicher Handelsabkommen mit Libyen[26]
16.11.1985	eine Durchführungsverordnung des Präsidenten sieht Importverbot für jegliche Erdölprodukte aus Libyen vor[27]
7.1.1986	gemäß Durchführungsverordnung Nr. 12543 besteht ein allumfassendes Handelsembargo auf der Grundlage von IEEPA gegen Libyen[28]
8.1.1986	lt. Durchführungsverordnung Nr. 12544 sind alle libyschen Vermögenswerte einzufrieren[29]
7.2.1986	Revision der US-Sanktionen gegen Libyen, um den Öl-Firmen die Fortführung ihrer Operationen in Libyen zu ermöglichen[30]
5.5.1986	Ölfirmen müssen sich bis zum 30.6. aus Libyen zurückziehen[31]
23.6.1986	das US-Finanzministerium verbietet Reexporte von Gütern aus Drittländern für die libysche Erdölindustrie, die einen US-Herstellungsanteil aufweisen[32]
01/1989	Ausweitung der US-Sanktionen gegen Libyen;[33] Reagan erlaubt den US-Ölfirmen, über ihre europäischen Tochterfirmen in Libyen ihre Arbeit aufzunehmen - Libyen jedoch verweigert ihre Rückkehr und besteht auf die Fortführung des Stillhalteabkommens[34]
07/1991	das US-Finanzministerium ermächtigt die Ölfirmen, neue Stillhalte-Abkommen mit Libyen auszuhandeln[35]

08/1991	US-Finanzministerium setzt 48 Unternehmen, die der libyschen Regierung unterstehen sollen, auf eine Schwarze Liste[36]
15.4.1992	die Durchführungsverordnung Nr. 12801 verbietet das Überfliegen, Landen und Abheben für Flugzeuge von oder nach Libyen[37]
1992	die Schwarzen Liste des US-Finanzministeriums wird um 46 Unternehmen erweitert[38]
02/1993	die USA untersagen US-Anwaltsfirmen oder ihren ausländischen Zweigstellen, der libyschen Regierung oder ihren Agenturen ihre Dienstleistungen anzubieten[39]
02/1994	die USA rufen zu einem internationalen Importembargo für libysches Erdöl auf und dehnen ihre Sanktionen auf mit Libyen verbundene Finanzeinrichtungen aus[40]
5.8.1996	ILSA / D'Amato-Kennedy-Gesetz (P.L. Nr. 104-172)[41]
28.4.1999	Erlaubnis des Exports von Nahrungsmitteln, Medikamenten und medizinischem Gerät nach Libyen[42]
12/1999	das OFAC erlaubt technischem Personal von Erdöl-Firmen die Inspektion ihrer Stillehalte-Abkommen unterliegenden Erdölfelder[43]
04/2000	eine Delegation des US-Außenministeriums reist nach Libyen, um das Reiserisiko für US-Amerikaner einzuschätzen[44]
06-07/2000	US-Erdölfirmen werden von der libyschen NOC benachrichtigt, daß ggf. europäischen Erdölfirmen ihre Konzession übertragen werde[45]
01/2002	OFAC erlaubt US-Erdölfirmen, ein Stillhalte-Abkommen mit der libyschen NOC auszuhandeln; im Austausch mit technischer Unterstützung erfolgt die Aufrechterhaltung der US-Erdölkonzession in Libyen[46]
24.11.2003	die US-Regierung verlängert die Reiserestriktionen gegen Libyen für ein Jahr, beschließt jedoch auch, daß sie alle drei Monate überprüft werden sollen[47]
10.2.2004	die USA wiedereröffnen ihre diplomatische Vertretung in Libyen[48]
26.2.2004	Aufhebung der Reiserestriktionen für Libyen
23.4.2004	die USA heben den Großteil ihrer Sanktionen gegen Libyen auf[49]
20.9.2004	die USA heben die verbliebenen Handelssanktionen gegen Libyen auf[50]
24.9.2004	US-Außenminister Powell trifft den libyschen Außenminister Shalgam[51]

[1] In der Literatur sind mitunter verschiedene Daten für dasselbe Ereignis zu finden. In der hier angegebenen Chronologie sind deswegen trotz eingehender Prüfung falsche Angaben nicht ausgeschlossen. Sehr detailliert und insbesondere hilfreich für einen Vergleich der Angaben ist der Anhang 1 bei QAḌĪYĀT LŪKARBĪ 1992, S.421-432.

[2] Vgl. QAḌĪYĀT LŪKARBĪ 1992, S.421.

[3] Vgl. ST JOHN 2002, S.108; SPIEGEL 1981, S.95. Nach SCHUMANN handelte es sich um zwölf dieser Transportflugzeuge - ders. 1986, S.334.

[4] Vgl. MARK 2001, S.48 f.; QAḌĪYĀT LŪKARBĪ 1992, S.422.

[5] Vgl. NIBLOCK 2001, S.27; QAḌĪYĀT LŪKARBĪ 1992, S.423.

[6] Vgl. FAATH/MATTES 2000, S.6.

[7] Vgl. FAATH/MATTES 2000, S.6. S. auch QAḌĪYĀT LŪKARBĪ 1992, S.422: die USA hatten Libyen bereits im Januar 1974 in die Liste ihrer Feinde aufgenommen; 1977 erfolgte eine Steigerung mit der Aufnahme in die Liste der „politischen Feinde" (s. ebd., S.423).

[8] Vgl. COOKE 1990, S.202; DICK 1999, S.186; EXENBERGER 2002, S.76; NAAOUSH 1998, S.1907; IIE-LIBYA 2002, S.1.

[9] Vgl. DICK 1999, S.186. Siehe auch IIE-LIBYA 2002, S.1 f.: am 2.3. wurde der Verkauf erlaubt, am 29.9. jedoch im Rahmen des revidierten Export Administration Act mit der Nennung Libyens als Terrorismus unterstützenden Staat untersagt. Siehe für die Empörung al-Qaḏḏāfis über das Verkaufsverbot selbst bei Flugzeugen für die zivile Nutzung AS-SIǦILL AL-QAUMĪ, Bd. 10 (1978/79), S.679.

[10] Vgl. CONOCO 2002, [S.2].

[11] Vgl. NIBLOCK 2001, S.28; QAḌĪYĀT LŪKARBĪ 1992, S.425. Laut LOPEZ/CORTRIGHT 1997, S. 328: OFAC friert libysches Vermögen ein.

[12] Vgl. A/52/343/Add.1, S.2.

[13] Vgl. A/52/343/Add.1, S.3.

[14] Vgl. IIE-LIBYA 2002, S.2.

[15] Vgl. NIBLOCK 2001, S.29; ZOUBIR 2002, S.45; IIE-LIBYA 2002, S.2.

[16] Vgl. IIE-LIBYA 2002, S.2.

[17] Vgl. DICK 1999, S.186.

[18] Vgl. DICK 1999, S.186. Laut A/52/343/Add.1, S.3, ist auch der Verkauf von allen anderen Flugzeugen untersagt, die US-Bestandteile aufweisen.

[19] Vgl. ST JOHN 2002, S.130; NIBLOCK 2001, S.29; A/52/343/Add.1, S.2. Erdöl- und Erdgasausrüstung, Hochtechnologie, Waffen und militärische Ausrüstungsgegenstände dürfen nicht mehr nach Libyen geliefert werden, und außer Nahrungsmitteln, Medikamenten und Exporten mit landwirtschaftlichem Bezug unterliegen sämtliche Exporte der Lizenzpflicht (ebd.). Siehe auch IIE-LIBYA 2002, S.2 f. Bereits am 21.10.1981 hatte der Senat für ein Einfuhrverbot für libysches Erdöl gestimmt, da die USA nicht mit US-Geldern al-Qaḏḏāfī unterstützen sollten. Vgl. PASHA 1984, S.5.

[20] Vgl. A/52/343/Add.1, S.3.

[21] Vgl. A/52/343/Add.1, S.3.

[22] Vgl. GURNEY 1996, S.226.

[23] Vgl. ST JOHN 2002, S.131; A/52/343/Add.1, S.3.

[24] F.R. 49 (1984), S.10248, überarbeitete Version in F.R. 53 (1988), S.37751.

[25] F.R. 50 (1985), S.3743, überarbeitete Version in F.R. 53 (1988), S. 37751.

[26] Vgl. A/52/343/Add.1, S.3. Für die Folgen siehe z.B. den Rückgang des Handels mit Libyen über ausländische Tochterfirmen von US-Firmen für den Zeitraum 1985-1987 - MEED 1987, S.23.

[27] Vgl. ST JOHN 2002, S.131; CLAM/HUBEL 1987, S.128; A/52/343/Add.1, S.2. Das Ziel der USA war es, Libyens Wirtschaft - insbesondere den Erdölsektor - zu treffen. Wie in einem 1988 im OPEC Bulletin veröffentlichten Artikel festgestellt wird, schlug dieser Plan fehl - vgl. OPEC 1988, S.19 ff.

[28] Vgl. ST JOHN 2002, S.131, S.141: Ölfirmen waren dabei noch ausgenommen. Diese umfassenden Restriktionen sowie der Aufruf zum Verlassen Libyens an die dort arbeitenden US-Amerikaner waren unter anderem eine Reaktion auf die Angriffe auf die Flughäfen von Rom und Wien - s. ST JOHN 1987, S.83, und für Einzelheiten der Vorschriften A/52/343/Add.1, S.3. So ist seitdem auch der Luftverkehr zwischen den beiden Ländern unterbrochen, und für Libyen stellt es eine besondere Schwierigkeit dar, Ersatzteile für seine Flugzeugflotte zu erhalten. Die Vorschriften wurden im Juni/Juli 1986 ergänzt (Reiserestriktionen, Verschärfung der Exportbestimmungen, Inkenntnissetzung des Finanzministeriums über die Tätigkeiten von US-Firmen in Libyen - vgl. für Einzelheiten COOKE 1990, S.196, Fn.2.).

[29] Vgl. A/52/343/Add.1, S.3. Siehe auch COOKE 1990, S.216-218. Aufgrund dieses Verbotes erhob Farrakhan, der Leiter der *Nation of Islam*, Klage gegen Reagan mit der Begründung, daß das Einfrieren von Vermögenswerten die Rechte einer religiösen Gruppe beschneide, Glaubensbrüder in Libyen zu unterstützen. Siehe zum sog. Farrakhan-Amendment auch HUFBAUER/SCHOTT/OEGG 2001, S.8.

[30] Vgl. IEE-LIBYA 2002, S.4.

[31] Vgl. Vgl. ST JOHN 2002, S.141: Ölfirmen durften keine Gewinnanteile und Steuern mehr an Libyen bezahlen, keine Zahlungen europäischer Kunden akzeptieren, die libysches Erdöl kauften, und mußten die Betreibung ihrer libyschen Erdölkonzessionen beenden. Conoco, Amerada Hess und Marathon unterzeichneten ein auf drei Jahre befristetes Stillhalte-Abkommen - vgl. CONOCO 2002, [S.5]. Zu der Verschärfung der Sanktionsbestimmungen am 23.6.1986 vgl. auch COOKE 1990, S.213; 31 C.F.R. 550.409 (a) 2 (1989); IEE-LIBYA 2002, S.5.

[32] Vgl. IEE-LIBYA 2002, S.5 f.

[33] Vgl. COOKE 1990, S.197.

[34] Vgl. IEE-LIBYA 2002, S.7; CONOCO 2002, [S.5].

[35] Vgl. CONOCO 2002, [S.5].

[36] Vgl. NIBLOCK 2001, S.32; GURNEY 1996, S.227. MATTES setzt die Bekanntgabe der Boykottliste für Mai 1991 an und erwähnt, daß sie am 8.1.1992 um zwölf Firmen verlängert wurde. Vgl. ders. 1992, S.115.

[37] Diese Durchführungsverordnung (F.R. 57(1992), S.14319) setzt die VN-Resolutionen 731 (1992) und 748 (1992) um und führt die in Durchführungsverordnung Nr. 12543 vom 7.1.1986 vorgegebene Linie weiter.

[38] Vgl. NIBLOCK 2001, S.32.

[39] Vgl. NIBLOCK 2001, S.32.

[40] Vgl. GURNEY 1996, S.228

[41] Siehe für Einzelheiten den Abschnitt B.II.4 (Auswirkungen des Iran and Libya Sanctions Act) im 3. Kapitel und IEE-LIBYA 2002, S.9.

42 Für die veränderte Version der LSR[1] in 31 C.F.R. 550 siehe im F.R. 64(1999), S.41789-41791. Sie war von Clinton am 28.4.1999 angekündigt worden und trat am 27.7.1999 in Kraft; MARK 2001, S.53. Siehe dazu auch die im Internet auf der Seite des OFAC (<http://www.treas.gov/ofac>) einsehbaren Richtlinien und die entsprechend dem TSRA (The Trade Sanctions Reform and Export Enhancement Act of 2000: er stellt Titel IX des Agricultural, Rural Development, Food and Drug Administration, and Related Agencies Appropriations Act of 2001 dar und beinhaltet das Verhängen und Beenden von unilateralen Sanktionen mit landwirtschaftlichem und medizinischem Bezug) revidierte Version der LSR[2], abgedruckt im F.R. 66(2001), S.36690-36692. Einzelheiten dazu ebd., S.36683-36687. Ein vom US-Finanzministerium herausgegebenes Merkblatt bietet einen knappen, allgemeinen Überblick über die LSR (vgl. LIBYA 2001). Für den TSRA - der nach HÖLSCHER trotz des Ausbleibens großer Reformen im US-Exportkontrollrecht in die richtige Richtung weise, s. ders. 2002, S.133-135 und BERLACK/HUNT 2001, S.1025-1045.

43 Vgl. CONOCO 2002, [S.6].

44 Vgl. CONOCO 2002, [S.6].

45 Vgl. CONOCO 2002, [S.6].

46 Vgl. CONOCO 2002, [S.7].

47 Vgl. die Reuters-Meldung vom 24.11.2003 ("U.S. to review its Libya travel ban every 90 days."). Dieser Schritt der US-Regierung soll Libyen signalisieren, daß die USA ggf. bereit sind, die gegen Libyen verhängten US-Sanktionen abzumildern. Voraussetzung dafür ist, daß Libyen die US-Bedenken (Massenvernichtungswaffen, Terrorismus) ausräumen kann. Es wird davon ausgegangen, daß Libyen Anstrengungen in diese Richtung unternehmen wird.

48 Vgl. die Reuters-Meldung vom 10.2.2004: "U.S. re-establishes diplomatic presence in Libya."

49 Vgl. die NZZ-online vom 23.4.2004: „USA heben Sanktionen gegen Libyen auf."

50 Vgl. die Reuters-Meldung vom 20.9.2004: "Bush scraps trade embargo on Libya in WMD reward."

51 Vgl. die Reuters-Meldung vom 24.9.2004: "Libya didn't ease U.S. concern on alleged Saudi plot."

Anhang 4:
Chronologie der US-libyschen Konfrontationen seit den 70er Jahren (Auswahl)[1]

Datum	Ereignis
seit den 70er Jahren	Vorwurf an al-Qaḏḏāfī, Terroristen in Libyen auszubilden und darüber hinaus zu finanzieren
26.8.1972	über die libysche diplomatische Vertretung gelingt es, für die Terroristen des „Schwarzen Septembers“ Waffen nach Deutschland zu bringen, mit denen am 5.9.1972 elf israelische Sportler in München getötet werden
5.8.1973	Terroristen schießen auf Passagiere, die am Flughafen in Athen auf einen Flug nach New York warten (3 Tote, 55 Verletzte)
17.12.1973	eine Bombe im Flughafen von Rom fordert 31 Todesopfer
2.12.1979	„libysche Volksmassen“ stecken ungehindert die US-Botschaft in Brand - vorangegangen waren die Belagerung der Moschee in Mekka und das Anzünden der US-Botschaft in Pakistan
02/1980	libyschen Exilanten wird systematisch nach dem Leben getrachtet (innerhalb der letzten drei Monate allein zehn Opfer in Europa)
05/1980	die USA schließen ihre Botschaft in Tripolis
16.9.1980	ein libysches Kampflugzeug beschießt ein US-Aufklärungsflugzeug - die USA üben keine Vergeltung
6.5.1981	die USA ordnen die Schließung des libyschen Volksbüros in Washington, D.C., an (vermutete Verwicklung libyscher Diplomaten in Terrorismus und Bedrohung libyscher Dissidenten)[2]
19.8.1981	einige US-Kriegsschiffe und der Flugzeugträger Nimitz überqueren den 32. Breitengrad; zwei libysche SU-22 verfehlen zwei US-Flugzeuge und werden abgeschossen[3]
15.10.1981	die USA überwachen mit zwei AWACS-Flugzeugen die ägyptisch-libysche Grenze
11.12.1981	Reiseverbot für US-Bürger nach Libyen und Aufruf an dieselben, Libyen zu verlassen - vorangegangen waren Presseberichte über auf Reagan angesetzte Todesschwadrone sowie Attentate auf die US-Botschaften in Rom, Paris und Khartum[4]
02/1982	die USA überwachen mit vier AWACS-Flugzeugen die libysch-sudanesische Grenze von Ägypten aus

06/1983	US-Manöver in der Region; je zwei libysche und US-amerikanische Militärflugzeuge treffen über dem Sirte-Golf aufeinander, ohne daß es zu Kampfhandlungen kommt
08/1983	zwei AWACS-Flugzeuge und acht Abfangjäger zu deren Bewachung werden von den USA in den Sudan entsendet, um libysche Flugbewegungen zu verzeichnen
04/1984	vor der libyschen diplomatischen Vertretung in London brechen Kämpfe zwischen Anhängern und Gegnern des Regimes in Libyen aus; ein aus dem Volksbüro fallender Schuß tötet eine britische Polizistin[5]
1985	die USA intensivieren ihre Marine-Manöver in der Region
27.12.1985	insgesamt 20 Zivilisten kommen zeitgleich bei Attacken auf die Flughäfen in Wien und Rom ums Leben - die USA vermuten eine libysche Urheberschaft
23.1.1986	US-Manöver nördlich des Sirte-Golfes; auch Libyen wird darüber benachrichtigt[6]
11.-15.2.1986	mehr als ein Dutzend Zusammenstöße mit libyschem Militär, ohne daß ein Schuß fällt
24.3.1986	30 US-Kriegsschiffe und 200 US-Flugzeuge überqueren die „Linie des Todes“; Libyen schießt sechs Boden-Luft-Raketen ab; US-Flugzeuge versenken vier kleine libysche Angriffsboote, die sich US-Schiffen nähern; Zerstörung einer libyschen Radarstation; Abschuß zweier libyscher Flugzeuge
5.4.1986	Anschlag in dem Berliner Nachtclub La Belle: drei Tote (zwei US-Amerikaner) und ca. 200 Verletzte (60 US-Amerikaner)[7]
9.4.1986	US-Präsident Reagan verweist auf Beweise für eine libysche Urheberschaft
15.4.1986	ca. 100 US-Flugzeuge greifen Ziele in Tripolis und Benghasi an (nach libyscher Angabe 70 Tote, unter ihnen die kleine Adoptivtochter al-Qaḏḏāfīs)[8]
15.4.1986	libysche Reaktionen auf die Angriffe: ein libysches Patrouillenboot schießt - ohne Schaden anzurichten - zwei Raketen auf die US-Marine-Kommunikationsstation auf der italienischen Insel Lampedusa ab; al-Qaḏḏāfī veranlaßt die Tötung von zwei 1990 in Beirut entführten Briten und eines US-Amerikaners[9]
Sommer/ Herbst 1986	US-Desinformationskampagne, um Libyen glauben zu machen, daß die US-Opposition wachse und ein Angriff bevorstehe; Resultat war eine verringerte Aufmerksamkeit gegenüber Libyens Aktivitäten und eine Spaltung der US-Regierungspolitik[10]
24.12.1987	die USA beschuldigen Libyen, in ar-Rabta chemische Waffen zu produzieren[11]

20.2.1988	zwei Libyer werden in Dakar wegen Waffen- und Sprengstoffbesitzes verhaftet
09/1988	die USA dehnen ihre Anklage bezüglich ar-Rabtas als Produktionsstätte chemischer Waffen aus; Druck der USA auf die Firmen und Regierungen, die den Fabrikbau ermöglicht hatten (unter anderem die BRD, die als Konsequenz die deutschen Ausfuhrbestimmungen stark verschärfte - siehe Kap.4, Abschn. C.I.5., S.278 f.)
21.12.1988	Anschlag auf eine Pan-Am-Maschine über Lockerbie (270 Tote)
01/1989	zwei US-Flugzeuge schießen zwei libysche Kampfflugzeuge ca. 70 Meilen nördlich der libyschen Küste ab - während die US feindliche Absichten vermuten, besteht Libyen auf einen Routineflug und sieht den Abschuß als terroristischen Akt an
19.9.1989	Absturz eines französischen Verkehrsflugzeuges über Niger (170 Tote)

1 Eine sehr umfassende Auflistung findet sich in QAḌĪYĀT LŪKARBĪ 1992, S.421-432.

2 Für eine sehr ausführliche Chronologie der Ereignisse von diesem Zeitpunkt bis zum 11. April 1984 s. PASHA 1984, S.88-102.

3 Dies bedeutete erstmalig den Einsatz militärischer Macht im Rahmen dieser Konfrontationsphase zwischen den USA und Libyen - vgl. ST JOHN 1987, S.82. Ausführlich dazu ein Spiegel-Artikel vom 24.8.1981 - s. SPIEGEL 1981, insbesondere S.90-92.

4 Die US-Regierung weist ausdrücklich daraufhin, daß es sich bei der Reisebeschränkung nach Libyen um keine Sanktionen handele, sondern um Maßnahmen zum Schutz der US-amerikanischen Bürger. Siehe HEARING 2000, S.11, 17. Für die konkreten Bestimmungen s. F.R. 46(1981), S.60712.

5 Vgl. für das Verhältnis Libyens zu Großbritannien bis zu diesem Ereignis vgl. die mir nicht zugänglich gewesene folgende Dissertation: AL-SHUKRY, M.F.M.: "Continuity and Breakdown: The Role of Leadership in Libya's Relations with Britain, 1951-1984." University of Manchester: Diss., 1996.

6 Die US-Regierung entschied entgegen Empfehlungen der US-Geheimdienste, sich mit Libyen militärisch anzulegen - vgl. DEEB 1991, S.171.

7 Siehe hierfür im 6. Kap. Abschn. B.IV. (Exkurs: Das La-Belle-Urteil in Deutschland), S.365 f.

8 Der US-amerikanische Vergeltungsschlag gegen Libyen ist rechtlich als problematisch anzusehen. Der erklärte Zweck war nicht nur die Vergeltung für den La-Belle-Anschlag, sondern auch die Abschreckung von zukünftigen Terrorakten. Zudem richtete sich der Angriff direkt gegen al-Qaḏḏāfī und seine Familie und widersprach auch deshalb allen Regeln des Völkerrechts. Wegen der politischen Isolation Libyens und einer gezielten Desinformationskampagne hielten sich jedoch die internationalen Proteste in Grenzen. Mit der Berufung auf das Selbstverteidigungsrecht und der mehr oder weniger stillschweigenden Akzeptanz durch die Weltgemeinschaft wurde im übrigen spätestens durch die VN-Res. 1368 (2001) ein wichtiger Präzedenzfall für ein ähnliches Vorgehen geschaffen. Auch andere Staaten könnten sich nun auf diese Resolution berufen und Terrorismusbekämpfung als Selbstverteidigung deklarieren.

Vgl. ausführlich dazu DAASE 2002, S.377 f., S.386. Siehe ebd., S.365-373, für eine Betrachtung der Facetten des Terrorismus-Begriffes. Für Einzelheiten zu dieser Operation „El Dorado Canyon" s. GOTTFRIED 1994, S.126; EXENBERGER 2002, S.76; LINDE 1986, S.24, 35. ZILIAN stellt sehr detailliert die Positionen der verschiedenen westlichen Bündnispartner der USA dar (vgl. ders. 1993, insbes. S.365-377).

9 Vgl. ST JOHN 1987, S.90.

10 Vgl. ST JOHN 1987, S.91.

11 JANA dementierte dies umgehend, verurteilte gleichzeitig das US-Embargo und ließ verlauten, daß dieses Im- und Export von Medikamenten und medizinischem Gerät verbiete. Dies entspricht jedoch nicht den Embargobestimmungen und sollte wohl die Rechtfertigung für ar-Rabta als pharmazeutische Herstellungsanlage darstellen. Vgl. ST JOHN 2002, S.146 f.; MATTES 1989a, S.111. Als am 14.3.1990 ein Feuer die Fabrikanlagen beschädigte, warf Libyen den USA, Israel und Deutschland die Urheberschaft vor - s. GOTTFRIED 1994, S.130.

Anhang 5:
Vom US-Kongreß geplante oder erlassene Gesetze mit Libyen-Bezug (Auswahl)

Gesetz / Gesetzesentwurf[1]	**Maßnahmen**
P.L. 97-113 (29.12.1981)	§ 718: Verurteilung Libyens wegen der Unterstützung des internationalen Terrorismus
P.L. 99-83 (8.8.1985)	§ 504: Im- und Exportverbot von und nach Libyen
P.L.103-87 (30.9.1993)	Libyen wird als eines derjenigen Länder aufgelistet, denen direkte und indirekte US-Hilfe sowie auch die Unterstützung von internationalen Organisationen und Fonds zu versagen ist
P.L. 104-172 (5.8.1996)	§ 11 verbietet Investitionen in der libyschen Erdölindustrie - Libyen wurde dem H.R. 3107 (ähnlich dem S. 1228) hinzugefügt
H.R. 1757 (10.6.1997)	dem Foreign Relations Authorization Bill wird angefügt, daß US-Hilfe an diejenigen Länder unterbunden werden soll, die Libyen helfen, die UN-Sanktionen zu unterlaufen
S. 2334 (wurde am 21.10.1998 kein Gesetz)	§ 573 des Foreign Operations Appropriations Bill sieht die Kürzung der US-Hilfe um 5 % gegen jedes Land vor, daß die Sanktionen gegen Libyen verletzt
	§ 590 besagt, daß Libyen die mutmaßlichen Lockerbie-Attentäter zur Verhandlung in die Niederlande ausliefert (1), daß die USA die Verhandlungsbedingungen nicht mit Libyen aushandeln sollen (2) und daß sich die USA um ein allumfassendes Handelsembargo bei der VN gegen Libyen bemühen, sollten die beiden Verdächtigten nicht bis zum 29.10.1998 zur Verhandlung erscheinen
S. Res. 287 (27.4.2000)	übernimmt Libyen nicht die Verantwortung für den Lockerbie-Anschlag, bleibt das Reiseverbot bestehen, und der Präsident soll sich mit dem Kongreß über eine Libyen-Politik abstimmen
H.R. 3347 (20.10.2003)	ILSA Enhancement and Compliance Act: dieser Gesetzesentwurf wurde von der Abgeordneten aus Florida Ileana Ros-Lehtinen eingebracht und hat die Verhinderung der direkten und indirekten Finanzierung der Herstellung von Massenvernichtungswaffen in Iran und Libyen zum Ziel

[1] Vgl. MARK 2001, S.52, HAY 2002, S.22: Das Gesetzgebungsverfahren in den USA umfaßt die Einbringung eines Gesetzesvorschlages (*bill*), seine Annahme durch beide Kammern des Kongresses und die Zustimmung des Präsidenten. Jedem US-Bürger ist es gestattet, ein Gesetz vorzuschlagen. Einen Gesetzesvorschlag einbringen können jedoch allein die Mitglieder des Kongresses. Jeder Gesetzesvorschlag wird in der betreffenden Kammer zuerst von den zuständigen Ausschüssen geprüft und beraten, danach von der Kammer beschlossen und an die jeweils andere Kammer überwiesen, in der sich ein vergleichbares Verfahren anschließt. Der schließlich vom Kongreß beschlossene Gesetzesentwurf bedarf noch der Zustimmung des Präsidenten. Sie erfolgt durch Unterzeichnung. Damit wird der Gesetzesvorschlag unmittelbar Gesetz.

LEIPZIGER BEITRÄGE ZUR ORIENTFORSCHUNG

Herausgegeben von Hans-Georg Ebert
Begründet von Günter Barthel

Band 1 Lutz Knörnschild: Zur Geschichte der Nilwassernutzung in der ägyptischen Landwirtschaft von den Anfängen bis zur Gegenwart. 1993.

Band 2 Henner Fürtig / Rolf Müller-Syring (Hrsg.): Ursachen gewaltförmiger Konflikte in der Golfregion. Internationale und zwischenstaatliche Faktoren. 1993.

Band 3 Ingelore Goldmann (Hrsg.): Beiträge zur Fachdidaktik Arabisch. Didaktische und methodische Probleme des modernen Arabischunterrrichts. 1993.

Band 4 Roland Kühnel: Die sprachliche Situation an Hochschulen des Maghreb und die offizielle Sprachpolitik – Eine soziolinguistische Untersuchung. 1995.

Band 5 Henk Knaupe / Ulrich G. Wurzel: Aufbruch in der Wüste. Die Neuen Städte in Ägypten. 1995.

Band 6 Wolfgang Reuschel: Aspekt und Tempus in der Sprache des Korans. 1996.

Band 7 Hans-Georg Ebert: Das Personalstatut arabischer Länder. Problemfelder, Methoden, Perspektiven. Ein Beitrag zum Diskurs über Theorie und Praxis des Islamischen Rechts. 1996.

Band 8 Uwe Pfullmann: Politische Strategien Ibn Sa^{c}ūds beim Aufbau des dritten saudischen Staates. Eine historische Studie unter besonderer Berücksichtigung deutschen Archivmaterials. 1996.

Band 9 Hans-Georg Ebert (Hrsg.): Beiträge zum Islamischen Recht. 2000.

Band 10 Anja Wünsch: Innenansichten ökonomischer Restrukturierung. Wirkungen und Wirksamkeit der Strukturanpassung in Jordanien, 1989-1999. 2001.

Band 11 Thoralf Hanstein: Islamisches Recht und Nationales Recht. Teil 1 und 2. Eine Untersuchung zum Einfluß des Islamischen Rechts auf die Entwicklung des modernen Familienrechts am Beispiel Indonesiens. 2002.

Band 12 Hans-Georg Ebert / Thoralf Hanstein (Hrsg.): Beiträge zum Islamischen Recht II. 2003.

Band 13 Hans-Georg Ebert / Thoralf Hanstein (Hrsg.): Beiträge zum Islamischen Recht III. 2003.

Band 14 Hans-Georg Ebert: Das Erbrecht arabischer Länder. 2004.

Band 15 Silvia Tellenbach / Thoralf Hanstein (Hrsg.): Beiträge zum Islamischen Recht IV. 2004.

Band 16 Almut Hinz: Die Sanktionen gegen Libyen. Sanktionen im modernen Völkerrecht und in der Staatenpraxis sowie ihre Anwendung am Beispiel Libyen. 2005.

www.peterlang.de

Andrea K. Riemer / Fred W. Korkisch

Das Spannungsdreieck USA – Europa – Türkei

A Triangle of Tensions: U. S. – Europe – Turkey

Frankfurt am Main, Berlin, Bern, Bruxelles, New York, Oxford, Wien, 2003.
307 S., 3 Abb.
International Security Studies. Herausgegeben von Andrea Riemer. Bd. 1
ISBN 3-631-51149-3 / US-ISBN 0-8204-6458-9 · br. € 51.50*

Die Aktualität des Spannungsverhältnisses zwischen den Vereinigten Staaten, Europa und der Türkei liegt auf der Hand. Die Autoren haben versucht, mit diesem Reader dieses Spannungsverhältnis von unterschiedlichen Standpunkten auszuleuchten. Neben der möglichst umfassenden Information des Lesers bildet die Synthese aus theoretischen Überlegungen (als Gerüst) und praktischen Ansätzen ein weiteres wesentliches Anliegen, das sie mit dieser Publikation vermitteln wollen. Der Sammelband umfasst zum Teil bereits veröffentlichte Beiträge, die auf den letzten Stand gebracht wurden, und zu einem weiteren Teil neue, bislang noch unveröffentlichte Arbeiten.

Witnessing the current somewhat uneasy relations in the triangle United States-Europe-Turkey – it seemed to be a good choice to analyze the evidently rising problems, which will remain of high interest over the next years. National, regional and geopolitical interests, increasingly demanded a different course and had an impact on the position of the United States and the European states. Over the years, these trilateral relations became more and more burdened by dissenting forces, and a declining willingness to accept different requirements. The authors tried to view these differences from various angles and explain the foundations of the current tensions and besides these, finally, a synthesis of both. This reader includes a number of articles published years ago, however, the latest events invited the authors to update these essays with new evidence, facts and improved analyses. A number of articles are new.

Frankfurt am Main · Berlin · Bern · Bruxelles · New York · Oxford · Wien
Auslieferung: Verlag Peter Lang AG
Moosstr. 1, CH-2542 Pieterlen
Telefax 00 41 (0) 32 / 376 17 27

*inklusive der in Deutschland gültigen Mehrwertsteuer
Preisänderungen vorbehalten

Homepage http://www.peterlang.de